中国广播电视编年史

第二卷

（1977—1997）

杨 波 主编

中国广播影视出版社

图书在版编目（CIP）数据

中国广播电视编年史. 第二卷，1977-1997 / 杨波主编. -- 北京 : 中国广播影视出版社，2020.7
ISBN 978-7-5043-8408-9

Ⅰ. ①中… Ⅱ. ①杨… Ⅲ. ①广播电视－新闻事业史－中国－1977-1997 Ⅳ. ①G229.29

中国版本图书馆CIP数据核字(2019)第297865号

中国广播电视编年史·第二卷（1977—1997）

杨　波　主编

责任编辑	毛冬梅　许珊珊
责任校对	龚　晨
装帧设计	阮全勇
出版发行	中国广播影视出版社
电　　话	010-86093580　010-86093583
社　　址	北京市西城区真武庙二条 9 号
邮　　编	100045
网　　址	www.crtp.com.cn
电子信箱	crtp8@sina.com
经　　销	全国各地新华书店
印　　刷	北京凯德印刷有限责任公司
开　　本	787 毫米 ×1092 毫米　1/16
字　　数	900（千）字
印　　张	47.5
版　　次	2020 年 7 月第 1 版　2020 年 7 月第 1 次印刷
书　　号	ISBN 978-7-5043-8408-9
定　　价	198.00 元

《中国广播电视编年史》编辑委员会

目录

1977 年

1 月 1 日

中央人民广播电台、北京广播电台（1978 年 5 月 1 日改称中国国际广播电台）播出中央“两报一刊”元旦社论《乘胜前进》。北京广播电台新年期间播出的专稿有《大庆工人谈新年感想》、录音通讯《粉碎“四人帮”，生产打胜仗——访大同煤矿》《延安在社会主义大道上阔步前进》等。

同日

广西壮族自治区柳州电视台正式开播。其前身为柳州电视转播台。

1 月 2 日

中共中央主席华国锋对新闻界说：“自打倒‘四人帮’，宣传大权夺回来已经三个月了。这三个月出现很多新气象，各家报纸、电台、电视台做了很多好事，也写了好文章，在群众中面目一新。……要发扬这种精神，不仅把北京的宣传搞好，也要把全国宣传搞好。”

同日

中央人民广播电台广播：我国当时最长的公路桥——洛阳黄河公路大桥胜利通车。大桥全长 3428.9 米。

1 月 6 日～14 日

为纪念周恩来逝世一周年，北京电视台（1978 年 5 月 1 日改称中央电视台）组织《纪念伟大的无产阶级革命家、杰出的共产主义战士周恩来总理逝世一周年文艺演唱会》《诗歌朗诵音乐会》，播放彩色纪录片《敬爱的周恩来总理永垂不朽》等节目。

1 月 8 日

中央人民广播电台《各地人民广播电台联播》节目播出《首都人民纪念敬爱的周总理逝世一周年文艺晚会》录音报道。这是该节目有史以来第一次播出长达一小时的文艺晚会录音报道。北京广播电台各语言节目播出《我国放映悼念周总理逝世的纪录片》《我国发行纪念周总理的画册和纪念邮票》等消息，同时还播出一些纪念文章。

同日

中央人民广播电台播出《人民日报》当日刊登的国务院办公室理论组的文章《纪念敬爱的周总理逝世一周年》。

1月初

北京电视台增设《农业学大寨》《工业学大庆》《人民子弟兵》三个新闻专辑节目。《国际知识》栏目从社教部并入新闻部国际组，更名为《世界各地》。

1月10日~2月13日

以中央广播事业局事业办公室副主任卢克勤为团长的中国电信代表团出席国际电信联盟在日内瓦召开的卫星广播世界性无线电行政大会。会议打破了旧的频率登记和指配秩序，编制了有利于维护第三世界权益的卫星广播规划。文件明确写入“国家不分大小权利平等”的编制规划原则。

1月14日

《人民日报》刊登中央广播事业局批判组的文章《人民广播的政治方向不容篡改——揭发批判姚文元妄图把广播、电视变成篡党夺权舆论工具的罪行》。

1月17日

张香山任中央广播事业局局长，李连庆任副局长。同月，中央任命张香山为中央广播事业局党的核心小组组长，李连庆、金照为副组长。

同月

北京广播电台德语广播的《听众问答》节目受到听众欢迎。从1975年7月起，德语组在《听众问答》节目中开始解答听众提出的问题，并自己编写节目稿件，如《中国的稀有野生动物》《中国的茶叶》《新中国的人民警察》《中国的足球运动》《中国的针灸》《长城》《中国的登山运动》等。

同月

甘肃人民广播电台创办《甘肃广播》刊物，两个月一期。

2月7日

中央人民广播电台播出中央“两报一刊”发表的题为《学好文件抓住纲》的社论。该社论首次提出“凡是毛主席作出的决策，我们都坚决维护，凡是毛主席的指示，我们都始终不渝地遵循”的方针（后被称为“两个凡是”）。

2月10日

根据粉碎“四人帮”后新的形势，北京广播电台向中央广播事业局领导提出关于播出对象国家音乐的请示报告。3月15日，经局领导批准，第一批6个国家35首歌曲在一些语言节目中播出。其中包括苏联早期革命历史歌曲4首、柬埔寨革命歌曲6首、巴基斯坦歌曲4首、日本歌曲15首、秘鲁和玻利维亚民歌6首。

2 月 11 日

为迎接全国工业学大庆会议的召开，中央人民广播电台、北京广播电台、北京电视台根据中央广播事业局的指示精神制定了宣传计划。中央电台《对工人广播节目》编写对话《夸大庆》《鞍钢宪法永放光芒》等。新闻节目安排的选题有《常州市开展工业学大庆群众运动的先进经验》《杭丝联揭批“四人帮”，生产大解放》等。北京广播电台国内新闻部制定的宣传计划选题共 36 个，主要有《中国工业发展的道路》《大庆的基本精神》《大庆是一个工农结合、城乡结合的社会主义新型矿区》《工业学大庆推动了中国社会主义建设事业的飞跃发展》等。北京电视台每周安排一次“工业学大庆”新闻专辑，在抓好大庆连续报道的同时，对全国学大庆的主要典型单位陆续进行报道。同时拍好农业新闻片。

2 月 12 日

中央人民广播电台在部主任碰头会上传达中央广播事业局局长张香山 2 月 9 日讲话：中央交待一个任务，要把“四人帮”利用舆论工具反对毛主席、反对毛主席的无产阶级革命路线的罪证材料集中起来，上报中央。

同日

上海人民广播电台在春节前夕举行“迎新春对台湾广播大会”。上海文艺界著名演员俞振飞、袁雪芬、丁是娥、筱文艳、张瑞芳、周小燕、孙泰等表演了文艺节目。

2 月 18 日

春节期间，北京广播电台各语言部组播出的专稿有《北京的春节市场巡礼》《访问一个工人家庭》《北京市拥军爱民活动》等。文艺节目有《春节音乐会》《颂歌献给敬爱的党和领袖》《大干社会主义的赞歌》《北京迎春文艺晚会实况选播》《上海迎春文艺晚会实况选播》等。

2 月 26 日

中央广播事业局在广西武鸣县召开浙江、江西、福建、湖南、湖北、广东、广西七省（区）电视规划会议，研究电视频道规划。

同月

新疆电视台开始使用黑白录像、摄像设备，改变了以往主要放映电影和用摄影机摄制节目的状况。5 月，该台派人常驻北京，使用黑白录像设备录转北京电视台节目，然后航寄到乌鲁木齐，与该台少量的自办节目进行综合编排后播出。同时新疆各地、州派人常驻乌鲁木齐，转录这些节目后，发往各地、州、县（市）播出。这一录像形式一直延续了十多年。

3 月 28 日

中央广播事业局向中宣部报送《关于在报纸上预告电视节目的请示》。此后，《人民日报》《光明日报》《北京日报》开始预告北京电视台的节目。

4月1日～6月10日

中央人民广播电台举办《工业学大庆专题节目》，报道大庆的基本经验、铁人王进喜生前的讲话录音、大庆先进人物和单位介绍等。此外，还采录播出话剧《初升的太阳》等宣传大庆的文艺节目。

4月13日

中央广播事业局同意天津电视台三套节目使用五、十二和十七频道。其中，五频道转播北京电视台节目，功率10千瓦；十二频道自办天津市节目，功率10千瓦；十七频道自办教育电视节目。

4月14日～17日

中央人民广播电台《各地人民广播电台联播》节目开始播出中共中央关于学习《毛泽东选集》第五卷的决定和出版说明、出版发行消息、内容介绍。15日晚，该节目播出中央“两报一刊”社论《掀起学习毛主席著作的新高潮——热烈欢呼〈毛泽东选集〉第五卷出版》和《毛泽东选集》第五卷目录。14日～16日，每天安排两小时左右，用记录速度播出上述文件。新闻节目还播出北京、上海、天津等地热烈欢呼《毛选》第五卷出版、发行的录音报道。北京广播电台播出中共中央决定、出版说明和消息等。北京电视台15日在节目中介绍了《人民日报》版面（毛泽东彩照、手迹、书影等），用字幕全文播出中共中央出版《毛选》第五卷的决定。以后又播出了电视新闻片。

4月15日

《毛泽东选集》第五卷出版发行。中央广播事业局要求北京电视台迅速拍出《毛泽东选集》第五卷出版发行情况的新闻片；组织先进单位和个人谈学习体会并作电视讲话；组织文艺节目歌颂毛主席。北京电视台如期完成拍摄任务，并在电视中陆续播出。

4月16日

中央广播事业局向中央呈送《关于将我局列入国家机密单位的报告》。4月20日，中共中央政治局委员、中央办公厅主任汪东兴批示：我拟同意，请华主席、叶副主席阅批。华国锋、叶剑英分别圈阅。

4月17日～19日

“亚广联”第二十二届理事会会议在印度新德里举行。中央广播事业局对外部副主任胡若木出席会议。

4月18日～5月7日

中央人民广播电台《学习》节目分20个专题，连续广播《毛泽东选集》第五卷语录，每次 20 分钟。

4 月 20 日～5 月 13 日

全国工业学大庆会议先后在大庆油田、北京举行，中央人民广播电台《各地人民广播电台联播》节目和其他新闻节目播出中共中央主席、国务院总理华国锋和中共中央副主席叶剑英的讲话和大会开幕式、闭幕式的实况录音或实况录音剪辑。4 月 23 日，北京电视台播出全国工业学大庆会议在大庆隆重开幕和国务院副总理李先念致开幕词的新闻。大会期间，北京电视台拍摄、播出了相关的电视新闻片。

4 月 28 日

北京电视台新闻部国际组为了对外宣传毛泽东诗词《蝶恋花·答李淑一》和杨开慧烈士，录制专题节目《红日照千秋——李淑一同志》和文艺节目《蝶恋花·答李淑一——为毛主席诗词谱写的评弹》。

4 月 30 日

中央人民广播电台播出中共中央主席华国锋的文章《把无产阶级专政下的继续革命进行到底——学习〈毛泽东选集〉第五卷》。

同日

浙江省广播事业管理局组织建设北高峰电视发射台会战，安装 7.5 千瓦彩色电视发射机、架设 75 米高铁塔天线。中央广播事业局和上海市广播事业管理局派技术人员支援。9 月 15 日完成安装调试，9 月 20 日以四频道试播，10 月 1 日正式开播。浙江电视台发射功率比原来增加 20 倍，覆盖范围从杭州市郊扩大到嘉兴、绍兴等地区，为原有覆盖面的 4.5 倍。金华、宁波等地开始转播浙江电视台的节目。

同月

中央广播事业局在广西北海市召开座谈会，总结、交流农村有线广播试验埋设地下线的经验。我国从 1964 年起，即已试验用地下线代替地上架空明线传送节目信号，并将其扩展到 27 个省（区、市）的几百个县，共埋设线路近 5 万公里。

同月

中央人民广播电台举办《〈毛泽东选集〉第五卷选播节目》，每次半小时，广播《毛泽东选集》第五卷中没有公开发表过的 51 篇文章，共计 16 万字左右，其中有《中国人民大团结万岁》《人民英雄永垂不朽》《征询对待富农策略问题的意见》《不要四面出击》等。

5 月 1 日

中央人民广播电台、北京广播电台分别采制首都庆祝“五一”活动的录音报道。“五一”前后，两台有重点地选播了一些反映工业学大庆、农业学大寨和各条战线取得伟大成就的典型报道。北京电视台上午和下午转播了首都游园庆祝活动的实况，晚上转播了《首都人民庆祝“五一”国际劳动节焰火晚会》实况。

同日

四川龙泉山电视中心发射台（702台）彩色发射机开播，从此，四川电视台由覆盖成都地区过渡到向全省播送电视节目。

5月11日

北京电视台草拟《关于要求改变华国锋活动的电视片播出次数的请示》。请示说：“自去年10月6日以来，凡华主席活动的电视片，我们都连播三天，每天两次，共六次。这是参照过去毛泽东主席会见外宾电视片的规格，经中央宣传口的领导同志批准定下来的。毛泽东主席逝世前几年，因高龄，接见外宾少，而国内活动几乎都不拍片，因此，为满足广大群众想看见毛泽东主席光辉形象的要求，反复多播几次是必要的。现在华国锋主席的活动较多，我们感到似可酌情改变一下，建议将华国锋主席活动的电视片改为连播两天，每天两次。”此件经中央广播事业局上报中央宣传口。

5月12日

中宣部批准中央广播事业局《关于广播长篇的重要文章准发摘要稿的请示》。此规定适合对外、民族、对台广播，对内的第一、第二套节目中可视情况处理，总的原则是可以摘要。如新华社未发摘要稿，中央人民广播电台可根据广播特点和对象，自行摘发。

5月23日

毛泽东《在延安文艺座谈会上的讲话》发表35周年。中央人民广播电台从5月21日起到月底，举办《纪念毛主席〈在延安文艺座谈会上的讲话〉发表35周年专题文艺节目》，每天广播两次。北京广播电台播出纪念《讲话》发表35周年演出大会部分实况。北京电视台转播了首都文艺界纪念毛泽东《讲话》发表35周年演出大会部分实况。

同日

北京电视台创办《文化生活》栏目。旨在通过普及文化知识、介绍文化遗产、宣传名家新秀、评介优秀作品，帮助观众扩大视野，陶冶情操，提高鉴赏水平。

5月30日

上海“工人毛泽东思想宣传队”从上海人民广播电台、上海电视台撤离。

5月31日

经国家计划委员会批准，北京电视台计划将建台初期的黑白中心设备（电子管）改装为彩色中心设备（国产半导体设备）。准备从6月2日起开始改装，全部拆旧装新和调试工作需要三个月左右时间。施工期间，该台向全国传送的彩色试播节目照常不变。黑白电视节目暂由转播车代播。改装期间，每晚的黑白《电视新闻》节目只播出一次。

同月

河北省购进彩色电视转播车，河北电视台开始播出自办的彩色电视节目。

同月

山西省广播事业局成立唱片发行站，负责全省唱片经销网点的建设和管理。

6 月 18 日～26 日

中央人民广播电台《学习》节目举办《学习〈毛泽东选集〉第五卷广播讲座》，共七讲，分九次播完。

同月

天津人民广播电台引进瑞士安格拉便携式录音机用于外出采访。

同月

浙江省温州电视差转台筹建，10 月建成，通过洞头转播台转播福建电视台节目。1980 年元旦，转播金华电视调频转播台转播的浙江电视台节目。

同月

山东电视台将 7.5 千瓦黑白电视发射机改为彩色。

同月

新疆唱片发行管理站成立，主要任务是负责新疆地区唱片发行管理工作。到 1983 年底，全疆共建立唱片经销点 99 个，基本形成了全疆发行网。

7 月 1 日

中央人民广播电台《学习》节目开始连续播出《党的建设广播讲座》，共 18 讲。

同日

吉林省长春电视台七频道开始定时试播彩色电视节目。试播节目使用的中心设备，除自己研制的外，还有北京电视设备厂生产的单讯道摄像设备。

同日

山东电视台 600 平方米演播室建成并投入使用。

7 月 2 日

中央广播事业局向中宣部报送《关于审看和播映部分传统节目的请示》。请示说：“1974 年初到 1976 年秋，我们根据中央办公厅的指示，先后在湖南、北京录制了一大批传统节目。这些节目中，有一部分思想性、艺术性都比较好。我们认为对这些好的，可以考虑选出一些，经向中宣部领导征求意见后，在电视中每隔一段时间播放一次。”

7月6日

中央广播事业局拟定《广播、电视继续宣传工业学大庆的计划》：一、继续宣传“全国工业学大庆会议”的精神，深入揭批“四人帮”破坏学大庆的罪行，发展当前工业战线的大好形势。二、继续深入宣传大庆道路是我国社会主义发展的道路，坚定学大庆的信心和决心，把大庆经验真正学到手。三、重视对科学实验工作的报道。四、宣传中要注意实事求是，防止浮夸，讲求实效，鼓实劲，提高宣传质量。

7月17日～30日

北京国际足球友好邀请赛期间，中央人民广播电台新闻节目播发有关消息和录音新闻，在《体育》节目中报道比赛情况，转播了3场在北京比赛的实况。北京广播电台报道组共发通稿5篇，有关部组对象稿12篇，各国代表团团长录音讲话3篇，消息27条。北京电视台拍摄了电视新闻片，转播了部分比赛实况。

7月20日

北京电视台彩电播出设备安装调试完毕。为此，该台向中央广播事业局提交《关于调整电视节目设备和频道的报告》，拟第一套节目（原黑白电视节目）改用现在彩电播出的八频道设备，用二频道向全国传送；第二套节目（彩色）仍用八频道播出，以北京地区收看为主。22日，北京电视台二频道第一次试播彩色节目，播出正常。从25日开始，二频道正式向全国传送彩色节目。

7月21日

中央人民广播电台为配合农村干部、群众学习《毛泽东选集》第五卷，开始在《对农村广播》节目中举办《学习毛主席关于农业合作化问题的论述广播讲座》，共10讲。

7月22日～23日

中国共产党第十届中央委员会第三次全体会议7月16日～21日在北京召开。会议一致通过《关于追认华国锋同志任中国共产党中央委员会主席、中国共产党中央军事委员会主席的决议》和《关于恢复邓小平同志职务的决议》。全会还通过《关于王洪文、张春桥、江青、姚文元反党集团的决议》。中央人民广播电台、北京广播电台从22日20：00起，分别播送全会公报。23日，分别播出中央“两报一刊”社论《历史性的会议》。北京电视台22日20：00，播出全会电视新闻片和公报全文。23日下午，通过卫星向国外传送全会电视片和北京庆祝游行的电视片。

7月25日

中央广播事业局局长张香山、副局长李连庆要求：“‘批邓、反击右倾翻案风’包括‘批邓另搞一套’等都不提了，请大家检查节目及录音胶带，包括文艺节目和向外印发的材料。”

7 月 28 日

中央广播事业局函请邮电部协助开通向北京传送节目的微波通道，将全国各地电视台的优秀文艺、体育和新闻节目及时传送到北京，供北京电视台转播或编选部分节目向全国传送。

7 月 31 日

中央人民广播电台在新闻节目、《人民解放军》节目中播出中国人民解放军建军 50 周年庆祝大会录音新闻和中共中央副主席、中央军委副主席、国防部长叶剑英在大会上的讲话录音。中共中央主席、中央军委主席、国务院总理华国锋主持了庆祝大会。北京电视台转播庆祝大会实况，晚上，直播了文化部、中国人民解放军总政治部、北京市革命委员会联合主办的联欢晚会实况。

7 月 31 日 ~ 8 月 19 日

北京广播电台联邦德国听众访华组李斯克等访华。这是应北京广播电台邀请来访的第一批西欧听众。

8 月 6 日 ~ 12 日

贵州省第九次农村有线广播网工作会议在息烽县召开。会议要求大力普及农村有线广播事业，首先要抓好巩固、提高工作，开展群众性的整网运动；其次要搞好广播网的发展工作。

8 月 7 日

南斯拉夫诺维萨特电视台技术副台长博·奥斯托依和国际节目交换部主任米·邱良克组成的铁托总统访朝、访华电视先遣组与中方签订《使用广播电视设备会谈备忘录》，由中方免费提供设备转播铁托总统访朝和访华的活动。

8 月 9 日

新疆维吾尔自治区广播事业管理局（台）召开记者工作会议。从 1973 年 12 月以来，全疆各地、州、市已建立 11 个记者站，有驻站记者 20 名。

8 月 12 日 ~ 10 月 14 日

北京电视台组成电视摄影组访问罗马尼亚、南斯拉夫，在两国各拍摄新闻片 12 条。

8 月 14 日 ~ 19 日

美国合众独立电视新闻公司主席罗兹和亚洲地区经理奎因访华，希望中方购买该公司的电视新闻节目。

8 月 20 日 ~ 24 日

中国共产党第十一次全国代表大会 8 月 12 日 ~ 18 日在北京召开。中共中央主席华国锋代表中央委员会作《政治报告》，总结同“四人帮”的斗争，宣告“文化大革命”结束。中共中央副主席叶剑英作《关于修改党的章程的报告》。中共中央副主席邓小平致闭幕词。20日20：00，中央人民广播电台《各地人民广播电台联播》节目首次播发党的“十一大”新闻公报，同时播出大会主席团名单和第十一届中央委员会委员、候补委员名单。21日6：30，《新闻和报纸摘要》节目播出十一届一中全会公报。22日，首次全文广播华国锋所作的《政治报告》。23日20：00，《各地人民广播电台联播》节目首次播出叶剑英《关于修改党的章程的报告》和《中国共产党章程》。24日晚，《各地人民广播电台联播》节目播出邓小平的闭幕词。北京广播电台除播发“十一大”新闻公报和十一届一中全会新闻公报外，播出会议开幕、闭幕消息，摘要播发《政治报告》《关于修改党的章程的报告》、闭幕词以及各马列主义政党和组织的贺电，还播发了首都人民集会游行庆祝“十一大”举行的录音报道。北京电视台20日20：00，在第一、第二套节目中同时播出中共“十一大”在京隆重举行的电视新闻片和新闻公报全文、第十一届中央委员会委员和候补委员名单。21日9：00，对北京地区播出中共十一届一中全会举行的电视新闻片；19：00，播出新闻片和新闻公报全文，并通过微波向全国各地电视台传送；20：00，通过卫星向国外传送中共“十一大”举行、十一届一中全会举行和北京庆祝游行等三部电视新闻片。22日～24日，摘要播出华国锋的《政治报告》和叶剑英的《关于修改党的章程的报告》、邓小平的闭幕词。

8月29日

中央人民广播电台广播新华社报道：毛主席纪念堂全部建成，安放毛主席遗体的水晶棺已经移入堂内。

8月30日～9月8日

南斯拉夫社会主义联邦共和国总统铁托访问中国，中央人民广播电台、北京广播电台、北京电视台进行了详细报道。北京电视台协助南斯拉夫电视先遣组每天传送铁托总统访华活动的电视片。据悉，采用这些节目的国家达83个。配合铁托总统的访问，北京电视台在9月1日播放南斯拉夫故事片《瓦尔特保卫萨拉热窝》，9月4日播放故事片《桥》。

8月底～10月16日

广播民族管弦乐团一行35人，由罗东任团长、彭修文任指挥，前往阿尔巴尼亚、罗马尼亚、南斯拉夫访问演出。

9月5日～11日

第一次全国唱片发行管理工作座谈会在四川省新津县召开，会议决定逐步建立省、自治区唱片发行管理站。

9 月 7 日～13 日

浙江省采用小微波机联试杭州 - 诸暨 - 浦江 - 金华微波电路成功。10 月 1 日，试传浙江电视台节目至金华电视调频转播台播出。这条电路是 1976 年 1 月开始建设的。

9 月 9 日

15：00，中央人民广播电台、北京电视台直播“隆重纪念伟大领袖毛主席逝世一周年及毛主席纪念堂落成典礼大会”实况。中央电台《各地人民广播电台联播》节目播出大会实况录音剪辑及毛泽东当年宣读人民英雄纪念碑碑文的讲话录音。晚，北京电视台播出由文化部、北京市革委会、中央广播事业局、中国人民解放军总政治部文化部联合主办的《隆重纪念伟大的领袖和导师毛主席逝世一周年文艺演出》。10 日晚，北京电视台播出新闻《隆重纪念伟大领袖和导师毛主席逝世一周年及毛主席纪念堂落成典礼大会在北京举行》。

同日

西藏 606 短波转播台正式开播。

9 月 19 日

中共江苏省委任命郁启祥为江苏省广播事业局党组书记、局长、江苏人民广播电台革命委员会主任。

9 月 21 日

新疆维吾尔自治区广播事业管理局（台）临时党委召开扩大会议，研究广播节目的调整问题。总的要求是减少转播和译播节目，搞好自办节目。少数民族语言节目要实行译播和自编相结合。维吾尔语和汉语每天各播出 15 小时 40 分钟，哈萨克语和蒙古语每天各播出 12 小时 10 分钟。

9 月 25 日

广州电视台第一台彩色电视转播车投入使用，结束该台过去只能用黑白电视车进行现场转播的历史。

同月

北京电视台记者拍摄的电视片《毛主席在中南海住过的地方》播出后，在国内外获得好评。12 月中旬，该台又派记者去中南海，拍摄电视片《周总理的办公室》。

同月

吉林省长春电视台改用上海 101 厂生产的 9000 兆赫小微波，试转北京电视台彩色电视节目。

同月

陕西省西安电视台购买两部日本索尼公司的 EV-320 型开盘式彩色电视录像机，

开始录制和储存电视录像节目。

10月1日

吉林省白城电视转播台正式开播。

同日

南京电视台开始使用35毫米彩色电视电影设备，实现自办节目第一次彩色播出。1978年7月，实现文艺节目和实况转播彩色化。

10月7日~13日

中央广播事业局在南京召开卫星广播规划座谈会。中国人民解放军国防科技委员会、解放军总参通信部、中国科学院、四机部、七机部、邮电部和部分省（区、市）广播事业局以及各部所属有关厂、所等26个单位的代表参加会议。会议讨论研究了中国卫星广播规划，提出了我国的广播电视应采用卫星覆盖的建议，并确定广播卫星使用12吉赫。

10月17日

北京电视台社教节目播出《为革命站柜台——介绍北京市百货大楼劳动模范张秉贵》。

10月17日~11月3日

中央人民广播电台举办该台驻地方记者第一期业务学习班。参加学习的多数是近几年调进的记者。学习班的主要内容是：揭批“四人帮”在新闻战线的罪行，分清广播宣传的路线是非，解决记者采访作风和文风等方面的问题，学习广播业务和录音机的使用技术。

10月18日

北京电视台开始陆续播出《十五贯》（湖南花鼓戏）、《闹天宫》（京剧）、《大破天门阵》（昆曲）和《打渔杀家》（京剧）等传统剧目录像。

10月20日

中央人民广播电台广播新华社报道：教育部在京召开全国高等教育学校招生工作会议，会议决定改革招生制度，招生对象包括应届高中毕业生。

10月23日~11月1日

中央广播事业局在杭州召开全国电视台技术改进工作交流会议，参加会议的有全国各省（区、市）广播局、电视台代表168人。会议研究、讨论了进一步提高电视台播出技术质量的措施和办法。浙江电视台和技术改造组向大会汇报了黑白电视中心设备技术改造浙江试点情况。

10月24日

中央人民广播电台从当日起调整节目时间。《学科学》节目改为《科学知识》节目，由每周广播四次增为每周七次；新增加《科技战线》节目，每周三次，每次 15 分钟；《对农村广播》中的《农业科学实验》节目恢复为《农业科学技术》节目；取消每周两次的《对上山下乡知识青年广播》，这方面内容的宣传，由《青年节目》来承担。取消《教唱革命现代京剧》节目。

10 月 26 日

北京电视台国际部开办《世界各地》专栏。该栏目每周播出一次，每次约 15 分钟，着重介绍世界各国的经济建设、文化教育、人民生活、名胜古迹和地理风光等。首播节目是电视片《伊朗的风光和艺术》。

10 月 31 日

中央人民广播电台《各地人民广播电台联播》节目播出《人民日报》编辑部将于 11 月 1 日发表的文章《毛主席关于三个世界划分的理论是对马克思列宁主义的重大贡献》的摘要稿，共一万字。

11 月 7 日～10 日

为庆祝俄国十月革命 60 周年，中央人民广播电台、北京广播电台播出中央“两报一刊”社论《十月革命的旗帜是不可战胜的》，并播出有关十月革命的文艺节目。11 月 7 日晚，北京电视台播出《庆祝伟大的十月社会主义革命 60 周年文艺节目》、介绍苏联二三十年代美术作品的电视片及苏联早期故事影片《伟大的曙光》；8 日播出故事片《难忘的 1919 年》；9 日播出故事片《乡村女教师》；10 日播出故事片《革命摇篮维堡区》。

11 月 8 日～18 日

以中央广播事业局局长张香山为团长的中国广播电视代表团访问日本。

11 月 9 日

中央广播事业局发出《关于加强管理城乡高音喇叭的通知》，提倡低音小喇叭，消除城乡噪音。

11 月 10 日

中共中央发出通知：中央广播事业局属国务院领导，宣传业务由中宣部协助中央指导。

11 月 12 日

中央广播事业局通知：根据中发〔1977〕34、43 号文件精神，局党的核心小组自 10 月 31 日起改称党组。

11 月 14 日

中央人民广播电台决定从当日起恢复播音员报名制度。这一情况已在 10 月底通知地方台。

11月14日～31日

中央人民广播电台《学习》节目播出《批判“四人帮”对“唯生产力论”的批判广播讲座》，共11讲，分17次播出。

11月19日

中央广播事业局发出《关于成立工业管理总处决定的通知》：自本年12月1日起成立工业管理总处，负责领导我局所属各工厂、中国唱片发行公司、电视服务部及胶片中间试验车间。

11月23日

北京广播电台英语组增办《友好往来》专题节目。主要是通过对中国同讲英语对象国，以及亚非拉部分讲英语国家和人民的友好往来活动的报道，进一步促进中国人民同各国人民之间的相互了解和友谊，从而更好地宣传中国的对外政策。该节目每周播出一次。

11月29日

北京电视台播放南斯拉夫电视剧《巧入敌后》。这是我国电视台播放的第一部外国电视剧。

同月

中央广播事业局向北京电视台、无线总处及各省、自治区、直辖市广播局发出《关于北京电视台增加教育电视节目和调整播出时间的通知》。通知说，遵照中央领导在全国科学大会预备会和教育座谈会上的指示精神，我局与教育部、邮电部等部门商量决定，从今年12月起开办教育电视节目。北京电视台第一套节目计划每天下午增加一次播出，并向全国传送，每次八个小时左右。第二套节目（对北京地区）播出时间改为从18：00开始，每周一、三、五播教育节目；二、四、六、日播综合节目。

同月

新疆维吾尔自治区广播事业管理局（台）下发《广播、电视稿费、演播费试行条例》，第一次制定稿费和演播费标准。

12月5日

中央任命张香山为中宣部副部长兼中央广播事业局党组书记、局长。

12月7日

江西省广播局与江西大学联合开办电视新闻摄影进修班，学制两年，培训电视记者、编辑24人。

12月11日

广西人民广播电台、广西电视台现场直播广西壮族自治区成立20周年庆祝大会实况。

12 月 12 日

经中央广播事业局批准，中央人民广播电台、北京广播电台开始重新播出过去被“四人帮”扼杀的一些优秀文艺节目，如歌剧《白毛女》《江姐》《刘胡兰》，历史舞剧《小刀会》、音乐舞蹈史诗《东方红》等，以及新中国成立以来在群众中广为流传、影响较大的优秀歌曲，少数民族歌曲和民歌，还开禁了一些优秀的传统乐曲、民间乐曲、大型器乐曲和地方戏曲，以及社会主义国家、第三世界国家近年来访华演出的外国文艺节目和一些在国际上有影响的古典作品。

12 月 19 日

教育部和北京电视台联合主办的英语、数学、电子技术讲座从本日开始在每周一、三、五首播，二、四、六重播。重播时，通过微波线路向 25 个省、自治区、直辖市电视台传送。这是北京电视台在相隔十多年后，首次恢复向全国播送电视教学节目。这次复播电教节目，使电视教育进入一个全面发展的新阶段。讲座播出后，受到广大观众的热烈欢迎。

同日

贵州电视台开办电视教育节目，每周二、四、六 14：00 开始播出，综合节目每天 19：00 开始播出。

12 月中旬

北京电视台对 1978 年元旦前后的报道作了如下安排：举办书法展览、请数学家华罗庚和小朋友见面、播送一批反映工农兵各行业先进事迹的新闻纪录片和电视新闻专辑、组织专门的“独唱音乐会”（东方歌舞团、中央民族歌舞团、中央民族学院、中央广播文工团演出）、转播京剧《杨门女将》和话剧《霓虹灯下的哨兵》等，并拟在电视中播出一批复映的优秀故事影片。

12 月 31 日

吉林省延边电视台开始自办节目。

同月

天津电视台使用国产 35 毫米电视电影机及进口 16 毫米电视电影机，淘汰了电视节目中联合使用放映机及摄像机的播出方式。

同月

中共甘肃省委任命叶滨为甘肃省广播事业局局长兼甘肃人民广播电台台长，免去杨克明局长兼台长的职务。

同年

中央广播事业局干部总数 8172 人，其中机关 3675 人、企事业单位 4497 人。各类专业技术干部 5587 人，其中工程技术人员 2903 人、新闻出版人员 978 人（中文播音员 119 人)、外文翻译人员 811 人、文艺人员 478 人、教学人员 210 人、科研人员 127 人、卫生人员 80 人。

同年

中央人民广播电台收到听众来信 31872 封，来稿 57813 件。

同年

北京广播电台收到 136 个国家和地区的听众来信 117453 封。

同年

北京广播电台日语组的《中国话讲座》节目受到听众欢迎。据 1976 年日本“北京广播听众之会”调查，学习中国话的听众占听众总人数的 22.1%。

同年

天津人民广播电台开始使用上海生产的 412 型六路调音台替代旧的增音机，主要用于语言录音及文艺节目录制、合成等后期制作，至 1979 年全部更新完毕。与此同时，监听设备均更新为上海生产的 J35 型监听机组。

同年

上海电视台第一套节目改为彩色电视。

同年

根据上级决定，福建省广播事业局把分布在全省各地、市、县的 33 座广播转播台下放给所在地人民政府管辖。据统计，共移交广播发射机、收讯设备等 400 多台(套)，职工 700 多人。

同年

武汉电视台购进彩色录像机、彩色电视转播车、彩色飞点电影机、彩色飞点幻灯机和彩色电视中心设备，对原有黑白电视设备全部进行了更新。

同年

湖南省广播事业局编制《湖南省中波广播网技术规划》。规定，发展中波广播的技术政策是大、中、小功率相结合，以中小为主，分散布点，组成地波覆盖的同步广播网。

同年

中南地区中央转播台将使用中的 150 千瓦中波自动屏调发射机成功改造为并馈脉宽调制发射机，解决了自动屏调机惰性失真等音质不好的缺陷，为改造全国各电台现用的自动屏调机创出一条新路。

同年

云南人民广播电台恢复并逐步加强地方记者站工作。到 1981 年 8 月，全省 17 个地、州、市都建立了记者站。

1978 年

1 月 1 日

中央人民广播电台、北京广播电台播出中央“两报一刊”社论《光明的中国》。

同日

中央人民广播电台报道：从 1977 年 10 月 1 日起，全国 60% 多的职工增加了工资。这是新中国成立以来给职工增加工资的总额和覆盖人数最多的一次。

同日

北京电视台恢复由播音员出图像向观众报告节目。新闻节目正式定名为《新闻联播》。早期《新闻联播》的地方新闻，大都是通过班机或火车送到北京，加上洗印、编录，快则三五天，慢则十天甚至半个月才能跟观众见面。该节目第一代播音员有李娟、吕大渝、刘佳、赵忠祥、邢质斌等。

同日

上海人民广播电台《每周广播》节目报复刊，改名为《每周广播电视》，由上海市广播事业局宣传办公室编辑。

1 月 3 日

耿耀任中央人民广播电台党的核心小组副组长、副台长。

1 月 11 日

熊景钊任中央广播事业局工业管理总处处长。

同日

天津电视台第一部录像儿童短剧《一把小红尺》首次播出。

1 月 14 日

中央广播事业局对日本短波俱乐部在其刊物上搞“两个中国”一事提出抗议。

1 月 15 日

北京至济南微波干线开通。随后又开通泰山至沂山、大泽山、昆嵛山、青岛的微波线路。从此，山东电视台的节目覆盖了省内大部分地区，节目收看效果大为改善。

1 月 20 日

黑龙江省加格达奇电视台正式开播。

同日

山东省广播电视业余大学正式成立。

1 月 21 日

吉林省广播电视研究所建立。

1 月 23 日

原志清任中央广播事业局政治部副主任兼干部处处长。

1 月 24 日

中央广播事业局发出《关于青海、宁夏、江西、福建四省、自治区微波干线正式投入使用的通知》。

1 月 27 日

由上海电影译制厂、北京电视台联合译制的英国广播公司出品的电视连续剧《安娜 · 卡列尼娜》(10 集),在北京电视台第一套节目中陆续播出。

1 月 29 日

中共中央批转《中国人民解放军总政治部关于加强对台湾宣传几个问题的请示》,重新规定:福建前线广播电台的宣传对象以国民党军队为主,同时搞好对台湾人民的宣传。

同月

西藏人民广播电台增办藏语节目《昌都地方语广播》。

2 月 4 日 ~ 10 日

英国广播公司电视二台举办"中国电视周",放映《西藏——世界的屋脊》《愚公移山》等 14 个介绍中国的节目。这是外国电视台第一次举办"中国电视周"活动。

2 月 6 日

国防部部长徐向前应邀在中央人民广播电台发表拥军优属拥政爱民广播讲话,《各地人民广播电台联播》节目首先播出。北京电视台举办春节晚会,晚会节目播送到次日凌晨 1 点左右。这是粉碎"四人帮"后,该台第一次举办春节晚会。全国人大常委会副委员长郭沫若特为晚会写了春联:"四害必须肃清,飞雪迎春到;三年肯定大治,心潮逐浪高。"晚会有歌舞、新春猜谜会、新电视片、新故事片等。部分知名人士杨沫、李苦禅、范曾、李瑛、于蓝、王晓棠、李元华、李如华、马季等同观众见面并表演了节目。此后,该台每年春节都举办综合性文艺晚会。

2 月 23 日

中国共产党第十一届中央委员会第二次全体会议 2 月 18 日 ~ 23 日在北京举行。

全会通过《政府工作报告》等文件及提请第五届全国人民代表大会一次会议和中国人民政治协商会议第五届全国委员会第一次会议审议的国家和相关机构领导人候选名单。中央人民广播电台当日广播了《中国共产党第十一届中央委员会第二次全体会议公报》。

2 月 24 日 ~ 3 月 8 日

中国人民政治协商会议第五届全国委员会第一次会议（2 月 24 日 ~ 3 月 8 日）和第五届全国人民代表大会第一次会议（2 月 26 日 ~ 3 月 5 日）先后在北京召开。在政协五届一次会议上，邓小平当选为新一届全国政协主席。在五届人大一次会议上，国务院总理华国锋作题为《团结起来，为建设社会主义的现代化强国而奋斗》的《政府工作报告》，中共中央副主席叶剑英作《关于修改宪法的报告》。会议审议批准了国务院提出的《1976 至 1985 年发展国民经济十年规划纲要（草案）》。中央人民广播电台派出 5 名记者参加此次“两会”的采访报道工作，及时发回大会逐日发布的消息、文件，在各次新闻节目中播出。大会开幕、闭幕、《政府工作报告》等均播出录音报道。26 日 17：30，北京广播电台播出五届人大开幕快讯；3 月 1 日，播出叶剑英《关于修改宪法的报告》以及小组会的消息；3 月 5 日，人大闭幕，因定稿较晚，次日播出闭幕消息；3 月 6 日，分段播出《政府工作报告》。北京电视台通过卫星向日本、英国等国家和香港等地区传送五届人大开幕和闭幕的新闻。

2 月 27 日 ~ 3 月 14 日

以索马里新闻和国家指导部长哈桑为首的新闻代表团来中国访问。3 月 10 日，该代表团同中央广播事业局签订中索广播电视协定。3 月 13 日，国务院副总理邓小平会见该代表团。

同月

日本“北京广播听众之会”友好访华团访问中国，与北京广播电台日语组工作人员座谈，提出不少意见。他们认为北京广播不太受欢迎的原因：一、报道主观。很多稿子忽视一般日本群众对中国的理解程度；二、题材不丰富；三、形式单调，没有立体感。播音方式不是亲切交谈，而是像演说。录音效果少，音乐少。

同月

长春人民广播电台从吉林人民广播电台分出。

同月

河南省开封电视转播台建立。

3 月 1 日

辽宁省辽阳人民广播电台开始播音。

3 月 5 日

北京电视台播出纪念周恩来诞辰 80 周年专题节目，内容主要有：电视片《敬爱的周总理在梅园新村》《周总理的办公室》；诗朗诵《周总理又来看戏了》；专题节目《周总理永远和我们在一起——介绍几首歌颂周总理的歌曲》；专题文艺节目《八亿人民心中的丰碑》等。6 日，播出中央广播文工团演出的《纪念敬爱的周总理诞辰 80 周年诗歌朗诵音乐会》。8 日，播出诗刊社主办的《纪念敬爱的周总理诞辰 80 周年诗歌朗诵演唱会》。

3 月初

为了纪念周恩来诞辰 80 周年，中央人民广播电台各类节目在周恩来生日（3 月 5 日）前后约两周时间，安排大量有关内容的稿件。新闻节目播出周恩来在第四届全国人民代表大会上的报告录音片断（谈四个现代化部分）、文化部举行纪念周恩来诞辰 80 周年文艺晚会的录音新闻、"周恩来号"机车司机长的录音讲话等。

3 月 18 日～31 日

全国科学大会在北京举行。中央广播事业局派出 98 人进行采访和其他工作，其中中央人民广播电台 32 人。在有 6000 人参加的开幕会上，中共中央副主席、国务院副总理邓小平发表讲话，指出"四个现代化"的关键是科学技术的现代化，并着重阐述了科学技术是生产力这个马克思主义观点。中央电台从 15 日开始，举办《全国科学大会特别节目》，每次半小时。《各地人民广播电台联播》节目 18 日播出全国科学大会在北京隆重举行的实况录音剪辑。《学习》节目举办《科学实验是一项伟大的革命运动广播讲座》（共 17 讲）。北京广播电台各语言节目播出开幕消息、国务院副总理邓小平讲话和方毅副总理的报告。北京电视台播出新闻，并通过卫星向国外传送。新设的《向科学现代化进军》专栏节目于 3 月 13 日第一次播出，内容为新闻专辑《科技人物赞》。同时，将《科学知识》栏目改为《科学与技术》。全国广播系统有 25 名代表参加本次大会。吉林省九台广播事业局、黑龙江省广播事业局脉宽调制调幅发射机研制组、广播设备制造厂 10 千瓦自动化调频发射机试制组、上海中国唱片厂电声产品试制组、中央广播事业局广播科学研究所直播电视卫星接收设备三结合研制组、中央广播事业局广播科学研究所投影电视接收机三结合研制组等 6 个先进集体以及王明臣、何钻荣、张兴智、桂世昶、章之俭、魏瑞发 6 名先进科技工作者，全国广播系统 18 项优秀科技成果的完成单位和与有关单位合作完成的 5 项优秀科技成果的协作单位在大会上受到表彰，4 项科技成果在全国科学研究成果展览会上展出。

3 月 28 日

中共上海市委任命郑英年为上海市广播事业局党委书记、局长。

同月

国务院副总理邓小平到四川视察，在成都观看了川剧传统折子戏。他提出，电视、电影应抓紧拍摄川剧老演员演唱的优秀传统戏。四川人民广播电台随即采录播出川剧传统折子戏《五台会兄》《点将责夫》《演火棍》《迎贤店》《拷红》等。

同月

北京广播学院开始招收编采、电视摄影、播音三个专业的新生。同年 10 月，开始招收文艺编辑专业、电视中心专业和电视发送专业的新生。

同月

天津人民广播电台开展播出半自动化放音的研究工作，在 602 型录音机基础上安装 10 千赫信号识别磁头，控制录音机连续倒盘播放节目。11 月 1 日，首先在第四套广播节目播出中试用。

4 月 1 日

林琳任中央人民广播电台党的核心小组成员、副台长。

4 月 4 日

中央人民广播电台邀请近期从国外回到祖国大陆的台湾同胞、蒋军起义人员和原在大陆的老台胞 15 人，就对台湾广播中存在的问题进行座谈。与会人员一致认为，由于林彪、“四人帮”的严重干扰，对台广播的宣传效果受到很大影响，不论宣传的内容、方法，还是播音语调，都不适应当前形势和台湾人民的理解能力和接受水平，不爱听、不敢听、听不清、听不懂的情况严重存在。技术设备也要大大改进。与会人员就进一步搞好对台广播提出许多建设性意见。

4 月 5 日

按照中共云南省委、省革命委员会批示，撤销云南省广播事业局革命委员会，恢复局长负责制；同时撤销省广播事业局党委会，成立省广播事业局党组。6 月 11 日，林建中任省广播事业局党组书记、局长。

4 月 7 日

丁一岚任北京广播电台副台长。

4 月 9 日

北京广播电台日语组播出访问记《友谊的航船》，介绍我国远洋客轮“耀华号”全心全意为日本朋友服务，以及发生在船上的中日友好的故事。播出后获得听众好评。

同日

天津《广播电视节目》报试刊第 1 期出版。其前身为 1955 年 1 月 1 日创刊的《天津广播》。6 月 3 日，更名为《天津广播电视》正式复刊。1982 年 12 月 25 日，更名为《天津广播电视报》，1986 年 8 月 5 日开始自办发行。

4 月 13 日

云南省第一座边疆民族自治州无线广播电台——西双版纳人民广播电台建成播音。该台设在自治州首府允景洪（今景洪市）。节目分别用傣语、哈尼语、汉语普通话广播。其中少数民族语言广播时间占总播音时间的 29.5%。

4 月 22 日～ 5 月 16 日

中央人民广播电台报道《全国教育工作会议在京举行，邓小平副总理到会作了重要讲话》。4 月 23 日，北京电视台播出新闻《全国教育工作会议在京隆重开幕》。

4 月 24 日

上海电视大学恢复教学。

同月

中央广播事业局派代表赴马来西亚吉隆坡，参加“亚广联”技术委员会召开的技术研讨会，技术处副处长何大中在会上作题为《长波广播》的技术报告，被评为当年最佳技术论文，获一等奖。这是中国的广电论文在“亚广联”第一次获奖。

同月

一些外国听众来信认为，1978 年年初以来，北京广播电台广播文风和节目内容有所改进。有关介绍中国建设和人民生活的专稿受到欢迎。联邦德国《快讯周刊》以《中国的重大改革》为题发表评论说：“中国在清除‘四人帮’以后发生了重大的变化，中国已向西方世界打开了大门。这种变化，在北京电台的世界语广播中，都可以看得出来。北京电台的新闻和报道内容变得比较具体了，不说什么‘大话’了。”

同月

广播电视剧团与北京电视台合作，录制“文化大革命”后的第一部电视剧《三亲家》（导演许欢子）。这也是我国录制彩色电视剧的开始。该剧于 5 月播出。

同月

北京电视台开办《体育之窗》专栏。其前身是《体育爱好者》《体育运动》。每周播出一次，每次 15 分钟。

5 月 1 日

经中共中央批准，对国外广播的“北京电台（即北京广播电台）”从当日起改名为“中华人民共和国国际广播电台”（简称“国际台”），对国外广播仍用“北京电台”的呼号。用 38 种外语和普通话及 4 种汉语方言播出节目，每天累计播音 136.5 个小时。4 月 25 日，新华社发布更名消息，《人民日报》等报纸也发了消息。

同日

北京电视台正式改名为“中央电视台”，英文缩写“CCTV”。对国外称“中华人民共和国中央电视台”。4 月 24 日，中共中央主席华国锋为中央电视台题写台名。

同日

贵州人民广播电台第一套节目调频广播正式开通，功率 10 千瓦，频率 94.6 兆赫，发射地点在云雾山。11 月 23 日起，中波广播频率实行同步广播，用 765 千赫、1026 千赫、927 千赫三个频率播出。

同日

西藏电视台试播组向拉萨观众试播黑白电视节目，每星期五晚上播放一次电影和其他电视节目。

5 月 4 日～ 6 月 1 日

以中央电视台军事部主任杨骏为组长的广播电视三人记者组，参加南斯拉夫广播周和电视节。

5 月 5 日～ 10 日

中国国际广播电台、中央电视台派记者随同中共中央主席、国务院总理华国锋访问朝鲜。国际台记者负责对国内国外报道，中央电视台从 5 日起陆续播出记者拍摄的电视新闻，并通过卫星传送到国外。中央人民广播电台、中国国际广播电台逐日向全国和全世界广播新华社播发的文字快讯和详细报道。此后，华国锋的出访活动，都有广播电视记者随行采访。

5 月 10 日

中央广播事业局在湖北省沔阳县（今仙桃市）召开投影电视试点工作经验交流座谈会。

5 月上旬

中央人民广播电台派出记者陈克信、蔡远雄、佟绍基，随我国“明华”号、“长力”号轮船到越南进行接运难侨的采访工作，为期三个月。

5 月 12 日

中央人民广播电台《新闻和报纸摘要》节目广播《光明日报》特约评论员文章《实践是检验真理的唯一标准》。当日起，《人民日报》等中央和地方报纸及地方广播电台也纷纷转发。从此，全国开展了关于真理标准问题的讨论，促进了全国性的马克思主义思想解放运动。

5 月 15 日～ 20 日

罗马尼亚社会主义共和国总统尼古拉·齐奥塞斯库访华，中央人民广播电台进行了报道。中国国际广播电台派出罗语记者进行采访。中央电视台负责接待罗电视技术人员，并提供设备协助节目传送。同时，还协助传送齐奥塞斯库访问朝鲜、越南、老挝、柬埔寨的电视片。

5月26日～6月5日

日本广播协会会长坂本朝一等访华。6月5日，国务院副总理邓小平接见了他们。

5月27日

阮若琳任中央电视台党的核心小组成员、副台长。

5月31日

张策任中央广播事业局党组书记；张香山任局党组第一副书记、局长；李衍授任局党组副书记、副局长；张晋德、卢克勤任局党组成员。

同月

中央人民广播电台先后制定《文艺节目报批送审制度（试行）条例》和《稿费、播讲费、演播费暂行条例（草案）》。

同月

武汉人民广播电台重新划归湖北省广电管理部门领导。

同月

广东人民广播电台《青年节目》与广东省团委联合举办"五四青年征文比赛"活动，有两万多名青年听众参加。

同月

深圳电视转播台建成。

6月9日

安徽人民广播电台第一次集中播出被禁锢达12年之久的著名黄梅戏表演艺术家严凤英演唱的录音。这次播出的有严凤英演唱的黄梅戏现代剧录音《江姐》选段"春蚕到死丝不断"和《党的女儿》《红色宣传员》等选段。严凤英在"文化革命"中被"四人帮"迫害致死。

6月10日

中国国际广播电台播出中国外交部6月9日发表的谴责越南驱赶华侨的声明。在这之前，5月8日，该台越南语组、华侨部各派两名记者分两路赴云南、广西进行采访，并派两名记者随接侨船采访。6月16日，中央人民广播电台广播中国外交部照会越南外交部的消息。

6月15日

中央电视台播出日本著名指挥家小泽征尔指挥的中国中央乐团交响乐队演出的交响音乐会。

6月16日～21日

西班牙王国国王胡安·卡洛斯一世和王后索菲娅访问中国，中央电视台协助西班牙广播电视台转播12次，计两小时50分钟。

6 月 24 日

中央人民广播电台、中央电视台合编的《广播电视节目报》经过试刊后正式出版，每期发行 40 万份。

6 月 25 日 ~ 7 月 2 日

中央电视台通过卫星连续四次转播在阿根廷举行的第十一届世界杯足球赛实况。这是我国电视台第一次通过卫星从国外传回体育比赛实况。

同月

由邮电部组织、中央广播事业局参加的频率登记小组，赴国际电信联盟谈判频率登记问题。根据谈判结果，中国广播电视频率第一次向国际电信联盟进行登记。

7 月 1 日

国家标准计量局发布《黑白电视广播标准》。这是广播电视系统第一个由国家规定的统一标准。这个标准是由中央广播事业局、四机部和邮电部共同起草制定的。

同日

中央人民广播电台广播《人民日报》刊登的毛泽东 1962 年 1 月 30 日《在扩大的中央工作会议上的讲话》，全文 1.6 万字。中国国际广播电台播出毛泽东讲话中的二、四、五部分的摘要，以及《人民日报》将于 7 月 2 日发表的社论《认真实行民主集中制》的摘要。

同日

哈尔滨电视台更名为黑龙江电视台。

7 月 3 日

中央人民广播电台、中国国际广播电台播发中国政府照会越南政府，我国政府被迫决定停止对越经济技术援助，调回在越南工作的中国专家和技术人员的消息。12 日，国际台播发中国外交部发言人驳斥越南所谓我国飞机侵犯越南领空的声明。

7 月 12 日

成都电视台更名为四川电视台。8 月 1 日启用新台标。

同日

天津人民广播电台新闻节目播出《天津市揭批“四人帮”罪行大会》的实况和录音剪辑。这次大会共有 10 万余人参加，市委第一书记、市革命委员会主任林乎加主持大会。

7 月 13 日

中央人民广播电台、中国国际广播电台播发中国外交部关于我国被迫停止对阿尔巴尼亚援助、接回专家的照会。7 月 15 日，阿尔巴尼亚停止转播中国国际广播电台节目。

7 月 18 日

中央电视台向河北、南京、武汉、湖南、河南、四川电视台发出关于再开放六个城市向北京传送节目的通知。加上之前的上海、广州，全国可向北京回传节目的城市达到八个。

7 月中旬～8 月中旬

中央电视台和各省、自治区、直辖市电视台的代表分别在广西阳朔县和内蒙古呼和浩特市举行座谈会。会议就如何办好全国《新闻联播》《祖国各地》等节目和提高电视新闻报道质量进行讨论，并提出建议。

7 月 30 日

中共安徽省广播事业局委员会改为中共安徽省广播事业局党组，曹川林任党组书记，1980 年 8 月，任明任党组副书记。

同月

中央人民广播电台 1961 年 5 月开办的《阅读和欣赏》节目恢复播出，每星期两次，每次 30 分钟。重点介绍中国古典文学。

同月

石家庄电视台成立。

同月

南京电视台采用国产彩色中心设备和转播车，使文艺节目制作彩色化。

同月

云南省广播事业局根据上级指示，决定在中越边境口岸举办有线广播，对越南边民开展广播宣传。河口、金平、麻栗坡、富宁和马关五县的六个口岸，先后建立了边境有线广播站。

8 月 1 日

太原电视台更名为山西电视台。

8 月 9 日

贵州省决定在各专区（州、市）建立电视记者站。

8 月 9 日～9 月 13 日

以中央广播事业局副局长李连庆为团长的中国广播电视代表团访问法国、瑞典和联邦德国。这是我国广播电视综合代表团首次出访这三个国家。

8 月 13 日

红军无线电事业的创建人王诤因病去世。王诤原名吴人鉴，1909 年 5 月 16 日出生，江苏武进人。1928 年考入黄埔军校第六期通信科，1930 年参加革命，1934 年加入中国共产党。历任工农红军总司令部电台大队长、无线电总队总队长、军委通讯联络局局长。延安时期，任中央军委三局局长兼政委，领导创建了解放区第一座广播电台——延安新华广播电台。新中国成立后，历任电信总局局长，邮电部党组书记、副部长，军委通信部部长兼电讯工业局局长，第四机械工业部部长，中国人民解放军副总参谋长等职。1955 年授中将军衔，中共第十、十一届中央委员。

8 月 16 日～9 月 1 日

中共中央主席、国务院总理华国锋访问罗马尼亚、南斯拉夫和伊朗。中央人民广播电台、中国国际广播电台、中央电视台派记者随团进行采访活动。中央三台记者第一次使用国际通信卫星从国外传回有关活动的新闻、录音报道和电视片。

8 月 25 日

中央电视台记者马赤后、王友才在友谊关关口抢拍了越南当局制造“8・25”流血事件，驱赶我国难侨的大量镜头。27 日，中央电视台编辑成新闻片播出。

9 月 2 日

武汉电视台更名为湖北电视台。

9 月 7 日

中央人民广播电台报道新华社消息：湖北省随县擂鼓墩发掘战国早期曾侯乙的一座大墓，出土了 8 种 124 件古代乐器，特别珍贵的是保存完好的 64 件编钟。

同日

中央人民广播电台广播新华社报道：中共中央通报中共河南省委严肃处理原驻马店地委第一书记苏华、副书记杨作孔等人违法乱纪，大量侵占挪用国家拨给当地的救灾专款、救灾物资和国家税收、上缴利润等资金的严重事件。

9 月 8 日～17 日

中央人民广播电台广播中国妇女第四次全国代表大会在北京召开和华国锋、叶剑英、李先念等到会祝贺的消息。9 月 10 日，中央电视台播出新闻《中国妇女第四次全国代表大会在京隆重开幕》。

9 月 21 日～11 月 9 日

广播民乐团一行 31 人，由谷枫任团长、彭修文任指挥，赴马耳他、意大利、圣马力诺、联邦德国访问演出。此行共演出 31 场，为电台录音 4 次，电视台录像 5 次。节目主要有：合奏《春江花月夜》《将军令》《丰收锣鼓》《二泉映月》《听松》《江河水》、小合奏《喜洋洋》《弦子舞曲》、琵琶独奏《十面埋伏》《彝族舞曲》等。

9 月 28 日

江汉任中央广播事业局办公室党的核心小组副组长、第一副主任。

9 月 29 日～10 月 10 日

以联邦德国电视二台台长冯・哈泽为团长的代表团访问我国。10 月 6 日，冯・哈泽和中央广播事业局总编室副主任戴临风代表双方在电视合作协定上签字。

9 月 30 日

中央电视台同地方电视台共同举办的《祖国各地》栏目第一次播出。该栏目主要介绍我国的山川风光、名胜古迹、民族风情，以此传播地理、历史、文化知识。每周播出一次，每次 20 分钟。

同月

安徽人民广播电台连续广播《坚持实践第一的观点》《任何革命理论都要受实践检验》等六篇文章。

10 月 1 日

中央人民广播电台播出广播剧《二泉映月》，这是该台“文化大革命”后第一部新创作的剧目。

同日

中央决定，从本年开始国庆不组织游园活动，各公园自由开放。中央人民广播电台、中国国际广播电台、中央电视台从 9 月 30 日起播出国庆招待会的消息，本日播出公园活动和晚上联欢会等消息。

同日

中央电视台播出第一部采用录像技术制作的电视剧《窗口》。

同日

长春电视台更名为吉林电视台。

同日

吉林省通化人民广播电台恢复自办节目。

同日

江西省赣州 852 转播台建成开播。其安装有 200 千瓦中波发射机一台，转播江西人民广播电台和中央人民广播电台节目。

同日

贵州电视台东山发射台建成播出，天线高 100 米，覆盖半径 30 公里，覆盖面积比过去增加了四倍，改善了贵阳地区的收视条件。

同日

兰州电视台更名为甘肃电视台。

同日

新疆维吾尔自治区克拉玛依电视台建立。

10 月 10 日

中共上海市委宣传部批复同意上海市广播事业局副局长陈晓东兼任上海人民广

播电台台长。

10 月 11 日～21 日

中央人民广播电台广播中国工会第九次全国代表大会在北京举行的消息。邓小平代表中共中央、国务院向大会致祝词。大会通过倪志福作的题为《中国工人阶级新的伟大历史使命》的工作报告和《中国工会章程》。

10 月 14 日～29 日

中央广播事业局派出以中央人民广播电台副台长罗清为团长的代表团前往印度新德里，参加“亚广联”第十五届全会及有关会议。在这次会议上，我国代表再度当选为理事。

10 月 16 日～26 日

中央人民广播电台广播：共青团第十次全国代表大会在北京举行。华国锋、叶剑英、邓小平、李先念等到会祝贺。大会通过《中国共产主义青年团章程》。

10 月 22 日～29 日

国务院副总理邓小平出访日本，中央人民广播电台、中国国际广播电台、中央电视台派记者随行采访。中央人民广播电台除及时播发新华社有关邓小平访日活动的新闻外，还播出张香山、谢冰心等中日友好活动家的讲话录音等。中央电视台从22 日开始，播出通过卫星传回的专题新闻。

同月

新建的黑龙江广播电视大楼开始部分投入使用。大楼主楼20层，其中地上18层，地下 2 层，建筑面积 1.44 万平方米。可以同时开办 5 套广播节目、3 套电视节目。

11 月 1 日

上海人民广播电台《对农村广播》节目恢复播出《阿富根谈生产（谈家常）》专栏。该专栏创办于 1961 年 7 月，用虚拟的老农阿富根与小妹对话形式，针对农民思想实际通俗讲解政策，宣扬好人好事，批评不良倾向，深受群众欢迎。“文化大革命”中，“阿富根”被诬为“喇叭里的阶级敌人”，因而这一栏目停播了 12 年。

同日

上海电视台转播反映“天安门事件”的话剧《于无声处》演出实况。上海人民广播电台播出演出实况录音。

11 月 6 日

中央人民广播电台实行新的节目时间表，恢复受林彪、“四人帮”干扰破坏而停办的几个专题对象节目，其中有《对学龄前儿童广播——小喇叭》《祖国各地》《农业科学技术》等；增办《世界各地》《工业产品介绍》节目；为集中力量办好《科学知识》节目，撤销《科技战线》节目；增加了文艺广播的时间。一些专题文艺节目，如《外国作品音乐会》《星期音乐会》《音乐厅》《听众点播的戏曲节目》《京剧选段》《地方戏选段》《电影、话剧》《小说连续广播》等，固定了广播时间。《人民解放军》节目恢复原来的《解放军生活》节目名称。《少年儿童》节目恢复传统的名称《星星火炬》。调整后的节目比例为：新闻节目占 16%，专题、对象节目占 25%，文艺节目占 55%，其他（节目预告、广播体操等）占 4%。

同日

1970 年由新华社移交中央人民广播电台的《记录新闻》节目撤销。

11 月 7 日

中央电视台转播上海电视台播出的话剧《于无声处》。该剧反映了“天安门事件”前后，人民群众怀念周恩来总理，与“四人帮”作斗争的情景。

11 月 12 日

中共四川省委宣传部、省委组织部向全省各市、地、州委联合发出通知，正式决定四川人民广播电台在全省各地建立记者站。四川电台乐山记者站首先建立。

11 月 12 日～ 19 日

联邦德国西南德电台举办“中国周”广播节目，中央人民广播电台提供了广播剧《李自成智闯石门寨》、歌剧《白毛女》《黄河大合唱》、交响诗《嘎达梅林》等节目。

11 月 13 日～ 20 日

上海人民广播电台举办《关于真理标准问题》专题讲座，共 10 讲。

11 月 14 日

中央电视台播出日本故事片《望乡》。考虑到影片内容会在社会上引起不同反响，播出前，中央电视台以讨论的形式向观众介绍了影片的时代背景，并引导观众正确分析影片情节。根据播映后观众的来信，该台文艺部邀请文艺界部分人士座谈，录制了社教节目《电影〈望乡〉讨论以后》，并于 21 日播出。

11 月 15 日

中央人民广播电台播出中共北京市委决定：1976 年 4 月 5 日的“天安门事件”完全是革命行动。对于因悼念周恩来总理、反对“四人帮”而受到迫害的同志一律平反，恢复名誉。

11 月 17 日

中央人民广播电台播出中共中央关于全部摘掉右派分子帽子的决定。

同日

天津市广播事业局召开平反冤案落实政策大会，为 21 名在“文化大革命”中受打击迫害的干部平反。

11 月 23 日

从 8：00 开始，中波广播网技术规划开始实行，全国中波广播进入同步工作状况，并把频率间隔正式改为 9 千赫。

同日

河北人民广播电台自行设计、制造的锁相式相位制同步广播机正式投入使用。这台同步广播机，1973 年 5 月在全国同步广播鉴定和中波频率规划会议上得到充分肯定，并列为全国中波同步广播两大制式之一，本年获河北省科技成果奖。

11 月 24 日

中央广播事业局正式颁发《农村有线广播技术标准和技术管理规程》。这是农村有线广播第一个技术方面的法规性文件。

11 月 25 日

中央电视台播出社教专题节目《寒凝大地发春华——赞天安门广场反“四人帮”斗争》。

11 月 26 日

中央电视台播出文艺节目《亿万人民的心声——〈天安门诗抄〉选播》。

11 月 26 日 ~ 12 月 4 日

教育部和中央广播事业局联合召开中央广播电视大学工作会议。12 月 3 日，国务院副总理方毅在会上作了报告。

11 月 27 日 ~ 12 月 8 日

以总经理罗仲炳为团长的香港无线电视台代表团一行九人访问北京、大连、上海、广州。29 日，全国人大常委会副委员长廖承志会见了他们。这是香港电视界来内地访问的第一个代表团。

11 月 29 日

江苏省无锡人民广播电台恢复自办节目。同月，苏州人民广播电台恢复自办节目。

同月

中央广播事业局在沈阳召开高山调频和电视发射台使用的 YD-76 型遥控远动设备鉴定会。会上决定在广播电视系统推广使用这项设备。它为实现高山调频和电视转播台的自动化和无人值班创造了条件。

同月

中央人民广播电台开始举办《真理与实践问题广播讲座》，共 13 讲。

同月

上海市广播事业局贯彻落实中央有关文件精神。至 1979 年 3 月止，经复查，该局被错划为右派、反党分子的 28 人全部改正。

12 月 1 日

中央电视台派出电视摄影小组赴埃及、苏丹、索马里拍摄电视片。这是该台派出的第一个自费摄制组。

12 月 6 日

全国有线广播技术革新经验交流会在北京召开。会议经过交流和讨论，提出了农村有线广播技术革新的方针。

12 月 7 日

中国国际广播电台召开播音经验交流会。副台长丁一岚主持会议，宣布成立播音业务小组。成员有：魏琳、何赐炳、伍书锦、郑友惠、林希、罗福英。任务是组织业务活动、交流经验。会上，日语部专家添田作题为《如何坚持日语播音员的日常训练》的报告。

12 月 9 日～12 月 20 日

第八届亚洲运动会在泰国曼谷举行，由中央人民广播电台、中国国际广播电台、中央电视台和中控室组成的广播电视记者组对本届运动会进行了采访报道。中央电台、国际台及时播出有关亚运会的主要消息和前方记者采制的录音新闻、录音报道、录音特写等。中央电台还于 12 月 8 日～22 日开办《第八届亚运会专题节目》。中央电视台通过卫星转播了开幕式、闭幕式（包括足球决赛）和男篮、女排 2 场决赛的实况，同时拍摄了新闻片。此外，还陆续播放记者拍摄的《亚运会前的曼谷》《中国队参加比赛项目的片断》《各国运动员联欢》等 11 条电视片。这是新中国广播电视第一次在境外进行体育实况转播。

12 月 14 日

卢克勤任中央广播事业局副局长，周新武任局党组成员、副局长，左漠野任副局长。

12 月 15 日

中央人民广播电台广播新华社消息：国务院最近通知各地和有关部门改用汉语拼音方案作为我国人名、地名的统一规范。外交部于 12 月 1 日通报各国驻我国的外交代表机构，从 1979 年 1 月 1 日起使用。

12 月 15 日～30 日

以香港“丽的”电视公司总经理黄锡照为团长的代表团来内地访问。在京期间，全国人大常委会副委员长廖承志会见了他们。

12 月 16 日

中央人民广播电台、中国国际广播电台从 10：00 起播发《中华人民共和国和美利坚合众国关于建立外交关系的联合公报》《我国政府就中美两国建交的声明》，并播出国务院总理华国锋举行中外记者招待会的录音新闻和消息。

12 月 18 日

天津广播电视文艺演播组成立。1979 年 12 月底在此基础上筹建广播电视艺术团。1980 年 6 月正式建立天津广播电视艺术团。

12 月 21 日

吉林省广播电视学校恢复。设无线广播、有线广播和电视广播三个专业班。

12 月 22 日

郭正任中央广播事业局办公室党的核心小组副组长、副主任。

12 月 23 日

中央电视台转播上海宝山钢铁总厂举行开工典礼的实况（由上海电视台向北京传送），约 1 小时 30 分钟，同时通过微波线路向全国播出。

12 月 23 日 ~ 25 日

中国共产党第十一届中央委员会第三次全体会议 12 月 18 日 ~ 22 日在北京举行。全会实现了新中国成立以来党的历史上具有深远意义的伟大转折，批评了“两个凡是”的方针，高度评价了关于真理标准问题的讨论。中央人民广播电台、中国国际广播电台从 23 日 20：00 开始，广播十一届三中全会公报。中央电台在 20：00、21：00 广播时，第一、第二套节目并机播出。23 日 ~ 25 日，共播出十一届三中全会公报 21 次。中央电视台在 23 日 20：00 采用插播的方式，及时播出中国共产党第十一届中央委员会第三次全体会议在北京举行的电视新闻片（约 5 分钟）。24 日重播。

12 月 25 日

中央人民广播电台广播《人民日报》社论《我们的忍耐是有限度的》。社论就越南武装力量不断侵犯我国领土、枪杀和打伤我边境居民和渔民，向越南政府提出严正警告。

12 月 25 日 ~ 26 日

为纪念毛泽东诞辰 85 周年，中央人民广播电台播出毛泽东 1949 年 9 月在中国人民政治协商会议第一届全体会议和 1954 年在第一届全国人民代表大会上的讲话录音。

12 月 30 日

天津市广播事业局撤销党委，成立党组。党组书记、局长李克简，党组副书记、副局长陈俊杰，党组成员、副局长：郑少明、赵树垣、张启明、王全来。

同日

《四川广播电视报》在成都创刊。该报由四川省广播局总编室承办，以四川人民广播电台、四川电视台名义公开出版。至 1985 年每期发行量达到 187 万多份，居全省报纸第一位。

12 月 31 日

中央电视台《祖国各地》栏目播出《台湾风光》。这是该台第一次播出在台湾实地拍摄、反映台湾风情的电视纪录片。节目播出前，《人民日报》等首都报纸在头版报道了这一消息。

同月

中央电视台开始使用电子新闻采集（ENG）设备供记者外出采访、录像使用。录制的新闻节目，在 2 ~ 3 小时后即可供播出。此项设备，中央电视台当时只有两台。

同月

辽宁人民广播电台开办《日语讲座》。

同月

江西 702 电视转播台将 7.5 千瓦黑白电视发射机改造成彩色电视发射机，播出彩色电视节目。

同月

青海省海西人民广播电台开始播音。

同年

中央人民广播电台共收到听众来信 94475 封，来稿 60212 件。

同年

中国国际广播电台共收到 127 个国家和地区的听众来信 105632 封。

同年

上海电视台成立临时领导班子，由邹凡扬、奚里德、陈国儒、柳星三等四人组成，邹凡扬为负责人。

同年

贵州人民广播电台《对农村广播》节目停止使用地方方言播音，改用普通话播音。该台《全省各地广播站联播》节目除报道党政军重大活动外，以报道农业为主，同时加强工交、财贸、科技、文教、体育、卫生等方面的报道，增设《广播评论》。恢复《学习》节目、《业余英语广播讲座》节目和每晚一次的《新闻》节目。文艺性节目中开设《音乐》《文学》《外国音乐和外国文学》与《听众点播的文艺》节目。

1979 年

1 月 1 日

中美两国正式建立外交关系。中央人民广播电台播出国务院总理华国锋关于中美建交致美国总统卡特的贺电。中国国际广播电台从零点开始播出《华国锋总理、邓小平副总理和美国总统互致电报，祝贺中美两国建立外交关系》《黄华外长和万斯国务卿互致祝贺电报》等消息。多国听众纷纷来信表示祝贺，其中美国来信尤其踊跃。不少听众认为，中美建交有助于促进世界和平，是中国外交的一次“新的成功”。

同日

中央人民广播电台《各地人民广播电台联播》《新闻和报纸摘要》节目和其他新闻节目连续播出全国人大常委会发表的《告台湾同胞书》。《告台湾同胞书》建议台湾和大陆之间尽快实现通航、通邮，以利两地同胞直接接触，互通信息，探亲访友，旅游参观，进行学术文化体育文艺观摩。中央电台对台湾广播部开办特别节目，专播《告台湾台胞书》，为期三个月，每天两次，每次 15 分钟。

同日

经财政部批准，中央广播事业局各直属发射台从当日开始试行定额核算。

同日

中央电视台“CCTV”台标正式播出使用。同时，该台决定每星期日上午的电视节目改从 9：00 开始播出。

同日

内蒙古电视台开始采用录像手段播出中央电视台节目。

同日

重新组建的南京人民广播电台开始播音。

同日

广州电视台更名为广东电视台。

同日

四川人民广播电台开办第二套节目，播送《藏语广播》《彝语广播》和各类教育节目，并重播第一套节目的《四川新闻和报纸摘要》《全省广播台、站联播节目》等。

1月1日～3月11日

中央人民广播电台《学习》节目举办《按照客观规律办事，加速社会主义现代化建设广播讲座》，共13讲。

1月3日

中央电视台《新闻联播》节目播出中共中央政治局委员、中宣部部长胡耀邦在中国文学艺术界联合会迎新茶话会上的讲话，他希望作家们为四个现代化唱出时代最强音。

1月4日

柬埔寨局势紧张，民柬部队撤离金边。从当日开始，中国国际广播电台英、俄、日、法、柬语组分别收听对象国家电台的广播。4月6日，播发西哈努克亲王到达北京的消息；4月7日，播发《中华人民共和国政府谴责越南侵犯柬埔寨的声明》；4月13日，播发《柬埔寨政府谴责越南侵略柬埔寨的声明》；4月16日，播发《我外交部关于中越铁路联接点问题的声明》等。

1月5日

中央人民广播电台广播国务院副总理邓小平在答美国记者问时说："我们将采取多种方法同台湾当局，特别是同蒋经国先生商谈祖国的统一问题。"

1月5日～1980年2月7日

文化部举办庆祝中华人民共和国成立30周年献礼演出。演出历时13个月，分18轮持续进行。全国29个省（区、市）和解放军的128个文艺团体参加演出，节目共137台。中央人民广播电台在新闻节目中作了连续报道，播发消息、录音报道、录音讲话等；文艺节目选播了部分优秀节目。

1月6日

中央人民广播电台播出西藏自治区接待藏族同胞归国和参观委员会在拉萨成立的消息。接待委员会副主任巴桑在成立大会上说，我们欢迎包括达赖喇嘛在内的所有在国外的藏族同胞归国参观访问，省亲会友，定居生活。

1月7日

为纪念周恩来逝世三周年，中央电视台播出电视片《周总理的办公室》和纪录片《周恩来总理永垂不朽》。

1月8日

天津人民广播电台在周恩来逝世三周年之际，播出他于1954年9月23日在第一届全国人民代表大会上作《政府工作报告》的实况录音（节录）。

1 月 9 日

中央人民广播电台广播：1978 年是我国恢复研究生制度的第一年。这一年共收录 1.05 万多名研究生。这个数字已接近“文化大革命”前 17 年培养的研究生总数。

同日

新疆广播电视大学成立，2 月 17 日开学，第一期招收学员 5668 人。新疆维吾尔自治区副主席巴岱兼任校长。

1 月 15 日

中央人民广播电台广播：中宣部召开的各省（区、市）党委宣传部长会议在北京举行。胡耀邦部长在会上提出：全党工作重点转移之后，党的宣传工作的根本任务是把马列主义、毛泽东思想的普遍真理同实现四个现代化的伟大实践密切结合起来，研究新问题、解决新问题，尽可能使思想理论工作走在实际工作的前头，把毛泽东思想推向前进，加速社会主义现代化建设的进程。他还在会上宣布：党中央决定为“中宣部阎王殿”彻底平反。

1 月 19 日

中央广播事业局召开四级干部会议，局长张香山作题为《关于我局工作重点转移问题》的报告。

1 月 22 日～2 月 5 日

为报道中法建交 15 周年，法国欧洲一台新闻部主任特若特等七人采访组来华采访，连续三天通过卫星向巴黎直接播出广播节目 13 小时 15 分钟。采访对象有中国外交部部长黄华、副部长仲曦东，外贸部副部长杜润生等。

1 月 23 日

9：00，中央广播电视大学试播教学节目。试播前通知各省（区、市）教育部门和电视台组织收看，并将收看效果及时向中央电视台反映。2 月 6 日，由教育部和中央广播事业局共同举办的中央广播电视大学举行开学典礼。

同日

安徽人民广播电台《对农村广播》节目播出定远县基层干部要求包产的来信和安徽省部分社队包产到组的见闻，引起强烈反响，不少农村听众来信要求重播。

1 月 24 日

新疆维吾尔自治区批准乌鲁木齐市成立市广播局，并筹建乌鲁木齐人民广播电台。

1 月 25 日

中央人民广播电台、中央电视台播出《中央纪律检查委员会举行第一次全体会议》的新闻。

1月28日

除夕，中央电视台举办《迎新春文艺晚会》。

同日

17:05，上海电视台播出中国内地电视史上第一条广告《参桂养容酒》，片长1分30秒。3月15日晚，该台播出中国内地第一条外商电视广告《瑞士雷达表》，片长60秒。

1月28日~2月5日

国务院副总理邓小平应邀对美国进行正式访问。这是新中国成立以来我国领导人第一次正式访问美国。中国国际广播电台、中央电视台派记者随同采访。邓小平访美的有关新闻报道，中央人民广播电台、中国国际广播电台主要采用新华社的消息。中央电视台每天通过卫星传送邓小平访美专题新闻。1月29日，随邓小平访美的中央电视台记者在白宫采访了卡特总统，中央电视台通过卫星播出这次采访的录像。

同月

中央电视台开办《外国文艺》专栏，向观众介绍外国的优秀文艺作品，以古典作品为主。

同月

广东省广播事业局所属太平洋影音公司建成。5月，该公司生产出第一批立体声录音带。这是我国第一次出版盒式有声磁带。

2月1日

天津电视台第一部电视戏曲艺术片《花木兰》（评剧）首播。

2月6日

江苏省广播电视大学开学，两万名新生参加学习。

2月16日

国务院批复：同意张纪明、邹晓青任中国国际广播电台副台长。

2月17日

中越边境自卫反击战开始。中央人民广播电台零点新闻播出中国人民解放军边防部队在广西、云南被迫对不断武装侵犯我国领土的越南侵略者进行自卫反击的消息和声明。中国国际广播电台越南语广播同时播出。中央电视台于当晚播出《我边防部队被迫还击越南侵略者》和《新华社奉中国政府之命发布声明》的口播新闻，并播出专题报道《我们的忍耐是有限度的》。随即，中央电台派出五名记者、中央电视台派出七名记者随军到东、西两线进行火线采访。

2 月 19 日～28 日

智利天主教大学电视台摄影组来华采访。这是中央广播事业局接待的来自智利的第一个摄影组。

2 月 28 日

中央人民广播电台报道：中宣部最近批准文化部党组所作的决定，对林彪、“四人帮”制造的“旧文化部”“帝王将相部、才子佳人部、外国死人部”这一大错案进行公开的彻底平反。决定指出，解放后 17 年文化部的工作成绩是主要的，根本不存在什么“文艺黑线”和以周扬、夏衍、田汉、阳翰笙为代表的所谓“黑线代表人物”问题，凡是因所谓“文艺黑线”等错案受到打击和诬陷的同志一律彻底平反。

同日

中央人民广播电台拟出《当前广播歌曲中存在的一些问题》。这份材料是根据党的十一届三中全会精神，对广播歌曲进行初步检查的总结。材料说明，“文化大革命”以来创作的歌曲，经过多次检查、清理、淘汰，目前还在广播的歌曲约 3000 首。经过这次初步检查，发现有 1200 首左右不再适合广播了。其中主要有两部分：一部分是宣传个人、神化领袖的歌曲，一部分是配合任务的歌曲。

同月

中央电视台对现有节目突出宣传个人、神化领袖以及标语口号式的“配合政治任务式”的内容进行了清理。

3 月 1 日

经北京市报请中央广播事业局同意，筹建中的“首都电视台”定名为“北京电视台”，英文缩写为“BTV”。5 月 16 日，北京电视台举行试播仪式并向首都观众直播现场实况。中央广播事业局局长张香山和中央电视台有关领导出席。5 月 18 日，北京电视台正式试播。至此，全国 29 个省、自治区和直辖市建立了电视台。

3 月 5 日

上海人民广播电台在全国广播电台中率先恢复广告节目。

3 月 15 日

中组部通知：左漠野任中央广播事业局党组成员。

3 月 17 日

中央电视台转播美国波士顿交响乐团访华演出实况。国务院副总理邓小平、全国人大常委会副委员长宋庆龄观看演出。

3 月 20 日

中组部通知：郝平南任中央广播事业局党组成员、副局长。

3月22日

中国国际广播电台召开干部会议，副台长邹晓青传达了中共中央政治局委员、中宣部部长胡耀邦在对外宣传工作会议上的讲话。胡耀邦说："对外宣传不要简单说是针对谁。我们主要是宣传新中国，要真实，要丰富多彩，同时还要及时。我们的对象就是外国人。"

3月28日

经中共上海市委宣传部批准，上海市广播事业局副局长刘冰兼任上海电视台台长，副台长：柳星三、周峰、奚里德、陈国儒、赵庆辉，同时成立台委会，由正副台长组成。

同月

江西省革委会决定恢复省广播事业局建制，并成立中共江西省广播事业局党组，赵中任党组书记、局长。

4月2日

天津电视台开始用五频道和十二频道每天播出（周日除外）两套节目。

4月3日

中央人民广播电台、中国国际广播电台播出五届全国人大常委会第七次会议通过的不延长即将期满的《中苏友好同盟互助条约》决议的消息。

4月5日

中央电视台播出记录"天安门事件"实况的纪录片《扬眉剑出鞘》。该片通过大量照片、讲话录音和影片资料，反映了"四五"运动的勇士们不畏强暴，同"四人帮"坚决斗争的场面。

4月16日～24日

以罗马尼亚广播电视台总台长波布为团长的广播电视代表团来我国访问，代表团在京期间签订《中罗1979～1980年广播电视合作协定书》。

4月22日

中央人民广播电台同共青团中央、教育部和中国音乐家协会发出《关于发起全国各大城市举行少年儿童音乐表演会的联合通知》。这项活动是为庆祝中华人民共和国成立30周年，庆祝中国少年先锋队建队30周年，并配合当年国际儿童年而举办的。表演会定于6月到8月举行，评选活动定于10月初举行。

同日

中央电视台现场直播北京人民艺术剧院演出的老舍先生的著名话剧《茶馆》。

4月26日

中央人民广播电台《各地人民广播电台联播》节目播出本台评论员郭平的文

章《改善中越关系的根本办法》。这是新中国广播史上第一篇署名“本台评论员”的文章。

同月

中国国际广播电台英语组《学中国话》节目受到听众欢迎。从 1976 年 8 月开办到 1978 年 12 月 6 日第一期结束，期间两次发调查信，有 1416 人来信索要课本，以青年学生居多。

同月

吉林省白城人民广播电台恢复自办节目。

同月

山东电视台建立彩色中心。自办节目由黑白变彩色，同时增办第二套节目，用二频道向济南地区播出。1981 年 9 月，电视节目全部彩色化，并增加了口播新闻。

同月

贵州电视台建成 350 平方米摄像与灯光、音响配套的演播厅，取代建台时用舞厅改装的 50 平方米的简易演播室。

5 月 1 日

中共中央副主席、国务院副总理邓小平为上海电视台题写台名。

同日

新疆维吾尔自治区哈密市人民广播站建成并开始播音。

5 月 8 日

中央人民广播电台《各地人民广播电台联播》节目播出本台评论员文章《学习马恒昌小组的经验，加强班组建设》。这是中央电台在历史新时期关于国内问题的第一篇广播评论。1979 年，中央电台《各地人民广播电台联播》节目共播出本台评论 15 篇。

5 月 10 日～8 月 7 日

中央电视台与教育部联合开办《电子计算机原理与应用》电视讲座，内容分两部分，共 82 讲。

5 月 12 日

中共上海市委任命邹凡扬为上海市广播事业局党委委员、副局长，兼任上海人民广播电台台长。

5 月 17 日

国务院副总理邓小平谈到从美国购买通讯卫星时说：原来确定的方针不变，以彩色电视广播为主，覆盖全国为准，普及电化教育，加速培养人才。

5月17日～30日

中央人民广播电台召开驻17个省、自治区、直辖市记者站负责人会议。5月26日，中共中央政治局委员、中宣部部长胡耀邦到会讲话时说，广播要为四个现代化、为社会主义事业服务，给人们充满信心、充满鼓舞的力量。一要有好的新闻，二要给人民丰富多彩的精神生活。中央广播事业局局长张香山作关于贯彻中央工作会议精神的报告。中央人民广播电台台长左漠野在会议结束前的讲话中再次强调了广播要“自己走路”的方针（这一方针1950年由胡乔木首先提出）。

5月25日

中央人民广播电台《新闻和报纸摘要》节目摘要介绍《人民日报》报道《要为真理而斗争》。该报道记述了优秀共产党员、中共辽宁省委宣传部女干部张志新同林彪、“四人帮”英勇斗争的事迹。

5月26日

中央广播事业局党组上报中央纪律检查委员会：我局经过清查，属于中央管理的干部中没有人被定为林彪、“四人帮”的死党、代理人、骨干分子这三种人员。

6月4日

北京人民广播电台对广播节目作较大调整：本市新闻从每天四次增加到六次，恢复“文革”前较有影响的专题节目《首都生活》，撤销对首都工人和对少年儿童的广播节目，《科学技术》节目改为《大众科学》节目，《学理论》节目改为《文章选播》，增办《语文讲座》《历史知识讲座》《听众点播的戏曲》《每周一歌》《相声和轻音乐》等节目。此次调整成为北京人民广播电台贯彻“自己走路”和“以新闻为突破口”的宣传改革的转折点。

6月6日

中央人民广播电台广播：国务院正式承认聚居于云南省的基诺人为我国的一个单一的少数民族。至此，我国被正式确认为单一少数民族的共有55个。

6月7日

天津市广播事业局内部机构调整，局下设两台、两室、四处。即：广播电台，下设新闻部、教育部、文艺部、理论科技部、播出部；电视台，下设新闻部、文教部、播出部、技术部、办公室；局办公室，宣传办公室；技术处、事业处、人事保卫处、行政处。

6月11日

李力任天津人民广播电台台长（兼），陈俊杰任天津电视台台长（兼）。

6月13日～27日

以中央广播事业局副局长金照为团长的中国广播电视代表团访问南斯拉夫，19

日，双方签订《中南 1979 ~ 1980 年广播电视合作执行计划》。

6 月 15 日 ~ 7 月 2 日

中国人民政治协商会议第五届全国委员会第二次会议（6 月 15 日 ~ 7 月 2 日）和第五届全国人民代表大会第二次会议（6 月 18 日 ~ 7 月 1 日）先后在北京召开。中央人民广播电台、中国国际广播电台、中央电视台分别派出报道组采访报道会议实况。国际台还派出六种外语翻译人员参加大会文件翻译工作。这次宣传报道改变了过去完全依靠新华社发稿的做法。会议开幕、闭幕、主要议程的消息均由三台写稿定稿。

6 月 16 日

中组部通知，中央同意：章敬、陈泽然任中央人民广播电台副台长；徐国盛、李先候任中央电视台副台长；谷枫任中央广播文工团团长；张晋德任中国唱片社社长。

6 月 18 日

中宣部同意中央广播事业局撤销政治部。

6 月 20 日

云南省文山人民广播电台开始播音。

6 月 22 日 ~ 24 日

北美无线电俱乐部协会 1979 年年会简报称："北京电台（中国国际广播电台）为去年改进最大的电台。"

6 月 23 日

《内蒙古电视》在呼和浩特创刊。

6 月 26 日

天津人民广播电台《天津新闻》播出对张志新烈士的母亲郝玉芝和妹妹张志勤的采访讲话录音，引起社会很大反响。

6 月 30 日

南京电视台更名为江苏电视台。

同月

中国国际广播电台有 14 种外语广播定期举办《听众信箱》或《问与答》节目。《听众信箱》节目开办以来，听众来信迅速增加。

同月

江苏省南通人民广播电台恢复自办节目。

7 月 1 日

中央电视台播出本台记者采访和拍摄的电视片《为真理而斗争——记党的优秀女儿张志新》和专题文艺节目《心灵的呼声——张志新烈士生前写的两首歌》。

同日

在向张志新烈士学习活动中，上海人民广播电台播出广播剧《共产党人正气歌》；上海电视台播放电视报道剧《永不凋谢的红花》。中央电视台于 7 月 14 日播出该报道剧。

同日

沈阳电视台更名为辽宁电视台。

同日

黑龙江鸡西转播台恢复为鸡西人民广播电台。

同日

黑龙江牡丹江电视转播台成立。

同日

江苏省连云港人民广播电台恢复自办节目。

7 月 15 日

国务院副总理邓小平在黄山白鹅岭与坚持高山工作的安徽黄山电视调频台的工作人员以及他们的家属交谈、合影。

7 月 23 日

天津市广播事业局设立广播电视广告部。8 月，恢复国内外广告节目。

同月

中央电视台开始译制外国电视剧和电影故事片。第一部译制的是菲律宾驻华使馆提供的影片《我们的过去》。

同月

青岛电视台开始播出彩色电视节目。

8 月 1 日

中央广播事业局党组决定：撤销中央电视台党的核心小组，建立临时机关党委，徐国盛任书记，王俊芝任副书记。

8 月 6 日

《山东广播电视报》复刊后第 1 期出版。其前身为 1954 年 3 月 4 日创刊的《广播节目介绍》。

8 月 8 日～10 月 21 日

电视纪录片《丝绸之路》中日联合摄制组 21 人（中方 11 人，日方 10 人）分三路到陕西、甘肃和新疆拍片。这是我国电视台首次与外国合拍大型纪录片。8 月 25 日，开机典礼在广播大楼前举行。日本广播协会副会长中昌胤一行专程访华并参加典礼。全国人大常委会副委员长姬鹏飞当日接见了日方人员。

8 月 11 日

中共中央书记处书记胡乔木看了《新华社工作简报》所载《格林来信祝贺我国对外宣传的进步》一文后，写信给中共中央政治局委员、中宣部部长胡耀邦，对进一步改进新华社的对外报道和对内报道，以及改进《人民日报》、中央人民广播电台的工作提出一些意见。希望新华社、中央电台的对外报道系统研究一下美国之音和英国广播公司。胡耀邦将胡乔木的信批转给了中宣部常务副部长朱穆之、新华社总编辑穆青、人民日报社总编辑胡绩伟、中央广播事业局局长张香山等。1979 年 7 月 8 日，英中了解协会主席、著名作家兼电影制片人费里克斯·格林在给新华社社长的信中写道："大约两年前，我对新华社新闻报道的写作风格提出了一些相当严厉的批评。现在我衷心祝贺你们在如此之短的时间里取得如此巨大的改进。现在许多报道都写得生动活泼，摆脱了那种引起西方读者思想上反感的'令人看不懂的话'。"

8 月 12 日

中央电视台《为您服务》栏目首次播出。

8 月 18 日

贵州电视台东山电视发射台正式投入使用。

8 月 18 日～ 27 日

中央广播事业局在北京召开全国电视节目会议。这是我国电视事业创建 21 年来，第一次就电视节目进行专业探讨的全国性会议。会议期间，中共中央政治局委员、中宣部部长胡耀邦接见全体代表并作报告。中央广播事业局局长张香山就如何加强电视宣传发表讲话。会议的主要任务：一、讨论如何丰富和改进电视节目内容，办好自办节目，特别是要多搞电视剧，自力更生，走自己的路；二、研究国庆 30 周年进行全国电视节目大联播的问题；三、讨论各地电视台加强协作，交流经验，交换电视节目问题。

8 月 27 日

新疆维吾尔自治区党委决定，撤销自治区广播事业局（台）革命领导小组，临时党委改为党组。王萍任党组书记、局长，热介甫·托乎提、陈杏生、朱光耀任党组副书记、副局长。

8 月 30 日

中国国际广播电台停止对柬埔寨的法语广播。

8 月 31 日

中组部通知，中央同意：金照（中央广播事业局副局长）兼任中国国际广播电台台长，左漠野（中央广播事业局副局长）兼任中央人民广播电台台长，蒋建忠任中央电视台副台长。

同月

中央广播事业局局长张香山在新疆维吾尔自治区广播事业局党组书记、局长王萍陪同下，考察了石河子广播事业管理局。

同月

北京广播学院首次招收研究生，新闻广播理论和广播史专业各录取一名，指导教师分别是王珏、赵玉明。

9月1日

自即日起，中央人民广播电台在每天18：00的新闻节目中增播五分钟的最新国际新闻。这是新华社专为中央电台提供的当天未见报的消息。

同日

中央电视台与英美合资的合众独立电视新闻社（UPITN）签订合同，每天从香港地区收录10分钟卫星新闻，航寄北京。加上每天接收新华社专为中央电视台编发的5分钟《国际要闻简讯》，每天都有了国际新闻。

同日

四川省广播事业局、四川人民广播电台革命委员会撤销，改名为四川省广播事业局，与四川人民广播电台实行局台合一体制。

9月2日～13日

第十届世界大学生运动会在墨西哥城举行。中国国际广播电台派出两名记者参加报道，共发新闻8条、专稿12篇，此次报道改变了以往只写专稿不写新闻的做法。中央电视台新闻部组成的电视组在运动会结束后，继续在墨西哥拍片一个月。

9月5日

中央人民广播电台报道：目前，全国已有29所广播电视大学，中央和28个省、自治区、直辖市各有一所。全国各地广播电视大学在学学生共41万多人，专职和兼职教师两万多人。

9月12日

中央电视台《新闻联播》播出批评性报道《王府井停车场见闻》，引起观众强烈反响，几天内就收到观众来信3000多封。应观众要求，这条消息在9月16日的《为您服务》节目中再次播出。应观众要求而重播一条新闻，自电视新闻在我国问世以来，实不多见。

同日

四川省广播事业局向各地（市、州）、县广播事业局发出表彰和学习巴中县先锋公社放大站机线员朱开聪先进事迹的通知。朱开聪为办好农村有线广播勤恳工作，忠于职守，积劳成疾，以身殉职。

9 月 13 日

中央人民广播电台报道：第五届全国人大常委会第十一次会议通过《关于省、自治区、直辖市可以在 1979 年设立人民代表大会常务委员会和将革命委员会改为人民政府的决议》。

9 月 15 日～ 30 日

第四届全国运动会在北京举行。中央人民广播电台实况转播开幕式、闭幕式和足球、篮球、排球、乒乓球、冰球决赛。从 9 月 13 日到 30 日，开办《第四届全国运动会专题节目》。中国国际广播电台播出开幕式、闭幕式的录音新闻；各项比赛重要成绩的新闻、特写；优秀运动员、先进体育单位介绍等。中央电视台实况转播开幕式、闭幕式和篮球、足球、排球、体操、冰球、花样滑冰等决赛。

9 月 15 日～ 10 月 21 日

中央电视台举办“庆祝新中国成立 30 周年全国电视节目联播”，历时 41 天。25 个省、自治区、直辖市推荐了节目。这是全国范围第一次大规模的节目交流活动。

9 月 23 日

北京市广播事业局成立。局机关设办公室、计划财务处、人事保卫处、农村广播事业处、广播技术处、广播事业服务处、基建处。局直属单位主要有北京人民广播电台、北京电视台等。全局职工总数为 397 人。

同日

海口电视转播台试播，10 月 1 日正式播出。

9 月 26 日

中央人民广播电台播出外交部声明。声明重申：南沙群岛与西沙群岛、中沙群岛和东沙群岛一样，历来就是中国领土的一部分，中国对这些岛屿及其附近海域拥有无可争辩的主权，这些地区的资源属于中国所有。

同日

黑龙江省制成我国第一部立体声调制器。10 月 26 日，黑龙江人民广播电台利用这套设备播出立体声广播节目。

同日

中央广播事业局设计室设计的混凝土电视塔在武汉龟山落成。该塔高 220 米，是当时全国最高的电视塔，塔楼上设有旋转餐厅。

9 月 28 日

《北京广播电视报》正式出版发行。

9 月 29 日

中央人民广播电台《各地人民广播电台联播》《新闻和报纸摘要》节目播出中国

共产党第十一届中央委员会第四次全体会议在北京举行的消息。全会通过中央委员会副主席叶剑英代表党中央、人大常委会和国务院在庆祝中华人民共和国成立30周年大会上的讲话和《中共中央关于加快农业发展若干问题的决定》。全会选举中央政治局候补委员赵紫阳和中央委员彭真为中央政治局委员。

9月30日

北京电视台第一次播出用国产彩色转播车录制的七场歌剧《壮丽的婚礼》。采用全彩色胶片自编自导的第一部纪实性专题片《新中国的同龄人》参加了中央电视台国庆30周年专题节目大联播。

同月

《北京广播学院学报》创刊。

同月

上海电视台开办电视中学。

10月1日

中央人民广播电台《新闻和报纸摘要》节目播出国庆联欢晚会的现场报道。为纪念中华人民共和国国庆30周年，中国国际广播电台发专稿8篇，介绍30年来各行各业的建设成就和国民经济调整的大好形势。

同日

中央人民广播电台《各地人民广播电台联播》节目结束曲《国际歌》撤销。

同日

天津电视台录制的第一部电视小说《人民选官记》播出。

同日

云南省德宏人民广播电台开始播音。

同日

西藏电视台试播彩色电视节目。

10月2日

中央电视台播出新录制的电视剧《有一个青年》(导演蔡晓晴)，在社会上引起较大反响。

10月4日

昆明电视台更名为云南电视台。

10月9日

中宣部发出的《关于加强地方对外宣传工作的通知》指出：做好对外宣传工作，可以在国外争取和团结更多的朋友，扩大中外经济、科技、文化交流，促进国际反霸、反帝、反殖民斗争，为我国社会主义现代化建设创造有利的国际条件。

10 月 11 日

河南电视台播出本台第一部自制电视剧《约会》。

10 月 14 日～27 日

以中央广播事业局副局长兼中央人民广播电台台长左漠野为团长的中国广播电视代表团访问英国。

10 月 24 日

中组部通知，中央同意：罗东任中央广播事业局党组成员、总编室主任；卢杰任中国国际广播电台副台长。

同日

文化部与中央广播事业局签订《关于供应电视台播放影片的规定》。

10 月 29 日

中央人民广播电台报道：为纪念中国共产党的创始人之一、杰出的共产主义战士、伟大的无产阶级革命家李大钊诞辰 90 周年，首都人民举行报告会、纪念大会、纪念展览等活动。

同日

日本电气公司技术代表团一行七人来华，就中央电视台新彩电中心自动化问题与中方进行为期一个月的技术交流。

10 月 30 日

自即日起，中国国际广播电台世界语广播由每周两次改为每天广播。除已办的《听众信箱》节目外，新开办《中国文化》《在中国旅行》《世界语在前进》三个固定节目。

同月

贵州省制定广播电视事业 1979 年至 1985 年七年规划。七年内拟建设广播电视卫星小型地面接收站 200 座、10 千瓦中波转播台 4 座、调频电视转播台 3 座（1 千瓦）、小功率差转台 300 座；初步建成节目传送网；争取把广播电视的人口覆盖率提高到 50% 以上。

11 月 1 日

北京人民广播电台、北京电视台开办广告节目。

11 月 10 日

新疆维吾尔自治区克拉玛依人民广播电台正式播音。

11 月 11 日

中央电视台第一套节目开办《星期日英语》节目。主要播送英语原版国外影片和英语配音复制的国产影片，另外也有本台自编自摄的英语节目。

11 月 17 日～ 24 日

“亚广联”第十六届全会和第二十七届理事会在印度尼西亚巴厘岛举行，以中央人民广播电台罗清为首的中国代表团出席会议。

11 月 19 日

根据全国广播电视大学工作会议的决定，今后中央电视台有关电视教育节目的重播，交由各省、自治区、直辖市电视台负责安排。为此，中央电视台与北京电视台商定，第二套节目的《电视教育讲座》改由北京电视台播出。中央电视台第二套节目每晚均播综合节目。

11 月 23 日

中共江苏省委任命尹良为江苏省广播事业局副局长兼江苏电视台台长。

11 月 25 日

中央电视台播出本台第一部用 16 毫米彩色胶片拍摄的电视剧《他是谁》(导演王岚)。该剧是根据 1979 年 7 月 18 日《解放军报》转载的《人民铁道报》通讯《离奇而发人深思的事件》改编拍摄的，讲述了一个人冒充政府高级官员的儿子到处招摇撞骗的故事。

11 月 26 日

中央人民广播电台广播：国际奥林匹克委员会经过全体委员的通讯表决，批准一项决议，决定中华人民共和国奥林匹克委员会的名称为“中国奥林匹克委员会”，使用中华人民共和国国旗和国歌。设在台北的奥委会的名称为“中国台北奥林匹克委员会”，不能使用歌、旗和会徽，今后使用歌、旗和会徽须经过国际奥委会批准。

同月

为配合国务院总理华国锋访问意大利，意驻中国使馆派人来中央电视台商谈，希望中央电视台组织一场文艺演出，通过卫星向该国实况播出。中央电视台副台长孟启予与意方通过谈判达成协议，确定由该台文艺部组织在人民剧场演出京剧《虹桥赠珠》，通过卫星向意大利作实况播出。这是我国第一次通过卫星向国外电视机构进行专场电视文艺演出的转播。

同月

中共北京市广播事业局党组成立。赵正晶任党组代书记、代局长兼北京人民广播电台台长；王小为任党组副书记、副局长兼北京电视台台长；赵友福任党组副书记、副局长；于云先、朱峰任党组成员、副局长。

同月

内蒙古人民广播电台第一个广告节目《广告 · 音乐》开播，每天两次，每次 10 分钟。

12 月 5 日

新疆电视台 250 平方米彩色电视发射机房建成，开始试播彩色电视节目。这是新疆历史上第一次播放彩色电视节目。

同日

日本特立帕克电视节目公司摄影队来到上海，拍摄电视剧《望乡之星》，日本著名影星栗原小卷担任主角。这是上海市广播事业局首次和外国电视机构合作拍摄电视剧，上海电视台参加了拍摄工作。

12 月 5 日～ 9 日

日本国总理大臣大平正芳访问中国。7 日 14：30，中央电视台播放大平正芳在北京发表的演说《80 年代日中关系的展望》；直播了大平正芳举行记者招待会的实况。

12 月 10 日～ 16 日

根据全国电视节目会议关于“采用多种办法把全国电视台的力量组织起来，互相协作、加强交流、共同丰富节目”的精神，中南地区广东、广西、湖南、湖北、河南等省、区广播局在桂林举行第一次区域电视节目会议，云南电视台派代表列席会议。

12 月 15 日

湖北电视台节目全部实现彩色化。

12 月 15 日～ 20 日

中央人民广播电台广播：全国各省、自治区、直辖市和全军计划生育办公室主任会议在成都举行。国务院副总理陈慕华在会上强调指出：“把计划生育的重点，转移到一对夫妇最好生一个孩子上来，是解决我国人口问题的战略任务。”

12 月 18 日

天津人民广播电台记者采访曾一度失足，后变为青年突击手的贾启成。贾启成的讲话录音播出后，在社会上引起很大反响。由此引发《天津日报》、中央人民广播电台、新华社、《人民日报》等新闻单位也都对贾启成的事迹作了报道。天津电视台还以此为原型，拍摄电视片《现在正是早晨》。

12 月 18 日～ 28 日

北京人民广播电台在《小说连续广播》节目播出长篇回忆录《在彭总身边》，引起较大社会反响，一个月内收到听众来信 250 封。中宣部部长胡耀邦、常务副部长朱穆之分别作了批示，肯定该节目。

12 月 21 日

四川省广播事业局在渠县召开全省广播企业工作现场会。会议提出：1980 年是全面提高管理水平之年，要进一步解放思想，大抓增收节支，培养干部，改革管理，提高广播企业产品质量与服务质量。会议期间，举办了四川地方广播工业产品展销会。

12 月 23 日

中国人民解放军总参谋部、总政治部和总后勤部发出关于贯彻执行中央转发《总政治部、新华社、广播事业局〈关于恢复军事宣传机构实行双重领导报告〉的通知》。通知决定：军事宣传机构列入军队编制体制后，中央人民广播电台成立军事部，编制等级为师级。当日，中央电视台原新闻部军事组正式改称中央电视台军事部。

12 月 24 日

国务院副总理方毅在中央广播事业局的《广播电视工作简报》第 39 期《〈星期日英语〉受到群众欢迎》一文上批示："这些意见很好。自《星期日英语》开办以来，我听到各方面反映都很好。请广播局同志继续努力。"

12 月 26 日

中共江苏省委任命李维为江苏省广播事业局局长。

12 月 28 日

由中央人民广播电台、中央电视台、《中国青年报》《体育报》联合举办的首次全国最佳运动员（1979 年度）评选揭晓，陈芳霞、陈伟强、葛新爱、吴数德、容志行、聂卫平、栾菊杰、邹振先、宋晓波、吴忻水获奖。1980 年 1 月 16 日在北京举行颁奖大会。这次评选活动自 1979 年 8 月 4 日启动，有 9.5 万多名体育爱好者参加了投票评选。

12 月 31 日

中央电视台播出《迎新晚会》，内容有电视片《三峡传说》、马戏、女声独唱、故事片《春雷》（从香港直接买进）、相声、舞蹈等。

同月

中央电视台开办广告业务。在面向全国和面向北京地区的两套综合节目中，每天分别播出五分钟广告节目。

同月

《云南广播电视报》在昆明创刊。

同年

中央广播事业局司局级以上干部职务结构：国务院直属局局长 1 人，副局长 10 人；司局长 3 人，副司局长 9 人；相当于司局级的企事业单位正职 9 人，副职 35 人。

同年

至年底，中央广播事业局干部总数 8396 人，其中行政机关 536 人、企事业单位

7860 人。各类专业技术干部 5871 人，其中工程技术人员 2970 人、科研人员 126 人、教学人员 235 人、文艺人员 524 人、新闻出版人员 1094 人、外文翻译人员 809 人。

同年

中国曲艺家协会和中央人民广播电台联合举办全国曲艺短篇新作品评选，中国广播说唱团的相声《如此照相》获一等奖。

同年

中央人民广播电台新闻节目进行两次改革，解除了该台驻各地记者站不许发新闻稿的禁令。机构按社会分工建立专业部组，成立了新闻、工商、农村、军事、文教、理论政法、国际、记者管理八个部。在改组机构的同时，提出改进新闻节目的设想。在业务指导思想方面，提出：多谈些经济，经济报道要尽可能使听众感到跟自己的切身关系；多从群众角度进行新闻报道，改变从上往下灌得多，反映下面丰富多彩的实际生活少，反映各级领导机关活动多，反映群众活动少的现象；坚持新闻要用事实说话，改变新闻报道事实少、议论多的现象和编辑新闻稿“留观点删事实”的做法；大力表扬先进，有计划地报道一些“四化”的实干家和有突出贡献的科技人员；增加一些批评和揭露性报道；减少会议消息，改进会议报道，没有新内容、新精神的会议不报道；工交方面的一般专业性活动和农业部门一般性的例行的农事动态少报或不报；压缩外事报道，外事活动中没有新内容的讲话不摘引，除特殊情况外，只报小名单，不报大名单；注意发挥广播新闻的特点，做到开门见山，简明扼要，通俗易懂，并提倡搞些有现场音响的口头报道。在选材上，从广播的特点出发，既要求有重点，又侧重强调扩大报道面。

同年

中央人民广播电台对台湾广播部向香港派驻记者。

同年

中央人民广播电台共收到听众来信 93232 封，来稿 68224 件。

同年

中国国际广播电台共收到 126 个国家和地区的听众来信 91728 封。

同年

《天津广播电视技术》季刊出版试刊号，1980 年正式出版，向全国广播电视系统内部发行。

同年

安徽电视台拍摄的彩色风光纪录片《黄山奇观》，由中央电视台协助制成数十部拷贝在全国播映，并经由中国驻外使、领馆在欧洲、亚洲和美洲的十几个国家放映。

1980年

1月1日

中央人民广播电台开始按新的节目时间表播出。调整节目的指导思想是：缩短战线，突出重点，集中力量，提高节目质量，以加强服务于“四个现代化”的宣传。适当压缩部分对象、专题节目的播出时间，增加文艺节目播出时间。调整后的各类节目所占比例为：新闻节目15.4%，专题对象节目20%，文艺节目62.4%，其他节目2.2%。原有的《国际时事》和《世界各地》节目合并，改名为《国际讲坛》节目。停办《对工人广播》和《工业产品介绍》节目。将《农业科学技术》并入《对农村广播》。同时，部分地恢复新闻节目直播。到2月份，恢复直播的新闻节目有第一套节目的两次15分钟的普通新闻，第二套节目的四次5分钟的简明新闻。

同日

中央人民广播电台正式开办广告节目，名称为《广告文艺》，每天在第一、第二套节目中播出。第一套5次共35分钟，第二套4次共40分钟。广告的收费标准是：第一套每分钟内商60元，外商1040元；第二套每分钟内商50元，外商750元。广告节目方针和任务是：沟通产销，活跃经济，促进生产，指导消费，方便人民生活。5月9日，节目名称改为《广告》。

同日

中央人民广播电台两套节目全天节目开始曲由《东方红》合唱改为《东方红》乐曲；两套节目全天节目结束曲由《国际歌》合唱改为《国际歌》乐曲。

同日

《内蒙古广播电视报》创刊。其前身为50年代中期创办的《内蒙古广播节目报》。

同日

吉林省四平人民广播电台恢复播音。

同日

浙江省丽水电视台建成试播。5月开始转播省台节目。

同日

浙江省绍兴电视台建成播出。

同日

安徽人民广播电台播出第一条广告，介绍霍山县制药厂的新产品“断血流”。

同日

山东人民广播电台设立《外汇牌价》和《广告文艺》节目。

1 月 4 日

中央人民广播电台开始举办“全国听众喜爱的广播歌曲”评选活动。这次评选，共收到听众评选信件 20 多万件，成为轰动乐坛的一大盛事。评选出的 15 首歌曲，大都是广为传唱的经典歌曲。这 15 首歌曲是:《祝酒歌》《妹妹找哥泪花流》《我们的生活充满阳光》《再见吧，妈妈》《泉水叮咚》《边疆的泉水清又纯》《心上的人啊，快给我力量》《大海一样的深情》《青春啊，青春》《洁白的羽毛寄深情》《太阳岛上》《绒花》《我们的明天比蜜甜》《浪花里飞出欢乐的歌》《永远和你在一起》。

同日

上海人民广播电台、上海电视台播出上海石化总厂因老鼠作祟发生重大生产事故、损失产值 1000 多万元的新闻。

1 月 5 日

中组部通知:中央同意石敬野任北京广播学院党委书记、院长。

同日

《安徽广播电视报》正式出版。

1 月 7 日

新疆人民广播电台、新疆电视台开办广告节目。

1 月 9 日

中共中央政治局委员、中宣部部长胡耀邦在中央广播事业局编印的《情况》第 2 期《听众对中央台文艺广播的若干意见》一文上批示:“广播音乐是件大事。音乐，对鼓舞人们的革命斗志，满足人民劳动后劳动间隙时的愉快休息，都能发生极大的作用。”

同日

中央广播事业局党组发出《关于成立纪律检查组的通知》:经局党组讨论并报中央批准，决定成立中央广播事业局纪律检查组。该组成员由周新武、江汉、丁一岚、倪正义、田生福、周建中、吴道英、王俊芝、林玉兰九人组成。周新武任组长。

1 月 16 日

中共中央副主席邓小平在中共中央召集的干部会议上发表题为《目前的形势和

任务》的讲话，他指出："报刊、广播、电视都要把促进安定团结，提高青年的社会主义觉悟，作为自己的一项经常性的、基本的任务。报刊、广播、电视三年来都有很大的成绩，总的来说是好的，但是也有不足之处。在这些部门工作的同志，也需要经常倾听来自各方面的不同意见，分析和改进自己的工作。"

1月20日

新疆维吾尔自治区广播事业局与新疆人民广播电台实行局台合一的领导体制。

1月21日

杭州人民广播电台恢复播音。

1月24日

中央广播事业局发出《关于职工调资升级工作的安排意见》：中央决定，从1979年11月起，经过考评，为40%的职工调资升级。这次职工调资升级，是按照"各尽所能、按劳分配"的原则择优升级。这是我国工资政策上的一项重大改革。职工考评升级工作到10月17日升级方案批准前完成，确认升级的人数总计为5471人，占参加升级总人数的42.4%。

同月

中央人民广播电台设立中国广播服务公司，承办广告节目和广告业务。

同月

中国国际广播电台英语部开始在《信箱》《中国文化》《寓言和成语》《中国音乐》《音乐集锦》《历史文物》《中国风光》《教中国话》《人物》等专题节目中设固定节目主持人。

同月

中国唱片社出版"中国牌"盒式音带和第一批立体声大密纹唱片。

同月

北京电视台自办第一个专栏节目《体坛巡礼》。

同月

天津人民广播电台开始制作立体声广播节目。

同月

新疆维吾尔自治区编制委员会批准新疆电视台为县级单位。新疆广播电视少儿合唱团成立。

2月1日

从当日起，中央人民广播电台第一套节目除用中、短波广播外，在华北、东北、华东、西北一部分地区，全天增加调频广播的频率。

2 月 13 日

乌鲁木齐人民广播电台正式成立。

2 月 13 日～22 日

第十三届冬季奥林匹克运动会在美国普莱西德湖举行。中国第一次参加冬季奥运会。中央人民广播电台、中国国际广播电台、中央电视台共派出 8 名记者前往采访报道，发回广播报道 18 篇，拍摄电视新闻片 1 万英尺。

2 月 15 日

中央广播事业局落实政策办公室《关于撤销落实政策办公室和今后有关问题的报告》指出：局的落实政策工作已基本结束，并于去年 9 月作了总结。落实政策办公室应正式宣布撤销，不再受理新的申诉和上访案件。这方面的工作，纳入有关部门的日常工作去解决。4 月 10 日，中央广播事业局党组发文批转了局落实政策办公室《关于撤销落实政策办公室和今后有关问题的报告》。

2 月 15 日～16 日

中央人民广播电台《各地人民广播电台联播》《新闻和报纸摘要》节目和对台湾广播节目广播：中国人民政治协商会议第五届全国委员会发出《致台湾同胞春节慰问信》。

2 月 16 日

中央电视台《人民子弟兵》栏目开播。

2 月 23 日～29 日

中国共产党第十一届中央委员会第五次全体会议在北京召开。中央人民广播电台、中国国际广播电台、中央电视台从 29 日开始播出中共十一届五中全会新闻公报。公报宣布：全会决定提前召开党的第十二次全国代表大会；增选胡耀邦、赵紫阳为中央政治局常委；重新设立中共中央书记处，选举胡耀邦为中央委员会总书记；全会通过《关于党内政治生活的若干准则》；全会决定建议全国人民代表大会修改《宪法》第 45 条，取消公民“有运用大鸣、大放、大辩论、大字报的权利”的规定；全会一致通过《关于为刘少奇平反的决议》。

2 月 25 日～3 月 9 日

全国广播事业规划会议在北京举行。会议提出努力办好广播，加速发展电视事业，在 20 世纪末，使我国广播电视在事业规模、技术设施、覆盖指标等方面进入世界先进行列的发展目标。3 月 6 日，中央和国务院领导王震、余秋里、王任重、谷牧会见参加会议的全体人员。

2 月 29 日～6 月 10 日

中央人民广播电台播音员冯云（播音名虹云）赴东京协助日本广播协会播录《中

国话讲座》节目。1981 ~ 1984 年，中央电台又分别派播音员雅坤、王欢、方明、雷阳赴日本，协助日本广播协会制作、主持《中国话讲座》节目。

同月

《黑龙江广播电视报》复刊。

同月

山东广播电视文工团成立。

3 月 1 日

湖北省沙市人民广播电台恢复播音。

3 月 8 日

中央广播事业局党组通知：中组部同意任继胜为中央人民广播电台副台长。

3 月 10 日

中共中央副主席、国务院副总理邓小平为中日首次合拍电视剧《望乡之星》题写片名。片名手迹由中央广播事业局局长张香山转交日方。

同日

中国国际广播电台国内部提出关于改进国内问题宣传的意见。意见指出，当前国内新闻存在的主要问题是针对性不强，稿源不足，时效差，不吸引人，不适应听众的需要。解决办法是，加强针对性，提高新闻质量。国内新闻应向新、短、多、广、活的方向发展。重大新闻不应晚于外国电台。争取每天发国内新闻四至五条。改进意见还提出调整现有的固定节目。

3 月 20 日 ~ 4 月 2 日

中央人民广播电台驻地方记者站负责人会议在北京举行，17 个记者站的负责人参加会议。中宣部常务副部长朱穆之到会讲话，阐述了广播宣传工作的重要性、当前宣传工作要注意的问题、怎样把宣传搞得更好和如何当好记者等问题。会议着重讨论了如何进一步提高稿件质量的问题和记者站的组织建设问题。

3 月 28 日

河南电视台播出由该台专题部拍摄的第一部儿童电视剧《聪明牌铅笔》。

同月

中央广播事业局发出《关于农村广播网的整顿、巩固、提高的几点意见》，要求继续发展入户喇叭，提高宣传质量。

同月

《河南广播电视》复刊。

同月

新疆维吾尔自治区巴音郭楞蒙古自治州广播事业局成立，实行局台合一管理体制，局直属单位有州电视录转台。

4 月 1 日

中央广播事业局党组发出《关于撤销各大部口党的核心小组的通知》。通知指出：党的十一大以后，按照党章规定，局党的核心小组改为局党组。局对各大部口的领导，是通过行政系统来实现的。鉴于这种情况，今后各大部口不宜再继续保留党的核心小组，至今尚未撤销的，自即日起宣布撤销。大部口党的核心小组撤销后，为了集思广益，保证集体领导，可建立台务、处务会议制度。广播科研所可继续保留党委，实行党委领导下的所长分工负责制。

同日

中央电视台通过卫星直接收录维斯新闻社（VISNEWS）和合众独立新闻社（UPITN）的国际电视新闻。自当日起，中央电视台把《国际新闻》同《新闻联播》连在一起播出，但仍保留《国际新闻》栏目的名称。

4 月 2 日

中央广播事业局党组《关于建立和健全中央广播记者站的请示报告》报送中宣部，提出继续完成在全国建立和健全地方广播记者站的计划。计划拟在 1981 年春季前，在尚未建站的 12 个省、市、自治区分批建立广播记者站；对已建立的 17 个记者站逐步进行充实调整；每一记者站一般配备 5 至 7 名记者，1 名司机，编制属中央广播事业局。请示报告提出，中央广播记者站是中央广播事业局的派出机构，受中央广播事业局和所在省、市、自治区党委双重领导，而以中央广播事业局领导为主。干部任免和人员调动由中央广播事业局和省、市、自治区党委协商决定。记者站站长、副站长按中央机关正、副处级干部配备，列席省、市、自治区党委召开的工作会议，享受所在省、市、自治区新闻单位负责人的政治待遇。5 月 8 日，中宣部发出文件，内容为："各省、市、自治区党委：我们同意广播事业局党组关于设立记者站的报告，请各省、市、自治区党委，协助中央广播事业局具体办理。"

4 月 13 日～5 月 28 日

在日本的中国唐代高僧鉴真像回国巡展。中国国际广播电台《中国巡礼》节目播出该台记者沿着当年鉴真东渡的足迹，探访鉴真一行沿途所经过地方今昔变化而制作完成的七篇录音报道。中央电视台 13 日播出和日本"朝日放送"联合摄制的彩色纪录片《鉴真追溯》。19 日播出本台摄制的电视纪录片《鉴真大师东渡记》。

4 月 17 日

中央人民广播电台第三套节目播出时间调整，由 17：00 至 23：00 改为 17：25 至 23：02。

4 月 22 日

为纪念列宁诞辰 110 周年，中国国际广播电台俄语节目除播发中央报刊纪念文章外，还播出三篇自采报道，一条录音新闻和几首歌颂列宁的歌曲。三篇报道题目是《幸福的回忆——刘华兰谈列宁三次会见爸爸刘济荣的情况》《列宁与孙中山》《列宁在中国——介绍列宁著作在中国传播情况和在中国以列宁名字命名的学校、纪念物》。

4 月 23 日

根据中美文化交流执行计划，中国国际广播电台与美国之音互派考察小组，分别到对方国家和电台考察访问。4 月 23 日 ~ 6 月 17 日，国际台派出马庆雄、胡耀亭、张庆年赴美考察美国之音电台的情况。回国后，他们写出《美国之音电台情况》一书。9 月 1 日 ~ 10 月 26 日，美国之音华语部徐元约、王澄滨、戴浩泽三人应国际台邀请访华。

同日

黑龙江省大庆人民广播电台建成开播。

同月

中央广播事业局在北京召开规划工作会议，讨论各频段广播、电视网的技术政策、规划原则和规划方法等。会议决定，米波电视第五频道逐步减少和停止使用，防止同调频广播之间的干扰。

同月

中央电视台开办《国际见闻》栏目，主要内容有外国经济建设成就、科技成果、风土人情、人民生活和轶闻趣事。每周播出三次，每次 15 分钟。1983 年 2 月停播。

同月

林青任北京市广播事业局党组书记、局长，赵正晶任党组副书记、副局长。

同月

江西省萍乡电视台建成开播。

5 月 1 日

中央电视台播出中日合拍大型纪录片《丝绸之路》第一集《古都长安》。日本于 5 月 7 日首播。

同日

北京电视台在全国电视台中率先播出《天气预报》节目。开始没有画面，后来利用北京风光、名胜古迹图片作背景，播出当晚和次日白天的天气预报。

同日

黑龙江省鹤岗人民广播电台恢复播音。

5 月 4 日

国务院批转中央广播事业局《关于加强地方广播事业管理工作的请示报告》，报告提出，省（区、市）广播事业局受该省（区、市）人民政府和中央广播事业局双重领导，以同级政府领导为主。省（区、市）广播事业局的广播宣传工作，受省（区、市）党委领导和中央广播事业局指导；广播事业建设受省（区、市）人民政府和中央广播事业局双重领导，以同级政府领导为主。该请示报告对从中央到地方的各级广播电视机构的关系作了明确规定。

5 月 4 日～ 8 日

中央广播事业局召开局机关党员代表大会。局机关党委筹建领导小组负责人李哲夫作题为《恢复和发扬优良传统和作风，充分发挥党组织在四化建设中的战斗堡垒作用》的工作报告。会议选出 21 人为局机关党委委员，在机关党委第一次会议上选出 7 名党委常委，李哲夫当选为局机关党委书记，郝平南、傅荣贤为副书记。

5 月 5 日

江苏省徐州电视台正式播出。

5 月 9 日

中国国际广播电台播发中国发射远程导弹的消息；21 日播发中国第二次发射火箭成功的消息，以及中共中央的贺电和中国宣布试验结束、禁令解除等消息。

5 月 10 日

中国音乐家协会、文化部艺术局、中央人民广播电台、中央电视台联合召开的音乐创作座谈会结束。会议提出要为建设社会主义的、民族的音乐文化而努力奋斗。中共中央书记处书记、中宣部部长王任重及中国文联主席周扬、副主席夏衍到会讲话。

5 月 14 日

江西电视台第一部电视剧《豆蔻花开》开拍。9 月播出，10 月参加中央电视台国庆节目大联播。

5 月 16 日

北京电视台建台一周年，对节目作了改进，增加播出次数和时间，增办《简明新闻》和《今日北京》专题节目。

5 月 17 日

前中共中央副主席、中华人民共和国主席刘少奇追悼大会在北京隆重举行。中央人民广播电台、中国国际广播电台播出追悼大会新闻，中央电视台向全国转播追悼大会实况。中共中央副主席邓小平致悼词，再次宣布：彻底推翻林彪、江青一伙强加在刘少奇身上的种种罪名，为他平反昭雪，恢复名誉。

5 月 18 日

中央人民广播电台播出中国成功地向太平洋预定海域发射第一枚运载火箭的消息。

5 月 19 日

中央人民广播电台第一、第二套节目再次调整，并改用新的节目时间表播音。开办《党的生活》《工商节目》《广播文摘》节目。恢复播送《广播体操》节目。对部分节目的播出时间进行了适当压缩。

5 月 26 日

西宁电视台更名为青海电视台。

5 月 26 日～6 月 5 日

英国广播公司总经理特里斯旺等六人访华。6 月 2 日，中央广播事业局局长张香山和特里斯旺签署《中英广播电视合作协定》。

5 月 27 日

中国科学院《经济管理》杂志编辑部、全国总工会研究室、中央电视台电教部商定，从当日起至 8 月底，联合举办《工业经济与企业管理基本知识讲座》。

5 月 28 日

应艾伯特基金会邀请，中央广播事业局派出第一批赴联邦德国培训人员 11 人，学习为期一年。

同月

天津电视台淘汰使用 20 年的黑白电视播出设备系统，两个频道全部播出彩色电视节目。

同月

河北省最高天线塔——衡水铁塔建成。塔高 180 米，塔顶装设两副电视天线和两副调频天线，除转播河北电视台节目外，还负责为华东地区传送中央人民广播电台第一套节目。

6 月 5 日

中央人民广播电台致函各省（区、市）党委宣传部，请协助和支持记者站选配干部，并拟派人商量落实。7 月 3 日，中央电台致函各省（区、市）党委，商量记者站站长任命问题。

6 月 11 日

外交部新闻司、礼宾司同中国国际广播电台商定："今后，我国致有关国家的国庆贺电，不登报，不发消息，只在国际台对象语言节目中广播，稿子由外交部直接提供。"

6 月 14 日

中国国际广播电台 1974 年 10 月 1 日开播的克丘亚语节目停办。该节目播向地区为秘鲁、厄瓜多尔、玻利维亚。

6 月 16 日～22 日

中央广播事业局在北京召开第二次全国电视节目会议。28 个省（区、市）广播局、电视台共 34 名负责人出席会议。会议总结了 1979 年电视节目大联播以来全国电视节目的交换情况，研究了今年国庆举行的以电视剧为中心的全国电视节目会演和 1981 年春节全国电视节目大联播问题，并讨论了优秀节目评奖问题。会上，中央广播事业局局长张香山传达了中央政治局常委胡耀邦对宣传工作的重要指示，并就当前电视中的新闻问题发表了意见。

6 月 20 日

新疆维吾尔自治区主席司马义・艾买提等领导到新疆电视台视察，审看电视台录制的维吾尔语节目，并就如何搞好维吾尔语节目的播出进行座谈。

6 月 25 日

天津市广播事业局《广播电视》杂志创刊，全国公开发行。1981 年由季刊改为双月刊，1982 年由双月刊改为月刊，1983 年年底停刊，共出刊 33 期。

6 月 27 日～7 月 8 日

以中央广播事业局局长张香山为团长的中国广播电视代表团一行八人访问朝鲜。7 月 1 日，朝鲜民主主义人民共和国主席金日成接见该代表团。

7 月 1 日

秦皇岛人民广播电台恢复自办节目。

7 月 1 日～9 月 3 日

中央人民广播电台《学习》节目连续广播《共产党员的修养广播讲座》，共 18 讲。中共中央书记处书记宋任穷专门为这个讲座写了开篇的话。

7 月 7 日

中央电视台第一套节目首次在《新闻联播》中播送中央气象台发布的天气预报。

7 月 10 日

中央人民广播电台举行听众评选优秀科普广播节目活动。《新奇的工程——遗传工程》《古剑的启示》等八个节目受到广大听众的好评，被推荐参加全国科普作品评奖。其中三篇获奖。

7 月 12 日

中央广播事业局同意天津人民广播电台调频广播节目使用 97.6 兆赫，发射机功率 1 千瓦，天线高度为 106 米。

同日

中央电视台创办评论性专栏《观察与思考》，播出的第一个节目名为《北京居民为什么吃菜难》。

7月15日

湖北省襄樊人民广播电台恢复播音。

7月29日

中组部通知，中央书记处批准：王殿举任中央广播事业局保卫部主任；原志清任中央广播事业局干部司司长；江汉任中央广播事业局办公室主任。

7月31日～8月1日

中央电视台召开第一次党员代表大会，选举产生第一届中国共产党中央电视台机关委员会。党委书记徐国盛，副书记李先侯、王俊芝，全台党员362人。

同月

中央电视台全部节目开始使用录像带播出。

同月

内蒙古自治区阿拉善人民广播电台开始播音。

7月～9月

经国务院批准，中国国际广播电台、中央电视台派记者六人去柬埔寨境内采访、报道柬越战事。

8月1日

合肥人民广播电台恢复播音。

8月4日

中央电视台创办专栏节目《交流》。该节目以采访领导干部为主，请部长和观众直接见面，听取意见，回答问题，以促进干部和群众的交流。第一个节目是《梁灵光同志答电视观众问》（梁灵光为国家轻工业部党组书记、部长）。

8月6日

中国和瑞士广播电视合作协定在瑞士伯尔尼签订。

8月14日

中央广播事业局党组任命郭正、杨洪志为行政司副司长；张君实为干部司副司长；陈坤全为干部司副司长兼干部管理处处长；周子明为保卫部副主任。

8月18日～9月1日

“亚广联”第十七届全会和第二十九届理事会在斯里兰卡科伦坡召开，中央人民广播电台罗清率代表团出席会议。

8 月 20 日

广播出版社正式成立（1984 年 6 月 5 日改名为中国广播电视出版社）。

8 月 23 日

新疆电视台播出自制的第一部电视剧《心花》。

8 月 25 日

中央广播事业局党组任命刘永录为行政司副司长。

8 月 28 日～9 月 12 日

中国人民政治协商会议第五届全国委员会第三次会议（8 月 28 日～9 月 12 日）和第五届全国人民代表大会第三次会议（8 月 30 日～9 月 10 日）先后在北京召开。中央人民广播电台、中国国际广播电台、中央电视台组成报道组采访报道会议。中央电台、国际台播出重要活动的消息及录音新闻，摘要播出重要报告和决议。中央电视台开办两个专栏，每天播出有关报道和小组讨论会的发言等。9 月 13 日～15 日，中央电台广播了五届人大三次会议通过的四个法律：《中华人民共和国国籍法》《中华人民共和国婚姻法》《中华人民共和国中外合资经营企业所得税法》《中华人民共和国个人所得税法》。

9 月 1 日

中国国际广播电台西班牙语组正式向哥伦比亚第一电台传送中国新闻。

同日

中央电视台和日本广播协会合拍的电视系列片《丝绸之路》的拍摄工作全部结束。中央电视台编辑 15 集播出，日方拟编辑 13 集播出。

同日

中共北京市委组织部通知北京广播学院党委：市委同意你院第一次党代会选举结果。党委委员 19 名、党委常委 7 名。石敬野为党委书记，孟介夫为党委副书记。

同日

山西省太原人民广播电台试播。

9 月 7 日

天津电视台在五频道首次播出电视剧《现在正是早晨》（导演韩大川）。

9 月 9 日～26 日

以朝鲜中央广播委员会委员长金时鹤为团长的朝鲜广播电视代表团一行六人访华。25 日，与中方签订《中朝广播电视合作协定》。

9 月 13 日

北京市广播事业局成立编委会，统一领导北京人民广播电台、北京电视台的宣传工作。

9月15日

河南电视台创办第二套节目，专门传送中央电视台节目。

9月16日

中央《关于建立对外宣传小组加强对外宣传工作的通知》指出："对外宣传的根本任务是为党的总路线服务，为党的对外路线服务。对外宣传应当真实地、丰富多彩地、生动活泼地、尽可能及时地宣传中国，介绍我国政治、经济、文化、社会生活等方面的情况，宣传我对外政策，增进各国人民对我国的了解和友谊，提高海外同胞的爱国思想，团结一切可以团结的力量，以利于我国的社会主义现代化建设、台湾回归祖国和国际反霸、维护世界和平的斗争。"

9月17日

中国国际广播电台英语节目将对东南亚、澳新地区广播改为对南太平洋地区广播。

9月19日～23日

中央广播事业局派代表参加在英国布莱顿举行的第八届国际广播会议。

9月23日

北京电视台播出自制的第一部电视剧《结婚现场会》。

9月27日～28日

中央人民广播电台《各地人民广播电台联播》《新闻和报纸摘要》节目和其他新闻节目先后八次播出该台记者采写的消息《最高人民检察院就林彪、江青反革命阴谋集团案件准备提起公诉，并建议全国人大常委会决定成立特别法庭、特别检察厅对这一案件的主犯进行审判》。中国国际广播电台各语言节目也及时对外广播。28日，中央电台《各地人民广播电台联播》节目播发本台评论《大快人心的审判》。29日～30日，中央电台《各地人民广播电台联播》《新闻和报纸摘要》节目先后九次播出本台消息《全国人大常委会决定成立特别法庭和特别检察厅，对林彪、江青反革命集团主犯进行审判》，9月30日播出《人民日报》社论《庄严的决定》。

9月27日～10月26日

中央电视台在第一套节目中举办1980年全国电视台节目大联播。联播节目都是中央电视台和各地电视台新近摄制的电视剧、纪录片、风光片、戏曲、歌舞、音乐、杂技、魔术等各类专题节目以及译制片等。

10月1日

中央电视台开始收录太平洋和印度洋通信卫星传送的世界新闻电视节目，供当日《国际新闻》节目选用。

同日

陕西省铜川人民广播电台恢复播音。

同日

青海电视台增设第二套节目。

10 月 3 日

中央人民广播电台同法国国家广播电台签署广播节目合作协定。

10 月 4 日

中央电视台和美国纽约宏声传播公司联合创办的“中国之声”有线电视广播在纽约有线电视 J 频道首次播出。

10 月 7 日～ 18 日

第十次全国广播工作会议在北京举行。这是 1966 年 3 月召开第九次全国广播工作会议后，时隔 15 年后召开的一次重要会议。会议总结了新中国成立 30 年来，特别是“文化大革命”以来，广播电视在宣传方面的经验教训，提出广播电视要为提高全民族的科学文化水平、实现“四个现代化”作出更大的贡献。会议确定的奋斗目标是：到本世纪末建成完整的、自成体系的广播和电视宣传网；中央人民广播电台、中央电视台和省（区、市）广播电台、电视台，分别成为全国和本省（区、市）的新闻舆论中心之一，成为电化教育、科学普及、文艺欣赏和娱乐的重要阵地；中国国际广播电台要经过努力提高节目质量，使它成为世界各国人民心目中一支可以信任的舆论力量。会议提出，为实现上述奋斗目标，各项工作应确定相应的方针和任务，即：1. 在宣传工作上要坚持自己走路，并要充分发挥广播、电视的长处；2. 建立一支高水平、多方面发展的编播队伍；3. 建成全国广播、电视教育网；4. 中央电台、电视台和一些大城市电台、电视台要延长播音时间，增加节目套数；5. 在事业建设上，把加速发展电视放在优先地位，争取本世纪末基本实现电视、广播在全国的覆盖。会议还根据中央批转中宣部《关于三中全会以来的宣传工作向中央的汇报提纲》的精神，要求进一步加强对广播电视宣传工作的领导。中共中央书记处书记、中宣部部长王任重到会讲话。中央广播事业局局长张香山在会上作题为《坚持自己走路，发挥广播电视的长处，更好地为实现“四个现代化”服务》的报告。

10 月 11 日

中央电视台在第一套节目中开始播出由上海电影译制厂和中央电视台译制组联合译制的 26 集美国惊险电视系列片《加里森敢死队》。因该片播放后产生消极影响，在播出 12 集后，决定停播。

10 月 14 日

中央人民广播电台播出评论《绝不允许有“特殊公民”》。这篇评论获得 1980 年

"全国好新闻"奖。这是中央电台首次在"全国好新闻"评选中获奖。

10月15日

安徽省淮南市广播局和教育局利用电视转播台开办的电视中学正式开课。这是全国第一所全日制全学科电视中学。

10月20日

中央电视台开始通过微波干线收录各省、自治区、直辖市的电视新闻，在《新闻联播》中播出，效果良好。

同日

浙江省广播事业局主办的《大众电视》杂志创刊。

10月22日～26日

第一次全国广播事业统计工作会议在河南郑州举行。会议制定了全国广播事业统计报表试行制度。

10月27日

北京人民广播电台《本市新闻》改为《北京新闻》，撤销《文章选播》，增办《世界知识》节目。

10月30日

内蒙古乌兰察布电视台正式播出。

同月

为配合法国总统吉斯卡尔・德斯坦访华，中央人民广播电台举办"法国音乐周"。

同月

上海电影制片厂与上海电化教育馆合作，拍摄电视剧《新郎之死》。该厂成为第一家介入电视剧创作的电影机构。

11月1日

中国国际广播电台开办广州话对西欧广播节目。这是应西欧特别是英国华侨多年来的强烈要求而开办的。

11月15日～12月1日

第一次全国广播剧交流会在成都召开。出席会议的有中央人民广播电台、各地方电台和北京广播学院等41个单位的93位代表。中国戏剧家协会和戏剧出版社也派人参加会议。会上交流了各电台新近制作的剧目，其中三分之一为创作剧目。会上成立了中国广播剧研究会。

11月16日～25日

由云南人民广播电台承办的全国民族文艺广播协作会在昆明召开。会议交流了各台创办民族文艺广播的情况和经验，探讨了办好民族文艺节目的相关问题。中宣部文艺局副局长李英敏出席会议并讲话。来自内蒙古、新疆、西藏、广西、宁夏、青海、甘肃、四川、贵州、云南10省（区）和延边、甘南、呼伦贝尔、哲理木、昭乌达、西双版纳、德宏、文山8州（盟）共18家电台的蒙、藏、维、壮、汉等12个民族的50名代表参加会议。

11月18日～20日

以罗共中央委员、罗马尼亚广播电视台总台长亚历山德鲁·约内斯库为首的罗马尼亚广播电视代表团一行四人来北京访问。11月20日，双方签订1981～1982年中罗广播电视合作议定书，罗方同意为中国国际广播电台培训罗马尼亚语播音员，每期两人。

11月20日～12月29日

最高人民法院特别法庭开庭审判林彪、江青反革命集团案。20日～21日，中央人民广播电台《各地人民广播电台联播》《新闻和报纸摘要》节目和其他新闻节目先后11次播出记者采写的《特别法庭开庭审判林彪、江青反革命阴谋集团主犯》的录音报道和新闻，并先后5次播出本台评论《人民的审判，正义的审判》。22日，《各地人民广播电台联播》节目和其他新闻节目先后3次播出《人民日报》社论《九亿人民的审判》。每次开庭审讯，中央电台均及时播发文字消息，并争取在当晚的《各地人民广播电台联播》节目中播出。特别法庭开庭起诉，一、二庭首次开庭审理以及审讯中的一些场次，采制了录音新闻。每周安排1～2次特别节目，播出法庭审理的实况录音剪辑，每次30分钟。录制了一套法庭审判全过程的实况，除供录音新闻、实况录音剪辑选用外，作为资料保存。中国国际广播电台各语言广播作了连续报道。中央电视台组成40人的报道组，从20日20：00开始，通过卫星向日本、美国、意大利和香港地区的12家电视台传送特别法庭开庭审判林彪、江青反革命集团案的电视新闻报道。从开庭审理到最后宣判期间，增设《审判林彪、江青反革命集团专题报道》专栏进行专门报道。录制了一套法庭审判全过程的录像资料，除供选播外，作为资料保存。

11月21日

中国国际广播电台自办的专题节目《归侨在祖国》正式广播，每两周一次。1981年5月起，改为每周一次。

同月

天津人民广播电台从广播楼至杨柳青发射台的传音电缆正式投入使用。从此，广播节目传输以地缆为主，微波为辅。

同月

内蒙古自治区乌海人民广播电台建成开播。

12月1日

中央人民广播电台开办《英语讲座》，讲授基础英语课程，到1983年2月22日播完第一轮。全国有30多个省、市电台播放了这个讲座的录音。学员在200万人以上。

12月1日～7日

中央电视台主办的第一次全国电视剧情况交流会在北京举行。会议就电视剧生产、评奖等问题交换了意见。

12月2日、10日

中国国际广播电台建立驻东京记者站和驻贝尔格莱德记者站。方宜、赵成鸿分别赴任。

12月11日

经中宣部批准，中国人民广播事业暨中央人民广播电台创建日正式确定为1940年12月30日。此前，广播电视界一直把延安新华广播电台1945年9月5日恢复播音作为中国人民广播事业创建日。

12月12日

国家农业委员会、中央人民广播电台等10个单位向各省（区、市）及地区、县人民政府发出《关于成立中央台农业广播学校领导组织的联合通知》。

12月17日

《人民日报》、中央人民广播电台、中央电视台、《解放军报》《光明日报》《工人日报》《中国青年报》《北京日报》《北京晚报》和《体育报》等10家单位联合发布消息，评选1980年全国10名最佳运动员。

12月22日

中央广播事业局致函外交部：中央人民广播电台拟在对台湾广播中，正式公开使用与海外台湾同胞加强联系的2105信箱。希望电告我国驻美国、日本、巴西、加拿大等国使馆，接到台湾同胞信件后，请转交北京2105信箱。

12月29日

中央广播事业局举行人民广播诞生40周年座谈会。参加会议的有中宣部常务副部长朱穆之、在延安参加创建工作的负责人员、创建以后的负责人员以及新中国成立前参加人民广播事业的广播工作者等。会议由中央广播事业局局长张香山主持，吴文焘、肖岩、温济泽、韦君宜、李强、熊复、杨慧琳等在会上发言或赋诗祝贺。

同月

广东人民广播电台开办立体声调频广播。

同年

中央人民广播电台开始改用集成电路组装的数字式报时钟进行自动报时。这种钟可以经手动或自动同北京天文台送来的标准秒信号进行核对，即时准确度在 ⊥ 1/100 秒以内。

同年

中央人民广播电台将评论节目列入优秀节目评选项目，评选出 32 篇优秀评论。广播评论立项评选，在新中国广播史上是第一次。

同年

中央人民广播电台收到听众来信 128944 封，来稿 104918 件。

同年

中国国际广播电台收到 136 个国家和地区的听众来信 90387 封。

同年

安徽电视台开始经费单独核算，机构进行调整，新成立宣传办公室以及新闻组、节目组、技术组、发射台等机构，之后又陆续建立文艺组、专题组、电视剧组。

同年

贵州电视台用 16 毫米电影胶片拍摄制作的专题片《贵州蜡染》在全国首届优秀电视节目评选中获《祖国各地》栏目三等奖。这是贵州电视台的专题节目第一次在全国获奖。该节目被中央电视台译成外文版输往国外。

同年

新疆广播电视学校成立，主要为新疆广播电视系统培养中级编播和技术人才，学制两年，向社会招生。

1981年

1月1日

中央人民广播电台从北京标准时间8:00起，改用协调世界时（UTC）作为民用时号发播。

同日

中央人民广播电台对台湾广播创办《空中之友》栏目，以讲解中共中央的对台政策、解答有关问题、消除台湾各阶层人士的疑虑和误解为主要目的，同时兼有介绍知识、寻找亲人、提供服务、联络感情的内容。每天播出10次，每次15分钟。该栏目开中国广播节目采用主持人形式的先河。主持人徐曼的播音风格赢得台湾听众喜爱，并获得好评。播出后不断收到台湾听众来信来电。《空中之友》被听众誉为“两岸心桥”。

同日

中华全国归国华侨联合会主席庄希泉在中国国际广播电台作向海外华侨、华人祝贺新年的广播讲话。

同日

中央电视台主办的《电视周报》创刊，每周四出版，4开4版。对全国发行。

同日

安徽省芜湖人民广播电台恢复播音。

同日

江西省南昌人民广播电台恢复播音。

同日

湖南人民广播电台立体声台正式播出，覆盖长沙市区，填补了湖南省调频立体声广播的空白。

同日

湖南省长沙人民广播电台恢复播音。

1 月 1 日～ 31 日

中央人民广播电台和各省（区、市）广播电台举办新中国成立以来第一次“全国广播剧展播月”，播出各地电台选出的优秀剧目 30 个。

1 月 3 日

中央人民广播电台编辑出版《广播节目报》，对全国发行。从此以后，广播和电视节目报分别出版。

1 月 4 日

中央人民广播电台以最快速度报道长江葛洲坝水利枢纽工程截流胜利合龙的过程。6：30，《新闻和报纸摘要》节目报道了截至当天 5：30 葛洲坝合龙工程已向江心推进 125.4 米的情况。21：00，《各地人民广播电台联播》节目（重播时）播出大江截流合龙成功的录音报道。1 月 30 日，《人民日报》的“今日谈”以《欢迎更多的快讯》为题发表短评，赞扬中央电台《新闻和报纸摘要》节目的这条快讯。

1 月 6 日～ 11 日

第一次全国电视科技卫生节目座谈会在长沙举行。会议就节目的方针、任务、对象以及如何办好、办活节目等问题进行了研究和讨论。

1 月 10 日～ 12 日

中央人民广播电台对台湾广播部在北京展览馆剧场和首都体育馆首次举办《台湾歌曲演唱会》，连续三场，场场轰动。在京的台湾省籍同胞和首都各界观众近四万人出席观赏。演出的节目主要是从 70 年代中期开始在台湾青年中流行的校园歌曲，有《龙的传人》《赤足走在田埂上》《小小贝壳》《捉泥鳅》《一份遥远的想念》等，还有台湾民歌和根据台湾民歌改编的器乐曲近 30 首。这是海峡两岸分隔 30 多年来，首次在大陆举办台湾校园歌曲演唱会，得到台湾媒体及海外舆论的肯定和称赞。

1 月 13 日～ 18 日

中央广播事业局召开 10 个省、市广播局局长座谈会，中心议题是解决地方电视台转播中央电视台节目问题。局长张香山主持会议并讲话。

1 月 17 日

上海人民广播电台试播调频立体声节目，2 月 4 日正式播出。

1 月 23 日～ 4 月 12 日

中央人民广播电台《学习》节目举办《人才问题广播讲座》，共 33 讲。讲座播出后，收到听众来信 2700 多封。讲座播出过程中，中共中央书记处书记胡乔木曾两次打电话，提示要注意核实材料，出书前要请真正有学问的人看看稿子，要注意宣传农村人才等。

1月25日

10：50，最高人民法院特别法庭宣布对林彪、江青反革命集团10名主犯判决结果。中央人民广播电台在12：00的新闻节目中报道了法庭宣判结果，并在当晚的《各地人民广播电台联播》节目播出录音报道《最高人民法院特别法庭判决林彪、江青反革命集团十名主犯》及本台评论《社会主义法制的重大胜利》。从1980年9月27日至1981年1月27日，在林彪、江青反革命集团案审判期间，中央电台共播出本台消息、评论、录音报道80篇（条），特别节目6次。这一时期，广播成了全国人民最先获得审判消息的来源。外国通讯社几乎每天转发中央电台的简讯。同一时期，中国国际广播电台共发新闻42条，其中自采32条；评论、侧记、通讯和谈话等14篇，共计4.6万字。

1月29日

中共中央发布《关于当前报刊新闻广播宣传方针的决定》，决定要求：1. 报刊、新闻、广播、电视必须严格按照十一届三中全会以来党的路线、方针、政策进行宣传；2. 报刊、新闻、广播、电视要认真进行关于坚持四项基本原则的宣传；3. 报刊、新闻、广播、电视要大张旗鼓地宣传建设社会主义的高度精神文明；4. 报刊、新闻、广播、电视要正确处理表扬和批评的关系，要坚持以表扬为主的方针；5. 报刊的文艺作品或评论，广播、电视的文艺节目有重大的社会影响，一定要坚持为人民服务、为社会主义服务的方向，正确贯彻执行“百花齐放、百家争鸣”的方针；6. 报刊、新闻、广播、电视是党的舆论机关，要加强组织纪律性。必须无条件地同中央保持政治上的一致，不允许发表与中央路线、方针、政策相违背的言论。必须接受和服从党的领导，凡涉及党的路线、方针、政策以及重大政治性的理论问题，对外必须统一于党中央的决定和口径，与党的步调一致，不得各行其是。

同日

中央电视台播出由国务院计划生育办公室、中央人民广播电台文艺部、中央电视台文艺部、北京人民广播电台文艺部联合举办的《首都迎春音乐相声晚会》。晚会主要内容是宣传计划生育。

1月31日

天津《广播电视》杂志举办的优秀电视剧评选活动结束。3月14日～16日，举办颁奖仪式和联欢会。《乔厂长上任》《现在正是早晨》等12部电视剧被评为优秀电视剧。这是在国内最早举办的优秀电视剧评选活动，共收到全国各地观众的评选信件4.4万封。

同月

国务院副总理陈云提出：现在应当集中力量普及广播，争取做到全国每个县、每个公社、每一个生产队甚至每一户都能听到广播。第二步，再提高广播功率。广播电台每天早晨和晚上两次广播，要摘要播发北京主要报刊重要新闻和重要文章的论点，可以使听众用比较短的时间听到几个主要报刊登载的东西。广播电台还要有自己的评论。

2 月 3 日

中央人民广播电台制定《关于广播评论工作的一些要求和暂行规定》。

2 月 5 日

中共中央政治局常委胡耀邦在一份文件上批示，要求中央广播事业局局长张香山和党委的同志轮流审查每天的电视节目。批示中说："我们一些同志只注意少数青年对文化生活内容和形式的兴趣，忽视了更广大青少年的要求。这是一种片面性。如果节目来源少，我主张宁愿放新闻和科技简讯，也决不放那些不妥的东西。"

同日

中央电视台黄金时间播出中国第一部电视连续剧《敌营十八年》。该片拍摄于1980 年，共 9 集，导演王扶林。

2 月 10 日 ~ 18 日

联合国新闻部广播电视司司长马丁及广播处华籍工作人员陈元棋访华。

2 月 21 日

根据中美文化交流执行计划，美国公共电视考察团弗雷曼一行八人来华访问。

2 月 22 日

由北京、天津、河北、山西、内蒙古电视台联合举办的新闻性专题节目《华北见闻》开始在北京电视台播出，每月播出一次。

2 月 23 日

中央电视台在《国际见闻》栏目中播放纪录片《中国民航首航纽约》。

2 月 24 日 ~ 28 日

中央广播事业局召开贯彻执行《中共中央关于当前报刊新闻广播宣传方针的决定》座谈会。29 个省（区、市）广播局局长（或副局长）以及中央人民广播电台、中国国际广播电台、中央电视台和广播艺术团等单位的有关负责人共 42 人参加会议。中央广播事业局局长张香山主持会议并作总结发言。经过讨论，会议提出改变广播电视宣传面貌的 7 项措施。

同月

中央人民广播电台出版发行《台湾小说选》，首次将台湾文学作品介绍给大陆读者。之后，又陆续出版《钟理和小说选》《台湾人三部曲》《寒夜三部曲》等。

3 月 2 日

中央人民广播电台《星星火炬》栏目举办《当他们是少先队员的时候》专题节目，先后播出张广厚、苏叔阳、叶永烈、金月岑、王坚强、达式常、张筠英、黄锡萍、黄吉人、姜昆的讲话录音。

3 月 4 日

内蒙古自治区呼伦贝尔电视台正式更名成立（此前为海拉尔电视台，于 1973 年 11 月 20 日成立）。

3 月 5 日

中央广播事业局党组任命马庆雄为中国国际广播电台副台长。

同日

旅大电视台更名为大连电视台。

3 月 14 日

全国电视剧编导经验总结交流会在北京召开。中国文联副主席夏衍、文化部副部长陈荒煤到会讲话。

同日

天津人民广播电台调频立体声广播试播，频率 99.4 兆赫，每天 19：30 至 20：30 播出。

3 月 17 日

中国国际广播电台建立驻巴黎记者站，首任记者汪作舟、姜德山赴任。

3 月 19 日

中共中央书记处讨论中央广播事业局的工作，要求广播事业要有一个 5 年、10 年、20 年的长远规划。指出，广播电视事业是建设精神文明的重要工具，是宣传党的路线、方针、政策，促进安定团结，丰富人民精神文化生活的重要工具。对人们的物质生活要加以引导，对精神生活更要加以引导。不能传播靡靡之音，不能搞精神污染。广播和电视应该多播放我们祖国的历史、地理、文化、建设新貌和各民族的友爱团结，多播放工业、农业、科学、教育、技术方面的新闻，适当增加体育比赛节目，以鼓舞人们奋发图强，为国争光。

3 月 21 日

中央电视台记者拍摄安徽凤阳实行农村生产责任制后大变样的电视片《说凤阳》。

3 月 22 日～27 日

四川省广播事业局在内江召开全省农村广播网工作现场会，提出要按照《四川省农村广播网标准化技术要求》，整顿、巩固、提高农村广播网。

3 月 23 日～ 31 日

以南斯拉夫广播电视组织执行委员会成员、斯科普里广播电视台总经理迪莫夫斯基为团长的广播电视代表团来华访问，与中方签订 1981~1982 年中南广播电视合作执行计划。

同月

上海电视台摄制完成第一部电视连续剧《流逝的岁月》，共六集。

3 月底～ 4 月初

中央人民广播电台对台湾广播节目连续发表评论《逆潮流而动的危险一步》《三民主义统一中国的口号可以休矣》《台湾当局对孙中山革命精神的背叛》等，评论台湾国民党十二大通过“三民主义统一中国案”，引起台湾当局注意。

4 月 1 日

河南省郑州人民广播电台开始播音。

4 月 3 日～ 13 日

第三次全国电视节目会议在北京召开。各省、自治区、直辖市广播局、电视台的代表 80 多人参加会议。对 1980 年至 1981 年 3 月 31 日在中央电视台第一套节目播出的各类节目进行评奖。共评出优秀节目 125 个。电视剧《凡人小事》《女友》《有一个青年》获一等奖。这是我国电视史上第一次大规模的全国性电视节目评选活动。评选结果于 5 月 4 日公布。

4 月 13 日～ 21 日

中央电视台在青岛召开全国电视新闻工作座谈会。中央广播事业局局长张香山出席会议并讲话。会议总结了电视台办电视新闻的经验，着重讨论了全国电视台如何走好一盘棋，共同办好《新闻联播》的问题。会议提出：各省、自治区、直辖市电视台都是中央电视台的集体记者，有责任、有义务向中央电视台提供新闻；各省、自治区、直辖市电视台（包括各地市台）必须转播《新闻联播》节目。

4 月 16 日

江西省人民政府批准《江西省有线广播维护管理暂行规定》。

4 月 18 日

第三次全国广播电视大学工作会议在南京举行。会议在总结交流办学经验的基础上，确定“电大”在新时期的主要任务是为四个现代化建设培养合格人才。

4 月 21 日

中央人民广播电台《新闻和报纸摘要》节目播发快讯，报道我国男女乒乓球队在南斯拉夫举行的第三十六届世界乒乓球锦标赛中双获冠军。半小时内，播发 3 次快讯。第一次报道女队荣获冠军，男队比赛正在进行；第二次报道男女队双获冠军；

第三次报道具体战果，并加发了国家体委贺电和本台短评。广大听众充分肯定这次报道的成功。《人民日报》在28日的“今日谈”专栏里发表文章《听广播想到“快”》，文中说：“快，是精神振奋的标志之一。广播电台这次带了一个好头。”世乒赛期间，中国国际广播电台体育组1人、驻南记者1人参加报道工作。共发消息21条，专稿10篇。

4月22日

北京人民广播电台804发射台扩建工程竣工。该台总建筑面积1629.95平方米，新增50千瓦发射机两台，10千瓦发射机四台，发射塔一座。发射机功率扩大4.5倍。

同日

天津电视台《天津电视新闻》更名为《天津新闻》，每周播出六次，每次15分钟。在编排上，在原来单一的影像新闻的基础上增加了口播新闻。翌年1月1日开始改为日播。

4月28日

中央电视台新闻部创办的《专题报道》栏目第一次播出。主要内容是报道社会主义两个文明建设中出现的新人新事、新风尚、新成就、新气象、新经验等，重点围绕一个问题、一个成就、一件事情、一个人物等作比较完整、细致、深入的报道。

同月

全国地市人民广播电台文艺广播协作会在合肥举行，主要研究长篇小说连续广播节目交换问题。81家地市电台的代表出席。

5月1日

唐山人民广播电台恢复自办节目。

同日

江苏省苏州人民广播电台调频（立体声）广播开始播音。

同日

安徽省第一座小功率调频发射台在太湖县建成试播。至1987年年底，全省先后有63个县建立了小功率调频发射台。

同日

河南省洛阳人民广播电台试播。

5月16日

中央人民广播电台、中国国际广播电台、中央电视台报道：5月15日，中共中央政治局一致决定，接收宋庆龄为中国共产党正式党员。同日，播出中共中央、全国人大常委会、国务院发布的宋庆龄副委员长病情公告。

5 月 17 日

中共中央政治局常委胡耀邦同中宣部、文化部、中央广播事业局负责人谈话时强调，我们的广播电视同资本主义社会的广播电视要有根本的区别。要为社会主义服务，为建设社会主义精神文明服务，为四个现代化服务，要提高人民的精神境界。电视台的领导应该亲自看电视，这要作为一条纪律定下来。

同日

中央人民广播电台、中国国际广播电台、中央电视台报道：5 月 16 日，五届全国人大常委会第十八次会议通过决议，授予宋庆龄中华人民共和国名誉主席荣誉称号。

5 月 20 日

中共上海市委任命邹凡扬为上海市广播事业局局长、党组副书记。

5 月 22 日

中央人民广播电台《各地人民广播电台联播》节目广播全国人大常委会副委员长、西藏自治区政府主席阿沛·阿旺晋美为和平解放西藏协议签字 30 周年写的广播讲话稿《建设团结富裕文明的新西藏》。藏语节目播送他的讲话录音。5 月 23 日，西藏和平解放 30 周年。中国国际广播电台国内部邀请班禅额尔德尼·确吉坚赞和阿沛·阿旺晋美作广播讲话，谈西藏和平解放 30 年来的发展和变化，介绍中国宗教政策。

5 月 23 日

《新疆广播电视报》（汉文、维吾尔文）创刊。

5 月 23 日～31 日

中央电视台《观察与思考》专栏播出《包干到户以后》（四集），反映安徽滁县地区推行农村联产承包责任制之后的真实情况，对农村改革的必要性和包干到户的经验与尚存在的问题进行实事求是的报道和评论。第二集播出时该节目改名为《联产计酬之后》。

5 月 26 日～7 月 11 日

中央人民广播电台《学习》节目举办《坚持四项基本原则广播讲座》，共 26 讲。

5 月 29 日

中华人民共和国名誉主席、全国人大常委会副委员长宋庆龄逝世。20：46 中央人民广播电台在接到中共中央、全国人大常委会、国务院公告定稿后，20：50 在《各地人民广播电台联播》节目中进行直播。中国国际广播电台也及时播出公告、宋庆龄简历、治丧委员会名单等。中央电视台于 30 日播出公告及专题报道《党和国家领导人向宋庆龄遗体致哀》。31 日，中央三台报道了首都各界三万多群众及党和国家领导人隆重吊唁宋庆龄的消息。

同月

上海市广播事业局“复查”小组复查“文化大革命”中的冤假错案，原立案审查的147人得到了平反改正。

同月

山东广播电视文工团更名为山东广播电视艺术团。此后山东电视台拍摄电视剧的任务，由文艺部转交山东广播电视艺术团承担。

6月1日

中央人民广播台调整节目，按新的节目时间表播音。开办《新闻和综合节目》；停办《工商节目》《党的生活》《广播文摘》，将有关内容归入《各地人民广播电台联播》和综合新闻节目中广播。同时，恢复《国际时事》《世界各地》节目，撤销《国际讲坛》节目。《青年节目》内容和广播时间作了适当调整、压缩，改名为《青年之友》。调整文艺节目的构成，音乐、广播剧的比重有所增加，戏曲、曲艺节目的比重略有减少。

同日

中央人民广播电台创办《民族大家庭》节目。这是中央电台历史上第一个用汉语普通话进行民族宣传的专题节目。

同日

江苏电视台首次使用南京邮电学院通信研究所研制的光缆传输系统传送电视节目。

6月1日～29日

以联邦德国广播协会驻京记者巴格曼为领队的电视摄影队，拍摄我国经济调整和对外经济合作的电视片，重点在深圳、珠海经济特区。这是第一个去经济特区采访的外国电视摄影队。

6月2日

中央广播事业局党组任命孙同耕为中央电视台副台长兼技术制作部主任，洪民生为中央电视台副台长兼文教部主任。

6月3日

宋庆龄追悼大会在人民大会堂隆重举行。中央人民广播电台第一、第二套节目和对台湾广播并机转播追悼大会实况。中国国际广播电台播出新闻报道。中央电视台直播追悼大会实况。

6月4日

中央电视台、广东电视台和福建电视台联合发起的全国电视广告制作座谈会分别在厦门、广州召开。座谈会总结交流了一年多来电视广告制作和播放经验，并就广告如何为生产、经济和群众生活服务等交换了意见。

6 月 7 日

中央人民广播电台开办《听众信箱》和《星期日广播英语》栏目。

6 月 13 日

中组部通知：中央同意王寿仁任中央广播事业局党组成员。

6 月 15 日

中央人民广播电台调频立体声节目开始试机，共试播 15 天，先后在第三套节目 21：00 至 22：00 或 22：00 至 23：00 播出中外音乐或戏曲一小时。

同日

中央人民广播电台《新闻和综合节目》开始举办《纪念中国共产党成立 60 周年专题广播》，隔日广播，7 月 5 日结束。

6 月 18 日

天津人民广播电台与日本神户关西广播电台达成交换节目协议，双方每月交换一次 15 分钟节目，名称分别为《您好，天津向您问候》《您好，神户向您问候》。

6 月 29 日

中央人民广播电台、中国国际广播电台播发《中国共产党第十一届中央委员会第六次全体会议公报》。会议同意华国锋辞去党中央主席职务的请求，选举胡耀邦为中央委员会主席。30 日，中央电台摘要广播《关于建国以来党的若干历史问题的决议》，并于当晚分段广播决议全文。国际台播发《关于建国以来党的若干历史问题的决议》的消息以及该决议的介绍稿。

6 月 30 日

中央人民广播电台举办现代历史歌曲连续广播节目《在歌声中前进》，介绍我国新民主主义革命时期各个阶段有代表性的歌曲 117 首。这是中央电台第一次在广播中系统介绍我国现代历史歌曲。

同月

中共江苏省委任命李铭堂为省广播事业局局长。

同月

山东电视台试用彩色摄像机、录像机拍摄电视连续剧《武松》。

同月

河南省焦作电视转播台建成。

同月

新疆维吾尔自治区石油管理局自行设计施工的钢架结构直立电视塔在克拉玛依

落成，塔高 143.8 米，当时称“西北第一塔”。

7 月 1 日

首都各界隆重集会庆祝中国共产党成立 60 周年。中央人民广播电台、中央电视台进行实况转播。晚上，中央电视台播出首都各界群众衷心拥护《关于建国以来党的若干历史问题的决议》的新闻。

同日

中央电视台《新闻联播》节目从当日起，改变把国内电视新闻、口播国际新闻和通信卫星收录的国际新闻截然分开的做法，按其内容和新闻价值进行统一编排，形成国内、国际新闻两大部分。同时，对该节目的标志、音乐和播音员的背景，预告新闻提要的方式以及气象预报图表等均作了改进。

7 月 4 日

上海电视台组织译制的日本电视连续剧《姿三四郎》开始播映，该剧共 26 集，是上海电视台译制播出的第一部外国电视连续剧。

7 月 11 日 ~ 23 日

中央人民广播电台驻地方记者站站长会议在北戴河召开，28 个记者站的站长和负责人参加会议。这是中央电台自 1965 年建立驻地方记者站以来规模最大的一次站长会议。会议讨论修改了《记者站工作条例》和《记者发稿定额暂行办法》。中央广播事业局局长张香山发表讲话。中央电台台长左漠野在讲话中提出要建立一种短小精悍、新鲜生动、有声有色、通俗易懂的“广播体”文稿。

7 月 13 日

中央人民广播电台与国家农业发展工作委员会、农业部、中国农学会等单位联合举办的《中央农业广播学校》开始广播授课。该学校学制两年，每周授课三次，每次 30 分钟，重播两次。注册学员 40 多万人。

7 月 28 日 ~ 11 月 17 日

中央电视台播出《北京中学生智力竞赛》节目。每周二播出一次，共 13 场。这是该台第一次举办智力竞赛节目。

7 月 30 日

安徽人民广播电台长丰新发射台两台 200 千瓦、一台 50 千瓦中波发射机安装调试完成。

同月

上海电视台播出《中学生智力竞赛》和《60 秒钟智力竞赛》。

8 月 9 日

台湾国民党空军少校飞行考核官黄植诚驾机起义回归祖国大陆，中央人民广播电台军事部、台播部当即派出记者赴福州采访，进行录音和专题报道。

8 月 10 日

新疆电视台迁到自治区广播事业局大院新落成的过渡中心楼。电视节目全部实现录像播出。

8 月 16 日

中央人民广播电台少年儿童广播合唱团举行成立 30 周年庆祝大会。合唱团共有来自北京中小学的 100 多名团员。文化部代部长周巍峙、中央广播事业局局长张香山、中国音乐家协会主席吕骥、中央电台台长左漠野、北京市教育局局长韩作黎以及首都音乐界的代表、合唱团老团员等 1600 多人参加大会。该合唱团是新中国成立后建立的第一个少年儿童合唱团。

8 月 16 日～ 26 日

全国少数民族文艺广播第二次协作会在呼和浩特市召开。会议经过协商确定，在 1982 年春节期间举办"首次少数民族音乐展播月"。

8 月 17 日～ 21 日

新疆维吾尔自治区广播事业局召开首次电视录像转播台工作会议。会议讨论制定《新疆电视录像转播台管理办法》《新疆电视录像转播台节目管理试行条例》《新疆电视录像工作制度》等文件。全疆已建起电视录像转播台 12 座、电视差转台 23 座。

8 月 17 日～ 30 日

中央广播事业局在北京召开全国各省（区、市）广播电台普通话播音经验交流会。会议交流了新闻和专题节目的播音经验和培养、建设播音队伍的经验，讨论了新闻播音的特点和基本要求，以及在历史新时期适应时代要求和群众需要，在继承我国传统播音风格的基础上勇于创新、提高播音水平等问题。中央人民广播电台，29 个省、自治区、直辖市和 11 个省辖市电台，福建前线广播电台的播音员代表，北京广播学院播音系教师代表等参加会议。会议由中央广播事业局副局长周新武主持。中央广播事业局局长张香山、副局长左漠野等讲话。战争年代的老播音员肖岩、孟启予、王恂、钱佳楣、杨慧琳、丁一岚、齐越等到会同播音员代表座谈。

8 月 23 日

哈尔滨电视台开播。

8 月 27 日～ 10 月 16 日

中央人民广播电台《学习》节目举办《学习〈关于建国以来党的若干历史问题的决议〉广播讲座》，共 33 讲。

9 月 1 日

中央人民广播电台开始播送第六套广播体操。

9月8日

中共中央主席胡耀邦在国家广播电视工业总局《关于今年计划执行情况和明年计划初步安排的报告》上批示：广播电视事业是我们这样性质的国家一项非常重要的事业。从放映到生产，你们三家（四机部、商业部和中央广播事业局）要经常商量，不要形成四机部只管造、不营销，商业部只管销、不管用，广播事业局只管放、不管看的畸形现象，而要协力同心地把这个事业不断推向前进。

9月21日

经国务院批准，国家计划委员会下达《关于新疆维吾尔自治区边境广播电视建设规划问题的通知》，决定拨款1300万元，在新疆新建和扩建19座中波广播转播台，在乌鲁木齐建设一座高山广播电视转播台。

9月25日

鲁迅诞辰100周年。中央人民广播电台采写、选播了有关纪念活动的消息，选播了关于鲁迅的影片、戏剧，介绍并选播了鲁迅作品。中国国际广播电台国内部发消息6条、专稿11篇。主要有《鲁迅故乡绍兴纪行》《北京鲁迅博物馆巡礼》《访周海婴》、戈宝权的文章《鲁迅与世界文学》《介绍鲁迅生平》等。中央电视台开辟《纪念鲁迅诞辰一百周年》专栏。天津人民广播电台《天津新闻》节目播出鲁迅先生的学生、南开大学教授、天津市文联代主席李霁野《学习鲁迅》的录音讲话。

同日

重庆电视台成立，于10月1日试播自办彩色节目。

9月27日

首届北京国际马拉松赛举行，中央人民广播电台分两次转播了比赛实况。中央电视台直播了比赛实况。参加转播工作的人员包括日本东京放送（TBS）的30人，共近200人，摄像机16台，各种车辆30多部。除向北京地区播出外，还通过卫星向日本电视台作实况转播。

9月30日

中央电视台报道我国首次用一枚运载火箭发射三颗卫星，并播出专题《我国向太平洋发射运载火箭》。

同月

全国广播剧剧本创作座谈会在大连召开。中央人民广播电台和各省（区、市）广播电台的代表参加座谈会。会议交流了广播剧的创作经验，讨论了各电台提供的45个剧本，并就剧本的一些带共同性的问题，如选择题材、深化主题、塑造人物、安排情节以及运用语言、音乐、音响等问题进行了探讨。

10 月 1 日

中国国际广播电台对首都地区英语广播试播，效果良好。

同日

新疆电视台播出第一部译制的维吾尔语电视剧《蓝色的项链》。

同日

燕山石油化工总公司有线电视台建成并开播，有两万多个用户终端。

10 月 3 日

上海电视台开辟《市场掠影》专栏，每次播出两至三分钟。这是中国内地电视台中最早开办的市场性栏目。

10 月 4 日

北京电视台第一次租用国际通信卫星，转播在沙特阿拉伯首都利亚得举行的第十二届世界杯足球赛亚太地区预选赛四强复赛实况。

10 月 9 日

中央人民广播电台、中央电视台转播党和国家领导人参加纪念辛亥革命 70 周年大会实况。中共中央主席胡耀邦在大会上讲话。中国国际广播电台采编北京纪念辛亥革命 70 周年大会和各界纪念活动的消息。

10 月 10 日

中央电视台拍摄的纪念辛亥革命 70 周年电视片《光辉的一页》播出。在此期间，还播放了湖北电视台拍摄的电视片《武昌起义》和中央电视台记者采访孙中山故居时拍摄的电视片《伟大而质朴的人——访中山故居纪念馆》等。

10 月 13 日

中央人民广播电台通往福建记者站的微波线路开通。到年底又开通湖北、湖南、广东的线路。

10 月 14 日 ~ 18 日

中央广播事业局工业总处在苏州举办直属工厂产品展销服务会。会上展出的主要是广播电台、电视台专用的产品。展销会期间，组织了技术交流活动，洽谈了业务。

10 月 16 日

中共江苏省委任命孙鹰为江苏省广播事业局副局长兼江苏人民广播电台台长。

10 月 20 日 ~ 26 日

全国第一次少儿电视节目座谈会在杭州举行。会议就办好少儿节目等问题进行了研讨。

10 月 26 日

新疆维吾尔自治区克拉玛依白碱滩建立彩色电视差转台。

10月26日～11月5日

中央人民广播电台文艺部康普等两人赴日本，参加由联合国教科文组织亚洲文化中心举办的音乐教材合作生产专家会议。会上选出59首优秀歌曲向亚太国家推广，其中4首是我国提供的。

10月29日

中国国际广播电台建立驻巴基斯坦记者站。首任记者陈家宇、蒋志强赴任。

同月

中央电视台派出电视小组赴法国参加蒙特卡洛电视节，落实了“法国电视周”的节目，同时还订购了一部分电视节目和设备。

同月

天津电视台拍摄的《塞上写生》，以天津画家在长城沿线写生为线索，反映了从古北口到山海关长城内外人民生活及长城的雄姿。由中央电视台向国外发行。

同月

云南省西双版纳人民广播电台增加哈尼语播音。

同月

新疆维吾尔自治区新源县县直机关、乡镇、场及驻县友邻单位共同集资110多万元建设的电视录像转播台建成。

10月底～11月初

第二次戏曲广播编辑座谈会在杭州召开。中央人民广播电台和全国27个省（区、市）电台，中国人民解放军福建前线广播电台，武汉、重庆、哈尔滨3个省辖市电台，中国唱片社、广东太平洋影音公司的戏曲编辑，以及北京广播学院的教师共53人出席会议。会议认为，戏曲广播要面向群众，面向工农；要注意宣传青年演员，争取青年听众；要发挥广播群众性强、联系面广的优势，发动群众办广播；要积极扶植、宣传现代戏。

11月2日～14日

中央人民广播电台对台湾广播部和中国新闻社联合召开全国对台宣传座谈会。各省（区、市）对台办，各大军区和部分省军区主管对台宣传的人员共84人参加会议。会议研究了如何从台湾的实际出发，从台湾同胞的需要出发，改进对台湾宣传，更好地为广大台湾同胞服务，为实现祖国统一大业服务等问题。廖承志、朱穆之、张香山等到会讲话。

11月6日

中共中央主席胡耀邦在中央广播事业局《关于将中央电视台彩电中心工程列入明年施工项目的报告》和新华社的一个材料上批示：“仲勋同志：从去年以来，我去过西藏、四川、贵州、广西、云南、广东、湖南、江西、湖北、上海、浙江、山东、宁夏、内蒙古、陕西、河南、河北、山西、辽宁 19 个省、市、区。这些省、市、区，多数中等城市看不清中央电视台节目，我弄不清是什么原因，但这个情况是很严重的，极大影响政治宣传效果，影响人民对电视机的购买。请你抓一下这件事，看究竟如何解决才合理。”

同日

中央广播事业局、意大利广播电视公司广播电视合作协定在北京签字。

11 月 6 日 ~ 16 日

中央人民广播电台派记者张之、宋世雄去日本采访报道第三届世界杯女子排球赛。他们发回大量文字和录音报道，还分别在日本富山、东京、大阪对中古、中苏、中美、中日四场比赛实况转播进行现场解说和报道。中央电视台通过卫星转播中国队对苏联队和对日本队的两场比赛实况。16 日，中国女排荣获冠军，国内成千上万的观众纷纷走上街头热烈庆祝。

11 月 16 日

中共中央书记处讨论广播电视工作，指出：“广播电视是教育、鼓舞全党、全军和全国各族人民建设社会主义物质文明、精神文明的最强大的现代化工具，这就是广播电视工作的根本性质和任务。为了更好地体现这个根本性质，完成这个根本任务，要做两个方面的努力，一是提高服务质量，二是完善服务手段。”

11 月 24 日

新疆维吾尔自治区喀什地区电视录像转播台正式成立。这是南疆地区第一个试播电视节目的电视台。

11 月 28 日

中国国际广播电台记者丛英民、程汉琛、邢和平和中央人民广播电台记者崔克智组成中国广播记者组，赴民主柬埔寨解放区采访，1982 年 1 月 14 日结束采访活动回国。

11 月 28 日 ~ 12 月 14 日

中国人民政治协商会议第五届全国委员会第四次会议（11 月 28 日 ~ 12 月 14 日）和第五届全国人民代表大会第四次会议（11 月 30 日 ~ 12 月 13 日）先后在北京召开。中央人民广播电台、中国国际广播电台、中央电视台对会议进行报道。中央电台对各次全体会议均单发消息，摘要播出国务院总理赵紫阳、副总理姚依林、财政部部长王丙乾的报告。国际台及时播出开幕消息、《政府工作报告》详细介绍稿等。中央电视台在会议期间开辟专栏，在《新闻联播》节目之外的时间播出。

同月

吉林电视台全部播出彩色电视节目，并开始自办各类专题和文艺节目。

12月1日～15日

全国优秀广播剧评选会在长沙举行。会上对各地广播电台推荐的51个广播剧进行了评议，从中评选出的30个优秀剧目，于1982年1月25日（春节）开始在中央人民广播电台及各地电台展播。

12月10日

中共中央主席胡耀邦在三个有关材料上写下批语，送给中宣部副部长朱穆之、赵守一并新华社、中央广播事业局、各大报的负责人。胡耀邦提出："请你们召开一个会议，专门谈谈如何大张旗鼓地提倡社会主义精神文明和发扬党的优良作风问题。"

12月14日

中央广播事业局发文，指配新疆克孜勒苏柯尔克孜自治州电视转播台使用三、七频道，发射功率1千瓦，台名：阿图什电视转播台。

12月14日～20日

中央电视台首次举办"电视科普节目宣传周"，期间播出10个科普节目。

12月19日

中国国际广播电台建立驻墨西哥记者站。首任记者岳家声、方志诚赴任。

同日

安徽人民广播电台经省编制委员会同意，将其内部机构调整为六部二室，即：新闻部、经济部、政文部、采通部、文艺部、技术部、总控制室、总编办公室。

12月25日

全国海拔最高（4092米）的电视转播台——云南省大理苍山电视骨干转播台建成，发射功率10千瓦。它使滇西800万人口的广大地区能及时看到中央和省的电视节目。

12月26日

日本东京放送（TBS）为庆祝成立30周年举办30小时直播节目，其中8小时特别节目在上海向东京实况转播。上海人民广播电台派出编辑、记者、技术人员协助转播获得成功。这是上海人民广播电台第一次同国外电台进行的大规模合作播出。

同日

中国国际广播电台同意美国休斯敦市KTRH电台的安排，每星期六、日早晨在该台节目中播放国际台制作的专题报道。1982年2月6日正式开始，用电话传送。1984年7月26日停止传送。据中国驻休斯敦领馆告，原因是该台台长易人。这期间国际台共传送116次232个节目。

12 月 31 日

中央电视台开办《动物世界》专栏节目，首播节目是《动物之雄》。

12 月下旬

由文化部、中央广播事业局、中国音乐家协会、全国少年儿童文化艺术委员会主办的 1976 ~ 1981 年全国少年儿童歌曲评选工作结束。全国 29 个省（区、市）和中央直属机关、中国音协、中央人民广播电台等单位共推荐 278 首少儿歌曲参选，最终 40 首歌曲获奖。

同月

中央广播事业局在北京召开广播电视系统技术标准化会议，首次制定广播电视系统标准体系表。

同年

全国（未包括港、澳、台）共有广播电台 114 座，市、县广播站 2643 座，农村广播小喇叭 9145 万只，有自办节目能力的电视中心台 39 座，1 千瓦以上发射功率的电视转播台 238 座，小功率差转台 2000 座，电视机社会拥有量 1000 万台。

同年

中央人民广播电台收到听众来信、来稿 26 万多封（件）。

同年

中国国际广播电台收到 145 个国家和地区的听众来信 76853 封。

1982年

1月1日

全国人大常委会副委员长、国务院侨务办公室主任、中华全国归国华侨联合会名誉主席廖承志通过中国国际广播电台向海外华侨、华人作祝贺新年广播讲话。

同日

内蒙古自治区哲里木电视台成立。

同日

广东人民广播电台播出我国第一部立体声广播剧《渔夫和金鱼的故事》。

同日

四川人民广播电台《藏语广播》开始连续播送藏族著名民间长篇故事《格萨尔传奇》。

1月4日

山西人民广播电台开办《今日新闻》，播出本省范围内当天发生的事情。

1月5日

中央电视台播出英语实用口语教学片《跟我学》。这是我国第一部原版引进的英国广播公司情景会话节目。

1月7日

中国国际广播电台就美国向台湾出售武器问题发表评论《中国的主权不容侵犯》。

1月21日

中央广播事业局党组任命张君实为中央电视台副台长。

1月24日

上海人民广播电台创办《星期广播音乐会》，首场演出在上海音乐厅举行。此节目采取剧场直播方式，每两周举办一次。

同月

中央广播事业局决定成立广播电视设计院，为全国广播电视系统服务。

同月

中央人民广播电台推出《音乐博览会》专题节目。该节目共 25 集，每集 30 分钟，每周播出一集，至 7 月初播完，受到音乐爱好者欢迎。

同月

中央电视台派赴“亚洲电视新闻交换学习班”的五名学员结束为期一个月的学习。“亚洲电视新闻交换学习班”是联合国教科文组织从 1977 年开始在亚洲广播发展学院（院址在马来西亚首都吉隆坡）开办的。中国电视新闻工作者第一次应邀参加。

同月

新疆克拉玛依人民广播电台维吾尔语广播开始播音。

2 月 3 日

中央人民广播电台《各地人民广播电台联播》节目和次日的《新闻和报纸摘要》节目编发广州电信局局长王维经走私套汇被捕的消息，并配发编后话。这是打击经济领域严重犯罪活动比较早的一篇报道。中共中央政治局常委陈云办公室索要稿件，并指示《人民日报》转发。美国合众国际社摘发了这篇报道。

2 月 6 日

天津人民广播电台在《新闻节目》《天津生活》《青年节目》《少儿节目》以及专题节目中及时对佘安立、张长柱、董青秋、聂玉祥四青年奋不顾身抢救落水儿童的事迹进行连续报道。之后，还播送歌颂“舍己救人四勇士”的曲艺节目和广播报道剧《冰湖春歌》。

2 月 8 日

由《文汇报》、中央电视台和上海电视台联合主办的 1981 年度全国优秀电视剧评选揭晓，共评选出优秀电视剧 10 部。丹东电视台和中央电视台合拍的《新岸》获一等奖。

2 月 15 日

为纪念埃德加·帕克斯·斯诺逝世 10 周年（2 月 25 日），中央电视台编辑并播出电视片《斯诺与中国》（上下集）。该片运用珍贵的文物、照片、资料，介绍斯诺在旧中国的经历和新中国成立后他与中国人民结下的深厚友情。

2 月 18 日

中国国际广播电台华侨部普通话播音组正式成立。华侨部普通话广播是 1955 年 12 月 15 日开办的，此后的 27 年一直由中央人民广播电台播音部安排播音员代播。

2 月 23 日～3 月 14 日

应澳中理事会和澳大利亚广播委员会邀请，中央广播事业局局长张香山率领中国广播电视代表团访问澳大利亚。

2月25日

中国国际广播电台俄语部举行茶话会，纪念对苏联俄语直播节目开办20周年，台长金照到会并讲话。

同日

中央电视台决定将《西游记》《红楼梦》等古典名著搬上电视屏幕。电视连续剧《西游记》摄制组成立。

2月27日

中共中央、国务院发布《关于严禁进口、复制、销售、播放反动黄色下流录音录像制品的规定》。根据规定，中央广播事业局于3月16日成立录音录像制品管理处。

同日

新疆维吾尔自治区党委决定，热介甫·托乎提任自治区广播事业局党组书记、局长。

2月28日

天津市委、市人大常委会、市人民政府召开“全民文明礼貌月”广播电视动员会。市委书记、市长胡启立，市委第二书记黄志刚，市委常委、市人大常委副主任王恩惠分别作了广播讲话。

同月

中央广播事业局在上海召开“视频通道统一测试方法”国家标准审定会。这项国家标准的制定，有助于我国电视节目播出质量的提高。

同月

新疆维吾尔自治区吐鲁番地区电视录像转播台正式成立。

3月1日

全国电视剧座谈会在北京召开。来自全国30多家电视台的负责人讨论了如何提高电视剧的创作质量问题，并对当年电视剧的选题作了安排。

同日

江苏省广播事业局开通广播电视专用微波线路，江苏电视台节目信号传送到苏北广大地区。该电路长720公里，有15个微波站。

3月2日

中国国际广播电台通过国际卫星正式向巴巴多斯电台（VOB）传送英语新闻节目，每周一至周六各一次，每次10分钟，由该台直接播出。

3月2日～11日

第一次新疆有线广播优秀节目评选会议在乌鲁木齐举行。会议评选出五种民族语言的优秀广播节目 63 个。

3 月 12 日

中央电视台《新闻联播》节目播出《北京召开万人动员大会迎接植树节》《邓小平同志带领家属参加全民义务植树活动》《北京人民积极参加植树造林活动》等新闻。

同月

中共中央主席胡耀邦观看中央电视台播出的全国开展“学雷锋、树新风”活动的新闻片、纪录片后，请秘书转告中央广播事业局局长张香山：“这样做很好，很有必要，要坚持下去，不要断线。”

同月

江苏省广播事业局和江苏人民广播电台、江苏电视台实行局、台分开的体制。

同月

安徽人民广播电台《对农村广播》节目播出临泉县女青年柴月的一封信《掺着泪水的蜜月》，引起一场广播大讨论。出于对柴月反抗家庭包办婚姻的同情，听众纷纷来信参加广播讨论。《人民日报》以“一次生动的婚姻法教育”为题报道了这次广播大讨论。

同月

经批准，广西对外广播电台开始筹建，呼号为“广西广播电台”。该台为广西广播事业局的直属单位。1983 年 8 月 16 日开始转播中国国际广播电台越南语节目。1984 年 3 月 24 日试播自办节目，用越南语向越南广播，由此成为中国第一个采用外语对外广播的地方台。

同月

四川省广播事业局受中央广播事业局委托，主持起草《农村有线广播技术管理规程》，经与湖北、陕西、甘肃等协作省局多次商议、修订，于 1983 年年底完成定标任务。

4 月 1 日～5 日

中央人民广播电台、中国戏剧家协会联合主办的全国优秀广播剧评奖会议在北京召开。中央电台和全国各省、自治区、直辖市共 38 家电台参加评选。《金鹿儿》（天津人民广播电台）、《镢柄成亲》（河北人民广播电台）、《求索》（中央电台）等 15 部广播剧获奖。

4 月 2 日

中央办公厅秘书局通知 1982 年 3 月 29 日中共中央书记处第 165 次会议决定事项，其中第七项：讨论了中共中央书记处书记、中宣部部长王任重给胡耀邦、习仲勋、邓力群的信。书记处认为，广播电视是正在发展中的、对人民群众进行宣传教育的一项十分重要的事业，它的领导机构既要管宣传业务，又要抓广播电视的建设，因此同意王任重的意见，将广播事业局改为广播电视管理部。新华社是国家新闻社，均属国务院序列。以上两单位和人民日报社、《红旗》杂志社都按部级待遇。

同日

内蒙古、陕西、江苏、浙江、广东、吉林、四川、云南八省（区）人民广播电台协作讨论会在昆明举行，会议中心议题是广播如何为农民服务。

4月2日～9日

第一次全国广播电视报工作情况交流会在西安召开。

4月6日

泰国曼谷王朝建都200周年纪念日。中国国际广播电台派出周生、郑集强赴泰采访庆典活动，共采写《欢腾的湄南河》《满怀深情颂友谊》等七篇报道。

4月7日～11日

中央广播事业局召开各省、自治区、直辖市广播事业局局长会议。中宣部、文化部、教育部、公安部、国家工商行政管理局、海关总署和中国音乐家协会等有关部门派代表参加。会议研究了如何贯彻中央《关于严禁进口、复制、销售、播放反动黄色下流录音录像制品的规定》，讨论了有害音像制品的甄别界限和处理办法等问题。会议纪要由中宣部转发全国。

4月16日

应中央电视台邀请，美国儿童电视公司摄影组导演约翰·史东一行21人抵京，后在桂林、苏州、北京合作摄制儿童剧《芝麻街》和《大鸟在中国》。

4月19日

为参加“全国好新闻”评奖，中央电视台对1981年《新闻联播》节目中播出的国内新闻进行评比，评选出一等奖15条、二等奖50条、三等奖100条。这是该台首次举办的台内新闻评选活动。

4月23日

贵州省在铜仁建立10千瓦中波转播台。

4月23日～28日

中央广播事业局在江苏省无锡市召开全国广播电视工作座谈会。

4月24日

中共中央发出《关于广播电视部机构改革后领导干部任职的通知》：广播电视部部长、党组书记吴冷西；副部长、党组成员郝平南、马庆雄、徐崇华。5月4日，第三届全国人大常委会第二十三次会议通过《关于国务院部委机构改革实施方案的决议》，宣布成立广播电视部，撤销中央广播事业局。任命吴冷西为广播电视部部长。

4 月 29 日

越南劳动党原政治局委员黄文欢在张香山和马庆雄陪同下，看望中国国际广播电台越南语组工作人员。他介绍了越南的情况，并向越语组赠送了他的汉文诗抄等。马庆雄向他赠送了一套中国古代诗集。

同月

中国国际广播电台文艺部与日语部联合创办《中国少数民族民歌》专题节目，把音乐和少数民族地理风光、政治、经济、文化概况以及风土人情结合起来组稿，到年底共播发 37 篇，受到听众欢迎。

4 月～5 月

广播说唱团侯宝林、马季、姜昆、刘慧琴等 16 人赴香港演出 10 天，引起轰动。

5 月 8 日

天津人民广播电台为了宣传报道好引滦入津工程，于开工前派记者进行采访，开工后又进行跟踪报道。除在《天津新闻》节目中及时报道消息外，还在《天津生活》节目中播出多篇录音通讯，反映天津七万劳动大军赴引滦工地义务劳动的情况。

5 月 10 日

北京市广播事业局成立音像制品管理处，对北京市录音录像制品的出版生产和发行实行统一管理。

5 月 12 日

中央人民广播电台文艺部参加以“劳动歌声”为主题的“亚广联”民间音乐节活动。

5 月 13 日

北京广播学院增设国际新闻专业，培养对外宣传的编辑、记者、翻译人才，学制五年。

5 月 16 日

华东地区六省一市广播电台播音业务座谈会第二次会议在安徽省太平县举行。会议着重讨论了提高播音质量问题，并就播音风格及其继承与创新、播音中的对象感等问题交换了意见。

5 月 23 日

中央电视台开设《星期日日语》节目。这是继《星期日英语》后又一个中高级外语节目。

同日

北京人民广播电台与北京广播电视大学联合举办电大教学节目。开设课程近 20 门，学员近万人。

同日

天津市为纪念毛泽东《在延安文艺座谈会上的讲话》发表40周年，举办第一届华北“海河之春”音乐周。天津人民广播电台转播了开幕式和首场演出，并为应邀观摩音乐周的28家电台提供音乐周10场音乐会的全部录音。同日，全国性文艺节目交换会议和文艺节目座谈会在天津召开，会上介绍了天津电台文艺节目直播和音乐节目管理经验。

5月25日

国务院通知：任命金照、卢克勤为广播电视部顾问。

同月

中央人民广播电台1981年优秀广播节目（稿件）评选工作结束，共评选出优秀节目（稿件）662个（件）。

同月

电视剧艺术委员会划归新成立的广播电视部领导。该委员会成立于1982年1月，初期属文化部领导，著名艺术家金山担任主任。7月更名为中国电视剧艺术委员会。

同月

天津人民广播电台录制第一部立体声音乐广播剧《被埋葬的财富和期望——歌曲之王舒伯特的故事》。

同月

浙江省萧山县广播站“有线广播多通道、多功能装置”通过技术鉴定。萧山县是全国第一个在全县范围内使用多通道、多功能有线广播传输系统的县。

6月1日

上海人民广播电台创办的学龄前儿童节目《百灵鸟》开始播音。

同日

新疆电视台实行维吾尔语、汉语分频道播出，各办一套节目。成为全国第一个专用一个频道开办少数民族语言电视节目的省级电视台。

6月5日

自即日起，中央电视台开辟《舞台与银幕》栏目，介绍社会上新上映的故事片和新上演的戏剧等。

6月10日

广播电视部召开全部处级以上干部会。部长吴冷西在会上宣布中宣部批准的中央人民广播电台、中国国际广播电台和中央电视台负责人名单。吴冷西说待中央书记处批准后，确定各台负责人职务。

6 月 13 日～ 7 月 11 日

中央电视台通过“亚广联”购买了在西班牙举行的第十二届世界杯足球赛的报道权，在香港通过卫星收录世界杯足球赛决赛阶段的所有 52 场比赛，转播了 24 场比赛实况，播出 19 个特辑。

6 月 22 日

中共上海市委宣传部任命高宇为上海人民广播电台台长。

6 月 25 日

《广播电视部的主要任务和职责》发布：广播电视部是国家广播电视宣传机构和全国广播电视事业的管理机构。它的主要任务是：在党中央和国务院的领导下，密切联系广大人民群众，宣传马列主义、毛泽东思想和党的路线、方针、政策，教育和鼓舞全党、全军和全国各族人民建设社会主义物质文明和精神文明，增进中国人民同世界各国人民的相互了解和友谊，反对霸权主义，维护世界和平，支持人类进步事业。管理全国广播电视事业，逐步完善宣传手段，努力实现技术装备的现代化。主要职责：一、领导中央人民广播电台、中国国际广播电台和中央电视台的对国内外宣传工作。努力办好新闻性、教育性、文艺性节目，做到准确及时、健康向上、丰富多彩、生动活泼，根据不同的对象和特点，为全国人民和世界人民服务。二、领导中国唱片公司和广播出版社的录音录像制品、图书、杂志的出版发行以及中国广播艺术团的节目创作。三、指导地方广播电视宣传工作。1. 组织贯彻中央对于广播电视宣传工作的决定和指示，组织讨论宣传业务方面的主要问题，总结交流经验。2. 组织广播电视宣传的协作和节目交流。四、管理全国广播电视事业。1. 拟定或发布关于广播电视事业的方针、政策、法规、条例、制度和标准。2. 组织编制全国广播电视事业建设（包括广播电视节目传送手段）的发展规划，协调中央和地方在事业建设方面的有关事项。3. 管理并审批全国广播电台、电视台和节目传送手段的设置或撤销，并指配频率和规定功率。4. 指导和协调全国广播电视系统的科学研究、工业生产、电台维护、基本建设、计划统计和专用器材设备供应等方面的业务工作，并直接领导部直属单位的上述工作。五、领导和管理部直属单位的干部工作，加强思想政治工作和业务建设，逐步改善工作条件和生活条件。领导直属院校的工作，有计划地为广播电视系统培养专业人才。六、主办和归口管理广播电视系统的外事工作。七、受国务院委托，归口管理全国录音录像制品的出版和发行。承办中央和国务院交办的其他事项。

6 月 28 日

北京人民广播电台《生活顾问》节目开播，这是该台第一个实行采、编、播合一的主持人形式的节目。

同日

新疆人民广播电台正式开办柯尔克孜语广播。至此，该台共用维吾尔、哈萨克、汉、蒙古、柯尔克孜五种民族语言播音。从此，新疆维吾尔自治区人口10万以上的少数民族，都有了本民族语言的无线广播。

7月1日

北京电视台《简明新闻》改为《北京新闻》，同时开办《每周综合报道》。

同日

江苏人民广播电台举办《对台湾广播》节目，在中波702千赫播出。

同日

安徽省安庆人民广播电台恢复播音。频率为中波1584千赫，调频97.7兆赫。

同日

贵州电视台东山电视发射台二频道开始试播，21日正式播出，电视台的自办节目由原来每周一次增加为两次。

7月6日

中共四川省委常委会讨论广播电视工作报告，确定成立四川广播事业发展领导小组，由省委副书记聂荣贵任组长，确定三年内每年增加事业费。

7月8日

中央广播电视大学首届（1979届）专科毕业生18031人毕业，中央电视台播出毕业典礼大会实况录像。

7月13日

广播电视部主办的《中国广播电视》杂志（月刊）创刊，是既面向社会又兼顾广播电视工作者的综合性刊物。

同日

《人民日报》总编室电话转达中共中央书记处书记胡乔木意见："中央人民广播电台《联播》节目有些消息很短，《人民日报》可以选用，以扩大《人民日报》内容。"中央电台从7月18日开始向《人民日报》供稿。

7月20日～26日

华北地区广播电视协作会议在承德市召开。中央人民广播电台、中央电视台以及山东、河南、辽宁省广播局负责人参加会议。这次会议是广播电视系统第一次以讨论广播电视新闻和评论为中心内容的专题协作会。会议明确了广播电视必须以新闻作为节目的主体，以充实和加强新闻节目为重点，调整节目布局。广播电视新闻必须紧密配合形势，要针对当地的工作实际和群众的思想实际，进行有战斗力、说服力、吸引力的宣传。与会人员认为，广播电视要成为社会舆论中心之一，必须有自己的评论。会议期间，广播电视部部长吴冷西到会听取了关于会议讨论情况的汇报并讲话。

7 月 22 日

湖北省广播电视节目中心控制室成立。该控制室可以直接接收中央电视台和中央人民广播电台的节目，并向中央两台回传湖北省的广播和电视录音录像，还可直接与中央两台通话和文字传真。

7 月 24 日

中国国际广播电台日语部从日本广播电台节目中听到，23 日长崎地区遭到暴风雨袭击，引起河川泛滥，房屋倒塌，交通中断，确认死亡 84 人，失踪 200 多人。国际台日语节目当天在开头语中向灾区人民表示慰问。广播电视部部长吴冷西批示："很好。" 日语专家说："我们这样做，日本听众会感到可亲。"

7 月 25 日

中央人民广播电台、中国国际广播电台、中央电视台播出《廖承志致蒋经国先生信》，倡议第三次国共合作，以促进祖国和平统一大业早日实现。

8 月 2 日～21 日

瑞典广播公司记者组一行七人第三次来华做关于中国音乐的采访，为 1983 年秋在瑞典电台举办介绍中国人民音乐生活的连续节目做准备。他们先后访问了北京、哈尔滨、上海、杭州、广州、桂林和成都。

8 月 5 日

就日本文部省一些人企图篡改日本军国主义侵略中国历史的错误行为与主张，中央电视台播出本台评论《历史岂容篡改》。8 月 15 日以后，连续播放日本军国主义分子侵略中国的部分纪录片、故事片等。中国国际广播电台华侨部关于日本文部省篡改侵华历史问题的报道，除充分使用通稿，并摘发新华社、首都报纸有关稿件外，还约请全国侨联负责人发表谈话；约请华侨史学会著文，揭露日本军国主义迫害和屠杀东南亚华侨的罪行。

8 月 6 日

中央人民广播电台、中国国际广播电台、中央电视台播出《中国共产党第十一届中央委员会第七次全体会议公报》全文。中央电视台在当晚《新闻联播》中播出中共十一届七中全会电视新闻等。

8 月 16 日～26 日

江西、江苏、上海、山东、安徽、浙江、福建、湖北、湖南等九省、市广播电台在庐山举行座谈会，研讨对农村广播问题。座谈会由江西人民广播电台发起，中央人民广播电台应邀出席。与会代表认为，对农村广播要讲农民最关心的事情和迫切需要解决的问题；形式上要大胆创新，力求内容与形式的完美统一。

8月18日

中国国际广播电台对外播发《中华人民共和国和美利坚合众国联合公报》和《中国外交部发言人关于中美发表联合公报的声明》。19日，播发《人民日报》社论《严守协议、排除障碍》的详细摘要。

8月23日～9月13日

中央人民广播电台《学习》节目举办《职业道德广播讲座》，共17讲。

8月24日

中共中央办公厅转发全国地方对外宣传和对台宣传工作会议两个文件，指出："对外宣传要做到大胆、全面、活泼、及时，要注意政治性、政策性、针对性、时间性。"对外宣传就是对外国人和华侨、港、澳、台同胞做思想工作。这就需要经过调查，针对各种不同对象的思想实际来作宣传，从内容、风格到形式，都要适合各个对象的思想、要求和接受水平。要做到解疑释惑。目前在对外宣传上不问具体对象、千篇一律、照本宣科的做法，仍然相当普遍，必须坚决改变。

8月25日

国家标准局发布广播电视部制定的《彩色电视广播国家标准》，正式确定我国彩色电视制式采用逐行倒相正交平衡调制，即PAL/D制。

8月29日

美国夏威夷第九电视台摄制组三人来华，与中央电视台合作拍摄电视片《新疆少数民族风情》。

8月30日

新疆维吾尔自治区开办维吾尔语广播电视大学。这是全国第一个用少数民族语言创办的广播电视大学。

8月30日～9月11日

广播电视部调集上海、天津、陕西、内蒙古、湖南、延边等地广播电视艺术团体的部分演员到北京，同中国广播艺术团联合演出，庆祝中国共产党第十二次全国代表大会的召开。这是广播系统艺术团体第一次大规模的联合演出。

8月31日

中国共产党第十二次全国代表大会开幕前夕，新疆电视台首次利用卫星传送手段，及时录制、播出当天中央电视台的《党的"十二大"预备会议新闻》和《新闻联播》节目，结束了北京录像点的工作。

同月

海南电视台在海口电视转播台基础上正式成立。

同月

山东广播电视学校建立，9 月正式开学。

8 月下旬～ 11 月上旬

中央人民广播电台举办戏曲现代戏展播。这次展播是由中央电台和各省、自治区、直辖市电台以及哈尔滨、武汉、重庆三个市台联合倡议举办的。

9 月 1 日～ 11 日

中国共产党第十二次全国代表大会在北京举行。会议期间，中央人民广播电台除在新闻节目中首发大会开幕、闭幕的消息外，还在《各地人民广播电台联播》《新闻和报纸摘要》节目中播出记者采制的录音新闻；对“十二大”的决议、领导讲话、政治报告及制定的新党章等，也都及时作了全文广播。中国国际广播电台对外及时播发大会开幕、闭幕消息。英语部、西班牙语部还分别向美国休斯敦电台、加勒比地区的巴巴多斯之声电台和拉美的哥伦比亚电台传送了新闻。中央电视台在大会开幕当晚播出会议的电视新闻并通过卫星向国外传送。每晚《新闻联播》节目及时报道大会当天进行的各项活动，开办《“十二大”专题新闻》。9 月 10 日、11 日，通过卫星向国外传送“十二大”选举中央领导和“十二大”闭幕的电视新闻。

9 月 7 日～ 24 日

美国“北京电台听众代表团”一行 18 人，应中国国际广播电台邀请来华访问。

9 月 8 日

美国前总统尼克松在访华期间到中央电视台，对美国广播公司电视记者发表谈话，对中美、台湾、中苏、中日等问题发表自己的看法。这次谈话的实况通过卫星对外传送。

9 月 9 日

中共广东省委宣传部决定成立音像资料馆。这是全国第一个音像资料馆。

9 月 10 日

天津市广播事业局天津录音录像制品发行公司成立。公司出版发行的音像制品注册商标为“浪花牌”。

9 月 12 日～ 13 日

中国共产党第十二届中央委员会第一次全体会议在北京举行。会议选举胡耀邦为中央委员会总书记。中央人民广播电台、中国国际广播电台、中央电视台及时播出消息和会议公报。

9 月 16 日～ 26 日

中央电视台通过卫星先后转播第九届世界女子排球锦标赛中国队对美国、古巴、苏联、日本、秘鲁等国家队的比赛实况。这次比赛，中国女排再次荣获世界冠军。

9月17日

中国第一个电视剧专业制作机构——北京电视制片厂正式成立。北京市广播事业局局长林青主持建厂仪式。广播电视部部长吴冷西，北京市副市长白介夫，市委常委、宣传部长张大中，以及首都文艺界、影视界、新闻界等120余人出席成立大会。

9月18日

中国国际广播电台在政协礼堂举行茶话会，纪念中国人民对外广播事业创办35周年。中共中央政治局委员胡乔木，中共中央书记处书记、中宣部部长邓力群，广播电视部部长吴冷西、副部长马庆雄，原中央广播事业局局长梅益、张香山等出席茶话会并发表讲话。中共中央政治局委员廖承志发来贺词。新华社当晚发了消息。

同日

中共中央政治局委员廖承志给中央电视台题词："中国人民的广播电视事业要发出中国人民的声音，内容应是健康的，坚持原则的，同时要为中国人民所喜闻乐见的。总之，办好这一切是不容易的，但是必须做到，而且有条件做到。祝同志们更大胜利。"

9月20日

中共中央政治局常委陈云在中南海接见中央人民广播电台制作的广播剧《真与假》的编导刘保毅，谈了对该剧的意见。陈云强调："广播比报纸来得快、影响大，特别是广大农村，订报纸的不多，电视机还不普遍，农民主要还是听广播，要努力办好广播，发挥广播的作用。"广播剧《真与假》是根据陈云推荐的弹词《真情假意》改编的。中央电台于10月10日在第一套节目播出，听众反响热烈。

9月26日

为庆祝四川人民广播电台建台30周年，四川省广播事业局、四川人民广播电台在成都锦江礼堂举行茶话会。省委第一书记谭启龙勉励全省广播战线职工学习好、宣传好、贯彻好党的"十二大"文件精神，开创广播工作新局面。

9月30日～10月10日

"亚广联"第十九届全会和第三十三届理事会在新加坡举行，中央人民广播电台杨兆麟率代表团出席会议。

同月

广播电视部在山东召开"分米波传送电视试验"鉴定会，肯定分米波传送电视是可行的。利用这种手段，改变了过去高山台逐台收转传送节目的办法，比微波接力传送节目节省投资五分之四。

10月1日

中央人民广播电台对台湾广播增办第二套节目，播出时间由原来的每天20小时增至 37 小时 45 分钟。此套节目以闽南话和客家话为主，对象侧重台湾省籍同胞，对台湾广播第一套节目改为全部用普通话广播。

同日

京、津、沪、浙、粤五省、市电视台共同举办“国庆文艺节日大联播”。

同日

江西 707 电视转播台建成开播，发射功率 10 千瓦，使用七频道转播中央电视台节目。

同日

广西壮族自治区梧州人民广播电台恢复播音。

10 月 3 日

安徽省合肥电视台开播。设六、九两个频道。九频道为自办节目，覆盖半径 25 公里；六频道为转播频道，转播上海电视台节目，覆盖半径 20 公里。

10 月 6 日～15 日

第一次全国科普广播编辑工作经验交流会在昆明召开。会议由中国科普记者协会广播电视委员会主办。与会代表围绕科普广播如何服务社会主义物质文明和精神文明进行了探讨和经验交流，并审听了 43 组节目。来自全国 26 个省、自治区、直辖市和 6 个自治州、市电台的 51 名代表参加会议。

10 月 20 日

湖北省农村有线广播优秀节目授奖大会在黄州召开。

10 月 23 日

广播电视部部长吴冷西在华东六省一市广播电台第二次新闻节目情况交流会上讲话，指出：办好新闻节目应该放在第一位，新闻节目是主干，是红花，其他节目是绿叶。广播电台、电视台要逐步成为新闻中心。会议期间，吴冷西考察了上海市广播事业局。

10 月 25 日

中央电视台派代表参加在日本东京召开的“全球卫星计划‘亚广联’（A）区顾问会议”。

10 月 25 日～11 月 1 日

中国国际广播电台主持召开第二次对越广播宣传座谈会。广西、云南两省（区）广播局、电台、党委宣传部、省军区和广州军区的有关人员参加座谈会。

10 月 26 日～11 月 12 日

以朝鲜劳动党中央委员、朝鲜中央广播委员会委员长李容益为团长的朝鲜广播电视代表团一行六人来华访问。先后到北京、上海、广州、昆明、南京、无锡等地参观。在京期间，中共中央总书记胡耀邦会见该代表团全体成员。

同月

中央人民广播电台调频立体声节目每日试播一小时。

11月5日～11日

广播电视部在北京召开第一次全国电视台台长会议。会议着重讨论电视新闻改革问题，要求在两三年内把《新闻联播》办成一个自成体系、比较完整、能够准确及时地对国内外重要事件进行形象化报道的节目，使中央电视台成为全国新闻舆论中心之一。各省、自治区、直辖市电视台的新闻节目要成为当地广大群众获得新闻的重要来源之一。

11月9日～16日

广播电视部在北京召开录音录像制品出版管理工作座谈会，讨论部里草拟的《关于录音录像制品出版和进出口管理的暂行规定》。

11月15日

中国唱片社、中国唱片厂、中国唱片发行公司合并，成立中国唱片公司。此后，又先后成立上海、广州、成都、北京分公司。

同日

乌鲁木齐人民广播电台维吾尔语广播节目正式开播。发射功率1千瓦，使用频率1071千赫。

11月18日

全国电视新闻摄影记者培训班在太原开学，为期一个月。

11月19日～12月3日

第九届亚运会在印度新德里举行。中央人民广播电台、中国国际广播电台、中央电视台等17家新闻单位共派出93名记者赴新德里采访报道。广播电视部部长吴冷西要求：报道要力求全面、完整、系统、权威，使亚洲关心这次运动会的人都乐于收听收看。中央电视台采用逐日报道亚运会各项比赛专题新闻的方式进行了密集报道。

11月23日

广播电视部党组发出《关于中央三台领导干部任职的通知》。中央同意下列20名同志的任职：杨兆麟任中央人民广播电台台长，章敬、陈泽然、杨伟光、张冬兴任中央电台副台长，耿耀任中央电台顾问；丁一岚任中国国际广播电台台长，崔玉陵、胡耀亭、刘习良、卢杰任国际台副台长，张纪明、邹晓青任国际台顾问；王枫任中央电视台台长，阮若琳、洪民生、孙同耕、张君实任中央电视台副台长，戴临风、蒋建忠任中央电视台顾问。

11 月 24 日 ~ 12 月 11 日

中国人民政治协商会议第五届全国委员会第五次会议（11 月 24 日 ~ 12 月 11 日）和第五届全国人民代表大会第五次会议（11 月 26 日 ~ 12 月 10 日）先后在北京召开。会议期间，中央人民广播电台发稿 119 篇。全文广播了全国人大常委会副委员长、宪法修改委员会副主任委员彭真在会上作的关于宪法修改草案的报告、《中华人民共和国宪法》和国务院总理赵紫阳关于第六个五年计划的报告等。中国国际广播电台发新闻 80 条、专稿 39 篇。中央电视台 26 日晚播出人大会议开幕的新闻，在《新闻联播》节目中报道了会议进行情况和小组讨论情况，同时开辟《五届人大五次会议专题新闻》专栏等，通过卫星向国外传送新闻 4 次（开幕式、赵紫阳作报告、通过宪法、闭幕式）。

11 月 30 日

第五届全国人民代表大会第五次会议审议批准的《中华人民共和国国民经济和社会发展第六个五年计划》，首次增加了社会发展的内容。指出："第六个五年计划期间，文化艺术、电影、电视、广播、新闻、出版、图书馆、博物馆、文化馆等各项文化事业和卫生、体育事业都将有相应的发展"，"广播电视要提高节目的思想性、知识性和艺术性，加强节目的制作和传送手段，提高技术质量和人口覆盖率"。

同月

新疆石河子电视录像转播台正式开播。

12 月 1 日

中央人民广播电台举办的立体声录音技术短训班结业。来自中央电台、中国唱片公司、广播电视部中控室以及上海、广东、湖南、黑龙江、辽宁和天津等电台的 30 多人参加了为期 4 周的培训。培训班由联邦德国艾伯特基金会聘请的音响师巴钦授课。

12 月 2 日

广播电视部发布《关于广播电视部机构编制改革方案的报告》（报劳动人事部）：一、部的行政机关设 9 个司局级机构：办公厅、总编室、地方宣传局、干部司、保卫局、计划财务司、技术局、外事局、政策研究室。党的机关设机关党委、纪律检查组。以上共 11 个部门，比原来广播事业局机关的行政机构减少了 4 个。主要改革有：将原局办公室、行政司、事业办公室合并，设立办公厅；将原计划财务处、器材处、基建总处的职能管理机构合并，设立计划财务司；将原技术处、卫星办公室、地播处的技术科、无线总处的职能管理机构合并，设立技术局；将原国际联络部改为外事局；增设地方宣传局、政策研究室；总编室、干部司、保卫局、机关党委、纪律检查组仍保持原建制。设正副总编辑、正副秘书长、正副总工程师，分别负责宣传、行政、技术和事业建设等工作的领导。技术委员会是由一些高级工程师组成的技术咨询部门，不是实体机构，不设专职工作人员。二、部机关的编制拟定为510人，其中干部452人、工人58人，比原中央广播事业局机关的1122人减少了612人，占54%，减少的612人全部随业务转入事业编制。三、部直属企事业司局级单位有11个：中央人民广播电台、中国国际广播电台、中央电视台、无线电台管理局、中国唱片公司、中国广播艺术团、北京广播学院、广播科学研究所、设计院、工业管理局、电视剧艺术委员会。直属处级事业单位有3个：广播出版社、外经办公室、干部学校。主要改革有：将无线电台管理总处改为无线电台管理局；撤销基本建设管理总处，原基建总处管理机构及所属的6个工地并入无线电台管理局；原中国唱片社同原工业管理总处所属的中国唱片厂、唱片发行公司合并，成立中国唱片公司，对唱片的编、产、销实行统一管理；原工业管理总处改为工业管理局，主要管理部属的4个工厂；原基建总处所属的设计室与彩色电视中心工程设计单位合并，成立设计院；原基建总处所属的援外处改为外经办公室，归部直接领导；根据中央决定，原文化部所属的电视剧艺术委员会划归广播电视部领导；电视服务部划归中央电视台领导。

12月3日

中国国际广播电台派记者组一行三人赴柬埔寨战地采访，向世界报道柬埔寨人民抗越战斗新形势。

12月18日

国务院关于广播电视部机构编制的批复：同意广播电视部下设办公厅、总编室、地方宣传局、干部司、计划财务司、技术局、外事局、保卫局、政策研究室。机关行政编制460人。

12月20日～30日

中国共产主义青年团第十一次全国代表大会在北京举行。中央人民广播电台、中国国际广播电台派记者参加大会报道工作。国际台除播发大会消息外，还邀请团中央第一书记王兆国作广播讲话，谈新时期中国青年的任务。中央电视台在《新闻联播》中播放开幕、闭幕、党中央领导致辞、选举新的共青团中央委员会、通过新团章等内容。

12月23日

国务院批准广播电视部制定的《录音录像制品管理暂行规定》，并作为国务院文件（国发〔1982〕154号）下达。

12月27日

广播电视部发出关于部机关编制的通知：国务院批准了我部机关机构和机关行政编制460人。党组决定，部领导和各厅、室、司、局的编制如下：部长、副部长、顾问 7 人；正副总编辑、正副秘书长、正副总工程师 3 人；办公厅 167 人；总编室 8 人；地方宣传局 22 人；干部司 36 人；计划财务司 60 人；技术局 65 人；外事局 21 人；保卫局 30 人；政策研究室 14 人；机关党委 21 人；纪律检查组 6 人。

12 月 30 日

江苏省广播事业局在南京举办“江苏广播电视发展三十年展览”，用各种图片、实物展示江苏省广播电视事业的建设成就。

同月

北京电视台电视教育节目开始彩色播出。至此，该台节目全部实现彩色播出。

同年

全国（未包括港、澳、台）共有广播电台 118 座，市、县广播站 2631 座，广播发射功率达 33978.6 千瓦。全国收音机拥有量为 18476 万台，64.1% 的人口能听到中央人民广播电台或本省、自治区、直辖市电台的广播。全国共有电视台 47 座，电视发射台和电视转播台 5635 座，其中 1 千瓦以上的有 328 座。全国电视机的社会拥有量为 2761 万台，57.3% 的人口能看到一套电视节目。北京、上海能收看三套电视节目。

同年

至年底，广播电视部及直属单位职工总人数 17707 人，其中干部总数 9687 人（各类专业技术干部 7200 人），工人总数 8020 人。正副部级干部 8 人，正副司局级干部 90 人，正副处级干部 848 人。司局级机构 20 个，处级机构 361 个。

同年

中央人民广播电台收到听众来信 12.5 万封。

同年

中国国际广播电台收到 140 个国家和地区的听众来信 80020 封。

同年

中国国际广播电台越南语组同中国人民解放军总政联络部、空军、广州军区、昆明军区、广西军区，以及边防部队有关单位和边境广播站加强联系，建立通讯网，发展 29 名特约通讯员。他们向越南语组提供了 300 多篇稿件。

同年

安徽阜阳地区有七个县建立电视转播台或差转台，电视发射机 10 部，总功率 2.313 千瓦。

同年

四川人民广播电台播出《请您录音》节目，以欣赏类节目为主，音乐编辑将电台音乐资料库中的精品集萃成辑，通过电波奉献给广大乐迷，成为那个年代最受听众欢迎的广播节目之一，受到听众的关注。

1983年

1月1日

中央人民广播电台第一、第二套节目开始使用新的节目时间表。新闻节目由每天19次增为24次。大部分新闻节目实现从整点或半点开始。本台自采、自编稿件约占一半。《对农村广播》节目增加到每周七次，每次30分钟。增办《大众经济》节目，每周五次，每次15分钟。《民族大家庭》节目单独广播，每周一次，每次20分钟。恢复《星期演讲会》节目，每周日广播，每次30分钟。主要请有关领导及各方面的专家、学者讲解形势、政策，介绍有关社会科学和自然科学等方面的知识，尤其是最新科学技术成果。复播后播出的第一个节目是卫生部部长钱信忠的演讲《实行计划生育是我国的一项基本国策》。《解放军生活》节目改名为《人民子弟兵》节目。

同日

中央人民广播电台《新闻和报纸摘要》《各地人民广播电台联播》节目改用《中华人民共和国国歌》乐曲作开始曲。《新闻和报纸摘要》节目开始语增加介绍重要节日、纪念日等内容。

同日

中央人民广播电台第三套节目每逢节假日（包括星期日）7：30至13：00增播立体声文艺广播节目。

同日

中央电视台《为您服务》专栏设固定节目主持人。沈力成为我国第一个电视固定节目主持人。

同日

上海人民广播电台开辟整点新闻，第一套（990千赫）从早晨5点起的新闻节目全部整点播出。上海人民广播电台792千赫开始全天24小时播出，这是新中国成立以来内地第一家全天播出的电台。

同日

安徽省淮南人民广播电台恢复调频广播，调频功率50瓦，频率107.5兆赫。12

月 1 日恢复调幅广播，中波频率 648 千赫。

1 月 2 日

中央人民广播电台《青年之友》节目与《新闻和综合节目》合并，名称仍叫《青年之友》。

同日

上海人民广播电台举办《星期戏曲广播会》。

1 月 5 日

为配合全国计划生育宣传月活动，中央人民广播电台《学习》节目《人口问题广播讲话》开播，共八讲。

1 月 11 日～2 月 1 日

中央人民广播电台少年儿童广播合唱团一行 45 人，赴菲律宾参加第三届国际合唱节并进行访问演出。

1 月 12 日

中宣部文艺局、编译局、社会科学院马列研究所等八个单位共 100 多人在中南海中宣部大会议室，审看并通过中央电视台译制的电视连续剧《马克思青年时代》。中央电视台将在马克思逝世（3 月 14 日）100 周年前分三次播出。

1 月 12 日～2 月下旬

中央人民广播电台在《各地人民广播电台联播》节目推出反映我国著名气象学家雷雨顺事迹的报道，共发消息、通讯、特写、评论、录音报道、听众来信等 17 篇。

1 月 20 日～22 日

由全国民族团结征文活动评奖委员会、国家民族事务委员会文化司、《民族团结》杂志编辑部和中央人民广播电台民族部联合举办的“民族之声音乐会”在北京展览馆剧场和首都体育馆举行。党和国家领导人习仲勋、韦国清、邓力群、阿沛·阿旺晋美等观看演出。中央人民广播电台、中央电视台播放了音乐会的录音、录像。

1 月 28 日

新疆和田电视录像转播台试播成功。

2 月 1 日

中央人民广播电台《新闻和报纸摘要》《各地人民广播电台联播》节目开始介绍各省、自治区、直辖市报纸和广播电台刊载、播出的要闻。每次 3 至 5 分钟，介绍 5 至 6 家。每天由各地媒体通过电话传稿。

2 月 2 日

越南劳动党原政治局委员黄文欢由广播电视部副部长马庆雄、中央电视台副台长阮若琳陪同，到中央电视台新闻中心录制新年祝词《春节告越南同胞书》，并参观电视台。

2月4日

广播电视部同国家工商管理局联合下达《关于贯彻录音录像制品管理暂行规定的通知》。

2月9日

中央人民广播电台以播出黑龙江省双城县青年商店来信为开端，连续报道了黑龙江省双城堡火车站野蛮装卸洗衣机事件，在铁路系统以及全国各行业引起强烈反响，得到国家领导人的重视，对铁路路风及社会风气的逐步好转起到促进作用。至1984年3月9日，以报道双城堡火车站举行"文明车站"挂匾仪式结束，一个事件追踪13个月，在我国广播史上是空前的。

2月12日

中央电视台举办《春节联欢晚会》。著名艺术家侯宝林、袁世海、王昆、凌子风应邀担任艺术顾问。相声演员马季、姜昆，喜剧演员王景愚，电影演员刘晓庆担任节目主持人。从1983年起，中央电视台《春节联欢晚会》改为现场直播。

2月13日

中央人民广播电台和各地电台开始播放1982年评选的30部优秀广播剧，其中有《在人生的跑道上》《真与假》《碧血黄花》《夜走祭字岭》等。

同日

北京人民广播电台调频立体声节目开播。

同日

河南电视台首次播出大型文艺晚会《迎春晚会》。

2月19日

第三届全国优秀电视剧评选委员会在北京举行会议，广播电视部部长吴冷西到会。会议初步议定了优秀电视剧和优秀男女演员、优秀配角演员的初选名单，并决定召开记者招待会，公布初选名单，由观众评选。

2月23日

广播电视部副部长郝平南率领中国广播电视代表团访问巴基斯坦和斯里兰卡，同巴基斯坦新闻广播部签订中巴广播电视合作协定。巴基斯坦总统齐亚·哈克会见代表团。

2月24日~29日

全国电视剧导演艺术理论座谈会在北京召开。

2月25日

广播电视部干部司通知：根据中央《关于加强职工教育工作的决定》和全国职

工教育管理委员会、教育部、劳动人事部、全国总工会、共青团中央等五部门下发的《关于切实搞好青壮年职工文化、技术补课工作的联合通知》，决定对因“文革”未能完成学业、经测试未达到初中文化水平的部属单位的职工进行“文化补课”，对在技术部门工作经测试不合格的职工则进行文化、技术补课，简称“双补”。

同日

中央人民广播电台《人民子弟兵》节目开始介绍被群众誉为“当代活雷锋”的空军某油库副主任朱伯儒的先进事迹。之后几日分别播送介绍朱伯儒事迹的通讯、朱伯儒模范事迹报告会的消息、国家领导人接见朱伯儒的新闻等。

3 月 1 日

中央电视台派人参加“亚广联”A 区电视新闻交换试验。3 月 9 日，交换试验结束，中央电视台播发新闻 18 条，被参加组织采用 11 条。A 区播发的 54 条新闻，中央电视台采用 21 条。

3 月 2 日～ 12 日

中央人民广播电台台播部组织的全国第二次对台湾广播宣传工作座谈会在北京举行。会议确定了 1983 年对台湾广播宣传选题、组稿、供稿、约稿计划。

3 月 3 日

上海市广播电视服务公司更名为上海音像公司。

同日

滕敬德任山东电视台台长。

3 月 4 日

中央人民广播电台举行第一次广播节目收听研讨会。会上播放了该台的六个创新节目录音，探讨了主持人形式广播节目的编辑工作。广播电视部部长吴冷西、副部长马庆雄出席会议并讲话。

3 月 5 日

为筹办《兄弟民族》专栏节目，中央电视台在北京召开民族专题节目研讨会。17 个有少数民族聚居的省、自治区电视台的代表 60 多人与会。

3 月 7 日

中央人民广播电台举办第一期广播新闻讲习班，计划在两三年内，对全台未受过新闻业务训练的中青年编辑、记者、播音员全部轮训一遍。广播电视部部长吴冷西出席开学典礼并讲话。

3 月 17 日

中央电视台播出由中央直属机关团委、国家机关团委和北京市团委联合举办的优秀共青团员张海迪事迹报告会。节目引起观众强烈反响。

3月18日

云南省广播事业局改为云南省广播电视厅。年底，厅领导成员、两台台长任命完成。林建中任厅党组书记、厅长；董学隆任厅党组副书记、副厅长、副总编辑；林文启、周龙成任厅党组成员、副厅长、副总编辑；徐中高任厅党组成员、副总编辑、云南电视台台长；布泽善任厅党组成员、副总编辑、云南人民广播电台台长；何缵荣任厅总工程师。

3月21日

由《大众电视》杂志社举办的首届大众电视“金鹰奖”和第二届繁荣电视剧“飞天奖”授奖大会在昆明举行。电视连续剧《武松》《蹉跎岁月》，单本电视剧《周总理的一天》《家风》《明姑娘》等获优秀电视剧“金鹰奖”。《鲁迅》《上海屋檐下》获“《大众电视》特别奖”。西藏电视台录制的第一部电视剧《还愿》获《大众电视》荣誉奖。《蹉跎岁月》《武松》《周总理的一天》《小不点儿》《司机王宝》获“繁荣电视剧飞天金像奖”一等奖。广东电视台、上海电视台、湖南电视台等8个单位获繁荣电视剧“飞天奖”金奖。

3月24日

中国中央电视台与美国哥伦比亚广播公司签订节目带广告协议书。

3月26日

中共四川省委正式批准四川人民广播电台设立分党组，丁家骥任分党组书记，吕齐为副书记。3月28日，中共四川省委宣传部发出文件，任命丁家骥兼任四川人民广播电台台长，吕齐、陈立源、秦育聪、莫特为副台长。

3月31日～4月10日

第十一次全国广播电视工作会议在北京召开。这次会议是中央广播事业局改为广播电视部后第一次召开的本系统全国性工作会议。与机构名称的变更相对应，会议名称也加上了“电视”二字。会议总结了第十次全国广播工作会议以来的经验，讨论了开创广播电视事业新局面的措施和要求；提出了以新闻改革为突破口，带动广播电视宣传事业发展的全面改革的任务；确定了“四级办广播、四级办电视、四级混合覆盖”，因地制宜，分级建设，加速广播电视发展的事业发展方针；提出了我国广播电视到本世纪末的奋斗目标是“建成一个具有社会主义中国特色的，中央和地方、无线和有线相结合的，广播和电视、城市和农村、对内和对外并重的广播电视现代化宣传网。这个宣传网，要与我国经济和社会发展相适应，与我国国际地位相称，使我国广播电视事业无论在事业规模和技术水平方面都进入世界先进行列”。会议期间，中共中央书记处书记邓力群到会讲话。广播电视部部长吴冷西在会上作题为《立志改革，发挥优势，努力开创广播电视新局面》的工作报告。报告在阐述广播电视要“自己走路”这一观点时，提出了“扬独家之优势，汇天下之精华”的方针。

同月

根据广播电视部文件精神，中央人民广播电台、中国国际广播电台、中央电视台分别成立分党组。中央电台台长杨兆麟任台分党组书记，副台长章敬、陈泽然、杨伟光、张冬兴为台分党组成员。国际台台长丁一岚任台分党组书记，副台长崔玉陵、胡耀亭、刘习良、卢杰为台分党组成员。中央电视台台长王枫任台分党组书记，副台长阮若琳、洪民生、孙同耕、张君实为台分党组成员。

同月

广播电视部批准云南广播电视公司（1982 年 5 月成立）为音像出版单位，其制品可向全国发行。5 月，该公司成立音像出版社。9 月 15 日，以“云莺”商标注册的盒式录音带正式出版并向全国发行。

4 月 1 日

《中央人民广播电台听众工作试行条例》开始试行。

4 月 5 日

天津市市长李瑞环在市十届二次人代会上指出：要建设天津电视发射塔。

4 月 6 日

《当代中国的广播电视》编委会召开会议。广播电视部部长吴冷西在会上讲话说：“这本书要讲中国式的广播电视，讲概况，讲走过什么道路。对广播电视的业务方针、技术方针，都要加以总结。各省的广播、电视、有线、无线，各省自己都要有。现在来写这些东西，都要从改革的角度来写，也要讲改革。”

同日

北京音像出版社成立，7 月正式挂牌营业。

同日

新疆维吾尔自治区昌吉回族自治州电视录像转播台开播。

4 月 7 日、9 日

中国国际广播电台召开特别节目经验交流会。台长丁一岚、顾问邹晓青、副台长胡耀亭参加会议。会上听了英语广播开播 35 周年特别节目、西班牙语广播开播 25 周年特别节目、俄语广播的新年特别节目。台领导指出，这些节目共同的特点是，内容丰富，形式多样，生动、自然，希望大家推广他们的好经验，并不断创新。

4 月 8 日～14 日

中华全国新闻工作者协会第三届全国理事会在北京举行。会议通过协会章程，选举第三届协会主席团。吴冷西当选为主席团主席。会议还通过授予广东人民广播电台记者安珂"优秀新闻工作者"称号的决定。3 月 8 日，安珂为保护他人，维护社会治安，在与歹徒搏斗中光荣牺牲。

4 月 9 日

广播电视部干部司向部党组建议，在太原筹建部属广播电视学校。学校主要设置社会上的院校不培养而广播电视又必须的一些短缺专业，如录音、摄像、舞美、服装、道具、剪接、化妆、管理等方面的人才。先办成中专，待条件具备后改为大专。学校规模可暂定为在校生 1000 到 1200 人，教职工编制 400 至 450 人。

4 月 9 日～18 日

全国广播广告协作会议在乌鲁木齐召开。来自 27 个省、自治区、直辖市广播电台和中央人民广播电台、中国人民解放军福建前线广播电台的 60 名代表参加会议。

4 月 10 日～24 日

中央人民广播电台记者谢文秀等两人参加在柏林（西）举行的"未来奖"国际广播电视节目评比活动及"国际特写会议"。

4 月 13 日

广播电视部部长吴冷西与中国国际广播电台即将派赴阿曼进行采访的两名记者谈话说："要发挥电台的特点，录音可以加上自己的解说，要把听众带到现场。你们两人也可以搞一问一答的形式。做一次大胆的尝试。出去一趟只写几篇文章，要求太低了。要搞有特色的录音，拿着话筒在现场说，可先列一个提纲，不要怕说错。"

同日

法国总统弗朗索瓦·密特朗访华前夕，中央电视台记者庞啸对他进行了采访。4 月 27 日，中央电视台和法国电视一台同时播出这个节目。

同日

江西省广播事业局改为省广播电视厅，省委常委、宣传部长白永春兼任厅长、党组书记。

同日

郑体仁任四川省广播电视厅厅长。

4 月 16 日

广播电视部、对外经济贸易部和海关总署联合下达《关于录音录像制品出口审核程序的通知》，规定音像制品出口在向对外经济贸易部申领许可证前，需报广播电视部音像制品管理部门审核。

4 月 19 日

第一届全国优秀广播节目评选揭晓，评委会从全国 100 多家广播电台推荐的 346 篇作品中，评选出 1982 年度全国优秀广播新闻、评论、专题共 75 篇。

4 月 20 日

新疆维吾尔自治区广播事业局改为新疆维吾尔自治区广播电视厅。

4 月 21 日

中共中央发出通知：中央批准，谢义清任广播电视部副部长、党组副书记。

同日

新疆南疆石油指挥部在叶城县西河甫油田建成电视差转台。

4 月 21 日～29 日

中央人民广播电台召开驻地方记者站站长会议。会议确定广播新闻改革应贯彻两条方针，抓好六个环节。两条方针：一是使广播成为党和政府得心应手的有力助手，成为人民群众喜闻乐见的知心朋友；二是要继续贯彻“自己走路”的方针，努力“扬独家之优势，汇天下之精华”。六个环节是新、快、短、广、响和通俗化、口语化。为实现上述要求，会议提出记者站应在增强新闻的敏感性、提高新闻时效性、树立群众观点、加强报道的针对性等方面多下功夫。会议还讨论、修改了记者站《工作条例》《发稿定额和奖惩暂行办法》。

4 月 22 日

中央人民广播电台派记者刘长乐、邵山、王求到福州采访驾机起义回归祖国的原国民党陆军航空队少校分队长李大维。中央电台成为报道这一事件最快的新闻单位。4 月 24 日，中央电视台播出李大维驾机起义回归祖国的新闻。

同日

以中央电视台顾问戴临风为团长的中国电视代表团一行四人，到法国参加第十九届戛纳国际电视节，共带去 20 个小时的节目。中国代表团第一次在戛纳电视节设立展台，受到各方面关注。

4 月 22 日～27 日

由中国戏剧家协会、中国广播剧研究会和中央人民广播电台联合举办的第一次全国儿童广播剧评选会议在北京举行。全国 46 家电台推荐了 80 多部少儿广播剧参加评选，共评选出《蘑菇的故事》等 22 部优秀剧目。这些优秀剧目将从“六一”开始，在中央电台和全国各地电台播出。

4 月 25 日

经广播电视部批准，中国国际广播电台对华侨广播的各次一小时普通话节目从即日 17：00 起，全部将呼号“中央人民广播电台”改为“北京广播电台”。

4 月 26 日～28 日

全国民族团结歌曲评奖委员会、国家民族事务委员会文化司、文化部文化司、中央人民广播电台民族部、《歌曲》杂志编辑部、《民族团结》杂志编辑部在北京联合举办“民族团结之花音乐会”。

4 月 28 日

“亚广联”在马来西亚吉隆坡召开新闻工作组会议，总结卫星传送电视新闻的试验工作。中央电视台派代表参加。

4 月 30 日

中央人民广播电台出版的第 18 期《广播节目报》上刊登“最先获知新闻来源”调查表，选择国务院总理赵紫阳访问新西兰、澳大利亚，雷雨顺先进事迹，杀害安珂的凶手在杭州被捕，1983 年“十佳”运动员评选揭晓，广东海丰原县委书记王仲因经济犯罪被处决等 5 条新闻，对听众从广播、电视、报纸渠道最先获知进行调查。调查结果表明，最先从广播里获知的占 53%，居第一位。

同月

广播电视部所属中国广播艺术团举行建团 30 周年纪念活动。

同月

中央人民广播电台贯彻第十一次全国广播电视工作会议方针，对节目实行改革，自采的先进典型和批评性报道得到加强；具有鲜明广播特点的现场报道，由过去仅在体育题材中采用扩展到政治、外事、经济、科技等众多领域的题材中，尤其是党和国家领导人出访的现场报道涌现出一批佳作。

同月

全国第三次优秀电视剧评选委员会授予安徽电视台“丰收奖”。该台在过去一年中共生产电视剧 10 部。

同月

山东省广播事业管理局改名为山东省广播电视厅。山东省广播电视厅与山东人民广播电台、山东电视台分开办公，并分别调整了组织机构。省广播电视厅领导成员：党组书记、厅长金钊，总编辑孟宪荣，副厅长段文山，副总编辑钱海骅，顾问李新雨、肖林、宋民。

5 月 1 日

全国部分省（区、市）广播电台长篇小说节目协作会议在四川省绵阳市召开。会议交流了长篇小说连续广播节目的经验，对选书、改书、演播等问题进行了探讨和研究。

同日

天津人民广播电台增办《新闻》节目，选播国内、国际要闻及天津市新闻和典型报道等，辟有《市场经济》《体育活动集锦》《文化生活》《新风尚》《听众信箱》等专栏。

5月2日～6日

日本长崎电视台摄影队在上海采访《上海的早晨》特别节目，并进行五次实况转播。

5月5日

中央电视台、中华全国妇女联合会、中国科学技术协会和北京市家庭教育研究会联合举办的《幼儿家庭教育》讲座开讲，共15讲。

5月5日～16日

中共中央总书记胡耀邦访问罗马尼亚、南斯拉夫。中央人民广播电台、中国国际广播电台、中央电视台派出记者随团采访，每天通过国际卫星回传录音报道和电视新闻。当天活动当天播出。国际台记者为增强现场感，用外语发消息。

5月6日

中央人民广播电台少年儿童广播部被评为“全国少年儿童工作先进集体”。

5月7日

中共中央批转中央对外宣传小组《〈关于对外宣传工作的情况和今后工作的意见〉的通知》指出：对外宣传是一项在国际上争取人心，为实现“四化”争取时间的具有重大战略意义的工作。这项工作做好了，对于宣传我国社会主义制度的优越性，扩大我国的国际影响，争取世界人民的同情和支持，加强我国同世界各国的友好合作关系，都会产生深远的影响和作用。为了取得好的宣传效果，我们必须深入调查研究，针对不同地区和国家的不同对象，及时提出相应的宣传方针和政策，用有说服力的事实，主动地、实事求是地介绍我国的情况和内外政策。宣传要全面，切忌片面性；要多做解疑释惑的工作；要在内容和方式上尽量使对方能够理解或易于接受。

同日

优秀共青团员张海迪应邀到中央人民广播电台立体声录音室，为即将制作的中央电台第一部立体声广播剧《海迪》演唱了歌曲《希望的曙光》。6月15日，该剧首次播出。

5月9日

赵正晶任北京市广播事业局党组书记、局长；张永经任党组副书记、副局长；于云先任党组成员、副局长兼北京人民广播电台台长；郑德山任党组成员、副局长；王浩任党组成员、北京电视台台长；林青任顾问。

5月10日

广播电视部《关于广播电视部直属事业单位机构改革方案的报告》报送国务院。该报告确定了事业单位的机构改革方案。主要改革有：无线电管理总处改为无线电台管理局；工业管理总处改为工业管理局；成立中国唱片公司；撤销基本建设管理总处，成立设计院，为司局级单位；原基建总处所属援外处，改为外经办公室，归部直接领导，仍为处级单位。原文化部电视剧艺术委员会（司局级单位）划归广播电视部领导。为了改革广播电视新闻宣传和把分散的电视剧制作力量集中起来，部党组决定成立新闻中心和电视剧制作中心。新闻中心（广播电视新闻中心）统一领导并直接组织中央三台（中央人民广播电台、中央电视台、中国国际广播电台）的新闻报道和评论工作，向中央三台和省、市、自治区广播电台、电视台提供新闻和评论，并向中央和有关部门提供内部新闻资料。这是实现新闻改革的一项重大措施。电视剧制作中心（中国电视剧制作中心）是将中央电视台、中国广播艺术团、电视剧艺术委员会的电视剧制作部门合并，加以发展，专门制作电视剧，供中央和地方各电视台播放。

5月11日～12日

中央人民广播电台《各地人民广播电台联播》《新闻和报纸摘要》节目播出老一辈无产阶级革命家叶剑英、邓小平、李先念、陈云、彭真、邓颖超、徐向前、聂荣臻关于学习张海迪的题词消息和题词。同时播出团中央第一书记王兆国、中共山东省委书记苏毅然就老一辈无产阶级革命家为张海迪题词所作的广播电视讲话。

5月23日

中央人民广播电台《祖国各地》节目、中央电视台《祖国各地》节目和《旅行家》杂志社联合举办1983年度游记文学有奖征文活动“我爱祖国山河美”。

5月23日～26日

应中国国际广播电台邀请，哥伦比亚卡拉克尔电台台长亚米德夫妇等一行四人访华，商谈两台在哥举办一次少年乒乓球赛事宜。9月11日～17日，由中国国际广播电台和国家体委组织的“北京电台少年之友乒乓球队”一行五人访问哥伦比亚五个城市，进行了20场友谊比赛。哥电台、电视台作了大量报道。

5月26日

日本东北地区和北海道部分地区发生强烈地震后，中国国际广播电台对日广播当天即向遭受灾害的听众表示慰问。28日，日语部向灾区听众寄发慰问信440多封。至6月10日，收到听众感谢信50多封。

5月26日～6月4日

广播电视部科学技术委员会成立并召开第一次会议，会议通过广播电视技术政策建议书。首届广播电视部科学技术委员会由全国各省（区、市）广播电视厅（局）和部内有关部门49位专家组成。主任何大中、副主任章之俭。委员会下设电视专业委员会，电声专业委员会，发送、接收专业委员会，天线、电波专业委员会，广播电视网络专业委员会，计算机应用专业委员会，建筑、结构专业委员会，管理专业委员会。

5 月 29 日

中央电视台和美国儿童电视节目制作中心合拍的电视剧《大鸟在中国》，分别在中国中央电视台和美国全球广播公司电视台播出。此剧获得 1983 年第三十五届美国电视艺术科学院颁发的最佳儿童节目奖“艾美金像奖”。

5 月 30 日

中央电视台彩色电视中心主体工程正式开工，国务院和北京市有关部门负责人出席开工典礼。这项工程被列为全国 70 项重点工程之一，总建筑面积 10.4 万平方米，播出系统全部用电子计算机程序控制，并广泛采用现代化电子采编设备。

5 月 31 日

经中央批准，中共中央办公厅和国务院办公厅批转广播电视部《关于加强录像设备使用管理的意见》。

同月

中央人民广播电台儿童剧团成立。

同月

中国国际广播电台国内部开办《时事漫谈》和《报刊上的话题》两个固定节目。开办初期每周一次，以后逐步增加到每周两至三次，采取聊天形式。

同月

1982 年“全国好新闻”评选在湖北武汉揭晓，共评选出获奖作品 112 条，其中广播新闻 17 条、电视新闻 13 条。

6 月 1 日

京、津、沪、浙、粤五省、市电视台举办少年儿童节目大联播，共播出节目约 230 分钟。

6 月 4 日

安徽广播学校更名为安徽广播电视学校，由训练班性质改为中等专业技术学校性质，逐步将广播电视的教育、科研、生产、技术服务结合起来，形成四位一体的体制。学校设置采编、播音、广播电视技术三个专业。

6 月 10 日

中共中央政治局委员、五届全国人大常委会副委员长廖承志逝世。中央人民广播电台、中国国际广播电台、中央电视台向国内外播出讣告。23 日、24 日，中央电视台通过卫星向香港地区及日本传送了首都各界人士向廖承志遗体告别和追悼会的电视片及廖承志生平的资料片。廖承志生于 1908 年 9 月 25 日，祖籍广东惠阳。1928 年 8 月加入中国共产党，11 月受中共派遣到德国汉堡做中国海员工作。1930

年夏参加在莫斯科召开的共产国际第五次代表大会。1932年回国，任中华全国总工会宣传部长。1934年任红军第四方面军总政治部秘书长。1946年9月任新华通讯社社长。1947年3月率新华社等单位人员东渡黄河，7月到达涉县，建立第二个陕北新华广播电台。1949年6月任新成立的中央广播事业管理处处长，为人民广播事业作出了积极的贡献。全国解放后任国务院外事办主任、侨办主任、港办主任。1982年9月，在中共第十二届全会上被选为中央政治局委员。1983年6月6日，在第六届全国人大一次会议上被提名为国家副主席候选人，但不幸于6月10日因病在北京逝世，享年75岁。

同日

国务院任命广播电视部18人的职务如下：秘书长孔迈；总工程师何大中；办公厅主任马映泉；总编室主任胡若木，副主任夏之平、何光；地宣局副局长葛雨笠；干部司司长陈坤全，副司长张伟中；计划财务司副司长贾德安、孙鸿璋、严发祥，总工程师张文胜；技术局局长何大中（兼），副局长沈世明、温亚林；外事局局长孔迈（兼）；保卫局局长丁宝庭；政策研究室主任谭天铎，副主任周海婴。

6月12日～18日

四川省广播电视工作会议在成都举行。四川省顾问委员会主任谭启龙、省委书记杨汝岱等到会看望全体代表。会议讨论了坚持以宣传为中心，以新闻改革为突破口推动整个宣传改革问题，确定了到本世纪末的奋斗目标和近期工作任务。

6月12日～26日

美国密苏里大学新闻学院院长费希尔访华。广播电视部秘书长孔迈、中国国际广播电台台长丁一岚会见，双方就人员培训事宜进行了商谈。

6月中旬～10月初

中国国际广播电台西班牙语组向西班牙及拉美一些国家听众发出400多份调查表，收回120份，分布在17个国家。听众喜欢的节目依次为《在中国旅行》《文化生活》《听众信箱》《中国故事》《音乐节目》《新闻》《中国建设》《少数民族》。

6月23日

山东省编制委员会批准山东人民广播电台机构单设，归省广播电视厅领导，为副厅级事业单位，台长陈日辰。

6月28日

安徽省召开第十次全省广播电视工作会议，传达贯彻第十一次全国广播电视工作会议精神，提出以宣传为中心，努力建设具有安徽特色的广播电视事业。

同月

广播电视部科学技术委员会在其制定的《广播电视技术政策》中提出，到本世纪末，我国广播电视的技术建设，要采用卫星广播、微波传送等最新设备，立足于国产，力争接近或达到世界先进水平。

7 月 1 日

新疆维吾尔自治区喀什电视台维吾尔语、汉语节目正式分频道播出。

7 月 6 日

中央电视台文艺部邀请中国音乐家协会、中国舞蹈家协会、中国剧作家协会、中国曲艺家协会的领导以及文化部艺术局的有关人员，在剧协会议室召开电视文艺座谈会。参加会议的有吕骥、孙慎、风子、宋扬等 10 人。他们对电视文艺节目提出一些批评和建设性意见，希望提高文艺节目的思想性，增强知识性。

同日

中国广播电视史《当代中国丛书·广播电视卷》编撰工作座谈会在长春举行。

7 月 6 日 ~ 8 日

中国、日本、美国三国女排在香港举行世界超级女排赛，这是中国女排重新组建后第一次参加国际比赛。中央人民广播电台转播了其中的中美、中日两场比赛。中央电视台通过卫星向全国转播了三场比赛的实况。

7 月 6 日 ~ 12 日

广播电视部召开文艺录音制品（唱片和盒式声带）出版工作座谈会。中宣部、文化部、中国音协的代表及 14 个文艺录音出版单位的负责人出席会议。

7 月 7 日

中央新闻纪录电影制片厂举行活动，纪念延安电影团创建 45 周年和中央新闻纪录电影制片厂建厂 30 周年。

7 月 11 日

中共新疆维吾尔自治区委员会任命热介甫·托乎提为自治区广播电视厅党组书记、厅长、总编辑。

7 月 13 日

全国广播音乐工作者经验交流会在厦门召开。会议决定设立音乐研究联络小组。

同日

张鸿飞任天津市广播事业局局长、党组书记，董树义、王全来、刘淑贞任副局长、党组成员，乔青、张再鸣任党组成员，陈俊杰、张启明任顾问。7 月 15 日，乔青任天津人民广播电台台长，张再鸣任天津电视台台长。

7 月 14 日

广播电视部任命石敬野为中国电视剧艺术委员会副主任（正司局级待遇不变）。

7 月 15 日

中国国际广播电台普什图语广播开播 10 周年。普什图语组制作特别节目播出。国际台台长丁一岚以及外交部、北京广播学院负责人出席茶话会并讲话。

7 月 19 日

中央电视台和国家统计局联合举办的《社会经济统计学原理电视讲座》开播。正式学员由国家统计局统一组织考试，全国有 60 多万统计工作者和经济管理干部报名参加学习。

同日

安徽省广播事业局改为安徽省广播电视厅，结束了长期局台合一的体制。厅党组副书记、副厅长刘星主持工作，党组成员、副厅长李国桢、杨忠明，党组成员、副总工程师叶为文，总工程师韦家鼎，顾问任明。安徽人民广播电台、安徽电视台定为副厅级事业单位，隶属安徽省广播电视厅。

7 月 25 日～8 月 20 日

中央人民广播电台和教育部推广普通话办公室联合举办《汉语拼音讲座》，共 10 讲。

7 月 25 日～8 月 25 日

中央人民广播电台《学习》节目举办《学习〈邓小平文选〉广播讲座》，共 13 讲。播出后全国有 20 多家电台索稿或录音在当地播放。播出稿由广播出版社出版，发行 160 万册。

7 月 26 日～28 日

中央人民广播电台《各地人民广播电台联播》《新闻和报纸摘要》节目播送消息：叶剑英、邓小平、李先念、陈云、彭真、邓颖超、徐向前、聂荣臻、杨尚昆九位中央领导分别题词，号召向“学习雷锋的光荣标兵”朱伯儒学习。同时播送中央军委命令授予朱伯儒“学习雷锋的光荣标兵”荣誉称号的消息和本台评论《学习朱伯儒，做八十年代新雷锋》。

8 月 1 日

广播电视部党组提出开展“百日安全播音评比”活动。

同日

中国国际广播电台对越南广播通讯员训练班正式开课，学员 27 人，学期 20 天。广播电视部顾问金照、副部长马庆雄，国际台台长丁一岚、副台长崔玉陵分别到训练班讲话。

同日

新疆维吾尔自治区石河子人民广播电台开始播音。

8 月 7 日

中央电视台开始播出与日本佐田雅志企画社合作拍摄的电视系列片《话说长江》。全片共 25 集，从长江的源头拍至长江的出海口，采用章回评书体，解说词知识性和文学性并重。陈铎、虹云担任节目主持人。节目播出后产生了很大的社会反响。

8 月 10 日

浙江省广播电视厅正式挂牌。10 月 26 日后，全省地（市）、县全部成立广播电视局。

8 月 14 日～ 19 日

广播电视部在北京召开第一次全国电视对外宣传工作会议。会议通过的《全国电视对外宣传工作会议纪要》，由中宣部转发各地和中央宣传系统各单位。

8 月 15 日

广播电视部干部司《广播电视部 1982 年调资工作总结》指出：这次调资从 1982 年 12 月布置，到 1983 年 7 月 21 日，所属单位调资方案已全部审批完毕。我部在京事业单位 1982 年职工总数 7960 人，属于调资范围的 7419 人。这次调资每月增加的工资总额为 75681.59 元，人均增资 10.2 元。这次调资升级面宽，重点突出，政策规定比较具体，不搞群众评议，采用划杠杠的办法利多弊少，绝大多数人较为满意。

8 月 15 日～ 26 日

中央人民广播电台少年儿童广播合唱团一行 50 人应日本青少年文化中心的邀请赴日本访问演出。19 日，日本首相中曾根康弘在官邸接见合唱团全体成员。

8 月 17 日

中共中央政治局常委邓小平为中央人民广播电台儿童广播剧团成立 30 周年题词："照毛主席的话做：好好学习，天天向上。"8 月 21 日，中央电台召开纪念儿童广播剧团成立 30 周年大会，全国政协主席邓颖超出席并讲话，她祝："《星星火炬》越照越亮，《小喇叭》越吹越响！跟着我们的祖国成长！"

8 月 24 日

广播电视部和国家气象局联合发出通知，要求各级广播电台（站）、电视台根据需要和可能，适当增加天气预报播出次数，并力求准确及时。气象部门应在当次天气预报广播前半小时至一小时，把广播稿提供给广播部门。

8 月 26 日

中央人民广播电台开始播送著名评书演员袁阔成播讲的评书《三国演义》（上半部）。此次播讲进行了较大的通俗化注释、评议等编辑工作，播出后受到听众欢迎和好评。中共中央政治局委员王震写信给袁阔成表示赞赏，并提出改进意见。

同月

北京广播学院开办新闻编采专业、微波专业两个干部大专班，录取学员 78 名。

同月

四川广播教育学校成立。所开设的教学课程主要是对全省小学教师有步骤地进行培训提高，以建立一支稳定合格的师资队伍。根据中国政府与联合国儿童基金会达成的协议，四川广播教育学校和其他三所学校被国家列为联合国儿童基金会合作单位。联合国儿童基金会驻华代表泰勒博士、合作项目处处长蒂特·贝尔斯泰克尔专程来四川考察，认为用广播教学培训师资，经验可取，表示赞赏。

9 月 1 日

以广播电视部顾问卢克勤为团长的中国广播电视代表团访问加拿大，重点考察卫星广播情况。

同日

北京电视台实现《北京新闻》每天播出，同时增办《可爱的中华》和《祖国大地》两个节目。

9 月 2 日

国务院通知：任命张绍季为中央电视台副台长。

9 月 3 日

中央电视台和上海戏曲学院联合举办的全国电视导演进修班在上海戏曲学院开学。来自 29 个省、自治区、直辖市电视台和中央电视台的 60 名学员参加学习。

同日

江苏省广播事业局改为江苏省广播电视厅。孙鹰任副厅长、党组副书记，马莹伯、王蕴、韩泽任副厅长，李义任顾问。丁群任江苏电视台台长，王若渊任江苏人民广播电台台长。

9 月 5 日

天津电视台拍摄《引滦入津》。该片有两个版本：一部是总片长 40 多分钟的两集版，一部是长度为 15 分钟的出国版。该片真实生动地记录了引滦工程的建设过程及动人事迹。两集版的《引滦入津》在天津电视台和中央电视台同时播出，在全国引起很大反响。

9 月 8 日～12 日

由中国社会科学院新闻研究所、中央电视台、江西省广播电视厅、上海市广播事业局联合召开的电视新闻讨论会在庐山举行。

9 月 9 日

原台湾国民党“中华电视台”“中国电视台”节目主持人黄益腾（阿原）及其家

属，从台湾经日本到达北京。1984 年 6 月 16 日，广播电视部党组正式任命他为中央电视台对外部顾问。由他组织指导拍摄对外宣传片，此外还参加制作对台广播节目，在中央人民广播电台播出。

9 月 10 日

全国地、州（市）人民广播电台文艺节目交流会在新疆召开。

9 月 11 日

引滦入津工程胜利完工通水。天津人民广播电台直播了通水典礼实况，并在其前后集中进行了宣传报道。天津电视台录制的电视剧《源头》同时首播。

9 月 12 日～ 30 日

第五届全国运动会在上海举行。中央人民广播电台首次使用超群微波线路，从上海直接向全国播送《第五届全运会专题节目》。

9 月 13 日～ 14 日

中央人民广播电台邀请各地方电台在郑州开会，研究恢复开办中央电台《各地人民广播电台编排的节目》的有关事项。各省、自治区、直辖市电台的负责人 60 多人参加会议。该节目于 11 月 1 日恢复播出。

9 月 16 日

四川省人民政府同意建立四川省广播电视学校。该校属普通中等专业学校，设广播电视新闻和技术两个专业，招在校生 300 人，学制三年，列入国家统一招生计划范围。

9 月 27 日

北京电视制片厂策划的电视连续剧《四世同堂》开机拍摄。林汝为担任导演，谢添担任艺术指导。

同日

中国国际广播电台对外宣传业务研究刊物《研究与实践》第 1 期出版。

9 月 30 日

中央人民广播电台发表本台国庆评论《发扬时代精神》。

10 月 1 日

自即日起，中央电视台在每晚节目开播前播放国旗、国歌。

同日

江西省景德镇电视台建成开播，发射功率 1 千瓦，用六频道播出。每周播出自办节目三次，共 15 小时 5 分钟。

10 月 3 日～ 14 日

“亚广联”第二十届全会和第三十五届理事会在新西兰奥克兰举行，中央人民广播电台台长杨兆麟率代表团参加会议。

10月4日

受广播电视部委托，由湖北《电视月刊》编辑部和中央电视台专题部主办的“全国首届优秀电视专栏节目评奖”授奖大会在武汉举行。有64个优秀专栏节目获奖。

同日

中共上海市委批准，邹凡扬任上海市广播事业局党委书记、局长。

10月6日

中国国际广播电台华侨部普通话节目开办《今日故乡》专题节目。

10月8日

广播电视部函告港澳工委，广播电视驻香港记者站人员名单确定：首席记者陈奇，广播记者赵璐珉，电视记者拉白。1984年1月开始，中央人民广播电台、中国国际广播电台、中央电视台分别独自建站。

10月9日～16日

国际音乐理事会在朝鲜平壤举办第六届亚洲音乐论坛和亚洲传统音乐及其继承发展专题讨论会，中央人民广播电台文艺部康普等三人参加。

10月11日～12日

中国共产党第十二届中央委员会第二次全体会议在北京举行，中央人民广播电台全文广播《中国共产党第十二届中央委员会第二次全体会议公报》和《中共中央关于整党的决定》。

10月11日～11月4日

以匈牙利电视台副台长西奈达尔·米克洛什为团长的电视摄影队来我国采访拍片。这是60年代以来匈牙利电视台首次来华采访。

10月13日～28日

广播电视部副部长马庆雄率领中国广播电视代表团访问朝鲜，先后在平壤、开城、南浦、元山等地参观访问。朝鲜劳动党政治局委员、书记局书记金永南接见代表团。

10月17日

广播电视部党组发布《关于成立华北广播电视学校筹建组的决定》：为了为全国广播电视系统培养各类中等专业人才，我部已决定在太原建立华北广播电视学校，并成立“华北广播电视学校筹建组”，任命于洪连为筹建组组长。10月22日，筹建组正式对外办公，学校筹建工作随即启动。

同日

广播电视部颁布10个《广播电视名词术语专业（部）标准》。此外，还颁布《广播用盒式录音磁带的最低性能要求和测量方法》和《塑料薄膜立体声唱片标准》两个专业部颁标准。

10 月 18 日

中国电视剧制作中心成立，中国广播文工团电视剧团整建制划归中国电视剧制作中心。

10 月 24 日～ 11 月 1 日

国际电信联盟在瑞士日内瓦举办世界通信年活动。中国国际广播电台首次设立“短波广播展台”，受到欢迎。瑞士、加拿大、荷兰电台及日内瓦英语广播电台对中国国际广播电台展台和工作人员进行了实况录音采访。

10 月 26 日

中共中央批转广播电视部党组《关于广播电视工作的汇报提纲》，并以中共中央〔1983〕第 37 号文件的形式发出通知。通知强调，广播电视比起其他手段来，更现代化一些，能够更直接、更迅速地同广大群众见面。广播电视是教育、鼓舞全党、全军和全国各族人民建设社会主义物质文明、精神文明的最强大的现代化工具，也是党和政府联系群众的最有效的工具之一。各级党政部门要学会利用广播电视来宣传政策和开展各项工作，学会使用广播电视来宣传群众和组织群众。通知要求，广播电视事业要有个大的发展，质量要有个大的提高。要坚决而有秩序地改革广播电视工作。一方面要努力提高宣传工作的质量，改进各类节目的内容，并增加节目的数量；另一方面要积极改进传播手段，加快技术改造，提高广播电视的技术质量，并采用先进技术，加强全国覆盖。各级党委要加强和改进对广播电视工作的领导，同时，根据需要和可能，适当增加一些人力和财力，发展和办好广播电视事业。中央批转的《汇报提纲》提出的主要内容是：1. 改革广播电视宣传工作，加快广播电视事业建设。总的目标是，到本世纪末，要在我国建成一个具有中国特色的，中央和地方、无线和有线相结合的，城市和农村、对内和对外并重的社会主义现代化广播电视宣传网。2. 广播电视必须坚持社会主义政治方向，坚持四项基本原则，严格遵守宣传纪律，自觉与中央保持政治上的一致；必须成为党和政府联系群众的桥梁，成为人民群众喜闻乐见的知心朋友；领导干部要把整个广播电视工作进一步转到以宣传为中心的轨道上来；坚持走自己道路的方针，扬独家之优势，汇天下之精华。要学习和借鉴其他宣传、教育、艺术等部门的长处和经验。3. 以新闻改革为突破口，推动广播电视宣传的改革。要采取适当的组织措施，统一领导并直接组织中央人民广播电台、中央电视台、国际广播电台的新闻报道和评论工作，使三个台的新闻宣传口径一致，通力合作，又能充分发挥其特点。宣传中要特别注意全局问题和理论问题。教育性节目、文艺性节目和服务性节目也都需要改革。4. 调整事业方针和技术政策。实行中央、省（市、区）、市（地、州）、县四级办广播，四级办电视，四级混合覆盖。批准发射广播卫星，采取广播卫星覆盖全国的方针。积极建设广播电视专用微波线路。大力发展调频广播。整顿、提高、发展农村有线广播网。加强对国外广播的发射功率。加强技术改造和科研工作。加强边境、沿海地区和少数民族地区的广播电视建设。节约开支，开辟财源，提高经济效益。5. 广播电视队伍建设的重点是轮训在职干部，扩大人才来源，改革人事制度。6. 加强全国广播电视事业的管理，广播电视部所属各单位要树立为地方服务的观点。汇报提纲对广播电视提出的目标是：在 20 世纪末，使我国广播电视事业在规模和技术水平方面都进入世界先进行列。

同月

中央人民广播电台在甘肃兰州召开驻西北各省和自治区记者站片会，就如何贯彻执行中央关于开发大西北的战略部署，有组织、有计划地加强大西北的报道等问题进行了探讨。

11 月 1 日

中央人民广播电台创办《外汇牌价》节目。

同日

吉林人民广播电台解调室建成投入使用，从此可使用微波转播中央人民广播电台节目。

同日

山东人民广播电台第二套节目（调频）开播。开始试播立体声广播。

同日

四川人民广播电台成立广播业余艺术团，下设合唱团和管弦乐团。

11 月 1 日～22 日

中央人民广播电台《学习》节目播出《尊重知识、尊重人才广播谈话》，共 15 讲。

11 月 2 日

广播电视部党组决定：李振水任北京广播学院副院长，刘继南任北京广播学院党委副书记。

11 月 5 日

中央人民广播电台开办《法制园地》节目，每周播出一次（重播一次），每次 20 分钟。节目正式开播前，广播电视部和公安部、司法部于 9 月 15 日发出联合通知，要求各地广播电台和公安、司法部门大力协助、配合并支持中央电台办好《法制园地》。

11 月 7 日

中央电视台电教部《学拼音》节目在日本东京举行的第十四届国际教育广播电

视节目“日本奖”评比中获得“特别奖”。

11 月 9 日

中国国际广播电台建立驻华盛顿记者站。首任记者马瑞流、刘尔煌赴任。

11 月 16 日～ 22 日

全国 42 家广播电视报经验交流会在武汉举行。

11 月 18 日

国务院通知：任命常振铮为北京广播学院院长；任命贾章印为广播电视部保卫局副局长。

11 月 21 日～ 12 月 3 日

全国广播电视宣传工作会议在北京召开。会议贯彻中共十二届二中全会精神和中共中央批转广播电视部党组《关于广播电视工作的汇报提纲》通知的精神，讨论广播电视宣传中如何清除和抵制精神污染问题，研究制定广播电视爱国主义、共产主义宣传教育的选题规划。中央书记处书记、中宣部部长邓力群作题为《关于反对和防止精神污染的若干政策界限》的报告。广播电视部部长吴冷西在开幕式上讲话。

11 月 23 日～ 30 日

中共中央总书记胡耀邦对日本进行友好访问。中央人民广播电台、中国国际广播电台、中央电视台派记者随行采访。中央电视台每天通过卫星在《新闻联播》中播出这次访问的新闻。中央人民广播电台记者刘振敏的现场口头报道《胡耀邦瞻仰周总理诗碑》受到好评。

同月

中央人民广播电台开办《天气预报》节目，每天定时介绍全国 16 个（后增加为 31 个）城市天气情况。

同月

中央电视台与中央电教馆签订协议，由电教馆向中央电视台提供 1024 分钟的党史电视录像，供中央电视台改编后播出。后中央电视台将这批素材编辑成中共党史专题连续节目《光辉的历程》，于 1984 年 1 月 3 日起播出，每周一集，共播出 41 集。

同月

北京人民广播电台新建技术楼（位于建外大街 14 号）落成。

同月

河南电视台进行机构调整，台长由河南省广播电视厅副厅长李国经兼任，副台长王明堂、杨望金、杨季枚。下设五处一室。全台共有职工 139 人。

12 月 2 日

广播电视部发出关于建立部职工学校的通知。一、机构设置：将部干部司教育处的电大辅导站与窦店干校合并（窦店干校建制撤销），成立广电部职工学校。二、任务：主要负责部机关及所属事业单位的文化培训（初、高中）；管理电大辅导站；在窦店举办各种培训班。三、编制：暂定35人（现已有21人），设校长1人，副校长2人，专业人员12人。四、领导关系：职工学校为部直属处级事业单位，业务工作由干部司领导，行政、财务、保卫等工作分别由有关司局负责。

12月5日～14日

广播电视部在山东泰安召开第一次全国广播电视干部工作座谈会。这次会议是根据第十一次全国广播电视工作会议的要求召开的。会上，广电部副部长郝平南作《学习贯彻中央37号文件，全面加强广播电视队伍建设》的报告，干部司副司长张伟中作题为《以培训为重点，加速建设一支德才兼备的广播电视队伍》的讲话。会议根据部长吴冷西的意见，重点讨论了加速培训在职人员、发展教育事业的问题；讨论了《1984 ～ 1990年职工培训规划（草案）》。会议提出：以函授为主，采用各种方式，大规模培训在职人员，组织编写各类专业教材，建立正规的培训基地；发展大中专教育，扩大人才来源，部里重点办好北京广播学院，积极筹办第二广播学院，加快广电部华北广播电视学校建设，各省建立中专学校，争取更多的高等院校开设广播电视新闻和技术专业。为保证计划和措施的落实，广电部成立职工教育领导小组，要求各省各单位也要建立相应机构，配备专职干部。

12月9日

国务院《关于广播电视部直属事业单位调整机构问题的批复》：同意广播电视部中央人民广播电台、中国国际广播电台、中央电视台、中国广播艺术团、广播科学研究所、北京广播学院、广播出版社、干部学校仍为直属事业单位，不作变动。同意你部设立无线电台管理局、设计院、中国广播电视新闻中心、中国电视剧制作中心、电视剧艺术委员会作为直属事业单位。同意你部设立工业管理局、中国唱片公司（保留中国唱片社名称），两单位应积极创造条件，实行企业管理，做到自负盈亏。

同日

四川省第一批县级广播电台诞生。邛崃、金堂、什邡三个县的广播站改建为人民广播电台。

12月13日～1984年2月6日

中国国际广播电台和中央人民广播电台派出四人组成的记者组，先后访问埃及、突尼斯、阿尔及利亚、科威特四国，共发消息3条、专稿23篇。埃及总统穆罕默德·胡斯尼·穆巴拉克、突尼斯总理穆罕默德·姆扎利接受了记者采访。他们还采访了四国的12位部长级官员。记者组还访问了各国电台领导人。

12 月 14 日

《中国广播电视》杂志编辑部、《电视文艺》杂志编辑部、中国电视剧制作中心、中央电视台、《中国青年报》等单位联合成立电视艺术评论组。评论组成员由广播电视、电影、戏剧评论工作者和知名评论家等组成。

12 月 15 日

中共贵州省委书记办公会议研究了贵州省广播电视发展问题。会议议定：1. 办好广播、电视，要着重提高通信、转播、人员这三个素质，而核心又是提高人的素质。2. 要下功夫抓质量提高效果。对广播电视目前存在的播放中断、音响差和电视图像不清晰的问题，要采取措施，不断改进。凡属不需“三材”而只要增添器材设备就能提高质量和效果的项目，可先行解决；所需经费，由省财政厅拨给。对于必须搞的基本建设项目，由省计委列入基本建设计划。3. 根据贵州省多民族的特点，应该增设主要的几个少数民族语言广播。所需人员编制，由贵州省广电厅报省编委审批。4. 广播、电视节目，做到内容健康，丰富多彩。5. 宣传报道要实事求是，防止和避免讲形式、走过场的做法。

12 月 16 日

中共中央总书记胡耀邦到广播电视部视察，同部领导和中央人民广播电台、中国国际广播电台、中央电视台负责人亲切交谈。之后胡耀邦到中央电视台，向中国在国外留学的人员发表新年、春节慰问讲话。录像后，胡耀邦在广电部部长吴冷西陪同下参观了中央电视台。

12 月 16 日～22 日

广播电视部召开录音录像制品管理工作会议。

12 月 18 日

江苏省常州电视台正式成立。

12 月 19 日

国务院批复同意广播电视部成立老干部局。

同日

新疆维吾尔自治区首届广播电视工作会议在乌鲁木齐召开。会议着重学习中共中央《关于批转广播电视部党组〈关于广播电视工作的汇报提纲〉的通知》，讨论防止和清除精神污染问题。自治区党政领导王恩茂、司马义・艾买提等出席会议并讲话。

12 月 19 日～27 日

中国电视剧艺术委员会、中国电视剧制作中心、中央电视台在北京联合召开 1984 年全国电视剧题材规划会。

12 月 20 日

中央人民广播电台邀请首都20多家报纸的负责人就如何改进《新闻和报纸摘要》节目举行座谈，征询意见。

12 月 21 日

中国广播卫星公司成立。该公司以广播电视部为主，专门从事广播卫星技术引进工作。

同日

江苏音像出版社成立。

12 月 22 日

中国国际广播电台驻巴基斯坦记者王益友进入阿富汗境内帕克蒂亚省进行战地采访报道，发专稿《征服不了的人民》等五篇。

同日

江苏省苏州电视台正式成立。

12 月 25 日

苏南微波干线建成并开始使用。江苏电视台节目传送到苏南各地。

12 月 26 日

毛泽东诞辰 90 周年，中央人民广播电台《各地人民广播电台联播》《新闻和报纸摘要》节目全文播出中共中央总书记胡耀邦的文章《最好的怀念》。

12 月 27 日

新疆电视台第一个固定专题栏目《雪莲花》（少儿节目）开办。

12 月 29 日

国务院通知：许中明任广播科学研究所所长。

同日

《贵州广播电视报》创刊。

同月

广播电视部技术局在西安召开部分省（区、市）广播电视技术设备维护工作座谈会。

同月

中央电视台为海外侨胞制作春节特别节目《来自祖国的问候》。共 24 分钟。

同月

北京电视台与北京市计算机研究所联合研制的计算机字幕处理系统 BCT 在电视屏幕上显示成功并正式投入使用，为全国首创。

同月

新疆喀什人民广播电台成立。

同年

全国（未包括港、澳、台）共有广播电台 122 座，电视台 52 座，市、县广播电台 2619 座，收音机社会拥有量 21465 万台，电视机社会拥有量 3611 万台。

同年

中央人民广播电台收到听众来信 169442 封。

同年

中国国际广播电台收到 150 多个国家和地区的听众来信 78406 封。

同年

由日本广播协会和中央电视台合作摄制的大型纪录片《丝绸之路》先后在香港翡翠台及明珠台播映，随即在香港掀起探索丝路的热潮。

同年

天津电视台共创作播出不同风格、不同样式的电视剧 28 部（集）。比较有影响的有《宝贝》《赔碗记》《铁蛋》《丹凤眼》《相思豆》《欧阳兰》《老马识途》等。这些作品从不同侧面讴歌了社会主义建设成就，展现了社会主义现代化两个文明建设中在不同行业涌现出的先进人物，直面在社会发展中发生的不同矛盾，真实再现了社会风貌。

同年

广播电视部设计院完成天津电视发射塔可行性研究，1984 年 10 月完成工程扩初设计。

同年

贵州电视台在全省各地、州、市所在地建立记者站。

1984年

1月1日

全国人大常委会副委员长兼华侨委员会主任委员叶飞、国务院侨务办公室副主任林一心分别通过中国国际广播电台作广播讲话，向海外华侨、华人祝贺新年。

同日

经过近两年时间的筹备、半年多的试播后，中国国际广播电台对北京地区的英语广播正式播音。使用中波频率1251千赫。

同日

自即日起，中央电视台开始增播《午间新闻》，每天12：30播出15分钟。全国电视台联播。

同日

内蒙古赤峰电视台开播。

同日

上海市广播事业局更名为上海市广播电视局。

同日

中国人民解放军福建前线广播电台正式更名为海峡之声广播电台。

同日

安徽省马鞍山市广播站更名为马鞍山人民广播电台。

1月4日

天津电视台电视剧部正式组建。同日，该台对外宣传部、电视教育部成立。

1月8日～14日

中国广播剧研究会会员台第一次全体会议在上海举行。会议选举产生新的理事会，中央人民广播电台台长杨兆麟当选为会长。

1月10日～2月11日

由广播电视部、全国无线电管理委员会和邮电部组成的中国电信代表团，参加国际电信联盟在瑞士日内瓦召开的世界短波广播频率规划大会第一次会议。这次会议是我国在 1979 年世界无线电行政大会上提议召开的。

1 月 15 日～21 日

宁夏回族自治区党委宣传部和自治区广播电视厅召开全区广播电视工作会议。自治区党委副书记、自治区人民政府主席黑伯理出席会议并讲话。

1 月 18 日～23 日

中央电视台派代表团参加在法国巴黎举办的"中国电视周"和"中国电视唱片展览"。"中国电视周"每天从 14：30 到 20：30 免费开放，用投影方式放映，配现场翻译，每天约有观众 1000 人。

1 月 21 日

国务院通知：任命武子芳为广播电视部地方宣传局副局长。

1 月 22 日

天津市委第一书记陈伟达，市委书记、市人大常委会主任张再旺，市委书记、市长李瑞环通过天津人民广播电台《青少年节目》，向参加团市委组织的"春节青年集体文明婚礼"的新人及家长致贺词。

1 月 22 日～2 月 20 日

中央人民广播电台文艺部王惊涛、董文琴赴香港，参加"香港艺术节"活动，采录外国音乐节目。

1 月 22 日～12 月 24 日

应联邦德国艾伯特基金会邀请，中国国际广播电台第四批进修人员 12 人去联邦德国进修。

1 月 27 日

中法建交 20 周年。从 1 月 20 日～29 日，中法双方相继举办一系列庆祝活动。24 日，中共中央总书记胡耀邦到中央电视台作电视讲话。26 日，中央电视台通过卫星向法国传送了讲话录像。27 日，胡耀邦应中国国际广播电台和法国国际广播电台之请，向法国人民发表广播讲话。法国总统弗朗索瓦·密特朗也应两国电台之请向中国人民发表广播讲话。

1 月 28 日

自即日起，中国国际广播电台华侨广播部向澳门广播电台传送广州话新闻节目，每周一次，每次五分钟。

1 月 31 日

晚，中共中央总书记胡耀邦在中央电视台发表讲话，向全国军民祝贺春节，并即席挥毫题词："举国上下欢呼万象苏，中华儿女壮志展宏图。常备军预备役烈军属，保卫祖国齐心御强虏。"

同月

中央电视台开始播出内地各省会、自治区首府、直辖市和台湾、香港地区的天气预报。

同月

中央电视台与有关厂家合作，首次研制使用计算机电视字幕图形处理系统，用它制作电视汉字字幕，可以缩短制作时间，美化字幕，减少差错。

同月

北京电视台联合辽宁、河北、山西、陕西、宁夏、甘肃、新疆等省级电视台拍摄音乐艺术片《长城交响诗》。全国政协主席邓颖超为该片题名，该片转送至130多个国家和中国驻外机构及华人、华侨团体。

同月

安徽省滁县地区电视差转台建立。

同月

新疆维吾尔自治区吐鲁番、和田电视录转台开始分频道播出维吾尔语、汉语电视节目。

1月～3月

中央电视台会同有关单位，就电视剧《道是无情却有情》《燃烧的心》《诸葛亮》《春的信息》《杨家将》《鲁智深》分别召开六次座谈会。参加座谈的作家有姚雪垠、吴祖光、胡可，戏剧家吴雪、欧阳山尊，电影界郑雪来、陈强、汪洋，文艺理论界李希凡、蓝翎、童道明等。

2月1日

除夕，中央电视台向全国直播《春节联欢晚会》实况。晚会采用场内外结合的办法，观众电话不断，气氛十分热烈。

同日

中央人民广播电台在重点新闻节目中播送国防部部长张爱萍向全国军民祝贺春节的广播讲话。

同日

浙江省杭州电视台正式开播。6月15日，嘉兴人民广播电台、嘉兴电视台建成开播。7月1日，温州电视台建成开播。7月27日，宁波电视台建立，与宁波调频转播台合并，用十一、十二频道播出。8月16日，绍兴电视台建成开播。10月1日，湖州电视台建成开播。

2月2日

由中国电视剧制作中心美术片创作室生产的我国第一部电视动画片《熊猫胖胖》

在中央电视台播出。

2 月 14 日

经中共上海市委宣传部批准，高宇任上海人民广播电台党委书记、台长、总编辑；上海市广播电视局副局长龚学平兼任上海电视台党委书记、台长、总编辑。

2 月 14 日～ 24 日

广播科学研究所为庆祝建所 25 周年举办学术报告会，14 位工程技术人员作了专题报告，中国科学院及大专院校的代表 360 人出席报告会。报告会期间举办了科研成果及工作汇报展览。

2 月 23 日

广播电视部批复无线局：同意在郑州市建立广播技术学校。主要任务是为部直属单位培养广播电视发送、录音传音、节目传送、卫星广播、机电、电台管理等中等技术人才。学校为县团级建制，由广电部直接领导，无线局负责管理，党的工作归当地地方党委领导。

2 月 24 日～ 3 月 1 日

湖南省广播电视厅召开全省第 12 次广播电视工作会议。省委书记焦林义出席会议并讲话。

2 月 25 日

国家主席李先念发表《迎接 1984 年“全民文明礼貌月”》广播电视讲话。

同日

大型电视系列片《蜀道》开拍。这是我国第一次多台联合（陕西、四川、云南、贵州、湖北、湖南、重庆和中央电视台）利用自己的经费和设备拍摄的大型系列片。

2 月 27 日～ 3 月 4 日

中共江西省委、省政府召开全省广播电视工作会议。省委书记许勤在会上讲话。

2 月 29 日

全国政协主席邓颖超对中央人民广播电台对台湾广播提出指导意见：要加强对台湾广播，要放手编发一些消息，消息要短，内容要丰富。

同月

中央电视台正式参加“亚广联”A 区的新闻交换，增加了传播中国电视新闻的途径。

同月

国家教委批准北京广播学院可以举办函授学历教育。

3 月 1 日

河南电视台 10 千瓦彩色电视发射机在九频道开始试播，4 月 1 日正式投入使用。

3 月 3 日

广播电视部干部司发布《关于筹建函授站的通知》：根据 1983 年 12 月召开的全国广播电视干部工作座谈会精神，广播电视部决定委托北京广播学院于 1984 年秋季开办新闻编采专业函授专修科。部属单位和各省、自治区、直辖市广播电视厅（局）应指定有关部门组建函授站，函授站由所在省、自治区、直辖市广播电视厅（局）领导，在教学业务上受北京广播学院干训部指导。通知发出后，从 4 月起，在全国各省、自治区陆续建立了 26 个函授站和 42 个函授分站。当年暑期，首届招收新闻采编专业函授干部专修科学员 676 名。

同日

天津市广播事业局广播电视新闻研究室成立。

3 月 4 日

云南人民广播电台调频立体声广播开始试播，频率 94.4 兆赫，每周一至周五晚间播出一个小时节目，周六、周日晚播出两个小时。

3 月 5 日

甘肃省省长陈光毅，副省长葛士英、刘恕及有关负责人在省广播电视厅召开省长现场办公会，听取省广播电视厅的工作汇报。

同日

山东省广播电视厅向社会公开招聘广播电视编辑记者 26 名。

3 月 6 日～14 日

山西省广播电视厅召开地、市广播电视局长会议。省委副书记王克文在会上讲话。

3 月 7 日

天津市广播事业局更名为天津市广播电视局。

3 月 8 日

北京市广播事业局更名为北京市广播电视局。内设机构：办公室、总编室、机关党委办公室、人事处、保卫处、计财处、技术处、音像制品管理处、农村事业处、基建处。

3 月 10 日

四川人民广播电台《对农村广播》节目增设《商品和市场》《话说专业户》《小城镇之花》三个专栏节目。

3 月 15 日～4 月 1 日

第二届全国优秀广播节目评选会在广州举行，参评节目（稿件）640 个（篇），共评出 1983 年度优秀广播节目（稿件）137 个（篇）。这届评选除新闻、评论、专稿三项外增加了对农村广播、少年儿童节目和主持人节目。

3 月 24 日～ 30 日

全国戏曲广播剧工作座谈会在武汉举行。这次会议由中央人民广播电台和湖北、河北、福建人民广播电台联合筹办。会议交流了经验，探讨了有关的理论问题，并在各地电台推荐的 42 个戏曲广播剧中评选出 15 个获奖优秀剧目。

3 月 28 日

广播电视部发布《关于市、县建立广播电台、电视台的暂行规定》。规定市、县设立的广播电台、电视台的主要任务是转播中央和省级的广播电视节目。

同月

中央人民广播电台、文化部艺术局、中国青年报社和《曲艺》杂志编辑部联合举办 1984 年全国相声评比。这是曲艺界第一次举行单项评比，共评选出 37 部优秀作品。由原建邦创作，黑龙江省曲艺团师胜杰、冯永志表演的相声《肝胆相照》获作品和表演双一等奖。颁奖大会 9 月中旬在沈阳举行。中共中央政治局常委陈云为大会题词:“繁荣相声艺术，丰富人民精神生活。”

同月

新疆维吾尔自治区喀什、伊宁、哈密、奎屯、库尔勒、石河子六个市（县）建立中波广播电台。

4 月 1 日

自即日起，云南电视台晚间综合节目全部播放彩色电视节目，实现电视节目彩色化。

4 月 6 日～ 12 日

电子工业部在贵阳市召开全国广播接收机干扰特性测量方法国家标准审定会，通过我国第一个干扰特性测量方法国家标准。

4 月 7 日

辽宁省锦州电视台建立。

同日

安徽省淮南电视台在淮南电视教育台和淮南广播电视转播台（703 台）基础上成立。

4 月 7 日～ 15 日

全国农村广播工作会议在洛阳召开。会议确定，今后发展农村有线广播的方针是建立“以县广播台（站）为中心，以乡镇广播站为基础，以专线传播为主，并与多种传输手段相结合，联结村村户户的质量高、效能好的农村广播网”。

4月11日

第四届（1983年度）全国优秀电视剧“飞天奖”评选在北京揭晓，17部优秀剧目获奖。《高山下的花环》《一个女记者的画外音》《燃烧的心》《老梅外传》分别获连续剧、单本剧、短剧和小品一等奖。

4月12日

上海人民广播电台《知识杂志》节目在医疗卫生栏目中设立客座主持人——杨秉辉医生，为听众解疑释惑，是中国大陆传媒中较早设立的固定客座主持人。

4月16日～22日

以上海市广播电视局副局长、上海电视台台长龚学平为团长的上海电视代表团一行三人，应日本电视网株式会社（NTV）邀请赴日访问，上海电视台和读卖电视台正式签订友好业务合作协议书。

4月18日

由中央人民广播电台《祖国各地》栏目组、中央电视台《祖国各地》栏目组、《旅行家》杂志和中国地理学会联合举办的1983年“我爱祖国山河美”游记文学有奖征文颁奖大会在北京举行。评委会从来自全国各地的5000多篇应征作品中，评选出198篇优秀作品，其中6篇游记散文和电视片《话说长江》《泰山》获一等奖。

同日

北京时间20：30，新疆电视台第一次收转我国4月8日发射的试验通信卫星（16日定点于东经125° 赤道上空）传来的中央电视台节目，比原来从北京录像播出的新闻时效提早了4至7天。20日起，进行15路广播和1路彩色电视的传输试验。乌鲁木齐市从此能直接收到中央电视台当天播出的电视节目。

4月20日

广播电视部干部司通知北京广播学院：根据教育部《关于公布第三次审定的普通高等学校举办函授部和夜大学名单的通知》，你院函授部函授新闻编采专业，1984年面向28个省（区、市）招生1000名。

同日

中央人民广播台和中央电视台正式利用我国4月8日发射的试验通信卫星进行广播和电视节目传输。

同日

江苏省镇江人民广播电台成立并正式开播。

4月20日～25日

全国电视新闻会议在北京举行。中央电视台副台长洪民生作关于改进电视新闻的讲话。上海、广东、河南电视台代表介绍了本台新闻改革的情况和经验。会议评选出 1983 年全国优秀电视新闻 210 条。

4 月 21 日

新疆维吾尔自治区广播电视厅转发自治区计划委员会、劳动人事厅《关于下达公社广播放大站人员专项劳动指标的通知》。《通知》规定，凡在公社广播站工作满 10 年以上的骨干人员，经考核合格，可录用为国家正式职工。并下达 341 名指标。

4 月 23 日

广播电视部、劳动人事部、财政部联合签发《关于实行艰苦广播电视台站津贴的通知》。《通知》指出，为鼓励艰苦广播电视台站（包括发射台、监测台、微波站以及卫星地面站等）职工努力工作，为发展我国广播电视事业作出积极贡献，考虑到广播电视台站的特殊情况，特制定《艰苦广播电视台站津贴暂行规定》。《暂行规定》确定了艰苦广播电视台站的范围，将艰苦广播电视台站分为六级，并规定了各级台站的津贴标准。

4 月 25 日

江苏省广播电视厅在宜兴县举行农村有线广播 30 周年纪念会，广播电视部部长吴冷西写信祝贺。

4 月 27 日

由《大众电视》主办的第二届大众电视“金鹰奖”颁奖大会在中南海礼堂举行。《高山下的花环》《华罗庚》《生命的故事》《走进暴风雨》等剧获奖。

4 月 29 日

中共中央总书记胡耀邦，中央书记处书记、中央办公厅主任胡启立，国务院副总理李鹏等中央领导对四川人民广播电台编发的《内参》“川船出川关卡重重”作了重要批示。交通部据此下文专门解决四川船队出川难的问题。

4 月 30 日

天津电视台录制的第一部电视连续剧《泥人张传奇》在该台十二频道播出。

同月

新疆维吾尔自治区巴音郭楞蒙古自治州广播电视局成立，同时成立巴音郭楞蒙古自治州电视台、库尔勒中波转播台（8104 台），仍实行局台合一管理体制。

4 月～ 12 月

海洋出版社、《海洋》杂志社、中国海洋学会、中央人民广播电台、中国国际广播电台、中央电视台联合举办“美丽富饶的祖国海疆”有奖征文比赛活动。国际台在英语、日语、孟加拉语、斯瓦希里语和对华侨广播节目中开办《美丽富饶的祖国海疆》专题节目。

5月1日～7日

第一次全国电视文艺座谈会在北京举行。中宣部副部长贺敬之到会讲话。中央电视台副台长洪民生就电视文艺问题发言。会上，全国29家电视台提出倡议：每两年联合举办一次全国青年歌手大奖赛。此倡议受到各方面重视。

5月3日

中国化学会、中央电视台和《中国青年报》联合举办的全国青年化学竞赛开始向全国播出。这是我国首次举办全国范围的群众性化学科技竞赛活动。

5月3日～11日

中共中央总书记胡耀邦应邀访问朝鲜民主主义人民共和国。中央人民广播电台、中国国际广播电台、中央电视台共派14名记者、编辑和技术人员随团采访，及时报道访问实况。中央电台、国际台各发稿23篇，中央电视台传回9集新闻片，其中8集都赶在当晚19点的《新闻联播》中播出，并第一次采用同期声效果。访问结束后，汇编成100分钟的电视纪录片《友谊的凯歌》，分两集播出。

5月4日

由安徽、上海和福建人民广播电台联合发起的首次华东地区文艺广播管理会在安徽省黄山市召开。广播电视部顾问金照出席会议。会议研究了“自己走路”问题，对广播文艺事业的发展和区域合作的沟通、交流及节目推广起到了积极作用，并形成了经常性制度。1988年，会议更名为华东六省一市广播电台广播文艺协作研讨会。20世纪90年代末至21世纪初，中国华艺广播公司、福建东南广播公司、台湾电台等先后加盟，成为华东地区乃至全国广播交流协作史上最长的品牌活动。

5月5日～8日

广播科学研究所在北京召开该所研制的彩色投影电视系统技术鉴定会。中国科学院、北京大学和国内有关厂、所、院校共34个单位的66名专家、教授、学者及工程技术人员出席会议。会议通过对GTD-5型彩色投影电视设备、GTD-5型60吋彩色和黑白投影银幕等五项成果的鉴定。鉴定会后，与会人员就国内发展投影电视技术问题进行了座谈。

5月7日

国务院副总理田纪云视察中央电视台。

5月8日

中央农业广播学校第二期农学班开学典礼在北京举行，中共中央政治局委员王震出席并讲话。出席开学典礼的还有中央书记处候补书记郝建秀、全国政协副主席周培源等。

同日

广播电视部、劳动人事部、财政部联合签发《关于印发〈广播电视播音员津贴暂行办法〉的通知》。《通知》指出，为了贯彻中央在中发〔1983〕37号文件中对广播电视工作的批示，更好地完成广播电视宣传任务，考虑到播音员的工作特点，特制定《广播电视播音员津贴暂行办法》。该《暂行办法》确定了享受津贴的范围，规定了各级电台、电视台播音员津贴的标准。

5月11日

新疆维吾尔自治区喀什电视录像转播台升格为喀什电视台。

5月12日～6月4日

中央人民广播电台、中国国际广播电台各派一名文艺记者参加第三十九届“布拉格之春国际音乐节”。这是中央电台第一次向该音乐节派出文艺记者。

5月26日

中共中央总书记胡耀邦视察湖南省南岳广播电视转播台，并与工作人员座谈。

5月27日

上海人民广播电台庆祝建台35周年。中共中央书记处书记、全国人大常委会副委员长陈丕显为该台题词：“充分发挥广播电视这一现代化宣传工具作用，为两个文明建设服务。”中共上海市委书记、市长汪道涵题词：“加快发展上海广播电视事业，为四化建设多作贡献。”

5月29日

中宣部新闻局局长钟沛璋约请中央人民广播电台播音员徐曼等座谈，了解中央电台《空中之友》节目及对台湾广播的改革情况。他肯定了此节目的两大特色：一是亲切服务的态度；二是实事求是，从实际出发。

5月31日

中央人民广播电台与上海、江苏、浙江、安徽、江西、湖北、重庆、四川、云南等省、市广播电台及长江轮船总公司联合举办“长江魂”专题诗会。北京和长江流域一些省、市地区的诗人及电台诗歌编辑30多人，乘长航客轮从武汉溯流而上，沿途参观采访、创作。这是新中国成立以来第一次由广播电台组织的大型诗歌异地创作活动。

同月

中美合拍的儿童电视剧《大鸟在中国》获加拿大“北乃夫国际电视节最佳儿童节目奖”。

同月

安徽省巢湖电视差转台成立，9月26日试播成功，主要转播中央电视台和安徽电视台的节目。

同月

江西省九江电视台建成开播，设置100瓦彩色电视发射机一台，使用十一频道播出，每周播出自办节目3次，共7个小时。

同月

《四川广播》杂志创刊。

6月1日

广播电视部正式颁发农村有线广播站及设备技术要求七项部级标准，自1984年7月1日起开始执行。

6月2日

中央电视台第一次在《新闻联播》中播出台湾新闻《龙舟竞渡，赛前操兵》。

6月4日

安徽省安庆电视台成立，10月1日开播，发射功率1千瓦，自办节目两套，转播节目一套，电视信号覆盖安庆所辖市、县及周边地区，可收视人口超过1000万。

6月5日～14日

中央电视台顾问戴临风等四人应邀参加捷克斯洛伐克电视台举办的“金色布拉格国际电视节”。中央电视台带去的《梁山伯与祝英台小提琴协奏曲》受到参加国好评。捷克斯洛伐克国家电视台6月10日向全国播放了该协奏曲。

6月7日～11日

全国广播音乐工作座谈会在济南召开，30家广播电台的代表出席会议。会议决定开办《全国广播音乐厅》节目，由中央人民广播电台和各地电台轮流主办。节目定于9月30日在中央电台第一次播出，每周一次。

6月15日

经文化部、广播电视部批准，北京广播学院新闻研究所主编的双月刊《新闻广播电视研究》，自1984年第3期起正式出版发行。

6月16日～18日

贵州省首届电视通讯员会议在贵阳市召开。中共贵州省委书记朱厚泽出席会议并讲话。

6月18日～7月1日

中央人民广播电台接待以广播委员会主席巴科为首的尼日利亚广播电视代表团一行四人。全国人大常委会副委员长黄华会见该代表团。

6月20日

中国国际广播电台举行庆祝对华侨广播开播35周年茶话会。中共中央政治局委员王震、全国人大常委会副委员长叶飞、全国政协副主席钱昌照等出席。王震发表讲话并题词："庆祝中国国际广播电台对华侨广播 35 周年纪念，呼吁世界和平。"出席茶话会的还有广播电视部领导以及侨务界、归侨知名人士共 300 多人。

6 月 25 日

广播电视部任命郭志恒为办公厅副主任。

6 月 26 日

中央电视台《小小设计师》等六个节目，在联邦德国国际青年基金会举办的 1984 年儿童电视节目大奖赛中获奖。

6 月 28 日

华北广播电视学校正式成立。广播电视部任命于洪连为党委书记兼校长。

6 月 29 日

安徽省第一座县级电视台——亳州电视台建立。

6 月 30 日

上海音像资料馆正式成立。

同月

国家民族事务委员会、广播电视部决定，从当月起联合举办"边疆万里行"采访报道活动，对边疆和民族地区 55 个兄弟民族进行系统、广泛的介绍。节目在中央人民广播电台播出。

7 月 1 日

中央电视台向全国播出的第一套节目开始全天播出，并试行电视节目栏目化，对北京地区的第二套节目试验用计算机控制节目播出。

同日

北京市二七机车厂有线电视网建成并开播。

同日

山东省烟台电视台建成开播。

同日

四川渡口（今攀枝花市）电台正式播音。呼号为"渡口人民广播电台"。

7 月 10 日

新疆电视台电视剧译制部（维吾尔语）成立。第一年成功译制影视剧九部。

7 月 12 日

澳大利亚广播电台台长巴尼特和华语部主任杜德里应中国国际广播电台邀请访华。国际台台长丁一岚同他们就发展业务合作、互换工作人员、节目交流和人员培训问题进行了会谈，并签署会谈纪要。

7月13日

中国广播电视记者团赴美国洛杉矶，采访报道第二十三届奥林匹克运动会。这是中央三台第一次承担这样大型的国际体育比赛的宣传报道任务。中央人民广播电台开辟《第二十三届奥运会专题节目》，转播了四场排球、篮球比赛。中国国际广播电台派出五名记者采访，共发消息85条、专稿40篇。中央电视台的报道通过大西洋、印度洋两颗卫星传到香港，再由香港经广州用微波传到台里向全国播出。奥运会期间，中央电视台直播现场实况10场，共播出72小时节目，制作《洛杉矶奥运会专题报道》30集。

7月17日

江苏省盐城电视台建成。

7月18日

天津市计划委员会批复市广播电视局，同意天津师范大学为天津市广播电视局委托代培新闻专业学生20名，为电台、电视台培养编辑记者，在1984年高等院校统一招生师范类考生中录取。

7月25日～31日

中央人民广播电台在成都召开第一次《各地人民广播电台编排的节目》经验交流会。

7月30日

1983年度全国优秀电视专栏节目评选在武汉揭晓。84个节目和个人分别获奖。中央电视台拍摄的大型系列片《话说长江》获特别奖。

同日

天津电视台午间节目正式播出，主要内容有《午间消息》、科教影片及重播优秀电视剧等，时间90分钟。

7月31日

广播电视部成立教材编审委员会，以加强院校教材建设工作。决定先设中专工科教材编审组，以后视需要再增设其他专业教材编审组。广电部总工程师何大中任教材编审委员会主任委员，黄惠群任副主任委员，委员由北京广播学院、中央电视台、无线局、技术局、湖南广播电视学校、中国广播电视出版社、宁波电视台等单位的11位专业人员组成。

同月

中央电视台《今日世界》栏目播出。开始每两周播出一次，每次15分钟。翌年1月改为每周播出一次，每次10分钟。

同月

安徽省淮北电视台在淮北广播电视转播台（704 台）基础上成立。

8 月 1 日

江苏省扬州电视台正式开播。扬州人民广播电台恢复播音。

同日

安徽省蚌埠人民广播电台恢复播音，发射功率 1 千瓦，频率 1485 千赫。

同日

新疆维吾尔自治区石河子人民广播电台正式开始播音。

8 月 7 日～ 18 日

应中国国际广播电台邀请，美国之音代表团访华。广播电视部副部长马庆雄会见该代表团。8 月 11 日，美国之音访华代表团一行七人到成都访问。四川人民广播电台副台长吕齐陪同参观了电台技术大楼。

同日

广东省广州、深圳、珠海广播电视专用微波电路正式开通。

8 月 15 日

全国政协主席邓颖超为中央人民广播电台对台湾广播开办 30 周年题词：“千方百计，办好对台湾广播，为和平统一祖国服务。”

同日

中央人民广播电台《庆祝新中国成立 35 周年专题节目》开播，每天两次，每次 20 分钟，10 月 15 日结束。

8 月 17 日

北京电视制片厂译制的巴西电视连续剧《女奴》在北京电视台开始播出。之后，全国近 40 家电视台先后播出此剧。

8 月 17 日～ 26 日

西南、西北 12 省（区）广播播音（普通话）经验交流会在乌鲁木齐举行。会议主要探讨在新形势下新闻播音改革和如何办好主持人节目问题。应邀参加会议的还有中央人民广播电台、北京广播学院以及北京、上海、广东、湖北、湖南、黑龙江、内蒙古电台的代表。

8 月 18 日

广播电视部批复，同意将中国广播电视出版社列为副局级单位。

8 月 20 日

新疆维吾尔自治区克孜勒苏电视台播出自己录制的第一部电视片《前进中的克孜勒苏自治州广播电视事业》。

8月27日

广播电视部党组发出通知：根据中央关于改革干部管理体制、适当下放人事管理权限、原则上只管下一级主要领导干部的精神，决定将部党组管理的部分干部职务下放给各单位管理。原由部管理的各司局级单位的处级干部，下放给各司局级单位管理；原由干部司管理的外经办公室、物资供应站、办公厅的科级干部，下放给上述本单位管理。

8月28日

国务院通知：任命黄惠群为广播电视部干部司副司长；孙昌生、岳克为广播电视部老干部局副局长。

同日

广播电视部通知：任命周婕、韩庆余为外事局副局长。

同月

广播电视部技术局组织编制的第一份《全国短波广播网发展技术规划》，经广电部批准下达执行。

同月

新疆维吾尔自治区阿勒泰录像转播电视台第一部哈萨克语译制片《美洲虎》译制成功并开始播出。

9月1日～10月31日

中央人民广播电台首次举办由听众直接评选优秀栏目的活动。期间共收到选票95941张。得票居前10位的优秀栏目为：《新闻和报纸摘要》《各地人民广播电台联播》《体育节目》《青年之友》《科学知识》《小说连续广播》《阅读和欣赏》《广播剧》《文学之窗》《祖国各地》。中央电台于1985年1月8日举行了颁奖仪式。

9月3日

天津电视台十七频道开播，播出电视中学、电视中专课程和少儿节目。

9月4日

广播电视部任命梁镇湘为设计院院长。

9月12日

国家科学技术委员会批复同意建立广播电视部标准化规划研究所，并计划在1986年建成。

9月15日～10月23日

中央电视台举办“庆祝中华人民共和国成立35周年全国电视节目展播”活动。全国38家电视台的40个（每个90分钟）节目参加展播。内容有专题、歌舞、戏剧、曲艺、杂技、电视剧等。

9 月 18 日

西藏卫星地面接收站建成试用。9 月 26 日，拉萨市民第一次通过试验通信卫星看到了中央电视台当天播出的节目。12 月 21 日，该地面站正式投入使用，每天传输中央人民广播电台和中央电视台第一套节目。

9 月 24 日～ 10 月 8 日

中共中央总书记胡耀邦邀请 3000 名日本青年访华。中国国际广播电台日语部每天举办 15 ～ 20 分钟的《中日青年友好联欢》特别节目，并派出 8 名记者随团采访，充分报道这次活动，共发新闻 42 条，报道 92 篇。

9 月 25 日

江西省新余人民广播电台建成开播，发射功率 1 千瓦，频率 585 千赫，每天播音三次，共 10 小时 30 分钟。

9 月 25 日～ 10 月 3 日

法国国家电台记者组在北京采访中国国庆活动。在中方技术人员协助下，向法国转播了天安门阅兵和群众游行实况。这是外国电台首次转播中国国庆大典的实况。

9 月 26 日

江西省萍乡电视台建成开播。设置 1 千瓦彩色电视发射机一台，播出自办节目《萍乡新闻》。

9 月 28 日

四川人民广播电台技术大楼落成，10 月 1 日正式投入使用，该台调频立体声广播正式开播。

9 月 30 日

北京市第一座县级电视台——昌平县电视台建成并试播。

同日

天津电视台首次派记者出国采访拍片，录制《法国里尔掠影》。

同日

安徽省铜陵人民广播电台、铜陵电视台开播。铜陵电视台发射功率 1 千瓦，覆盖半径 30 公里。

10 月 1 日

中央人民广播电台、中国国际广播电台、中央电视台现场直播首都庆祝中华人民共和国成立 35 周年阅兵式和群众游行以及焰火晚会实况。中央电台是中断十几年后第一次恢复天安门现场广播。为增强国庆现场广播的宣传效果，在转播中运用了毛泽东在开国大典上的讲话录音、我国发射试验通信卫星时火箭轰鸣的录音和奥运会上中国女排争冠时的录音。国际台第一次用英语现场播送实况。中央电视台出动

200多人，动用5辆转播车、23台摄像机、14套微波设备，采用二级导播方式，利用微波干线和卫星向全国直播庆典实况。这是中央电视台建台以来规模最大的一次现场直播。同时通过印度洋、太平洋、大西洋上空的国际通信卫星向世界传送阅兵式和群众游行的实况，当天有12个国家和地区的十几家电视台转播或录像播出了阅兵式和群众游行实况。

同日

北京电视台正式播出彩色电视节目。

同日

天津电视台摄制的第一部动画片《三只鸡》首次播出。

同日

石家庄电视台正式播出节目。

同日

安徽省芜湖电视台、马鞍山电视台、徽州电视台正式开播。

同日

四川省泸州人民广播电台试播，1986年7月1日正式开始播音。

同日

贵阳人民广播电台正式开始播音。

同日

兰州人民广播电台正式开始播音。

10月2日

福建人民广播电台开办《对华侨广播》节目，以东南亚地区的福建籍华侨为主要对象，用普通话及闽南话广播。

10月3日

新疆电视台为庆祝中华人民共和国成立35周年制作的大型电视艺术片《祖国啊，萨拉姆》在中央电视台播出。

10月10日

在天津市与法国北加莱海峡大区正式结为友好市区关系之际，法国第三电视台北方-加莱地区庇卡底地区分台台长皮埃尔·鲁博应邀到天津电视台访问，双方签署《电视节目交流协议书》。

10月17日

广播电视部决定在浙江广播电视学校文科专业的基础上，与浙江省广播电视厅合办一所以文科专业为主的高等院校，定名为“浙江广播电视专科学校”。该校由广电部和浙江省双重领导，以广电部为主。建校投资由广电部承担，人员编制和干部管理归广电部，党的工作归浙江省地方党委领导。学校规模暂定在校学生 1200 人，教职工编制 400 人。暂设新闻、文艺、播音、摄影、图书资料、事业管理六个专业。招收高中毕业生，学制两年，毕业生享受大专待遇。

同日

广播电视部任命冯继恒为无线电台管理局局长。

10 月 17 日～27 日

第二次全国电视对外宣传工作会议在银川召开。会上评出 50 个国际交流优秀节目。

10 月 18 日

中央电视台开始向全国播出法语电视教育节目《法语入门》。

10 月 18 日～22 日

广播电视系统科技情报工作会议在北京召开。广播电视部总工程师何大中宣布：广播电视系统科技情报网成立。

10 月 20 日

全国电视台台长会议召开。会议讨论了如何办好具有中国特色的电视节目，总结交流了在庆祝中华人民共和国成立 35 周年时举办的全国电视节目展播的经验。会上，13 家电视台的节目获评优秀节目奖。

10 月 23 日

新疆维吾尔自治区克孜勒苏自治州电视录像转播台更名为克孜勒苏自治州电视台。

10 月 24 日

国务院批准中央电视台的改革方案：在办好电视、提高节目质量的前提下，扩大中央电视台的自主权，经费包干三年不变。

10 月 25 日～11 月 2 日

中央人民广播电台接待以广播委员会主席贝克尔为首的民主德国广播代表团。中共中央书记处书记邓力群会见该代表团。广播电视部部长吴冷西主持了中德合作协定签字仪式。

10 月 27 日

安徽省第一座县级调频广播电台——贵池人民广播电台建成开播，发射功率 50 瓦，频率 98.1 兆赫。

10 月 31 日～11 月 10 日

广播电视部副部长谢文清率领中国广播电视代表团出席在东京召开的“亚广联”第二十一届全会和“亚广联”成立 20 周年庆祝活动。

同月

中央电视台与天津电视台新闻部记者联合录制评论天津新港船厂改革经验的节目《希望在改革中》。该节目在中央电视台播出后反响很好，并在中央电视台新闻评论节目评比中获奖。这是天津电视台新闻部第一次尝试制作新闻评论。

同月

京、津、沪、渝广播电视协作会首届会议在重庆举行。

同月

天津市广播电视局承担援助巴基斯坦综合体育设施扩声系统设计和安装、调试工作完毕，交付巴方使用。

11月10日～17日

德国之声电台台长许茨应中国国际广播电台邀请访华，先后在北京、上海和西安参观访问。

11月19日

由中央电视台直播的首届全国青年歌手电视大奖赛结果揭晓。获一、二、三等奖的专业和业余歌手各六名，特别奖三名，其余选手获荣誉奖。颁奖仪式于12月1日举行。

同日

新疆电视台维吾尔语和汉语《新疆新闻》节目同步播出。

11月19日～30日

中央人民广播电台和部分省、市电台的少儿广播工作者在北京举行对少儿广播工作座谈会，讨论对少儿广播节目的性质、方针、内容、形式以及当代少年儿童的特点和未来所需人才的标准等问题。与会者认为，少儿广播节目应该办得生动活泼，立意要新，要讲孩子们在学校和家庭中学不到的东西，要注意针对性、新颖性、启发性、趣味性和娱乐性。

11月20日

中央人民广播电台记者陶宝发、杨时光和中央电视台记者汪保国、马维军，作为我国首次南极洲考察队队员赴南极实地采访报道。在南极考察的142天里，他们通过卫星电话和电报发回消息50条，现场报道、录音访问20多个。考察结束后，国家南极考察委员会给杨时光记二等功，给汪保国、马维军记三等功，陶宝发受到嘉奖。

11月20日～23日

电视双伴音制式比较试验科研项目技术鉴定会在北京举行。广播科学研究所作电视双伴音制式比较试验的技术报告。会议认为，采用双载波制是适合我国电视广播的暂行制式。

11 月 24 日

民族英雄吉鸿昌将军牺牲 50 周年。天津人民广播电台《青年节目》播出吉鸿昌女儿吉玉芝的讲话录音，介绍吉鸿昌将军的爱国思想和事迹。

11 月 28 日～ 30 日

首次全国优秀新闻工作者表彰大会在北京举行。来自 29 个省、自治区、直辖市新闻战线的 300 多名代表参加会议。全国广播电视系统的方宣、齐越、严荣工、贺俊文、徐乃文（徐曼）、高建瓴、额尔德尼（蒙古族）等 70 名优秀新闻工作者和 12 个新闻工作先进集体受到表彰。30 日，中共中央政治局委员、中央书记处书记习仲勋，中共中央政治局委员胡乔木，中央书记处书记、中宣部部长邓力群，中共中央办公厅主任王兆国等接见参会代表。

同月

全国科学广播编辑工作经验交流会在长沙召开。会议研究了科普广播节目的改革问题。与会代表提出，科普广播节目应当重视新技术、新信息的普及和传播；重视普及现代化生产知识，引导听众文明生活，科学消费；地方电台的科普广播应该在发挥地方特色的前提下，把听众的视野扩大到全国、全世界和 21 世纪。

12 月 1 日

广西广播电台对越南广播正式开始播音。

12 月 5 日

新疆维吾尔自治区伊犁哈萨克自治州和博尔塔拉蒙古自治州建立电视台。

12 月 11 日

国务院副总理李鹏在听取中央气象局领导汇报时谈道：现在电视台播放的天气形势图版面太小了，看不清楚，可以分区域介绍。各省的电视台也应播送地区的天气预报。

12 月 11 日～ 1985 年 1 月 7 日

由中央人民广播电台副台长章敬率领的中国广播说唱团赴美国访问演出。演员有侯宝林、孙书筠、赵连甲和陈少武。在美国期间，演出了相声、山东快书、京韵大鼓、评弹等节目。

12 月 12 日

中国国际广播电台同《北京晚报》《羊城晚报》联合举办“友谊使者音乐会”。全国人大常委会副委员长阿沛·阿旺晋美、全国政协副主席肖华等出席观看。广播电视部部长吴冷西说：“国际台要千方百计扩大影响。这个办法很好。”

12 月 14 日

中央人民广播电台为庆祝中华人民共和国成立 35 周年举办的“祖国在前进”征歌活动结束，并在北京举行颁奖大会。获奖歌曲共 29 首，《十五的月亮》《草原夜色美》等 5 首歌曲获一等奖。

12 月 15 日

安徽人民广播电台第二套节目调频广播开播，内容包括新闻、专题、文艺等。

12 月 19 日

中英关于香港问题的联合声明正式签字。中央人民广播电台、中央电视台进行现场直播，中央电视台用英语通过太平洋、大西洋卫星向国外播出。中国国际广播电台在英语节目中播出签字仪式的新闻。

同日

中国国际广播电台世界语广播开播 20 周年。国际台举行庆祝茶话会。应邀出席的有我国世界语老前辈楚图南、叶籁士、戈宝权、张企程等以及在京的世界语工作者 150 多人。在茶话会上，播放了倡导开办世界语广播的五届全国人大常委会委员胡愈之的录音贺词。正在病中的老作家巴金写了热情洋溢的贺信。

12 月 20 日

西藏自治区拉萨电视台成立。

12 月 30 日

中央电视台成立编委会，台长王枫兼任总编辑，副台长洪民生、张绍季兼任副总编辑。

同月

天津电视台文艺部录制的第一部大型歌集《百灵声声》面世。天津电视台第一次引进译制日本电视剧《家兄》（13 集）和《24 只眼睛》（20 集）。

同月

吉林省广播电视研究所和电子工业部 23 所共同研制了一套广播电视光缆传输系统，它可以双向传送彩色电视和立体声广播，功能较为齐全，适合国内广播电视使用。

同月

至本月，新疆维吾尔自治区有 34 个县（市）建立了小功率调频广播电台。

同年

全国（未包括港、澳、台）共有广播电台 167 座，市、县广播站 2570 座，发射总功率为 24320 千瓦。广播人口覆盖率达 67.8%，收音机社会拥有量 22373 万台。全国有电视台 93 座，小功率电视转播台 18953 座，建成的有线电视系统 300 多个，广播电视系统的专用微波线路建成 18485 公里，其中黑龙江省建成 2132 公里，为全国第一。电视人口覆盖率达 64.7%，电视机社会拥有量 4763 万台。

同年

中央人民广播电台收到听众来信 211335 封。

同年

中国国际广播电台收到 141 个国家和地区的听众来信 87886 封。

同年

安徽电视台开办反映社会热点的专栏《社会之窗》和专为农民服务的《致富之路》等栏目。《社会之窗》是舆论监督类节目，反映百姓呼声，针砭时弊丑恶，引起很大反响。

同年

贵州电视台在新闻采编部门进行改革，推行岗位责任制和超产计酬责任制，实现采、编、播“一条龙”生产。

1985年

1月1日

中央人民广播电台、中国国际广播电台播出《人民日报》元旦社论《和衷共济搞四化》。

同日

中国国际广播电台日语部邀请中共中央政治局委员、中日友好协会名誉会长王震，共青团中央书记处第一书记胡锦涛、中日友好21世纪委员会中方委员刘延东向日本听众祝贺新年。缅甸语组邀请全国人大常委会副委员长叶飞向缅甸人民贺年。华侨部邀请国家女排全体队员及李宁等优秀运动员向听众贺年。

同日

中国国际广播电台僧伽罗语广播开办10周年，僧伽罗语组举办特别节目。

同日

中央电视台开办经济节目，包括《经济生活》和原有的《科技与生活》两个栏目，通过八频道向全国播出。之后又陆续开办《经济快讯》《市场巡礼》《供应动态》《科技信息》《市场预测》《国内行情》《世界经济窗口》《港台信息》等栏目。

同日

中共中央政治局委员、天津市委书记倪志福通过天津电视台发表新年电视讲话。

同日

中国广播剧研究会举行理事会，决定年内举行少儿广播剧评奖活动，开展各台之间广播剧交流等工作。

同日

江苏人民广播电台第三套节目（调频立体声广播）开播。

同日

山东省济南电视台正式播出。

同日

安徽省淮北人民广播电台开始播音，频率1141千赫，每天播音八个小时。

同日

新疆电视台《新疆新闻》节目从原来每周播出四次增加到六次，增加《天山南北》《雪莲花》《观众之友》三个固定栏目，分别使用维吾尔语、汉语播出。

1 月 7 日

印度拉贾斯坦邦 20 多个青年学生正式成立“北京电台听众俱乐部”。这是中国国际广播电台印地语广播开播 26 年来，印度听众首次成立专门收听我国印地语广播的听众组织。

同日

云南电视台制作的首部电视连续剧《洛神赋》（共四集）在中央电视台播出。

1 月 9 日

中央人民广播电台民族部和《广播之友》报社等单位在北京民族文化宫举办“首都春节民族大团结联欢会”。会上举行了“边疆·民族知识有奖测试”颁奖仪式。

1 月 14 日

中共中央政治局委员王震接见评书演员袁阔成以及中央人民广播电台和营口人民广播电台《三国演义》录制组工作人员。王震说：“你们做了一件很好的事情。播《三国演义》可以开发智力，引导青年学习文化、学习历史”，“评书是我们民族的传统艺术，要把它传下去，可以用这个形式说古典的，也可以说现代的；可以宣传历史文化，也可以宣传‘四化’建设。”

1 月 16 日

印度驻华大使馆公使衔参赞萨兰偕二秘南达和苏詹到中国国际广播电台，将包括小说、词典、历史等 100 册印地文图书赠送给印地语组。副台长崔玉陵代表国际台接受赠书。

1 月 17 日

吉林省 661 中波广播发射台正式启用，发射功率 150 千瓦，频率 738 千赫，用于发射吉林人民广播电台第一套节目，全天播出 16 个小时。

同日

四川人民广播电台民族部分为藏语部和彝语部。

同日

新疆维吾尔自治区党委副书记贾那布尔、党委常委富文会见新疆人民广播电台文艺部和新疆电视台文艺部部分工作人员，祝贺广播剧《喜剧演员》获全国“丹桂杯”大奖赛优秀剧目奖、剧本创作奖和最佳演员奖；大型电视艺术片《祖国啊，萨拉姆》获全国电视台国庆节目展播优秀奖。

1月18日～2月26日

中国唱片公司第一届立体声节目录音质量评比会议在广州召开，16个节目获奖。

1月20日

中央电视台同陕西电视台、四川电视台联合摄制的电视系列片《蜀道今昔》陕西段开拍，12月27日停机。拍摄期间行程6000多公里，拍摄16毫米彩色胶片两万多米。

1月21日

内蒙古自治区广播电视厅主办的内蒙古广播电视大学开学，设有语言文学、工商会计、党政干部专修、英语和蒙古语言文学五个专业，用蒙古语、汉语两种语言授课。有学员四万名。

同日

新疆维吾尔自治区阿勒泰地区633台开始分别以639千赫、675千赫、927千赫三个频率完整转播中央人民广播电台第一套节目和新疆人民广播电台汉语、哈萨克语节目。

1月21日～30日

广播电视部总工程师何大中应邀率中国广播电视代表团访问日本，商谈广播电视技术合作事宜。

1月24日

中央人民广播电台对台湾广播部和中华全国台湾同胞联谊会、《中国建设》杂志社、《团结报》社在北京民族文化宫联合举办“新春同乐会”。录音实况在春节期间的对台湾广播节目中播出。

1月26日

日本神户市市长宫崎辰雄通过天津人民广播电台《您好，神户向您问候》专题节目，向天津市市长李瑞环和天津市人民祝贺新年，关西电台台长阪上丰和中国驻大阪总领事高文迟也发表了热情的广播讲话。

同日

福建电视台第一次和中央电视台联合利用微波干线向全国直播日本“日立”女排和福建女排比赛实况。

1月28日～2月1日

中国唱片公司首次参加在法国戛纳举行的MIDEM国际唱片博览会。

1月29日～2月12日、7月15日～8月10日

中央人民广播电台先后举办两期全国部分电台播音员培训班。全国20多个省、自治区、直辖市的110多家电台、电视台、县广播站以及厂矿、部队的257名播音员参加学习。

同月

江西人民广播电台恢复第二套节目，采用调频广播，发射功率 100 瓦，频率 103.4 兆赫，每天播出两小时文艺节目，并转播中央人民广播电台节目。1986 年 1 月 26 日，自办节目增到每天四个小时。1987 年 5 月 1 日，发射功率增到 1 千瓦。

同月

湖南人民广播电台确定钟镇藩、王小夫为专职评论员，这是该台第一代专职评论员。

2 月 1 日

西安电视台正式播出，用十频道向西安地区发射彩色电视讯号。

同日

甘肃人民广播电台、《甘肃经济报》《甘肃工人报》等单位联合举办“好企业、好厂长（经理）大家评”活动，117 家企业的厂长（经理）参加。甘肃省委书记李子奇等出席有关活动。5 月 22 日，颁奖大会在兰州举行，副省长张吾乐出席并讲话。

2 月 1 日～ 3 日

全国部分省、市广播电台经济信息传播经验交流座谈会在长沙召开。经过讨论协商，成立了全国部分省、市广播电台经济信息协作网。

2 月 4 日

由黑龙江省广播电视厅科研所和黑龙江人民广播电台共同研制的“调幅广播音频处理系统”通过省级鉴定。这项技术在国内属首创，对改善中波调幅广播收听质量，扩大覆盖面积，提高经济效益具有一定意义。

同日

中国唱片社成都分社成立。2 月 25 日，中国唱片社北京分社成立。

2 月 5 日

广播电视部部长吴冷西就中国国际广播电台总编室与国内部座谈改进国内问题的对外宣传一事批示：“新闻和专题的比例，似应以专题为主”，“国内部同志应轮流到全国各地，一为直接采写，二为帮助记者站写对外稿”，“国内部产品应力求适应广播特点（当然首先要适合对外要求），亦即尽量为各语言部组提供方便，跳出文字专稿框框，一是需要到各语言部组去，二是同他们合作搞专题”。

2 月 5 日～ 7 日

上海经济区五省、市（江、浙、皖、赣、沪）电台台长会议在上海举行，主要讨论加强五台之间的业务合作问题。

2月6日～9日

四川省广播电视厅在成都召开四川广播电视史志座谈会。会议充实健全了四川广播电视史志领导小组和四川广播电视史编纂委员会。

2月6日～14日

中央人民广播电台和中国国际广播电台在北京举办驻地方记者站成立20周年纪念活动。7日，中共中央政治局委员胡乔木致电广播电视部和中央电台表示祝贺，希望大家团结一致，继续努力，不断前进，向广播电视各方面的最高峰奋勇攀登。10日，两台在人民大会堂召开纪念大会，回顾总结了记者站建站20年来的工作，表彰了一批先进集体和先进工作者。

2月7日

《中共中央书记处会议纪要》指出，广播电视部要进一步明确广播电视工作在新时期的性质、任务和作用。要坚决贯彻党的十二届三中全会决定和对内搞活、对外开放的重大决策。自觉地服从于、服务于党的总任务和总目标。要改变广播电视节目在内容和形式上单调、死板和生硬的状况，做到战斗力、说服力和感染力的统一；做到丰富多彩，生动活泼，满足广大人民群众在精神生活上的需求。《纪要》还指出，要把增设频道、增加节目和播出时间同提高电视节目的质量结合起来。目前，对于国际新闻电视节目，应尽量选用国际通信卫星传播的资料，同时要努力开辟其他来源。要积极研究租用外国通信卫星频道作过渡，以尽快使全国各地都能收看到电视。

2月8日

河南省1984年度优秀广播电视节目评选工作结束。共评出优秀广播节目80个，优秀电视节目11个。

2月9日

广播电视部召开大会，表彰广播电视部设计院的两项优秀设计项目。其中上海市铝播音室改建工程获得国家级优秀设计奖，大连转播台工程获得部级优秀设计奖。广电部副部长徐崇华向有功人员颁发奖状和奖金。

2月10日

上海电视台推出新闻杂志型栏目《经济之窗》。

2月11日

中共黑龙江省委组织部通知，省委常委会决定：戚贵元任黑龙江省广播电视厅厅长、党组书记兼省广播电台、省电视台总编辑。

2月20日

上海人民广播电台举办连续14个小时的《春节文艺大点播》节目。

2 月 21 日

广播电视部发出《关于必须把新闻报道和广告严格分开的通知》。《通知》指出，当前有一些广播电台、电视台播出“有偿新闻”和有偿服务的“信息节目”，以传播信息为名，实以捞钱为目的，这是对新闻改革的一种误解，是不正之风。《通知》要求全国各广播电视厅（局）立即检查和纠正这种做法。中央人民广播电台和中央电视台照此要求办理。

2 月 23 日

中央人民广播电台第三套调频广播结束试播，正式播出立体声节目。每天播音 5.5 个小时，10 月增加到 7.5 个小时。

2 月 28 日～3 月 2 日

全国《兄弟民族》优秀电视节目表彰大会在北京举行。广播电视部、国家民族事务委员会的领导出席大会并讲话。会议强调要加强民族宣传，促进民族团结。会议共评出 18 个优秀节目，其中新疆电视台和甘肃电视台联合拍摄的四集电视系列片《中国的哈萨克》获一等奖。

同月

新疆维吾尔自治区喀什地区、哈密地区、阿克苏地区、阿勒泰地区、奎屯市、吐鲁番地区、塔城地区、和田地区、克孜勒苏柯尔克孜自治州、昌吉回族自治州、克拉玛依市的电视录像转播台一律更名为电视台。

2 月～4 月

江西人民广播电台专题部联合江西省军区、省总工会、省教育厅、团省委和南昌铁路分局共同举办“为中华腾飞献青春”空中演讲大奖赛。

3 月 1 日

中央电视台第一套节目开播《晚间新闻》，播出时间为每天 22：00，每次 10 分钟。《午间新闻》播出时间由以前的 12：30 改为 12：00，每次 15 分钟。《新闻联播》由每次 35 分钟缩短为 30 分钟。

同日

中央人民广播电台《各地电台编排的节目》第二次经验交流会在昆明举行。

同日

新疆人民广播电台调整广播节目。新闻节目每天播出由 7 次增加到 11 次，播出时间由 80 分钟增加到 130 分钟。增办《经济信息》《老年之友》《健康顾问》《科技世界》《古今中外》《学习文摘》《法律咨询》《家庭生活》等节目。

3 月 3 日

中央电视台在北京召开农村宣传座谈会。20 个省、自治区、直辖市电视台新闻部负责人和部分编辑、记者参加。会议制定了加强农村报道计划。

3月5日

中央电视台研究室创办的电视理论内部刊物《电视业务》(《电视研究》杂志前身)试刊第1期出版。

同日

北京、天津、上海、广东四家电台在广州联合举办元宵音乐晚会，同时向四省、市进行现场直播。

3月6日

广播电视部党组通知：同意无线电台管理局成立分党组，冯继恒任书记。

同日

广播电视部通知：经征得中共浙江省委宣传部同意，调浙江电视台台长邱汉初到浙江广播电视专科学校任党委书记。

3月7日

中央电视台开办新栏目《华夏掠影》，专门播出国内各电视台摄制的供国际交流的电视节目。

同日

中国国际广播出版社正式成立。

3月10日

国务院副总理万里视察安徽电视台大蜀山发射台。

3月11日

山西省广播电视厅成立广播电视技术中心，实行总工程师负责制，下设技术处、微波处、办公室和广播电视网处。

3月12日

由黑龙江、辽宁、吉林人民广播电台与吉林科技出版社主办的刊物《北方农家》开始发行。该刊是综合性科技读物，刊登东北三省广播电台《农村》节目播出的部分稿件。第1期发行5万册。

3月13日

中国广播电视评议委员会成立，广播电视部副部长马庆雄任主任。评委会在广电部常设办公室。

3月14日

中央人民广播电台长征报道组一行三人离开北京前往江西瑞金，开始沿当年红军长征路线进行采访。经过8个月的跋涉，行程两万多公里，于11月26日到达陕北吴旗县(后更名为吴起县),12月14日回到北京。报道组采写了10多万字的稿件，在中央电台《祖国各地》栏目中播出。

3 月 15 日

辽宁电视台推出面向农民的节目《致富之路》。

3 月 15 日～25 日

1984 年度全国电视新闻评选交流会在成都举行。29 个省、自治区、直辖市电视台和 6 个市级电视台的负责人及新闻部负责人出席会议。会议评选出 1984 年度优秀电视新闻 236 条。

3 月 15 日～4 月 7 日

中央人民广播电台文艺部王健儒等三人访问、考察联邦德国黑森州广播剧部，并与谢文秀等两人一起参加在柏林（西）举行的“未来奖”国际广播电视节目评奖活动，中央电台提供的广播剧《流星》首次参加评奖。

3 月 16 日～26 日

澳大利亚新闻公司总经理默多克访华，同中央电视台商谈兴建广播电视国际文化交流中心等事宜。

3 月 16 日～4 月 16 日

黑龙江省广播电视厅厅长戚贵元等应美国新闻总署邀请访问美国。这是黑龙江省广播电视工作者第一次访问美国。

3 月 21 日～4 月 11 日

第三届全国优秀广播节目评选活动在上海举行。推荐节目（稿件）603 个（组），评选出 1984 年度全国优秀广播节目 166 个（组），其中获奖节目 82 个（组）。

3 月 22 日～29 日

法国电视一台董事长布日尔率团访华，同中央电视台签订 1985 年度合作议定书。

3 月 23 日

天津市市长李瑞环在《重新确定兴建天津广播电视塔方案》的文件上批示：同意。新方案确定电视塔高度为 400 米，塔址为津盐公路与紫金山路会合的三角地带。

同日

《上海电视》月刊举办的“最佳电视播音员观众推荐奖”活动举行授奖大会，中央电视台赵忠祥、宋世雄、刘佳，上海电视台陈燕华、贺海林获奖。

3 月 25 日～4 月 1 日

卢森堡广播电视公司总经理格拉斯率广播电视代表团访华，就音乐出版、广播和电视广告等方面事宜同广播电视部签订合作意向书。全国人大常委会副委员长黄华会见该代表团。

3月26日

广播电视系统第二次函授教学管理工作座谈会在湖南衡阳召开。北京广播学院和24个省、自治区、直辖市广播电视厅（局）的代表参加会议。会议总结交流了函授工作经验，研究了招生、开设广播电视工程专业和建立函授分站等问题。

3月27日

14：55，中央人民广播电台、中央电视台向国内外现场直播第六届全国人民代表大会第三次会议开幕式。这是中央电台第一次现场直播全国人大会议。

3月28日～4月2日

全国第六次省级电台信息交流会在贵州召开。会议的中心议题是探讨在我国国民经济进行全面改革的新形势下，如何搞好广播广告宣传和信息传播，为发展商品生产和“两个文明”建设贡献力量。

同月

第一届全国优秀电视广告评选会在成都举行。《广州手表》《小白兔牙膏》《熊猫牌电视》等45则广告分获一、二、三等奖。

同月

广播电视部决定由浙江广播电视专科学校党委书记邱汉初全面负责该校基建工作，临时租用杭州延安中学的两间办公室办公。8月，办完土地征用的一切手续，共征用教学用地92.5亩，位于杭州市舟山东路22号。

同月

广播科学研究所与美国泰克公司（Tektronix）在北京联合举办电视测试仪器技术讲座和培训班。

同月

中国电视剧制作中心举行电视译制片专业座谈会。

同月

安徽省太平县改建为县级黄山市，黄山电视台随之成立。徽州地区撤销行署建立地级黄山市后，县级黄山市改为黄山区。1991年该台改为黄山太平电视台。

同月

山东电视台拍摄的《今夜有暴风雪》在第三届大众电视“金鹰奖”评选中荣获优秀电视剧奖、最佳女主角奖、最佳男配角奖。6月，该剧又获第五届全国优秀电视剧“飞天奖”连续剧一等奖、优秀导演奖、优秀男配角奖、优秀音乐奖、优秀摄像奖。

4月1日

全国现场报道和主持人节目播音经验交流会在北京召开。

4 月 1 日～ 6 月 30 日

内蒙古自治区举办首次广播记者培训班。

4 月 2 日～ 16 日

全国立体声广播节目交换会在昆明举行，中央人民广播电台和各地的 31 家电台参加交换会。会议期间，各电台的编辑和工程技术人员分别召开了座谈会。

4 月 3 日

中央电视台同英国维斯新闻社签订 1985 年至 1987 年卫星新闻合同。

同日

成都电视台重建。

4 月 8 日

老山前线部队代表雷鸣专程来到北京，向中央人民广播电台赠送写有“战士知音”四个大字的锦旗和一本反映老山前线指战员收听广播、开展战地文化活动的相册。

同日

吉林省延吉市广播站改为延吉人民广播电台。

4 月 9 日

中央人民广播电台台长助理杨正泉赴日本，参加广播电视部和日本广播协会合作委员会会议。这次会议主要讨论 1985 年中央电台、中央电视台及技术部门同日本广播公司的合作项目。

4 月 10 日

内蒙古自治区广播电视厅召开第一次广播电视宣传工作会议。

同日

上海电视台的广播电视光纤传输试验第一期工程架设完成，全长 1.21 公里。

同日

经四川省人民政府批准，四川广播父母学校成立（9 月 2 日正式开学）。它是全国第一所利用广播大面积普及家庭教育科学知识的空中学校。每周播课六次，每次 20 分钟。每年办学一期，学制半年。到 2002 年，共办学 17 期，购买教材参加学习的学员累计达 400 多万人，该校四次被中华全国妇女联合会和国家教育委员会评为全国示范“优秀家长学校”，还受到联合国儿童基金会的肯定和资助。

4 月 11 日～ 17 日

埃及广播电视协会主席侯赛因·阿南率广播电视代表团访华，同广播电视部签订两国广播电视合作协定。中共中央书记处书记邓力群会见该代表团。

4 月 12 日～ 16 日

中南五省（区）第三次播音工作经验交流会在洛阳召开。

4月14日

宋立业任青海省广播电视厅党组书记、厅长。

4月15日

西南、西北片区电视节目交流协作会在贵阳市召开。

4月17日

国家工商行政管理局、广播电视部、文化部联合发出《关于报纸、书刊、电台、电视台经营、刊播广告有关问题的通知》。《通知》规定，中央和地方报刊、电台、电视台，不得在新闻栏目或其他节目中以新闻形式刊播或插播广告。在节目进行过程中，不得中断节目播出广告。

同日

吉林省敦化市广播站改为敦化人民广播电台，发射功率1千瓦，频率576千赫，每天播音8小时10分钟，以汉语播音为主，朝鲜语广播45分钟。

4月19日

广西壮族自治区第一座县级电视台——宾阳县电视台建立。

4月20日

广播电视部发文给全国13个省的广播电视厅，建议他们转播中国国际广播电台对首都地区英语广播，以加强对当地外国人和英语听众服务。

4月20日～24日

四川省广播电视厅与四川省民族事务委员会联合召开全省民族地区广播电视工作会议，确定了新形势下发展全省民族地区广播电视事业的指导思想和工作安排。

4月20日～29日

中央电视台专题部举办电视专题节目编辑、记者学习班。34家省、市电视台及本台的编辑、记者90多人参加。

4月21日～25日

广播电视部在北京召开全国广播电视厅（局）长会议，研究进一步加强音像制品和电视片进口的管理问题。中宣部、国务院办公厅、文化部、公安部、海关总署、国家工商管理局和中国人民解放军总政治部文化部派人参加会议。

4月23日

黑龙江人民广播电台在宁安县召开全省第一次朝鲜语广播经验交流会议。

4月24日～29日

根据中法1984年至1985年文化交流计划和广播电视部的指示，山东省广播电视厅在济南举办“法国电视周”。

4 月 25 日

中央电视台军事部派周兴广、宫军、叶国平三人赴柬埔寨进行战地电视采访，9 月 30 日回国，拍摄了电视专题报道《来自柬埔寨丛林的报告》和新闻 12 条。

4 月 25 日～ 30 日

华东地区六省一市广播电台第三次新闻节目和第二次农村节目经验交流会在杭州召开。

4 月 26 日

上海职工群众评选上海 10 种“群众喜爱的精神产品”揭晓。上海电视台的《国际瞭望》《体育大看台》节目，上海人民广播电台的《新闻、气象和为您服务》《星期广播音乐会》《立体声外国音乐节目》入选。

4 月 28 日～ 5 月 5 日

匈牙利电视代表团访华，同中央电视台签订电视合作协定。中共中央书记处书记邓力群会见该代表团。

4 月 29 日

中国电视艺术家协会成立。协会主席金照，常务副主席赵寻。

同日

安徽人民广播电台试办第三套调频立体声节目，全天中、晚两次播出，主要转播中央人民广播电台的立体声音乐节目，也有部分自办的立体声音乐节目。

同月

中央任命艾知生为广播电视部部长。吴冷西不再担任广电部部长职务。中共中央任命艾知生为广播电视部党组书记，谢文清为党组副书记，郝平南、马庆雄、徐崇华为党组成员。

同月

湖北人民广播电台组织 20 多位记者开始采写系列报道《汉江行》，形成的 50 篇稿件记述了汉江的兴衰变化，展望了汉江的美好远景。翌年，系列报道《汉江行》结集正式出版。自此，湖北电台基本上每年都组织一个大型系列报道。到 2008 年年底，全台共采写了近 20 个大型系列报道并结集出版。如《湖乡行》（1986 年）、《情系大别山》（1987 年）、《湖北边界纪行》（1989 年）、《走山寨》（1995 年）、《在党旗下前进》（2001 年）、《记者的农情日记》（2004 年）等，在听众和读者中引起很大反响。

5 月 1 日

自即日起，中国唱片公司与瑞典音乐家协会合作录制的唱片《音乐结友谊》，在瑞典生产发行。

同日

广播电视部发文，批准中央人民广播电台建立新闻中心，统一管理全台的新闻采访、编辑和播出工作。中心下设五个处级单位：经济部、文体部、时政部、评论部、发稿室。人员编制由台内调整解决。中心主任由副台长兼任。

同日

辽宁省辽阳电视台开始播出自办节目。

同日

辽宁省锦州电视台开始定期试播自办节目。

同日

黑龙江电视台摄制完成的以新中国体育发展为背景的九集大型体育专题片《奋起呀，中华》，受到中央顾问委员会秘书长荣高棠的赞扬。此节目获第五届大众电视“金鹰奖”和全国电视专栏节目一等奖。

同日

江苏省连云港电视台成立。

同日

山东人民广播电台第三套（立体声文艺）节目开播。

同日

江西省南昌电视台建成开播。

同日

山东省淄博电视台成立。

5月3日

中国国际广播电台华侨部开办对旅日华侨广播的普通话节目，每天两次，一次为半个小时，另一次为一个小时。

5月3日～20日

以广播电视部副部长徐崇华为团长的广播电视代表团访问墨西哥和哥伦比亚。13日签订《中华人民共和国广播电台和电视台与墨西哥合众国“特莱维萨”电视公司友好合作协议》。

5月4日～11日

中央人民广播电台接待以国家电台台长让纳内为首的法国广播代表团。台长杨兆麟与该代表团举行业务会谈，并签署中法广播合作备忘录。

5月5日

中国广告协会广播工作委员会好稿好节目授奖大会在江苏常州举行，90篇广告好稿好节目获奖。

5 月 6 日～ 10 日

广播电视部在贵阳市召开全国广播电视维护工作会议。

5 月 7 日

中日合拍电视纪录片《黄河》协定书签字仪式在北京举行。这是继《丝绸之路》之后中日电视界的又一次合作。

同日

安徽省屯溪人民广播电台建成并开播。中波广播功率 1 千瓦，频率 1431 千赫；调频广播功率 50 瓦，频率 104 兆赫。

5 月 7 日～ 21 日

朝鲜广播电视代表团访华。20 日，中共中央书记处书记胡启立、郝建秀会见该代表团。

5 月 8 日

广播电视部地方宣传局召开部分省、地、县农村广播网宣传工作座谈会。

同日

华东六省一市电视台协作会议在安徽黄山举行。

同日

中国从荷兰宝丽金唱片公司引进的全自动化立体声唱片生产线在广州正式投产。从此，我国有了上海、广州两个生产立体声唱片的工厂。

5 月 10 日

吉林电视台创办的第一个电视文艺栏目《农村俱乐部》开播。

5 月 11 日

国务院副总理李鹏在出访民主德国、波兰、匈牙利之前，接受中国国际广播电台记者采访，并为国际台题词："发展对外广播，增进人民友谊。"

5 月 15 日～ 19 日

"亚广联"第三十八届理事会在北京举行。这是我国广播电视机构首次担任"亚广联"会议的东道主。吴冷西在开幕式上致欢迎词。

5 月 16 日

北京电视制片厂改名为北京电视艺术中心后，成建制并入北京电视台。

5 月 18 日

中央人民广播电台举行民族广播创办 35 周年纪念活动，编辑出版纪念画册《民族之声》，并于 5 月 17 日至 22 日召开民族广播工作经验交流会。内蒙古、新疆、西藏、广西、宁夏、青海、甘肃、云南、贵州、四川、湖南、黑龙江、吉林、辽宁、北京、上海、延边、甘南、海南等广播电视厅（局）、广播电台的代表参加会议。会议探讨了开办具有中国特色的社会主义民族广播的规律。

同日

第六届“全国好新闻”评选揭晓，共评出好新闻作品208篇。中央人民广播电台的连续报道《天津静海大邱庄坚持改革集体致富》和广东电视台的连续报道《广州群众争相献血抢救一名受伤工人》分别获得广播和电视新闻特等奖。

同日

浙江人民广播电台第三套立体声广播正式播出。

5月20日

国务委员兼外交部长吴学谦就葡萄牙总统安东尼奥·拉马尔霍·埃亚内斯访华接受中国国际广播电台记者采访，并为该台题词:“电波传友谊。”

同日

吉林省白城电视台正式开播，发射功率10千瓦，使用十二频道。

5月21日

第三届华北音乐节“北京之春”音乐会开幕。26家省级和8家地市广播电台参加音乐节的观摩活动。音乐会历时11天。

5月21日～24日

内蒙古自治区广播电视厅在呼和浩特召开全区广播电视经验交流会，就建设和管理电台、电视台、差转台等方面的经验进行总结交流。

5月22日

吉林省延吉市电视转播台改为延吉电视台。

5月22日～6月1日

第二届中日电视艺术交流活动在日本东京举行。日本首相中曾根康弘出席酒会并接见中国代表团全体成员。

5月24日

北京广播学院出版社成立。

5月26日

中共中央总书记胡耀邦为中国国际广播电台画册题字“中国之声”。

同日

吉林人民广播电台在《全省联播》和《全省新闻和报纸摘要》节目中设《介绍各台站今天播出的部分新闻》专栏，集体记者踊跃向吉林电台发稿，每天电话传稿平均八到九件，有四至五件在专栏中播出。

5月30日

联邦德国政府赠送的电视转播车交接仪式在广播电视部大院举行。这辆电视转播车是 1984 年 10 月联邦德国总理赫尔穆特·科尔访华时，代表联邦德国政府赠送的。国务院办公厅将此车交中央电视台使用。广播电视部、外交部、中央电视台领导，联邦德国驻华大使等出席赠送交接仪式。

同月

中央电视台和全国少年儿童文化艺术委员会联合举办的 1985 年全国少年儿童“小百灵”赛歌录像评奖活动揭晓。

同月

天津市广播电视局及电台、电视台内部机构进行调整。广播电视局下设：办公室、总编室、总工办公室、人事处、保卫处、行政处、计划财务处、音像制品管理处、郊县广播电视管理处、工程基建处、广播电视报社、动力维修部、实验台、广播电视服务公司、广播电视艺术团。广播电台下设：办公室、新闻部、理论部、教育部、专题部、文艺部、播音部、技术部。电视台下设：办公室、新闻部、专题节目部、文艺部、电视剧部、对外宣传部、教育部、录制部、技术部。

同月

吉林电视台开办《艺林漫步》节目。该节目从不同角度反映吉林省文化艺术活动情况，根据群众需要编辑播出欣赏性知识性节目，以及文艺晚会实况等。

同月

上海电视台举办首届“卡西欧杯家庭演唱大奖赛”，首次采用观众参与和互动的形式，吸引了上海和周边城市家庭参赛、观战，收视率屡创新高。

同月

安徽省宿州电视台设立。

同月

新疆维吾尔自治区吐鲁番地区电视台拍摄完成吐鲁番第一部专题片《开拓中的火洲金融》、第一部文艺片《吐鲁番的民族歌舞》。

5 月 ~ 7 月

应德国之声电台邀请，中国国际广播电台德语组陈汉丽作为中方节目制作人去联邦德国科隆，与该台巴尔巴拉·舍尔女士合作完成专题系列广播节目《汉学在德国》，共五集。节目分别用中、德两种语言完成。10 月，德国之声电台播出中文版，中国国际广播电台播出德文版。

6 月 1 日

新疆维吾尔自治区喀什人民广播电台正式播出。这是南疆地区成立的第一个广播电台，用维吾尔语广播。

6月4日～15日

受广播电视部委托，中央电视台和中国电视剧艺术委员会联合举办的第五届全国优秀电视剧“飞天奖”评选活动在北京举行。《今夜有暴风雪》《走向远方》等14部优秀电视剧获奖。

6月5日

广播电视部任命郭宝新为办公厅副主任。

6月5日～11日

经国务院批准，由中央电视台、湖北电视台联合举办的首届国际电视设备技术交流展览会在武汉展览馆举行。参加展出的有日本、美国、英国等国的32个生产厂家和国内4个厂家，展出了国际先进的电视设备，同时举办了技术交流会。

6月5日～11日

福建人民广播电台和海峡之声广播电台联合主办的1985年全国音乐广播工作年会先后在福州、厦门举行。

6月5日～18日

以中央人民广播电台台长杨兆麟为团长的中国广播电视代表团一行15人访问菲律宾。18日，菲律宾总统马科斯接见代表团。

6月6日～12日

中国电视代表团参加在瑞士召开的第十四届国际电视讨论会与技术展览会。团长许中明在“直播卫星和分配卫星专题讨论会”上宣读论文《中国广播卫星系统计划》，受到与会专家欢迎。

6月11日

中央人民广播电台、中国国际广播电台播发《中国决定减少军队员额100万》的消息。国际台还播发该台国际部就此撰写的评论《对维护世界和平的贡献》。

6月12日

广播电视部任命王甘文为部副秘书长。10月，兼任行政管理局局长。

6月13日

广播电视部任命王力叶为广播艺术团团长。广电部党组任命王德孟为广播艺术团党委书记。

6月14日

中共中央书记处书记邓力群、胡启立视察广播电视部时说：广播电视在全国基本形成了一个网。我们要集中力量供给人民高质量的、能够吸引和教育人民的精神产品。电视、广播要加强和群众的联系，给青年群众做生活指导，为他们排忧解难，建立直接的对话。可以搞一些动画片。要进口一些第三世界的片子。要两条腿走路，高档、中档、低档的技术手段一起上，为人民提供更多更好的精神产品。

6 月 19 日

在人民大会堂举行的“祖国为边陲优秀儿女挂奖章”活动表彰大会和挂奖章仪式上，依丽萍、魏本善、张嘎等 31 名广播电视工作者荣获“边陲优秀儿女”奖章。

6 月 20 日～28 日

全国首届省级电台青年节目经验交流会在内蒙古自治区乌兰浩特市举行。会上成立全国电台青年节目研究会。

6 月 24 日～29 日

新疆维吾尔自治区人民政府召开音像制品工作会议。会议总结了一年来的音像管理工作。

6 月 25 日

中国国际广播电台举行座谈会，庆祝尼泊尔语节目开播 10 周年。副台长崔玉陵出席并讲话。

6 月 27 日

上海电视台采制的新闻报道《上海造漆厂发生一起重大火灾》，得到上海市委负责人的肯定。《人民日报》在 7 月 7 日报道这一消息时发表短评《当新时期的“战地记者”》。

6 月 27 日～7 月 6 日

以泰国总理府国务部长参 · 玛努探为首的泰国广播电视代表团访华，国务院副总理李鹏会见该代表团。6 月 28 日，广播电视部部长艾知生、副部长马庆雄会见该代表团。参 · 玛努探在参观中国国际广播电台泰语节目录音时说：“泰国炳总理很欣赏你们电台泰语的播音员，称赞他们语言美、发音准确、用词也很好。”

6 月 28 日

纽约《看东方》英语电视节目主持人、美籍华裔靳羽西女士与中央电视台就联合制作《世界各地》节目供国内播出的协议正式签订。

同月

中共中央政治局常委、国家主席李先念为人民广播创建 45 周年题词：“努力办好广播，建设社会主义精神文明。”中共中央政治局常委陈云题词：“办好广播电视，为人民服务。”

同月

天津人民广播电台领导班子进行调整。台长：乔青；副台长：葛新、何钧明、孙福第。

同月

天津市十届人大三次会议通过的《天津城市总体规划草案》，将广播电视事业列为专项，并决定在市中心区辟地建广播电视中心。

同月

安徽省淮北电视台自制并播出专题片《能源新城淮北市》，这是该台第一个自制节目。

7月1日

安徽省六安电视台开播，与六安市广电局实行局台合一体制。

同日

江西省九江人民广播电台建成开播，1千瓦中波发射机一台，频率1485千赫，50瓦调频发射机一台，频率88.1兆赫，全天播音8小时25分钟。

同日

新疆人民广播电台调频立体声广播试验播出，使用维吾尔语、汉语播音，每天播出四个小时，主要是文艺节目。

同日

四川人民广播电台经济信息类节目《经济与信息》更名为《经济生活》。该节目的宗旨是“开发信息资源、服务四化建设”。周一至周六播出，每天两次，每次20分钟。

7月3日

福建电视台增办面向台湾栏目《海峡同乐晚会》，周三、周日播出，每次两小时。

7月7日

中央电视台播出大型历史纪录片《人民必胜——第二次世界大战亚太战场纪实》。片长95分钟。

7月10日

江西广播电视中心工程举行奠基开工典礼。

7月11日

全国人大常委会副委员长王任重接受中国国际广播电台记者采访，就波兰国庆41周年发表向波兰听众祝贺节日的讲话。采访结束后，王任重为国际台题词：“为增进各国人民之间的友谊和合作，办好对外广播事业。”

7月12日

广播电视部党组任命杨正泉为中央人民广播电台分党组书记，张冬兴为分党组副书记；广播电视部任命杨正泉为中央人民广播电台台长，张冬兴、张志才、王健儒为副台长。

同日

广播电视部党组任命王枫为中央电视台分党组书记，黄惠群为分党组副书记，洪民生、杨伟光、陈汉元、孙同耕为分党组成员；广播电视部任命王枫为中央电视台台长，洪民生、杨伟光、黄惠群、陈汉元为副台长，孙同耕为总工程师。

同日

广播电视部任命何光为部总编室主任。

同日

广播电视部通知：调中国国际广播电台张品兴任浙江广播电视专科学校校长。

7月15日

广播电视部在贵阳市召开全国广播电视系统工资制度改革会议，副部长郝平南主持会议。

7月16日

中央人民广播电台和全国少先队工作委员会联合举办的“全国‘创造杯’少先队活动广播报道比赛”揭晓，10个节目获奖。8月5日，在中南海怀仁堂举行了颁奖仪式。

同日

为纪念人民音乐家聂耳逝世50周年、冼星海逝世40周年，云南人民广播电台举办第二届聂耳音乐周，邀请14个兄弟台参加。

同日

陕西省广播电视厅在西安举行第一次优秀节目研讨会。

7月20日

湖南省广播电视厅发布《新闻记者道德规范》条例。

7月23日

中央电视台播出辽宁营口教育学院副院长、全国人大代表曲啸的讲话录像《心底无私天地宽》，取得良好的社会效果。观众纷纷要求重播，30日又在第一套节目播出。

7月24日

河北人民广播电台组成“老山前线采访组”，赴云南老山前线采访河北籍指战员的英雄事迹。

7月26日

贵州电视台推出第一个经济类栏目《经济动态》，每周五播出一次。

7月29日～8月4日

伊朗广播电视代表团访华，与广播电视部签订会谈备忘录。国务院副总理姚依林、全国政协副主席杨静仁分别会见该代表团。

7月30日

中华全国新闻工作者协会主席吴冷西到哈尔滨市广播电视局视察。吴冷西指出：要发挥广播电视现代化优势，在办节目上，要扬独家之优势，汇天下之精华。

7月30日～8月3日

广西壮族自治区广播电视厅召开全区广播电视工作会议。会议贯彻第十一次全国广播电视工作会议精神，对坚持改革、发挥优势、加快发展广西广播电视事业进行了部署。

7月31日～8月11日

首届国际足联16岁以下“柯达杯”世界足球锦标赛在我国举行。32场比赛在北京、上海、天津和大连四个赛区同时进行。中央人民广播电台、中国国际广播电台、中央电视台派记者进行采访报道。8月6日，国际足联主席阿维兰热接受了中国国际广播电台记者采访并题词。中央电视台向国内现场直播10场比赛，通过太平洋卫星和印度洋卫星向阿根廷、墨西哥、哥斯达黎加和尼日利亚等国传送比赛实况和录像24场次，并向国际足联提供全部32场比赛录像。

同月

北京人民广播电台、北京电视台和卢沟桥文物保护所共同发起筹建中国人民抗日战争纪念馆，并成立卢沟桥历史文物修复委员会。

同月

天津人民广播电台调频立体声广播试播五周年后正式播出。这项工程被列入1986年天津市人民政府改善城市人民生活实事之一。

同月

辽宁省广播电视厅召开全省广播电视新闻改革座谈会。

同月

苏平凡任安徽省广播电视厅党组书记、厅长。

8月1日

中国为传送电视节目租用的国际卫星转发器开始启用。16个省、自治区中看不到中央电视台节目的某些地区，已可看到卫星传送的电视节目。

同日

中央人民广播电台恢复1966年停办的《每周一歌》节目。

同日

吉林省长春电视台试验播出，发射功率1千瓦，使用九频道，试播后，每周播出三次。

同日

西藏自治区林芝地区电视转播台试转中央电视台第一、第二套节目成功。

8 月 2 日～ 15 日

西北、西南地区第四次播音工作经验交流会在兰州举行。会议讨论了如何加强播音队伍建设和播音工作如何适应新闻改革的要求等问题。中共甘肃省委常委、宣传部长宋静存，甘肃省广播电视厅厅长皇甫斌等出席开幕式并讲话。

8 月 4 日～ 7 日

我国第一条跨海微波电路（福州至厦门）通过技术鉴定。微波电路全长 305 公里，自 1982 年 4 月投播以来，运行正常，技术质量良好。

8 月 7 日～ 10 日

广播电视部技术局在尚志县主持对黑龙江省广播设备制造厂研制生产的 200 千瓦中波串馈脉宽调制式调幅广播发射机的技术鉴定会。与会专家认为，该机在频响、杂音和音频失真以及整机效果等方面接近国际 20 世纪 80 年代初水平，在国内处于领先地位，为我国生产大功率脉宽发射机提供了经验。

8 月 7 日～ 13 日

全国省、自治区、直辖市电台《小说连播节目》协作会在昆明召开。

8 月 12 日

广播电视部党组任命崔玉陵为中国国际广播电台分党组书记，刘习良为分党组副书记。广播电视部任命崔玉陵为中国国际广播电台台长，刘习良、胡耀亭、丛英民、张振华为副台长。

8 月 12 日、13 日、15 日

日本东京放送分别与黑龙江、吉林、辽宁和大连电视台合作，联合举办特别节目，通过国际通讯卫星将哈尔滨、长春、沈阳和大连四城市的新市容、新景象传送到日本，在东京放送的《早晨热线》节目中播出。

8 月 12 日～ 24 日

美国纽约宏声电视台董事长陈晓莉女士应邀访华，就合作播放华语广播节目一事同中央人民广播电台和中国国际广播电台进行商谈，并同中央电视台重新签订提供节目的合同。19 日，中共中央书记处书记邓力群会见陈晓莉。

8 月 15 日

新疆维吾尔自治区巩留县集资建成的第一个县以下 50 瓦电视转播台（莫乎尔电视转播台）开播，使居住在边远山区的农牧民及林业职工看到了电视节目。

8 月 16 日

新疆音像出版社出版的第一批维吾尔语盒式音带开始由新疆广播电视器材公司

向全国发行。

8月16日～9月9日

由北京电视剧制作中心录制的28集电视剧《四世同堂》，在抗日战争胜利40周年之际在中央电视台播出。该剧根据老舍同名长篇小说改编，编剧林汝为（执笔）、李翔、牛星丽。林汝为任总导演。播出后引起观众强烈反响。

8月17日

江西电视台卫星电视地面接收站在南昌建成开通。国务院同期赠送全国的53套电视卫星地面接收站设备，江西第一个建成开通。

8月17日～9月28日

由天津电视剧制作中心拍摄的以地方方言为特色的14集抗日题材电视连续剧《血溅津门》播出。

8月19日

北京人民广播电台《俄语广播讲座》正式开播。

8月19日～9月20日

中央人民广播电台、中国国际广播电台共同组成考察组出访美国和加拿大，先后访问了旧金山、温哥华、纽约、华盛顿、休斯敦、洛杉矶等城市。与旧金山华语广播电台、温哥华华侨之声电台、纽约华语机构的华语广播电台就广播业务交流合作达成原则协议。与洛杉矶中华之声广播公司进行了一般性商谈，并对北美地区华人社会、华语广播情况进行了调查研究。

8月20日

黑龙江省广播电视厅举行黑龙江人民广播电台建台40周年纪念大会。省委书记李力安、省长侯捷出席并讲话。党和国家领导人陈云、宋任穷等及各界人士题词、赋诗、作画表示祝贺。

同日

全国农村有线广播网经济管理座谈会在四川自贡召开。

同日

西藏电视台正式成立。中共中央政治局常委、中央军委主席邓小平为该台题写汉语台名，全国人大常委会副委员长阿沛·阿旺晋美题写藏语台名。

8月23日～9月6日

朝鲜青年友好参观团一行500人来华访问，同我国12个城市的青年进行联欢活动。这是中朝友谊史上规模最大的一次群众性联欢活动。中国国际广播电台朝鲜语组派出记者分别随二、三路采访并举办《友好会见》专题节目。共播出新闻36条、录音报道9篇、通讯16篇。

8 月 24 日

湖南人民广播电台第二套节目开始应用微机控制自动播出。

8 月 25 日

中共山东省委、山东省人民政府举行表彰大会，给荣获全国电视“飞天奖”“金鹰奖”三连冠的山东电视台集体记大功一次，授予奖旗一面，发奖金五万元。

同日

贵州省第一座广播电视卫星地面接收站在六枝 794 台安装调试完毕，正式投入使用。

同日

西藏人民广播电台调频立体声广播正式开播。拉萨电视台正式开播。

8 月 25 日～ 31 日

由中央电视台、北京舞蹈学院、北京舞蹈家协会和文化部教育局联合举办的中国舞“桃李杯”邀请赛在北京举行。这是我国第一次大规模的以全国舞蹈院校为主的古典舞、民间舞比赛。来自全国的 200 多名选手参赛。中央电视台播出少年组、成年组决赛的录像。

8 月 26 日

广播科学研究所承担的中国国际广播电台汉字稿件传送试验系统通过部级鉴定。

8 月 28 日

湖南省广播电视厅召开全省地、州、市广播电视局局长会议，强调各级电视台、转播台明确办台任务，严守宣传纪律。广播电视部部长艾知生在会议纪要上作出批示。

8 月 30 日

福建省广播电视中心大楼工程举行奠基典礼。

同日

新疆维吾尔自治区乌恰、疏附两县发生强烈地震。自治区广播电视厅副总编辑巴吾东·卡德尔等前往灾区慰问，并调拨价值三万多元的广播电视器材和生活用品，帮助当地恢复广播电视和安排职工生活。新疆人民广播电台采写了大量抗震救灾报道，受到自治区党委领导表彰。

8 月 30 日～ 9 月 2 日

参加西藏自治区成立 20 周年庆祝活动的中央领导胡启立、李鹏、阿沛·阿旺晋美等，在自治区领导陪同下，视察拉萨卫星地面接收站和西藏电视台。

同月

广播电视部参加中央机关赴安徽讲师团共 77 人，分布在合肥、蚌埠、六安、安庆、淮南、宣城6个地区，主要在师范和中学任教，支教一年。讲师团团长武炳统（广播艺术团副团长）；副团长魏建群（中国国际广播电台台长助理）。

同月

中央人民广播电台著名播音员铁城应邀对西藏人民广播电台的藏语、汉语播音进行现场指导，向西藏电台藏语、汉语播音员和主持人讲授稿件处理经验和播音技巧。

同月

中共山东省委书记梁步庭为山东人民广播电台题词："全党重视，办好广播。"省人大主任李振题词："人民心声。"省政协主席李子超题词："为开创广播事业新局面而努力。"中央顾问委员会委员、原山东省委书记、中国书法家协会主席舒同题词："党的喉舌，人民之音。"

8月～9月

西藏人民广播电台、西藏电视台全面报道自治区成立20周年庆祝活动，大力宣传在中央的关心、全国人民的大力支援下，全区各族人民艰苦奋斗，在西藏社会经济发展等各方面取得的辉煌成就。9月1日，西藏电视台首次使用转播车录制庆祝大会实况，并在《西藏新闻》节目中全程播出。

9月1日

吉林省通化电视台正式开播。发射功率1千瓦，使用五频道播出。

同日

上海人民广播电台新辟调频立体声专用频率音乐之声，每天播出16个小时。同时，另辟以戏曲为主的调频立体声节目，每天播出10.5个小时。

同日

上海新闻广播电视职业学校举行开学典礼。学校设新闻编务、新闻管理、音响录音和电视摄像、广播电视技术4个专业。当年招生160名。

同日

湖南省湘北广播电视专用微波电路开通，全程290公里。

同日

四川广播电视学校开学，首次招收两年制广播电视技术干部中专班学员56名。

9月1日～10日

唱片行业技术工作会议在成都举行。会议批准中国唱片总公司成都分公司、北京唱片厂、宁波唱片厂薄膜立体声唱片定型投入批量生产。

9月3日

15:30，纪念中国人民抗日战争和世界反法西斯战争胜利40周年大会在人民大会堂举行，全国人大常委会委员长彭真在会上发表讲话。中央人民广播电台、中央电视台向全国转播大会实况。中央人民广播电台、中国国际广播电台、中央电视台从 6 月下旬起，即举办各类专题节目或特别节目，对这一重大报道进行持续宣传。

9 月 4 日

晚，中央电视台转播纪念中国人民抗日战争和世界反法西斯战争胜利 40 周年文艺晚会实况。胡乔木、邓力群、朱厚泽、朱穆之、艾知生、徐惟成等领导会见电视剧《四世同堂》剧组部分演职人员，祝贺该剧成功。10 月 16 日，广播电视部作出决定，授予《四世同堂》剧组特别奖。

9 月 5 日

甘肃省武都县建成全省第一座县级卫星电视地面接收站，武都县城广大群众首次看到卫星传送的清晰的中央电视台节目。

同日

乌鲁木齐人民广播电台调频立体声广播开始试播，每天播音两次，每次一小时，主要播出文艺节目。

9 月 6 日

宁夏电视台“小燕子”合唱团成立。由回、满、蒙古、土家和汉族少年儿童组成。

9 月 7 日

中共上海市委任命：龚学平为上海市广播电视局党委书记。10 月 30 日，上海市人大常委会任命龚学平为上海市广播电视局局长。

9 月 10 日

北京广播学院师生员工集会庆祝首届教师节。广播电视部部长艾知生、副部长郝平南等到会祝贺。

同日

广西南宁电视台正式开播。

9 月 11 日

中央人民广播电台和中国国际广播电台派四名代表赴蒙古人民共和国，出席国际音乐理事会第七届亚洲音乐讲坛会议。会上，中央电台张以清作了题为《中国民族音乐的发展概况和广播电台在传播民族音乐方面所起的作用》的报告。

9 月 12 日

新疆维吾尔自治区广播电视厅党组受自治区党委和人民政府委托，给全厅 137 名在新疆工作 30 年以上的职工颁发奖章和荣誉证书。

同日

中央拨款建设的新疆乌鲁木齐、伊犁、阿勒泰、喀什、和田 5 个卫星电视地面接收站全部建成开通。各站接收效果良好、图像清晰、伴音清楚。

9月13日

《人民日报》报道：党中央、国务院今年向各地赠送53个卫星电视地面接收站。到9月12日晚为止，已有45个地面接收站开通并转播中央电视台的节目。

同日

内蒙古自治区召开1985年度全区有线广播稿件评选会，评出优秀稿件86篇，优秀通讯员21名。

9月14日

广播电视部党组商北京市高校工作委员会同意，任命胡大忻为北京广播学院党委书记。

同日

新疆维吾尔自治区广播电视学校正式开学。首次招收理工科两个班，其中一个民族班、一个汉族班，学制分别为三年和两年。同时与新疆大学联合开办一期成人大专班，学制三年。

9月15日

青海省果洛藏族自治州的卫星电视地面接收站开通使用。9月23日、25日，海北、玉树两州以及格尔木市的卫星电视地面接收站也相继开通使用，使这些偏远少数民族地区的群众能收看到当天中央电视台的节目。

9月16日

哈尔斯台长率匈牙利广播代表团来华访问。在北京期间，广播电视部副部长谢文清与哈尔斯签订中匈广播合作协定。中共中央书记处书记邓力群会见该代表团。

同日

中央电视台第一套节目播出解放军英雄模范报告团《保边疆、献青春演讲报告会》。这一节目反映老山等前线解放军指战员浴血奋战、保疆卫国的英雄事迹，受到观众热烈欢迎。

9月17日

云南省政府批准，在原云南广播电视职工学校基础上成立云南广播电视中等专业学校，主要培养广播电视中级专业人才。1986年9月1日，学校招收首届三年制中专班学生40人。

9月18日

安徽省亳州电视台正式开播。

9月18日～26日

“多瑙河国际青少年电视节”在捷克斯洛伐克举行，共有42个国家的100多个节目参加展播。我国参展节目《小百灵之歌》播映后受到各国代表欢迎。该节目是当年 3 月中央电视台主办的“全国各族少年儿童歌曲汇演”中选出的优秀歌曲汇集。

9 月 20 日～10 月 13 日

中央电视台举办“庆祝中华人民共和国成立 36 周年全国电视剧展播”。展播电视剧 24 部。经过评选，《待领的勋章》《五月春正浓》等 7 部电视剧获优秀奖。

9 月 21 日

华北广播电视学校为首届 31 名动画专业新生举行开学典礼。广播电视部副部长郝平南、干部司司长张伟中以及山西省委宣传部、省广播电视厅领导到会祝贺。

9 月 22 日

连接广西壮族自治区南北电视信号的南宁 - 柳州 - 桂林微波专线开通，全长 506 公里。

9 月 27 日

四川人民广播电台举行少数民族语言广播开办 30 周年纪念会。

9 月 28 日

胡启立、万里、李鹏等中央领导在广播电视部和北京市领导陪同下，视察中央电视台彩电中心大楼建设工地，就彩电大楼建设工期、投资及电视节目的安排、质量等问题发表了意见。

同日

国家投资在西藏拉萨、八一、泽当、日喀则、那曲建设的五座卫星地面接收站全部开通。当年，西藏汉语卫视频道开播。

同日

新疆维吾尔自治区广播电视厅乌鲁木齐高山电视调频台第一期工程竣工并和新建的电视卫星地面站接通信号，直接转播中央电视台的节目。自治区党政领导王恩茂、司马义・艾买提、铁木尔・达瓦买提等前往视察。

同日

新疆维吾尔自治区乌鲁木齐电视台建成并开始试播汉语彩色电视节目。哈密电视台建成并正式播出。

9 月 29 日～10 月 9 日

应日本广岛 RCC 广播电视台邀请，四川省广播电视厅厅长郑体仁率团赴日本广岛县采访。访日期间，同日方达成协议，互派记者采访。

9 月 30 日

广播电视部任命贾德安为计划财务司司长。

同月

甘肃电视台播出首部电视音乐片《玫瑰乡情》。

同月

天津人民广播电台恢复停播10年的体育现场直播。

同月

吉林人民广播电台与吉林省曲艺工作者协会、吉林电视台等单位联合举办《全国相声演员"十大笑星"评选活动》。共播出14位演员的22个相声节目，评选出马季、唐杰忠、姜昆、李文华、侯跃文、石富宽、常宝华、常贵田、师胜杰、高英培等10名笑星。12月21日，颁奖仪式在长春市体育馆举行，吉林电视台进行现场直播。

10月1日

内蒙古自治区赛汉塔拉至二连浩特微波电路开通使用。

同日

江苏省泰州电视台正式开播。

同日

我国第一家高校电视台——武汉华中工学院电视台成立并开始播出节目。该台是华中工学院自筹资金建立起来的，专门用于播出电视教学节目。

同日

广东电视台《今日话当年》栏目开播，内容以中外历史上在这天发生的大事和珍闻趣事为题材。

同日

贵阳电视台正式播出节目。

同日

新疆人民广播电台用维吾尔语、汉语在乌鲁木齐市人民广场转播自治区暨乌鲁木齐市各族人民庆祝中华人民共和国成立36周年和自治区成立30周年大会及游行实况。新疆电视台录像播出庆祝大会、游行及当晚焰火晚会实况。

同日

新疆维吾尔自治区奎屯人民广播电台、哈密地区人民广播电台建成并正式播音。

10月3日

由世界银行贷款开办的广东电视教育台（二十一频道）开播，播出中央电视台教育节目，每天播出时间约九个小时。该台为国内首个专事教学类节目的省级专业电视台。

10月4日

广播电视部党组通知：成立中国唱片总公司分党组，刘森民任书记。

10 月 5 日

江苏省镇江电视台正式开播。

同日

四川电视台第一部大型电视连续剧《海灯法师》在双流县溪镇开拍，并正式聘请海灯法师为该片顾问。

10 月 6 日

首届全国青少年运动会在河南郑州举行。中央电视台现场直播开幕式，此后又进行四场专场转播。

10 月 7 日

国务院副总理李鹏在卫星电视地面接收站试点工作总结会议上指出：这次卫星地面接收站试点成功，说明中央关于租星过渡的方针是正确的。要大力发展卫星电视转播。53 个地面站的建成仅仅是一个开端，下一步要扩大地面站的数量，提高质量，降低造价，建立维修和服务系统，力争使我国的广播电视事业在今明两年有个大的发展。李鹏说：广播电视事业是大家的事业，各地各单位要走集资建站的路子。

同日

澳大利亚广播艺术和科学学院电告：中国国际广播电台英语部选送的《四十年前的"八一五"》一稿获本届培特奖比赛的"亚洲奖"，中国国际广播电台被誉为"亚洲最佳电台"。

10 月 7 日 ~ 14 日

第五次全国戏曲广播工作会议在贵阳举行。会议探讨了戏曲广播怎样争取听众，尤其是青年听众的问题；交流了办好戏曲广播专题节目和制作戏曲广播剧的经验。

10 月 8 日

全国电视播音工作经验交流会议在北京举行。这是我国第一次电视播音方面的专业会议。

10 月 11 日

新疆维吾尔自治区广播电视厅召开民族团结先进集体、先进个人表彰大会。广播电视部副部长徐崇华、自治区机关党委书记哈斯木·依米提等参加大会。

10 月 11 日 ~ 17 日

全国省级电视台节目交流会在天津举办。广播电视部部长艾知生到会讲话，要求多出好的精神产品。

10 月 15 日

劳动人事部通知：经国务院批准，同意广播电视部将后勤服务公司改为行政管理局，属事业单位。

同日

新疆维吾尔自治区伊宁人民广播电台正式播音。

10 月 16 日

中华人民共和国广播电视部和摩洛哥广播电视台合作协定在摩洛哥签字。

同日

广播电视部向国务院工资制度改革小组和劳动人事部报送《广播电视事业单位工作人员工资制度改革实施方案》: 1. 广播电视事业单位行政管理人员、专业技术人员实行以职务工资为主要内容的结构工资制。结构工资由基础工资、职务工资、工龄津贴和奖励工资四个部分组成。2. 工人实行以岗位（技术）工资为主要内容的结构工资制。基础工资、岗位（技术）工资、工龄津贴和奖励工资均按国家统一规定执行。天线工是广电系统特殊工种，其岗位（技术）工资按照国家机关技术工人标准执行。

同日

广播电视部任命乔明友、刘爱清为干部司副司长；任命赵水福、林玉兰为政策研究室副主任；任命周婕为外事局局长；任命阮若琳为电视剧制作中心主任。

10 月 17 日 ~ 26 日

由电视剧艺术委员会组织的全国提高电视剧质量研讨会在北京举行，154 名代表参加会议。广播电视部部长艾知生出席大会闭幕式并讲话。

10 月 19 日

为纪念中国工农红军长征胜利到达陕北 50 周年，江西人民广播电台与省顾问委员会、省委党史资料征集委员会等单位共同发起组织的《红军之路》节目开播。省委书记万绍芬作题为《开发我们的精神宝库》的开播讲话。从 8 月开始，该台派出 50 多名记者到省内外采访一批老干部，写出专稿 70 多篇。

10 月 20 日

由吉林电视台摄制的 10 集电视连续剧《林海雪原》在长春举行开拍仪式。

10 月 20 日 ~ 24 日

全国广播电视报经验交流会在广东省湛江市举行。59 家广播电视报社的代表出席会议。广播电视部顾问金照作专题报告。

10 月 21 日

广播电视部党组任命李国友为部机关党委书记，窦守芳、温治中为副书记。

同日

第二次上海经济区五省、市广播电台台长会议在安徽省黄山市举行。

10 月 23 日

广西柳州古亭山电视调频转播台建成并开播。

10 月 25 日

河北省石家庄至沧州的广播电视专用微波电路开通。

10 月 30 日

中国国际广播电台菲律宾语节目开播 20 周年。菲语组举行小型联欢会，副台长张振华到会祝贺。菲语组还举办《听众有奖问答》节目。

同月

吉林省白城人民广播电台建立并开始试播。调频发射功率 50 瓦，频率 102.5 兆赫。

同月

浙江电视台为调查电视收看情况，发展了 140 名“电视之友”，初步建成一个遍及全省各县的电视反馈网。

同月

湖南广播电视科研所研制的 MC-4K 型广播节目自动播出装置通过技术鉴定，被广播电视部列为 1986 年参加全国微机应用交流会项目和全国地县广播台（站）更新设备的推荐产品。

同月

新疆人民广播电台播出 10 集系列报道《叶尔羌河畔民族情》。该节目详细介绍了泽普县做好民族团结、推动经济社会建设的经验。泽普县先后被授予自治区和全国民族团结模范县。

11 月 1 日

自即日起，华东四省一市十五县广播站联合举办《上海经济区广播新闻联播节目》。

11 月 3 日

中国国际广播电台英语部在北京紫竹院公园举行本年度第二次听众见面会（第一次见面会于同年 3 月 9 日举行）。广播电视部部长艾知生以及近千名听众赴会，大家用英语交谈，并对办好英语节目提出意见和建议。

11 月 3 日～8 日

全国广播电视系统首届计算机应用交流会在青岛市举办。

11 月 4 日

中央人民广播电台召开理论广播宣传座谈会。中宣部副部长王惠德、广播电视部部长艾知生到会讲话。

11月4日～13日

广播电视部“铁路电气化干扰广播电视防护措施考察团”赴日本访问考察。

11月5日

重建的吉林省四平电视台正式播出。发射功率1千瓦，使用十二频道。

11月6日

国家主席李先念视察湖北时，在东湖宾馆为约旦国王侯赛因·伊本·塔拉勒50寿辰作电视讲话录像，并为湖北龟山电视塔题名。

同日

吉林人民广播电台记者张守志随同中国记协赴老山采访团（第二批）到老山采访，为老山前线吉林籍指战员带去“二人转”“吉剧”盒式带100盘。

11月7日～11日

新疆维吾尔自治区广播电视厅在石河子市召开首次全疆地、州、市广播电台、电视台宣传工作座谈会，加强对电视节目的管理，纠正滥播境外电视剧的现象。

11月10日

全国电视新闻理论研讨会在江苏徐州召开。广播电视部副部长谢文清和顾问金照等到会并讲话。

11月11日～16日

中央电视台主办的电视国际交流节目解说词研讨会在大连市举行。中央电视台和全国30多家省、市电视台及新华社、外文局、中国新闻社等单位的代表50多人出席会议。

11月12日

北京广播学院开设管理系。

11月13日

北京、天津、上海、重庆、武汉、沈阳、大连七城市广播电视节目交流与协作会议在上海举行。广播电视部部长艾知生到会并讲话。

11月15日

1985年全国儿童广播剧“金猴奖”评选会议在天津蓟县召开。全国50家电台和单位录制的81个剧目参加评选，其中20个剧目分获金、银、铜奖。

同日

中央人民广播电台文艺部举办的全国轻音乐作品征集活动揭晓。《海滩漫步》《渔歌》《凤尾竹》等22件作品获奖。

11月20日

天津电视台为了解本台节目收视率，首次对580户观众进行抽样问卷调查。

11 月 20 日、29 日

国际知名纪录片大师伊文思访问北京广播学院，与电视系师生座谈电影电视艺术。

11 月 21 日

吉林人民广播电台举行座谈会，庆祝建台 40 周年。中央及省有关领导为该台建台 40 周年题词。中共中央政治局委员胡乔木题词："永远做党和人民的忠实喉舌，善于满足群众的多方面需求。"中共中央委员、中共中央纪律检查委员会书记强晓初题词："为振兴吉林服务。"吉林省委副书记王忠禹代表省委、省政府讲话。

同日

安徽省电视通讯工作会议在铜陵市召开。会议评选出 1984 ~ 1985 年度安徽省优秀电视新闻 56 条。

11 月 22 日

上海人民广播电台、上海电视台调整领导班子：李森华任上海人民广播电台台长、总编辑；龚学平兼任上海电视台台长、党委书记、总编辑。

11 月 22 日 ~ 23 日

全国农村广播网设备整顿、更新改造会议在四川广汉召开。广播电视部副部长郝平南到会讲话。会议研究制订了农村广播网进行设备改造的方针、政策和措施，对有线广播设备提出初步选型方案。

11 月 23 日

云南电视台播出自制的首部系统反映云南少数民族生活的专题系列片《阿昌风情》(三集)。

11 月 24 日

广西壮族自治区编制委员会明确广西人民广播电台、广西电视台为副厅级单位，编制分别确定为 262 名、173 名。

11 月 25 日

江西省新余电视台建成开播。

11 月 25 日 ~ 12 月 4 日

中国唱片总公司在广州召开全公司编辑工作会议和生产计划会议，进一步贯彻"以社会效益为最高准则"的方针，端正业务指导思想，并讨论确定了 1986 年的编产销各项计划。

11 月 26 日

《中华人民共和国广播电视部无线电管理局和法兰西共和国公共事业机构法国广播电视播出公司短波广播合作议定书》在北京签字。12 月 2 日，广播电视部同法国广播电视播出公司就中法短波广播达成协议。从 1986 年 3 月起，两国各自利用本国的发射设施为对方转播对外广播节目。

11 月 26 日～12 月 17 日

广播电视部副部长马庆雄率中国广播电视代表团访问埃及、突尼斯和阿尔及利亚。12 月 16 日，与阿尔及利亚签订广播电视合作协定。同日，代表团受到阿尔及利亚总理卜拉希米的接见。

11 月 29 日

河北、内蒙古、山西、陕西、宁夏、甘肃六省（区）电视台在秦皇岛市召开摄制专题系列片《万里长城》协作会议。

11 月 30 日～12 月 5 日

中央人民广播电台召开驻地方记者站站长会议，讨论提高宣传报道质量，做好党的喉舌等问题，并研究了记者站的思想政治工作。

11 月 30 日～12 月 8 日

广播电视部标准化规划研究所在四川省乐山市召开四个有关调频广播标准的终审会，四川省广播电视厅起草的《调频广播差转机通用技术条件》部颁标准在会上讨论通过。

同月

全国 106 家市级电台在福州市举行文艺年会。

同月

联合国教科文组织亚洲文化中心召开的第十一届音乐专家会议全票通过中央人民广播电台提出的民歌《茉莉花》、歌曲《我们的生活充满阳光》和民族器乐曲《鸟投林》等作品为亚太地区各国推广传播的曲目。

同月

经中华全国新闻工作者协会批准，中华全国新闻工作者协会电影电视记者协会在北京成立。

12 月 1 日～5 日

中央电视台举办第一次电视短剧、小品征文评奖会。在 3200 部作品中，评出二等奖 6 个、三等奖 11 个、优秀改编奖 3 个、鼓励奖 50 个。

12 月 2 日

天津人民广播电台根据形势发展和听众要求，对全台部分节目进行调整。新闻性节目继续办好每天早晨 20 分钟的《天津新闻》，增办 5 次《简明新闻》，调整充实《天津生活》《农村节目》《青年生活》等节目。专题节目增办《法律顾问》《星期门诊》《星期日演讲会》《友好之声》。

12 月 4 日

民主柬埔寨主席诺罗敦·西哈努克在北京接受中国国际广播电台记者采访，并题词："我谨代表柬埔寨人民、民柬联合政府，并以我本人的名义，向光荣的中华人民共和国报界、电台、电视台，致以崇高的敬意和衷心的感谢。感谢你们对我们民族解放斗争给予的崇高而有力的支持。伟大的柬中友谊万岁。"

12 月 6 日～ 10 日

广播电视部首届全国广播电视中专教育工作座谈会在长沙召开。21 所广播电视中专学校的校长、27 个省级广播电视厅（局）人事教育处的负责人及北京广播学院的有关人员出席。广播电视部副部长郝平南主持会议并在闭幕会上作总结讲话。广电部干部司副司长刘爱清作《贯彻教育体制改革决定，办好广播电视中专教育》的主题报告。中共湖南省委副书记刘正、省委宣传部副部长刘诗平、省广电厅厅长杨世芳等到会讲话。

12 月 9 日

中央电视台召开有中国驻外大使及领事出席的第六次驻外使节座谈会。一些驻外大使就加强电视对外宣传的针对性、提高输出电视节目质量、扩大宣传效果等问题发表了意见。

12 月 11 日

广播电视部编辑、记者专业职务评审委员会成立。谢文清任主任委员，马庆雄任副主任委员。

12 月 13 日

中央电视台法制专栏《规矩与方圆》开播，每两周播出一次。

12 月 14 日

应联合国教科文组织的邀请，北京广播学院院长常振铮出席"协作研究新传播技术对社会的影响商讨会"。

12 月 16 日～ 18 日

《中国广播电视年鉴》首届年会在北京举行。广播电视部、中宣部有关部门和各省、自治区、直辖市广播电视厅（局）负责人出席。广电部部长艾知生，副部长谢文清、郝平南，中宣部新闻局局长钟沛璋出席会议并讲话。会上正式成立编委会和编辑部。

12 月 20 日

新疆维吾尔自治区哈密地区行署决定投资 12 万元，集资 4.5 万元，筹建哈密地区第一个卫星电视地面接收站。1986 年 2 月 6 日建成。

同日

山东广播电视中心大楼工程破土动工。1989年9月竣工。

12月22日～31日

由湖北、山东、广东、四川、黑龙江五省广播电台发起的广播记者工作经验交流会第五次会议在哈尔滨举行。20余个省（区、市）广播电台的代表共83人出席会议。黑龙江省委书记孙维本、宣传部长黄枫到会讲话。

12月24日

吉林省辽源电视台成立并试验播出自办节目。发射功率1千瓦，使用十二频道。

同日

首届中国戏曲电视剧“鹰像奖”评选在上海揭晓。越剧《红楼梦》等18部作品获奖。

同日

新疆电视台举行“我爱祖国的新疆”征歌颁奖大会。这次征歌活动，共收到应征歌曲1000多首，获奖作品55首（其中少数民族语言歌曲25首、汉语歌曲30首），所有获奖作品均摄制成电视音乐片。少数民族语言音乐片名为《家乡的思念》，汉语音乐片名为《我爱祖国的新疆》，还出版获奖歌曲集《天山红玫瑰》。

12月25日

曾昭明任山东电视台副台长，主持电视台工作。次年9月任台长。

12月26日～1986年1月4日

第二次全国少年儿童广播工作座谈会在哈尔滨召开。会议就儿童生活报道如何坚持真实性原则及体现儿童特点等问题进行了讨论。中央人民广播电台和10个省、自治区、直辖市及6个省辖市广播电台从事少年儿童广播的专业人员共25人参加座谈会。

12月28日

王明堂任河南电视台台长。

12月29日

吉林省省长高德占到吉林人民广播电台作新年广播讲话，并视察了录音室、复制间。

12月30日

为纪念中国人民广播事业创建45周年，中央人民广播电台、中央电视台和北京广播学院联合摄制的《人民广播风云录》在中央电视台播出。该片摄制组沿着延安（陕北）新华广播电台转移的路线，在延安、瓦窑堡、太行山区以及平山等地实地采访，拍摄了许多珍贵的镜头。片中还穿插了一些珍贵的历史资料。全国广播界举行了广泛的纪念活动，出版了纪念画册、摄制了专题纪录片。

同日

江苏省音像资料馆成立。

12 月 31 日

中宣部、广播电视部同意江苏人民广播电台的对台湾广播呼号改用“金陵之声广播电台”。

同日

乌鲁木齐广播事业管理局更名为乌鲁木齐市广播电视局。新疆维吾尔自治区各县市全部建立了广播电视局。

同月

湖南省广播电视厅将编、导、演人员和从事电视剧生产的其他专业人员并入湖南电视台电视剧部。湖南广播电视文工团改为湖南广播电视艺术团，内设管弦乐队、民乐队、歌舞队、艺术室和办公室，共有演职员 90 人。

同月

1981 年 9 月国家计委批准新疆新建和扩建的 19 座中波广播转播台基本竣工并陆续投入使用，使新疆地区中波广播的人口覆盖率由原来的 34% 提高到 70% 以上。

同年

全国（未包括港、澳、台）共有广播电台 213 座，电视台 202 座，市、县广播站 2568 座，收音机社会拥有量 24181 万台，电视机社会拥有量 6965 万台。

同年

据统计，全国有广播电视报 72 家，每期发行量约 3200 万份，居全国各类报纸期发行量的首位。

同年

中央人民广播电台收到听众来信 147775 封。

同年

为纪念建台 45 周年，中央人民广播电台出版第一部大型台史性质的画册，同时编辑出版《改革探索》《人民大众的号角——延安（陕北）新华广播电台》《人民广播回忆录》等六部书。

同年

中国国际广播电台收到 140 个国家和地区的听众来信 93004 封。

同年

从 1982 年至 1985 年，广播科学研究所在中国科学院心理所等单位协作下，试制成功彩色电视肤色卡（反射式），为国家填补了一项空白，获得部颁二等奖。此后，又陆续完成透射式肤色测试图及反射式与透射式彩色测试图等共四种标准。

同年

内蒙古人民广播电台蒙古语少年儿童业余演唱团成立。多年来，该团录制了上千首歌曲、音乐、诗歌和广播剧等，同时为全国办蒙古语节目的八省（区）提供节目。

同年

吉林人民广播电台和全国省级电台一起开办《全国广播音乐厅》节目。该节目每周由一家电台编成，全国交换播出。

同年

吉林省已建成微波电路525.8公里，微波站12座。

同年

黑龙江省建成两条通向该省东部、北部边境地区——抚远、黑河的微波电路。

同年

安徽省宿州市广播站改为宿州人民广播电台，使用调频方式传送广播信号。

同年

继四川电视台、重庆电视台、渡口电视台后，四川省又开办自贡、成都、德阳、泸州、南充、内江、江津等电视台。

同年

贵州省安顺市建立电视台，呼号为“安顺电视台”。

同年

新疆维吾尔自治区阿勒泰电视台摄制第一部电视风光片《富饶美丽的阿勒泰》（上、下）。

1986 年

1 月 1 日

中央人民广播电台、中国国际广播电台播出《人民日报》元旦社论《让愚公精神满神州》。

同日

中国国际广播电台英语部对首都英语节目播出由学生、教师、军人、科技人员、外国留学生和外国专家等 40 多位听众表演的新年特别节目，包括音乐、诗朗诵、幽默故事、广播剧等。节目播出后，听众反映热烈，仅 1 月 2 日一天就收到 200 多封听众来信，称赞这是一个形式活泼、内容丰富的好节目。

同日

中央电视台对北京地区播出的第三套节目试播。

同日

上海市郊县第一个电视台——松江电视台试播。

同日

江苏省南京人民广播电台调频立体声广播正式播音。

同日

吉林省延吉电视台正式播出。

同日

自即日起，安徽电视台《安徽新闻》节目正式定为每周七次播出，做到天天都有安徽新闻与观众见面。全年播出新闻首次超过 5000 条。

同日

福建人民广播电台调频立体声广播开播。

同日

贵州人民广播电台和贵州省司法厅联合举办法制宣传专题广播，播送基本法律常识 200 题，每星期播出一讲，每次播出四至五题。在《学习》节目中开办《理想教育广播讲座》。工商节目开办《回顾与展望》，邀请各厅（局）负责人畅谈“六五”

期间各条战线所取得的成绩。

同日

甘肃人民广播电台第三套节目立体声音乐节目对兰州地区正式播出。

同日

安徽省安庆电视台卫星地面接收站正式启用，解决了转播中央电视台第一套《新闻联播》节目信号源的问题。

同日

新疆维吾尔自治区阿勒泰地区电视台卫星地面站安装调试完毕，开始全天转播中央电视台第一套节目。

1月2日

中央电视台开办《简明新闻》栏目。每天9：20至9：25播出，14：20至14：25重播。

1月3日～11日

中央人民广播电台《各地电台编排的节目》第三次经验交流会在哈尔滨举行，全国45家电台的78位代表参加会议。会议评出优秀节目一等奖6个，二等奖8个，单项奖10个。

1月6日

由太原市广播电视局主办的全国75家市级电视台节目交换会在太原举行。

同日

安徽人民广播电台恢复中断近20年的《新闻和本省报纸摘要》节目。

1月7日～11日

1986年全国电视剧题材规划会议在昆明召开。全国电视系统、部分电影制片厂及文艺团体和中央电视台的代表共91人参加会议。会议议题是认真端正电视剧创作指导思想，提高电视剧质量，搞好题材规划。广播电视部部长艾知生出席开幕式并作题为《端正指导思想，提高电视剧质量》的讲话。中国电视剧制作中心主任阮若琳、中央电视台副台长洪民生先后在大会上发言。通过洽商，会议落实了重点节目127个，“五一”小品、短剧展播节目40个，“十一”喜剧展播节目18个。

1月8日

中央电视台开始通过微波线路召开每周一次的全国各电视台新闻负责人电话会议，传达当前宣传精神，总结上周各台新闻发稿情况，并由各地方台通报发稿选题。

1月10日

1985年度全国儿童广播剧“金猴奖”颁奖大会在北京举行。中共中央书记处书记邓力群出席大会并讲话。全国20部儿童广播剧获奖。中央人民广播电台的《大侦探小卡莱和小不点儿》、四川人民广播电台的《我们的小傻蛋》、黑龙江人民广播电台的《起飞的小鹤》获一等奖。

1 月 11 日

广播电视部颁发《分米波电视广播覆盖网规划》。

1 月 13 日～16 日

贵州省广播电视厅召开全省录像制品供管发行会议。会议决定录像带的发行由省唱片公司负责，实行省、地、县三级的录像片发行网。省内任何单位和个人都不允许自行到外地购买或转录录像节目。

1 月 15 日

广播电视部技术局主持召开“彩色电视图像质量主观评价方法”审定会。国家标准局等有关单位的专家和负责人参加。

1 月 17 日、18 日

广播电视部先后向国务院学位委员会报送《关于初审北京广播学院文科专业申请硕士学位授予权的意见》和《关于初审北京广播学院工科专业申请硕士学位授予权的意见》。《意见》称，北京广播学院已有七个专业招收攻读硕士学位研究生。经我部高级专业职务评审委员会评审同意，现代汉语、国际共产主义运动史两个文科专业，电磁场与微波技术、通信与电子系统两个工科专业，申请新增硕士学位授予权。

1 月 18 日

湖北省人民政府批转省广播电视厅《关于切实办好全省农村有线广播》的报告。

1 月 20 日

第六届全国人民代表大会常务委员会第十四次会议审议并通过国务院提出的关于将广播电视部改为广播电影电视部的议案。同月，艾知生任广播电影电视部部长。谢文清、马庆雄、徐崇华、聂大江、丁峤任广播电影电视部副部长。

1 月 20 日～25 日

第十四届国际农业电影电视节目比赛在西柏林举行。中央电视台农业科技知识节目《笼养苍蝇》获铜穗奖。

1 月 22 日

全国新闻高级职称评审委员会办公室、新疆维吾尔自治区职称改革办公室和自治区新闻职称评审委员会，对新疆人民广播电台新闻专业职务聘任制试点工作进行验收。

1 月 24 日

西藏电视台同香港新海华电影制作发行公司签订合拍大型宽银幕彩色历史故事片《一代英主》的协议。

1月26日

广播电影电视部任命部副总工程师章之俭兼任技术局局长；任命袁文博为设计院院长。

1月29日

电影电视合并领导小组举行第一次会议。组长艾知生、副组长丁峤出席会议。会议讨论了合并的原则和步骤，并决定省和省以下电影系统的隶属关系暂时不变，仍由地方党委宣传部或文化厅（局）领导。

同日

吉林市人民广播电台和通化人民广播电台牵头，组织了一次全国性的春节团拜活动。全国26家电台通过广播向各地听众互相贺年，并献播春节文艺节目。

同日

由中国广播艺术团说唱团和北京市曲艺、杂技协会共同举办的相声培训班开班。

同月

广播电影电视部成立部法规领导小组，并在政策研究室设立法规处。

同月

中国国际广播电台国内部、听联部和中国野生动物保护协会、《我们爱科学》杂志社、中央电视台少儿部、《中国科技报》等单位联合举办《我最喜欢的10种动物》有奖评选活动。截至8月底，共收到18个国家和地区的听众来信4221封。评选结果，10名中国儿童、5名外国儿童获特等奖。

同月

中央电视台的《电视周报》从当年第1期起更名为《中国电视报》，全国政协副主席赵朴初题写报头。

同月

北京广播学院承担的科研项目“串馈脉宽调制发射机浮动载波调幅技术”通过部级技术鉴定。

同月

广东人民广播电台文艺部推出由音乐编辑自己主持的音乐大板块节目《与你同行》。

2月1日

中国成功发射一颗实用通信广播卫星。20日，卫星进入同步轨道，准确定点于东经103°轨道上空。中共中央、国务院、中央军委致电视贺。

同日

广播电影电视部、文化部联合召开电影交接会议。两部领导和有关司局的负责人出席会议。文化部部长朱穆之、广播电影电视部部长艾知生在会上讲话。

同日

中央电视台决定：1987 年春节联欢晚会在新建的彩电中心 1000 平方米大演播厅举行。提出这一目标是为了推动彩电中心建设，各项配套工程按时完工，使其尽快发挥效益。

同日

中共黑龙江省委常委会议决定：戚贵元调任省委宣传部部长；张福权任黑龙江省广播电视厅厅长、党组书记，兼任总编辑、黑龙江人民广播电台台长、黑龙江电视台台长。

同日

新疆人民广播电台和新疆电视台开始使用乌鲁木齐时间播出节目。转播中央人民广播电台第一、第二套节目和中央电视台第一套节目仍使用北京时间。

2 月 4 日

广播电影电视部任命江澄为地方宣传局副局长。

2 月 7 日

中央电视台和电视剧制作中心召开部门负责人会议，传达广播电影电视部党组关于电视台与电视剧制作中心合并的决定，宣布电视台分党组关于合并的具体步骤和原则。

同日

内蒙古自治区呼和浩特电视台试播。

2 月 8 日

中央电视台向全国播出《春节联欢晚会》，全国绝大部分省（区、市）电视台转播了这台晚会。中国国际广播电台英语部对首都地区的广播节目同步直播了这台晚会。

同日

中央人民广播电台播出长达九小时的《春节文艺联欢会》。

同日

中央电视台开始播出电视连续剧《西游记》的前 11 集。该片于 1982 年开始拍摄，导演杨洁。

同日

中国国际广播电台华侨部分别同香港电台、英国曼彻斯特华语电台《东方地平线》联合举办《向全球华人贺岁广州话联播》节目。这是华侨部首次同境外台合办节目。

同日

四川省内江人民广播电台开始试播。

2月16日

广播电影电视部和国家旅游局联合召开的旅游饭店闭路电视管理工作会议在湖南长沙举行。

2月17日～23日

上海人民广播电台举办儿童广播剧展播周。

2月18日

广播电影电视部、商业部、国家工商行政管理局联合发出通知，要求对录音录像制品市场进行整顿，坚决制止和打击违章翻录、销售音像制品的活动。

2月19日

广播电影电视部干部司确定在全国26个省级广播电视厅（局）人教处、广播电视学校设立北京广播学院成人高等教育（干部专修科、函授）招生代办机构，同时报国家教委备案。

2月22日

中央电视台举行1986年春节联欢晚会总结座谈会。中共中央政治局委员胡乔木，中共中央书记处书记邓力群，中宣部部长朱厚泽，广播电影电视部部长艾知生、副部长丁峤等出席。参加座谈的还有春节晚会演员代表及首都各界观众代表。胡乔木在发言中对晚会的成功表示祝贺，并代表党中央、国务院向参加晚会剧组和演出的全体人员表示感谢和慰问。邓力群在讲话中指出：1986年、1985年两台晚会的不同反映启示我们，不要低估人民群众的觉悟和他们对艺术的辨别、欣赏能力。今年晚会证明我们的同志是能够进步的。问题在于如何指导。去年失误，今年成功，归根结底是各级领导端正了指导思想。最后，艾知生代表部党组向1986年春节联欢晚会剧组颁发了奖状和荣誉证书。

同日

上海市广播电视局召开大会，向383位从事广播电视工作25年的职工颁发荣誉证书和奖章。

2月25日

1985年度广播电影电视系统先进集体、先进个人表彰大会在北京召开。

同日

中央电视台分党组召开会议，传达讨论广播电影电视部部长艾知生对改进电视宣传工作的意见：电视宣传要缩短战线，下决心调整栏目，这样才能精办节目；要在黄金时间安排播出最受群众欢迎的节目。

2 月 26 日～3 月 5 日

中国电视国际服务公司先后和日本胜利公司、松下通信工业株式会社联合举办电视设备技术交流会。来自全国各省、市电视台的近 200 人参加了这一活动。

2 月 28 日

广播电影电视部任命张振东为中央人民广播电台副台长。

同日

中央电视台驻沈阳军区军事记者站成立。

同日

天津人民广播电台改造总控制室电子管控制台等设备，以晶体管设备代替，对分控制室直接送到发射台的节目信号进行监听监测。

2 月 28 日～3 月 12 日

广播电影电视部部长艾知生率中国广播电视代表团访问朝鲜，受到朝方热情友好的接待。双方就中国邀请朝鲜派广播记者来华访问，双方互派电视摄影组采访及继续交换广播电视节目等问题达成协议。朝鲜民主主义人民共和国主席金日成接见代表团，并签发政令，向代表团授勋。

同月

中央对台工作领导小组副组长、中央军委副主席杨尚昆到海峡之声广播电台厦门广播站视察，并就对台宣传问题作了指示。

同月

全国省级电视台首次举办《春节节目联播》节目。

同月

在江苏电视台、山东电视台倡议下，13 家省级电视台召开沿海、沿长江省电视台台长会议。会议商定，在江苏电视台建立“沿海沿长江省电视台节目交换服务站”，下设江苏、广东两个节目复制点。

同月

江西电视台播出揭露南昌市烟霸的现场连续报道和题为《烟霸的出现说明了什么》的专题报道，深入揭露南昌市卷烟市场的混乱情况。该节目在全省引起很大反响，受到省委、省政府、省顾问委员会负责人的重视。

3 月 1 日

中央电视台新闻编辑、记者首届培训班开学。这期培训班为期两个月，主要学习电视新闻理论与实践，分别请北京广播学院教师和台内老编辑、记者讲课。

3 月 3 日～5 日

广播电视系统资料编目规范化会议在北京召开。会议通过《广播电影电视声像著录规则》，决定成立主题词编委会和编制组。

3月6日～11日

“边疆万里行”宣传座谈会在昆明举行。会议总结交流了“边疆万里行”宣传报道活动经验，并安排部署了西南、西北部分省（区）相应的宣传报道计划和选题。国家民委、中央人民广播电台和13个省（区）电台50多人参加会议。“边疆万里行”宣传活动是由广播电影电视部和国家民委联合举办的。稿件分别在中央电台《民族大家庭》节目播出和《民族团结》杂志上刊载。

3月7日

《中国中央电视台和日本国电视东京集团关于电视节目交流协议书》在北京签订。

同日

西藏人民广播电台、西藏军区政治部、西藏对外宣传办公室联合召开对外广播宣传表彰大会。4个先进集体、13名先进个人、31篇优秀作品受到表彰和奖励。

3月10日

新疆广播电视学校共招收汉语、维吾尔语、电大班学员105名。招收对象全部为新疆广播电视系统的在职人员。

3月11日

中央军委副主席聂荣臻、全国政协副主席康克清和中国人民解放军总政治部主任余秋里、总后勤部部长洪学智等接见中央电视台军事部《长征路》摄制组人员，表示完全支持和赞同中央电视台沿长征路采访、拍摄，说这是一件很有意义的工作，并祝贺拍摄成功。

同日

自即日起，中国国际广播电台华侨部每天用广州话向美国纽约华语机构属下的华语广播电台传送一次10分钟的新闻节目。节目播出后，受到华人听众的欢迎。

3月12日～25日

1985年度全国优秀电视新闻评选和经验交流会在石家庄举行。会议评选出优秀新闻评论、专题报道和连续报道共341条。

3月14日～18日

江西省召开第一次地、市、县电视台优秀电视新闻和专题评选会，六条新闻和两个专题获奖。

3月17日

联合国确定1986年为“国际和平年”，中国国际广播电台33个语言节目举办“我与和平”征文活动，得到各国听众的响应。短短几个月就收到60多个国家和地区的听众寄来的应征作品6000多件。泰国听众玛哈蒙迪·穆尼拉的诗《让和平之树结硕果》获得唯一的特别奖。

同日

中国电视剧制作中心拍摄的《西游记》《寻找回来的世界》《月牙儿》《爱之上》《今年在这里》《小木屋》六部电视剧，将参加法国戛纳电影电视节展播。

同日

新疆塔城电视台实现汉语、哈萨克语分频道播出。

3 月 19 日

中央人民广播电台军事记者站建站 10 周年经验交流研讨会在北京召开。

3 月 20 日、24 日

广播电影电视部部长艾知生与法国大使夏尔·马乐就中法短波广播合作议定书换文，正式确认该议定书经双方政府批准可立即生效。

3 月 23 日～27 日

江苏泰兴无线电厂的科技成果“调频广播双节目接收机”，由江苏省电子厅主持通过鉴定。该产品达国内先进水平，被广播电影电视部列为“七五”期间重点推广应用的新技术。

3 月 24 日～25 日

新西兰总理戴维·朗依访问贵州。贵州电视台拍摄了反映新西兰与贵州进行经济合作的专题片《中新合作项目独山草种场》和《新西兰兔在贵州安家落户》，还制作播放了专题片《新西兰概况》。

3 月 24 日～4 月 5 日

第四届全国优秀广播节目评选会在四川省乐山市举行。评选出优秀广播节目 207 个。原广播电视部顾问金照出席会议并讲话。

3 月 26 日

中共中央顾问委员会副主任王震写信给湖北电视剧制作中心和湖北电视台，祝贺他们拍摄的电视连续剧《诸葛亮》获得成功。

同日

江西省宜春电视台成立。同年 4 月在差转台基础上扩建，安装 1 千瓦彩色发射机一台，使用十一频道播出自办节目。

3 月 27 日

广播电影电视部部长艾知生、副部长谢文清，中央电视台台长王枫以及全国青年歌手电视大奖赛的负责人向中共中央顾问委员会副主任王震（应邀担任大奖赛名誉主席）汇报第二届“全国青年歌手电视大奖赛”进展情况。王震听取汇报后为大奖赛题词：“祝第二届全国青年歌手大奖赛圆满成功。”

同日

安徽省地市广播电视局局长会议在合肥召开，讨论如何进一步提高广播电视宣传质量、传输质量和队伍素质问题。

同日

广西壮族自治区广播电视厅在凭祥市召开桂西边远山区县（市）广播局、站和中波转播台领导座谈会。会议强调加快电视差转台、卫星电视地面收转站和有线广播的建设。

3 月 31 日

日本听众盲人姑娘中村千里来华访问。她从 17 岁开始收听中国国际广播电台日语广播。1982 年她自己填词、作曲，创作了一首名为《北京广播听众之歌》的歌曲，自己演唱、录音后寄给中国国际广播电台。国际台将这首歌曲在对日广播播出后，受到广大日本听众的好评。

同月

为纪念中国工农红军长征胜利会师 50 周年，中央人民广播电台和江西、陕西等 12 家省级电台就举办《今日长征路》系列音乐联播活动在南昌召开工作会议。之后各台共制作 14 集音乐节目，100 首新歌，10 月 1 日起在各台同时播出。

4 月 1 日

中共中央顾问委员会副主任薄一波在湖北武昌接见电视剧《诸葛亮》剧组工作人员，并与他们座谈。

同日

广东人民广播电台、广州人民广播电台与广州市公安局交通大队试办《交通消息》节目，在下午三个时段由播音员直播市区六个路段的路况。在内地媒体率先开办实时向驾驶员通报路况信息的节目。

同日

自即日起，贵州电视台自办节目由每周播出四次改为每天播出一次。

4 月 2 日

文化部、国家教育委员会、广播电影电视部、中国音乐家协会、共青团中央、中华全国妇女联合会、全国少儿文化艺术委员会联合发出《关于举办（1982 ~ 1986 年）全国少年儿童歌曲评奖活动的通知》。计划 10 月中旬在北京举办。

4 月 2 日 ~ 6 日

黑龙江省广播电视厅召开微波管理工作会议，各地、市、县广播电视局局长及微波站站长参加会议。

4 月 3 日

英国广播公司董事长斯图尔特·扬应广播电影电视部邀请访华。双方同意将1986 年 6 月 2 日期满的广播电视合作协定顺延两年。

4 月 7 日

中国人民解放军总政治部主任余秋里签发解放军总政治部关于给中央电视台军事部集体嘉奖的通令。通令说：中央电视台军事部在 1985 年任务重、人员少的情况下，在组织新闻、专题报道、赴柬采访、深入边防前线宣扬部队英模事迹以及加强自身思想作风建设等方面取得了显著成绩，特决定给予嘉奖。

4 月 10 日

陕西电视台与日本读卖电视台建立业务交流协议在西安签字。这是陕西电视台第一次与外国电视台建立友好关系。

4 月 11 日 ~ 25 日

捷克斯洛伐克电视总台台长泽伦卡一行访华，期间签订中捷电视合作协定。

4 月 12 日

中央电视台和世界电视新闻社（WTN）签订电视新闻合作合同，有效期一年。

同日

北京市委、市政府嘉奖电视连续剧《四世同堂》剧组，授予导演林汝为“北京市劳动模范”光荣称号。

4 月 14 日

上海人民广播电台对广播节目作局部调整。停办《当代青年》节目；原《学习节目》中的《法律咨询》专栏改为独立的《法律常识》节目；将新闻节目中的《体育之声》专栏改为独立的《空中体育》节目；新辟《人物春秋》节目和早、中、晚三次《记录气象》节目；若干主要时间的广告节目，分别改为《商品信息》《市场旋律》《消费参考》等。

同日

贵州人民广播电台开办第二套节目，使用频率 91.6 兆赫，每天播出两次。

4 月 15 日

根据中法有关协议，法国电台开始向中北美洲每天试转中国国际广播电台英语、西班牙语和普通话共四个小时节目。后因他们在圭亚那的转播台发生严重事故，停止了转播。

同日

中国国际广播电台驻香港记者会晤香港电台中文台新任台长吴锡辉。吴说，与国际台合办贺岁节目，香港电台比较满意，市民反映不错，香港政府广播处也很满意。希望进一步扩大与国际台的业务联系与合作，特别希望能合作举办中秋节联播节目。

4月15日～21日

江西电视台倡议并邀请当年红军经过的13个省（区）电视台在南昌召开电视节目协作会议。会议决定从9月开始，在13个省（区）开办《长征之路》电视节目大联播。

4月15日～8月16日

为了纪念中国工农红军长征胜利50周年，四川人民广播电台组织南北两路14名记者奔赴当年红军战斗过的地方采访，历时四个月，行程1.7万多公里，采写专稿、录音报道、消息157件。7月1日至10月21日，《纪念红军长征胜利50周年》专题在该台新闻节目中共播出113组节目、131篇稿件。记者还采写了广播内参23篇。

4月16日

广播电影电视部职称改革工作领导小组成立广电部播音专业职务评审委员会。主任委员：马庆雄（副部长）；副主任委员：张伟中（干部司副司长）、王健儒（中央人民广播电台副台长）、耿绍光（中央电台播音指导）；委员由齐越等10人组成。

同日

广东电视台在十四频道作电视双伴音/立体声试验。

4月17日

广播电影电视部总编室邀请新华社、人民日报社等十余家新闻单位座谈，讨论进一步加强和改进电影、电视剧、电视文艺的宣传报道和评论工作。

4月18日

中央电视台召开首届国际新闻研讨会。

4月19日

为加强对各省、自治区广播电视中专学校师资的培养，广播电影电视部干部司发出通知：1986年在有招生任务的省份，由各广播电视中专学校推荐优秀应届毕业生报考北京广播学院对口专业，参加全国普通高校统一考试后择优录取，毕业后回原学校任教。

4月20日

山西省广播剧研究会成立。

4月21日

南京人民广播电台开办《整点新闻》，每日新闻由3档7次增加为6档13次，总时长95分钟。

4 月 21 日 ~ 22 日

浙江广播电视专科学校基建扩初设计会审在杭州市举行。广播电影电视部、国家教育委员会、财政部及浙江省、杭州市等 18 个单位 35 名代表出席。6 月 8 日，广电部下达《关于浙江广播电视专科学校工程初步设计的批复》，正式批准该方案，同意按总建筑面积 3.13 万平方米、总投资 1700 万元进行建设。

4 月 21 日 ~ 25 日

广播电影电视部播音专业职务试点工作会议在福州市举行。第一批试点单位有：中央人民广播电台、中国国际广播电台、中央电视台和北京、辽宁、内蒙古、甘肃、湖南、云南、福建的广播电台和电视台。

4 月 22 日

西藏自治区首次最佳电视剧评选活动揭晓。《三个拉萨姑娘》《小罗布》获奖。

4 月 22 日 ~ 25 日

江苏省广播电视厅召开首次文艺广播工作会议。

4 月 25 日

广播电影电视部副部长徐崇华主持召开第四次事业部门办公会。会议讨论了 1990 年亚运会期间广播电视转播问题。

同日

中国国际广播电台建立驻联邦德国记者站。首任记者秦培根离京赴任。

同月

广播电影电视部党组决定，中国国际广播电台副台长刘习良为代理台长，在台长崔玉陵生病期间主持国际台工作。

同月

中央电视台从美国进口的全浸印片机，由好莱坞公司工程师参加安装、调试，于 5 月份正式投入使用。

同月

上海市广播科学研究所研制成功的“自动网络分析测量系统”获广播电影电视部 1986 年科技进步三等奖。

同月

杭州至宁波的广播电视微波电路上虞称山无人值守中继站，应用太阳能电源供电获得成功并通过技术鉴定。这是我国广播系统在微波站首次应用太阳能电源。

同月

南京人民广播电台与南京航空学院共同研制的 NA-NA 代码式微机控制广播节目自动播出系统在南京人民广播电台正式投入使用，该系统采用国内首创的控制播出方式。

同月

安徽省蚌埠市建成网状地面卫星接收站，主要用于接收国际通信卫星转发器传送的中央电视台第一、第二套节目。

同月

江西电视台同日本有关方面合作拍摄16毫米纪录电影资料片《中国贵溪铜冶炼厂的诞生》。这是江西电视台首次与国外影视厂家合作拍片。

同月

新疆维吾尔自治区吐鲁番地区地面卫星接收站调试成功。从此，该地区收看中央电视台节目不再经过乌鲁木齐市录像进行传递。

5月1日

山东人民广播电台调频立体声广播正式开播。

同日

上海电视台二十六频道电视试播成功。

同日

湖北电视台开办《晚间新闻》，每周一至周六晚播出。

同日

青海人民广播电台试播调频立体声节目。

同日

新疆电视台录制第一部维吾尔语电视剧《三青年》。

5月3日

广播电影电视部批准中国唱片总公司机构改革方案，北京分公司并入总公司，在北京成立统一的经济实体。

5月4日

广西壮族自治区第一座县办广播电台——博白人民广播电台开播。

5月4日～8日

广西壮族自治区广播电视厅召开全区有线广播工作会议。

5月5日

江苏省泰州人民广播电台正式播音。

5月5日～9日

贵州省召开广播电视技术维护工作会议。会议总结了1985年全省技术维护管理工作，并对《贵州广播电视技术维护工作评分标准》和《贵州省广播电视技术维护制度》等进行了讨论和修改。

5 月 6 日

中央人民广播电台和唐山人民广播电台联合举办的“评剧中青年演员广播大奖赛”结束。大奖赛评出 10 名优秀演员。

5 月 6 日～ 8 日

河南省广播电视厅在郑州召开首次全省市、县电视台台长会议，研究电视宣传的有关问题。

5 月 6 日～ 9 日

广播电影电视部部长艾知生、副部长丁峤视察长春电影制片厂、吉林省和长春市广播电视部门及中央人民广播电台吉林记者站。在谈到中央电台记者站工作时，艾知生强调记者站要及时通报信息，起到发挥联结部和地方党委的桥梁作用。

5 月 7 日～ 13 日

第三次全国广播音乐工作年会在杭州举行。

5 月 8 日～ 13 日

由中国体育记者协会和中央电视台体育部联合举办的首届电视体育实况解说学术经验交流会在北京举行。16 家电视台的体育解说员参加会议。

5 月 9 日

国务院副总理田纪云视察中央电视台彩电中心工程。田纪云说，希望彩电中心大楼能尽快交付使用，但要保证工程质量。

同日

广播电影电视部发布《关于改进文艺节目录像带供应并加强录像放映管理的通知》。

同日

第四届“大众电视金鹰奖”授奖大会在福州举行，《新星》等 15 部优秀电视连续剧、单本剧、短剧、小品、儿童剧、戏剧片和 6 位演员获奖。

5 月 12 日

北京电视台发起的全国电视文艺研讨交流会在北京举行。

5 月 12 日～ 23 日

广播电影电视部技术局高级工程师吴贤纶作为中国电信代表团成员，参加国际无线电咨询委员会第十六届全会，并连任该咨询委员会第十一（电视）研究组副主席，任期四年。

5 月 13 日

经广播电影电视部批准，中国广播电视学会筹备小组成立。部党组委托聂大江、郝平南领导筹备工作，具体事务由部政策研究室负责。

同日

《中国广播报》全国特约记者会议在南昌召开。

5 月 14 日

中共中央书记处书记郝建秀到中央电视台少儿部录制电视讲话，向少年儿童祝贺“六一”国际儿童节。

5 月 15 日

第六届全国优秀电视剧“飞天奖”评选活动举行。广播电影电视部部长艾知生出席并讲话。他要求遵循思想性和艺术性相结合、把社会效益放在首位的原则，坚持实事求是、客观公正的评选标准，评选结果力求代表大多数观众的意见。6 月 5 日，本届“飞天奖”评选揭晓。《四世同堂》获特别奖，《寻找回来的世界》获一等奖，《诸葛亮》《新星》并列二等奖。8 月 17 日，本届“飞天奖”授奖仪式在北京举行。

5 月 15 日～6 月 6 日

中央电视台举办全国电视剧短剧、小品展播，评选出《谁是莫雨》等 8 个优秀短剧、《饮食菩萨》等 10 个优秀小品。

5 月 16 日

天津人民广播电台新领导班子组成：台长董树义（兼），副台长宋银章、何钧明、孙福第、王大方。台技术工作由局副总工程师张仑分管。

5 月 20 日

广播电影电视部党组批复：经征求中共北京市委教育工委意见，同意中共北京广播学院委员会常务委员由胡大忻、刘继南、常振铮、李振水、黄勇组成。胡大忻任书记，刘继南任副书记。

5 月 20 日～21 日

广播电影电视部技术局在长春召开部颁标准审定会，30 位专家出席会议，审定通过《短程光缆传送电视节目部级标准》报批文件。

5 月 21 日

国务院副总理万里视察大观园，并到电视连续剧《红楼梦》剧组拍摄现场观看拍摄。

5 月 24 日

广播电影电视部批准中央电视台关于彩电工程工艺设备由日本东芝公司总承包的方案。

5 月 25 日～31 日

在香港举行的第一届瑶族国际研究会上，中央电视台专题部的电视片《中国瑶族》受到欢迎。

5 月 29 日

劳动人事部通知：经国务院批准，同意将文化部电影事业管理局行政编制 96 人划拨给广播电影电视部。广电部机关行政编制由 470 人增为 566 人。

同日

国家教育委员会在人民大会堂小礼堂举行授奖大会，向反映教育战线的优秀影视片颁奖。国务院副总理李鹏出席会议。中国电视剧制作中心拍摄的电视连续剧《寻找回来的世界》获优秀电视片奖。

同日

内蒙古自治区召开全区有线广播工作会议。自治区广播电视厅厅长珠兰其其柯作题为《整顿发展有线广播，更好地为两个文明建设服务》的报告。

5 月 29 日～6 月 13 日

中央电视台少儿节目《野葡萄》在联邦德国慕尼黑举办的第十二届国际青少年电视节上获动画节目二等奖。

5 月 30 日

广播电影电视部任命高孚曾为计划财务司总工程师。

同月

中央电视台系统工程组为新闻部开发的新闻稿传送计算机系统，通过局部网络和中央人民广播电台接收新华社稿件的计算机联机，可以随时调用当天和前两天新华社传出的全部新闻稿件，供《新闻联播》使用，并可储存被选用的稿件供今后查询统计。

同月

中央电视台总编室对全国 28 个城市及北京市 10 个郊区进行观众收视率调查，根据回收的 1262 个样本，写出分析报告。分析报告共分三部分：习惯与目的、编排和结构、电视剧和春节晚会。这是中国电视发展史上第一次大范围、大规模、有计划的电视观众调查。

同月

中央电视台译制部历时 7 个月，完成日本电视连续剧《阿信》9 至 50 集的译制工作。该剧已于 1986 年 3 月 10 日开始在全国播出。

同月

上海人民广播电台播出中心系统改造工程完成，投入使用。

同月

安徽省滁县地区电视台成立。

同月

湖南省广播电视厅制定《关于实行“事业单位，企业管理，增收节支，提成发奖”内部改革办法若干问题的暂行规定》。改革了奖金分配制度，打破单位与单位、个人与个人的“大锅饭”，实行责权利结合，体现按劳分配原则，奖勤罚懒，优质优奖，对直接抓收入的从业人员奖金从优。

同月

广东省广播电视厅批准茂名石油公司、南海西部石油公司、云浮硫铁矿、南海糖厂、佛山市广播电视局等作为广东首批试办有线电视单位。

同月

青海省广播电视厅科学技术委员会成立。

6月1日

广播电影电视部决定，自即日起正式在全国实行电视剧制作许可证制度。

同日

上海人民广播电台少年儿童广播合唱团成立30周年，中华全国妇女联合会主席康克清题词：“用纯洁的歌声，陶冶幼小的心灵。”上海市市长江泽民题词：“唱四化新歌，做四化新人。”

同日

山东电视台《全省新闻联播节目》开播。

6月2日

广播电影电视部任命许中明为部副总工程师。

6月3日～7日

浙江省广播电视厅召开市（地）广播电视局局长会议和全省首次电视宣传工作会议。会议通过《全省电视宣传工作会议纪要》和《浙江省广播电视宣传工作暂行条例》。

6月3日～10日

青海人民广播电台和省剧协联合举办“青海省首届广播剧讲习会”。

6月4日

新疆克孜勒苏电视台正式播出柯尔克孜语新闻节目，同时柯尔克孜语电视译制节目正式起步。

6月5日

广播电影电视部发出《关于明确广播电视系统值机员岗位为干部岗位的通知》：经国务院工资制度改革小组、劳动人事部批准的《广播电视事业单位工作人员工资制度改革实施方案》，重新明确了值机员岗位为干部岗位。今后录用值机员应按招收录用干部条件严格执行。

同日

广播电影电视部党组任命甄顺德为广播科学研究所党委书记；任命马长华为广播科学研究所所长。

同日

全国计算机应用展览会在北京展览馆开幕。广播电视系统的电视节目自动播出、广播节目自动播出、图文电视等 10 项成果参展。7 月 2 日，广播电影电视部召开广播电视系统参加全国计算机应用展览会展出项目的发奖大会和座谈会。部长艾知生、副部长徐崇华出席会议并向参展单位颁发奖状。

同日

中国长江广播电视工程联合公司和沈阳电视台举行沈阳彩电工程总承包协议签字仪式。这是该公司开业以来签订的第一份总承包协议。

6 月 7 日～19 日

埃及电视台台长萨米娅·萨迪克女士率领埃及电视代表团访问中央电视台，双方交换了两国合拍电视节目的意向书。期间，全国政协副主席杨静仁接见了该代表团。

6 月 8 日～17 日

中央电视台在北京举办 1986 年部分省、市电视相声邀请赛，以丰富电视节目，推新人、出新作，促进相声艺术的发展。

6 月 9 日～15 日

中国人民解放军总政治部宣传部和中央人民广播电台在辽宁锦州联合召开首次全军广播军事宣传工作会议。解放军总政治部副主任周克玉、广播电影电视部副部长马庆雄等出席会议并讲话。会后，解放军总政治部和广电部批转下发《全军广播军事宣传工作会议纪要》，明确规定："为了加强广播军事宣传，中央人民广播电台将陆续在全军各大军区、军兵种设立军事记者站。"此后两年，中央电台驻军队（包括武警）的 17 个记者站相继建立。记者站行政管理由部队负责，业务联系由中央电台负责。

6 月 10 日

北京广播学院组成跟踪调查组，赴新疆、甘肃、陕西等省（区）进行广播电视人才需求调查。

6 月 10 日～14 日

吉林省首届优秀播音员评选会在长春举行，六名播音员获特等奖。

6月12日～13日

解放区广播史研讨会在北京广播学院举行。中央广播事业局首任局长李强等出席。

6月13日

贵州省遵义市建立电视台。呼号为“遵义电视台”。

6月13日～15日

广播电影电视部广播科研所研制的一吋录像机录放磁头在北京通过部级鉴定。这项成果填补了国内的一项空白。

6月14日

中国电视剧制作中心和中国红十字总会联合摄制的电视短剧《妈妈你在哪里》，在匈牙利举办的国际红十字协会第九届电影节上获特别奖（原名为“世界奖”）。

6月16日

广播电影电视部成立翻译、外语播音专业职务评审委员会。主任委员：马庆雄；副主任委员：崔玉陵、刘习良；委员由张庆年等16人组成。

同日

全国首次音像出版会议在南京召开。

同日

中共北京市委宣传部邀请专家学者和有关人士讨论北京广播电视发展战略，提出把发展电视作为北京文化建设的重点。

同日

联合国儿童基金会驻华代表到四川考察，他们对四川人民广播电台开办的《四川广播教育学校》节目给予肯定，认为经验可取。根据中国政府与联合国儿童基金会达成的协议，四川广播教育学校被国家列为与该会长期合作的项目单位，并接受联合国的援助。

同日

四川人民广播电台记者闫怡男、吴涛从成都出发，跟踪采访长江科学考察漂流探险活动，及时向听众介绍漂流队和科学考察的情况。整个采访活动于12月9日结束。半年时间，发消息、通讯、录音报道和现场报道共120篇。

同日

贵州省第一座市（县）级广播电台——安顺市调频广播电台建立，呼号为“安顺人民广播电台”。

6月16日～17日

北京广播学院新闻研究所主办广播电视节目主持人理论研讨会。广播电影电视部部长艾知生对会议成果给予肯定，并希望主持人理论能引起广播电视界的广泛重视。

6 月 19 日

在天津人民广播电台与日本神户关西电台交换广播节目五周年之际，由日方编播人员和听众代表 300 多人组成的“中国友好之船”抵达天津。天津人民广播电台举行欢迎庆祝会。天津市市长李瑞环接见了山崎进社长一行。

6 月 20 日～ 24 日

西北、西南广播电视工作者协作会议在贵阳召开。

6 月 20 日～ 25 日

全国广播新闻研讨会在北京举行。会上向荣获 1985 年度全国优秀广播新闻节目特等奖和一等奖作品的作者颁发了证书。

6 月 26 日

第二届全国青年歌手电视大奖赛圆满结束。9 名歌手获优秀歌手奖，16 名歌手获荧屏奖，12 名歌手被聘为中央电视台特邀演员。

同日

中央电视台首次通过国际卫星收录朝鲜民主主义人民共和国的新闻专题节目。

同日

天津电视台卫星电视教育台（二十三频道）举行开播仪式，市长李瑞环出席并讲话。当日，该台转播了国家教委主办的电视课、中小学师资培训课和继续教育课。

6 月 26 日～ 7 月 5 日

中国电视剧艺术委员会、中央电视台、湖北省广播电视厅、四川省广播电视厅联合举办的第三届中日电视艺术交流活动在北京举行。中共中央顾问委员会副主任、中日友协名誉会长王震出席开幕式。

6 月 28 日

1986 年全国评剧中青年演员广播大奖赛结束。

6 月 29 日

黑龙江省音像资料馆成立。

6 月 30 日

中共中央批转中央对外宣传小组《〈关于加强和改进对外宣传工作的意见〉的通知》指出：“对外宣传工作是关系到树立社会主义中国在国际上的形象、争取世界人心、保证对外开放政策顺利实施的重要工作。做好这项工作，对于宣传我国社会主义制度的优越性，扩大我国的国际影响，争取世界人民的同情和支持，加强我国同世界各国的友好合作关系，为四化建设创造有利的国际条件，具有重要的战略意义”，“对外宣传工作应当密切联系国内外实际，从内容到形式、风格，都要适应宣传对象的特点，有的放矢，讲求实效，讲究策略、时机和方式方法。特别是在我国实行对外开放政策的情况下，要求我们的对外宣传工作不能简单从事，要有较强的针对性和说服力，工作水平要提高一步”。

同日

中央人民广播电台开始在每天的《天气预报》节目之后播发国家海洋环境预报中心提供的海浪、海冰和海温等海洋要素的分析和预报。遇有影响我国沿海的风暴时，将以发布新闻的方式在重点新闻节目中播出。

同月

由中华全国世界语学会提名，经世界语学士院老院士通信选举，中国国际广播电台世界语组谢玉明被增选为该院院士。世界语学士院是国际世界语权威学术团体。这次改选后有院士 45 人，中国有李士俊和谢玉明两人当选。

同月

中央电视台同时用一个卫星的两个转发器，向全国实况转播第十三届世界杯足球赛全部 52 场次比赛。

同月

中央电视台和天津电视台在天津举办法国电视展播，历时三天。

同月

中央电视台首次应邀参加意大利电视一台主办的《夏至世界音乐之夜》节目联播。该活动共有 17 个国家参加。中央电视台录制的琵琶独奏《十面埋伏》和古筝独奏《渔舟唱晚》被选中参加播出。

同月

北京广播学院将“串馈脉宽调制发射机浮动载波调幅技术”有偿转让给黑龙江省广播电视设备制造厂。这是广播电视系统内技术市场、科技成果商品化的开始。

同月

天津人民广播电台与澳洲广播电台（Radio Australia）开始交换广播节目。澳洲广播电台是澳大利亚广播公司（ABC）的国际台，坐落于墨尔本。

同月

上海电视台举办“外国友人唱中国歌”电视大赛，21 个国家的 123 位外国朋友参加这项活动。

同月

新疆人民广播电台记者张福欣、王晓明深入海拔 5300 米的神仙湾哨所采访。这是该哨所第一次接待记者采访。

7 月 1 日

中国卫星电视教育频道试播。9 月 25 日，国务院副总理李鹏在《人民日报》发表文章《搞好电视教学，发展开放教育——祝贺“中国教育电视”正式开播》。10 月 1 日，中国卫星电视教育频道正式开播。

同日

中央电视台举行系列节目《话说运河》记者招待会。该节目由中央电视台独立拍摄制作，共 28 集，是继《丝绸之路》《话说长江》之后又一部中国风光系列片。7 月 5 日播出第一集，每周播出一次。1987 年 4 月节目全部播完。该片获 1986 年全国优秀电视专栏系列片一等奖。

同日

自即日起，中央电视台《新闻联播》节目由 30 分钟延长至 35 分钟。

同日

中共河北省委宣传部和省广播电视厅联合召开河北省电视剧创作座谈会，议定了振兴繁荣全省电视剧事业的 10 条措施。

同日

黑龙江人民广播电台利用微波电路开通齐齐哈尔、黑河、佳木斯、牡丹江、绥化的新闻传真和录音回传业务。

同日

辽宁电视剧制作中心成立。

同日

湖南省株洲人民广播电台恢复播音。

同日

甘肃省第一家县级中波广播电台——平凉人民广播电台正式播音。

同日

自即日起，新疆电视台利用中央电视台每晚卫星转播电视结束后的空档，通过邮电部新疆米泉卫星上行站，传送新疆电视台用维吾尔语和哈萨克语译制的中央电视台和新疆电视台的节目。

7 月 4 日～5 日

黑龙江省广播电视厅在哈尔滨召开编修《广播电视志》工作会议。

7 月 4 日～12 日

由广播电影电视部政策研究室和江西省广播电视厅联合举办的《中国广播电视学》研讨会在南昌举行。

7月6日

中央人民广播电台和上海、浙江、江苏、福建、江西、安徽人民广播电台联合举办的《全国越剧中青年演员广播大奖赛》节目开播，并由听众投票选出10名优秀演员。

7月7日

文化部部长王蒙、副部长高占祥等到广播电影电视部商谈音像管理问题。两部领导就加强音像管理取得一致意见，表示要进一步加强合作，充分发挥联合的优势，为社会主义精神文明建设多作贡献。

7月7日～17日

广播电影电视部技术局与中国电子学会广播电视专业委员会联合举办“计算机用于分米波电视覆盖网计算”讲习班。各地广播电视厅（局）共70人参加讲习班。

7月8日

中央电视台首次通过我国租用的国际卫星转发器接收新疆电视台传回的当天新闻。

7月9日

新疆维吾尔自治区党委对自治区广播电视厅领导班子进行调整：沙明任厅党组副书记、厅长；安俊川任厅党组书记、总编辑；巴吾东·卡德尔任副厅长、副总编辑、党组成员；李天德任副厅长、党组成员；阿格达任副总编辑、党组成员；沙菲任副总编辑、党组成员；艾兴任副总编辑、新疆电视台台长、党组成员；伊敏阿孜任副总编辑、党组成员；邵强任副总编辑；李宗国任总工程师。

7月11日～17日

广播电影电视部地宣局在吉林省吉林市召开14个省（区）农村广播电视工作座谈会，交流宣传工作、事业建设的经验和问题。

7月13日

上海人民广播电台与中央人民广播电台合作，首次通过微波向全国实况转播上海人民广播电台举办的《星期广播音乐会》。

7月14日～19日

湖南省广播电视厅召开乡镇广播工作经验交流会。

7月15日

河北人民广播电台、河北电视台在北戴河开办暑期广播电视节目，为在北戴河避暑、度假的游人服务。其覆盖范围还包括秦皇岛、山海关。

7月19日

宁夏电视台和法国高明企业有限公司签订向法方提供宁夏电视节目的协议书。

宁夏回族自治区广播电视厅批准输出电视节目 1200 分钟。

7 月 20 日

贵州人民广播电台开办《来自贫困地区的信息》专栏，对贵州省 26 个贫困县进行采访报道。

7 月 21 日

中央人民广播电台在北京主持召开全国省、自治区、直辖市广播电台总编室主任座谈会。这是中央电台首次召开全国性的广播电台总编室主任会议。

同日

天津人民广播电台《体坛之声》节目创办并开播，每天播出四次，每次 10 分钟。该节目以报道国内外体育新闻为主，融信息知识趣味为一体，以“快、短、新”的特点和浓郁的天津地方风格奉献给体育爱好者。

7 月 21 日 ~ 23 日

应英国电视协会邀请，中央电视台派马超曾参加在伦敦召开的第二届国际电视学术研讨会，在会上宣读论文《中国电视的发展及其对当今社会的影响》，回答了各国代表提出的问题。

7 月 22 日

首次全国理论广播优秀稿件评选会议在山东省泰安市举行。会议评出一等奖 3 个，二等奖 14 个，三等奖 23 个。

7 月 22 日 ~ 25 日

全国部分省、市电视文艺研讨会在山东烟台举行。会议期间，中央电视台向山东、湖南、安徽三个省台颁发了 1986 年春节优秀文艺节目奖。

7 月 24 日

广播电影电视部政策研究室召开立法规划座谈会，讨论“七五”期间广电部的立法规划。

7 月 25 日

上海市副市长刘振元、市委常委曾庆娜等到广播电影电视部，与广电部部长艾知生、副部长谢文清等一起研究上海文化试点所需的广播、电影、电视方面的特殊政策问题。

7 月 26 日 ~ 29 日

由吉林市电视台主办的全国城市电视台节目交流邀请会在吉林市举行。全国 44 家电视台的代表参加。吉林市委副书记李向林、副市长陈桂荣出席开幕式和闭幕式。广播电影电视部副部长徐崇华出席闭幕式。

7月26日～8月2日

第七十一届国际世界语大会在北京举行。中国国际广播电台代理台长刘习良出席大会并致辞。会议期间，来自30多个国家的200多位听众到国际台聚会座谈。国际台对此次大会作了充分报道。

7月28日

贵州人民广播电台开办《儿童英语广播》节目。

7月28日～29日

中共山西省委宣传部、省广播电视厅、省文化厅联合召开优秀影视作品主创人员座谈会，就题材规划、管理体制、人才培养、影视理论研究等问题广泛交换了意见。

7月28日～8月25日

甘肃人民广播电台在兰州召开广播音响讲习会，中央人民广播电台副台长王健儒应邀授课。10个省（区）电台的专业人员参加培训。

7月29日

安徽省广播电视厅首次举办的县（市）广播电视局长培训班开学。

同月

中央电视台接待意大利著名男高音歌唱家鲁契亚诺·帕瓦罗蒂来华访问演出，并组织了实况直播。

同月

为庆祝“八一”建军节，中国唱片总公司与《解放军歌曲》编辑部等单位联合出版磁带《热血颂》献给全军将士。国防部部长张爱萍为盒封题字。

同月

天津市广播电视局总编室通过《天津广播电视报》对电台节目收听率进行的调查活动圆满结束。调查结果表明，在政治类节目中，收听率达50%以上的节目有《天津新闻》《为听众服务》《新闻节目》；在文艺类节目中，收听率达到50%以上的节目有《每日相声》《点播音乐》《每周一歌》《中长书连续播讲》《小说连续播讲》《曲艺晚会》。

7月～9月

中央电视台对外部三人组成的摄制组，随全国人大常委会副委员长班禅额尔德尼·确吉坚赞赴四川、西藏等地藏族地区视察工作三个月，编成纪录片《班禅大师康区行》，片长30分钟。

8月1日

国务院电子振兴办公室召开会议，研究卫星电视教育的有关问题。鉴于中央电视台尚不具备播出卫星电视教育节目的条件，决定卫星电视教育仍由邮电部承担，

10 月 1 日向全国正式播出，暂实行两年，之后条件具备时还要由中央彩电中心播出电视教育节目。

同日

第四次全国藏语文艺广播交流会在甘肃省甘南藏族自治州举行。中央人民广播电台和西藏、青海、四川、云南、玉树、甘南广播电台参加会议，共交换文艺节目1200 分钟。

同日

中国国际广播电台乌尔都语组举行茶话会，庆祝开播 20 周年。

同日

四川人民广播电台在成都金牛宾馆对全国人大常委会副委员长班禅额尔德尼·确吉坚赞进行广播讲话录音采访。该讲话宣传了党的民族政策和宗教政策，在民族地区引起很大反响，产生了很好的社会效果。

同日

乌鲁木齐电视台第一个自办栏目《凡人小事》开播。

8 月 3 日

新疆克孜勒苏电视台自筹资金建起的全州第一个卫星地面接收站开通，阿图什市区当天收看到中央电视台《新闻联播》节目。

8 月 4 日～ 10 日

由吉林人民广播电台承办的全国第二届省级电台青年节目年会在长春召开。全国 25 家省级电台、6 家市级电台的代表参加会议。

8 月 6 日～ 13 日

宁夏人民广播电台和北京广播学院联合举办的首届全国播音学术讨论会在银川召开。

8 月 9 日

历时八天的新疆电影电视剧本创作座谈会结束。广播电影电视部副部长丁峤和自治区党委宣传部副部长买买提·祖农到会并讲话。会议提出，必须以改革精神创作出独树一帜、具有新疆特色的中国西部影片和电视剧。

8 月 9 日～ 31 日

香港广播电视界参观团一行 15 人（主要是香港亚洲电视台及无线电视台人员）到新疆参观访问，并参加第三届全国少数民族传统体育运动会开幕式，受到国务院副总理万里及新疆维吾尔自治区领导接见。

8 月 11 日～ 9 月 14 日

巴基斯坦电视剧摄制组 15 人和中国电视剧制作中心一行 7 人，到新疆维吾尔自治区喀什地区拍摄电视剧《路之情》。

8月13日～23日

由国家民族事务委员会、中国文学艺术界联合会、中国电视艺术家协会和文化部民族文化司联合举办的首届全国少数民族题材电视剧、电视艺术片“骏马奖”评奖会议在呼和浩特市举行。21个省、自治区、直辖市选送电视剧31部55集，电视艺术片26部34集参评。共评选出获奖剧目16部。国家副主席乌兰夫为评奖会议题字。

8月14日～19日

全国省级电视台节目交流会在兰州举行，会议通过《全国电视台交流节目稿酬支付实施办法》，达成开展交流节目评奖活动的协议，并且确定各台共同开办春节节目联播和《神州大地》《戏曲园地》栏目。

8月15日

山西人民广播电台、山西省广播剧研究会联合举办的“黄河奖”广播剧征文评选在太原揭晓。

8月16日

贵州省遵义地区建立电视台，呼号为“遵义地区电视台”。

8月17日～20日

中华人民共和国成立以来我国新闻界第一次体育盛会——“柳杭杯”游泳比赛在山东省淄博市柳杭村举行。这是由农民出资兴办的全国性体育活动，广播电影电视部代表队荣获团体冠军。

8月17日～22日

广播电影电视部政策研究室在吉林省通化市召开法制工作座谈会，全国部分省、自治区、直辖市广播电视厅派员参加。会议讨论了《电视节目版权规章》《关于中外合拍（协拍）电影电视片管理细则》和《广播电影电视部“七五”期间立法计划》。

8月18日

中国国际广播电台罗马尼亚语组李家渔荣获罗马尼亚作家协会的1986年罗马尼亚文学国外促进奖。这是罗马尼亚作协首次向中国翻译工作者授奖。近10年中，李家渔单独或与他人合作翻译出版十多部罗马尼亚文学作品。

8月21日

中央军委主席邓小平在天津迎宾馆观看《天津电视新闻》播出的电视片《邓小平同志视察天津》后勉励电视台记者说：“你们效率很高，希望继续努力。”该电视片当日在中央电视台《新闻联播》中头条播出。

8 月 21 日～29 日

中国唱片总公司上海市分公司会同上海市文化局、上海市音协、《文汇报》联合举办首届“中国唱片奖”交响乐、民族音乐作品评选活动。

8 月 26 日

中宣部副部长贺敬之在延边考察期间，听了延边人民广播电台录制的广播评剧《山沟里的笑声》的录音，称赞该剧立意新颖，有时代感。

8 月 26 日～9 月 1 日

中央电视台文艺部和北京广播学院文编系举办的首届电视戏曲节目研讨会在广播学院举行。11 个省、市电视台的编导及有关人员参加会议。

8 月 27 日

广播电影电视部组建的第二批讲师团共 83 人全部离京，赴安徽支教一年。部机关党委副书记温治中任团长。

8 月 28 日

自即日起，河北人民广播电台三名青年记者组成“星火计划”采访组，在燕山、太行山、黑龙港等地区采写连续报道、专题报道和内参 50 篇，其中录音报道 10 篇。

8 月 30 日

中央人民广播电台和海峡之声广播电台、山西人民广播电台、甘肃人民广播电台联合主办的第六届全国戏曲广播工作会议暨全国省会市电台广播文艺节目交流会在兰州结束。

同月

由海峡之声广播电台编辑、中国唱片社上海分社出版、厦门广播电视服务公司录制的《闽台方言歌曲集》（共两集）在国内发行。这是中华人民共和国成立以来第一次灌制闽台歌曲集盒带，对海峡两岸的文化交流具有重要意义。

同月

新疆维吾尔自治区喀什电视台采录的新闻《中巴公路扩建工程全线开工》先后被新疆电视台和中央电视台采用。这是喀什电视台建台后第一条被中央电视台采用的新闻。

9 月 1 日

为纪念中国工农红军长征胜利 50 周年，全国 13 家电视台联合摄制的 25 集电视系列片《长征之路》在 13 家电视台同时开播。国务院副总理李鹏为该片题写片名。

同日

中央电视台举办的“新闻稿件远程传送微机网络业务培训班”举行开学典礼。来自 28 个省、市电视台的 67 人参加学习。

同日

《国务院学位委员会关于下达第三批硕士学位授予单位名单的通知》中，北京广播学院国际共产主义运动史、现代汉语、通信与电子系统、电磁场与微波技术四个专业获硕士学位授予权。

同日

受广播电影电视部委托，江苏电视台主办电视新闻培训班，由艾伯特基金会聘请联邦德国专家主讲。七个省、自治区和部分市级电视台的29名电视新闻工作者参加培训。

同日

贵州电视台拍摄的六集电视连续剧《茅台酒的传说》制作完毕，在北京举行了座谈会。

9月1日～6日

广播电影电视部在福州召开第三次全国电视对外报道工作会议。会议讨论修改了《电视输出节目管理暂行规定》（草案），研究了电视对外宣传工作的近期规划，并为优秀对外电视节目颁奖。

9月1日～10日

河南电视台和湖北电视台联合举办的首届中南地区电视文艺节目“金帆奖”评奖活动在郑州举行。

9月1日～10月31日

四川人民广播电台在《四川新闻和报纸摘要》节目里设置《来自今日长征路上的报告》栏目，共播出专题稿件25篇。专题和专栏集中、突出地宣传了今日长征路上“两个文明”建设的新面貌、新成就，先进典型、先进人物和红军长征精神。

9月3日

中国国际广播电台西班牙语广播开播30周年。西班牙语组编印介绍该台西班牙语广播30年发展历程的小册子寄赠听众，并开办《北京电台与我》《基本知识问答》等节目。

同日

第五届华北地区五省（区、市）广播电视协作会议在北京召开。广播电影电视部部长艾知生到会讲话。

9月3日～9日

全国城市电视台第八次协作会议在辽宁省丹东市举行。135家城市电视台的近300名代表参加会议。

9 月 4 日

中国国际广播电台邀请中国驻亚、非、欧 13 个国家使馆的文化、电讯工作人员座谈对外广播收听效果情况。

9 月 5 日～ 8 日

河南省广播电视厅召开有线广播“三化”（信号传输专线化、站内设备正规化、喇叭安装标准化）县建设经验交流会。

9 月 8 日

由中国唱片总公司主办的保加利亚人民共和国“巴尔干之声”唱片展览在北京中央美术学院开幕。这是东欧社会主义国家首次在华举办唱片展览。

9 月 9 日

中共中央书记处书记胡启立视察湖北龟山广播电视塔。

9 月 10 日

由新疆人民广播电台主办、历时 10 天的第八次全国广播电台蒙古语文艺节目交换会议在乌鲁木齐结束。

9 月 10 日～ 14 日

第二次全国整顿中波同步广播网会议在山东省枣庄市举行。会议通过《中波同步广播网暂行管理办法》。

9 月 11 日～ 16 日

湖北省农村广播工作会议在鹤峰县召开。会议重点研究了农村广播网的建设问题。

9 月 11 日～ 20 日

全国省级电台广播文艺节目交换会在贵阳市举行。出席会议的 32 家电台和单位的 50 多位代表共带来 200 多小时的音乐、戏曲、文学、广播剧等节目。

9 月 13 日

浙江广播电视专科学校基建施工奠基典礼在杭州举行，原广播电视部副部长郝平南出席典礼。该校借浙江广播电视中专学校校舍为招收的首届 40 名学员举行了开学典礼。

9 月 14 日～ 27 日

黑龙江省举办首届新闻广播业务训练班。

9 月 15 日

广播电影电视部发布《录音录像出版权保护暂行条例》《录音录像出版工作暂行条例》。

9月16日

为纪念中国工农红军长征胜利50周年，中央人民广播电台在《新闻和报纸摘要》节目播出系列广播《来自长征路上的报道》。

9月17日

以缅甸宣传部副部长吴代梭为团长的缅甸广播电视代表团抵达北京。在京期间，全国人大常委会副委员长彭冲和广播电影电视部部长艾知生分别会见该代表团。广电部副部长马庆雄与该代表团进行了业务会谈。

同日

北京广播学院接待日本大学艺术学部代表团来访，就两校间进行学术文化交流签署备忘录。这是北京广播学院第一次与国外大学建立校际合作关系。

9月20日

广播电影电视部设计院天线设计研究所研制的“四环分米波电视发射天线”“Ⅲ波段（六至十二频道）四偶极子板电视发射天线”“分米波菱形四偶极子板电视发射天线”“分米波圆盘形四偶极子板电视发射天线”“垂直极化电视发射天线”和“短波四波段大功率广播发射天线模型试验”通过部级鉴定或审定。

同日

湖南省第一台10千瓦分米波彩色电视发射机投入使用，通过二十一频道播出，10月1日起转播中央电视台第一套节目。

同日

贵州省成立六盘水中波广播电台，呼号为“六盘水人民广播电台”。12月27日，该台用711千赫、1000千赫中波频率试播文艺节目。

9月20日~10月5日

中央人民广播电台在汉城亚运会报道中播发11篇体育评论。在一次赛事中大规模播发评论，在新中国广播体育报道史上是第一次。中国国际广播电台派出7名记者参加采访，共发消息近百条、专稿59篇。国际奥委会主席萨马兰奇在汉城接受中国国际广播电台记者单独采访。中央电视台副台长杨伟光率电视报道组赴汉城采访报道本届亚运会，共传回节目55个小时。

9月24日

德国之声电台舍尔女士抵达北京，依协议与中国国际广播电台合作完成专题系列广播节目的第二部分《德国语言文学在中国》。11月底完成中文、德文两套节目制作任务，每套节目约100分钟，由德方舍尔撰写德文稿、中国国际广播电台陈汉丽撰写中文稿。

9 月 28 日

陕西广播电视塔投入使用。

9 月 30 日

新疆维吾尔自治区广播电视厅在乌鲁木齐召开自治区农村有线广播创建 30 周年庆祝大会。厅领导为从事农村广播工作 30 年的 39 位干部职工颁发荣誉证书和纪念品。

同月

北戴河至北京的微波电路开通。

同月

广东省建成第一个专业卫星地面接收站，接收中央电视台节目供省电视台转播。

同月

同向荣任陕西省广播电视厅党组书记、厅长。

10 月 1 日

上海电视台新辟《英语新闻》节目。这是我国内地第一次用英语播出电视新闻。

同日

湖北人民广播电台调频立体声广播正式播出。

同日

湖南电视台第三套电视节目（卫星电视教育）开播。

同日

四川省德阳电台开始试播，呼号为“德阳人民广播电台”。

同日

云南人民广播电台对越广播开播，全天播音五小时，其中自办越语节目两小时，转播中国国际广播电台越语节目录音三小时。该台每周一、三、五分别办有《中华大地》《云岭新貌》《友谊之桥》三个专题节目。

同日

甘肃省在陇西县建成的省内最大功率中波发射台 827 台正式开播，安装 200 千瓦和 50 千瓦中波发射机。至此，甘肃省共建成大功率骨干中波发射台 4 座，安装中短波发射机 8 部，总发射功率 395 千瓦。

同日

青海人民广播电台第一、第二套文艺节目实行直播。

同日

新疆维吾尔自治区第一家县级调频广播电台——乌苏人民广播电台建成并开播。

10 月 1 日 ~ 11 月 6 日

中央电视台举行全国电视喜剧展播活动。在参展的 22 部作品中，有 8 部作品获奖。其中，黑龙江电视台《不该将兄吊起来》获一等奖。

10月2日

安徽人民广播电台记者彭仁山、合肥人民广播电台记者侯宏卫，于3月27日骑自行车从合肥出发，赴大西北采访，途经河南、陕西、甘肃、青海、宁夏、新疆、西藏，行程7000多公里，历时190天，采写新闻通讯等180多篇返回合肥。

10月3日

由世界银行贷款而开办的广东电视教育台（二十一频道）开播，播出中央电视台教育节目，每天播出时间九个小时。

10月4日

中央电视台举行首次电视理论研讨会。

同日

经广播电影电视部批准，齐齐哈尔北方音像制品厂成为录音带复制生产厂。

10月4日～10日

全国广播电视厅（局）长会议在北京召开。广播电影电视部部长艾知生、副部长谢文清、聂大江、马庆雄、徐崇华，各省、自治区、直辖市广播电视厅（局）、中央人民广播电台、中国国际广播电台、中央电视台和部属有关部门的主要负责人参加会议。会议传达、学习了中共十二届六中全会精神；讨论了广播电视宣传方针、事业建设方针、电影与电视合并等问题；讨论修改了部党组提交会议的主要文件《关于贯彻六中全会决议和当前广播电视工作的几个问题》，并作出贯彻该文件的决定。

10月5日

中华全国归国华侨联合会（简称“中国侨联”）成立30周年，中国国际广播电台播放了中国侨联第一、第二、第三届主席陈嘉庚、庄希泉、张国基和名誉主席廖承志对侨胞作广播讲话的录音；访问归侨回忆录；组歌《陈嘉庚颂》。中央电视台播出《归侨在祖国》专题节目、电视艺术片《故乡情》和中国侨联成立30周年文艺晚会的实况等。

同日

广州电视一台开办《公仆与市民》节目，广州市领导通过该节目定期与市民谈心，解答市民普遍关心的问题。

10月6日

江苏省广播电视厅召开有线广播信号专线安装衰耗均衡器推广会。这种衰耗均衡器可改善农村有线广播收听效果。

10月6日～9日

广播电影电视部干部司组织有关专家和业务部门负责人，对北京广播学院、北京电影学院的文科（含艺术类）本科专业目录的修订方案进行了审定。这次修订，增设了一些急需专业，更改了一些专业名称，调整了专业内容，拓宽了专业面。

10 月 6 日 ~ 11 日

全国第二届青少年儿童电视工作者会议在北京举行，52 家电视台的代表共 59 人出席会议。

10 月 10 日

中央人民广播电台驻沈阳军区记者站在沈阳正式成立。这是中央电台第一个驻解放军各大军区、军种的记者站。

同日

华东六省一市广播电台在合肥市召开上海经济区广播发射台管理工作经验交流会。

10 月 10 日 ~ 15 日

中央电视台在人民大会堂和长城上两次通过卫星向英国转播英国女王伊丽莎白二世访华的实况。伊丽莎白女王访华期间，中国国际广播电台派出英语记者随团采访。16 日 ~ 17 日，伊丽莎白女王及丈夫爱丁堡公爵菲利浦亲王到云南昆明访问，云南电视台及时播发女王在昆明访问的 7 条录像新闻。根据外交部长吴学谦的指示，云南电视台将这些录像新闻复制成录像带赠送给英国女王。

10 月 11 日

安徽合肥 - 滁县 - 马鞍山的省内大跨距微波支线开通，从而使中央电视台和安徽电视台的节目信号源得到保证。

10 月 12 日

中央人民广播电台专题音乐节目《介绍民族管弦乐曲——交响音诗〈流水操〉》，获得“亚广联”娱乐节目奖，这是中央电台自参评此项国际奖以来第一次获奖。

10 月 12 日 ~ 23 日

中国科普记者协会召开的全国首次科普优秀广播节目、优秀论文评选会在武汉举行。会议评出优秀节目 82 个、优秀论文 8 篇。

10 月 14 日 ~ 18 日

中国广播电视学会成立大会在北京召开。会议产生第一届理事会，通过《中国广播电视学会章程》，选举产生领导机构。中共中央政治局委员胡乔木，广播电影电视部部长艾知生，中宣部副部长滕藤到会并讲话。在 16 日召开的第一届常务理事会第一次会议上，吴冷西被推举为会长，谢文清为常务副会长，王枫、左漠野、吴少琦、何光、何大中、邹凡扬、金照、郝平南、徐崇华为副会长；确定赵水福为秘书长。聘请梅益、温济泽、董林、周新武担任顾问。

10月14日～20日

中国唱片总公司上海分公司薄膜唱片质量评比会在浙江宁波举行。上海唱片厂单声道、立体声薄膜唱片获薄膜唱片一等奖。

10月16日

山东省人民政府决定建立山东电影电视剧制作中心，列为山东省广播电视厅领导的副厅级事业单位。中心下设山东电影制片厂、山东电影洗印厂、山东广播电视艺术团和山东青岛电影电视摄制基地。11月6日，该中心正式成立。

同日

长春-331台-吉林之间的广播电视专用微波电路工程动工。11月8日竣工开通。该电路向中央电视台传送了第六届全国冬运会的专题以及新闻节目。

10月18日

中国广播电视学会广播电视法学研究委员会在北京成立。

同日

由上海人民广播电台和《每周广播电视》报联合主办的“我喜爱的播音员”听众评选活动揭晓。近11万人参加投票。

10月19日

广播电影电视部政策研究室召开广播电视系统研究机构负责人座谈会。

10月20日

河北省委、省人大任命部永堂为省广播电视厅党组书记、厅长，吴英才不再担任党组书记、厅长职务。

同日

广播电影电视部向全国各广播电视学校印发《广播电视中等专业学校工科专业教学计划（试行）》，这是广电部首次统一制定的教学计划。

10月20日～25日

北京广播学院和徐州人民广播电台联合举办的第二次广播主持人节目专题讨论会在徐州举行。

10月20日～26日

全国第六次理论广播宣传座谈会在西安召开。中共陕西省委书记白纪年看望与会代表。会议讨论通过《全国理论广播研究会章程》，成立了理论广播研究会领导机构。

10月20日～27日

瑞典广播公司副总经理拉吉拉克兹·阿贝德一行五人访问我国。10月24日，中国国际广播电台、中央人民广播电台与瑞典广播公司瑞典国家电台广播合作协议在北京签字。

10 月 21 日

中共中央政治局委员、国务委员方毅，中共中央政治局委员倪志福，中共中央书记处书记郝建秀视察湖北龟山广播电视塔。

10 月 21 日～23 日

广西壮族自治区广播电视厅在桂平县召开广播电视新闻改革座谈会。

10 月 21 日～26 日

甘肃省首次广播电视播音研讨会在兰州举行。会上播放了 19 名播音员的录音磁带，宣读播音论文 34 篇。省委常委、宣传部长宋静存，省广播电视厅厅长皇甫斌等出席会议并讲话。

10 月 22 日

下午，中央人民广播电台、中央电视台现场直播在人民大会堂举行的“纪念红军长征胜利 50 周年大会”实况。中共中央总书记胡耀邦主持大会。中共中央政治局委员、中央军委常务副主席杨尚昆在会上讲话。

同日

江西省景德镇人民广播电台和南昌人民广播电台联合举办华东地区城市台新闻节目交流会。

10 月 23 日

山东省广播电视厅新闻中心举行成立大会。该中心将全面承担省级广播电视新闻宣传任务。

同日

国家主席李先念为中国国际广播电台对外广播开办 40 周年题词：“中国之声，友谊之桥。”

10 月 24 日

京津塘微波电路开通。25 日，京津广播节目传送系统正式启用，转播质量得到根本改善。

10 月 24 日～29 日

广播电影电视部地方宣传局在江苏省常州市召开城市改革广播宣传座谈会。上海、天津、广州等 15 个城市的广播电台负责人出席会议。

10 月 25 日

中国国际广播电台对首都地区英语广播增设调频 91.5 兆赫播出。同一天，还增加了对北京地区的西班牙语广播。

同日

中央电视台举办的首届全国电视播音员培训班开课。培训班为期一个月。全国51家市以上电视台的青年播音员参加学习。

同日

被天津市政府列为当年改善城市人民生活10件实事之一的天津人民广播电台调频立体声文艺台（99.4兆赫）于19：15正式开始播音。

10月26日

中央电视台少儿节目开播美国迪斯尼公司104集动画片《米老鼠和唐老鸭》。

10月27日

第六次华东地区电视协作会议在南京召开。

10月28日～31日

中南五省（区）电视台在长沙召开对外宣传研讨会，交流对外宣传信息，评选1986年对外宣传的优秀节目。

10月30日

由甘肃、辽宁、河北、山西、内蒙古、陕西、宁夏七省（区）电视台联合组成摄制组，用半年时间摄制完成东起鸭绿江、西至阳关古道的37集大型电视系列片《万里长城》。

同日

新疆维吾尔自治区伊犁哈萨克自治州电视台建台以来摄制的首部电视剧《阿克塔什护林人》完成，并在中央电视台播出。该台摄制的大型电视艺术片《西部畅想曲》在中央电视台播出，获全国电视节目“星光奖”一等奖。

10月30日～11月30日

广播电影电视部部长艾知生率中国广播电视代表团一行七人赴南斯拉夫、罗马尼亚、联邦德国和英国进行友好访问。与南斯拉夫签订《中华人民广播共和国广播电影电视部和南斯拉夫广播电视组织合作协定》；与罗马尼亚方面确认了正在执行的《中罗广播电视合作协定》继续有效。

10月31日

上海人民广播电台与联邦德国北德意志广播电台首次合作，在上海联合举办“上海-汉堡”港口音乐会。

同月

为纪念中国工农红军长征胜利50周年，中央人民广播电台安排播出音乐专题节目《红军不怕远征难，豪情壮歌冲九天》。

同月

天津电视台摄制《环渤海“金项链”》，该片在环渤海经济协作区 15 个市台播出。这是天津电视台第一次大规模宣传环渤海地区的经济合作。

同月

山东人民广播电台将新闻部、采通部和驻地、市记者站划归省广播电视厅新闻中心管理。机构相应调整为四部一室。台长侯志永。

11 月 1 日

广播电影电视部干部司《关于北京广播学院 1987 年在部分边远省区试行定向招生定向分配的意见》提出：根据国家教委《普通高等学校实行定向招生定向分配的暂行规定》，1987 年北京广播学院将为西藏、青海、甘肃、内蒙古、海南等省区广播电视厅（局）试招少量定向生。该《意见》确定了招生计划的编制、考试办法、定向生的管理、在校待遇、毕业分配等问题。

11 月 5 日～13 日

广播电影电视部办公厅音像管理处在云南昆明举办版权保护学习班，学习《音像出版物版权保护暂行条例》，普及版权基础知识。各地音像管理干部 107 人参加学习。

11 月 6 日

全国省台广播剧编导讲习班在武汉开学。联邦德国广播剧制作人道斯博士应邀讲课。全国 25 家广播电台的 34 位学员参加学习。

同日

张再鸣任天津市广播电视局局长，张鸿飞不再担任局长职务。

11 月 7 日

江苏省广播电视科研所研制的“电台文艺节目微机辅助编辑系统”通过部级鉴定。

同日

中共山西省委宣传部、省文化厅、省作协、影协、视协及省广播电视厅联合召开影视剧主创人员和主要演职人员会议，总结影视创作和拍摄的经验教训，研究今后拍摄计划，决定于 11 月 15 日至 12 月 15 日联合举办山西优秀影视作品回顾展。11 月 15 日，山西省优秀影视作品回顾展开幕，有 7 部电影、17 部电视剧（65 集）参展。

11 月 9 日～12 月 5 日

中国唱片考察团一行五人，对苏联、波兰、民主德国、捷克斯洛伐克、匈牙利进行访问，并就交换节目问题与对方分别签订意向书、协议书、合同书。

11月9日～12月5日

1986年度全国广播连续剧“丹桂杯”评奖活动在北京举行，评选出“丹桂杯奖”20部，“优秀剧目奖”10部，“好剧目奖”30部。

11月10日

中国唱片总公司出版发行《音像世界》杂志（月刊）。

同日

上海市广播科学研究所研制的“调频天线五工器”通过部级鉴定。

11月11日

全国人大常委会委员长彭真为中国国际广播电台对外广播开办40周年题词：“五洲四海遍知音。”

11月12日

中央人民广播电台、中央电视台转播首都各界人士隆重举行的“孙中山先生诞辰120周年纪念大会”实况。中国国际广播电台播发《首都各界人士在人民大会堂隆重集会，纪念孙中山先生诞辰120周年》的录音新闻，摘发全国人大常委会委员长彭真在纪念大会上的讲话，以及中国驻一些国家使领馆和海外侨胞举行纪念活动的消息。

同日

广播电影电视部在北京召开首届科技进步奖颁奖大会，“微波干线传送立体声制式研究”等17个科技项目获奖。

同日

华东六省一市对台、对外广播宣传协作会议在南京召开。

同日

江苏金陵之声广播电台正式开播。频率4875千赫。每天19：55至24：00播音。

11月12日～19日

全国农村广播电视工作会议在北京召开。广播电影电视部副部长谢文清、马庆雄、徐崇华到会并讲话。部地方宣传局副局长葛雨笠作题为《加强和改进农村广播电视工作，为建设富裕民主文明的社会主义现代化新农村服务》的工作报告。会上对全国地、县优秀广播节目进行了评选表彰。

11月13日

全国人大常委会副委员长陈丕显写信给湖北电视剧制作中心，祝贺电视剧《黄兴》拍摄成功。15日，陈丕显在人民大会堂接见《黄兴》剧组的主创人员。

11月14日

中华全国妇女联合会主席康克清到中央电视台审看四川电视台摄制的六集电视

连续剧《朱德》。康克清对该剧表示满意，称赞剧组成员做了很好的工作，并对某些细节提出修改意见。

11 月 15 日～ 22 日

中央人民广播电台驻地方记者站站长会议在南京召开。会议按照专业职务聘任的要求，拟定《地方记者站工作条例》（修改稿）、《地方记者岗位职责条例》（修改稿）。广播电影电视部副部长马庆雄在讲话中重申了“扬独家之优势，汇天下之精华”的方针。

11 月 15 日～ 22 日

青海省广播电视厅厅长宋立业等一行六人访问山东省广播电视厅。双方初步商定，今后将互派记者异地采访，交换专题、文艺节目，并在电视剧制作、技术事业建设、人才培养等方面进行协作。

11 月 16 日

中共中央总书记胡耀邦视察江苏南通时，为南通电视塔题字。该塔于 1985 年 8 月破土动工，1989 年 10 月基本建成。它是一座钢筋混凝土结构、结合旅游的多功能电视塔。

同日

新疆维吾尔自治区广播电视厅党组书记、总编辑安俊川一行四人，应美国广播电视设备公司和香港广播电视器材公司邀请，赴美国和香港考察并验收引进的微波设备。

11 月 17 日～ 21 日

广播电影电视部广播科学研究所和联邦德国罗德与施瓦茨电子公司在北京共同举办广播电视仪器、设备技术讨论会。全国广播电视系统 70 人参加讨论会。

11 月 22 日

中央电视台与美国特纳节目公司达成电视新闻网交换电视新闻协议。协议有效期三年，另加续订期两年。

同日

滕敬德任山东省电影电视制作中心副主任（主持工作），刘玉晨为该中心副主任兼山东广播电视艺术团团长。

11 月 23 日～ 29 日

中共山东省委宣传部、省广播电视厅、省文学艺术界联合会举行影视剧本研讨会。北京、上海、长春、辽宁及山东省部分编剧、导演、学者、教授应邀参加。

11 月 23 日～ 30 日

广播电影电视部科学技术委员会第五次全体会议在广西举行。会议总结了第一届部科技委的工作，通过第二届10个专业委员会委员和正、副主任委员名单以及各专业委员会的工作纲目。

11月24日

中宣部举办的《对外宣传工作汇报展览》在北京军事博物馆开幕。中国电视剧制作中心拍摄的电视剧、影片《小木屋》《火龙》《纽带》《今年在这里》《长城》等国际获奖作品和中国国际广播电台对外宣传获奖作品参展，党和国家领导人胡启立、习仲勋、余秋里、乔石、邓力群、王兆国等参观了展览。

同日

湖北省新闻学会广播电视分会举办的全省首届广播电视新闻理论研讨会在宜昌举行。

同日

贵州电视台东山电视发射台安装的广播电视地面卫星接收站投入使用。

11月24日～30日

广播电影电视部政策研究室在武汉举行法制工作座谈会。

11月25日～29日

黑龙江人民广播电台召开全省第一次理论广播宣传座谈会和第三次全省理论广播骨干通讯员会议。

11月27日

中央纪律检查委员会通知：王德新任中纪委驻广播电影电视部纪律检查组副局级检查员。

11月28日

中国国际广播电台建立驻泰国记者站，首任记者周生、雷柏松赴任。

11月29日

江西省鹰潭人民广播电台建成试播。

同月

电子工业部、广播电影电视部、商业部、农牧渔业部联合发出通知，要求在全国农村开展普及电视工作，以实现中央提出的到本世纪末户户人人都能看到电视的奋斗目标。

同月

海峡之声广播电台研制成功GZ-1型广播发射中心微机自动控制系统。这套国内首创的微机自控系统完全可以代替技术人员对发射机进行各种操作和监测，准确性好，自动化程度高，使用方便。

12 月 1 日～5 日

波兰广播电视委员会主席罗什科夫斯基率波兰广播电视代表团抵京访问。广播电影电视部部长艾知生和罗什科夫斯基分别代表双方签署《中华人民共和国广播电影电视部和波兰广播电视委员会波兰电台和电视台广播电视合作协定》。全国人大常委会副委员长黄华会见该代表团。

12 月 2 日

广播电影电视部副部长马庆雄与几内亚新闻代表团举行业务会谈，并代表中方签署中几广播电视合作协定。

同日

由中央爱国卫生运动委员会、卫生部、广播电影电视部和中国科学技术协会联合举办的全国卫生电影电视片“白鹤奖”评奖揭晓。115 部卫生科教电影电视片获奖。世界卫生组织驻华代表阮显达博士应邀观摩并参加评奖。

12 月 3 日～8 日

广播电视系统第二次科技情报工作会议及第二届情报网会议在成都举行。全国广播电视系统 62 个单位的代表参加会议。

12 月 5 日

中共中央政治局常委陈云为中国国际广播电台对外广播开办 40 周年题词：“电波传五洲，友谊通四海。”

同日

广西壮族自治区党委任命陈宁为自治区广播电视厅党组书记。

12 月 10 日

江苏电视台与日本日立公司联合举办电视专业设备技术交流会。

同日

西藏自治区广播事业局更名为西藏自治区广播电视厅。杜泰任厅党委书记、厅长，邱德荣、李晓庚、王朝运、明玛才仁任副厅长，党他信任巡视员。

12 月 10 日～16 日

上海电视台举办首届“上海国际友好城市电视节”。参加电视节的有比利时、加拿大、日本、美国等 16 个国家的 19 个友好城市的 24 家电视台，展播各类电视片 105 部。此后，该活动演变成为上海电视节。

12 月 11 日～26 日

中央电视台接待首次来华采访的苏联中央电视台摄制组。

12 月 14 日

由江苏电视台和四川电视台联合发起、十省、市电视台参加的广告联播会议结束。

12月15日

广东珠江经济广播电台正式开播。这是改革开放后国内开办的第一个省级专业广播电台，开创了“大板块节目、主持人直播”等节目编排和播出方式的新形式。中共中央政治局常委陈云为该台题写台名。

同日

中华全国妇女联合会主席康克清为四川省广播父母学校题词：“办好广播父母学校，提高家庭教育水平。”

12月15日～16日

广播电影电视部干部司在广州召开《广播电视中专》杂志首次编辑出版工作会议。该刊委托湖南省广播电视学校主办，编辑部设在该校。

12月15日～24日

甘肃电视台举办首次电视新闻通讯员培训班。

12月18日

黑龙江省广播电视厅和黑龙江省国营农场总局分别发出通知，同意将黑龙江农垦广播电视局纳入全省广播系统管理，实行黑龙江省国营农场总局和黑龙江省广播电视厅双重领导，以农场总局领导为主。

12月18日～22日

四川省首次广播电视理论研讨会在成都举行。

12月19日

华东六省一市广播电视微波联网技术协作会议在南京召开。会议制订华东广播电视微波联网规划，研究并提出联网的技术方案。

同日

广东人民广播电台举行记者招待会，公布广东首届十大广播歌曲健牌大奖评选的32首初评入围歌曲。

12月19日～20日

贵州省广播电视学会举行成立大会，选举产生学会的领导机构，杨德政担任会长。学会成立九个研究小组，初步讨论了研究计划。

12月20日

天津电视台文艺台正式开播。栏目有《点播文艺》《家庭影院》《曲艺欣赏》《每日一歌》等。

同日

从南昌电信大楼到江西电视台的电视光纤传送线路建成并投入使用。这是江西省第一条光纤线路。

同日

湖北省广播电视厅举行新闻发布会，宣布湖北广播电视塔主体工程竣工，正式投入使用。播出四套彩色电视节目和两套调频广播节目。

12 月 20 日～ 23 日

中央电视台第二套节目向全国传送工作会议在青岛召开。24 个省、自治区、直辖市广播电视厅（局）和 70 个城市电视台的代表出席会议。会议传达了中央领导关于开办经济信息频道的指示，介绍了中央电视台第二套节目的方针、原则、内容构成、节目性质、任务和栏目设置等。

12 月 23 日

中国国际广播电台英语部对首都地区广播举办“和平友谊之声”音乐歌咏比赛，受到听众欢迎。参赛的有学生、外籍教师、工人、职员、演员、翻译、饭店经理及服务员、退休老人等 500 多人。

同日

由新疆维吾尔自治区广播电视厅与上海电信设备六厂共同试制的“有源环直线阵天线用作短波广播信号中继接收天线”取得成功。

12 月 23 日～ 27 日

中央电视台在上海召开首届全国电视系统教育节目研讨会，24 家省、市电视台的代表参加会议。

12 月 25 日

中共四川省委宣传部、省新闻工作者协会、省新闻学会联合召开“表彰采访长江科学考察漂流探险记者大会”。四川电视台 6 名记者分获一、二、三等奖。

12 月 25 日～ 26 日

甘肃人民广播电台召开首次全省广播通讯员工作会议。

12 月 26 日

中国国际广播电台建立驻埃及记者站，首任记者方志诚、陶自强赴任。

12 月 27 日

中共中央顾问委员会副主任王震、薄一波、宋任穷和中共中央政治局委员胡乔木、中共中央书记处书记邓力群，在中南海会见评书《三国演义》演播组的袁阔成、袁枫、李程等。

同日

广西壮族自治区六届人大常委会第二十四次会议通过，任命邓生才为自治区广播电视厅厅长。

12月30日

中央电视台英语节目在八频道试播。

12月31日

贵州电视台为了加强与电视观众的联系，回答观众提出的一些有普遍意义的问题，开辟《荧屏回声》专栏节目，每月播出一次。

同月

天津电视台制作30集电视系列节目《中国魔术大观》，由王刚担任主持人，节目在全国省级电视台播出，引起很大反响。

同月

安徽省巢湖电视台成立。

同月

《江西广播电视年鉴》首卷出版（1986年版），内部发行。全书40万字，主要记述1985年全省广播电视的事业、宣传、机构、管理等各方面情况，同时，收录新中国成立以来的有关历史资料。这是全国第一部省级广播电视年鉴。此后每年出版一卷，从1989年版起，由中国广播电视出版社出版，全国公开发行。

同月

四川人民广播电台《农村信箱》节目开办《省长和农民》专栏，实现了省长和农民每月一次的空中相会。农民通过广播，反映自己最关心的问题，同省领导交换意见。省领导也把省委、省政府的重大决策、工作意图以及需要告诉农民。从1986年到1992年，先后有省委书记杨汝岱，省长蒋明宽、张皓若，副省长谢世杰等多位领导一次或多次到节目中回答农民的提问。

同月

云南广播电视中心主楼土建工程竣工。

同年

全国（未包括港、澳、台）共有广播电台278座，电视台292座，市、县广播站2560座，收音机社会拥有量25390万台，电视机社会拥有量9214万台。广播人口覆盖率70.2%，电视人口覆盖率71.4%。

同年

中央人民广播电台收到听众来信360588封。

同年

中国国际广播电台收到听众来信142908封。

同年

中央电视台与美国纽约苹果台签订协议，向该台提供《中国纪实》节目。

同年

中央电视台与加拿大国泰台签订协议，委托该台在加拿大 BC 省十九频道播出中国节目，中央电视台每月向国泰台提供约 30 个小时的节目。

同年

天津人民广播电台《中长书连续播讲》节目编辑参与创作的长篇快板书《武林志》获 1986 年度鲁迅文艺优秀创作奖。

同年

内蒙古自治区阿拉善电视台正式成立并开始播出新闻等自办节目。

同年

吉林人民广播电台购置第一辆录音 / 转播车，实现大型节目现场直播。

同年

吉林省辽源人民广播电台成立，发射功率 1 千瓦，频率 810 千赫。

同年

由四川人民广播电台、上海人民广播电台联合主办，四川电台承办直播的《“巴蜀之声”音乐会》在成都锦城艺术宫演出。这次音乐会通过微波线路实现了成都、上海两地同时直播，剧场现场效果及播出效果都很好。

同年

在纪念中国工农红军长征胜利 50 周年之际，四川人民广播电台将采录创作的一批优秀音乐作品制作成系列音乐节目《喜看杨柳翻新枝》（共四集），该节目在中央人民广播电台和全国各省级电台同时展播。

同年

新疆维吾尔自治区库尔勒人民广播电台建立。

同年

新疆维吾尔自治区伊犁电视台摄制的电视剧《林则徐在伊犁》（上、下集）在伊犁开机。原广播电视部顾问金照、林则徐的后代凌青等参加新闻发布会，当年年底摄制完成。1987 年 1 月在中央电视台播出。

1987 年

1 月 1 日

中央人民广播电台节目调整方案出台，第一、第二、第三套节目按新的节目时间表运行。其中第一套节目将 20：00 首播的《各地人民广播电台联播》节目改为 18：30 首播。开办融新闻性、知识性、服务性为一体的综合性节目《午间半小时》，这是我国开办较早的广播主持人节目。开办《今晚八点半》节目。该节目是中央电台首个形成规模、有广泛社会影响的综艺类节目。根据中国社会科学院社会调查所 1989 年的听众抽样调查，该节目听众有近 4.9 亿。开办《残疾人生活》节目，后改名为《残疾人之友》，每周播出一次（重播一次），每次 15 分钟。国家电台开设面向残疾人的对象性节目，在中国广播史上是第一次。

同日

自即日起，中国国际广播电台华侨部于每天上午 9 点（加拿大西部时间是前一天的下午 5 点）用广州话向加拿大温哥华华侨之声电台传送新闻节目。每次传送 6 分钟、8 至 10 条中国新闻。后又定时寄送每周 1 次、每篇 10 分钟的《中国成语故事》节目。

同日

黑龙江人民广播电台对广播节目进行调整改革，并实行新节目时间表。新设置主持人方式的综合板块节目《早餐前后》《农村天地》《青春旋律》，并对部分节目解说实行直播。

同日

安徽人民广播电台对广播节目作了较大调整，新闻节目每天增加到 9 次，还增办了两个主持人节目：新闻性的《空中交流》和文艺综合板块《文艺你我他》，同时加强理论节目的针对性。

同日

广东电视台（十四频道）开办《早晨》节目。播出时间为每天 7：00 至 9：00，采用主持人直播为主的播出方式。

同日

贵州人民广播电台在两套节目中共安排10次新闻。新辟《体育新闻》《今日贵州》《法制园地》《大众园地》节目，恢复《广播影剧院》节目。

同日

河北人民广播电台第二套节目（调频）开播。

同日

河北电视台开办《晚间新闻》节目。

同日

《福建广播电视》报由原来邮电部门发行改由全省广播电视系统发行，成为全省第一家自办发行的报纸。

同日

江西电视台与各地市电视台集体记者协议书开始执行。根据协议，集体记者享有优先用稿权利。新闻播出时，署台名和记者姓名。

同日

广播电影电视部无线局设在海南的871台开始试播中国国际广播电台越南语节目。该台的开播，提高了国际台越南语广播的效果。

同日

重建的成都电视台正式开播。

1月2日

中央电视台首次通过卫星转播维也纳新年音乐会。

同日

中央电视台专题部主办的综合节目《九州方圆》开播。该节目分《红黄蓝绿》《全景与特写》《东南西北》等专栏，采用大板块、杂志式结构，每周五晚上播出，每次120分钟。

同日

中央电视台新建的彩电中心1000平方米演播厅工艺系统交付使用，它为1987年春节联欢晚会的现场直播创造了条件。

1月3日

上海人民广播电台播音员顾大伟当选为1986年上海文化新闻人物。这项活动是由《上海文化年鉴》《中国百科年鉴》等19家新闻出版单位联合发起的。

1月4日

全国电视对外报道研讨会在湖北省孝感市举行。来自各省、市和部分省辖市电视台的67名代表参加会议。

同日

中央电视台第一套节目正式播出由国家计划生育委员会提供的《人口与计划生育》节目，每周一次，每次 15 分钟。

1 月 5 日～ 8 日

全国九省、市广播电台曲艺编辑工作会议在哈尔滨举行。

1 月 6 日

苏联驻华大使特罗扬诺夫斯基礼节性拜会广播电影电视部部长艾知生，表达了加强两国广播电视领域合作的愿望。

1 月 7 日

中国广播电视学会和广播电影电视部政策研究室联合成立学术刊物《中国广播电视学刊》编辑部。

1 月 9 日

上海电视评论学会成立。

1 月 10 日

新疆电视台进行节目调整,《观众之友》节目开设《老年生活》《西域文化》《家庭顾问》《农村科技》等栏目，增办《平凡的岗位》《一周新疆要闻》两个新节目。

1 月 12 日

江苏省淮阴电视台正式开播。

1 月 15 日

江苏彩电中心主楼举行竣工典礼。

同日

甘肃人民广播电台的《1987 年春节农民秦腔广播大联欢》节目录制完毕。全省农民秦腔票友集中在省城兰州，通过广播联欢演唱，在甘肃尚属首次。

1 月 16 日

中国广播卫星公司同意贵州省从 1988 年 1 月起租用卫星转发器传输广播电视节目。

1 月 17 日

中国电视剧制作中心和巴基斯坦电视总公司联合录制的第一部电视剧《纽带》播出。

1 月 18 日～ 20 日

山西全省农村有线广播技术设备更新改造会议在太原召开。会议传达了《全国农村广播电视工作会议纪要》，提出山西省农村有线广播技术设备更新改造的方针、任务及设备选型的意见。

1 月 23 日

首届全国电视教育节目研讨会在上海举行，会议讨论了电视台办教育节目的方针和发展方向问题。

同日

北京市丰台区丰台镇北大地两个小区的有线电视试播成功。

1 月 26 日

广播电影电视部副部长徐崇华率中国电信代表团赴瑞士日内瓦，参加国际电信联盟召开的世界短波广播频率规划大会二期会议。

1 月 27 日

天津电视台开通电报大楼至电视台 2000 米光缆传输系统，利用光缆和微波干线向中央电视台回传新闻节目。

1 月 28 日

中央电视台三套节目均以国旗、国徽、天安门画面为片头，并用国歌配乐播出。

同日

除夕，中央电视台首次在彩电中心 1000 平方米演播室向全国现场直播《1987 年春节联欢晚会》。与此同时，中国国际广播电台用英语进行现场直播。

1 月 29 日

中央人民广播电台和吉林人民广播电台在长春联合直播《飞雪迎春联欢会》实况。

1 月 29 日 ~ 31 日

中国国际广播电台对华侨广播部同英国曼彻斯特电台、澳洲电台及香港电台通过卫星线路联合播出《卫星全球华人贺岁》特别节目。

1 月 29 日 ~ 2 月 23 日

中央电视台举办“全国迎春文艺节目”展播。共有 28 家电视台参加，展播节目 27 台，约 1500 分钟。

1 月 30 日

中国国际广播电台华侨部与广东汕头有关单位联合举办《“潮汕之春”文艺晚会》。这是一台以潮汕地方曲艺为主的大型特别节目。晚会实况在对华侨广播的潮州话节目中连续播出。

同日

中央电视台开始播出中国电视剧制作中心摄制的电视连续剧《红楼梦》前六集。

同月

为了总结 30 年办台经验，建立有中国特色的电视理论体系，中央电视台研究室组织全台有丰富实践经验的人员撰写系列书稿。内容有：中国电视发展史、电视节目制作、事业建设和经营管理等。

同月

吉林电视台创办的刊物《吉林电视》正式出版。

2月1日

《人民日报》海外版开始转载由中国国际广播电台国内部组编的《今日中国》节目的《外国人谈中国》系列稿。第一篇为日本籍专家高野广海的文章《春节杂谈》。

同日

8：30，中央电视台第二套节目通过国际通信卫星首次对全国播出。以经济宣传为主，每天播出13个小时。由农牧渔业部、国家科学技术委员会等单位主办的《农业教育与科技》和《星火科技》节目在该套节目正式播出。

同日

四川电视台第二套节目开播。

2月5日

广播电影电视部总编室召开广告与新闻、专题等节目关系问题研讨会，提出要防止广播电视节目的商业化问题。

2月6日

中央电视台与吉林电视台合作，首次现场直播高山滑雪决赛。

同日

中共山东省委组织部同意金钊兼任山东电影电视剧制作中心主任。

2月7日

吉林电视台副台长余明炬等三名编辑、记者，受中央电视台体育部委托，组成中国电视采访组，前往捷克斯洛伐克采访第十三届世界大学生冬运会。

2月9日～13日

广播电影电视部科研所与日本放送协会研究所合作，利用中央电视台第三套节目（十五频道）成功进行世界上第一次多节目电视（原称静止画广播）开路技术实验，接收效果良好。广电部副部长马庆雄观看实验并会见日本专家。

2月11日～3月1日

以中央电视台副台长杨伟光为团长的五人代表团访问美国，并于2月18日签订中国中央电视台与美国特纳公司合作协议。根据协议，中央电视台可使用该公司美国有线电视新闻网（CNN）的电视新闻。

2月12日～4月30日

湖南电视台与共青团湖南省委、中国电视艺术家协会湖南分会联合举办“五四”

青年业余电视播音大奖赛，2700 多人报名参赛。经专家评选，有 50 人进入复赛，最后评选出一等奖 1 人，二等奖 2 人，三等奖 3 人。

2 月 14 日

中央电视台社教部开办《第二课堂》栏目，主要是解决中学生课外学习遇到的难题。每周四、六播出。

同日

江苏省盐城人民广播电台开播。

同日

江苏省政府批复，同意组建江苏影视制作中心，南京电影制片厂和江苏电视台电视剧部合并，隶属省广播电视厅。

2 月 15 日～21 日

吉林市人民广播电台在吉林市冰上运动中心滑冰馆首次转播亚太地区青少年冰球锦标赛实况。

2 月 16 日～19 日

上海经济区城市电视新闻协作会在南京举行。杭州、宁波、南京、无锡等 17 家城市电视台的代表出席。

2 月 16 日～21 日

1987 年度全国电视剧题材规划会议在厦门市举行，来自电视、电影系统、社会团体的 120 多名代表参加会议。代表汇报了 1987 年的录制计划，讨论了 1988 年电视剧题材规划。中国电视剧制作中心主任阮若琳作重点发言。广播电影电视部部长艾知生出席会议并讲话。

2 月 16 日～21 日

中央电视台军事部召开第一次军事记者站工作会议，重点研究建军 60 周年的电视宣传计划，拟定拍摄大型纪录片《让历史告诉未来》，并成立联合摄制组。会上宣布第二批 5 个记者站成立。至此，在军队系统共成立了 12 个记者站。

2 月 19 日

新疆人民广播电台举行“新疆是个好地方”知识竞赛颁奖大会。全国政协副主席、新疆维吾尔自治区顾问委员会主任王恩茂，自治区党委书记宋汉良为这次知识竞赛题词。自治区党委、新疆军区、自治区广播电视厅领导和著名作曲家王洛宾为 139 个获奖集体和个人颁奖。

2 月 20 日～22 日

广播电影电视部部属院校工作会议在北京召开。北京广播学院、北京电影学院、浙江广播电视高等专科学校、广电部管理干部学院等院校的书记、校（院）长出席会议。广电部副部长聂大江就加强和改进学校的思想政治工作问题讲话并参加了讨论。

2月21日

首次云南省优秀广播电视节目评选活动结束，共评选出优秀节目109个，包括少数民族语言广播节目13个。

2月22日～24日

山西人民广播电台召开广播业务研讨会暨模范通讯员表彰大会，研究电台的节目方案，并为100多名模范通讯员发奖。

2月22日～3月1日

由加拿大通讯部部长麦克唐娜率领的代表团一行12人访问中国。国务院副总理姚依林会见该代表团。广播电影电视部部长艾知生同麦克唐娜共同签署两国政府合拍电影的协定。

2月23日

环渤海经济区广播电台协作会议在天津召开。中共天津市委常委、宣传部长张丁华以及丹东、大连、营口、盘锦、锦州、秦皇岛、沧州、东营、潍坊、烟台、青岛、天津等12个市的广播电台负责人和环渤海经济区市长联席会的各市、地区驻天津联络员与会。会议决定，各台陆续开办《渤海“金项链”》专题节目，并相互进行节目交流。

2月24日

黑龙江省人民政府召开全省广播电视专用微波线路第一期工程建设电视汇报表彰大会，奖励13个先进集体和226名先进个人。

2月25日

全国人大代表广州视察团到广东省广播电视厅、广州人民广播电台和珠江经济广播电台视察。

2月26日

北京市基建指挥部和市建设委员会负责人主持召开中央电视台彩电中心工程竣工收尾工作会议。

同日

青海人民广播电台藏语编辑部和群工部联合召开藏语广播评播会，这是青海省藏语广播创办35年以来的第一次评播会。

同月

中央电视台总编室正式建立北京地区收视率调查网。

同月

国家教育委员会批准在北京广播学院开设录音艺术专业，培养方向为录音师和音响导演方面的人才。第一批 15 名学生已从学院 1985 级工科各系学生中选出。

同月

中国广播电视出版社与中国农村致富技术函授大学联合拍摄的录像片《植物组织培养技术》，荣获国家科学技术委员会颁发的“1986 年星火科技影视片特邀优秀奖”。

同月

吉林电视台与中国电影发行公司联合引进墨西哥电视连续剧《卞卡》，并向全国 24 家省级电视台发行播出。

3 月 1 日

中央电视台开始试收美国有线电视新闻网（CNN）新闻，每天收录一次，供《英语新闻》和《国际新闻》使用。美国有线电视新闻网节目主要有新闻、体育、服装新趋势、广告等内容。

3 月 2 日

中国电视艺术家协会受中宣部委托在北京召开大会，表彰电视连续剧《凯旋在子夜》剧组。之后，中共北京市委、市人民政府也召开表彰会，嘉奖该剧组。

3 月 3 日

中国国际广播学会（中国广播电视学会分会）正式成立。广播电影电视部副部长马庆雄、中国广播电视学会副会长金照以及丁一岚、张纪明、邹晓青、魏琳等出席大会。100 多名会员代表民主选举产生学会领导班子，胡耀亭任会长。国际台代理台长刘习良宣读了中国广播电视学会会长吴冷西的贺词。

同日

《人民日报》第六版左上方为中国国际广播电台开辟《海外之声》专栏，专门选登海外听众寄来的信稿。第 1 期刊登有阿拉伯语听众麦·阿米娜来的两封信《我的中国家》，并加了按语。

3 月 3 日～ 10 日

广播电影电视部政策研究室主办广电部首次法律讲习班，邀请国内外有关专家学者就立法问题讲课。各省、自治区、直辖市和计划单列市及部属各单位的代表 70 余人参加学习。

3 月 5 日

西藏人民广播电台开办藏语《西藏历史讲座》节目，对全区群众进行爱国主义教育。

3月7日

湖南省广播电视学会成立，杨世芳任会长。全国人大常委会副委员长耿飚为成立大会寄来“为我国广播电视事业的发展作出新贡献”的题词以示祝贺。

3月10日

中央电视台与中央新闻纪录电影制片厂就电视台播放新影纪录片问题达成协议。

同日

山东省广播电视学会成立，金钊任会长。

同日

中国广播电影电视部和马里新闻和电信部关于租用短波广播发射设备议定书在马里首都巴马科正式签字。

3月10日～14日

中央电视台为联邦德国电视二台（ZDF）代拍一部《中国文化名人和中国戏剧、电影现状》的电视片，节目总长45分钟。

3月10日～14日

湖北省有线广播网设备整顿、更新、改造现场会在洪湖召开。

3月11日

天津电视台为繁荣电视剧创作、提高电视剧制作水平，邀请市有关部门负责人、天津市著名作家、文学评论工作者成立电视剧咨询小组。

3月11日～31日

北京广播学院受日本日中学院委托，为22名来华进修的日本留学生举办汉语培训班。

3月12日～29日

中央电视台与《中国谜报》联合举办“第一届中华杯电视猜谜竞赛”。半决赛和决赛分别在《周末文艺》栏目中播出。

3月12日～31日

《中国广播电视学》第二次研讨会在广东省三亚市和通什市召开。会议研究了编写计划，商定1988年年底出书。

3月13日～31日

浙江电视台邀请联邦德国首席摄影师默勒来杭，就电视摄影技巧、电视纪录片摄制的国际标准、灯光及音响的运用等作专题讲课。

3月15日

由吉林省电视艺术家协会和吉林电视台筹办的首届东北三省电视剧“金虎奖”评选揭晓，18部电视剧获奖。

3 月 15 日～5 月 27 日

黑龙江省广播电视厅对全省农村有线广播进行检查评比。有10个市分别获得一、二、三等奖。

3 月 16 日～24 日

广播电影电视部召开首次驻外记者站站长会议。副部长谢文清、马庆雄以及中央人民广播电台、中央电视台、广电部总编室、计财司、中宣部外宣局、外交部新闻司负责人参加会议。中国国际广播电台代理台长刘习良作题为《总结经验 明确方向 把驻外记者站工作提高到一个新的水平》的报告。18 日，中央对外宣传小组副组长郁文看望会议代表。19 日，广电部部长艾知生就驻外记者站的宣传方针和报道思想问题同与会人员进行了座谈。

3 月 19 日

美国依阿华大学校长弗雷曼率代表团访问北京广播学院，双方就聂华苓（旅美作家）教授与北京广播学院联合培养硕士生的方式等问题交换了意见。

3 月 21 日

青海人民广播电台藏语广播业余说唱团正式成立，省文联主席格桑多杰任名誉团长。

3 月 22 日

首届电视剧美学研讨会在太原开幕，中宣部副部长贺敬之以及有关专家学者共 50 多人参加会议。

3 月 23 日～29 日

中央电视台对北京地区的观众收视率作了抽样调查，结果表明，综合类节目总收视率为 34.03%，专题类节目总收视率为 7.82%。

3 月 24 日

福建漳州经厦门至北京的微波电路开通。中央电视台通过该线路向全国转播了在漳州举行的女子排球甲级队比赛实况。

3 月 26 日

第一次全国新闻资料工作座谈会在长沙结束。会议成立中国社会科学情报学会新闻系统分会筹备委员会。广播电影电视部资料室主任向常福任主任委员。

同日

广播电影电视部党组转发中央纪律检查委员会通知：金石任中纪委驻广播电影电视部纪律检查组组长。

同日

自即日起，天津人民广播电台试转播中国国际广播电台对首都地区广播的英语节目，每天五个小时。3 月 30 日起正式转播。

同日

山东人民广播电台聘请农村宣传顾问并举行座谈会，13 位长期从事农村领导工作与科技工作的负责人和专家接受了聘书。

3 月 26 日～29 日

大洋洲广播艺术科学委员会主办的第五届“培特奖”授奖仪式在悉尼举行。中国国际广播电台被提名为亚太地区最杰出的电台。该台的英语节目《中国举行首届莎士比亚戏剧节》获“最佳对外广播节目奖”，《唐山震后 10 年》获“最佳记录式特别节目奖”。这是国际台第二次获“培特奖”。

3 月 27 日

中央电视台、中国电视国际服务公司（中国国际电视总公司前身）与香港亚洲电视签约，出售大型电视连续剧在香港地区的播映权，并委托亚视向其他海外电视机构发行，第一次把我国制作的大型连续剧推向海外电视市场。

3 月 28 日

中央电视台和中国妇女杂志社联合举办“全国妇女知识竞赛”。中华全国妇女联合会主席康克清等给获奖者颁发证书。

同日

中国广播电视出版社召开发行工作会议，讨论建立广播电视系统业务技术图书和音像制品的发行网络问题。

3 月 28 日～4 月 5 日

中央人民广播电台的广播剧《减去十岁》在第十届“柏林未来奖”国际广播节目评选中获广播剧大奖，广播特写《难以忘却的歌声》获特别推荐奖。这是中国广播节目第一次在“柏林未来奖”评选中获奖。

3 月 28 日～4 月 13 日

上海市广播电视代表团一行六人赴日本访问，参加上海电视台与日本合作拍摄的电视剧《亲属》在日本的首播活动。

3 月 29 日

第六届全国运动会马拉松比赛在天津进行。天津电视台采用微波多点传送、现场直播与现场录像相结合的方法对比赛的实况进行了报道。

3 月 30 日

天津人民广播电台将五个频率分设为新闻经济、专题服务、教育、文艺、立体声文艺五个分台。

3 月 31 日

陕西省广播电视学会在西安成立，郭成方当选为会长。

同月

广播电影电视部通知，驻地方记者站的称谓统称为“中央人民广播电台、中国国际广播电台 ××× 省（市、自治区）记者站”。采用这一称谓后，原来的管理体制不变，仍由中央人民广播电台统一代管。

同月

天津电视台记者赴法国参加法国电视三台举办的“天津电视周”，与法国电视三台节目主持人及翻译共同主持了开幕式。

同月

由武汉人民广播电台发起并组织的全国首届省会城市电台广告工作经验交流会在汉口饭店召开。

4 月 1 日

第五届全国优秀广播节目评选在大连结束，评选出 1986 年度全国优秀广播节目（稿件）224 个（件）。

4 月 1 日 ~ 8 日

中央电视台在大连举办首届全国电视音乐交流会。会议研究了电视节目的音乐编选、创作和提高声音录制水平等问题。

4 月 2 日

中央电视台首次采用汉字微机飞出字幕，在播出节目的同时用字幕预告节目、传播字幕新闻。

4 月 3 日

应日本广播协会邀请，广播电影电视部部长艾知生率中国广播电视代表团赴日本进行友好访问。访日期间，日本首相中曾根康弘会见了代表团。

同日

辽宁电视台与辽宁省计经委电子计算中心共同研究开发的“电视台录像带微机管理系统”通过省级技术鉴定。

4 月 3 日 ~ 12 日

中国唱片总公司与云南演出公司在昆明联合主办首届“春之声”音乐会。期间，演出团体曾两次专程去军区医院，为老山前线战斗英雄及伤病员举行慰问演出，受到热烈欢迎。

4 月 4 日 ~ 6 日

浙江电视台和中央电视台联合举办《京杭学生运河知识对抗赛》，通过微波双向传送，同时向全国直播杭州、北京两个赛场的实况。

4月6日

自即日起，中央电视台向日本广播协会新开办的《大晚间新闻》节目提供每天晚上《新闻联播》的头条新闻。

4月6日～7日

新疆维吾尔自治区广播电视学会在乌鲁木齐成立，林夫当选为会长。

4月7日

四川省广播电视学会成立，郑体仁任会长。

4月10日

国务院副总理李鹏在他的办公室观看多节目电视实验广播，广播电影电视部副部长徐崇华向李鹏作了介绍。李鹏边看边提出一些建议。

同日

中央人民广播电台、中国国际广播电台、中央电视台、中国音乐家协会、中国音乐学院和中国国际声像艺术公司联合举办“振兴中华之声”音乐会，并向全国现场直播。

同日

联邦德国纽伦堡广播电视技术学校校长、“欧广联”名誉主席汉斯应邀访问北京广播学院，双方就成人教育及加强合作问题交换了意见。

4月11日～6月5日

中国国际广播电台与《中国青年报》、北京市高教局、中央电视台联合举办的“在京外国留学生中国通健力宝中国常识竞赛”在北京语言学院开赛。来自北京16所高等院校的117名外国留学生参加竞赛。经过初赛、复赛和决赛三个阶段，清华大学和北京大学获并列第一名。

4月13日

中央电视台向全国播出中葡关于澳门问题的联合声明正式签署仪式，同时通过卫星向香港、澳门地区和葡萄牙、日本的电视台传送。

同日

上海《每周广播电视》出刊1000期，报社召开读者座谈会，听取各方意见。该报于1955年创刊，发行量已由初创时的6万份上升到230万份。

4月13日～15日

江西省广播电视学会成立大会在南昌市召开，来自全省各地广播电视系统代表65人出席，姚平任会长。

4 月 13 日～ 23 日

1986 年度全国优秀电视新闻评选和经验交流会在贵阳市举行。会议评出优秀电视新闻特等奖 13 条，一等奖 27 条，二等奖 195 条。全国 29 家省级电视台和 6 个计划单列市电视台的新闻工作者在会议上交流了经验。

4 月 14 日

航天部八二四厂试制的“3/4 英寸盒式录像磁带”通过部级鉴定。该产品的研制成功，填补了我国专业磁带的空白，批量投产后，可为国家节约大量外汇。

4 月 14 日～ 18 日

山西省对外宣传工作会议召开。会议对本省 1982 年以来的 87 部对外宣传影视片进行评比。电视连续剧《杨家将》等获奖。

4 月 14 日～ 30 日

中央电视台派出三人组团参加为期 6 天的第二十三届戛纳国际电视节。期间，有 11 个国家和地区的 13 家电视台对中央电视台提供的节目表示了浓厚兴趣。其中 6 个国家和地区与中央电视台签订合同。

4 月 15 日

中国广播电视学会中央电视台分会成立大会在彩电中心举行。第一批会员共 114 人，常务理事 21 人。理事会推选戴临风为分会会长。

同日

中国广播电视学会北京广播学院分会成立，李振水为会长。

同日

黑龙江音像出版社在北京饭店举行系列交响乐《龙魂》出版发行座谈会。中共中央书记处书记邓力群，中宣部部长王忍之，中华全国新闻工作者协会主席吴冷西，中国音乐家协会主席李焕之，中共黑龙江省委副书记陈云林，以及京、港新闻单位的记者共 80 余人参加。

同日

在首届西北地区电视剧评比中，新疆电视台摄制的电视剧《果园》获优秀电视剧奖，电视剧《三青年》和《痴情》获回顾奖。

4 月 16 日

广播电影电视部部长艾知生和中央人民广播电台台长杨正泉会见主持《星期日广播英语》节目的申葆青（著名英语教育家）教授，艾知生对该节目给予高度评价。

4 月 18 日

英国前首相爱德华·希思在人民大会堂指挥中国中央乐团举办的“为残疾人募捐义演音乐会”。中国国际广播电台首次使用新型转播车圆满完成这次大型音乐会的现场转播任务。

4 月 20 日

中央电视台举行第一个外景基地——无锡外景基地落成典礼。该基地主要为中央和全国各地电视台拍摄、译制电视片服务，也为会议和人员培训、休假服务。

同日

中央电视台在《世界各地》栏目中播出靳羽西主持的 45 集《世界各地》系列节目的最后一集，并播出《靳羽西致观众》告别节目。

同日

由上海广播科学研究所和华东师大微波所合作承担的上海市科委重大项目“电视台八频道发射天线场型改进”通过专家鉴定。

同日

中华全国总工会授予安徽电视台记者孙振华“五一劳动奖章”。孙振华在完成援藏任务后，于 1985 年 10 月至 1986 年 10 月，徒步全程考察雅鲁藏布江，历尽辛苦，拍摄了大量影视资料，为沟通内地人民和藏族人民的相互了解作出了贡献。

4 月 22 日

山西省劳动竞赛委员会为山西人民广播电台新闻部、工商部、山西电视台新闻部荣记集体一等功，为山西电台编辑田水苗、山西电视台新闻部副主任周军荣记个人二等功。

4 月 22 日 ~ 24 日

华东地区广播电视厅（局）长第三次协作会议举行。会议商定，华东地区广播电视评奖统一设置“银燕奖”；在华东地区广播电视微波网全面开通之前，各省、市之间可建立双边或多边的协作关系；建立华东六省一市微波联网技术小组。

4 月 23 日

广播电影电视部设计院被城乡建设环境保护部、国家计委和广电部批准为本行业勘察设计甲级资格单位和建筑工程设计资格甲级单位。

4 月 24 日

国务院发布施行《广播电视设施保护条例》。这是我国第一部广播电视法规。5 月 20 日，广播电影电视部、公安部联合发出《关于贯彻执行〈广播电视设施保护条例〉的通知》。

同日

中国唱片总公司上海公司采用杜比降噪技术生产的盒式音带，经美国杜比实验室验证，确认达到国际优质水平，取得该项专利技术使用权。

4 月 25 日

中国广播电视学会广播电视史学研究委员会（2002 年 11 月更名为中国广播电视学会广播电视史研究委员会）在大连成立，杨兆麟为主任委员，赵玉明、林青为副主任委员。4 月 27 日 ~ 30 日，第一次中国广播电视史志研讨会在大连市召开。29 个省、自治区、直辖市的 40 多名代表出席会议。

同日

河北电影电视剧制作中心正式成立。该中心由原河北省科学教育电影制片厂、河北省广播电视厅所属电视剧制作中心和河北电影制片厂合并而成。根据工作需要，另挂“河北电影制片厂”的牌子。

同日

第五届《大众电视》“金鹰奖”评选在西安揭晓。《凯旋在子夜》《红楼梦》《长江第一漂》等作品获奖。

4 月 26 日

中共中央书记处书记邓力群在中南海会见《红楼梦》剧组赴港访问代表团。代表团一行 17 人，将参加在香港举行的《红楼梦》首播式等活动。

4 月 27 日

天津人民广播电台用实况录音剪辑的形式报道 4 月 26 日市长办公会议内容，引起很大反响。该台把这次会议制成 100 分钟的录音剪辑播出，播出后一个多小时就接到 70 多个要求重播的电话。之后，应听众要求播出 10 次。此节目在 1987 年度全国优秀广播节目和全国好新闻评选中均获得特等奖。

4 月 27 日 ~ 30 日

阿拉伯联合酋长国电影摄影队一行三人在新疆维吾尔自治区乌鲁木齐采访。29 日下午，自治区主席铁木尔·达瓦买提在新疆人民会堂会见该摄影队全体成员。自治区广播电视厅厅长沙明参加会见并介绍情况。

4 月 29 日

广播电影电视部干部司印发《关于建立广播电视中专课程组有关事项的通知》：为加强对广播电视中专学校教学工作的业务指导，改进教学方法，组织编写教材，提高教学质量，决定建立广播电视中专工科课程组。

同日

由山东省和有关省、市广播电视厅（局）投资兴建的“泰山广播影视之家”举行开业典礼。全国广播电视系统休疗网委员会主任郝平南剪彩并讲话。

4 月 30 日

由中华全国总工会、北京市政府共同举办的 1987 年庆祝“五一”国际劳动节文艺晚会在人民大会堂举行。中央电视台向全国现场直播晚会实况。

同月

中央电视台参加由意大利电视一台主办的国际电视节目联播《初夏之夜音乐会》。此项活动有33个国家的电视机构参加。中央电视台寄送并播出的两个音乐节目是《新十番锣鼓》和《沂河之春》。

5月1日

中央电视台和国家旅游局联合全国省级电视台举办《在中国旅游》专题节目联播活动。专题节目共30集，介绍大陆各地及台湾的历史、概貌，使观众了解中国灿烂文化，体察民俗风情，领略名山大川的秀丽风光。

同日

内蒙古自治区贯通全区盟、市的3500公里微波干线全线开通，内蒙古电视台和各盟、市电视台实现双向传输节目，结束了盟、市台靠传送录像带播出节目的历史。

同日

辽宁电视台第二套节目试播，播出以经济宣传为主的综合性节目。

同日

江西人民广播电台调频立体声广播开播。

同日

湖南电视台文艺台（湖南电视台第二套节目）试播。

5月1日～9月1日

为纪念内蒙古自治区成立40周年，中国国际广播电台蒙古语广播开办《内蒙古的40年》特别系列节目，逐个介绍内蒙古自治区所属各盟、市40年来所取得的成绩。

5月2日

中央电视台正式播出36集大型电视连续剧《红楼梦》。香港亚洲电视台同日同时播出。泰国、新加坡、马来西亚等国也在洽购播映权。

同日

上海人民广播电台、上海电视台实行重大体制改革。广播电台分为上海人民广播电台新闻教育台、上海人民广播电台文艺台和上海人民广播电台经济台。电视台分以新闻、文艺类节目为主的上海电视台一台和以经济、体育、社教节目为主的上海电视台二台，并组建上海电视剧制作中心。上海市广播电视局成立技术中心和服务中心。

同日

广东省广播电视厅举行广州－海口－三亚广播电视微波电路开通典礼。这条电路可传送三套彩色电视节目和九路广播节目。

5 月 3 日

《中国电视报》社举行电视连续剧《努尔哈赤》讨论会。5 月 7 日用近一版篇幅发表评论。

同日

日本东京放送社长滨口浩三一行六人来京访问，与中央电视台签订电视合作协议。6 日，国家副主席乌兰夫在人民大会堂会见日本客人。

5 月 5 日～8 日

湖北省省、市广播电台信息传播协作网成立并举行第一次会议。会议确定衡量信息节目的质量标准和加强协作网建设的办法。

5 月 6 日

大兴安岭发生罕见的森林大火。中央人民广播电台《新闻和报纸摘要》节目在全国媒体中最早播发大兴安岭森林火灾的消息，并第一个播出《李鹏同志电话慰问前线扑火指战员》等一系列消息。中央电视台驻沈阳军区记者张文志接到通知后立即奔赴前线。5 月 11 日，中央电视台第一次报道现场扑火新闻，并在当晚《新闻联播》中报道从卫星观察到的火灾情况。在灭火的 25 天时间内，沈阳军区记者站和中央电视台军事部联合作战，连续播出 60 条新闻、4 条评论，创《新闻联播》连续报道之最。

同日

在大兴安岭特大火灾中，该地区广播电视系统遭受严重损失。漠河县、塔河县及图强、阿木尔林业局等地的广播电视职工奋起抗灾救灾，用最快速度和最大力度坚持和恢复宣传报道。大兴安岭人民广播电台和加格达奇电视台深入火场一线及时进行采编报道。黑龙江人民广播电台和黑龙江电视台分别派出 20 多名记者到火灾一线采访拍摄，及时向全省和全国人民传递现场信息。到 6 月 20 日，黑龙江省电台、电视台播发报道 453 篇。大兴安岭人民广播电台播出报道 573 篇，加格达奇电视台播出报道 359 篇。

同日

江苏省广播电视学会成立，孙鹰任会长。

5 月 7 日

甘肃省广播电视学会成立，皇甫斌任会长。

5 月 7 日～22 日

苏联国家电视广播委员会副主席弗·依·波波夫一行四人到中国访问。这是 60 年代两国关系破裂以后，苏联广播电视机构领导人第一次正式来华访问。广播电影电视部部长艾知生会见苏联客人，副部长马庆雄主持业务会谈。经过协商，双方签订 1987 年至 1988 年两国广播电视合作议定书。

5月11日

德国之声电台培训中心和中央人民广播电台、北京广播学院联合举办的为期20天的广播剧培训班开学。来自国内19家广播电台的广播剧创作人员和北京广播学院文编系学员参加培训。

同日

由广播电影电视部计算机应用中心和吉林人民广播电台、吉林省广播电视研究所共同研制的“广播文艺录音资料编辑管理系统”在长春通过部级鉴定并推广使用。

同日

新疆电视台开办《每周一句话》维吾尔语言教学节目，旨在提倡汉族和其他民族学习维吾尔语，增进民族团结。自治区副主席黄宝璋发表电视讲话。

5月11日~17日

广播电影电视部和司法部联合举办法制题材电影、电视剧工作座谈会。中宣部、中央政法委、最高人民法院、最高人民检察院、公安部、安全部、中国人民解放军总政治部文化部、人民日报社等十几个单位的有关负责人出席会议。

5月11日~17日

首届全国电视台观众调研工作会议在中央电视台无锡外景基地召开，30家电视台的代表参加会议。本次会议由中央电视台和上海、江苏、浙江等电视台联合主办。

5月12日

上海人民广播电台经济台首次播出世界四大金融市场纽约、伦敦、东京、香港行情。一周后又开辟固定专栏《一周外汇市场述评》。

5月12日~6月12日

北京电视台和中国电视艺术家协会北京分会联合举办第一届“理想杯”大学生电视剧展播。全国17所高等院校的16部（20集）电视剧参加展播。

5月13日

湖南省湘西、湘南广播电视微波干线正式开通。

同日

江苏全省电视台协作会在南京召开。会议讨论了摄制大型系列报告文学片《百家春秋》的协作事宜。

5月13日~16日

福建省广播电视厅在建瓯县召开乡镇广播电视工作座谈会，现场参观和交流了徐墩乡广播电视事业发展和管理工作的经验。

5月15日~19日

中南五省（区）第一届广播电视协作会议在广州召开。

5 月 16 日～20 日

安徽省广播电视厅在合肥召开第十一次全省广播电视工作会议，进一步强调各县（市）要以发展农村有线广播为主，建电台、电视台量力而行。

5 月 18 日

林业部向广播电影电视部转达国务院副总理李鹏对大兴安岭火灾报道的意见，李鹏说：这次大兴安岭火灾，广播电视的报道很好。

同日

第十一届亚运会工程总指挥部批复将国际广播电视交流中心工程项目正式列为亚运会工程的配套项目，建筑面积暂定控制在四万平方米以内，基建规模纳入亚运会总规模。

同日

中国国际广播电台召开干部大会，总结专业职务评定工作并部署首批聘任专业职务工作。从 1985 年 10 月起，国际台先后进行了新闻、翻译和播音专业职务评定的试点工作，到 1986 年 8 月结束。共评定出高级专业职务 34 人，副高级专业职务 227 人，中级专业职务 483 人，初级专业职务 124 人。

5 月 19 日～22 日

《中国新闻事业通史》第二次编写会议在北京广播学院举行。该书拟出 6 卷 180 万字，已被列入国家社会科学基金研究项目。中国人民大学教授方汉奇任主编。

5 月 19 日～23 日

华东六省一市文艺广播协作会议在山东省泰安市召开。

5 月 20 日

中国中央电视台和希腊国家电视台合作协议在雅典签订。

5 月 21 日～25 日

朝鲜劳动党中央委员会总书记、朝鲜民主主义人民共和国主席金日成访华。中国国际广播电台朝语组派记者随团采访，并举办《金日成主席在中国》专题节目，共播新闻 26 条、专稿 15 篇和 4 组中国歌唱家演唱的中朝歌曲。5 月 22 日晚，广播艺术团民族乐团在人民大会堂小礼堂为金日成演出。国务院副总理万里和文化部部长王蒙等陪同观看。

5 月 23 日

北京铁路局和北京铁路分局的领导到广播电影电视部，向参加报道《哄抢西瓜事件》的记者表示感谢，并谈了路风整顿和今后的打算。中央电视台经济部在报道《哄抢西瓜事件》中共拍摄 4 条新闻，在《新闻联播》和《综合经济信息》栏目中播出后，观众反映强烈，受到有关部门和领导的重视。为此，该台经济部又进行了追踪报道。

同日

中共山西省委宣传部、省文学艺术界联合会、省作家协会、省文化厅、省广播电视厅共同主办山西省第一届优秀电影电视剧“天龙奖”颁奖仪式，为获奖的17部优秀影视片及18位优秀影视主创人员颁奖。

5月23日～26日

广播电影电视部、国家民族事务委员会在北京举行表彰会，表彰“边疆万里行”大型宣传活动中的获奖者。中共中央书记处书记邓力群、全国人大常委会副委员长班禅额尔德尼·确吉坚赞、全国政协副主席杨静仁以及广电部部长艾知生等为获奖者颁奖。邓力群、班禅额尔德尼·确吉坚赞还会见了青海电视台代表，勉励他们在促进民族团结方面作出新的贡献。

5月25日

中国广播电视学会管理学研究委员会在北京成立，武子芳当选为主任委员。郝平南、金照出席成立大会并讲话。

5月26日

中央电视台《宣传日报》刊登台领导决定：电视节目不要出监制人字幕。广播电影电视部部长艾知生批示：“这个意见好，要坚决落实。”

5月26日～27日

陕西省广播电视厅召开全省电视台台长会议，重申电视宣传纪律，并下发10条规定。省委常委、宣传部长毛生铣出席会议并讲话。

5月27日

自即日起，由黄益滕（阿原）担任总监制的12集电视连续剧《两岸同根》和观众见面。

同日

上海电视台召开首届职工代表大会，通过《上海电视台工作人员职业道德规范》。

5月28日

中央电视台少儿部与湖南电视台专题部编导的《七巧板》特别节目《大家来游戏——五省、市幼儿游戏邀请赛》开始播出。

同日

为纪念“八一”南昌起义60周年，江西人民广播电台、江西电视台组成联合采访组，采访了中央军委副主席聂荣臻。在北京期间，两台采访组还先后采访了中央顾问委员会常委肖克、李一氓，以及参加过八一南昌起义的张国基、彭猗兰。

5月29日

中央电视台开始在《新闻联播》和《经济新闻》中播出《空运到京进口货物积

压严重》的连续报道。播出后，首都各大新闻单位相继进行了连续报道。广东、四川、上海等地方台也先后作了配合报道。国务院副总理万里在新闻播出后的第三天作出批示："这是一起严重的官僚主义事件，要进行严肃处理。"国务院以办公厅的名义向全国发布《关于加强空运进口货物管理的暂行办法》。

5 月 30 日

第一届电视文艺"星光奖"评选揭晓。《歌声的启示》（中央电视台）获《周末文艺》专栏一等奖；《波希米亚人》（中央电视台）获《电视剧场》专栏一等奖；《刻刀下的黑与白》（贵州电视台）获《文化生活》专栏一等奖；新疆电视台、伊犁电视台、昌吉电视台和独山子炼油厂合拍的大型电视艺术片《西部畅想曲》获《百花园》专栏一等奖。《天山长江两依依》（新疆电视台、江苏电视台联合摄制）等8个节目获"迎春文艺节目展播"一等奖。邓力群、郝建秀、宋任穷、艾知生、马庆雄、徐崇华等领导出席颁奖仪式。中央电视台现场直播了颁奖文艺晚会《今夜星光灿烂》。中国电视文艺"星光奖"是中国电视最高级别的奖项，1988 年纳入政府奖范畴，每两年一评，评选两年内在中央电视台和省级电视台播出的电视文艺节目及少儿电视节目。

5 月 30 日～ 6 月 5 日

应日本"北京电台听众之会"邀请，中国国际广播电台代理台长刘习良率五人代表团访问日本。代表团先后访问了东京、京都、生驹、德岛等十余个地方，广泛接触日本听众，受到欢迎。

5 月 30 日～ 6 月 10 日

中国唱片总公司与北京外文书店联合举办中国唱片总公司唱片、音带、放唱设备展览会。广播电影电视部副部长徐崇华等参观了展览。

同月

中央电视台广告部和专题部合作，为美国麦克唐纳道格拉斯飞机制造公司制作三集广告片，开创中央电视台为外商独立制作广告的先例。

同月

辽宁省广播电视厅召开农村广播电视工作会议，提出"七五"期间全省农村广播电视发展目标。

同月

上海人民广播电台文艺台推出自编自导自演的日播节目《滑稽王小毛》，该节目长盛不衰，家喻户晓。

同月

华东六省一市广播电视厅（局）思想政治工作研讨会在杭州市举行。

同月

安徽省滁县地区电视台成立。

6月1日

由中央电视台主办的全国首届电视文艺研讨会在北京召开。广播电影电视部部长艾知生到会讲话，强调电视节目应当摆正“两个效益”的位置，把社会效益放在第一位。

同日

为庆祝“六一”儿童节，中央电视台举办《欢乐的童年》文艺晚会并向全国现场直播。中共中央顾问委员会副主任宋任穷，常委王首道、委员荣高棠等观看演出。

6月1日~3日

上海电视台协助日本放送协会大阪支局在上海进行《你好，上海》的卫星实况传送取得圆满成功。

6月1日~8日

南斯拉夫广播电视共同体执行委员会主席德拉甘·马尔科维奇和萨拉热窝电台电视台总台长赫尔沃耶·伊斯杜克访问中国。中共中央政治局委员、书记处书记胡启立，广播电影电视部部长艾知生会见该代表团。

6月2日

甘肃省陇西人民广播电台正式开始播音。

6月2日~8日

广播电影电视部技术局在武汉召开全国调频广播频率规划、广播电视无线电管理工作会议。会议决定：30瓦以下的小功率发射机的频率在全国性规划编制完成后，由各省厅（局）自行规划。

6月3日

经对外经济贸易部批准，中国广播电影电视对外工程公司成立。该公司受广播电影电视部领导，业务上接受经贸部指导。

6月4日

中央人民广播电台广播学会（中国广播电视学会分会）成立，副台长王健儒任会长，朱世瑛任秘书长。

同日

中央电视台与新华社、中宣部宣传局联合举办“时事政治知识竞赛”，于中国共产党第十三次全国代表大会召开期间在中央电视台第一套节目中播出。

6月4日~7日

由湖北人民广播电台牵头，长江沿线的四川、湖北、湖南、江西、安徽、江苏和上海七家电台聚会武汉，共同研究系列广播报道《长江行》的总体构思并拟定选题。

6 月 5 日～ 11 日

全国八省（区）首届蒙古语广播优秀节目评选会议在呼和浩特市举行。30 篇新闻、专稿获奖。

6 月 8 日

林业部给中央人民广播电台写来感谢信，对中央电台在扑灭大兴安岭森林大火中及时准确传达中央领导的指示、全面报道每天的火情、气象、作战部署、后勤支援和英雄模范事迹等方面所作出的努力表示感谢。

同日

天津电视台新闻部首次用电视录像车采访市政府召开的中外记者招待会，并播出专题新闻片《李瑞环市长举行中外记者招待会》。当晚，中央电视台在《新闻联播》节目中播出这条新闻。

6 月 9 日

河北省广播电视专用微波电路全线开通。这条线路共 25 站，全长 1268 公里。

同日

吉林省广播电视学会成立，朱文才当选为会长。

6 月 9 日～ 10 日

中央电视台彩电中心第二个卫星地面接收站开始试收苏联及东欧国家新闻。

6 月 9 日～ 13 日

中央电视台举办首届全国戏剧小品电视比赛。36 部作品参赛。《芙蓉树下》获一等奖，《雨巷》《主要任务》《无题》获二等奖，《新兵蛋子》等五个小品获三等奖。

6 月 10 日

法国电视四台到上海电视台选购《上海监狱》等八部专题片，这是我国首次向法国出口电视节目。

6 月 10 日～ 18 日

中央人民广播电台、中国国际广播电台在乌鲁木齐联合召开有 14 个民族地区记者站参加的民族地区宣传报道工作座谈会，广播电影电视部副部长马庆雄到会并讲话。

6 月 10 日～ 25 日

山西省广播电视厅和北京广播学院在太原联合举办“广播电视节目主持人讲习班”。

6月11日

青海省西宁-民和的广播电视微波电路建成，结束了青海省东南各县多年来只能收看甘肃省电视节目的历史。

6月12日

北京广播学院思想政治教育研究会第一次会员大会暨首届年会召开。大会选举产生理事会，刘继南任会长。

同日

北京人民广播电台与加拿大广播电台签署《关于联合举办英语讲座协议书》。

6月12日～19日

民主德国电视委员会副主席召特·洛依希特率电视代表团访华。全国人大常委会副委员长王任重会见该代表团。

6月13日

广播电影电视部副部长聂大江召开中央人民广播电台、中国国际广播电台、中央电视台和有关部门负责人座谈会，征求对政策研究室研究题目的意见。与会人员就当前实际工作中面临的重大政策问题发表了意见。

同日

中国国际广播电台驻泰国记者站把泰语组制作的《泰中友谊之歌》音乐磁带送给泰国诗琳通公主。当公主听到根据她的一首诗谱写、演唱的《泰中自古是亲戚》后说，中国歌唱家演唱的中文她都听得懂，她听了用中文演唱的泰国国王所作的音乐作品《雨丝》特别高兴，说中国国际广播电台泰语组对中泰友谊做了一件很有意义的工作。

6月13日～16日

江西省首届市、县台（站）优秀播音员评奖会在南昌市举行，50名优秀播音员出席。

6月15日

中央电视台举办的首届全国电视音乐编辑培训班开学。

同日

体制改革后的上海电视台一台、二台开播。全国人大常委会副委员长陈丕显、荣毅仁分别题词："加强经济宣传和经济信息的交流，面向现代化，面向世界，面向廿一世纪"；"愿你们为建设具有中国特色的社会主义作出贡献！"

6月16日～21日

广播电影电视部办公厅在合肥召开全国音像管理工作会议。部长艾知生、副部长谢文清出席会议并讲话。

6 月 17 日

中国电视国际服务公司与联邦德国北德电视台就首次在德播出电视连续剧《红楼梦》一事达成协议，并于次日下午在北京签署正式合同书。这是中央电视台第一次将大型电视连续剧输入欧洲电视网。

6 月 18 日

中国广播电影电视部和保加利亚电视广播委员会广播电视合作协定在索非亚签订。

6 月 20 日

湖南省广播电视厅首次评定广播电视科技进步奖，评出获奖项目 34 个。

同日

中国电视剧艺术委员会、中国红学会、《中外电视》杂志编辑部、《中国电影报》召开电视剧《红楼梦》学术研讨会，红学界、影视界、新闻界等 40 余人参加会议。

6 月 21 日

中央电视台《九州方圆》播出改革系列节目《八市长谈改革》第一集。此节目共八集，反映沈阳、丹东、广州、重庆、武汉、上海、石家庄、北京共八位市长对改革的认识和思考。

6 月 22 日

《中国广播电视年鉴》首卷（1986 年版）正式出版发行。

同日

山西省广播电视厅的“广播发射机自动控制处理机”及“调幅音量自动控制处理机”两项科研成果在阳泉市通过鉴定。

同日

新疆维吾尔自治区人民政府批准自治区广播电视厅建设彩色电视节目制作译制播出中心计划任务书。

6 月 23 日

广播电影电视部部长艾知生考察安徽省广播电视厅和省电台、电视台，听取厅党组的工作汇报。

6 月 28 日～7 月 2 日

广播电影电视部和中国人民解放军总政治部联络部在北京联合召开全国对台广播协调会议。中央对台办负责人杨斯德，广电部副部长谢文清、马庆雄到会讲话。

同月

中国电视国际服务公司同香港东明企业公司合作销售中国电视节目带，在香港已发展到 28 个推销点，可将中央电视台节目发行销售到 37 个国家和地区。

同月

上海电视台开始每月向日本东阳免税商店提供10个小时的节目，通过该店在日本销售。节目内容包括文艺、体育、电视剧和专题片等。这是上海电视台第一次在海外开辟节目销售市场。

同月

重庆人民广播电台调频立体声广播正式开播。

同月

贵州电视台技术人员自行设计、自己动手，将日本22座丰田客车改装成三讯道彩色小型轻便录像车，解决了大转播车不能下地（州）、县的问题。

同月

甘肃省广播电视报社成立。

7月1日

中央电视台《新闻联播》节目由以往一名播音员单播改为男女播音员共同主持、串联节目，并增加画面上的抠像和字幕。这次改革受到观众称赞。

同日

天津电视台的《天津新闻》节目开始采用男女对播形式，把口播新闻与影像新闻串在一起播出。

同日

吉林电视台和法国庇卡底-北加莱地方台（第三台）签署建立友好台关系协议书，双方同意定期交换节目，互派记者到对方省区采访等。

同日

江西省吉安电视台建成开播，采用1千瓦分米波发射机，用三十二频道转播中央电视台第一套节目。1988年12月30日自办节目开播，发射功率300瓦，七频道播出。全天播出10个小时。人口覆盖率70%。

同日

湖南电视文艺台正式播出。

同日

广东佛山有线电视台在市直机关大院范围内试播，成为全国较早的区域性有线电视台。

7月2日

中央电视台与联邦德国电视一台共同录制《北京-波恩之夜文艺晚会》。两国文艺工作者联袂演出，向两国观众奉献了一台风格迥异的节目。

7 月 4 日

广播电影电视部党组批准成立浙江广播电视专科学校临时党委，邱汉初任书记，张品兴任副书记。实行党委领导下的校长负责制。

同日

浙江省音像资料馆成立。

7 月 5 日

中央人民广播电台《今晚八点半》节目组编播人员在王府井新华书店前举行征求听众意见活动。

同日

中央电视台第一、第二套节目分别开辟《纪录电影之窗》栏目，定期播放中央新闻纪录电影制片厂的纪录片。

同日

上海电视台开办全国第一个杂志型电视新闻栏目《新闻透视》。

7 月 5 日～9 日

江西电视台主办的华东六省一市电视协作会第七次会议在庐山召开。会议着重交流了技术管理经验。

7 月 6 日

苏联电视台播放中央电视台赠送给苏联广播电视代表团的《话说长江》第一集。苏联驻华使馆希望中方继续提供该片的续集。

7 月 7 日

北京市广播电视局邀请部分人大代表召开专题座谈会，征求对广播电视节目的意见。

7 月 8 日

《中国广播报》刊登中国国际广播电台为庆祝中国人民对外广播事业创办 40 周年在全国范围内首次举办的“国际知识竞赛”的赛题和参赛办法。竞赛设一等奖 1 名，二等奖 5 名，三等奖 30 名，纪念奖 1000 名。

同日

经北京市高等学校教师职务评审委员会审定，北京广播学院 55 名教师被确认具有教授、副教授任职资格。

7 月 11 日

中国国际广播电台土耳其语组为庆祝土耳其语广播开播 30 周年，于 4 月向 400 位听众发了调查表，从已收回的 120 份调查表中统计，听众喜欢的节目有《中国概貌》《中国的社会生活》《今日新疆》《音乐节目》等。

同日

中国国际广播电台驻泰国记者将录音通讯《诗画传友谊，童稚见真情——记诗琳通公主与中国小朋友的一段友情》的磁带交给公主。公主听了整个节目，含着热泪说：“这些孩子感情真挚，令人感动。”

同日

世界50亿人口日。中央电视台播出专题节目《为了民族的昌盛》。周末，播出《世界50亿人口日文艺晚会》。

7月15日

北京市广播电视学会成立，于云先任会长。

7月15日～16日

贵州省广播电视学会举办首次广播电视立法研讨会。

7月15日～20日

广西壮族自治区广播电视厅在马山县召开地、市广播局长扩大会议，讨论修改《关于加强地市县广播电视宣传管理的意见》《关于地市县广播电视部门组织经济收入的试行办法》和《有线广播设备整顿更新改造的意见》。

7月16日

中央任命王枫为广播电影电视部副部长兼中央电视台台长。陈昊苏任广电部副部长，谢文清、丁峤不再担任副部长职务。

同日

西藏自治区广播电视厅主办的全国第五届藏语文艺广播会议在日喀则市举行。全国人大常委会副委员长班禅额尔德尼·确吉坚赞看望会议代表。

7月18日

中国国际广播电台广州转播台正式开播。

7月20日

中央电视台主办的全国首届电视新闻理论培训班在合肥开学。

7月20日～27日

黑龙江人民广播电台和中国广播剧研究会、北京广播学院联合举办的全国广播剧编导理论研讨会在牡丹江市召开。

7月21日

中央电视台和中国人民解放军总政治部、总参军训部、总后司令部、解放军报社联合举办《庆祝建军60周年“八一”青年知识竞赛》，节目长250分钟，分五场播出。7月30日，中央电视台现场直播知识竞赛决赛。

同日

甘肃电视台组织的首次全省地方电视专题节目展播结束。这次展播活动历时四个多月，参展节目题材广泛、内容丰富，具有鲜明的地方特色。

7 月 21 日～ 27 日

广播电影电视部在北京主持召开全国广播节目改革经验交流会，部长艾知生出席会议并讲话。

7 月 22 日

中国唱片总公司出访小组赴苏联、捷克斯洛伐克、匈牙利和保加利亚举办“中国唱片展销会”。

7 月 23 日

湖北省广播电视学会成立，张晶轩任会长。

7 月 24 日

中央电视台分党组召开生活会，结合中共中央政治局委员胡乔木对流行歌曲问题的批评和电视剧《山中，那十九座坟茔》的录像带外流等问题，检查了宣传纪律的执行情况，对如何进一步提高电视宣传质量、加强宣传管理进行研究，制定了相应的措施。

同日

新疆维吾尔自治区广播电视厅举办县以上广播电视局少数民族局长培训班，经过 40 天学习结业。38 名少数民族局长参加培训。

7 月 25 日

南京军区司令员向守志、政委傅奎清和福建省委书记陈光毅等到海峡之声广播电台视察工作。

7 月 26 日～ 8 月 1 日

中国国际广播电台为纪念世界语诞生 100 周年，在劳动人民文化宫举办《世界语展览》。

7 月 27 日

青海省西宁 - 乐都 - 民和广播电视微波专用线路正式投入使用。副省长班玛丹增出席开通仪式。

7 月 27 日～ 8 月 7 日

中央电视台播出由军事部制作的 12 集电视系列片《让历史告诉未来》，受到全国观众高度评价。国防部部长张爱萍对中央电视台记者说：“《让历史告诉未来》编辑得很好，向中央电视台表示感谢。”之后，中国电视国际服务公司制作发行了该片节目录像带，到 1987 年年底共发行 305 套。

7月28日～30日

四川省广播电视厅召开全省音像管理工作会议，讨论整顿音像市场、加强对录像放映、闭路电视、电视剧制作单位的管理等问题。

7月28日～8月1日

兰新铁路因特大山洪被冲断，万名受阻旅客滞留哈密五天五夜，哈密各族人民给予了热情接待和帮助。哈密人民广播电台和哈密电视台对这一事件进行了连续报道。

7月28日～8月10日

中央电视台合拍部协助日本电视台（NTV）电视网摄制纪录片《北京－敦煌》，介绍西北风土人情、悠久的历史文化。

7月30日

新疆电视台举行第二届新疆歌曲征集活动颁奖大会。这次征集活动收到作品1000多首，经过评选，共有48首歌曲获奖。新疆维吾尔自治区主席、征歌组委会名誉主席铁木尔·达瓦买提，自治区党委副书记贾那布尔等领导到会颁奖。

同日

中国广播电视学会直属二分会成立，由广播电影电视部技术局、无线电台管理局、工业管理局以及部直属的设计院、广播科学研究所和对外工程公司六个单位的会员组成。瞿瑞虎任会长。

7月31日

内蒙古人民广播电台开办调频立体声广播。

同月

由中国广播电视学会和广播电影电视部政策研究室联合主办的《中国广播电视学刊》创刊号出版。中国广播电视学会会长吴冷西发表代发刊词《做学问》。著名书法家启功题写刊名。

同月

内蒙古彩电中心工程竣工，正式交付使用。内蒙古电视台蒙古语电视单开频道正式播出。

同月

海峡之声广播电台在日本设立台湾听众信箱，在福建和浙江沿海的台湾同胞接待站设了8个台湾听众意见箱。

同月

福建省莆田电视台成立。

同月

新疆维吾尔自治区马兰广播电视局和新疆电视台联合录制的专题片《太阳从大漠升起》完成，国防部部长张爱萍题写片名。

8 月 1 日

中国人民解放军建军 60 周年，中央电视台现场直播《庆祝“八一”建军节军民联欢晚会》。

8 月 3 日

中央电视台对外部与西藏电视台联合摄制的四集电视片《“雪顿”——西藏》开播。

同日

江苏电视台举办华东六省一市电视英语大奖赛。

同日

由新疆人民广播电台青年记者聂晶疆等五人组成的塔克拉玛干大沙漠采访队，驾驶摩托车从乌鲁木齐出发，开始环行塔克拉玛干大沙漠。此次采访行程 6000 多公里，共采写稿件 40 篇。

8 月 5 日～7 日

24 个省、市电视台在上海召开经济节目协作会，旨在加强各省、市电视台经济节目的横向联系。

8 月 5 日～9 日

广播电影电视部干部司在太原召开第一次全国广播电视中专工科课程组会议。各广播电视学校的校长、副校长、教务科长及教师代表参加会议。广电部干部司副司长刘爱清主持会议并讲话。会议确定了 8 个课程组的主持学校和成员名单，通过了《广播电视中专课程组暂行工作条例（试行）》。

8 月 5 日～12 日

由中央人民广播电台牵头的第二届全国广播电台地方风貌节目业务研讨会在乌鲁木齐市举行。会议讨论了在新形势下以进行爱国主义教育为宗旨的地方风貌节目如何创新的问题。

8 月 7 日～9 日

中国唱片总公司在吉林省吉林市召开中国唱片、音带发行管理工作经验交流会。

8 月 8 日

广西壮族自治区广播电视学会成立，陈宁任会长。

8 月 10 日

中共佳木斯市委党史工作委员会和佳木斯市广播电视局召开原东北新华广播电

台部分老干部座谈会。广播电影电视部副部长徐崇华以及原东北新华广播电台台长、机务负责人、播音员、机务员等11位老干部和省、市部分领导参加座谈会。

同日

中南五省（区）广播电视微波联网会议在湖南省南岳电视转播台举行。会议研究了加快广播电视微波联网工作的问题，以实现五个省（区）广播电视新闻、信息、体育和文艺节目的互传或联播及省厅间的公务电话联络。

8月10日~14日

中国国际广播电台日语部《中国话讲座》节目主持人陈真和英语部《学中国话》节目负责人李树田代表该台参加在北京召开的第二届国际汉语教学研讨会。会上成立了世界汉语教学学会。

8月10日~18日

塞内加尔广播电视总局局长马尔塞勒·恩迪沃斯率团来中国访问。8月11日，广播电影电视部副部长马庆雄和恩迪沃斯共同签署《中国广播电台、电视台和塞内加尔广播电视局广播电视合作议定书》。

8月11日~14日

香港电视广播有限公司总经理陈庆祥一行六人来到北京，与中央电视台和国家体委等有关部门就1988年奥运会、1990年亚运会电视转播及有关业务进行商谈。广播电影电视部副部长马庆雄、国务院港澳事务办公室副主任李后和国家体委副主任张彩珍分别会见该代表团。

8月12日

甘肃省广播电视学会召开第二次常务理事会，决定下设五个专业研究组织：广播学研究委员会、电视学研究委员会、广播电视技术研究委员会、广播电视管理学研究委员会、广播电视播音学研究委员会。

8月13日~19日

广播电影电视部第一次法制工作会议在贵阳市召开。会议讨论了《录音录像管理条例》《有线电视管理规定》《中外合作摄制电影片电视片暂行规定》等五个条例和规章。副部长聂大江出席会议并作报告。

8月15日~30日

全国广播音乐工作年会和《全国广播音乐厅》节目评奖、颁奖大会在江西井冈山举行。会上共评出10个优秀节目。

8月16日

中国播音学研究会在北京广播学院成立。会议通过播音学研究会决议，组成第一届理事会。齐越被推举为名誉会长，夏青当选为会长。

同日

全国少数民族自治区广播电视协作会议在呼和浩特市召开，内蒙古自治区党政领导到会讲话。会议就加强全国五个自治区广播电视机构的协作与交流等问题达成协议。

8 月 17 日

中央电视台社教部与《中学生》杂志社、《中华少年》杂志社、《少年科学》杂志社联合举办京、津、沪中学生德、智、体、美、劳电视大赛。24 日和 25 日晚上播出决赛。

8 月 18 日

中国国际广播电台华侨部开始分别向三家新办或最近复办的海外华语电台——法国巴黎华人之声、美国纽约侨声、休斯敦华夏之声电台寄送四至十个小时的广播节目。内容有《茶余饭后》《大榕树下》《中国名医名药》《民族风情》和文艺节目等。

8 月 18 日～ 28 日

中央电视台受联邦德国艾伯特基金会委托，协同亚洲大众传播研究中心进行“亚广联”新闻交换收视情况调查。期间，举行了一次同行座谈会、四次培训。共 130 余人参加活动。

8 月 20 日

山东省第一个村办双声道立体声有线广播室在章丘县普西村开播，全村 370 户都安上了立体声音箱。

8 月 21 日

云南省广播电视学会成立，林建中任会长。

8 月 22 日

中央人民广播电台主办的《在祖国各地》节目第四届经验交流会在乌鲁木齐结束。全国各省、自治区、直辖市广播电台领导和节目负责人出席会议。

8 月 24 日

浙江省广播电视学会成立，杜加星任会长。

8 月 24 日～ 25 日

甘肃省广播电视学会举行广播学理论研讨会。甘肃省、兰州市广播电台和兰州大学新闻系等单位的 15 名作者在会上宣读了论文。

8 月 25 日

中央电视台、中国电子学会广播电视专业委员会联合主办的 1987 年北京国际电视设备展览会在彩电中心开幕。中央顾问委员会副主任薄一波为展览会开幕剪彩。北京市副市长韩伯平和广播电影电视部副部长马庆雄、徐崇华出席开幕式。

同日

山西省广播电视学会成立。会议通过《山西省广播电视学会章程》，选举江风为会长。

8月25日～26日

新疆维吾尔自治区广播电视厅科研所的“32通道中短波广播自动测试系统”“8通道中波广播自动测试系统”“维吾尔文、哈萨克文电视屏幕编辑系统”“传播媒介受众调查软件”四项科技成果通过鉴定。其中“维吾尔文、哈萨克文电视屏幕编辑系统”被评为自治区1987年十项重大科技成果之一。

8月25日～9月11日

应艾伯特基金会的邀请，北京广播学院党委书记胡大忻赴澳大利亚，出席“广播电视人才培训如何适应新的发展”会议和国际通讯传播学会年会。

8月26日

湖南省广播电视厅在怀化地区召开全省地（州）、市及部分县广播电视局局长会议，研究把广播电视建设重点转向农村的问题。

8月26日～31日

西北、西南10省（区）电视台节目经验交流会在乌鲁木齐市举行。会议主要交流了民族地区的电视宣传工作情况和节目管理工作经验。

8月28日

中共中央书记处书记胡启立在广播电影电视部部长艾知生陪同下到辽宁省检查工作，视察正在建设中的辽宁电视塔。

8月30日

中共中央政治局委员胡乔木视察广播电影电视部并看望编辑、播音员。广电部副部长聂大江、马庆雄等陪同并向胡乔木汇报了工作。

同月

国家教育委员会决定由广播电影电视部牵头，与其他17个部委共同组成中央机关赴安徽讲师团，共136人，由广电部干部司副司长刘爱清任总团团长。其中广电部共派出61人（后有三人去西藏），分布在合肥、滁州、六安三市和肥西、长丰、来安、金寨、祁门等五县的16所学校支教。讲师团在安徽支教一年，1988年7月结束回京。

9月1日

天津市建设委员会组织召开天津广播电视塔工程扩初设计审查会。市长李瑞环听取了汇报，并对建塔的指导思想、工程进度、投资及组织协调作了明确指示，要求把广播电视塔工程高质量低造价地搞上去。

9 月 1 日～ 12 月 12 日

北京电视台与宋庆龄基金会联合举办国际动画片展播，15 个国家的 20 多个影视单位参加，播出近 40 部动画片。

9 月 2 日～ 4 日

吉林省广播电视系统“七五”期间重点科技攻关项目——“331 台遥控自动化项目”在长春通过方案论证。

9 月 2 日～ 5 日

西北地区广播电视系统科技情报网会议在乌鲁木齐市召开。广播电影电视部情报研究所所长王瑞英、新疆维吾尔自治区广播电视厅副厅长李天德就如何开展广播电视科技情报工作发言。

9 月 4 日

中国国际广播电台举行庆祝中国人民对外广播创办 40 周年文艺会演。广播电影电视部部长艾知生、副部长马庆雄等出席晚会。

同日

全国人大常委会副委员长班禅额尔德尼·确吉坚赞、国家民族事务委员会副主任平措旺杰在广播电影电视部部长艾知生陪同下参观中央电视台彩电中心，审看电视片《康区行》，并就加强电视的对外宣传工作提出建议。

9 月 5 日

山东电影电视剧制作中心主办的《影视文学》（双月刊）杂志创刊号正式出版发行。省委书记梁步庭为杂志题写刊名。

同日

湖南人民广播电台向全国直播《纪念秋收起义，建立井冈山革命根据地 60 周年音乐会》实况。这是该台与中央人民广播电台、江西人民广播电台、醴陵瓷业总公司联合举办的大型音乐会。

9 月 7 日

广播电影电视部副部长马庆雄与中央电视台对外部英语新闻组部分工作人员座谈。马庆雄肯定了英语新闻开播八个月来所取得的成绩，并就存在的问题发表了意见。

9 月 7 日～ 22 日

广播电视新技术研讨班在北京广播学院开课。各省厅（局）主管技术工作的副厅长、总工及部属单位的技术负责人参加研讨班。

9 月 8 日

中国科学技术协会、新闻出版署、广播电影电视部和中国科普创作协会联合举办的第二届全国优秀科普作品奖评奖揭晓并在北京举行颁奖大会。25篇汉文科普广播稿和一篇哈萨克文科普广播稿获奖。

同日

中国国际广播电台举行外国专家招待会，庆祝中国人民对外广播创办40周年。广播电影电视部部长艾知生、副部长马庆雄和国际台台领导以及国家外国专家局负责人出席招待会。国际台26个国家的专家和夫人出席会议。艾知生发表讲话，感谢外国专家为帮助我国对外广播作出的辛勤工作。

同日

为庆祝教师节，广播电影电视部在大楼会议室召开教师代表座谈会。北京广播学院、电影学院、职工学校共38名教师代表参加。教师代表畅谈了教书育人的体会及对办好学校的希望和意见，广电部部长艾知生和副部长聂大江出席座谈会，向教师祝贺节日并颁发部级优秀教材荣誉证书和奖金。

9月8日～22日

根据中法双方合作协定，法国广播协会、通信广播研究中心等组织来华，与中方技术人员在北京卫星地面站联合进行D2-MAC卫星传输试验，并取得成功。

9月10日

全国人大常委会副委员长陈慕华、国务委员李铁映等中央领导及参加全国金融改革试点城市银行行长工作会议的代表，观看电视连续剧《银行家》，对该剧给予较高评价。

9月10日～11日

广西壮族自治区广播电视厅在柳州市召开全区电视新闻协作会议，规定各地除转好中央和省台电视新闻节目外，五个省辖市电视台要定期向广西电视台提供电视新闻。

9月10日～16日

第八次全国省会城市广播工作经验交流会在广州召开。

9月11日

中国国际广播电台在北京民族文化宫举行茶话会，庆祝中国人民对外广播事业创办40周年。中共中央政治局委员、书记处书记胡启立，全国人大常委会副委员长黄华，全国政协副主席程子华，中央对外宣传小组组长朱穆之，中宣部部长王忍之，广播电影电视部部长艾知生，外交部副部长齐怀远，中华全国归国华侨联合会主席张国基，北京市副市长张百发以及各新闻单位负责人、国内外来宾500余人出席茶话会。会后，中央领导和来宾参观了《中国人民对外广播事业创办40周年展览》。

同日

中国国际广播电台隆重集会，庆祝中国人民对外广播事业创办 40 周年（当时以 1947 年 9 月 11 日陕北新华广播电台在河北涉县沙河村开办英语广播的时间作为中国人民对外广播事业创建纪念日。1995 年 3 月 15 日，经广播电影电视部党组批准，确定 1941 年 12 月 3 日陕北新华广播电台正式开办日语广播的时间作为中国人民对外广播事业创建纪念日）。广播电影电视部副部长聂大江、马庆雄，部机关各司局领导，国际台离退休干部及在职职工 600 多人出席大会。台长崔玉陵作题为《任重道远》的报告。

同日

新疆维吾尔自治区伊犁电视台哈萨克语电视节目译制部成立。

9 月 12 日

甘肃省武威市建立调频广播电台。

9 月 12 日～ 21 日

全国各地广播电台《青年节目》第三届年会暨首届优秀节目评奖会在湖北省沙市举行。

9 月 13 日

全国人大常委会副委员长周谷城为湖南人民广播电台与湖南电视台联合摄制的电视系列片《八百里洞庭》题写片名。

9 月 15 日

广播电影电视部批复同意建立广州电视台。

同日

中央人民广播电台广播学会和研究室联合举行 1987 年度节目改革听研会，听研《午间半小时》等七个专题节目。广播电影电视部部长艾知生出席会议并讲话。

9 月 15 日～ 20 日

四川省广播电视厅在南充和营山两县召开全省农村广播电视新技术应用现场会，推广以有线广播为主体，有线广播、无线调频广播、电视广播相互促进、同步发展的经验。

9 月 15 日～ 21 日

西班牙广播电视总局局长比拉尔·米罗率团来中国访问，同我国广播电视机构签订广播电视合作协定。

9 月 17 日

国家副主席乌兰夫在人民大会堂安徽厅会见澳大利亚潘瑞公司董事长潘瑞一行，对该公司与中国电视国际服务公司合资兴建国际广播电视交流中心表示祝贺。广播电影电视部副部长徐崇华、澳大利亚驻华大使郜若素等参加会见。

同日

中央电视台、中国国际信托公司、英国培格曼大东公司在北京签订合办《时代与科技》节目的协议。

9月18日

中国国际广播电台英语部与美国洛杉矶KABC电台举办《电话问答联播节目》。该节目由美方主持人麦克·杰克逊和国际台英语部吴晓镛分别在洛杉矶和北京共同主持。中国信托投资公司办公厅主任姚进荣和国家教委杨埙受邀现场回答听众提出的30个问题。内容涉及中国的政治、经济、教育以及社会生活的许多方面。美国各地有100多家电台转播了这次节目。

9月19日

由广播电影电视部设计院设计的湖北广播电视塔工程在武昌市通过验收。

9月19日~26日

以总经理舒尔曼为首的瑞士广播电视公司代表团应邀访问我国。广播电影电视部副部长马庆雄主持业务会谈并签署会谈备忘录。部长艾知生会见该代表团。

9月21日~22日

山东省广播电视科学研究所承担的“1.4吉赫微波设备与分米波电视频率分配参数”科研项目通过部级鉴定。

9月21日~25日

广播电影电视部在山东省崂山县召开城市电视台宣传管理会议。中国电视艺术家协会主席金照出席会议并讲话。

9月21日~11月4日

中央电视台播出《来自班组的报告》专题节目，介绍全国班组建设优秀成果，深受班组长、基层干部和广大职工的欢迎。

9月22日

迎接1990年亚运会长跑活动在北京举行。国务院副总理万里、田纪云出席开幕式。长跑队途经全国20多个省、自治区、直辖市，中央电视台进行了连续报道。

同日

“熊猫牌K4型2×275瓦电子管甲级扩音机”技术鉴定会在南京举行。经测试鉴定，该机各项技术指标符合甲级标准。

9月23日

国际广播电视技术讨论会在北京举行。9月26日，国务院副总理李鹏在人民大会堂会见与会的国际委员会成员。

同日

中央人民广播电台委托中国社会调查所在全国范围内开展一次听众抽样调查活动，双方签订委托调查协议书。

9 月 25 日

中国国际广播电台土耳其语广播开播 30 周年。全国政协副主席包尔汉，全国政协副主席、中土友好小组主席雷洁琼分别发来贺信。

9 月 25 日～27 日

北京广播学院新闻系受国家教委委托，主持召开广播新闻与电视新闻自学考试大纲修订会。

9 月 25 日～10 月 2 日

中央电视台协助美国全国广播公司（NBC）顺利完成《变化中的中国》节目卫星实况传送任务。该节目在美国全国广播公司《今日节日》和《晚间新闻》中播出，每天 3.5 个小时，共 90 多个专题。

9 月 26 日

中国广播电影电视对外工程公司承包的马里电台大修工程完成。在马里首都巴马科举行隆重的竣工移交仪式。马里政府六名部长、中国驻马里大使周海萍、中国广播电影电视对外工程公司总经理单春厚出席移交仪式。

9 月 27 日

应中国国际广播电台邀请，英国广播公司董事长约翰·图萨率代表团一行八人访华。广播电影电视部部长艾知生、国际台台长崔玉陵分别会见该代表团。

9 月 28 日

《中国广播电台、电视台和澳大利亚广播公司广播电视合作协议》在堪培拉签订。

9 月 29 日～11 月

中宣部、广播电影电视部联合调查组会同国家统计局农调总队，对不发达地区的广播电视事业进行调查。联合调查组共填写 400 多张典型调查表，4 万多个数据，处理抽样调查数据 33 万个，查阅整理各类资料上千份，最后形成各类调查研究报告 17 个，约 22 万字。

9 月 30 日

中央电视台彩电中心方楼正中“中央电视台”五个大字落成。这套铜制台名由书法家唐俭通题写、哈尔滨美术装饰公司装潢设计师王志钧设计，字体直径近 3 米。

同月

党和国家领导人就中国人民对外广播事业创办 40 周年为中国国际广播电台题写台名、题词。邓小平为国际台题写台名。李先念题词：“中国之声，友谊之桥。”陈云题词："电波传五洲，友谊通四海。"彭真题词："五湖四海遍知音。"邓颖超题词："和平友谊之声。"

同月

安徽省宿县地区电视台成立。

同月

四川省首次广播电视、音像随机抽样的受众调查全面展开，顺利完成第一阶段1000份调查问卷的调查任务。

同月

从27日以来，少数分裂分子在达赖集团的操纵下在拉萨制造骚乱，妄图搞"西藏独立"。西藏人民广播电台立即组织人力，在重点街道、路口架设线路，安装高音喇叭，宣传党的政策。西藏电台、电视台打破常规，延长新闻播出次数和时间，揭露骚乱真相，深入揭批达赖分裂集团的罪恶行径。

同月

新疆维吾尔自治区伊犁哈萨克自治州广播电视局与州技工学校联合开办的两年制广播电视技工班40余名学员毕业，充实到州、地广电系统的技术部门。

10月1日

中央电视台、中国社会科学院世界史研究所、中国革命博物馆联合举办的《历史上的今天》栏目开播。该栏目每日两分钟，向观众介绍国内外历史上当日曾发生过的一些重大事件，内容涉及政治、经济、军事、人文、地理等多方面。

同日

江苏电视台三十八频道开播。这一频道主要播出文艺节目，作为江苏电视台第二套节目播出。

同日

江西708电视转播台建成开播，使用10千瓦彩色电视发射机、十一频道转播江西电视台节目。

同日

兰州电视台正式开播。

10月3日

中央电视台播出由《红楼梦》剧组演员和香港艺员参加的《红楼梦》电视文艺晚会，在北京与香港各三名选手间进行"红楼"知识竞赛。香港亚视也同时播出。

10月4日

由中央电视台军事部拍摄的十集电视连续节目《长征·生命的歌》开始播出，每周一集。

同日

天津电视台新建的电视新闻制作中心投入使用，实现采、编、播“一条龙”的工作流程。

10 月 5 日

全国广电系统广播电视学校协作会在贵阳召开。

同日

陕西广播电视发射塔建成，塔高 245 米，覆盖半径 80 公里。

同日

新疆维吾尔自治区乌鲁木齐高山广播电视调频台建成投入使用。新疆人民广播电台调频立体声广播、新疆电视台发射机房移至该高山台播出。

10 月 5 日～6 日

广播科学研究所研制的“图文电视广播播出系统”通过部级技术鉴定。

10 月 5 日～10 日

中央人民广播电台、上海人民广播电台、北京广播学院联合召开全国电影录音剪辑业务研讨会，总结电影录音剪辑节目制作经验和探讨理论问题。中国广播电视学会副会长左漠野出席会议并讲话。

10 月 5 日～11 日

天津电视台举办“法国电视节目展播周”，播出 10 余部法国电视片。

10 月 6 日

全国广播电台第二次总编室主任会议在成都举行。会议交流了各台节目改革的情况和经验，探讨了深化新闻改革的有关问题。广播电影电视部副部长马庆雄出席会议并讲话。

同日

广播电影电视部举办的首届儿童电视节目研讨会开幕。

10 月 6 日～16 日

北京广播学院院长常振铮率代表团访问日本大学艺术学部。两校签订 1988 年至 1990 年学术文化交流协议书，并商定共同组成学术文化交流实行委员会，开展校际间的合作和交流。

10 月 7 日

广播电影电视部、青海省人民政府、国家民族事务委员会在北京民族文化宫联合举办表彰会，表彰嘉奖《唐蕃古道》摄制组。全国政协副主席杨静仁、国家民委副主任卓加、中宣部副部长李彦、青海省副省长班玛丹增、广电部副部长聂大江等出席会议并讲话。

同日

中央电视台、海峡之声广播电台和福建电视台在福州联合举办《海峡之声中秋相声晚会》，并向全国现场直播。

10 月 8 日

广播科学研究所和中国科学院声学研究所联合研制的“自动跟踪磁迹磁头”项目通过部级技术鉴定。

同日

中国广播电影电视部和瑞士联邦邮电管理总局短波广播合作协议正式签署，11 月 1 日开始执行。协议规定：瑞士为中方转播对欧洲广播的八种语言节目，中方为瑞士电台转播对亚洲地区广播的综合节目和四种语言节目。执行期两年。

同日

青海电视台新闻部主任、共产党员任卫东，在执行省政府下达的拍摄青海省情纪录资料片的任务中，因飞机坠毁而遇难。10 月 22 日，青海省政府和省广播电视厅为任卫东举行了隆重的追悼大会。副省长尕布龙、班玛丹增参加追悼会。

同日

天津市广播电视学会成立，李克简当选为会长。学会先后成立广播学、电视学、广播电视技术学、广播电视技术发展战略学、管理和法规学、广播电视史志学、播音学七个专业研究委员会。

10 月 8 日～ 12 日

广播电影电视部在浙江省余杭县召开县级电视管理会议，总结县办电视的经验教训，提出加强管理、继续整顿，使县级电视台健康发展的工作方针。

10 月 8 日～ 19 日

“亚广联”第二十四届全会在泰国曼谷召开，中国广播电视代表团出席会议。在“亚广联”广播电视节目评奖活动中，中央人民广播电台的音乐专题节目《古画新声——介绍箜篌和箫音乐组曲〈清明上河图〉》获“亚广联”放送文化基金奖；专题新闻节目《你会吃吗》获推荐奖；技术论文《中波天线铁塔腐蚀》获推荐奖。

10 月 9 日

广播电影电视部副部长聂大江会见葡萄牙驻华大使瓦莱里奥。双方就广播交响乐团参加在澳门举行的国际音乐节演出及电视转播等事宜进行了商谈。

同日

联邦德国向中国提供的《德语教学》节目演播室设备的赠送仪式在中央电视台彩电中心举行。

同日

中央电视台第一次现场直播全国农民足球赛。这是该台和中国农业银行联合举办的。

10 月 11 日

中央电视台开始播出由该台和宋庆龄基金会、地理学家协会共同主办的《热爱中华、振兴中华“腾飞杯”知识竞赛》，共五场。

10 月 12 日

上海电视台拍摄的《计划生育在上海》《上海的精神卫生服务》等八部专题片出口法国。

同日

新疆电视台哈萨克语电视节目单独使用一个频道正式播出。

10 月 12 日～ 16 日

广播电影电视系统第二次计算机应用工作会议在武汉市召开。会议讨论并通过《广播节目自动播出系统功能要求》《电视节目自动播出系统功能要求》，讨论修改了《发射台实时控制系统功能规范》，提出了“七五”后三年计算机应用选题。

10 月 13 日

全国人大常委会副委员长彭冲在人民大会堂接见《两岸同根》剧组总监制黄阿原、导演和制片主任。彭冲对该片给予充分肯定。

10 月 14 日

广播电影电视部函报国家教委经部审定后的高校文科（含艺术）本科专业目录：新闻学、广播电视新闻、国际新闻、播音、文艺编导、录音艺术、电视专题节目编辑、电视导演、广播电视管理、文化事业管理、电影文学、电影导演、电影表演、电影摄影、电影电视美术设计、动画、英语、思想政治教育。

同日

法国驻华大使贡巴尔和文化专员纪蒙田拜会广播电影电视部副部长马庆雄，就签订电视法语教学新协议、互转对外广播节目、开办法语电视新闻节目等交换了意见。

同日

福建省广播电视学会成立，李庆京任会长。

同日

由《电视月刊》杂志社和湖北文艺服务中心举办的“永芳杯”首届电视十佳优秀演员大选在武汉揭晓。邓婕、朱琳、周里京、宋佳、石兆琪、朱时茂、李法曾、刘伟明、白志迪和李芸当选。

10月16日

中国广播电视学会直属一分会成立。直属一分会由部机关及部分直属机构共17家单位组成。何光任会长。

10月17日

中央电视台驻中国人民解放军总政治部、总参谋部和国防科工委记者站成立。至此，军队系统15个记者站全部成立。

同日

中国电视剧制作中心成立四周年。该中心在四年里完成电视剧300多集，译制片400多部、美术片23部。

10月18日

大型广播系列报道《长江行》开播。该节目由湖南、四川、湖北、江西、安徽、江苏、上海等省、市电台联合采制，是长江沿线各省、市电台首次联合播出的广播节目。

10月20日

中央人民广播电台、中国国际广播电台、中央电视台播出《中国共产党十二届中央委员会第七次全体会议公报》。会议确认1987年1月16日中共中央政治局扩大会议关于接受胡耀邦辞去中央委员会总书记职务的请求的决定和推选赵紫阳代理中央委员会总书记的决定。

同日

广播电影电视部部长艾知生在部编前会上说："国际台的《收听外台快报》办起来了。我看有价值，要好好利用，要送给'中办'等机关参考，国际台要办好并坚持下去。"

10月23日

中共黑龙江省委组织部、黑龙江省编制委员会联合发出《关于广播电视厅机构体制和领导职务配备问题的通知》。通知中规定：省广播电视厅、省广播电台、省电视台实行"三位一体"的领导体制，两台对外仍保留各自称号；广播电视厅实行厅长负责制；宣传工作实行总编辑负责制，厅长任总编辑；设副总编辑六人，为副厅级。由总编辑和副总编辑组成厅编辑委员会。总编辑兼任两台台长，三名副总编辑兼任广播电台副台长，三名副总编辑兼任电视台副台长。

10月24日

北京广播学院举行函授新闻编采专业首届毕业生毕业典礼。来自全国各函授站的函授生代表，代表首届618名毕业生参加典礼。

同日

中共黑龙江省委决定，正式将龙江电影制片厂（包括黑龙江幻灯制片厂）全建制地由省文化厅移交省广播电视厅领导和管理。

10 月 25 日

中央电视台直播《全国青年京剧演员电视大奖赛》，至 11 月 16 日结束，共播出 6 场。经过激烈角逐，共决出最佳表演奖 25 人，优秀表演奖 26 人。

10 月 25 日～11 月 1 日

中国共产党第十三次全国代表大会在北京召开。中央人民广播电台、中国国际广播电台、中央电视台对会议进行了充分报道。中央电台第一次直播党的全国代表大会实况。11 月 2 日 15 点 42 分 41 秒，中央电台在党的十三届一中全会公报通过仅 41 秒，在全会还没有结束时，即在所有媒体中率先播出，之后又连续广播七遍。国际台在会议期间采编新闻 101 条、专稿 140 篇，向纽约华语广播和温哥华华侨之声电台传送新闻 45 条、专稿 13 篇。中央电视台转播了会议盛况。英国维斯新闻社（VISNEWS）和美国世界电视新闻社（WTN）等媒体收录了中央电视台通过卫星转发的新闻。英国、意大利、联邦德国、日本、美国、加拿大、芬兰、法国以及苏联、民主德国等国家和香港、澳门地区的电视台都派记者对大会盛况通过卫星进行报道。至 11 月 2 日，中央电视台向 162 个使领馆寄送录像带 1350 盒。

10 月 26 日

第十届华东地区六省一市电视台电视节目协作会议在福建省漳州市举行。

同日

中央电视台广告部制作的《广而告之》与广大观众见面。它提醒人们注意身边的生活琐事，评述社会的公共道德。

10 月 27 日

新疆维吾尔自治区编制委员会批准自治区广播电视厅新的机构设置和人员编制。增设六个处级单位：新疆人民广播电台柯尔克孜语编辑部、新疆电视台哈萨克语编辑部、电视剧部、对外宣传部、维吾尔语专题部、厅音像管理处。新疆音像出版社与音像管理处分开，划为厅直属单位，实行企业管理。

10 月 29 日

中国电视国际服务公司和香港京鼎影业有限公司合作，通过商业途径向台湾销售中央电视台制作的《话说长江》节目录像带。

同日

由中国电视剧制作中心金萍执导的儿童电视剧《太阳有七种颜色》获保加利亚第七届国际电视剧联欢节“创作和非演员儿童奖”。

10月30日

中央人民广播电台、中国国际广播电台、中央电视台、中国唱片总公司、北京人民广播电台、北京电视台、中国民族管弦乐学会联合发起“全国民族管弦乐展播”活动，在广播和电视节目中连续介绍全国50多家民乐团体的情况并播出相关节目。

同日

应听众要求，中国国际广播电台华侨部在普通话节目中举办《现代汉语基础知识讲座》，由播音员杨曼主讲。为辅导听众收听讲座，华侨部还编写出版《现代汉语基础知识》课本。

10月31日

中国电视剧艺术委员会、中央电视台影视部、《中外电视》编辑部在北京联合召开改革题材电视剧研讨会。

同月

自当月起，原由中国国际广播电台研究室主办的《广播电视参考资料》改为与中央电视台研究室联合主办。从1988年1月起，刊物改名为《世界广播电视参考》。

同月

安徽省广播电视厅“数字式中波同步广播激励器”和“广播文艺节目微机辅助编辑系统”两项成果获安徽省科技进步奖。

同月

按照广播电影电视部与日本广播协会技术合作计划，由江西、天津、青海、甘肃、四川五省（市）人员组成的考察团前往日本东京，对日本广播协会广播中心的节目制作和播出系统、新技术设备的应用、演播室建筑音响技术等进行考察。

同月

四川人民广播电台与《星星》诗刊联合举办大型舞台演出“中国‘星星’诗歌节诗歌朗诵会”。这是全省第一台集诗歌朗诵、交响乐队现场配乐、灯光舞美综合渲染、主持人诗化串连于一体的全新舞台表现形式的诗歌朗诵会。

11月1日

中央电视台在彩电中心建成两个卫星地面接收站，分别接收东欧和美国有线电视新闻网（CNN）新闻。

同日

根据中国国际广播电台同瑞士广播电台签署的协议，从北京时间5：00起，瑞士广播电台每天转播国际台8种语言节目，每次半小时。同一天起，马里巴马科电台每天转播中国国际广播电台11种语言节目，共15个小时。服务地区包括东非、南非、西非、西北非、东欧和北美东西部。

同日

海峡之声广播电台决定撤销《故乡鸿雁》节目，开办《探亲和旅游》节目，为台湾同胞回大陆探亲和旅游提供专门服务。

11 月 2 日～4 日

吉林电视台召开全省电视文艺研讨会，决定由省电视台开辟《丹顶鹤》文艺专栏，安排播出各市（地、州）电视台选送的电视文艺节目，并设奖项。

11 月 2 日～8 日

上海、江苏、江西、安徽、浙江、福建和山东电视台联合举办“华东六省一市电视台联播周”。

11 月 2 日～18 日

国际无线电咨询委员会（CCIR）广播和电视两个研究组，在瑞士日内瓦举行 1986 ～ 1990 年研究期的期中会议。电视研究组决定成立在本次会议与 1989 年会议之间的中间工作组，推举研究组副主席、中国广播电影电视部技术局高级工程师吴贤纶任主席。

11 月 3 日

中央人民广播电台召开中国共产党第十三次全国代表大会报道总结会，台长杨正泉作总结发言，对“十三大”报道工作给予充分肯定。广播电影电视部副部长马庆雄参加会议，并代表中共中央对外宣传小组组长朱穆之和部党组向参加“十三大”宣传的全体人员表示感谢。

同日

中国国际广播电台阿拉伯语组举行茶话会，庆祝开播 30 周年。全国政协副主席杨静仁，中国伊斯兰教协会、外交部、中国国际贸易促进会以及在京阿拉伯语界人士 100 多人到会祝贺。广播电影电视部副部长马庆雄、国际台台长崔玉陵等出席茶话会。阿拉伯语组当天播出阿拉伯语开播 30 周年特别节目。

11 月 4 日

江西省广播电视厅在北京举行《声屏世界》杂志座谈会。江西省委领导出席会议并讲话，广播电影电视部和首都新闻、理论、宣传、文艺界的领导应邀参加会议。

11 月 4 日～10 日

全国市（地、州、盟）广播电台文艺广播协作会第十届年会在湖南岳阳举行。会议对与会电台选送的文艺节目进行了评选，徐州人民广播电台制作的节目《长城赋神韵绝响赞未来》获特等奖。

11 月 6 日

中国甘肃和日本秋田电视交流议定书在兰州签字。甘肃省对外友好协会副会长宋静存等出席签字仪式。双方一致同意于1988年上半年，在各自电视台举办《中国甘肃和日本秋田电视友好交流特别节目》。

11月7日

俄国十月革命70周年。中国国际广播电台俄语部从10月24日起举办《庆祝十月革命70周年》专题节目，共播发消息16条、专稿6篇。

同日

中央电视台经济部开办《周末热门话题》栏目，主要针对群众最关心的日常生活问题，宣传有关政策，达到对话沟通的目的。

同日

吉林省延边朝鲜族自治州的汪清西山至秃老婆子顶的微波电路安装调试完成。

11月8日

为庆祝浙江省和日本静冈县缔结友好省（县）关系五周年，浙江人民广播电台和静冈放送社联合举办《培育更大的友谊花》广播特别节目，在浙江电台和静冈放送社的演播厅进行双向直播传送。

11月8日～12日

全国广播电视厅（局）长会议在北京召开。会议讨论了广播电影电视部党组《关于继续推进广播电视宣传工作改革的初步意见》。中共中央政治局常委胡启立到会讲话。中共中央对外宣传小组组长朱穆之、中央财经领导小组副秘书长袁木等作了报告。广电部部长艾知生就如何宣传贯彻“十三大”精神作讲话。

11月10日

中央电视台参加“亚广联”首次多通道新闻交换试验。参加试验的11个国家的电视台分别将各自的新闻节目送上卫星，各电视台同时进行收录。试验效果良好。

11月12日

《中国电视报》在第一版公布《中央电视台工作人员外出联系工作暂行规定》，同时公布观众监督联系电话号码。

11月12日～19日

中国广播剧研究会第二届会员代表大会在郑州召开。会议期间，举行了1987年广播连续剧“丹桂杯”颁奖仪式。

11月15日

湖南人民广播电台开办《对话和参与》节目。

同日

广东电视台一台（普通话）按改革方案开始播出。增办《全省新闻联播》节目和《南粤纵横》《青春夜话》《空中舞台》《乐韵悠扬》等八个大时段综合式节目。

11 月 15 日～ 22 日

广播电影电视部主持召开的全国农村广播网设备更新改造会议在江苏省南通市举行。会议总结了 1985 年以来农村广播网整顿、设备更新改造的经验，研究了进一步提高质量的具体措施。

11 月 16 日

广播电影电视部在北京召开整顿音像出版工作座谈会，征求对整顿工作的意见和建议，讨论如何搞好音像出版整顿工作。

11 月 17 日～ 19 日

广播电影电视部广播科学研究所召开首次科技产品推广应用技术洽谈会，以自己的科研成果和产品为社会服务。

11 月 17 日～ 19 日

广西壮族自治区广播电视厅举行“GZBM-100-2 型并馈脉宽调制式中波发射机”技术鉴定会。专家们认为，该机效率达到国内同机型的先进水平，一致同意通过技术鉴定。

11 月 17 日～ 25 日

应西班牙广播电视总局邀请，广播电影电视部副部长马庆雄率中国广播电视代表团一行六人访问西班牙，并与对方签订中国西班牙互相转播对外广播节目的合作议定书。根据这一协议，从 1988 年 1 月 1 日起双方开始互转节目。

11 月 19 日～ 20 日

山西省广播电视厅科学技术委员会在太原召开成立大会及第一次全委会。会议通过《广播电视合理化建议和技术改进奖励办法（试行）实施细则》和《关于成立山西广播科学研究所的建议》。

11 月 20 日～ 28 日

中央电视台与中国人民解放军总政治部在南京联合举办建军 60 周年《人民子弟兵》优秀节目评选活动。10 集电视专题连续节目《长征 · 生命的歌》获特等奖，12 集电视连续节目《让历史告诉未来》、连续报道《扑灭大兴安岭特大森林火灾》、系列报道《庆祝建军 60 周年》分获一、二、三等奖。

11 月 20 日～ 12 月 5 日

第六届全国运动会在广州举行。中央人民广播电台成立 50 人的报道组，在报道中注重增强新闻的时效性，插播打破亚洲纪录、世界纪录的消息 40 多次。中国国际广播电台组成 14 人报道组参加采访，共发通稿消息 37 条、专稿 22 篇、英语记者现场报道 23 篇、对华侨广州话特别节目 17 个。中央电视台与广东电视台合作，除现场直播全运会的开幕式外，还直播比赛实况 19 场、播出图像新闻 107 条，《全运会快讯》210 条、专题报道 10 辑。广东电视台全力投入报道，第一次使用直升机对开幕式作现场直播。

11 月 21 日

吉林人民广播电台调频立体声广播正式开播。

11 月 21 日～12 月 4 日

中国唱片总公司在北京举办首届“苏联唱片展销会”，为我国音乐爱好者提供了丰富多彩的俄罗斯民族音乐和世界著名作曲家的作品。

11 月 22 日

中央人民广播电台驻地方记者站站长会议在西安召开。会议讨论了深化新闻改革和加强队伍建设问题。

11 月 23 日～29 日

天津人民广播电台首次举办“友好城市电台交换节目展播周”活动。天津人民广播电台从 1981 年以来，相继与日本神户市、四日市，法国北加莱海峡大区、澳大利亚墨尔本等友好城市电台达成定期与不定期交换节目协议。此次参加节目展播的有日本神户关西电台、名古屋东海电台、中部日本电台和法国北方之波电台。

11 月 24 日

新疆维吾尔自治区昌吉人民广播电台正式开播。

11 月 25 日

在捷克斯洛伐克首都布拉格举行的第二十二届国际青年音乐工作者音乐节的优秀作品比赛中，中央人民广播电台录制的三组室内乐节目分获三等奖、捷克斯洛伐克音乐优秀演奏奖。

11 月 25 日～12 月 8 日

应法国外交部邀请，广播电影电视部副部长马庆雄率中国广播电视代表团一行七人访问法国，同对方商谈恢复中法互相转播对外广播节目的可能性。12 月 3 日，双方签署中法继续举办法语节目的协议。

11 月 26 日

海峡之声广播电台研制成功的“GZ-1 发射机微机控制系统”正式通过鉴定。

11 月 27 日

陈昌本任北京市广播电视局局长。

11 月 29 日

大型系列片《万里长城》首播式在人民大会堂举行，习仲勋、黄华、杨得志等中央领导出席，称赞 10 省、自治区、直辖市电视台联合拍摄《万里长城》系列片是个创举，为电视界开展联合带了个好头。

同月

由广播电影电视部设计院设计的内蒙古彩色电视中心工程荣获内蒙古自治区成立 40 周年重点工程建设设计奖。

同月

贯穿湖北省西南和西北地区的两条广播电视微波干线工程全部建成开通。

同月

新疆伊犁霍尔果斯口岸录像转播台广播电视发射塔建成。

12 月 1 日

中央电视台开办英语节目，每天 20：10 开始播出，时间 90 分钟左右，内容包括新闻、专题和电影等，以丰富在华外国人员的文化生活。

12 月 4 日

中央电视台和日本广播协会从 1985 年开始联合录制的大型系列节目《黄河》完成。该节目共 30 集，每集约 30 分钟。除中文版外，还有英文版和蒙古语版，中央电视台将其分别寄给美、英、法、联邦德国、意大利、澳大利亚等国和我国的香港，在境外产生了较大影响。

12 月 4 日～14 日

保加利亚电视广播委员会主席柳博米尔·巴伏洛夫等来中国访问。广播电影电视部副部长王枫和中央人民广播电台、中国国际广播电台、中央电视台有关领导同代表团进行会谈，双方签订 1988 ～ 1989 年度两国广播电视合作备忘录。中共中央书记处书记芮杏文会见了客人。

12 月 5 日

广播电影电视部广播科学研究所编制的《盒式音带复制系统技术条件》通过部级鉴定。

同日

中国县级第一座集供水、广播、电视、微波传送于一身的多功能综合塔在河北省文安县落成并投入使用。

12 月 6 日

上海人民广播电台举办特别节目《宁波的一天》，从早上 7 点到下午 6 点连续从宁波向上海直接对话播出，这在上海人民广播电台尚属首次。

12 月 8 日

由上海、江苏、天津等地 30 个音像单位组成的上海音像集团（筹）在上海成立。这是音像制品产、供、销一体化的全国性经济联合体。

12 月 9 日

经批准，上海人民广播电台对台湾广播从 1988 年元旦起将以“浦江之声广播电台”的名义试播。全国人大常委会副委员长周谷城题词：“浦江之声，广播新闻，对台广播，怀念亲人。”29 日，中共上海市委书记兼市长江泽民为浦江之声广播电台题写台名并题词：“传播乡音乡情，弘扬爱国主义。”1988 年 1 月 1 日，该台正式对台湾广播，频率使用 3280 千赫、3990 千赫、4950 千赫。江泽民在开播节目中对台湾听众发表了广播讲话。

12 月 10 日

山东省人民政府通令嘉奖山东省广播电视厅新闻中心，表彰他们年内完成向中央电视台提供 500 条新闻稿（片）的任务，在“面向全国，宣传山东”中作出了显著成绩。

12 月 11 日

广播电影电视部部长艾知生会见阿尔及利亚驻华大使谢里埃特，大使希望广电部向阿尔及利亚提供反映中国古代文化、经济及教育等方面的影视节目，并建议电视台开办反映第三世界国家的节目。

12 月 12 日

中国广播电影电视部和联邦德国艾伯特基金会签署关于在北京广播学院合作建立北京广播电视培训中心的意向书。

12 月 13 日

由广播电影电视部广播科学研究所制订，北京电视台、广东电视台协作完成的“双伴音 / 立体声电视广播标准”在北京通过部级鉴定。电视双伴音广播能在一个电视频道内同时传送一套录像信号和两套不同语言的伴音。

同日

珠江经济广播电台广播理论研讨会在广州召开。中国广播电视学会副会长左漠野和中宣部有关部门、中国新闻学会、广东省广播电视厅、珠江经济广播电台领导和专家出席会议。

12 月 14 日

中国国际广播电台对外汉语教学教材编写计划经国家对外教学教材评审委员会同意，列入国家项目。

同日

成都人民广播电台开设第一个舆论监督节目《65594 热线电话》。1987 年至 1989 年间，该节目平均每天接到 20 多个电话，收到几十封来信，成为成都市委、市政府推进工作的好帮手。

12 月 14 日～ 19 日

中国国际广播电台召开 1987 年年终总结会议。15 日，广播电影电视部部长艾知生到会讲话。他肯定了一年来国际台的工作成绩，要求国际台在精办节目、提高质量、调查研究上下功夫。

12 月 16 日

由天津市广播电视局科研所、广播电影电视部设计院和北京市广播电视工业总公司联合研制的“中波发射台分布式微机值机系统”通过广播电影电视部鉴定。

12 月 17 日

中国电视艺术家协会、全国少年儿童工作协调委员会、全国少年儿童文化艺术委员会在北京召开全国优秀儿童电视剧表彰大会，表彰长期从事儿童电视剧工作有突出贡献的单位和个人。受表彰的单位是：中国电视剧制作中心、四川电视台、中央电视台少儿部、上海电视剧制作中心、宋庆龄基金会。受表彰的个人有：富敏、徐家察、张慧娟、金苹。广播电影电视部部长艾知生出席会议并讲话。

12 月 18 日

新疆人民广播电台首届通讯员好新闻评选揭晓，有 55 篇新闻、专稿获奖。

12 月 18 日～ 23 日

广东省广播电视厅所属太平洋影音公司举办“太平洋”活动周。广东省委书记林若等领导参加其中的第五届“云雀奖”颁奖及影音大楼落成志庆大会。

12 月 19 日

第七届电视剧“飞天奖”评选揭晓，《红楼梦》《努尔哈赤》等七部电视剧获奖。

12 月 19 日～ 24 日

山西省县级广播电视宣传工作经验交流会在新绛、翼城召开。

12 月 19 日～ 25 日

中国广播电视学会播音学研究会与福建电视台、山西电视台联合在福州召开全国电视播音员学习研讨会。

12 月 20 日

天津电视台开始试行全天节目播出。

同日

浙江电视台二台（文艺台）试播。

同日

广播电影电视部在青岛召开中央电视台第二套节目向全国传送工作会议。副部长聂大江和中央电视台副台长杨伟光出席会议并讲话。

同日

中国国际广播电台英语部、文艺部同上海人民广播电台、《上海广播电视报》联合举办的“新年好——听众文艺表演联欢会”在上海和平饭店正式演出。实况于1988年元旦在对首都地区的英语节目中播出。

12月21日

由广播电影电视部广播科学研究所研制的“智能化集成电路测试仪”通过部级鉴定。该仪器可广泛用于科研、教学、生产、维修等部门，改变了以往传统的测试方法，为国内首创。

12月22日

由广播电影电视部广播科学研究所研制的“多节目静止图像广播”在京通过部级鉴定，并成功地进行多节目静止图像广播开路播出试验。多节目静止图像广播的研究成功，为电视广播增加了一种新的方式，填补了国内这一领域的空白。

12月24日

巴基斯坦总统齐亚·哈克在伊斯兰堡总统府接见中国国际广播电台即将离任的记者王益友和新到任的首席记者董振邦。应邀请，齐亚·哈克向中国人民和中国国际广播电台听众发表了新年贺词。

同日

内蒙古短波广播发射中心正式投入使用。

同日

由吉林省广播电视厅、吉林省广播电视学会主办的《吉林声屏》创刊号出版发行。

同日

国家重大技术装备表彰大会在中央电视台彩电中心召开。会议结束后，国务院代总理李鹏等领导参观了彩电大楼。这一天，彩电中心光缆工程完成并投入试运转。

12月26日

宁夏人民广播电台正式开办调频立体声广播，结束了该台30年来只有一套节目的状况。

12月27日

河北省广播电视学会成立，部永堂任会长。

同日

广东人民广播电台立体声台改名为广东文艺台。

同日

首届全国电视系统教育节目研讨会在上海召开。

同日

中央电视台与加拿大中文台、国泰台和纽约宏声台续签合作协定，对方以商业形式并以优惠价格向中央电视台提供节目。

12 月 29 日

广播电影电视部部长艾知生邀请部分外国驻华使馆的大使、新闻文化官员、驻京记者等出席中国广播艺术团交响乐团在北京音乐厅举行的音乐会。

同日

海峡之声广播电台和中央人民广播电台、北京人民广播电台、北京电视台、青岛人民广播电台、中国京剧院、北京京剧院在北京联合为台湾同胞举办京剧表演艺术家演唱会。

同日

江西省鹰潭电视台建成开播。

12 月 30 日

中央电视台和广播电影电视部音像管理处联合举办 1986 ~ 1987 年全国“通美杯”金银榜盒式带评选活动。

同日

吉林省电视中心主楼落成交付使用。

12 月 31 日

中央人民广播电台、法国国家广播电台于 22：15 至次日凌晨 0：15 在广播大楼音乐厅联合举办并同步播出《北京 - 巴黎迎新年——中国民族音乐会》。中央电台第一套节目、第三套调频节目向全国直播。法国和西欧 6 个国家的听众通过卫星转播收听了这场音乐会的实况。

同日

黑龙江省黑河 913 台建立全省第一个广播地面卫星接收站，直接收转中央人民广播电台节目。

同月

天津电视台摄制系列片《乡镇企业的春天》（4 集），介绍农村乡镇企业发展道路，并通过中央电视台送往国外播出。

同月

安徽电视台首批在马鞍山钢铁公司、安庆石化总厂、省军区、省武警总队、省消防总队建立记者站。

同月

安徽省第二条微波专线——合肥市至淮北市的专线全线开通。

同月

福建省泉州电视台成立。

同年

全国（未包括港、澳、台）共有广播电台 386 座，电视台 366 座，市、县广播站 2576 座，收音机社会拥有量 26067 万台，电视机社会拥有量 11601 万台。广播人口覆盖率 70.5%，电视人口覆盖率 73%。

同年

全国广播电视系统职工总数 316765 人，其中固定职工 242857 人，合同制职工 12353 人，其他职工 61555 人。广电部直接管理的 25601 人，地方广电系统管理的 291164 人。编播人员占 22%，技术人员占 16%，行政管理人员占 18%。已评定专业职务 35931 人。部直单位高级职务 1052 人，中级职务 2241 人，初级职务 3551 人，占部直单位专业技术人员的 70%。部和直属单位司局级及相当职务干部 162 人，处级及相当职务干部 1288 人。

同年

中央人民广播电台收到听众来信 332607 封。

同年

中国国际广播电台收到 139 个国家和地区听众来信 155787 封。

同年

内蒙古人民广播电台专设通联部。到 1990 年，全区共有蒙汉通讯员 5500 多名，骨干通讯员 550 多名。

同年

江苏盐城市滨海微波站建成 90 米塔上机房。

同年

安徽合肥人民广播电台制作 6 集黄梅戏广播剧《严凤英》，在中央人民广播电台、海峡之声广播电台及全国 214 家电台播出。安徽黄山音像出版社制作 15200 套录音带在全国发行。

同年

《湖南广播电视年鉴》首卷本（1986 年版）出版，湖南省广播电视局成为全国出版广播电视年鉴的三个单位之一。

同年

广东人民广播电台推出中国内地第一个原创歌曲大赛“金曲擂台大赛”和第一个原创歌曲排行榜广东创作歌曲“健牌”大奖赛——《广东新歌榜》。

同年

四川人民广播电台、中央人民广播电台、云南人民广播电台、四川电视台、成都军区政治部主办，四川电台文艺部承办的《庆祝建军 60 周年大型音乐会》通过中央电台向全国直播。省委领导评价说："省电台组织的'八一'音乐会，台风正，影响大，反映相当好。"

同年

成都电视台创办英语节目《周末一刻钟》，向听众介绍外部世界新事物。

1988年

1月1日

中央人民广播电台、中国国际广播电台播出《人民日报》元旦社论《迎接改革的第十年》。

同日

西班牙国家广播电台开始转播中国国际广播电台对北美方向广播的一小时英语节目。7月1日起又增加一小时。这是根据《中华人民共和国国际广播电台和西班牙国家广播电台短波广播合作议定书》安排的。据中国驻华盛顿记者电告，收听效果比较好。

同日

中国国际广播电台华侨部从元旦起，在每周五的普通话和四种方言节目中新办《华夏儿女》专题节目，着重报道改革开放新时期各行各业涌现出来的成绩卓著的改革家和新闻人物，尤其是归侨、侨眷及港澳台眷属以及海外著名华侨、华人的事迹。

同日

天津市业余电视广告艺术团成立，48名成员分别来自该市专业和业余文艺团体。

同日

自即日起，河北人民广播电台开展为期一年的地、市、县广播电台（站）向省台提供好新闻评选活动。

同日

江苏人民广播电台致信全省农村和城市广大听众，征询对节目的改革意见。

同日

宁夏回族自治区吴忠市建成全区第一座中功率四套节目电视转播台，能够同时转播中央电视台第一、第二套节目和宁夏电视台节目以及白天的教育节目。

1月3日

中央人民广播电台创办的《广播业务》月刊第1期出版。

同日

黑龙江省广播电视厅建立编辑委员会。由张福权、张克忠、王佳奎、吴东海、王运琛、丛永仁、刘成学组成。

1 月 4 日

江西省广播电视厅召开全省农村广播电视事业发展评比会，经过检查评比，分宜县获县级组第一名，石城县丰山乡获乡镇组第一名，省广电厅对获前三名的单位给予了奖励。

1 月 6 日

南京金陵之声广播电台评选出 1987 年海峡两岸十大新闻，新华社予以转发。

同日

甘肃人民广播电台《对农村广播》开始播出全省各地广播电台、广播站编排的节目。

1 月 8 日

黑龙江省广播电视学会成立，陈守芳任会长。

1 月 8 日～ 15 日

首届广播电视节能宣传优秀节目、先进单位评比会在哈尔滨举行。在 126 件优秀参评作品中，有 61 件作品获奖。北京、天津、上海、河南、哈尔滨人民广播电台和青岛电视台荣获节能宣传一级先进单位。评比会由国家经济贸易委员会能源局、国家计划委员会节能局主持召开。

1 月 9 日

安徽省广播电视厅下达全省 40 个县广播站机房设备更新计划，至年底实际完成 43 个县。

1 月 10 日

广州电视台试播。中共广州市委书记谢非、广州市市长朱森林按动了开播键。

1 月 13 日

中央人民广播电台对台湾广播部与香港裕华公司联合举办“锦绣中华旅游知识有奖征答”活动，对象是台湾岛内同胞和侨居海外的台湾籍同胞。

1 月 14 日

广西广播电视中心主楼竣工交付使用。

1 月 15 日

孙鹰任江苏省广播电视厅党组书记。

1 月 16 日～ 17 日

江西电视台在南昌市召开集体记者会议。集体记者建立一年来成绩显著，共为江西电视台提供电视新闻692条，专题片19部。

1月18日

中央电视台与匈牙利电视台合作协议在彩电中心签订。匈牙利电视台台长拜赖茨基久洛和中央电视台台长王枫分别在合作协议书上签字。广播电影电视部部长艾知生出席签字仪式。

1月18日～25日

黑龙江省首届“飞龙奖”广播剧评选会举行。

1月19日

外交部部长吴学谦签署中国加入“亚洲-太平洋广播发展机构”的加入书。

同日

上海电视台与中央电视台交流播音员。上海电视台播音员耿燕南和中央电视台播音员李瑞英分别到对方电视台主持节目。

同日

广西壮族自治区广播电视厅颁布《广西广播电视安全播出奖励办法（试行）》。

1月19日～23日

江苏人民广播电台《经济生活》节目播出江苏省副省长李绥章、南京市副市长李英俊等省、市领导与南京市群众代表所进行的《关于副食品价格问题的对话》。

1月20日

广播电影电视部、国家工商行政管理局联合发出《关于进一步加强电视广告宣传管理的通知》。

同日

甘肃人民广播电台首次现场直播甘肃省第七届人民代表大会第一次会议开幕式。

1月21日

中央电视台学会第三届理事会在彩电中心举行。会议决定：举办电视学会第一届学术著作、论文评选；与北京广播学院电视系合办全国中级职称电视编辑、记者研究班；成立《电视业务》编辑委员会。

同日

山西人民广播电台、山西电视台对山西省七届人大一次会议和山西省政协六届一次会议以现场直播、专稿形式进行集中连续报道，播发新闻30条。

1月23日

广播电影电视部批准成立广西壮族自治区柳州地区电视台和漓江地区电视台。批准成立甘肃省张掖地区电视台和酒泉地区电视台。

1 月 25 日

中央电视台编委会决定，从本年起第三套节目以播出文艺节目和中外影视剧为主。

1 月 25 日～30 日

受广播电影电视部委托，中央电视台在哈尔滨市召开 1988 年全国电视剧题材规划会。广电部部长艾知生到会并作题为《提高电视剧质量，加强电视剧管理》的报告。

1 月 26 日

中央电视台总编室在彩电中心举行新闻发布会，公布《全国电视观众抽样调查》的部分结果。调查表明：我国约有 1.2 亿台电视机，6 亿电视观众。

1 月 28 日

《中国电视报》聘请北京市第三律师事务所主任杨向东律师和徐迅律师为常年法律顾问。当日，《中国电视报》常年法律顾问根据《图书、期刊版权保护试行条例》的有关规定，发表了关于《中国电视报》按期刊对待，版权所有，未经允许，各报刊不得转载、摘登、翻印该报内容的声明。

1 月 29 日

广播电影电视部设计院海南分院正式成立。设计院副院长齐勇毅兼任海南分院院长。

同月

中国人民解放军总政治部给中央电视台军事部记集体三等功一次，以表彰该部近年来所作出的突出贡献。

同月

中央电视台 1000 平方米演播室、三个 250 平方米演播室、一个 100 平方米演播室及多个配套机房正式投入使用。

同月

中央顾问委员会常委胡乔木为上海音像资料馆题词："做好音像工作，为建设社会主义精神文明服务。"

同月

甘肃电视台播出春节文艺晚会《飞天之歌》。该晚会获 1988 年全国迎春文艺节目展播奖一等奖、第三届全国电视文艺"星光奖"一等奖。

2 月 1 日

中国电视剧制作中心历时 6 年拍摄的 25 集大型电视连续剧《西游记》制作完毕。中央电视台从即日起在第一套节目中连续播出。

同日

山西人民广播电台《广播宣传改革的总体方案》开始实施，实行整点新闻并新开办四个板块式主持人节目。

2月3日

广播电影电视部决定：广播电视节目评奖由中国广播电视学会统一组织，其中电视剧、电视文艺节目评奖由学会和中国电视剧艺术委员会合办。

同日

根据中罗广播电视合作协定，中国国际广播电台罗马尼亚语组开始向罗马尼亚电台寄送稿件和音乐磁带。

2月5日

在天津市政府1987年调查问卷“居民感到满意的10项工作”中，天津人民广播电台、天津电视台的工作被列为第四位。

2月6日

中央人民广播电台、江西人民广播电台、赣江音像出版公司、贵溪冶炼厂联合举办《迎龙年春节广播音乐会》。

同日

六集电视剧《那五》播出。该剧是天津电视台电视剧部与北影电视剧部合作拍摄的，荣获第五届全国电视剧“飞天奖”中篇电视剧荣誉提名奖。自1984年至21世纪初，天津电视台电视剧部每年均有两部以上优秀剧目在全国和地区性电视剧评比中获奖。

2月8日

河北人民广播电台正式出台调改后的新节目。增加节目和播出时间，形成早晨为新闻信息密集区间，中午为知识性、娱乐性区间，晚上为对农村广播区间的新格局。

2月9日

经国家标准局审核批准，中国唱片总公司上海公司研制的抖晃度测试唱片、转盘噪声测试唱片、频率响应测试唱片、循迹能力和声道分隔度测试唱片为我国的实物标准。

同日

广东电视台建立观众收视调查网——广州地区观众收视调查网。

2月10日～11日

甘肃省首届（1987年度）优秀电视新闻评选在兰州举行。参评作品50件，15件分获一、二、三等奖。

2 月 14 日

广东电视一台（二频道）改名为广东电视岭南台，二台（十四频道）改名为广东电视珠江台。

同日

广东电视台英语新闻节目开播。

同日

安徽省宿县地区人民广播电台正式开播。

2 月 16 日

中央人民广播电台播出 1988 年春节文艺晚会《龙年，您好》。

同日

中央电视台播出“欢乐、团结、奋进”为主题的《1988 年春节联欢晚会》。全国约有 6 亿观众观看。中国国际广播电台用英语实况转播了这台晚会。

2 月 17 日

春节。中央人民广播电台与南京人民广播电台在金陵饭店现场直播《“金陵之春”广播音乐会》。中国国际广播电台英语部、华侨部和英国广播公司系统的曼彻斯特电台《东方地平线》节目共同邀请纽约美加华语电台、多伦多华声电台、荷兰中文电台联合举办龙年大联播《向全球华人贺岁》特别节目。此节目分别用广州话和英语广播，各一小时。同日上午，中央电视台现场直播党和国家领导人及各界人士节日团拜会实况。

2 月 20 日

中央电视台大型电视系列片《黄河》开播。

2 月 25 日

中央电视台与联邦德国电视二台（ZBF）在北京签订合作协议。广播电影电视部部长艾知生出席签字仪式。

2 月 26 日

中国国际广播电台同阿拉伯国家外交使团 15 个有关国家驻华使馆代表以及巴勒斯坦解放组织驻京办事处代表举行座谈，就改进本台阿拉伯语广播，加强同阿拉伯各国电台的节目交流和合作交换了意见。

同日

中央电视台和《新体育》杂志社等单位联合举办的“1987 年世界十佳运动员”评选活动在北京揭晓。

同日

徐用度任贵州省广播电视厅党组书记。3 月 8 日，任省广电厅厅长。

同月

中央电视台和中国电影艺术研究中心联合编辑的大型电视系列片《世界电影之林》春节期间开始播出，该片较系统地向观众介绍了世界各国的优秀电影。

同月

天津电视台录制《春节好，老山》，片长52分钟。春节期间，天津市人大常委会主任张再旺率天津市赴老山前线慰问团慰问参战部队，天津电视台记者随团采访。

同月

金钊当选为山东省人大常委会委员。孟宪荣任省广播电视厅党组书记、厅长。副厅长钱海骅、李建林、滕敬德、张海涛，厅党组纪检组长周大明。

同月

合肥人民广播电台举办合肥地区首届普通话大奖赛，近7000人参赛。

3月1日

上海电视台一台、二台和上海电视台文艺台实行节目和经济综合承包制。

同日

广东省广播电视学会成立，方亢任会长。同日，会刊《岭南视听研究》创刊号出版。

3月1日～4日

中国国际广播学会召开首届国际广播理论研讨会，60多名会员和台内外代表参加。会议收到论文70篇，25人在会上宣读了论文。广播电影电视部副部长马庆雄、中国广播电视学会副会长金照、中宣部外宣局副局长金晖等应邀出席。

3月2日

中央电视台和中华全国台湾同胞联谊会、中国音乐家协会联合举办“灯月良宵庆团圆音乐会”。

3月5日

中央电视台彩电中心试播成功。3月14日20：00，中央电视台新闻中心在制作完当天的《晚间新闻》后搬出老台，迁入新大楼。23：13，第二套节目播出结束。23：36，第一套节目播出结束。从此，老台播出系统完成了她的历史使命。3月15日，中央电视台彩电中心播出系统正式启用，三套节目自即日起全部在这里播出。系统工程组开发的“节目信息管理系统”同时投入使用。接收新华社中文稿传输系统投入运行。

3月6日

乌鲁木齐高山台卫星接收设备受大风影响严重受损，造成三个电视频道停播。在厅领导带领下，高山台、厅机关各部门和驻厅武警部队奋力疏通道路，清除冰雪，抢修设备，保证了中央电视台当天《新闻联播》等重要节目的播出。3 月 7 日下午，电视恢复正常播出。

3 月 6 日～ 14 日

中央人民广播电台在福州举行全国首届对台湾广播优秀节目评选。评出特等奖 3 个，一等奖 7 个。

3 月 7 日

中央电视台开始在新建的彩电中心收录国际新闻并进行“亚广联”A 区新闻交换。

3 月 8 日

青海省广播电视学会成立，刘星全任会长。

3 月 9 日

北京电视台彩电中心工程开工。

3 月 10 日

中国国际广播电台罗马尼亚语组改进节目编排，增设《中国常识》《中国风俗习惯》《中国文学欣赏》等节目。打破由新闻加专稿两大块的结构形式。

3 月 10 日～ 15 日

1988 年全国电视对外报道选题规划会在太原召开，27 个省、自治区、直辖市电视台和 15 个地市电视台的 91 名代表参加会议。中共山西省委书记李立功等领导和广播电影电视部副部长马庆雄到会并讲话。会议具体落实了各台 1988 年的对外报道选题，研究了提高电视录像节目的技术质量问题，还就如何加强各台间的合作提出了建设性意见。

3 月 10 日、11 日

由中国国际广播电台华侨部主办的“华声音乐会”在广州市体育馆演出获得成功。至 3 月 29 日，演出团先后到汕头、东山、漳州、龙岩、泉州、福州等地巡回演出，观众达八万人次，反映热烈。

3 月 12 日

江西省首届广播电视学术论著评选揭晓。

3 月 12 日～ 18 日

国际广播电视组织秘书长科德尔和国际太空卫星通信组织总经理库利洛夫应邀访问中央电视台，双方达成交换电视新闻的协议。从此，中央电视台可直接收录苏联、东欧各国的新闻。

3 月 13 日

湖北省彩电中心工程正式开工。

3月14日～5月

张福权任黑龙江省广播电视厅党组书记、厅长、总编辑、省广播电台台长、省电视台台长；张克忠任副厅长、党组副书记、副总编辑；王佳奎任厅副总编辑、党组成员、省广播电台副台长；吴东海任厅党组成员、副总编辑、省电视台副台长；王运琛任厅副总编辑、省电视台副台长；王维新任副厅长、党组成员，丛永仁任厅副总编辑、省广播电台副台长；纪有伦任厅副总编辑、省广播电台副台长。

3月15日

北京电视台新发射塔正式启用。

同日

天津人民广播电台为迎接天津人民广播事业创建40周年，邀请电台的历届老领导鲁获、杨循、郑少明、李克简、陶毅民、王河、乔青等座谈。

同日

青海人民广播电台开始试转中央人民广播电台第三套调频立体声节目。

3月17日

中央电视台新闻部就《走入非洲》系列报道邀请苏丹、乍得、布隆迪、喀麦隆、乌干达等14个国家的留学生代表举行观摩座谈。

同日

由上海电视台和上海人民广播电台举办的“沪剧界中年演员声屏大赛”开幕。

3月20日～22日

中央人民广播电台在海口市举办全国第二届科普广播业务论文和科普广播优秀节目评选。15篇优秀论文、82个优秀节目获奖。

3月21日

湖南省广播电视厅在长沙召开湖南省先进乡镇广播电视站表彰会议。

3月22日

海峡之声广播电台在成都召开对台湾报道工作会议。

3月22日～24日

江苏省广播电视厅、省广播电视学会在无锡市召开各市电台宣传改革研讨会。

3月22日～4月10日

广东人民广播电台、广东电视台第一次派报道组到北京，报道全国人大会议。这也是中华人民共和国成立后第一次省级新闻单位派记者报道全国会议。

3月23日

为表彰中央电视台导演许欢子在与巴基斯坦电视台合拍电视剧《纽带》中作出的贡献，巴基斯坦驻华大使馆阿克拉姆·扎基代表巴基斯坦总统齐亚·哈克为许欢子颁发巴基斯坦勋章。

同日

吉林省广播电视学会召开广播电视优秀论文评选会。

3 月 24 日～4 月 13 日

中国人民政治协商会议第七届全国委员会第一次会议（3 月 24 日～4 月 10 日）和第七届全国人民代表大会第一次会议（3 月 25 日～4 月 13 日）先后在北京召开。中央人民广播电台、中国国际广播电台、中央电视台分别组成报道组，对会议过程进行集中报道。中央电台共播出各类稿件 750 多篇，现场直播 4 次记者招待会，并首次现场直播全国人大、政协的闭幕大会。中国国际广播电台用英语直播人大开幕和“两会”闭幕实况，共播发新闻 240 条，向美国、加拿大、澳门华语电台传送新闻 86 条，专稿 21 篇。中央电视台的采访报道由封闭式走向开放式，首次采取现场直播方式，播出“两会”开、闭幕式，国务院代总理李鹏答中外记者现场会等。4 月 6 日，首次使用双声道传送外交部长吴学谦举行的中外记者招待会。

3 月 26 日

就上海附近两列火车相撞事故，中国国际广播电台日语部除及时播送消息、国务院代总理李鹏给日本首相竹下登的电报外，还播发了国际台对日本死难者家属的慰问和对受伤者的问候。东京广播电台（TBS）将该台节目编成《来自北京的慰问》播出。

3 月 27 日

全国广播电视系统统计汇审汇总会议在贵阳市召开。

3 月 28 日

上海人民广播电台开办的 107.7 兆赫调频英语广播正式播出新闻、文学、音乐、专题节目，每天播出六个小时，这是全国第一家地方台英语广播。

3 月 28 日～4 月 12 日

朝鲜广播电视委员会委员长朱贤钰一行四人应邀访问中国，4 月 1 日，由广播电影电视部部长艾知生陪同，朱贤钰一行到四川人民广播电台参观访问。四川省广播电视厅厅长郑体仁、四川人民广播电台台长丁家骥接待了客人。

3 月 29 日

由贵州电视台组织的全国 11 个省、市广告大联播在贵州电视台播出。

3 月 31 日

中央电视台和日本广播协会电视台在东京签订《CCTV 向 NHK 提供新闻节目的合同书》。中央电视台副台长陈汉元在合同书上签字，并与日本有关电视台和广告公司商谈了转播第二十四届奥运会的广告问题。

同月

中央电视台彩电中心至北京长话大楼、月坛发射台的光缆开通。

同月

江西省广播电视厅新闻、工程技术、播音三个系列的专业职务评审聘任工作基本结束，共评出高级专业职务 42 人、中级专业职务 161 人、初级专业职务 176 人。

同月

由四川省广播电视学会、四川人民广播电台、四川电视台联合主办的宣传业务刊物《广播电视天地》正式创刊。

4 月 1 日

中央人民广播电台《今晚八点半》节目增设《梨园夜话》和《家乡戏》两个栏目。

同日

中国电视国际服务公司与香港快图美公司签订合同。合同规定其可在五年内出租、销售中国电视国际服务公司提供的电视节目。其中《西游记》《话说长江》等已出售。

同日

上海文艺广播促进会成立。著名剧作家曹禺应聘担任顾问，龚学平任会长。

同日

广西人民广播电台和自治区语言工作委员会联合开办的《壮文广播学校》正式开播。

4 月 2 日

广播电影电视部部长艾知生考察四川人民广播电台，称其《对农村广播》办得很有特色，同时也肯定了四川电视台在儿童剧方面的成绩。

同日

北京电视艺术中心拍摄的 12 集电视连续剧《便衣警察》获首届“金盾”影视奖。

4 月 4 日

中国国际广播电台 16 种语言的对外广播《汉语讲座》教材被列入国家“1988 ~ 1990 年对外教材规划”。

4 月 5 日

辽宁省首届广播电视学优秀论文评奖结束，评出一等奖 8 篇，二等奖 17 篇。

同日

黑龙江省首届电影、电视艺术片回顾展在黑龙江电视台拉开序幕。

同日

吉林省延边广播电视艺术团与延边歌舞团、延边大学艺术学院联合组成“延边交响乐团”，赴韩国参加艺术殿堂交响乐节。

4 月 6 日～9 日

江苏省举行第一届广播电视学术论文评选会议，21 篇论文获奖。

4 月 6 日～10 日

首届河北省电视文艺研讨会在邯郸市召开。

4 月 6 日～27 日

苏联电视广播委员会节目部主任安德烈耶夫率五人记者组来中国采访。这是 1959 年以来苏联广播记者组第一次访华。

4 月 7 日

中国国际广播电台华侨部与香港裕华公司联合举办的“‘月是故乡明’侨乡知识竞赛”圆满结束，并在北京举行颁奖会。竞赛活动期间，共收到来自 30 个国家和地区以及国内听众写来的答卷 629 份，评出一等奖 2 名、二等奖 5 名、三等奖 100 名。

4 月 8 日

宁夏回族自治区广播电视学会在银川成立，王振华任会长。

4 月 10 日

山西省广播电视学会举办第一次全省广播电视学术论文论著评选活动，15 篇论文获奖。

4 月 11 日

中国电视剧制作中心摄制的电视连续剧《末代皇帝》（宫廷部分），由香港电视广播有限公司（无线台）剪辑为四集并配上粤方言在黄金时间播放。

同日

广播电影电视部地方宣传局复函西安市广播电视局，同意在个别省台试播《秦始皇》，并重申该剧国内版权永远属西安电视台。5 月 12 日，西安电视台首次播出该剧。

4 月 14 日

第六届全国优秀广播节目评选在兰州市揭晓。中国广播电视学会副会长金照出席评选活动并讲话。

4 月 15 日

广播电影电视部党组决定：将中国电视剧艺术委员会改为中国电视艺术委员会，艾知生任主任，谢文清、王枫、戴临风任副主任，阮若琳兼任秘书长。

同日

1987 年度天津市好新闻评选揭晓，天津人民广播电台选送的《市长办公会实况录音剪辑》获特等奖，《李瑞环市长到万新村为购买商品房的居民稳居》《北仓公墓见闻之一、之二、之三》《婆媳对夸》获一等奖。

同日

上海市广播电视局从近千名竞争者中择优招聘播音员11名。

4月16日

贵州音像资料馆成立。

4月16日～25日

1987年度全国优秀电视新闻节目评选在太原市举行，共评选出获奖新闻359条。

4月20日～25日

中国国际广播电台和外文出版社联合举办对拉丁美洲报道研讨会。外文局、外交部、新华社、经贸部、中联部及首都十几家新闻、科研单位的60余位专家学者出席会议。

4月21日

中组部通知：同意任命张伟中任广播电影电视部干部司司长。

4月22日

第二届东北三省电视剧“金虎奖”在沈阳揭晓，21部剧作获奖。

4月23日

广播电影电视部批准成立中国唱片总公司深圳公司。

同日

天津市政府在天津广播电视塔建设动员大会上宣布：广播电视塔工程是天津市重点工程，被列为改善城市人民生活的10件实事之一。

同日

吉林人民广播电台录制并展播18集系列广播节目《莎士比亚戏剧与故事片段欣赏》。

同日

日本放送协会大阪放送局在上海国际机场宾馆，通过卫星双向线路向日本奈良实况转播由上海歌舞团表演的《啊！丝绸之路》歌舞节目。这是上海电视台第一次协助国外电视台运用双向卫星线路进行电视转播。

同日

新疆人民广播电台《农家乐》节目成立顾问组，聘请20位自治区党政领导和农业部门负责人及专家、教授担任顾问，自治区党委副书记栗寿山任组长。

4月24日～30日

1987年全国优秀少儿广播节目评选在武汉举行，23个节目获奖。

4 月 26 日～5 月 6 日

广播电影电视部部长艾知生深入湖南湘西和湖北鄂西 6 个地、州、市 14 个县和部分乡镇及农民家庭，就农村广播电视事业发展情况进行考察和调研。

4 月 27 日

周顺生任江苏省广播电视厅厅长。

4 月 28 日

由广播电影电视部设计院设计的中央彩电中心工程获北京 80 年代十大建筑评选的第三名。

4 月 28 日～29 日

中国广播电视学会电视研究委员会成立，杨伟光任主任。

4 月 28 日～5 月 3 日

中国电视剧制作中心主任阮若琳率团参加法国戛纳电视节。我国选送的《末代皇帝》在电视节上被评为佳作，法国发宝公司购买了该片在欧洲的播映权。

4 月 29 日～5 月 8 日

应中国国际广播电台邀请，斯里兰卡中国国际广播电台听众协会秘书长英德拉南达·阿贝塞格拉访华。他代表该协会向僧伽罗语组人员颁发获奖证书，表彰他们运用僧伽罗语向斯里兰卡人民介绍中国所作的努力。

4 月 30 日

“中国江苏电视艺术节”暨江苏彩电中心落成揭幕仪式举行。

4 月 30 日～5 月 3 日

华东地区电视剧“银燕奖”评奖活动在南京举行。

5 月 1 日

中央人民广播电台对台湾广播部《空中之友》节目为台湾同胞举办的“祖国知识有奖征答”活动揭晓，并在广播中公布一、二、三等奖的获奖者名单。

同日

中国国际广播电台对国内法语节目正式开播，每天两次，每次 30 分钟。

同日

北京人民广播电台调频立体声节目的播出时间由原来的每天 6 个小时增加到 12 个小时，同时扩大了发射功率。

同日

黑龙江人民广播电台《青春旋律》节目和广东人民广播电台《青春夜话》节目联合举办《1988 特别节目——黑龙江、广东南北青年大对话》。

同日

陕西广播电视中心基础工程破土动工。建成后的广播电视中心具备六套电视节目和五套广播节目的制作功能，成为陕西省广播电视宣传中心、节目制作中心和技术服务中心。

5月2日～8日

上海电视台和日本读卖电视台举办“上海-日本读卖电视周”。一批中日电视节目在上海电视台和读卖电视台播出。

5月4日

江苏电视台与联邦德国南德意志电视台举办“南德电视周”。江苏省省长顾秀莲、联邦德国巴符州总理施佩特互致祝词。

5月4日～9日

第三次华北地区广播电视协作会在天津召开。

5月5日

中央电视台现场直播中国、日本、尼泊尔三国联合登山队双跨珠峰的全过程。转播过程中，党和国家领导人邓小平、杨尚昆、王震、阿沛·阿旺晋美等打来电话表示祝贺。

同日

国务院电子振兴领导小组同意贵州租用卫星传送电视节目，安排贵州与新疆、云南共三套节目使用东方红二号甲通信卫星中的一个转发器。

5月6日

中国国际广播电台在西安举办全国广播电台立体声音乐节目交换会。全国40家电台参加并交换100个小时以上的音乐节目。

5月7日～14日

全国第三届戏曲电视剧“金三角奖”评奖在江西景德镇举行，18个剧目获奖。其中，安徽电视台的黄梅戏《这家没男人》获多本戏曲电视剧一等奖，由中国电视剧制作中心拍摄的昆曲《南唐遗事》被评为电视戏曲艺术片一等奖。

5月9日

广播电影电视部任命黄惠群为中央电视台台长，于广华为副台长。任命王德新为中央人民广播电台副台长。

5月10日

广播电影电视部广播科学研究所研制的“18毫米硒砷摄像管”通过部级技术鉴定。这种摄像管的研制成功，结束了我国广播电视摄像管一直依赖进口的状况。

同日

内蒙古广播电视学会成立，珠兰其其柯当选为会长。

同日

安徽省徽州电视台更名为黄山电视台（1987 年 11 月，国务院批准撤销徽州地区，设立地级黄山市）。

5 月 11 日

上海人民广播电台《早新闻》编辑组被评为“1987 年度上海市模范集体”。

5 月 11 日～21 日

由广播电影电视部技术局主持、江西省广播电视厅承办的豫、赣、湘、皖、浙、闽、鄂等七省调频规划第一轮协调会在庐山举行。

5 月 12 日

中央电视台《短剧与小品》专栏开播。

同日

辽宁省首届优秀电视剧评选发奖大会在大连举行。

同日

湖北省企业电视研究会在武汉成立。

5 月 13 日

上海人民广播电台经济台《蔚兰信箱》开播周年之际，1000 多名听众自发举办联谊活动。

同日

安徽省广播电视学会在合肥成立，陈晓宁任会长。

5 月 13 日～6 月 2 日

广播电影电视部部长艾知生率团访问澳大利亚、新西兰，并携带我国电视剧参加澳大利亚广播艺术科学院委员会国际电视节。

5 月 14 日

中央电视台举办的第三届全国青年歌手电视大奖赛业余组民族、美声、通俗三种唱法，分别决出前三名。

同日

广西壮族自治区编制委员会批复，同意在广西人民广播电台内设立广西经济广播电台，增加事业编制 15 名。

5 月 16 日

中国国际广播电台对内广播的英语新闻节目正式改为直播。

同日

新疆维吾尔自治区阿图什市建立中波广播电台，呼号为“阿图什人民广播电台”。

5月19日

皇甫斌任甘肃省广播电视厅厅长。

5月20日～6月10日

日本电视网公司（NTV）来华拍摄《丝绸文物》节目。

5月21日

北京人民广播电台和中国音乐家协会联合举办的优秀盒带评奖活动揭晓，《红楼梦》主题歌等15盒优秀盒带获奖。

同日

中国国际广播电台世界语组播音员刘俊芳、薛梅仙主持的我国第一部世界语教学电视片《希望》摄制成功。

5月23日

浙江省广播电视厅举行浙江广播电视中心工程奠基典礼，省委书记薛驹以及省人大、省政府、省政协主要领导出席。6月26日，主楼工程正式开工。1991年年底主楼建成。1992年1月31日，省电台、省电视台播出系统搬入莫干山路111号广电中心。

5月23日～6月2日

中国电视艺术委员会和中央电视台联合举办第二届电视文艺“星光奖”评选活动。6月10日，第二届电视文艺“星光奖”和1988年迎春文艺节目展播颁奖会在北京举行。这次“星光奖”是首次以中国电视艺术委员会名义颁布的政府奖。颁奖仪式后，举办了为期五天的电视文艺研讨会。

5月24日

浙江省电视剧制作中心在杭州举行成立大会，中共中央政治局常委乔石发函祝贺。

同日

中央电视台委托香港大隆洋行为该台节目对台湾发行代理人。

5月24日～30日

由中国电视国际服务公司主办的全国首届音像制品展示订货会在北京举行。

5月26日～30日

西北五省（区）第四次广播电视协作会在西安举行。

5月27日

中央电视台分党组决定建立台长接待日制度，每月两个半天；设立“爱CCTV信箱”，欢迎广大职工对全台工作提出批评、建议。

5 月 28 日

国家主席杨尚昆在接受巴基斯坦电视台记者采访前，应中国国际广播电台乌尔都语记者请求为国际台题词：“为了和平与发展，做好对外广播工作。”

同日

中央人民广播电台与湖南人民广播电台等联合举办“五月之歌”音乐会，并向全国实况转播。

同日

安景林任辽宁省广播电视厅厅长。

5 月 28 日～6 月 12 日

由上海人民广播电台举办的首届国际音乐节目展播在上海举行。该活动以专门频率、集中时间的方式，共播出 14 个友好国家提供的 15 套音乐节目。从 1993 年 4 月第四届起，“上海国际音乐节目展播”正式改名为“上海国际广播音乐节”，这是中国广播界第一个国际广播音乐节。2001 年，已连续举办 18 届的“上海之春”音乐舞蹈月和已连续举办 7 届的上海国际广播音乐节合并拓展为“上海之春国际音乐节”，每年一届，在 5 月举行。

5 月 31 日

江苏省苏北广播电视微波干线正式通过验收。

同月

中央电视台购买第二十四届奥运会中国大陆的独家播映权。

同月

中央电视台台长黄惠群率团参加在捷克斯洛伐克举行的第二十五届“金色布拉格”电视节，带去的《金舞银饰》荣获“电视音乐片传统与民间音乐奖”。

同月

江西电视台拍摄的专题片《今日余雕》《奇古香樟》，入选参加苏联塔什干电视节。

同月

安徽省滁州电视台建立。该台发射功率 50 瓦，覆盖半径 10 公里。除转播中央电视台、安徽电视台新闻节目外，还自办每周播出三次的《滁州新闻》。

6 月 1 日

中央电视台与美国纽约苹果电视台签订供片协议。从此，中央电视台对北美中文电视台的供片关系已全部转为商业形式。

同日

天津电视台由新闻制作中心向中央电视台传送电视新闻的线路正式开通，第一次传送新闻获得成功。

6月2日～6日

由河北人民广播电台、北京人民广播电台主办的全国新闻单位信息协作网第六次会议在承德市召开。

6月2日～15日

中央电视台《西游记》艺术团赴新加坡演出。在新期间，共演出10场，场场爆满，观众达2.5万多人。新加坡报界评论此次演出“真正代表了东方艺术”。

6月3日～5日

中国电视国际服务公司和国家环保局等单位在首都体育馆联合举办大型演唱会。演唱会的全部收入用于我国环保宣传事业。节目部将其演唱的歌曲制作成《地球的孩子》等三盘盒带。

6月4日

经广播电影电视部批准，中国唱片总公司唱机、唱片、盒式音带测试中心在上海成立。

6月4日～7月25日

《中国广播影视》杂志社举行“新时期（1978 ～ 1987年）全国影视（故事片、剧）十佳导演评选”活动。根据观众投票多少，谢晋、张艺谋、赵焕章列电影导演前三名；杨洁、林汝为、王扶林列电视导演前三名。

6月5日

中国国际广播电台法语广播开播30周年，法语部举办纪念茶话会，副台长张振华出席茶话会并讲话。期间播出《留给世纪的伟大声音》《30年走过的历程》以及专访特别节目等。

6月6日

江苏省广播电视厅新闻研究所成立。

6月9日

监察部通知：同意金石任监察部驻广播电影电视部监察局局长（副部级），李范笑任副局长（正局级）。

6月10日

第二届全国少数民族题材电视艺术“骏马奖”评选在昆明揭晓，30个节目获奖。

同日

中国广播电视学会主办的首届全国广播电视学术论文评奖在长沙揭晓，35篇论文获奖。

同日

广播电影电视部无线电台管理局所属海南871发射台通过验收和试运行，正式投入使用。

6月10日～18日

西藏自治区第四次广播电视工作会议在拉萨召开。会议确定了自治区广播电视“七五”后期规划。会上，西藏自治区广播电视学会成立，杜泰任会长。

6月11日

中央人民广播电台广播学会举行学术论文评选会，6篇论文获奖。

同日

中央电视台社教部《为您服务》节目组的工作人员为使台胞刘素琴及其丈夫韩先生尽早找到失散40年的亲人，赶制节目及时播出。播出的第二天便收到刘素琴胞弟刘俊良的加急电报，使姐弟重逢。刘素琴夫妇感谢政府和中央电视台所给予的帮助，表示返台后要为完成祖国统一大业尽力。

6月11日～17日

广播电影电视部在山东省崂山县召开农村有线广播技术标准审定会。会议通过《农村有线广播传输技术指标测试方法》《农村有线广播台（站）内设备和用户设备技术指标测试方法》等三个部颁标准。

6月12日～19日

捷克斯洛伐克电台台长扬·里什珂等两人访问中国，同中方签订广播合作协定。

6月13日

由美国著名电视节目主持人靳羽西主持和拍摄的专题片《黑龙江省》在黑龙江电视台播出。该片曾作为美国《看东方》节目的特别节目在美国播出。

6月13日～27日

应苏联电视广播委员会的邀请，以广播电影电视部副部长聂大江为团长的中国广播电视代表团访问苏联，并于6月27日与苏方签订《1989～1990年中苏广播电视合作议定书》。

6月15日

新疆维吾尔自治区广播电视厅、自治区广播电视学会主办的《视听天地》创刊号出版发行。

6月15日～29日

中共中央政治局常委、中央纪律检查委员会书记乔石到西藏考察，他要求藏、汉干部加强团结，旗帜鲜明地反对分裂、反对骚乱，维护祖国统一。西藏人民广播电台、西藏电视台对乔石一行在西藏的活动进行了重点报道。

6月16日

广西电视台完成3.68公里光纤电缆的埋设测试工程。这是广西第一条可传10路彩色电视和12路广播节目信号的光纤传输线路。

6月18日、22日、25日

中央电视台现场直播第三届全国青年歌手电视大奖赛专业组民族、美声、通俗唱法决赛。

6月19日

中央电视台与美国南海公司签订合作协议，在美国发行、出租中央电视台节目录像带。

6月19日～20日

广东电视台第一次派员赴香港，与亚洲电视台合作制作《省港缤纷迎夏日》文艺晚会，开启与香港媒体合作的大门。

6月20日

广播电影电视部发布《关于广播电视系统部分专业技术工种劳动防护用品发放标准和管理制度的暂行规定》。发放标准针对北方七省、市（北京、天津、河北、河南、山西、山东、陕西）、南方八省、区（广东、广西、海南、福建、湖南、云南、四川、贵州）的不同情况分别制定、分别下达。

6月20日～26日

全国青少年电视节目"金童奖"评选工作在北京举行。中央电视台少儿部制作的《藏族儿童和香浪节》（与兰州台合拍）、《玩大赛》《动物园》《10城市青少年演讲比赛选播》获一等奖。《欢乐的童年》《旗号巡洋舰》获特别奖。

6月22日～26日

华东地区广播电视厅（局）第二次思想政治工作研讨会在庐山举行。

6月23日

贵州省盘县特区建立调频广播电台，发射功率100瓦，呼号为"盘县人民广播电台"。

同日

河南省郑州经济广播电台成立。

6月27日

朱兆瑾任安徽省广播电视厅厅长。

6月28日

国务院总理李鹏等中央领导在中南海接见参加中央电视台社教部举办的《服务工作全面质量管理》电视讲座的39名优秀代表。

同日

广播电影电视部和湖南省广播电视厅决定，湖南省龙山、辰溪两县为农村广播电视网建设的试点县。

同日

广播电影电视部发出《关于表彰童禅福同志的决定》。童禅福是浙江人民广播电台记者，在 1988 年 3 月 24 日上海火车相撞事故中，他无私无畏，救死扶伤，并不顾疲劳完成报道任务。广电部决定授予其“优秀记者”称号，颁发荣誉证书。

6 月 29 日

北京人民广播电台主办的“北京首届广播歌曲健牌大奖赛”歌曲征集活动结束，10 首歌曲获奖。

6 月 30 日

上海市广播电视学会成立。成立大会上推选出 79 人组成第一届理事会，在 8 月 19 日召开的理事会议上，龚学平当选为会长。

同月

中央人民广播电台举办第一届“海峡情”有奖征文活动，收到海峡两岸同胞以及美国、泰国、印度尼西亚等海外华人的应征作品 600 多篇。一些台湾同胞为使作品安全寄达北京，特意托人带到海外或大陆邮寄。此后，一年一度的“海峡情”有奖征文活动连续举办了多届。

同月

据 1988 年上半年抽样调查统计推算，中央人民广播电台有 12 岁以上的听众 6.23 亿。

同月

洪民生任中央电视台总编辑。

同月

中央电视台专业技术人员首次评聘工作结束，共评出具有各级任职资格的人员 1535 名，其中高级职务 35 名、副高级 261 名、中级 542 名、助理级 592 名、员级 105 名。

同月

山东电视台摄制的电视片《农家春节》在美国芝加哥获 1988 年“美国电影电视节”文化演出艺术类优秀创作奖。

同月

新疆克孜勒苏电视台利用一部 30 瓦彩色电视发射机，转播中央电视台第一套节目。该台的《克孜勒苏新闻》节目实现汉、维吾尔、柯尔克孜三种语言播出。

7月1日

中央电视台在中南海怀仁堂举办并现场直播《庆祝“七一”——第三届全国青年歌手电视大奖赛获奖者音乐会》。

同日

中央电视台在大演播室成功进行北京-巴黎双向传送电视直播节目。这个节目是法国电视一台组织发起的，题为《世界青年大聚会》。法国、中国、苏联、美国、日本、印度、巴西、科特迪瓦和突尼斯9个参加国，分别在各自的电视台邀请所在国100名青年进行相互对话，讨论共同关心的社会和国际问题。

同日

安徽电视台部（室）级干部试行任期制和聘任制。

同日

贵州电视台举行建台20周年庆祝活动。

同日

广西北海人民广播电台正式开播。

同日

新疆哈密人民广播电台维吾尔语广播试播。

7月4日

第八届（1987年度）全国优秀电视剧“飞天奖”揭晓。《西游记》获特别奖，《严凤英》《秋白之死》《跑跑的天地》《九斤姑娘》分获连续剧、单本剧、儿童电视剧、戏曲电视剧一等奖。7月21日，本届“飞天奖”颁奖大会在北京饭店举行。聂大江、陈昊苏、谢文清、金照等广播电影电视部领导出席大会并为获奖者发奖。

同日

中央人民广播电台节目改革方案出台。新闻节目次数增加，实现整点播报新闻，部分新闻节目实行直播；调频立体声节目每天播出增加到18个小时；《今晚八点半》节目新开辟《明星一刻钟》专栏；新办《青春年华》和《少年时代》两个节目；《科学知识》节目改名为《科技与社会》。

同日

中央人民广播电台和新疆、甘肃、青海、宁夏、陕西、内蒙古、山西、河北、天津、北京、辽宁、吉林、黑龙江等14家电台联合举办的《绿色长城》系列广播开播。该节目主要从生态角度，对东北、华北、西北防护林建设的进程、成就、意义及存在的问题作全面、系统的介绍。

同日

山西电视台推出《电视桥》《科学时代》《社会大观》《公民与法》《祝您家庭幸福》

《观众点播》《下周屏幕预告》七个新办专题节目。每晚一次的《电视桥》采取主持人直播形式。

7 月 4 日～10 日

广播电影电视部地方宣传局在山东省莱芜市召开 11 省、区、市的县级电视台宣传工作调研会。

7 月 5 日

中国国际广播电台匈牙利语组译审柴鹏飞荣获“匈牙利文化奖章”。该奖项是为表彰长期从事匈牙利文化工作并作出杰出贡献的学者而设立的。

同日

江苏省副省长陈焕友主持召开省长办公会议，专题研究加快南京电视塔建设问题。省政府决定拨款 4100 万元投资建设，并成立领导小组，由副省长杨泳沂任组长。

同日

青海电视台开始用二十七频道转播中央教育电视节目。

7 月 6 日

中央电视台派出摄制组赴苏联拍摄纪录片《伏尔加日记》。

7 月 6 日、9 日

中央电视台和辽宁电视台联合举办全国喜剧小品电视邀请赛，并进行现场直播。

7 月 7 日～12 日

上海少年儿童广播合唱团赴香港参加国际儿童合唱节，并被接纳为国际儿童合唱及表演艺术协会会员。

7 月 11 日～27 日

中央电视台少儿部主任徐家察参加在保加利亚举行的第三十一届国际青少年影视中心年会。会议决定 1989 年 6 月在中国举行下一届年会。

7 月 13 日

广东电视台在电视上公开该台设置的纪律监察电话号码，接受社会各界人士对电视台工作人员的职业道德监督。

同日

中共中央政治局常委乔石视察中央电视台。

7 月 14 日

中国电视剧制作中心邀请电视剧《末代皇帝》的顾问、艺术指导审看该剧的部分样片。溥杰在书面意见中认为，该剧是近年来所谓“宫廷”影片中比较成功的一部作品。

7 月 15 日

中央电视台文艺部在人民大会堂录制西班牙萨苏埃拉精英团访华演出，《花信风》专栏组采访了西班牙歌星多明戈并作了专题报道。

同日

云南省第七届人民代表大会常务委员会第一次会议决定，任命林文启为省广播电视厅厅长。8 月 16 日，中共云南省委任命林文启为省广播电视厅党组书记。

7 月 17 日

中国电视国际服务公司合拍部协助日本富士电视台拍摄北京火车站并进行实况卫星传送，片名为《世界十大火车站》。

同日

贵州电视台开播《西南窗口》节目。这个节目是贵州、云南、四川、西藏和重庆电视台共同开办的。

7 月 18 日

中央电视台英语节目实行每日播出，并增设《中华文艺》《华夏专题》《电视剧场》《焦点》《周末影院》五个专栏。

7 月 20 日

甘肃省广播电视学会播音学研究会与甘肃人民广播电台播出部联合举办的全省普通话讲演赛揭晓，有 12 名个人和 6 个集体获奖。

7 月 21 日

广播电影电视部副部长聂大江和联合国负责新闻事务的副秘书长在北京签订《中华人民共和国国际广播电台和联合国关于新闻节目合作协议》。协议规定，联合国每周一次向中国国际广播电台传送六分钟汉语新闻节目，由国际台负责免费向东南亚及其他地区选播。协议自签字之日起生效，有效期五年。

同日

吴养生任海峡之声广播电台台长。

7 月 22 日

1987 年度八省（区）蒙古语广播好稿（节目）评选会在青海省德令哈市举行。

同日

张晶轩任湖北省广播电视厅厅长。

7 月 23 日

上海市经委正式批准上海 450 米广播电视塔工程可行性报告。

7 月 25 日

中国国际广播电台开始向上海《解放日报》提供国际新闻稿，从而使驻外记者的国际报道走进地方媒体，丰富了中国媒体国际报道的稿源。

同日

以法国国际广播电台台长迪蒙塞尔为首的法国国际台代表团访华。中国国际广播电台台长崔玉陵以及广播电影电视部技术局副局长温亚林等会见该代表团。双方就互转短波广播节目和人员交流等问题达成协议。10 月底，由双方台长分别在巴黎和北京签署议定书，并正式开始互转部分节目。

7 月 25 日～ 8 月 5 日

中央电视台参加“亚广联”组织的第二次多通道电视新闻交换试验。这次多通道试验，中央电视台共发送新闻 22 条，转发世界新闻交换网（东欧广联）新闻 5 条，接收外国新闻 215 条。从效果上看，多通道交换的新闻时效和质量都好于以往。

7 月 26 日

根据中组部、国家教委通知，由广播电影电视部和能源部组织中央机关讲师团共 60 人。广电部派出讲师团成员 45 人，其中甘肃 40 人，安徽 5 人，分别在兰州、酒泉、白银、合肥等地的学校支教。团长由广播科学研究所副所长鹿遥担任。

7 月 26 日～ 31 日

江西省广播电视学会、《声屏世界》杂志编辑部联合举办的广播电视舆论监督学术研讨会在井冈山举行。

7 月 27 日

新疆维吾尔自治区人民政府召开会议，研究自治区音像管理工作。会议重申，自治区录像放映的日常督促、检查、管理工作仍由自治区广播电视厅负责。

7 月 28 日

应全苏“旋律”唱片公司邀请，中国唱片总公司副总经理喻万祥等赴莫斯科，与该公司就加工盒式音带、建立合资企业以及引进节目等事项进行洽谈，并草签会谈纪要。

7 月 29 日

1989 年中央电视台春节晚会筹备组成立。剧组大胆启用了年轻人。晚会的基调是“团结、欢乐、向上”。

7 月 30 日

湖南人民广播电台新建收讯台投入使用。

同月

《中国电视报》首次举办读者评报活动，收到来信 20 多万封。

同月

黑龙江人民广播电台派记者沿黑龙江省边境地区进行《边疆行》系列采访报道。

这次采访活动历时 100 天，行程近 5000 公里，走访了 20 个边疆市、县。

同月

江苏省广播电视厅在连云港市召开中波、调频、电视业务会议，会上表彰了全省技术评优活动获奖单位。

同月

新疆人民广播电台首批聘任评播员 30 人。他们分布在全疆各条战线。评播员的主要任务是收听和评论广播节目。

8 月 1 日

天津人民广播电台在文艺台创办《红绿灯》节目。

同日

海峡之声广播电台有 178 人改为文职干部。

同日

云南广播电视中心工程全部竣工，并于 12 月 29 日通过验收交付使用。该中心位于昆明市人民西路，于 1984 年 12 月 1 日动工建设，包括主楼、广播楼、电视楼及附属配套工程，建筑总面积 25362 平方米，总投资 3377.5 万元。此工程由广播电影电视部设计院设计，云南省建筑五公司承建。

8 月 2 日

北京电视台开始实行从 6：00 至 23：00 的连续播出，增加《北京早新闻》和《北京晚间新闻》。

8 月 3 日

28 集电视连续剧《末代皇帝》首次由中央电视台向全国播放。

同日

据中国驻朝鲜使馆来电，我国送朝鲜民主主义人民共和国主席金日成的 36 集电视剧《红楼梦》在万景台电视台播放。

8 月 4 日～8 日

日本福冈广播电视台摄制组一行五人到新疆采访，向日本观众介绍设在乌鲁木齐市的省级博物馆及文物，说明九州的文化自古以来就起源于中国。

8 月 6 日～11 日

全国防护电气化铁路干扰有线广播技术研究会在山西省忻州市召开。全国广播电视系统 60 多位专家、技术干部出席会议。

8 月 8 日

青海省海南州电视台完成恰卜恰电视转播台 60 米铁塔的建设，自即日起，转播中央电视台两套节目，差转省电视台节目。

8 月 8 日～9 日

中国唱片总公司艺术顾问第一次会议在北京召开，顾问们就中唱公司提出的首届“金唱片奖”候选名单进行了评议。

8 月 10 日

吉林省广播电视报社成立。

8 月 13 日

广播电影电视部干部司《关于事业单位首次专业技术职务评聘工作基本结束的报告》披露：自 1985 年开始至今，部属事业单位首批专业技术职务评聘工作结束。已评聘新闻、工程技术、翻译（含民族语）、播音、高教、研究、医疗卫生、图书资料、档案、艺术、会计、经济（含人事）、统计、小教等 14 个系列，共评出高级专业职务 1824 人（其中正高级 244 人），中级专业职务 3256 人。

8 月 14 日

共青团中央、中央电视台联合举办全国少先队辅导员技能技巧比赛决赛。

8 月 15 日

全国第六次藏语文艺广播会议在西宁开幕。

同日

湖南人民广播电台开办整点新闻节目。播出由原来的 5 次增加到 18 次。除《新闻联播》等 3 个节目外，其他 13 个新闻节目均由播音员直播。

8 月 15 日～9 月 1 日

中国广播电视学会和中央电视台联合举办 1986 年度和 1987 年度电视专栏节目评选活动，评选出一等奖 59 个、二等奖 112 个。中央电视台的《话说运河》《长征——生命的歌》《我的心在高原》，系列片《唐蕃古道》《蓬莱新八仙》《火焰启示录》，周末热门话题《彩电为什么买不到》等获一等奖。《历史上的今天》获优秀栏目奖。

8 月 16 日

中央电视台银河少年电视艺术团为庆祝电视台成立 30 周年在北京人民剧场举行首次公演。

8 月 18 日

国际新闻交流中心举行第一次董事会，董事长徐崇华（中方）、副董事长小池悌造（日方）和中外双方全体董事出席会议。会议以如何完成 1990 年亚运会的转播为前提，对交流中心大楼的设计方案、工程建设、组织机构等问题进行了讨论。

8 月 20 日

天津人民广播电台调频立体声文艺录音室扩建工程通过验收并交付使用。扩建后的录音室面积由 378 平方米增加到 450 平方米。

8月20日～28日

黑龙江省广播电视学会在宾县召开全省首届广播电视名牌节目、广播主持人节目以及1988年上半年广播电视优秀新闻、评论评选会议。

8月20日～30日

全国广播剧创作剧目研讨会在哈尔滨召开。

8月21日

中央电视台派摄制组赴朝鲜民主主义人民共和国，报道朝鲜40周年国庆。

8月22日

北京市人民政府发文，同意将北京唱片厂全建制划归中国唱片总公司管理。

8月22日～25日

广播电影电视部在北京召开第二次全国广播电视外事工作会议。会议研究了加强归口管理和分级管理等问题。30个省、自治区、直辖市广播电视厅（局）及苏州市广播电视局的外事机构负责人和部属14个单位的代表共67人参加会议。广电部副部长聂大江出席会议并讲话。

8月23日、30日

中国国际广播电台波兰语组、捷克语组于23日联合举行开播20周年纪念会。30日，该台举行罗马尼亚语广播开播20周年纪念茶话会。国际台台长崔玉陵、副台长张振华以及外交部、新华社、中联部、外交学院等部门的有关人员和上述三种语言的外国专家参加了纪念活动。

8月24日

联合国教科文组织、联合国儿童基金会、联合国开发署、世界劳工组织及十几个国家的驻华使节，在新疆教育学院附属小学观看新疆广播电视少儿课余合唱团的汇报演出。演出得到外宾的称赞。

同日

海峡之声广播电台庆祝建台30周年。

同日

甘肃省陇南鸡山电视调频转播台正式开通。

8月27日

湖南人民广播电台在《全省新闻联播》节目中开辟《人大代表、政协委员》专栏，为省人大代表、政协委员参政议政提供讲坛。

8月28日

青海省玉树藏族自治州电视台发射塔安装工程竣工。

8 月 28 日～9 月 12 日

中央人民广播电台台长杨正泉率领该台代表团一行五人，先后访问荷兰、比利时和法国，与法国国家电台签订新的广播合作协议书，与荷兰、比利时广播电台商谈了业务交流与合作等问题。

8 月 29 日

广播电影电视部《关于将中央三台升格为副部级单位的请示》报中央宣传思想工作领导小组并国家机构编制委员会、国务院。提出：中央三台是国家一级电台、电视台，是直属广电部的正局级事业单位，承担着重要的内宣、外宣任务，有一支文化素养和专业水平较高的职工队伍和编辑记者队伍，与中央其他的一些新闻单位相比级别明显偏低，为此申请升级为副部级事业单位。

8 月 29 日～9 月 8 日

加拿大国际电台节目部主任法米里昂特和技术部主任莫尼尔特访华，同中国国际广播电台商谈互转广播节目事宜，并达成初步协议。12 月下旬，双方台长分别在蒙特利尔和北京签署议定书，决定从 1989 年 4 月 2 日正式开始互转广播节目。

8 月 30 日

全国少数民族自治区暨西北、西南地区广播电视协作会在乌鲁木齐结束。会议贯彻中共中央办公厅转发的《新闻改革座谈会纪要》精神，研究了深化广播电视改革，发展少数民族地区广播电视事业以及体制改革等问题。

同日

中央电视台发表声明：1. 今后中央电视台记者外出采访都要出示介绍信和本台工作证，凡不同时出示这两个证件的人都不能以“中央电视台记者”的身份进行采访活动。2. 本台记者拍摄新闻概不收费。广大观众和有关单位如发现我台记者或冒充我台记者借拍摄电视新闻之机要钱要物，请向本台举报，一经查实，必将严肃追究。欢迎大家监督。

8 月 31 日

中央电视台军事部为纪念建台 30 周年摄制的 6 集系列片《世界在你面前》开播。

同月

《中国中央电视台 30 年》一书由中国广播电视出版社出版。

同月

内蒙古广播电视微波工程在呼和浩特市通过竣工验收。

同月

朱兆瑾任安徽省广播电视厅党组书记。

同月

湖南电视台为承担第十一届亚运会羽毛球比赛的电视转播，决定引进联邦德国的设备，由上海广播器材厂组装六讯道彩色电视转播车。

9月1日

中央电视台召开纪念建台30周年大会，广播电影电视部部长艾知生、副部长聂大江到会祝贺。

同日

中国国际广播电台对国内日语、德语节目正式开播。至此，该台对国内用五种语言广播，每天播音8.5个小时。

9月2日

中央人民广播电台所属中国广播录音出版社成立。

同日

广播电影电视部通知北京广播学院，同意该院党委副书记刘继南兼任副院长。

9月4日

上海电视台和联邦德国电视二台联合举办《上海 - 汉堡〈电视之桥〉对话》节目，双方各选30名市民，通过卫星双向传播进行直接对话。

9月5日

中央电视台和中国电视艺术委员会联合举行“革命历史题材和当代人物传记”电视剧创作座谈会。

9月5日～12日

中央人民广播电台和广播电影电视部地方宣传局联合举办的名牌广播节目听评会在北京召开。会议听评了中央电台、部分省级台、计划单列市台和海峡之声广播电台提供的41个名牌节目。广电部副部长马庆雄到会并讲话。

9月7日

国务院同意，国家审计署在广播电影电视部设立审计署驻部审计局，编制10人。审计署任命孙鸿璋为审计署驻部审计局局长，石堂贵为副局长。

9月9日

中央电视台与丹麦国家电视台签订电视连续剧《西游记》在丹麦全国播出合同。

9月9日～13日

日本东京广播公司（TBS）摄影队一行六人到新疆采访。此行是为配合在日本播放《万里长城》而摄制宣传节目。

9月11日

中国国际广播电台英语部的文化节目《清明上河图》获本年度澳大利亚广播艺

术科学院的“培特奖”的“最佳特别音乐节目奖”，上海人民广播电台的录音特写《上海·不夜城》获“最佳特别时事节目奖”。

9 月 12 日

中共贵州省委常委会议决定，贵州人民广播电台和贵州电视台为副厅（局）级事业单位，由贵州省广播电视厅领导。

同日

广西人民广播电台开办整点新闻节目。

9 月 13 日

贵州省广播电视厅科学技术委员会成立。

9 月 14 日

中国电视国际服务公司与日本国际影视公司签订电视剧《末代皇帝》录像带在日本发行的协议。

9 月 15 日

首届全国广播电视优秀播音作品评选在广州举行。会上评选出最佳作品奖 10 个，优秀作品奖 44 个。中国广播电视学会副会长金照参加会议。

同日

河北电视台举行全省“电视新闻质量攻关竞赛”，并在《河北新闻联播》中挂牌播出参赛节目。

9 月 15 日～21 日

日本朝日电视总务局局长岩田进率日本朝日电视代表团一行五人访问北京广播学院。北京广播学院院长常振铮、副院长李振水会见日本客人。双方签署合作交流的互换文件。

9 月 17 日

全国第四届省级广播电台长篇小说交换会在甘肃敦煌召开，来自全国 24 家广播电台的代表参加会议。

同日

宋银章任天津人民广播电台台长。

9 月 17 日～10 月 2 日

第二十四届夏季奥运会在汉城举行。中央人民广播电台组成 7 人报道组赴汉城采访报道，在报道中增加了分析性报道和述评的数量，对全国广播的两套节目和对台湾广播共播发自采自编的述评等言论性稿件 45 篇，比以往任何一次同类报道都多。中国国际广播电台派出以副台长张振华为首的 7 名记者参加采访报道，共发消息 126 条、专稿 96 篇。该台华侨部举办《奥运会特别节目》，及时向听众介绍奥运会比赛情况和中国运动员参赛成绩。中央电视台副台长杨伟光率电视报道组赴汉城参加奥运会报道工作。报道总时数181小时，其中现场直播72场、录像35场、专辑16辑。

9月18日

河南省广播电视学会成立，李光照当选为会长。

9月21日

新疆维吾尔自治区广播电视厅和北京广播学院干训部联合举办的新疆电视播音员培训班结业，新疆各地38名少数民族学员参加了为期一个月的学习培训。

9月23日

广播电影电视部发布《关于修订〈广播电影电视部科学进步奖励办法〉〈广播电影电视部合理化建议和技术改进奖励办法〉的通知》。

同日

上海浦江之声广播电台举办《千里共婵娟》文艺晚会，首次远距离向台湾同胞作现场直播。

9月24日

由江苏电视台、江苏音像出版社、江苏广播电视艺术实验中心主办的江苏省首届厂歌、行歌电视大赛在南京举行。

同日

海峡之声广播电台成立海峡之声广播学会，吴养生任会长。

9月25日

贵州省广播电视厅首次专业职务评定工作结束。在11个系列中，共评出高级专业职务人员53人、中级专业职务人员231人、初级专业职务人员301人、技术员122人。

同日

西北五省（区）“咸阳杯”秦腔电视新秀大奖赛揭晓。

同日

《宁夏广播电视》杂志创刊。

9月26日

应中国国际广播电台邀请，坦桑尼亚国家电台台长瓦卡蒂、总编辑姆蓬达一行访华。台长崔玉陵会见了他们。

9月28日

瑞士国际广播电台同上海人民广播电台达成交换节目和合作的意向。

同日

广东省佛山人民广播电台调频立体声广播正式开播。

同日

安徽省广播电视厅和省财政厅签订经费承包协议，规定广播电视厅实行“财务收支大包干”。

9 月 30 日～10 月 15 日

江苏人民广播电台台长王若渊率代表团访问联邦德国，与南德意志电台就互办广播周问题达成协议。

同月

中央电视台社教部、《中国电视报》联合主办的“如意杯”业余节目主持人选拔活动经过初试、笔试、复试三个阶段，选出 10 人为优胜者。

同月

广播电影电视部广播科学研究所研制的“图文电视信号发生器”和“图文电视通道误码分析仪”通过部级技术鉴定。

同月

四川电视台录制的电视纪录片《长江第一漂——一个导演的回述》参加在美国芝加哥举行的 1988 年度“美国电影电视节大奖赛”，获“历史传记类优秀创作奖”。

10 月 1 日

中央电视台与四川、广东、贵州、安徽、河南五省电视台进行的为期两个月的微机传稿试验取得成功。

同日

中央电视台无锡外景基地《西游记》艺术宫对外开放。

同日

天津人民广播电台现场直播新天津站建成通车剪彩仪式。

同日

吉林省彩色电视中心大楼全部投入使用。

10 月 2 日～9 日

联邦德国德国之声电台节目合作部主任梅林访华，同中国国际广播电台达成联合制作中德科学渊源和发展的广播节目协议。

10 月 3 日

中央电视台播音员李娟与匈牙利电视台播音员共同主持匈牙利电视台为庆祝中国国庆制作的专题节目。

10月4日～8日

全国广播电视厅（局）长会议在北京举行。会议传达、学习了中共十三届三中全会精神，回顾、总结了近五年的广播电视工作，讨论、确定了今后一个时期广播电视事业建设的指导思想是从中国国情和各地实际出发，实事求是，量力而行，注重效益，协调发展。明后两年广播电视事业的主要任务是：第一，加强基础建设，稳步扩大广播电视覆盖。第二，加强农村广播电视建设。第三，加强少数民族地区和老区、边境、贫困地区的广播电视事业建设。第四，贯彻内外并重的方针，加强对外广播。第五，采用先进技术。会议进一步明确了广播电视建设中几个政策问题和广播电视机构领导体制，强调要适当加强县级广播电视局的作用，要牢固树立全局观念、整体观念，严格遵守法纪和各项规章制度，搞好影视合作，促进电影电视的共同繁荣。

10月5日

广播电影电视部设计院与奥发国际美国公司合作，组建成立中发工程设计有限公司（中外合资），并开始对外营业。

同日

黑龙江电影电视剧制作中心成立，同时组建省电视台制作部、省电台广播剧部。

10月5日～11月6日

中国广播艺术团团长王力叶率中国广播交响乐团一行97人访问意大利、瑞士、西班牙、法国、联邦德国、奥地利、南斯拉夫等7个国家、28个城市，演出30场、观众达4.5万人次，受到各国观众的热烈欢迎。这是我国国家级交响乐团首次出访西欧。

10月6日～11日

全国第四届青年节目年会暨第二次优秀节目授奖会在西安举行。

10月7日

广播电影电视部职称改革办公室《关于破格评聘具有播音指导任职条件的通知》规定：对不具备规定学历的播音人员申报播音指导职务，应具有30年以上播音工龄（截至1987年年底）。个别确有真才实学，成绩显著，贡献突出，胜任播音指导岗位职责的拔尖人才，可破格评聘。

10月7日～9日

中国广播报社和中央人民广播电台团委在中山公园联合举办“中央台现场摹拟播音”活动，3天接待数万人。

10月7日～22日

中国电视国际服务公司郭宝祥等一行三人赴法国参加戛纳秋季国际电视交易市

场活动。期间与法国法宝公司商谈《末代皇帝》在欧洲、非洲法语区发行事项，与法宝公司签署代理发行《西游记》节目备忘录。

10 月 7 日～23 日

广东省广播电视厅副厅长方亢、广东电视台电视剧制作中心主任张木桂等三人赴保加利亚普罗夫迪夫市，参加第十六届“金匣子”国际电视节。广东电视台的电视剧《小船》获少年和儿童组的“金匣子”大奖。

10 月 8 日

一个具有多变空间环境声学效果的多功能组合录音厅在黑龙江人民广播电台建成并开始试用。

10 月 9 日

吉林人民广播电台第一次与上海、四川、天津人民广播电台采用直播方式联合举办《美声金曲》音乐会。

10 月 10 日

中央电视台台长黄惠群会见民主德国电视委员会副主席格罗特和夫人一行。格罗特建议在 1989 年两国建交 40 周年之际，双方互派摄影组，报道对方国家的建设成就，还就如何办好德语教学节目交换了意见。

同日

由中央电视台、中国电视剧制作中心和中国革命博物馆联合举办的“历史电视剧制作艺术展”在革命博物馆开幕。

10 月 10 日～11 月 4 日

广播电影电视部部长艾知生率团访问民主德国、波兰、捷克斯洛伐克、匈牙利和保加利亚。

10 月 12 日

中国国际广播电台同北京市旅游局联合举办的《我心目中的中国》龙年征文颁奖仪式举行。这次征文活动共收到世界 87 个国家和地区听众寄来的文稿 1.3 万多篇，从中评出一等奖 4 名、二等奖 10 名、三等奖 200 名、特别奖 300 名。

10 月 13 日

河北省广播电视厅厅属事业单位首次专业技术职务评聘工作结束，评聘正高级职务 20 人，副高级职务 119 人，中级职务 276 人，初级职务 352 人。

同日

上海电视台二台与加拿大魁北克广播公司联合举办《中加电视之桥——青年卫星对话》节目，通过卫星线路传送取得成功。

10 月 14 日

新疆维吾尔自治区党委书记宋汉良、自治区主席铁木尔·达瓦买提视察托克逊电视录像转播台工程。

10 月 15 日

宁夏人民广播电台举行座谈会，庆祝建台 30 周年。

10 月 17 日 ~ 21 日

中央人民广播电台对台湾广播部在福建省光泽县召开第三次全国对台宣传工作会议。

10 月 18 日

中央电视台军事部摄制的电视系列片《祖国不会忘记》播出后受到好评。国家主席杨尚昆称赞该片所表现的时代精神在今天仍然适用。

10 月 19 日

在湖南省人民政府召开的全省 1988 年度抗洪抢险表彰大会上，湖南电视台、湖南人民广播电台被授予“全省抗洪抢险先进集体”。

10 月 19 日 ~ 11 月 1 日

以陈佐湟为艺术指导、广播电影电视部外事局副局长韩庆余为团长的中国音乐家代表团一行 193 人赴澳门，参加澳门国际音乐节的演出活动。

10 月 20 日

江苏电视台与北京电视台等五家电视台联合摄制的大型系列片《中国六大古都》《六大古都奇观》开拍。两片均作为中华人民共和国成立 40 周年重点献礼片。

10 月 22 日 ~ 29 日

1988 年上海国际电视节举行。电视节期间，接待中外来宾 1300 人，播出译制片 60 小时，节目交易成交额 100 万美元，设备展览成交额 260 万美元、700 万元人民币。中央电视台和上海电影制片厂合拍的电视剧《十八岁男子汉》在本届电视节上获得“白玉兰”奖。

10 月 23 日

由中央人民广播电台主办的第二届“全国广播新歌评奖”活动揭晓，25 首新歌获优秀奖，17 首新歌获特别奖。

10 月 24 日 ~ 11 月 3 日

广播电影电视部副部长马庆雄率代表团参加在澳大利亚悉尼举行的“亚广联”第二十五届会议。在会议举行的广播电视节目评比中，中央人民广播电台的新闻杂志节目《八月》获“亚广联奖”表扬奖。中央电视台的专题节目《西藏大祈愿》获口头表扬奖。我国工程技术人员撰写的技术论文《中国在前进》获二等奖。

10 月 27 日

中央电视台与日本广播协会达成在日本播出中国电视连续剧《末代皇帝》的协议。28 日，中央电视台与日本广播协会签订电视转播 1989 年在北京联合举办的中日歌手演唱会的备忘录。

10 月 31 日

中国广播电视学会 1988 年学术年会（首届）在南京举行。会长吴冷西、副会长谢文清、郝平南、左漠野等出席。参加交流的学术论文 95 篇，近 30 名代表在大会上作了专题学术发言。

同月

中央电视台总编室调整各类节目播出时间，实行规范化、标准化管理。电视连续剧（3 集及以上）、单本剧（两集以下）每集长度 50 分钟，电视短剧每集长度 30 分钟，电视小品每集长度 15 分钟。

同月

中央电视台广告部和美国迪斯尼公司代表谈判，签订新的 26 集《米老鼠和唐老鸭》动画片的播出合同。

同月

黑龙江广播设备厂首次设计并生产两部 50 千瓦脉宽发射机。这是该厂第一次为省外用户生产大功率脉宽发射机。

同月

新疆维吾尔自治区吐鲁番市建立调频广播电台。

11 月 1 日

为收转好中央电视台节目，天津市五县三区广播电视局（站）各增建一座卫星地面站，正式投入使用。

11 月 1 日～18 日

为纪念中共十一届三中全会召开 10 周年，中央人民广播电台举办“我看改革”征文活动。共收到来稿 2039 篇。

11 月 2 日

中央电视台播出大型电视系列片《蜀道》。

11 月 2 日～6 日

受广播电影电视部委托，山西省广播电视厅在太原召开华北地区电视发射台预算定额会议。

11 月 2 日～8 日

中央人民广播电台在太原召开全国地方记者站站长会议。会议着重研究在全面深化改革中，进一步加强地方记者站队伍建设，进一步提高宣传报道质量的问题。会议还讨论修订了《地方记者站发稿定额及奖惩规定》。

11月3日

四川电视台同国家南极考察办公室联合成立电视连续剧《长城向南延伸》剧组，乘“极地号”轮船赴南极拍摄。这是我国第一次到南极录制电视剧。

11月4日

国家机构编制委员会印发《广播电影电视部“三定”方案》：根据七届人大一次会议批准的《国务院机构改革方案》，广播电影电视部属保留单位。按照国务院总理李鹏《政府工作报告》的要求，广播电影电视部按“转变职能、下放权力、调整结构、精简人员”的方针，提出“三定”方案。一、“三定”的基本原则：1. 广播电影电视部是国务院主管广播电视宣传和广播电影电视事业的职能部门，既是新闻宣传机关，又是全国广播电影电视事业的管理机关，因而机构设置要有利于更好地履行上述双重职能，加强宣传工作的领导，加强行业管理。2. 这次“三定”根据国家政治体制改革和经济体制改革的总要求，以努力改进广播电视宣传和电影广播电视文艺创作、生产为目标，以转变职能为核心，解决政事不分、政企不分的问题。同时健全强化职能管理，加强宏观控制。（1）在宣传方面，加强对中央三台宣传工作的直接领导，同时抓好全国广播电视的宣传方针、重大新闻宣传的指导协调，组织总结交流经验，探讨广播电视宣传工作中带有共同性的重大问题。（2）电影方面，着重抓好创作指导思想、题材规划和影片的审查及发行放映工作中的方针政策问题。（3）对部属企、事业单位，加强宏观管理，下放人事、财务、行政等方面的管理权，充分调动企业、事业单位的积极性，增强活力。3. 加强广播电影电视系统的政策法规建设，研究解决广播电视事业的发展方针及重大政策问题。加强统筹协调，不断扩大广播电视的覆盖面，保证中央的广播电视节目向全国的传输。做好对地方广播电视的管理和服务工作。二、主要职责和任务：1. 全面贯彻中共中央、国务院的路线、方针、政策，组织和领导全国性的广播电视宣传和电影生产。制定广播电影电视事业的战略目标和发展规划，配合和推动经济、政治体制的改革，促进社会主义精神文明和物质文明建设。2. 研究分析广播电影电视工作中的重大问题，如广播电视的宣传方针，电影创作的指导思想，广播电影电视的财政状况，组织制定相应的政策和措施。3. 领导部属事业和企业单位。4. 管理全国广播电影电视事业，拟订、健全广播电影电视事业的方针、政策、法规、制度、标准，编制事业和技术发展规划，协调中央和地方在事业建设方面的事项。5. 审批全国各级广播电台、电视台、电影制片厂的建立和撤销，指配广播电视频率和规定发射功率。发放或撤销电视剧制作许可证。6. 根据国务院规定的工作职责，管理音像事业有关工作，归口管理全国有线电视和卫星节目的收录事务。7. 归口管理广播电影电视系统的外事工作及全国国外来访电影电视摄制组的审批接待事宜。8. 指导和协调全国广播电影电视系统的科学研究、技术开发、基本建设、设备维护等方面的工作。9. 领导北京广播学院、北京电影学院等直属院校的工作，按照广播电影电视事业发展需要，有计划、多层次地培养各种专业人才。10. 加强广播电影电视队伍的思想建设和组织建设，加强思想政治工作和专业培训，不断提高干部队伍的思想素质和业务素质。三、机构设置：按照上述职责，广播电影电视部设十一个职能厅、室、司、局（不含机关党委）：办公厅、总编室、电影事业管理局、人事司、计划财务司、技术局、外事司、保卫司、政策法规司、教育司、地方宣传管理司；根据中央、国家机关党工委、纪工委的规定，设立机关党委、机关纪委。四、编制定员：广播电影电视部机关（包括电影局机关）的行政编制原为 586 人，现定编为 560 人（包括工勤人员）。部级领导应为一正四副；现已配一正五副作为过渡，今后改为一正四副。各司局领导干部配一正二副，11 个司局的领导职数总额不超过 33 人（不包括机关党委）。

同日

中国电视剧制作中心同日本广播协会合作摄制的六集电视剧《不知其名》在北京举行首映式。日本代表团专程来京出席。该剧以辛亥革命为背景，表现了中日人民之间的友好情谊。是为纪念中日友好条约缔结 10 周年而拍摄的。

同日

四川省广播电视厅在四川省渠县召开纪念农村广播网建立 35 周年现场会。

同日

新疆维吾尔自治区广播电视厅举行大会，庆祝新疆人民广播电台蒙古语广播创办 30 周年。自治区党委常委巴岱、自治区人大常委会副主任吐尔巴依尔到会祝贺。

11 月 5 日

广播电影电视部任命陈为良为浙江广播电视专科学校校长，张品兴不再担任校长职务。

同日

中央电视台和浙江、上海、江苏、福建五家电视台联合主办的 1988 年全国青年越剧演员大选赛，经过七天的激烈角逐，在杭州落下帷幕，11 人获“最佳演员奖”，12 人获“优秀演员奖”，94 人获“荧屏奖”。

同日

经全国工业产品生产许可证办公室批准，中国唱片总公司唱机、唱片、盒式音带测试中心成为盒式音带产品生产许可证检测单位。

同日

广西电视台搬迁到新建的广西广播电视中心大楼。

11月6日

云南省澜沧、耿马相继发生7级以上强烈地震。云南人民广播电台、云南电视台及时发布地震消息，并多次派出记者深入灾区采访，先后在广播中播发200多篇消息、通讯、录音报道，在电视台播放近200条录像新闻和口播新闻。

11月7日

黑龙江人民广播电台新闻节目全部实现直播。

11月7日～12日

华东六省一市广播电台新闻、农村节目协作会在上海举行。

11月8日

上海广播电视塔工程建设领导小组成立，副市长倪天增任组长，副市长刘振元任副组长。

同日

中国电视国际服务公司和美国德克萨斯州卫星公司合作举办“美国百人合唱团”音乐会，经过中美双方人员的共同努力，圆满完成录像任务。

11月9日

日本国政府无偿援助中央电视台日语教学演播室设备换文仪式在北京举行。中国对外经济贸易部部长沈觉人与日本驻中国大使中岛敏次郎签字。援助金额为5.93亿日元。

同日

在国家发明奖授奖大会上，北京广播学院无线电工程系副教授李栋研制的“浮动载波调幅装置”荣获国家发明奖四等奖。

11月10日

中央人民广播电台和陕西西凤酒厂联合主办的“西凤杯”全国广播剧大奖赛在北京圆满结束。在37家参赛电台选送的45部作品中，9部作品获奖、10部作品获特别奖提名。

同日

中国国际广播电台驻津巴布韦、澳大利亚、阿根廷、比利时记者站建立。至此，该台已在16个国家和地区建立了常驻记者站。

同日

自即日起，法国国际广播电台开始转播中国国际广播电台九种语言节目，每天播音六个小时。同时，中国国际广播电台也转播法国国际广播电台相应时数的节目。

同日

由广播电影电视部广播科学研究所编制的“视频杂波测试仪和波形监视器计量检定技术规范和检定方法”的国家标准审定会在北京举行。与会专家审看了测试系统，对《征求意见稿》进行了修改，形成了国家标准送审稿。

11 月 12 日

中央电视台摄制的《中国珍稀动物》《不能消失的颜色》在意大利第二届国家公园纪录片国际电影节上荣获“卡瑞波罗奖”。12 月 10 日，林业部、中国野生动物保护协会向摄制组颁了奖。

11 月 13 日

中央电视台《观察与思考》栏目正式开播。

11 月 14 日

由湖北《电视月刊》和全国 30 多家电视刊物联合举办的第二届电视十佳演员评选揭晓。

同日

广播电影电视部设计院四名高级工程师应苏联邮电部邀请赴苏联考察电视塔。

11 月 14 日～ 17 日

广播电影电视部地方宣传局在四川省达县召开全国农村广播网服务创收经验交流会。

11 月 15 日

中央电视台对“全国首届五笔字型电脑汉字输入电视大奖赛”进行录像。全国人大常委会副委员长严济慈、陈慕华等观摩比赛并向获奖的个人和团体发奖。

同日

全国省级电视台新闻部主任会议在北京召开，27 家电视台的 30 人参加会议。会议讨论了合办《大家谈》栏目的指导思想和具体选题。

11 月 16 日

辽宁省广播电视厅 201 台 YD-87 微机远距离自动控制系统正式通过鉴定。

11 月 16 日～ 22 日

由北京广播学院新闻研究所、四川省广播电视厅新闻研究所、上海市广播电视局广播电视研究所和广东省广播电视厅研究室联合举办的社会主义初级阶段经济宣传报道理论研讨会在四川省峨眉山市举行。会议探讨了宣传社会主义商品经济中的理论问题。

11 月 17 日

新疆电视台汉语专题部开办《经济之窗》栏目，聘请自治区领导和有关部门的专家学者担任顾问。

同日

广播电影电视部任命刘以纯为计划财务司副司长。

11 月 17 日～12 月 7 日

国家验收委员会对中央彩电中心工程进行全面验收。广播电影电视部部长艾知生、原中央广播事业局局长张香山、国家计划委员会委员石洛荣、北京市副市长张百发以及来自国家机关和北京市的有关领导和专家200余人参加，最后一致通过国家级验收。

11 月 18 日

广播电影电视部党组通知：经商得浙江省高校工作委员会同意，决定将浙江广播电视专科学校临时党委改为正式党委，陈为良任书记。免去邱汉初临时党委书记、张品兴临时党委副书记职务。

11 月 18 日～19 日

山西省广播电视学会首届学术年会在太原召开。

11 月 21 日～24 日

中国电视艺术委员会、中央电视台、河北省广播电视厅在石家庄市召开革命历史题材和当代人物传记电视剧研讨会。

11 月 21 日～24 日

中央电视台新闻部盛亦来代表“亚广联”出席“欧广联”在瑞士日内瓦总部举行的新闻交换工作会议。

11 月 23 日～25 日

中国唱片总公司在昆明举行全国订货会。

11 月 24 日

中央电视台《电视你我他》专栏开播。

同日

天津人民广播电台恢复50年代深受听众欢迎的《点播音乐》节目，由主持人直播。

同日

吉林电视台开辟《大家谈》栏目，采取主持人采访、评论的形式播出。该节目在本省和全国性电视评奖活动中获奖。

11 月 24 日～25 日

中央电视台召开第三次党员代表大会，选举产生第三届党委会和第二届纪委会。党委书记于广华，副书记贺常余、邹庆芳；纪委书记贺常余，副书记南玉敏。

11 月 25 日

广播电影电视部发布《关于推广国家机关事业单位智能化劳动工资管理系统科技成果的通知》：由干部司组织并委托安徽省广播电视厅开发的“国家机关事业单位智能化劳动工资管理系统”（部 1988 年科研项目）已经研制成功，并于 10 月 23 日通过部级技术鉴定。该软件是我部组织开发的第一个人事管理软件，各省局、部属各单位要积极安排使用。

同日

福建省历时 8 年建设的全省围绕戴云山脉的广播电视专用微波干线环路完成合拢，环路全长 777.4 公里，中间建有 13 座微波站。

11 月 25 日～30 日

中央电视台在郑州召开第三届青少年儿童电视工作者会议，80 名青少年节目编导出席会议。中央电视台副台长洪民生在开幕式上作《为少年儿童树志气、正气》的专题发言。广播电影电视部副部长马庆雄在闭幕会上作总结发言。在本次会上，中央电视台制作的《1987 年“六一”晚会》《欢乐的童年》、木偶剧《旗旗号远洋舰》获“金童奖”特等奖；《玩大赛》《城市青少年演讲邀请赛选播》《动物园》获一等奖。

11 月 26 日～29 日

全国广播电视系统科技情报工作会议暨第三届情报网大会在天津召开。会议讨论修改并通过《广播电视科技情报合理化建议和技术改进（科技情报成果）奖励办法》。会议向先进集体、先进个人颁发了奖状和荣誉证书。

11 月 27 日

在第五届里约热内卢国际影视节上，武汉电视台摄制的电视艺术片《孝感剪纸》和北京电视艺术中心拍摄的电视连续剧《钟鼓楼》荣获评委特别奖。

12 月 1 日

湖北省江汉经济电视台正式播出。

12 月 2 日

中央电视台、中国长城学会和日本东京广播公司，就中日合拍大型电视系列片《长城内外》一事在人民大会堂举行签字仪式。

同日

安徽、河南、山东、江苏四省电视台组成联合摄制组，合拍电视系列片《淮河》，作为国庆 40 周年献礼片。

同日

周顺生任江苏省广播电视厅党组书记。

12 月 2 日～ 9 日

浙江省首次广播电视局长读书班在杭州举行。

12 月 3 日

刘宗一任江西省广播电视厅党组书记，12 月 29 日，任省广播电视厅厅长。

12 月 5 日

广西南宁至百色的广播电视微波专线开通，全线设六个微波站。

同日

河北电视台开办《改革 10 年》专栏节目。

12 月 6 日

广播电影电视部计算中心研制的“广播影视系统（采、编、播、导用）专业叙词表”通过部总编室、技术局联合主持的技术鉴定。

12 月 6 日～ 9 日

广播电影电视部在太原召开全国广播电视厅（局）办公室主任会议，研究广播电视通信保密问题。

12 月 8 日～ 9 日

中央人民广播电台《新闻和报纸摘要》节目播出的工作通讯《我看林业这十年》，在新闻界和社会上引起很大反响。该节目全面回顾了 10 年来我国林业的发展历史，呼唤全民族的生态意识，被评为当年全国优秀广播节目特等奖。

12 月 9 日

江苏省教委、江苏电视台、江苏广播电视艺术实验中心和金陵制药厂联合举办“金陵杯校歌电视大赛”。

同日

为纪念《告台湾同胞书》发表 10 周年，中央人民广播电台联合新华社、《人民日报》(海外版)、中国新闻社评选“1979 ～ 1988 年海峡两岸关系发展十大要闻”。

同日

甘肃省武威人民广播电台正式开播。

12 月 10 日

新疆人民广播电台召开颁奖大会，为全疆各地 6657 名听众评选出的《千家万户》等五个优秀节目和三名优秀主持人颁发奖品和证书。

同日

肯尼亚驻华使馆向中国国际广播电台转来肯尼亚政府邀请该台记者丁邦英出席肯尼亚建国 25 周年庆典活动的邀请函。来函说，此次邀请主要是因为肯尼亚总统访华期间，中国国际广播电台记者对总统进行的成功采访和斯瓦希里语广播有关总统访华的一系列专题节目的成功播出。

12 月 11 日

广西电视台在南宁体育馆现场直播庆祝广西壮族自治区成立 30 周年大会盛况，并播出艺术性电视文献纪录片《邓小平在广西》。

12 月 13 日

江苏省广播电视厅在泰兴县召开全省广播电视系统创收节支、财务管理经验交流会。

12 月 14 日

四川省广播电视科研所研制的 DT100 彩色电视射频调制解调器和 DT200 彩色电视中频解调器通过厅级鉴定。该调制器在国内同类产品中处于领先地位。

12 月 15 日

辽宁人民广播电台调频广播全部实现双节目广播。

同日

河北人民广播电台成立听众协会。

12 月 16 日

江西省赣州电视台建成开播，发射功率 1 千瓦，使用十频道播出自办节目，每周三次，全天播出 4 小时 30 分钟。

12 月 17 日

中国电视剧制作中心摄制的反映改革题材的七集电视连续剧《大地冲击波》开播。在同月召开的座谈会上，首都评论界、新闻界认为，这部电视剧是近年来改革题材中对人的思想具有冲击力的成功作品之一。

12 月 20 日

黑龙江电视台举行建台 30 周年纪念会。

同日

重庆经济广播电台成立。

同日

宁夏回族自治区广播电视厅罗山调频电视转播台投入使用，解决了银南地区和固原大部分地区收看中央电视台和宁夏电视台节目的问题。

同日

新疆维吾尔自治区广播电视厅技术处对全疆 1268 名在职技术干部、一级值班员进行应知应会考试。

12 月 21 日

天津人民广播电台杨柳青发射台新机房设备安装工程完成。即日，50 千瓦发射机 1 号机开始试播新闻经济台节目；30 日，50 千瓦发射机 2 号机开始试播专题服务台节目。同时，两部 10 千瓦脉宽调制发射机并机，以 20 千瓦功率播出文艺节目。

同日

为合资拍摄影视片《秦始皇》，中国电视剧国际合作公司与美国洛杉矶露米娜制作公司在北京长城饭店举行签字仪式。

同日

广播电影电视部广播科学研究所研制的 VPR-2B1 英寸录像机上下磁鼓、消磁头、假磁头通过部技术局主持的技术鉴定。

12 月 24 日

中央电视台与澳大利亚新闻公司所属的 20 世纪福克斯电影公司签订 1989 年度向中央电视台提供电影片的协议。

12 月 25 日

中央电视台和《中国体育报》联合举办的十大体育新闻评选揭晓。

12 月 30 日

广播电影电视部与中国唱片总公司举行承包经营合同签字仪式。

同日

广播电影电视部任命张天民为中国电视剧制作中心主任。

同日

中央电视台向全国现场直播《“如意杯”专业节目主持人展评揭晓晚会》。来自 27 个省、市电视台的 30 名优秀主持人和广大观众见面。

同日

北京电视台二十一频道正式开播，以少儿节目和影视剧为主。

同日

宁夏回族自治区青铜峡人民广播电台建成并正式播音。

12 月 31 日

安徽省农村第一家有线电视网在合肥市郊区常青乡曙光村建成。

同日

山西省广播电视厅有 698 名专业技术人员取得专业技术职务任职资格，已有 644 名受聘担任各级专业技术职务。

同月

由中国唱片总公司与台湾福茂唱片公司合作在台湾出版的大陆音乐盒式带受到台湾同胞的欢迎，被评选为 1988 年台湾十大音乐新闻之一。

同月

中央电视台广告部与美国哥伦比亚公司签订 1989 年度节目带广告协议。这是双方继 1984 年以来第五年的合作。

同月

全国 20 家省、市广播电视报优秀稿件评选在武汉揭晓。

同月

天津音像资料馆制作完成第一部译制片《冬狮》。

同月

以苏联赤塔州广播电视委员会主席马林科夫为团长的苏联广播电视代表团访问内蒙古自治区广播电视厅，双方签订广播电视合作协议。

同月

由辽宁、河北、天津、北京、山西、内蒙古、陕西、宁夏、新疆、甘肃 10 家电视台联合摄制的 37 集电视系列片《万里长城》获得广播电影电视部特等奖。这个节目发行到日本、新加坡、泰国、澳大利亚等国家及中国香港地区。

同月

全国政协副主席杨静仁为甘肃人民广播电台成立 40 周年题词："传播信息，服务人民。"

同月

青海省广播电视厅 7 个系列的专业职务评审工作告一段落，共评出高级职务 26 人，中级职务 142 人，初级职务 262 人。

同年

全国（未包括港、澳、台）共有广播电台 461 座，电视台 422 座；收音机和收录机的社会拥有量达 3.5 亿台，电视机的社会拥有量为 1.43 亿台，为 1978 年的 46 倍。30 个省、自治区、直辖市已实现卫星传送广播电视节目。广播人口覆盖率为 70.6%，电视人口覆盖率为 75.4%。

同年

中央人民广播电台与美国中美公司签署合办美国音乐节目协议，这是中央电台第一次与国外电台合办节目。根据协议，中央电台每周播出两次由美国中美公司提供的带广告的美国音乐节目，为期 10 个月。

同年

中央人民广播电台收到 23 个国家和地区寄来的音乐节目共 282 小时，寄送给 70 个国家和地区中国音乐节目 350 小时。

同年

中央人民广播电台收到听众来信389987封。

同年

中国国际广播电台共收到139个国家和地区的听众来信169046封。

同年

由辽宁、天津、山东、上海、江苏、广东等广播电视厅（局）支援西藏自治区广电厅的14名编辑、记者和技术人员，两年援藏期已满，8月以后陆续返回原工作单位。此后，这些省、区仍继续选调干部对口援藏。

同年

安徽省广播电视厅副厅长刘永璜兼任安徽电视台台长。

同年

贵州全省共建立县级调频广播电台166座。

同年

四川省绵阳电视台开办。

同年

四川人民广播电台记者王林磊等采制的深度系列报道《刘定国致富道路思考》，从八个方面反映了养猪大王刘定国遇到的尖锐矛盾，提出了改革需要各方面配合的系统工程问题。此报道分别在《四川新闻和报纸摘要》《对农村广播》等节目中连续播出，引发了“刘定国现象”的讨论，在全省引起很大反响。广播电影电视部部长艾知生陪同朝鲜客人来成都时，听了“刘定国现象”讨论，调看了此系列报道的文字稿，称赞四川人民广播电台的宣传改革搞得好。

同年

安徽省县级电台发展到15座、电视台10座、电视转播台15座，100瓦以下的小型电视转播台500多座。全省中波发射机26部，总功率409千瓦；调频发射机20部，总功率114.7千瓦；电视发射机571部，总功率137.987千瓦。其中，安徽电视台发射总功率由建台时的50瓦发展到51千瓦，分4个频道播出。安徽电视台广告收入达到300万元，超过财政拨款近一倍。广告收入已成为发展电视事业的重要支柱。

同年

西藏电视台译制首部专题片《人与自然》。

1989 年

1 月 1 日

中央人民广播电台、中国国际广播电台广播《人民日报》元旦社论《同心同德艰苦奋斗》。

同日

中国国际广播电台孟加拉语广播开办 20 周年。孟加拉国“中国国际电台听众俱乐部”主席卡里姆和孟中友协主席努茹尔·胡达·米尔扎致函国际台孟加拉语组表示热烈祝贺。

同日

中华全国归国华侨联合会主席张国基通过中国国际广播电台向海外华侨、华人祝贺新年。

同日

中央电视台《体育新闻》节目开播。

同日

中央电视台通过卫星在第二套节目《外国文艺》栏目中直播《维也纳新年音乐会》。

同日

天津人民广播电台进行广播宣传整体改革，进一步完善系列台布局，创办经济台。新闻经济台改称电台新闻台；专题服务台改称电台经济台。首先在经济台开办两个主持人直播的板块节目《天津早晨》《千家万户》，每个节目播出 60 分钟。同时，对文艺台、教育台、调频立体声文艺台的节目也作了较大调整。

同日

天津电视台《戏曲世界》《新闻纵横》专栏节目开播。

同日

广东电视台主办的《广东电视周刊》创刊。

同日

四川人民广播电台彝语广播将《新闻和专题》节目分为两个独立成章、各有特色的节目。《新闻》节目每次10分钟，重播两次，主要播报四川省和全国各地新近发生的重大事件及国际要闻，以简明新闻为主。《彝家山寨》节目每次10分钟，重播四次，是融新闻性、教育性、服务性为一体的专题性节目。

同日

广西壮族自治区第一座有线电视台——玉林地区有线电视台正式开播。

同日

为庆祝中华人民共和国成立40周年，甘肃人民广播电台和有关单位联合举办的“我与改革”征文开播。

1月2日

江苏人民广播电台实施节目改革方案。在节目设置上“加强新闻、精办专题、丰富文艺、改进服务”，并按时间段把各类节目优化组合。

1月3日

山西人民广播电台除《新闻半小时》和《全省各地广播电台广播站联播》两个节目外，其余新闻节目全部实行直播。

1月5日

中国国际广播电台西班牙语组正式开办《文学》《教中国话》节目。

同日

中日合拍《万里长城》系列片在人民大会堂举行签字仪式。中央电视台台长黄惠群出席签字仪式。

同日

哈尔滨人民广播电台、哈尔滨电视台邀请国内外15家电台、电视台近50名记者，组成广播电视记者团，采访第五届哈尔滨冰雪节。期间还主办首届“冰雪杯”冰雪风光片邀请赛。

同日

安徽省广播电视厅和安徽人民广播电台在合肥召开全省优秀广播节目听评会，就如何发挥广播优势，办出更受听众欢迎的名牌节目问题进行探讨。

同日

中央顾问委员会常委张爱萍应甘肃电视台请求，为该台摄制的反映我国核工业发展历史和科技人员光辉业绩的电视系列片《中国西部之光》题写片名。

1月6日

从即日起，青海电视台播出由东北、华北、西北13个省（区）、市电视台联合举办的《长城内外》节目。

1 月 6 日～ 7 日

广播电影电视部设计院技术委员会召开会议，评选院级优秀设计。“8201 工程”被评为设计院优秀设计一等奖。

1 月 7 日～ 9 日

中共四川省委、省政府领导观看四川电视台摄制的电视系列片《天府 10 年》，称赞该片以改革破题，全面反映四川省 10 年改革的成绩，有一定深度，是形势教育的好教材。

1 月 10 日

全国电影电视剧录像题材规划会在北京召开。广播电影电视部部长艾知生就电影电视录像的创作思想、生产方针、生产管理等问题作了报告。

同日

应苏联电视广播委员会驻京办事处要求，中央电视台国际部为其提供了有关邓小平工作和生活的影视资料。苏联准备利用这些资料编辑电视节目，在戈尔巴乔夫总书记访华时播出。

1 月 12 日

江西全省 11 个地、市参加的“1988 年地、市春节文艺节目展播”评选揭晓，赣州地区的《迎龙年晚会》荣获一等奖。

1 月 13 日

新疆维吾尔自治区广播电视厅在乌鲁木齐召开有关试验、试用 D-MAC 制式专题讨论会。广播电影电视部决定，在全国推广应用之前，先在新疆试点。利用 D-MAC 制式，可从根本上解决新疆五种语言广播在传送质量上长期存在的问题。

1 月 14 日

中共天津市委书记李瑞环视察市广播电视发射塔工地，并召开现场办公会。

同日

天津市广播电视局召开天津人民广播事业创建 40 周年纪念大会，会上给 228 名从事广播电视工作 30 年以上的职工颁发了荣誉证书。

1 月 16 日

自即日起，青海人民广播电台同华北、东北、西北等地区的 12 家省级电台交换农村节目。

1 月 21 日

吉林市人民广播电台调频立体声广播试播。

1月22日

中国唱片总公司发布《中国唱片总公司盒式音带标准》，并正式在所属各单位执行。

1月23日

中共中央政治局委员、上海市委书记江泽民和市委副书记曾庆红在上海电视台接见中国音像大百科编委，勉励大家为振兴祖国的音像事业而努力。

1月24日

新疆维吾尔自治区广播电视厅举行电视连续剧《红楼梦》维吾尔语译制片首映式。

1月25日

北京人民广播电台举行建台40周年庆祝活动。北京市委、市政府有关领导及一些新闻单位的代表参加座谈会。31日，举办纪念北京和平解放40周年和建台40周年广播明星大型文艺晚会，中央电视台播出晚会的实况录像。

同日

中央电视台电视剧制作中心制作的电视连续剧《西游记》在日本全国电视网播出。

同日

中国唱片总公司上海公司所属的中国唱片厂生产的“乐声”牌盒式音带，经上海市创优办审定，正式批准为1988年上海市优质产品。

同日

湖北省广播电视厅向全省广播电视系统转发广播电影电视部《关于向程敬发烈士学习的决定》。程敬发生前是武汉市公安局消防支队宣传科副科长，武汉电视台通讯员，在1月2日拍摄长江上游油驳发生大火的现场情况时，因油驳爆炸而壮烈牺牲。

1月26日

江苏省广播电视厅召开迎新春微波电视会，主会场设在江苏电视台，全省各地设32个分会场。无锡、泰州、盐城、徐州等地分会场的实况作了回传。

1月27日

马里共和国总统、非洲统一组织执行主席穆萨·特拉奥雷在即将结束他对中国的第四次访问前，在钓鱼台国宾馆接受中国国际广播电台法语记者的独家专访，并为国际台题词：“我祝愿中国国际广播电台的记者和全体工作人员为促进各国人民之间的友谊和了解作出不懈的努力。”

1月28日

中国国际广播电台驻广州工作站成立。从即日起，广州工作站直接向美国、加拿大的九家华语电台传送国际台采编的《中国新闻》节目。

1 月 29 日

中国电视剧制作中心和武汉展览馆联合主办的“电视连续剧大型制作艺术展”在武汉展览馆开幕。

同日

由中央电视台体育部和首都 20 家新闻单位举办的“1988 年全国十佳运动员评选活动”揭晓，许艳梅等 10 人当选。

1 月 30 日

吉林电视台开辟《企业家》专栏节目，播出在吉林省优秀企业家评选活动中涌现的先进人物和事迹。

同日

四川人民广播电台、四川电视台记者随四川省春节慰问团赴老山前线慰问前方将士，历时 20 多天，对这次活动进行了多形式的宣传报道。

1 月 31 日

江西省上饶电视台建成开播，用 3 千瓦发射机在十五频道播出。

2 月 1 日

广播电影电视部部长艾知生会见在中国国际广播电台工作的外国专家，向他们介绍当前国内外形势，并就有关问题进行座谈。广电部副部长马庆雄、国际台台长崔玉陵出席座谈会。

同日

广西广播电台使用广州话对华侨广播正式开播，面向侨居越南和东南亚的华人、华侨。

2 月 2 日

广东电视台首次在国外拍摄的八集体育系列片《欧洲体育揽胜》在珠江台《体坛内外》首播。

2 月 4 日

云南卫星广播电视地球站建成并投入试运行。该地球站全部采用国产设备。10 月 1 日起，正式通过转发器每周向全省各地传送八小时的云南电视台节目和两小时的云南教育节目及云南人民广播电台民语台德宏傣语、西双版纳傣语等五种民语节目，每周三次，每次 25 分钟。

2 月 5 日

中央电视台现场直播《1989 年春节联欢晚会》，同时在八频道用英文直播晚会现场。整台晚会 4 小时 22 分钟。2 月 6 日，《中央电视台 1989 年春节联欢晚会》节目在美国旧金山海华电视三十八频道播出。为使广大海外侨胞和我国驻外人员及时看到春节晚会节目，中央电视台对外部向我国162个驻外使领馆以及美国苹果台、海华台、五十六台、宏声台、斯扬台、华声台、中日中通社寄发了该台晚会的录像带。

同日

中国国际广播电台华侨部制作《与你共乐，共贺新春》节目，同广东佛山人民广播电台联合举办《侨乡贺岁大联播》《迎春曲》等节目。英语部举办“听众之声”春节文艺晚会。越南语组举办《春节寄语》节目。俄语部举办《春节话改革与友谊》特别节目。其他许多语言广播分别播出《中国人的春节》《春节习俗》等。

同日

自即日起，中央电视台分六次在《新闻联播》和《经济新闻》节目中播出江西电视台和赣州电视台联合摄制的系列报道《来自赣南老区的报道》。这组报道反映了赣南革命老区在经济体制改革中的新貌。

同日

甘肃省甘南藏族自治州第一座村级卫星电视地面收转站——贡巴站正式开通，从此，该地区2000多名牧民看上了电视节目。

2月8日

邓颖超给中央人民广播电台《午间半小时》栏目写信，对栏目组的工作给予肯定，称赞节目内容很好，使听众深受教益。信中还赞扬了几位主持人的播音。

2月9日

为庆祝中美建交10周年，应美国明尼苏达世界贸易中心邀请，国务院副总理田纪云在中央电视台作《中国的改革开放和中美经贸关系》的电视讲话。节目通过卫星转发，在美国明尼苏达世界贸易中心开幕时实况播出。美国全国广播公司（NBC）同时进行实况转播。

2月10日

上海电视台电视移动字幕首次对外播出，受到各界好评。新华社、《新民晚报》、香港《大公报》等进行了报道。

同日

广播电影电视部党组决定：黄惠群任中央电视台分党组书记，洪民生任副书记，杨伟光、陈汉元、于广华、孙同耕、张天民为分党组成员。

2月11日

中央电视台派八人小组赴西藏进行为期一个月的采访。此行的主要任务是报道当地悼念班禅的活动和西藏民主改革30年来取得的巨大成就。专题节目《深切缅怀班禅副委员长》播出之后，受到藏族人民的称赞。

2 月 11 日～13 日

巴基斯坦总理贝尔齐娜·布托访华。中央人民广播电台、中国国际广播电台、中央电视台及时播出中国国家领导人会见贝·布托的新闻和她在访华期间的活动。中国国际广播电台乌尔都语组播发贝·布托访华前夕给该台的书面讲话。中央电视台播出本台记者在上海对贝·布托的专访。

2 月 12 日～18 日

山西电视台、山西省总工会、山西省妇女联合会联合举办“山西省首届‘春笋杯’家庭音乐会大奖赛”，前后历时七天，播出 410 分钟。

2 月 13 日～15 日

中国国际广播电台和文化部、外文出版局在北京联合举办对日报道研讨会。首都新闻单位和有关部门 60 多位长期从事中日友谊工作的专家学者及新闻出版工作者出席会议。文化部副部长刘德有致开幕词，全国人大外事委员会副主任符浩、广播电影电视部部长艾知生、中日友协会长孙平化等到会并讲话。

2 月 16 日

河北电视台举行建台 20 周年座谈会。

2 月 17 日

由西藏电视台拍摄的大型历史故事片《松赞干布》在拉萨举行首映式。这是西藏电视台拍摄的第一部大型历史故事片。

2 月 18 日

湖北省宜昌地区广播电视学会成立。这是全国第一个地市级广播电视学会。

2 月 18 日～22 日

中央电视台副台长陈汉元参加在巴基斯坦召开的第十六届亚洲广告大会，在会上就中国电视广告情况作了发言。

2 月 19 日

新疆人民广播电台《县、团、场经济》联办节目开播，并于当天在呼图壁县举行首播式。

2 月 20 日

江苏省广播电视厅和省广播电视学会主办的《视听界》杂志（双月刊）自即日起向全国公开发行。

同日

由中华全国台湾同胞联谊会、福建电视台、福建省台湾事务办公室和泉州电视台联合主办的首届“海峡同乐杯”全国优秀民歌演唱电视大奖赛闭幕。

同日

湖南电视台推出《焦点，89》新闻专栏节目。该节目旨在对1989年公众关注的事件和问题加以报道、披露和评析。

同日

新疆维吾尔自治区广播电视厅正式使用通信卫星向全疆传送新疆电视台节目。

同日

青海电视台献给藏族群众的文艺晚会节目《春天的哈达》播出。

2月22日～27日

湖南省第13次广播电视工作会议在长沙召开。会议决定把今后五年的广播电视工作重点放到农村，让全省5000多万农民听好广播看好电视。广播电影电视部部长艾知生到会并讲话。

2月25日

中央人民广播电台举办的“同庆杯”《我看改革》征文评选活动结束。30个省、自治区、直辖市的5021位听众寄来稿件。

2月26日

18:00，中央电视台现场直播美国总统乔治·布什接受本台记者党冰采访的实况。采访结束后，台长黄惠群即把采访实况的录像带赠给布什，他十分高兴，对电视台的工作效率表示赞赏。

2月27日

中央电视台和英国广播公司合拍的《跟我学——科技英语》视听教学片首映式在中央电视台举行。英国广播公司、英国驻华使馆、香港裘槎基金会的来宾及新闻单位的记者100多人出席首映式。

2月28日

广播电影电视部部长艾知生到湖南省岳阳市的县、乡考察广播电视工作。3月2日～5日，艾知生又到江西省考察广播电视工作。在南昌期间，艾知生考察了江西人民广播电台、江西电视台、江西广播电视中心工程和561台，听取了江西省广播电视厅的工作汇报，并在厅处以上干部会上讲话。艾知生还到修水、宜丰、高安县深入农民家中了解农民收听收看广播电视的情况。

同日

广播电影电视部广播科学研究所计量中心的“电视专用视频杂波测试仪计量检定标准系统”通过国家技术考核，从而使计量中心取得合法的计量检定资格。

同月

西藏人民广播电台文艺部和拉萨电视台联合录制的《圣地之歌》原声磁带正式

发行。这是西藏音像出版社成立以来公开发行的第一盒磁带。

3 月 1 日

广播电影电视部干部司、技术局、计财司、计算机应用中心联合签发《关于建立我部机关事业单位劳动工资微机管理体系的通知》，要求在部机关及部属事业单位中推广使用“国家机关事业单位智能化劳动工资管理系统”（简称 WIMS 软件）。

同日

中国国际广播电台马来语广播开播 30 周年。

3 月 2 日～8 日

新疆维吾尔自治区广播电视工作会议在乌鲁木齐召开。会议表彰了 13 个有线广播文明台（站）。自治区党委副书记贾那布尔，自治区党委常委、宣传部长冯大真出席会议。

3 月 3 日

亚运会组委会就电视转播问题与中央电视台达成协议。中央电视台台长黄惠群、副台长杨伟光等参加签字仪式。

同日

西藏自治区拉萨市发生少数分裂主义分子制造的骚乱。中央人民广播电台、中国国际广播电台、中央电视台及时播出拉萨发生严重骚乱、拉萨市实行戒严的新闻。之后播出西藏自治区负责人就拉萨实行戒严发表谈话、拉萨市恢复平静、新华社评论员文章《是谁在西藏践踏人权》等消息和报道。国际台还编发一系列专稿，介绍西藏民主改革 30 年来的成就。

同日

湖南省花垣县正式成立有线电视台，并作为全省首家县办有线电视台的试点。

3 月 3 日～8 日

第二届全国对台广播优秀节目评选会在武汉举行，评出优秀节目奖 72 个，优秀播音奖 17 个。

3 月 5 日～8 日

四川省广播电视厅在德阳市召开直属台台长会议，围绕优质、安全、低耗播出，研究高山台进一步深化改革的问题。

3 月 6 日

新疆电视台电视译制中心成立。

3 月 8 日

广播电影电视部《广播电影电视立法程序规定》发布施行，共 6 章 35 条。

同日

福建人民广播电台在《对农村广播》节目开辟“全省各地农村改革与形势教育专题大展播”。

3月9日

广播电影电视部任命郭宝新为办公厅主任。

3月9日～11日

第二次全国对台湾广播协调会在武汉举行，中央人民广播电台、海峡之声广播电台、福建人民广播电台等7家对台广播的电台的代表出席会议。会上交流了各台节目改革的情况和经验，探讨了进一步改革对台广播宣传等问题，并就加强各台之间协作的有关事宜交换了意见。

3月10日

中央电视台现场直播《全国首届经济法知识电视大赛》。全国人大常委会副委员长习仲勋、陈慕华、王汉斌，国务委员王芳，最高法院院长任建新，司法部部长蔡诚，广播电影电视部部长艾知生等现场观看，并为获得前三名的代表队颁奖。

同日

由上海、陕西、北京电视台发起，19家省、市电视台参加的大型电视系列片《中华之最》开机拍摄。

3月13日

山东人民广播电台以“扬长避短、创新搞活、精办节目、注重效益”为指导思想，推出节目整体改革方案并开始实施。

3月15日

中国广播电视学会主办的1988年度全国优秀电视新闻评选在广州揭晓，共有247条新闻、专题新闻、新闻评论和连续（系列）报道获奖。

同日

广播电影电视部与联邦德国艾伯特基金会合作项目——广播电视培训中心工程开工典礼在北京广播学院举行。广电部副部长聂大江和联邦德国艾伯特基金会国际联络部部长科伊内共同为培训中心工程开工剪彩。

同日

中国国际广播电台举行茶话会，庆祝印地语广播开播30周年。

3月16日

广播电影电视部任命常振铮为北京广播学院院长，刘继南、赵玉明、周铜山、王纪言为副院长。

同日

华东地区首届广播电视报优秀稿件评比在厦门市揭晓，26 家省、市广播电视报社参加。

3 月 17 日

第三届全国电视文艺“星光奖”评选新闻发布会在中央电视台举行。中国电视艺术委员会副主任阮若琳公布评选结果。参加这次评选的节目共 113 个，评出获奖节目 58 个，其中地方电视台 27 个，中央电视台 31 个。

同日

北京市广播电视局召开技术工作会议。会议提出技术与宣传是广播电视的两个翅膀的指导思想，明确以“抓管理上水平，抓规划促发展”为全年技术工作重点。宣布恢复组建以高峰倩为主任的广电局科委。

3 月 18 日

根据部分政协委员的建议，为加强爱国主义宣传的内容，中央电视台新办栏目《神州风采》开播。每次 5 分钟。

同日

湖南省怀化电视台正式成立。每周播出两次，每次 4 小时 10 分钟。

3 月 19 日

中央电视台第二套节目正式使用我国自己研制发射的实用型通信卫星（第一套节目已于 1988 年 11 月 1 日开始使用该星）。

同日

青海电视台将每周日的《一周综合新闻》节目改为《星期天 20 分钟》，设置《新闻窗》《街谈巷议》《市场漫步》《服务台》《鹊桥》等栏目。

3 月 19 日 ~ 4 月 4 日

中国人民政治协商会议第七届全国委员会第二次会议（3 月 19 日 ~ 3 月 27 日）和第七届全国人民代表大会第二次会议（3 月 20 日 ~ 4 月 4 日）先后在北京召开。中央人民广播电台用第一套节目和对台湾广播第二套节目的频率现场直播大会实况。中国国际广播电台派出 16 名记者对“两会”进行采访报道。英语部现场直播了人大会议开幕式。华侨部广州工作站向美加华语电台及加拿大华侨之声电台传送报道 57 条。中央电视台共播出新闻 56 条、专题 17 条、现场直播 6 场，总时长 21 小时 27 分钟。《英语新闻》播出新闻 31 条。向北美等地区 9 家中文台寄送新闻 17 条，专题 6 条，向 25 个我国驻外使领馆寄送专题 6 条。

3 月 22 日

广播电影电视部部长艾知生在中央电视台《业务交流》第 45 期春节晚会特刊上

批示，肯定这次春节晚会是成功的，从中央到地方的各级领导和广大观众都比较满意。他指出，春节晚会肯定需要办下去，而且只能办好，不能办坏，希望电视台领导总结好春节晚会的经验，办好其他各类节目。

3 月 23 日

中国国际广播电台与美国公共事业电缆卫星电视广播公司（简称 C-SPAN）签订无偿转播国际台英语节目的协议。该公司拥有 3300 万用户。

同日

江苏省人民政府批准筹建江苏广播电视学校。该校由江苏省广播电视厅主管，为全日制普通中专，附设职工中专班，在校生规模为 1000 人。普通中专设广播电视技术、新闻编采、管理等三个专业，面向全省招收初中毕业生，学制四年。

3 月 24 日

中国电视国际服务公司与台湾花旗影视公司在北京草签在大陆发行录像带的合作协议，对方提供的第一批节目已到京。

同日

湖南省零陵电视台正式成立。

3 月 26 日～ 4 月 22 日

中国国际广播电台台长崔玉陵应邀率代表团一行五人访问加拿大国际广播电台和美国之音电台。

3 月 27 日

杨波任安徽人民广播电台台长。

3 月 27 日～ 4 月 1 日

广播电影电视部政策研究室召开的《广播电视法》研讨会在江西省九江市举行。

3 月 28 日

由广播科学研究所起草的“多节目静止图像广播系统国家标准”审定会在北京举行。

同日

中国电视国际服务公司与太平洋影业公司、上海音像公司联合在广州召开音像制品订货会。

3 月 28 日～ 30 日

山东省第一次广播电视技术工作会议在济南举行。

3 月 28 日～ 4 月 5 日

全国广播电视统计会审汇总会在安徽省绩溪县举行。会上完成了 1988 年度广播电视统计年报会审汇总任务。

3 月 29 日

中国国际广播电台计算机管理信息系统一期工程通过广播电影电视部鉴定。这一系统是该台与北方交通大学联合开发的。

3 月 30 日

中央电视台与中影公司签署关于影片播出的协议。广播电影电视部部长艾知生、副部长陈昊苏等参加签字仪式。中央电视台副台长洪民生与中影公司经理胡健分别代表各自单位签字。

同月

中国国际广播电台日语部在听众中举行初级和中级中国话毕业考试。应试听众 448 人（其中初级 228 人、中级 220 人），成绩优良占 80% 以上。参加考试年龄最大的 80 岁，最小的 15 岁。

同月

广播电影电视部设计院海南分院建成并投入工作。

同月

江西省 1988 年度广播电视技术维护管理工作和农村广播电视建设检查评比工作揭晓，评选出各类先进集体一等奖 3 个、二等奖 6 个、三等奖 16 个，评出优秀值班员、优秀机线员各 5 名。

同月

江西电视台与江西省计划生育委员会宣教中心联合开办《人口 · 婚恋 · 家庭》电视栏目。

同月

新疆伊犁电视台摄制的六集电视连续剧《唐加勒克》开机。1991 年 11 月，该剧在中央电视台播出。

4 月 1 日

山西电视台 1989 年新闻改革方案开始实施。《山西新闻联播》《五彩缤纷》《服务台》等节目开始改为直播。

同日

由上海电视剧制作中心、泰国正大集团综艺有限公司和香港中国华立公司联合摄制的大型神话电视剧《封神榜》正式开机。

同日

新疆电视台哈萨克语电视节目由试播改为正式播出，单独使用一个频道，由每周播出一次改为每天播出一次。

4月2日

中国国际广播电台和加拿大国际电台正式开始互转节目。对方转播中国国际广播电台对北美、拉美的英语和西班牙语节目各一小时。

4月3日～7日

云南省广播电视厅召开全省广播电视局长会议。会议提出“卫星转发，五小覆盖，天地一体，城乡共荣”的事业建设方针，力争在四年左右的时间内，基本建成云南省卫星广播电视网。

4月4日

为庆祝中国国际广播电台对华侨广播开办40周年，该台华侨部与香港裕华国货公司联合举办“京华杯”有奖知识竞赛。赛题在新闻节目和《“京华杯”知识竞赛特别节目》中广播。颁奖仪式于6月20日在对华侨广播40周年庆祝会上举行。

同日

首届北方地区14个省（区、市）音像资料馆协作会议在北京昌平县召开。会议通过协作章程，组成理事会和顾问组。

4月5日

应中国国际广播电台邀请，奥地利国际电台台长伦德威率访华团一行三人到京。双方讨论了短波广播合作议定书草案和技术细节，取得一致意见。根据议定书草案，奥台将转播中国国际广播电台波斯语、阿拉伯语（对中东）及土耳其语节目。中国国际广播电台为对方转播对日本和澳大利亚方向的德语、英语节目。双方转播时间各为2小时。

同日

中国电视国际服务公司与日本旭通信社合作成立中国电视股份公司。4月20日，双方代表在东京正式签字，中央电视台副台长陈汉元参加签字仪式。

4月8日

第四届全国戏曲电视剧“攀枝花奖”在四川省攀枝花市揭晓。评出获综合奖剧目17部，导演、演员单项奖6个。

4月10日

广播电影电视部部长艾知生到中央电视台了解国庆40周年晚会和“五四”晚会筹办情况。台长黄惠群、副台长洪民生和剧组人员作了汇报。

同日

吉林电视台同日本读卖电视台签订友好合作协定。

4月10日～21日

由中国广播电视学会主办的第七届全国优秀广播节目评选在江西省井冈山市举

行，参评作品 267 件，有 170 件作品获奖。前六届全国优秀广播节目评选，分别由中央人民广播电台和广播电影电视部地方宣传局主办，从本届起，改由中国广播电视学会主办。

4 月 11 日～15 日

全国广播电视报经营管理经验交流会在南宁召开，30 多家广播电视报社负责人参加。

4 月 13 日

中国电视国际服务公司与联邦德国 BTS 公司签订为亚运会提供转播车及有关设备的合同，合同金额 300 万美元。

4 月 13 日～19 日

云南电视台台长曲贵年等三人应邀赴日本名古屋参加中京电视台建台 20 周年活动，双方签订友好合作协议。议定从 1989 年至 1991 年，双方互派记者采访，交换自制节目，中京电视台为云南电视台培训技术人员。

4 月 14 日

中国国际广播电台与澳大利亚高技术公司（AWA）在长城饭店签署合作项目意向书，承诺国际台在英语对国内广播节目开办澳台提供的调频轻音乐节目。合作于 5 月 15 日正式生效。国际台副台长刘习良和澳大利亚高技术公司广播部总经理周思林代表双方在意向书上签字。

4 月 15 日

胡耀邦逝世。中央人民广播电台、中国国际广播电台、中央电视台作及时报道。14：04，中央电台对内播出新华社向境外发的胡耀邦去世的简讯，并播放了 1 分 17 秒的哀乐（在简讯之后播出哀乐为历史首次）。首播连续播出两遍，15：00 又播出一遍，无哀乐，后在 16：00、17：00 又安排了播出；18：30，《各地人民广播电台联播》节目播出胡耀邦去世的简讯，哀乐，18：38，以“刚刚收到的消息”播出胡耀邦逝世的讣告，由方明直播。国际台英语和印尼语节目 16：30 播出胡耀邦去世的简讯。17 日，国际台有关语言节目分别播出西哈努克、金日成、昂纳克、加尧姆和日本社会党、公明党等发来的唁电及《北京市民悼念胡耀邦》等消息。其后，又播出《中国各地深切悼念胡耀邦逝世》《〈人民日报〉就胡耀邦悼念活动发表评论员文章》等消息。4 月 22 日 10：00，胡耀邦追悼大会在人民大会堂中央大厅隆重举行，中共中央政治局委员、国家主席杨尚昆主持追悼会，中共中央总书记赵紫阳致悼词，邓小平等党和国家领导人以及各界人士、干部群众 4000 多人出席追悼会，中央三台进行了实况转播。晚上，中央电视台播出纪录片《胡耀邦同志生平》。

同日

山西省广播电视厅《广播电视业务》刊物举办的第二届“声屏奖”全国广播电视学术论文征文活动评选揭晓，评出获奖作品九篇。

同日

台湾“华视”和“台视”记者获准来北京报道亚洲青年体操锦标赛。中央电视台首次通过卫星给对方传送新闻。

4月16日

中国电视剧制作中心主任张天民带队参加法国戛纳电视节。带去展播的电视片有《末代皇帝》《风流皇后》(《庄妃轶事》)、《建国40周年》《好爸爸、坏爸爸》《家教》等。

同日

自即日起，青海人民广播电台增设《家长广播学校》专栏，并新开办《外语学习》节目。

4月16日～21日

中央电视台亚运会电视委员会秘书长朱继峰一行四人参加在印度新德里举行的“亚广联”第四届会议。会议对中央电视台起草的《第十一届亚运会电视报道提纲》《亚运会各项比赛决赛日程》和《出租价目表》等3个文件表示满意。

4月17日

由于美国明星公司总裁发表严重损害中国形象和中央电视台声誉的言论，中央电视台通知对方，废止已签订的协议，中止《吉米・斯瓦格特音乐节目》的播出。4月28日，中央电视台国际部负责人就中止美国明星公司《吉米・斯瓦格特音乐节目》播出一事会见该公司总裁，详细阐明中方立场。对方承认错误，并提出要致函中央电视台，表示赔礼道歉。

同日

中央电视台台长黄惠群会见苏联广播电视委员会外事局副局长扎鲁比扬等三人。苏方希望中方在中苏首脑会晤期间提供技术协助。双方技术人员就具体问题进行了详细的讨论。苏方将派出70人来中央电视台工作。

同日

第九届电视剧“飞天奖”评选揭晓，获奖剧目22部。《末代皇帝》获连续剧特别奖，《师魂》获连续剧一等奖，《好爸爸、坏爸爸》获儿童连续剧一等奖。

同日

自即日起，江西人民广播电台对原有节目作出调整。加强了新闻节目，部分新闻节目实行直播，新闻节目基本做到整点和半点播出，并增加主持人节目的播出时间和次数。

同日

青海人民广播电台《全省各地广播电台广播站联播》节目开始实行直播。

4 月 18 日～23 日

由中央电视台主办、山东电视台承办的首届全国电视教育节目评比及第二届电视教育节目研讨会在济南举行。

4 月 19 日

台湾作家琼瑶来大陆探亲期间，与中国电视国际服务公司就节目买卖进行洽谈。中央电视台台长黄惠群会见了她。

4 月 19 日～20 日

新疆维吾尔自治区昌吉回族自治州广播电视局、州科学技术委员会在米泉县、奇台县召开广播设备技术改造鉴定推广应用现场会议。会议建议全疆广播电视系统学习两县的经验，把自治区农村广播电视设备更新为达标设备。

4 月 19 日～21 日

长江三角洲广播新闻协作区第五届年会在安徽省滁州市召开，广播电影电视部、中央人民广播电台和沪、苏、浙、皖 20 多个台共 60 余人参加会议。

4 月 21 日～28 日

湖南省广播电视学会在长沙召开首届学术年会。

4 月 23 日

江苏省无锡郊区广播站改为无锡郊区人民广播电台。

4 月 24 日

中央电视台在第一套节目中播出专题系列片《伏尔加河日记》。该片共 31 辑，每辑 10 分钟，以日记体形式，展现了伏尔加河沿岸的风光、风俗、历史、文化。

同日

由中央电视台主办的 1989 年全国部分民族器乐“山城杯”电视大奖赛圆满结束，全国 34 个省级院团的 194 名选手参赛。

4 月 25 日

山西人民广播电台为庆祝建台 40 周年举行新闻改革恳谈会，省直机关及太原市新闻单位的负责人和从事广播电视工作多年的老职工共 400 多人出席会议。

4 月 26 日

中央人民广播电台、中国国际广播电台、中央电视台播出《人民日报》社论《必须旗帜鲜明地反对动乱》。社论对本月初以来发生在天安门广场的一系列事件进行评论。社论说，极少数别有用心的人借口悼念胡耀邦同志，打着民主的旗号破坏民主法制，其目的是要搞散人心，搞乱全国，破坏安定团结的政治局面。这是一场有计划的阴谋，是一次动乱，其实质是要从根本上否定中国共产党的领导，否定社会主义制度。社论指出，全党同志、全国人民必须清醒地认识到，不坚决地制止这场动乱，将国无宁日。这场斗争事关改革开放和“四化”建设的成败，事关国家民族的前途。社论号召全党和全国人民充分认识这场斗争的严重性，团结起来，旗帜鲜明地反对动乱，坚决维护得来不易的安定团结的政治局面，维护宪法，维护社会主义民主和法制。

4月27日

中央人民广播电台、中国国际广播电台、中央电视台播出《中国政府对学生要求与之对话持欢迎态度》《北京有关方面披露一些传闻的真相》《中共上海市委号召全体党员、群众迅速制止动乱》等消息。

4月29日

中央人民广播电台、中国国际广播电台、中央电视台播出《中国政府官员和北京大学生对话》《〈人民日报〉发表社论，希望罢课学生尽快复课》《北京高校局势平静》等消息。

4月30日

亚运会运动员村服务中心北京国际会议中心声像系统工程施工承包合同签字仪式在广播电影电视部举行。该系统的设计和安装调试由广电部设计院承担。

同月

内蒙古彩电中心工程荣获国家最高工程质量奖——鲁班奖。

同月

第二届甘肃·秋田电视友好交流会在日本秋田举行。甘肃电视台向对方提供电视交流节目10部（集）；日本秋田电视向甘肃电视台提供4部电视节目，双方达成进一步开展交流合作的协议。

5月1日

中央人民广播电台、中国国际广播电台、中央电视台播出《人民日报》社论《在改革中进一步发扬主人翁精神——庆祝“五一”国际劳动节》。国际台播出《北京、上海、广州、武汉等城市“五一”节日气氛轻松热闹》等消息。

同日

由全国总工会、中央电视台和《工人日报》联合举办的首届全国职工歌手大奖赛落下帷幕。中央电视台直播《建设者之歌——全国职工歌手大赛获奖者音乐会》。

同日

中国广播电视学会广播电视技术研究委员会成立，许中明当选为主任委员。

同日

青海电视台新开办的专题节目《古城夜话》《赤橙黄绿》正式播出。

5 月 3 日

中央电视台对外部英语播音员党冰收到美国总统乔治·布什亲笔签名的一封来信。信中说："我和我的夫人非常高兴能在 2 月份重返中国。我在向全国播出的接受中央电视台采访时，你给予了我热情的帮助，在此我愿向你表示感谢。我将永远感激能有机会与中国人民谈谈自己的想法。你和你的具有很高业务水平的工作人员，使得这次采访令人感到非常愉快并取得了很大的成功。"

同日

由中央电视台和国家语言文字工作委员会主办的电视系统教学片《拼音世界》在国家语委举行首发式。首发式由国家语委主任陈原主持。

同日

四川电视台召开欢迎大会，欢迎该台电视连续剧《长城向南延伸》剧组从南极胜利归来。该剧组于 1988 年 11 月 3 日出发，1989 年 4 月 10 日返回青岛。全剧组五人都被国家南极考察委员会批准立功。

5 月 4 日

中央人民广播电台、中国国际广播电台、中央电视台播出《人民日报》社论《纪念"五四"运动 70 周年》及《中国各地举行活动纪念"五四"运动 70 周年》等消息。

同日

中央电视台和共青团中央联合举办"纪念五四运动 70 周年文艺晚会"。晚会主题是"爱国、改革、创业、奋进"。

同日

中央电视台对外部通过欧洲第三世界卫星频道正式播出中国电视节目，栏目名称为《中国》。

5 月 5 日

中央电视台台长助理孔令铎会见联合国教科文组织官员阿特奈尼，双方达成两点口头协议：1. 联合国教科文组织向中央电视台提供他们拍摄的电视节目目录，题材为教育、科技方面的，由我方挑选并免费供播出；2. 联合国教科文组织计划拍摄 100 多小时的大型系列片《世界奇观》，建议中央电视台积极参与并派导演参加该片制作，教科文组织提供部分资金。

同日

北京电视台举行《哑语一周新闻综述》开播仪式。

5月6日～12日

中央人民广播电台《在祖国各地》节目第六届业务交流会在武汉召开，各省、自治区、直辖市和计划单列市广播电台的57名代表参加会议。

5月9日

中国音乐家协会、中央人民广播电台、中国国际广播电台、中央电视台、中央乐团、内蒙古自治区广播电视厅，在北京音乐厅联合举办内蒙古广播电视艺术团指挥、蒙古族一级作曲家永儒布交响作品音乐会。这是全国少数民族作曲家首次举办的个人专场交响作品音乐会。

5月9日～12日

贵州省广播电视厅召开全省广播电视技术管理工作会议，讨论修订《贵州省广播电视分级管理职责》和《贵州省广播电视人员分级培训办法》。

5月10日～13日

“亚广联”第14次新闻工作会议在中央电视台举办。来自“亚广联”电视新闻交换组织的13个国家和地区的14个成员台的代表，就进一步加强和扩大“亚广联”地区的电视新闻交换等问题进行了重点讨论。“欧广联”和国际广播电视组织也派代表列席会议。

5月10日～14日

第三届（1988年度）电视文艺“星光奖”、第九届（1988年度）电视剧“飞天奖”颁奖大会及电视文艺研讨会在太原举行。参加会议的代表近200人。

5月11日

广西电视台摄制的专题片《马克逛歌节》在欧洲卫星“同一世界频道”播出。这是广西在欧洲电视网播出的第一个电视节目。

5月11日～21日

广播电影电视部在庐山召开七省调频规划第一轮协调会。广电部技术局副局长温亚林和技术局频率规划处以及河南、湖南、湖北、安徽、浙江、福建、江西等省广播电视厅的有关人员参加会议。会议基本通过调频规划省际间第一轮协调会的技术规划和频率规划审查细则。

5月12日

中央人民广播电台、中国国际广播电台、中央电视台播发《人民日报》社论《呼吁稳定的大局》。

5月13日

天津人民广播电台与日本东方通讯社联合举办“第一届首都门户天津友好之声日语演讲比赛”（仅限中国人参加）。经过初赛和复赛，决赛于本日在天津水晶宫饭店进行。根据中日双方达成的协议，日语演讲比赛每年举办一次，到 1997 年共举办了九次。

5 月 14 日

北京电视台举办建台 10 周年暨二十一频道正式开播庆祝活动。34 家省级电视台的代表参加庆祝活动。16 日晚，在中国剧院举办《十年相伴十年情》专场文艺晚会。

5 月 15 日

苏联最高苏维埃主席团主席、苏共中央总书记米哈伊尔·谢尔盖耶维奇·戈尔巴乔夫访问中国，中央人民广播电台、中国国际广播电台、中央电视台作了全程报道。国际台俄语部共发消息 46 条，其中自采自编 18 条。中央电视台在首都机场现场直播国家主席杨尚昆举行的欢迎仪式。5 月 16 日，中央电视台现场直播中央军委主席邓小平在人民大会堂会见戈尔巴乔夫的实况，并通过国际卫星为 24 个国家和地区的 40 家电视台传送戈尔巴乔夫访华的新闻报道。

同日

中国国际广播电台英语对国内广播调整播出时间，由每天 5 个小时增至 11 个小时。

5 月 16 日～19 日

华东六省一市广播电视厅（局）长会议在安徽省黄山市召开。会上就改革宣传、发展事业、强化管理、搞好创收和队伍建设等问题进行了研究。

5 月 16 日～20 日

山东电视台与美国五十六频道电视台合作，从济南通过国际卫星向美国实况转播《山东——中国新开放的门户》电视节目，宣传山东的形象和大好形势。

5 月 18 日

中央电视台播出国务院总理李鹏接见学生代表的实况录像。

同日

中国唱片总公司在北京举行首届“金唱片奖”新闻发布会，首都 28 家新闻单位的记者出席。

5 月 19 日

中央人民广播电台、中国国际广播电台、中央电视台播出《李鹏总理说，中国政府将采取措施恢复北京正常秩序》等消息。

5 月 19 日～20 日

由中央电视台举办的第二届全国电视音乐交流活动在大连市旅顺区举行，来自各省（区、市）电视台及电影厂的 70 多名音乐编辑出席。

5月20日

中央人民广播电台、中国国际广播电台、中央电视台播出《中共中央、国务院召开首都党政军干部大会，号召紧急动员起来，坚决制止动乱》《国务院关于在北京市部分地区实行戒严的命令》等消息。

5月20日～25日

全国广播电视系统第六次函授教育工作座谈会在沈阳召开。会议总结了一年多来函授教育工作的成绩和经验，提出了进一步改革和发展函授教育的任务。广播电影电视部教育司、北京广播学院、辽宁省广播电视厅等单位的领导刘爱清、赵玉明、安景林出席会议。

5月21日

中央人民广播电台、中国国际广播电台、中央电视台播出《北京市人民政府发言人就调入部分人民解放军参加执行首都戒严任务答记者问》《中国人民解放军戒严部队指挥部发表告北京市民书》《执行北京市部分地区戒严任务的部队进入城区外围》等消息。

同日

上海人民广播电台举办的“'89上海国际音乐节目展播”开幕。五大洲37个国家和地区的广播电台、音乐团体、驻华使馆送来44套节目参加展播，播出截至6月12日。

5月21日～26日

中国国际广播电台文艺部同大连磁带厂在大连联合举办“全国省（区、市）电台立体声外国音乐节目审听征订会”。文艺部收集整理出25个国家的800个立体声音乐节目，时长50个小时。

5月22日

新疆维吾尔自治区党委书记宋汉良在自治区党委十三次扩大的全委会议的报告中指出：在平息乌鲁木齐市“5·19”事件中，新疆广播、电视、报纸等宣传舆论部门立场坚定，旗帜鲜明，起了很好的作用。

同日

中央人民广播电台、中国国际广播电台、中央电视台播出《邓颖超写信给首都同学、市民希望协助戒严部队尽快恢复首都秩序》《聂荣臻、徐向前两位元帅希望学生不要轻信谣言，尽快返校复课》等消息。

5月24日

应澳洲广播电台要求，中国国际广播电台华侨部广州话播音员同澳洲广播电台广东话播音员通过卫星线路互致开播纪念日祝贺（澳洲台广东话6月1日开播25周年，国际台广州话 6 月 20 日开播 40 周年）。

同日

中央电视台发出通知，号召全台职工向新闻记者庞一农、汪保国学习，学习他们不畏艰险，克服困难，为国、为台争光的奉献精神。庞一农、汪保国于 1988 年 11 月至 1989 年 4 月随中国首次赴南极考察队在南极拍片，圆满完成采访报道任务，国家南极考察委员会给他们各记二等功一次。

5 月 24 日～27 日

中共甘肃省委宣传部和甘肃省广播电视厅联合召开的省地县电台自办节目经验交流会在玉门市举行。

5 月 26 日

中央人民广播电台、中国国际广播电台、中央电视台播发《中顾委举行常委会议，坚决拥护党中央和国务院制止动乱、稳定局势的决定》《北京进入戒严第七天，秩序趋于正常》等消息。

5 月 27 日

上海人民广播电台庆祝建台 40 周年，中共中央顾问委员会主任陈云题词："上海人民广播电台 40 周年。"

同日

中央电视台现场直播《今夜在北京——第一届中日著名歌星演唱会》。这是中央电视台和日本广播协会在文艺节目方面的首次合作。

5 月 27 日～6 月 30 日

中国电视艺术委员会、中央电视台、宋庆龄基金会、广播电影电视部电影局和中国动画学会共同举办"首届全国影视动画节目展播"活动。中央电视台每天播出美术片和电视动画节目 20 分钟。

5 月 28 日

为庆贺上海解放 40 周年，上海人民广播电台播出特别节目《上海在奋起》。在近 6 小时的节目里，有上海第一位市长陈毅的讲话录音；有原国民党上海市代理市长赵祖康对解放大上海的回忆；有一组广播特写、通讯，生动展现上海在奋起的前进步伐；有一组歌曲、戏曲、诗歌、弹词，吟唱 40 年来的风雨历程。

5 月 29 日

旨在普及家庭教育知识，提高内蒙古自治区各族人口素质的《内蒙古广播父母学校》节目开播。

5 月 29 日～6 月 2 日

中央电视台体育部制作的专题片《世界同唱一首歌》，在首届中国国际体育电影节上荣获电视录像片大奖，被授予“中国体育旅游奖”。

5月30日

中央人民广播电台、中国国际广播电台、中央电视台播发《全国人大常委会党组就动乱问题致信中共中央》《在京戒严部队说服大学生返校》《天安门广场静坐学生渐少》等消息。

同日

据台湾《中国时报》报道称，福建电视台制作的电视系列剧《聊斋》第一批10部18集销往台湾省。

同月

黑龙江人民广播电台朝鲜语广播举办《白衣同胞》节目，每周一次，每次20分钟。这个节目的宗旨是向来华参观旅游的朝鲜人和国外听众宣传中国朝鲜族现状，同时，适当报道国外朝鲜人的现状等。

同月

青海省广播电视厅在海北藏族自治州刚察县举办全省第13期无线电技术学习班。地处偏僻地区的州、县广播电视局、站的30余名技术人员参加学习。

5月～12月

四川、成都、重庆人民广播电台与德阳清酒厂联合主办“德宝杯”全省川剧中青年演员广播大选赛，全省近百名中青年演员参赛。这次活动采用专家初评、广播听众投票决赛的新赛制，共收到省内及云、贵、甘、陕、湘、鄂各地选票8000余张，在全省30多个川剧院、团、校中选出优秀演员进行决赛。省委书记杨汝岱、省人大常委会主任何郝炬、省政协主席廖伯康和省委常委、宣传部部长许川等出席颁奖仪式。

6月1日

中央电视台现场直播《蓝地球、红太阳——“六一”文艺晚会》，晚会的主题是“为了孩子”。

同日

江西人民广播电台在《学习与探索》节目中播出新栏目《在改革大潮中的共产党员》。

6月1日～10月30日

湖南省广播电视厅组织湘江沿岸的7个地、市广播电视局采写《湘江风流》系列报道。湘江流域的30个县、市广播电台（站）参加了这一活动，共播发稿件65篇。

6月3日

北京人民广播电台从18:30至4日凌晨反复播出北京市政府、戒严部队指挥部的《紧急通告》。北京电视台从18:45至4日凌晨2:30反复播出《紧急通告》。

6 月 4 日

中央人民广播电台、中国国际广播电台、中央电视台播发《解放军报》社论《坚决拥护党中央决策，坚决镇压反革命暴乱》。

6 月 5 日

中央人民广播电台、中国国际广播电台、中央电视台播出新华社和《人民日报》发表的《中共中央、国务院告全体共产党员和全国人民书》，号召全党和全国人民团结一致，同蓄意制造动乱的极少数人进行坚决斗争，保卫革命、建设和改革开放的成果。

同日

黑龙江人民广播电台 4 名技术人员设计并组织施工的一座可形成多变空间环境声学效果的多功能组合录音厅通过专家的技术评审。

同日

广西电视台与桂林电视台联合摄制的文献纪录片《桂林文化城》在原八路军驻桂林办事处举行开拍仪式。

6 月 7 日

中央人民广播电台、中国国际广播电台、中央电视台播出《国务院发言人袁木举行记者招待会揭露反革命暴乱真相》《袁木说，中国政府有能力克服当前困难》等消息。

同日

中央电视台召开部、处干部会议，广播电影电视部部长艾知生要求电视台要掌握正确的舆论导向，在政治上思想上和党中央保持一致。

6 月 7 日～ 12 日

应广播电影电视部邀请，日本广播协会摄制组一行六人到江西庐山、新建等地，拍摄电视系列片《中国革命 40 周年》。

6 月 9 日

中央军委主席邓小平接见戒严部队军以上干部并发表重要讲话。中央电视台拍摄了新闻片，并在《新闻联播》中播出这条重要新闻。中央人民广播电台、中国国际广播电台也及时播出这一重要新闻。

同日

天津电视台播出以反映天津市大好形势来之不易、天津市不能乱为主题的评论性电视片《天津人民的心愿》。

6 月 12 日

山西省广播电视厅召开全省地、市广播电视局局长、省电台驻各地、市记者站站长会议，传达省委常委扩大会议精神和广播电影电视部《关于加强电视宣传工作的通知》，部署当前的宣传报道工作。

同日

贵州省广播电视厅党组会议规定，非专业性组织申请拍摄供电视台播放的电视剧，先由电视剧制作中心审定，然后由厅办公室颁发制作许可证；拍摄供文化市场出租放映的电视录像片，由厅音像制品出版审查小组审查批准，厅音像处发给许可证；引进电视剧在电视台播放，先经电视台领导同意，然后由厅报广播电影电视部审批。

6月14日～16日

河北省广播电视厅在石家庄召开直属发射台台长会议，研究以安全优质播出为中心，进一步改进和加强发射台管理工作。

6月14日～8月3日

江苏人民广播电台播出连续报道《一曲社会主义的优美赞歌》，介绍海安县南莫中学学生华平身患国内外罕见的“柏-查氏综合征”的情况。该连续报道引发社会各界关注，纷纷为华平伸出援手，奉献爱心。

6月15日

新疆维吾尔自治区编制委员会发文批复：将自治区广播电视厅机关与厅属事业单位的机构编制分开管理。厅机关全部使用事业编制。厅机关内设机构调整为：办公室、总编办公室、人事处、保卫处、地方广播电视管理处、音像管理处、审计处、行政处共8个处室机构。事业单位除新疆人民广播电台、新疆电视台外，设节目传输部、技术部、工程部、后勤部、《广播电视节目报》编辑室、《视听天地》编辑室、物资供应站。维吾尔语、哈萨克语两个电视剧译制部合并为电视剧译制中心。

6月15日～17日

四川省微波传输管理工作会议在成都市召开。会议明确了当前微波传输的中心任务，制定了加强微波传输管理工作的具体措施。

6月15日～29日

应罗马尼亚作家协会邀请，中国国际广播电台罗马尼亚语组徐文德赴罗参加“罗马尼亚大诗人爱明内斯库逝世100周年”纪念活动。徐文德曾在1981年与著名翻译家戈宝权合作翻译出版《爱明内斯库诗选》一书。在这次活动中，罗作协主席向徐文德授予“爱明内斯库奖”。

6月16日

广东省编制委员会批复，同意成立广东省广播电视技术中心。该中心主要职能是播出传输中央和省级广播电视节目，担负全省广播电视技术管理工作。

6 月 19 日

四川人民广播电台成立四川省广播电视学会播音学研究委员会，丁家骥为主任委员，王雷兼秘书长。成立大会召开的同时举行了四川省首届广播电视优秀播音作品评选。确定评选每两年举行一次。

6 月 20 日

中国国际广播电台对华侨广播开播 40 周年，共收到海内外同行和侨务系统发来的贺信、贺电 29 件。国际台华侨部编辑出版《对华侨广播稿选》一书和一本图文并茂的专辑，其中刊登了王震、叶飞、何英、张国基、蚁美厚、郭瑞人的题词。

6 月 24 日

中央人民广播电台、中国国际广播电台、中央电视台报道，中国共产党第十三届中央委员会第四次全体会议 6 月 23 日至 24 日在北京召开。全会选举江泽民为中央委员会总书记，撤销赵紫阳中央委员会总书记等职务。

6 月 26 日

中央电视台将中国共产党第十三届中央委员会第四次全体会议公报录像发往 162 个中国驻外使领馆及 13 家外国电视和华人电视机构。公报的英语版发往 26 个中国驻外使馆及 16 家外国电视机构。

6 月 27 日

湖北电视台与日本广播协会事业公司签署合同，向日方有偿提供《动物王国窃贼》电视节目版权。

6 月 28 日

黑龙江省佳木斯广播综合发射塔投入使用。

6 月 29 日

中央电视台在中国剧院现场直播庆祝"七一"文艺晚会。中央顾问委员会常委黄镇，全国人大常委会副委员长习仲勋、廖汉生、王汉斌，全国政协副主席方毅、康克清等出席晚会。广播电影电视部部长艾知生、副部长徐崇华等陪同观看。

同日

广播电影电视部部长艾知生与中国科学院、国防科委等单位领导审看电视系列片《共和国之恋——中华科技 40 年》。该节目真实反映了新中国建立初期的科技成果和中国科技知识分子艰苦奋斗的精神。

同日

新疆电视台和自治区旅游局组成的电视片《新丝绸之路的诱惑》、12 集电视系列片《巴基斯坦纪行》摄制组赴巴基斯坦采访拍摄。

6月30日～7月7日

中国唱片总公司在苏联列宁格勒举办中国唱片展销。

同月

中央电视台与中国农业银行联合摄制的四集电视专题片《魂系大地》播出后，社会各界特别是金融界反应热烈，认为该片较客观地反映了我国金融部门在促进生产、稳定经济方面的巨大作用和存在的一些问题，看了很受启发。

同月

青海省海西蒙古族藏族自治州州委宣传部、州广播电台、州电视台联合录制的电视专题片《话说柴达木》拍摄完成。

7月1日

中央人民广播电台恢复《每周一歌》节目，首播歌曲为《没有共产党，就没有新中国》。

同日

中国在国外开设的第一个电器维修中心在加蓬共和国首都利伯维尔注册，正式对外营业。该维修中心由广播电影电视部对外工程公司投资，陕西省广播电视厅出人承包经营。

同日

海峡之声广播电台试办大板块节目《空中立交桥》。

同日

江西省井冈山市黄坳乡、吉安县油田乡卫星地面接收站投入试用，收转中央电视台第一套节目。

同日

湖北省广播电视厅总编室主编的刊物《楚天视听》创刊。

7月3日

中共中央政治局常委、书记处书记李瑞环在天津市委秘书长方放、市政府秘书长房凤友陪同下，接见天津人民广播电台《天津早晨》节目组的主持人、节目负责人和编辑记者，对该节目在天津产生的良好效果给予充分肯定。

7月3日～6日

吉林省有线广播设备更新改造现场经验交流会在盘石县召开。会上表彰了24个县（市）级先进广播局、3个市级广播局。

7月4日～8月1日

为迎接中华人民共和国成立40周年，湖南人民广播电台、湖南电视台、湖南金蜂音像出版发行总公司、湖南广播电视报社、华天大酒店在长沙联合举办湖南省声屏歌手大奖赛。经初赛、复赛和决赛，有 9 名歌手获奖。

7 月 5 日

安徽省广播电视科学研究所研制的“智能同步广播激励器”通过广播电影电视部技术鉴定委员会的鉴定。

7 月 5 日～ 10 日

四川省广播电视厅在阆中县召开四川省乡站实体化建设经验交流现场会，在全省范围推广阆中和五马乡经验，促进全省乡站逐步开展以宣传为中心的经营实体化改革。

7 月 10 日

广播电影电视部任命武炳统为广播艺术团团长，任命邹士明为部总编室副主任。

7 月 10 日～ 15 日

由新疆人民广播电台承办的 1988 年度全国蒙古语广播优秀稿件（节目）评奖会在自治区和布克赛尔蒙古自治县举行。

7 月 11 日

中共中央政治局常委、书记处书记李瑞环，中共中央政治局委员、国务委员李铁映，中共中央政治局候补委员、书记处书记丁关根，中宣部部长王忍之，广播电影电视部部长艾知生以及中央电视台领导等审看中央电视台赶制的专题片《历史的宣判》。此片后改名为《血与火的考验》。

同日

因供给月坛发射台的两路外电停电，造成中央电视台两套节目向北京地区播出中断的事故。第一套节目停播 43 分钟，第二套节目停播 45 分钟。

同日

山西人民广播电台在《空中大观园》节目中，对阳泉矿务局机电修配厂深化改革经验进行系列专题报道，引起有关方面的高度重视，并获得省体改委的好评。

7 月 14 日

东北三省第三届电视剧“金虎奖”评奖在黑龙江电视台举行。

7 月 17 日

1988 年“全国好新闻”评选在北京揭晓，共评出报纸、广播、电视好新闻作品 206 篇（件）。新疆人民广播电台的广播述评《大瓷盘为什么走俏》获特等奖。

7 月 17 日～ 19 日

哈尔滨人民广播电台《千家万户》节目连续播出《点燃青春之火》系列报道，全面系统地介绍了哈尔滨汽轮机厂在青年中开展全优达标竞赛活动的典型经验，引起很大反响。哈尔滨市总工会、团市委分别发出通知，推广该厂的经验。

7月17日～24日

受广播电影电视部委托，中国国际广播电台召开第二次驻国外记者站站长会议，15个国家和地区的16名记者站站长以及即将赴任的记者出席。会议内容是学习中国共产党十三届四中全会文件，明确今后任务。广播电影电视部部长艾知生，副部长聂大江、马庆雄等出席会议并讲话。中央宣传思想领导小组成员朱穆之，中宣部副部长曾建徽，北京市委秘书长袁立本等分别就加强对外宣传工作作了专题讲话。

7月18日

中国国际广播电台主控室音频自动交换控制台投入使用。这是该台总工办、播出部和北京市自动化研究所合作，历时三年多研制成功的。

7月19日

《人民日报》刊登《“河殇”宣扬了什么》一文后，中央电视台领导立即召开会议，认真阅读全文，逐条讨论文章中所提出的观点，当天晚上播出这篇文章的全文。

7月20日

北京广播学院召开部分教师和党政干部座谈会，分析批判电视片《河殇》。与会者从不同角度对《河殇》否定中华民族文化、否定马列主义毛泽东思想、否定中国共产党的领导和社会主义制度、鼓吹资产阶级自由化的观点作了深刻的分析批判。

同日

湖南省广播电视厅成立湖南省音像出版物鉴定委员会和音像市场整顿办公室。并与省文化厅联合下发《整顿音像出版物和音像市场的具体实施办法》。整顿办公室成立后，会同有关部门对音像出版发行单位及全省的销售、播放点进行清理整顿和许可证审核工作，以净化文化市场。

7月20日～26日

西南、西北地区广播电视首届优秀稿件评选会在贵阳举行。

7月20日～26日

第十四届亚洲拳击锦标赛在北京举行。北京电视台负责整个比赛的现场转播，并通过卫星向全国现场直播半决赛实况。这是北京电视台第一次利用卫星向全国现场直播电视节目。

7月25日

广播电影电视部干部司发布《关于加强部属高等院校举办成人高等教育〈专业证书〉班管理工作的补充规定》，要求部属高校举办的《专业证书》班，要填报申请表，并附教学计划、教学大纲和用人单位的委托书，经教育主管部门审批同意后方可招生。《专业证书》班招生工作要严格按照学员入学应具备的条件办理，不得任意放宽条件，降低入学要求。

同日

山西省广播电视厅利用微波双向传输技术召开电视会议，表彰全省广播电视系统的 76 个先进集体、408 名先进工作者。省广播电视厅设主会场，11 个地市局设分会场。省委、省人大有关领导出席会议并讲话。

7 月 26 日

广播电影电视部计财司发文通知，1988 年、1989 年广电部设计院四项工程设计获奖：湖北省龟山电视塔获一等奖；广电部 8201 工程、中国红十字会训练中心工程获二等奖；丹东市广播电视中心工程获三等奖。

7 月 26 日～31 日

广播电影电视部天馈线监测仪鉴定会在吉林省 331 台举行。鉴定会认为，该监测仪全部达到科研技术合同规定的技术指标，属国内首创。

7 月 28 日

由中央人民广播电台主办的“1989 年全国广播新歌特别征集评奖”揭晓。全国 46 家电台共选送 350 多首新歌，有 30 首立体声广播新歌获优秀奖，33 首获特别奖。

7 月 29 日

青海电视台 10 集电视连续剧《柴达木人》在西宁正式开拍。

同月

中央电视台拍摄《风波之后——北京之夏》，反映我国平乱之后，社会稳定、工作正常。该片被译为英、法、西、葡、阿、俄六种语言寄往各驻外使领馆，并在中央电视台第一套节目中播出。

同月

为庆祝“八一”建军节，中央电视台共录制播出三台大型文艺晚会《人民军队爱人民》《首都军民庆祝中国人民解放军建军 62 周年文艺联欢会》《全军战士歌手赛获奖音乐会》。

同月

四川人民广播电台《学俄语》讲座开播，这是该台自办的第一个外语教学节目。这个讲座的 5000 册教材在发售当天就断货。出版社立即加印，以满足读者和听众的需要。

8 月 2 日

中共中央政治局常委、书记处书记李瑞环视察广播电影电视部，看望干部职工，并同中央人民广播电台、中国国际广播电台、中央电视台职工代表座谈。李瑞环说，广播电台、电视台是党和国家最重要的宣传工具之一，它对宣传党的方针政策和教育人民起着十分重要的作用。广播电视工作在政治上要坚定地同党中央保持一致。

8月3日

北京人民广播电台新闻收稿站正式开通使用，该站采用计算机技术与新华社联网。

8月4日

中央电视台对外部与马来西亚中央影视有限公司签订协议，商定由马来西亚中央影视公司代理，在马来西亚和新加坡发行中央电视台供给的录像带。

8月4日～13日

中央人民广播电台主持召开的全国广播文艺改革研讨会在大连举行。全国各省、自治区、直辖市31家广播电台主管文艺的台领导或文艺部主任共37人参加会议。与会代表就文艺广播在新形势下如何进一步明确社会主义方向，更好地满足听众的需求，在社会主义精神文明建设中发挥更大作用等问题进行了座谈讨论。

8月7日

广播电影电视部任命窦守芳为电影局副局长。

同日

青海人民广播电台完成国庆40周年献礼报道《来自贫困山乡的报道》的采访任务。这次采访历时87天，行程2200多公里。

8月8日

贵州省第一家城市有线电视台——都匀有线电视台建成并正式开播。

8月9日

据新华社报道，坦桑尼亚总统阿里·哈桑·姆维尼9日在纪念坦桑尼亚斯瓦希里语国家委员会成立20周年的国际讨论会上说，中国国际广播电台的斯瓦希里语广播以“纯正的斯瓦希里语”推广和促进了这一语言的发展。

同日

中央电视台总编室、《中国电视报》和北京东风电视机厂联合举办的《电视你我他》有奖征文评选揭晓，共评出一等奖5名、二等奖15名、三等奖30名及纪念奖100名。

8月10日

贵州省广播电视厅751台与贵州工学院联合研制的“广播电视微机实时监控管理系统”通过鉴定。

8月11日～17日

1988年度全国优秀少儿广播节目评选活动在内蒙古呼和浩特市举行，共评选出获奖节目19个。

8 月 12 日

青海人民广播电台专题系列报道《湟水情》全部播完。该报道从 4 月 20 日开始播出，历时 4 个月，共播出稿件 50 篇。

8 月 13 日

中央电视台对外部和北美卫星电视公司签订供片协议。该公司是通过美国广播卫星向美国和加拿大直接广播的第一个华语电视台，总部设在洛杉矶。

8 月 14 日

广播电影电视部发布《关于表彰无线电台管理局的通报》，通报表彰无线局连续三年出色完成安全播出各项指标，技术安全工作连续五年没有发生死亡事故，是无线局二十多年以来的最好成绩。通过与外国电台互转节目，改善了我国对外广播覆盖问题；通过卫星传送广播电视节目，提高了播出质量；老台改造初见成效，各项基础建设取得明显成绩。决定授予无线局“安全播出成绩显著，无私奉献精神高尚”奖旗。

同日

海峡之声广播电台在厦门召开台湾问题研讨会。

同日

第四次华北地区对外宣传协作会议在山西省大同市召开。会议决定由山西电视台、河北电视台、中央电视台对外部联合摄制电视系列片《太行山纪行》。

同日

宁夏回族自治区第一个县级电视台——中卫县电视台建立。

8 月 14 日 ~ 16 日

全国广播电视宣传工作座谈会在山东省烟台市召开。来自全国 30 个省、自治区、直辖市的广播电视厅（局）长，中央电视台和地方电视台新闻部主任等 70 余人参加座谈会。广播电影电视部部长艾知生到会并讲话。

8 月 16 日 ~ 9 月 14 日

广播电影电视部在北京市郊区窦店干校举办为期一个月的新来大学毕业生思想政治教育学习班（入部教育）。分配到部机关和直属单位的 234 名 1989 届大学毕业生参加学习。举办学习班是为了清理 1989 年春夏北京发生政治动乱对学生的负面影响，使他们认清形势、转变思想、提高觉悟、坚定信念，为从事广播影视工作奠定良好的思想基础。广电部部长艾知生、副部长聂大江和中央人民广播电台、中国国际广播电台、中央电视台、部机关司局、北京市高校工委的领导到学习班作报告。通过听报告、看录像、小组讨论、大会发言、最后总结，学习班收到良好效果。

8月19日

中央电视台系统工程部与新华社技术局联合开发的“微机接收电传信号”项目完成。这个项目用计算机代替了电传机，使计算机在新闻节目制作方面的应用又迈进了一步。

8月20日～30日

八省（区）蒙古语广播文艺节目交换会在呼和浩特市召开。

8月21日～11月4日

为庆祝中华人民共和国成立40周年，从即日起，江西人民广播电台在《对农村广播》节目中开辟《千里赣州行》专题广播。从2月起，该台派出19名记者，组织50名通讯员，采写了90多篇稿件。

8月22日

广播电影电视部办公厅主持召开部属单位所属的14家图书、音像出版部门负责人会议，部署开展清查、整顿书报刊及音像市场工作。

同日

中国广播电视学会在北京召开广播电视理论研讨会。与会专家对北京风波期间广播电视宣传工作存在的问题和经验教训进行了回顾总结，对资产阶级自由化思潮在广播电视学术领域的表现进行了分析批判。

8月23日

吉林省长白山音像出版社延边分社更名为延边音像出版社，以出版发行朝鲜语音像制品为主。

8月24日

全国第一次电视广告大奖赛参赛作品研讨会在上海电视台举行。广告界的专家、各参赛企事业单位的广告负责人、广告制作者参加。会上根据观众投票多少，评出最受观众欢迎的七件作品。

8月25日

西藏自治区广播电视厅主办的《西藏广播电视报》正式出版发行。

8月25日～27日

广播电影电视部在乌鲁木齐召开“三北”（华北、东北、西北）省（区、市）音像管理工作座谈会，研究部署音像市场“扫黄”工作。

8月26日

中央电视台召开新闻中心成立大会，广播电影电视部部长艾知生出席并讲话。大会由中央电视台台长黄惠群主持，副台长于广华代表台分党组宣布新闻中心的组织机构和干部任免。新闻中心下设六部一组：新闻采访部、新闻编辑部、国际新闻部、新闻制作部、军事部、体育部、评论组。

同日

中南 6 省（区）14 家广播电视报首届优秀稿件评选活动在长沙揭晓，评出获奖作品和优秀作品共 70 篇。

8 月 28 日

在国家科技进步奖评委会公布的 1989 年度评审结果中，广播电影电视部有两个项目获奖：电影科学技术研究所的“环幕电影系统研究”获科技进步二等奖，上海唱片厂的“标准测试唱片（四张）”获科技进步三等奖。

同日

从即日起，湖南人民广播电台举办庆祝中华人民共和国成立 40 周年专题广播节目。

同日

青海人民广播电台新闻节目开始播出庆祝中华人民共和国成立 40 周年和青海解放 40 周年的若干系列报道和专题报道。

同月

中央电视台播出甘肃电视台拍摄制作的电视系列片《中国西部之光》。该片 12 集，总时长 360 分钟。8 月 30 日，中共中央政治局常委宋平在北京观看《中国西部之光》后，即亲笔写信祝贺。宋平在贺信中说：“《西部之光》真实地反映了我国优秀的知识分子、革命军人和广大职工对科学现代化和国防现代化作出的伟大贡献。我深知拍摄此片的艰辛，对你们的成功深表祝贺。谢谢本片的编导和摄制组的全体工作人员。”

同月

新疆音像出版社音像制品发行总站成立。至此，新疆音像出版社逐步形成了编、产、销一条龙的科学发展格局。

9 月 1 日

中央电视台与农业部签订播出《农业教育与科技》节目的协议。

9 月 1 日～7 日

内蒙古、西藏、新疆、宁夏、广西五个少数民族自治区广播电视协作会议在南宁市召开。

9 月 1 日～10 月 31 日

内蒙古自治区广播电视厅开展国庆 40 周年广播电视播出创优竞赛，以确保国庆期间的安全优质播出。

9月3日～7日

全国首届少数民族电视艺术经验交流会在银川召开。

9月5日

天津文艺广播促进会成立。该会是天津人民广播电台与天津各界热心于文艺广播的艺术家、企业家、经济实体自愿结合的一个协作性团体。

同日

广播科学研究所研制的“双伴音/立体声电视接收附加器”通过鉴定。专家们认为，该附加器已达到设计要求，主要技术指标优于飞利浦公司提供的测试样品并符合机械电子工业部有关指标，可以提供生产。

同日

从即日起，湖南电视台开始国庆40周年宣传。《湖南新闻联播》开设《难忘40年》专栏，每天播出一集，共播45集；还增设专题文艺节目。

9月6日

北京电视台举办的国际电视周活动结束。14个国家和地区的18家电视台和国内35家省级电视台的代表参加了这一活动。

同日

辽宁广播电视塔投入使用。该塔为钢混结构多功能塔，相对高度305.5米，1984年8月开工建设。

9月7日

北京广播学院师生校友集会庆祝建院30周年。广播电影电视部部长艾知生以及中央人民广播电台、中国国际广播电台、中央电视台、北京市高校工委、中国新闻学会联合会（简称中国新闻学会）、广电部有关司局负责人应邀出席。艾知生在会上讲话。中央三台代表宣布在北京广播学院设立中央三台奖学金的决定。

同日

甘肃人民广播电台举行建台40周年纪念大会。甘肃省委、省顾问委员会、省人大、省政府、省政协的领导到会祝贺。省委书记李子奇发表讲话。

同日

国家副主席王震、中共中央政治局委员兼国家教委主任李铁映、中央顾问委员会常委黄镇、全国人大常委会副委员长廖汉生、国家体委主任伍绍祖在中共辽宁省委书记全树仁、省长李长春陪同下，视察辽宁省广播电视发射塔。

同日

中共西藏自治区广播电视厅委员会作出决定：将1959年1月1日定为西藏人民广播电台建台纪念日。西藏人民广播电台是在原拉萨有线广播站的基础上，于1959

年 1 月 1 日以“拉萨人民广播电台”的呼号正式播出的。平叛以后改呼号为“西藏人民广播电台”，没有确定过建台纪念日。

9 月 8 日

吉林省前郭县广播电视局、白城人民广播电台、白城电视台、吉林人民广播电台采通部和吉林电视台新闻部荣获中共吉林省委、省政府“1989 年度抗洪抢险模范集体”称号。

9 月 9 日

广播电影电视部任命李志荣为办公厅副主任。

9 月 10 日

为配合中华人民共和国成立 40 周年的宣传，中央电视台《新闻联播》节目开办《祖国在我心中》专栏，着重介绍各行各业为“四化”建设作出突出贡献的人物。

9 月 11 日～13 日

广播电视系统全国新闻信息传送网工作会议在天津召开，广播电影电视部、全国各省、自治区、直辖市和计划单列市广播电视厅（局）的 90 位代表参加会议。会上印发了广电部副部长徐崇华关于建立广播电视系统全国新闻信息传送网的书面发言，部总工程师何大中就采编工作现代化作了报告。

9 月 11 日～10 月 30 日

江西省广播电视厅发挥广播系统的整体优势，组织全省 100 个市、县广播台（站）举办以“可爱的祖国、可爱的江西”为主题的“庆祝新中国成立 40 周年大联播”活动，共播出 700 组节目、166 篇稿件。

9 月 11 日～11 月 1 日

瑞典电视台一行四人到新疆，与新疆电视台合作拍摄风光片《古丝绸之路》。

9 月 14 日

湖北省楚天经济广播电台正式开播。

同日

中央电视台与国家科学技术委员会达成《星火科技》节目在第二套节目中播出的协议。

9 月 15 日

中央电视台现场直播第二届中国艺术节开幕式。本届艺术节推出 60 余台节目，中央电视台录制了其中 30 台，经编辑后陆续播出。

同日

中央人民广播电台对台湾广播部在《今日祖国》节目中开办专题系列报道《新中国 40 年》。

9月16日

江苏省金陵之声广播电台和山东省人民政府台湾事务办公室联合举办《孔子思想与现代文明》系列漫话节目，在孔子诞辰2540周年时，在《金陵夜话》节目中陆续播出。

同日

青海人民广播电台举行建台40周年纪念会。

9月16日～12月2日

京、津等六省、市电视台联合制作五集系列片《我爱祖国山河美》。每台将本地区最有特色的人、物、景观录制成五分钟专题片互相交换，让不同地区的孩子们欣赏到异地风土人情，扩大了孩子们的视野，进行了生动的爱国主义教育。

9月18日

全国电视新闻座谈会在山东省威海市召开，中央电视台副台长杨伟光作题为《端正新闻改革方向，提高电视新闻可视性》的发言。

9月20日

中央人民广播电台和中国残疾人联合会共同主办的“在五星红旗下”征文活动评选揭晓。国家副主席、全国残疾人联合会名誉主席王震为此次活动题词：“自尊、自信、自强、自立。”

同日

中央人民广播电台《午间半小时》节目开始播出系列报道《重唱创业歌》（10集）。听众称赞这组报道是“生动的历史画卷”“唱出了时代强音”。

同日

《国情知识竞赛》在中央电视台第一套节目中分三场播出，赛题内容涉及我国的历史、文化、政治、经济以及地理环境、自然资源等各个方面。

同日

天津市第一个县办广播电台——蓟县人民广播电台成立。

9月23日

徐向前元帅会见电视连续剧《晋中大捷》剧组主创人员。该剧由山西电视台摄制，共八集。

同日

中央电视台清查整顿公司领导小组召集会议，传达《中共中央、国务院关于进一步清理整顿公司的决定》和国务院副总理田纪云的讲话，复审了台属几个公司和它们与外单位合办的一些机构，提出了整顿方案。

同日

为表彰外国老专家的贡献，外国专家局在人民大会堂举行颁发荣誉证书仪式。中共中央政治局委员、国务院副总理吴学谦，中共中央政治局委员、国家教委主任李铁映出席颁奖仪式。中国国际广播电台泰国专家妮达，马来西亚专家马丁，日本专家高野广海、谷内百合子、添田修平、内海博子获得荣誉证书。

9 月 25 日

福建省莆田电视台正式开播。

9 月 26 日

以江泽民为总书记的中共中央政治局常委在人民大会堂举行中外记者招待会。中央人民广播电台、中央电视台现场直播记者招待会实况。中国国际广播电台英语部直播了记者招待会，华侨部还向美加华语电台传送了记者招待会的实况。

同日

由中央电视台组织的中国民族声乐艺术团赴港，参加香港同胞国庆 40 周年演出的联欢活动。

同日

湖北省电视剧制作中心在北京军区后勤部礼堂举行 10 集电视连续剧《黄麻惊雷》汇报首映式。

9 月 27 日

吉林人民广播电台播出庆祝中华人民共和国成立 40 周年大型立体声系列广播《时间・空间・回声》，较全面地展示了吉林省 40 年来特别是近十几年来文化艺术的辉煌成就。

同日

山西省吕梁地区电视台开播。

同日

甘肃省广播电视厅为中共地下党员、革命烈士石凤玉、高斗垣在兰州市华林山烈士陵园举行立碑仪式。石凤玉、高斗垣在国民党兰州广播电台任职期间秘密从事革命工作，1949 年 8 月被国民党反动派杀害于兰州沙沟监狱。

9 月 28 日

江西电视台第二套节目在十三频道播出。

9 月 28 日～10 月 27 日

作为国庆 40 周年宣传报道的选题之一，四川人民广播电台彝语广播对成昆铁路进行了专题系列报道。成昆铁路被彝家人称之为“彝家幸福路”。记者以现场报道的手法，采访了西昌铁路分局领导、凉山州州长、火车司机、喜德县洛呷村村民等，形成了《铁路城》《奔驰的火车头》《凉山人民的幸福路》《驾驶铁龙的彝家小子》《一路画廊一路险情》等 15 组录音报道。

9 月 29 日

中央人民广播电台、中央电视台现场直播中共中央总书记江泽民在庆祝中华人民共和国成立 40 周年大会上的讲话。

同日

辽宁电视台举行庆祝建台 30 周年回顾与展望座谈会。

9 月 30 日

广播电影电视部领导集体会见参加全国劳模和先进工作者表彰大会与全国优秀党务工作者表彰大会的广播电影电视系统代表谢晋、童禅福、格桑卓玛、庞一农、王汉坚、彭业宗、张仲祥、伍继善，并与他们座谈。

同日

由全国省级电视台对外部联合制作、上海电视台国际部合成的大型系列片《中华之最》在北京举行首发仪式，当天即被台湾一家公司以 5000 美元 / 小时买断地区版权。

同月

在“亚广联”第二十六届年会上，广播电影电视部设计院总工程师孙芳垂撰写的《北京塔在建设中》一文获最佳论文奖。

同月

根据中央关于 1985 年以来接收的大专院校毕业生都要分批到基层锻炼一年的精神，广播电影电视部决定，在京郊窦店干校学习结束的 234 名应届毕业生，属于文科专业的统一到京郊房山县的乡镇参加社教，属于理工科专业的统一到云南、陕西、新疆、河北、吉林、福建、江苏等地的无线局直属发射台锻炼，为期一年。学生们于 10 月初出发，1990 年 9 月底回到各单位。

9 月～1991 年 6 月

四川人民广播电台开办庆祝中华人民共和国成立 40 周年、纪念中国共产党建党 70 周年新闻性专题节目《大地小曲》，节目每次 10 分钟。两年时间，该专题节目共播出专稿、系列报道、录音报道 400 多篇，约 70 万字。节目播出后，受到广泛好评。

10 月 1 日

中共中央总书记江泽民，中共中央政治局常委李瑞环，中共中央政治局委员李铁映、李锡铭，中共中央政治局候补委员、书记处书记丁关根等视察广播电影电视部。江泽民等看望了中央人民广播电台少数民族广播编播人员，同大家亲切交谈，并同中央电台部分编播人员合影留念；在中央电视台，江泽民等看望了假日坚持工作的职工，江泽民说：对外宣传和对内宣传是完全不同的，要特别注意针对性。要把我们的宣传搞得吸引人，要他们喜欢看，否则就不起作用了。在视察中国国际广播电台时，江泽民等同国内新闻部、泰语组、日语部和技术部门等值班人员亲切握手、热情交谈。江泽民还特意走到泰国专家妮达面前，向她表示感谢和慰问。在日语部办公室，江泽民还用日语向大家致以节日的问候。

同日

中央人民广播电台、中央电视台转播国庆 40 周年焰火联欢晚会实况。

同日

为庆祝中华人民共和国成立 40 周年，吉林广播电视报举办的“我和广播电视”有奖征文活动评选揭晓，共收到应征作品近 700 篇，评选出获奖作品 53 篇。

同日

福建省建阳人民广播电台、莆田人民广播电台正式开播。

同日

安徽省黄山市徽州区建成卫星地面接收站，购置两台 50 瓦电视差转机，开始转播中央电视台第一套节目，播出黄山市电视台录像节目。

同日

武汉人民广播电台第一个系列台——长江经济广播电台开播。

同日

湖南省娄底电视台正式成立。

同日

广西广播电台改名为广西对外广播电台，呼号沿用“广西广播电台”。

同日

云南省昆明人民广播电台正式播音。

同日

云南人民广播电台举办的德傣、西傣、景颇、拉祜、傈僳五种少数民族语言广播节目通过卫星传送，由边疆卫星地面站接收转播。

同日

云南电视台建台 20 周年。

同日

青海电视台开办单独的藏语频道（八频道）并开始试播。

同日

新疆哈密人民广播电台维吾尔语广播节目经过一年试播，开始正式播出自办的《哈密新闻》及专题和文艺节目。

10月3日

中央人民广播电台录制的八集农业系列报道《深情的黄土地》开始播出，中共中央总书记江泽民在开篇节目中发表讲话。

同日

贵州省广播电视地球站正式启用，贵州人民广播电台、贵州电视台从当日起把节目送上卫星，全省各地凡有卫星地面接收站的地方，均可收到省台的节目。贵州电视台与云南电视台合租卫星转发器，隔日上星播出（每周二、四、六为贵州电视台卫星传送节目时间），信号覆盖全国及周边20多个国家和地区，是全国较早用卫星传递节目的省级电视台之一。

10月4日

华北广播电视学校举行首届西藏班开学典礼。这届西藏班有30名广播电视技术专业学生。根据国家援藏精神，学校至少要连续5年招收西藏班。

10月5日

中共中央政治局常委、中央书记处书记李瑞环到天津广播电视塔工地视察，对塔区规划作了详细指示并为工地题词："争创一流水平。"

10月6日

第二届北京国际广播电视设备展览会在北京展览馆开幕，全国人大常委会副委员长习仲勋剪彩。前来参展的包括16个国家和地区的143个厂家和单位，全国30个省（区、市）广播电视系统的代表参观了展览会并进行了技术交流。

同日

朝鲜驻华公使裴容向中央电视台转送朝鲜最新故事影片《生命的足迹》的拷贝。公使表示，今后，朝鲜将尽可能多地向中国提供朝鲜最新故事片和纪录片。

同日

江泽民、李铁映等中央领导在中南海怀仁堂与31名留学回国人员座谈，中国国际广播电台英语部李丹参加座谈会，并向领导们介绍了这几年国际台与外台互转和租机之后收听效果大为改善的情况。江泽民听了很高兴，并询问了国际台面临的问题。

10月7日

中共中央政治局常委、中央书记处书记李瑞环同天津新闻界、文艺界和出版界代表座谈，表扬天津人民广播电台《天津早晨》《海河晨光》等节目。

10月10日

中国国际广播电台开展国庆40周年宣传50天来，全台共编发新闻261条，专稿171篇。有15个部组举办《新中国40年》专题节目；有9个部组向国外32个国家和地区寄送节目共 46 小时 10 分钟；有 34 个部组举办“新中国 40 年知识竞赛”，收到 104 个国家和地区的听众答卷 21300 多份。

10 月 10 日～ 12 日

新疆维吾尔自治区广播电视厅在库车县召开新疆广电系统“五定”（定岗、定编、定责、定权、定利）、“五化”（秩序化、标准化、制度化、图表化、数据化）管理经验现场观摩会议。会议印发自治区广播电视厅《新疆广播电视先进技术工作奖励办法（试行）》。

10 月 11 日～ 16 日

华北、东北、西北 12 家省（区、市）电视台《长城内外》栏目协作会议在河北省易县召开。会议总结交流了联办栏目的经验，评选了优秀节目，对进一步办好该栏目进行了探讨。

10 月 11 日～ 23 日

全国地、州、盟广播电台文艺协作会第十二届二次会议在湖南省株洲市召开，来自全国 126 个城市电台和 5 个磁带、录音机厂家共 200 余名代表与会。协作会筛选交换文艺节目 260 小时。

10 月 12 日

为庆祝中国唱片事业创建 40 周年，中国唱片总公司首届“金唱片奖”颁奖大会在北京举行。从 40 年来出版的 23700 多种唱片、盒带中评选出来的我国 71 位表演艺术家、著名演员和 10 个艺术团体获得“金唱片奖”；7 位著名词曲作家获得“创作特别奖”。

10 月 13 日

我国首届优秀科技新闻奖颁奖大会在北京举行。中共中央政治局常委李瑞环、国务委员兼国家科学技术委员会主任宋健、全国政协副主席卢嘉锡等领导为获奖代表颁发奖状。本届优秀科技新闻奖评选共有 158 篇作品获奖，中央电视台的《世界上第一只用人工授精方法繁殖成功的第二代大熊猫》获一等奖，《我国大陆第一个试管婴儿诞生》获二等奖。

同日

中国国际广播电台召开对苏联、东欧宣传报道专题研讨会。广播电影电视部部长艾知生到会听取发言，他指出：“对苏联、东欧的宣传，要以我为主，适量报道。”

10 月 16 日

中央人民广播电台主办的 1989 年中日广播技术交流会在北京举行。交流会由日本广播协会公司声频专家田贡也主讲，主要内容是立体声节目的录制。

同日

上海人民广播电台在深受听众欢迎的节目《星期戏曲广播会》播满200期之际，举办“振兴戏曲艺术、弘扬民族文化”大型研讨会和汇演活动。全国戏曲戏剧界的艺术家、理论工作者70余人参加研讨会。汇演从10月14日到16日共演出5场，来自8个省、市12个剧种的数十位戏曲名家参加演出。

同日

陕西省音像资料馆在西安正式开馆。

10月16日～19日

中央电视台牵头召开第十一届亚运会电视转播协调会，16个省、市广播电视厅、电视台和北京广播学院的领导及有关人员参加会议。经过协商，落实了各台和北京广播学院承担的转播任务。会后，中央电视台与各台签订协议书。

10月17日

四川省民族事务委员会、省广播电视厅、四川人民广播电台举行彝语广播创办10周年纪念座谈会。省委副书记冯元蔚即席题词：“彝族人民的知音，民族团结的桥梁。”

同日

安徽省广播电视厅在蒙城县召开全省广播电视宣传工作经验交流会。

10月18日

中央电视台举办的首次全国电视单本剧、短剧、小品国庆展播作品评选揭晓。

10月22日～27日

由中央电视台和甘肃电视台共同主办的西北、西南地区电视社教专题节目协作会在嘉峪关市召开，25家省、自治区及地（州、市）电视台共45名代表参加。会上观摩了38部各台提供的社教节目，8家省级电视台达成了交流节目的协议。

10月23日～29日

第三届全国省级电视台对外宣传会议在江西省共青城垦殖场举行，参加会议的有全国30家省（区、市）电视台台长、对外部（国际部）主任、国际交流节目编辑等。广播电影电视部副部长马庆雄，中共江西省委宣传部副部长、省委外宣小组副组长张会村，江西省广播电视厅厅长刘宗一等出席会议并讲话。

10月26日

呼和浩特至太原微波电路二期工程竣工验收。16个省（区、市）微波建设管理经验交流会在呼和浩特市召开。

10月27日

为庆祝中华人民共和国成立40周年，中央人民广播电台和重庆五洲实业公司联合举办的广播金曲 40 年听众评歌活动颁奖大会在北京政协礼堂举行。

10 月 29 日

北京电视艺术中心拍摄的 10 集电视连续剧《李大钊》完成，于李大钊诞辰 100 周年之际播出。

10 月 31 日

中央电视台在北京举行拉萨卫星地面站开通仪式。中共中央政治局委员李铁映出席并与西藏自治区领导通话表示祝贺。中宣部部长王忍之，西藏自治区党委副书记热地，广播电影电视部部长艾知生及邮电部、国家教委、国防科工委、航空航天部等部门负责人出席。

同日

广播电影电视部《关于实行电视剧制作许可证制度的规定》发布施行。广电部就此向全国各省、自治区、直辖市广播电视厅（局）发出通知，要求各地于 1989 年 12 月 31 日前完成换证工作。

同日

新疆人民广播电台与中央人民广播电台、国家民族事务委员会、新疆维吾尔自治区外事办公室在中央电台多功能大演播室联合举办新疆优秀民族音乐鉴赏会。

同月

江苏电视台与北京、河南、陕西、浙江五省、市电视台联合摄制的 20 集大型电视系列片《中国七大古都》完成。同时，还完成了 70 集系列片《中国七大古都揽胜》。

同月

江苏省南通市广播电视局组织人员对全市广播电视覆盖场强进行测试，行程上千公里，实测 92 个点，绘制出《场形图》，为今后广播电视建设的决策提供了可靠依据。

同月

国庆 40 周年期间，江苏电视台先后举办“放歌 40 年”“我与共和国 40 年”“金牌之歌”“万紫千红”“百佳摄影、写生比赛”“江苏 10 高校电视社会调查汇报演唱会”等 10 场文艺晚会；转播了第二届中国艺术节华东分会场的 9 场演出实况，创造了该台短时间录制和播出自制文艺节目的新纪录。

同月

江苏省无锡市广播电视局编印的《四十春秋》出版。这是一本无锡广播电视的创业史。

同月

安徽人民广播电台主办“改革杯”征文活动，共收到省内外作者歌颂改革开放的文章1000多篇，编辑播出100余篇，并汇集成册。

同月

安徽省宿州市建立宿州人民广播电台，发射功率1千瓦，频率1098千赫（1991年改为1071千赫）。

同月

为纪念西藏人民广播电台建台30周年，西藏自治区广播电视厅出版纪念文集《高原之声》。全国人大常委会副委员长、西藏自治区人大常委会主任阿沛·阿旺晋美为该书题词："高原之声，民族之魂。"

11月1日

拉萨卫星上行站正式启用。西藏人民广播电台和西藏电视台的藏语节目被首次送上卫星，实现了向全区传送藏语电视的任务，结束了西藏多年来用汽车向各地、市传送录像带的历史。

11月5日

北京人民广播电台举行《每日英语》竞赛发奖大会。由加拿大国际广播电台和麦吉尔大学联合制作的《每日英语》讲座从1988年10月31日起在北京人民广播电台播出，听众达30多万人。

同日

在1989年贵州省科学技术进步奖评选中，贵州省广播电视厅有四个项目获奖："广播电视微机实时监控管理系统"获三等奖，其余三个项目获四等奖。

11月6日

中央电视台举办的国际儿童电视节目展播开幕，近20个国家的驻华使节及夫人应邀出席。1990年1月15日，中央电视台在北京民族文化宫举行国际儿童电视节目展播闭幕式。此次展播共播出44个国家的88个参展节目，8个国家的11个节目获奖。

同日

河北电视台与中央电视台联合向全国直播《第二届中国吴桥国际杂技艺术节》闭幕式。

11月7日

青岛市广播电视局技术和编辑人员协作研制的"3C-NES新闻编辑与管理微机网络系统"经过9个月的试运行，通过青岛市科学技术委员会和广播电影电视部的技术鉴定。

同日

湖南人民广播电台庆祝建台40周年大会在长沙举行。

11 月 7 日～ 14 日

上海电视台在俄国十月社会主义革命 72 周年纪念日期间举办“苏联列宁格勒电视周”。

11 月 8 日

广播电影电视部干部司通知：干部司决定委托北京广播学院干训部在华北广播电视学校举办一期广播电视节目制作专业教师培训班。培训班 1990 年 3 月初开学，学习期限为三个月。各广播电视学校选派两名教师参加。

同日

广播电影电视部任命韩庆余为地方宣传局局长。

11 月 9 日

中国国际广播电台驻肯尼亚记者站正式建立，首任记者李首道、万玉珍赴任。

11 月 15 日

广东人民广播电台新闻台举行开播仪式。该台是一个以新闻为主的综合性电台，用普通话广播，全天播出 19 小时 10 分钟。成为广东人民广播电台系列台建设的开端。

同日

广播电影电视部下发《广播电视中等专业学校专业目录及修订说明》，提出：合并原五个工科专业为三个专业，增设音像设备维修专业，试办播音专业和广播电视节目制作专业。修订后的专业分别为：广播电视播控技术专业、广播电视发送技术专业、音像设备维修专业、微波技术专业、播音专业、广播电视节目制作专业。

11 月 15 日～ 17 日

闽、浙、皖、赣 1990 年春节电视节目联谊协商会在江西省鹰潭市召开。

11 月 16 日

中央人民广播电台在太原召开第四次全国对台湾广播宣传工作会议，20 多个省、自治区、直辖市对台办和 6 个大军区对台宣传的负责人参加。

11 月 16 日～ 20 日

全国广播电影电视法制工作会议在洛阳召开。会议讨论了《广播电影电视部 1990 年立法计划》《广播电视法》（第三稿）、《电影法》（第五稿）及有关法规、规章。

11 月 20 日

中央电视台播出的新闻节目《弹指一挥间》受到观众的欢迎。中共中央政治局常委李瑞环在看了观众来信后批示：“要在已有经验的基础上再搞些新的名堂。”

同日

北京电视台在《北京新闻》中开辟新专栏《北京人》，经常性地向观众展现全市各条战线上的先进人物。

同日

天津市广播电视局科学技术研究所成立。

同日

吉林省广播电视厅工程公司应朝鲜军事停战委员会中国人民志愿军联络处邀请，派工程技术人员前往该处建设卫星地面接收站及闭路电视系统。

同日

江苏省无锡电视台播出专题片《钱穆旧事——留在故乡的足迹》。该片记录全国政协副主席、著名科学家钱伟长的叔父、国学大师钱穆在故乡无锡的足迹，追忆钱穆早年为教育事业所做的业绩。片名《钱穆旧事》由钱伟长确定，他希望在台湾地区的叔父能看到这个电视片。

11 月 20 日 ~ 24 日

广播电影电视部技术局在上海召开全国广播电视监测工作会议。会议听取了部分省（区）广播电视厅的监测工作经验介绍，讨论并修改了《全国广播电视监测网规划方案》。

11 月 21 日 ~ 23 日

黑龙江省广播电视厅和黑龙江省广播电视学会主办的关于新闻自由和舆论导向研讨会在哈尔滨市举行。讨论会收到论文 43 篇。

11 月 23 日 ~ 26 日

中央电视台主办的全国省级电视台新闻部主任会议在北京举行，广播电影电视部部长艾知生出席开幕式并讲话。全体代表还参加了中共中央政治局常委李瑞环与新闻界领导的座谈会。

11 月 24 日

广播电影电视部计算中心、江西电视台、福建电视台、黑龙江省广播电视科研所、山东省广播电视科研所联合研制的“电视录像磁带节目资料编辑管理系统”在福州市通过鉴定。广电部技术局将其定为部颁标准。

11 月 25 日

为祝贺著名作家巴金创作生涯 60 周年，自即日起，上海人民广播电台播出传记《巴金传》。

11 月 25 日 ~ 29 日

四川省第二届广播电视理论研讨会暨广播电视学会首届学术年会在成都举行。会上收到发言材料和书面论文共 115 篇。对荣获 1988 年度全国、全省优秀广播电视节目奖的作者颁了奖。

11 月 26 日

中国唱片总公司第一次盒式音带质量评比结果在上海揭晓。总公司所属六个单位生产的盒式音带均符合或超过质量标准，被评为中国唱片总公司优质产品。

11 月 27 日 ~ 29 日

广播电影电视部科学技术进步奖评审会在北京召开，共评出获奖项目 28 个。

11 月 28 日 ~ 12 月 1 日

中央人民广播电台驻军队各大单位记者站站长、记者会议在北京召开，会议研究了进一步提高军事报道质量等问题。

11 月 30 日

中央电视台赴中非录制的电视专题节目《走入非洲》中的《我们航行在乌班吉河上》和《戴面具的舞蹈》，由中国驻中非大使送给该国总统科林巴。科林巴看后专函致我国大使，称赞该片质量高，并表示愿两国的文化交流合作今后能进一步发展。

同月

中央电视台举办的《庆祝建国 40 周年全国电视文艺专题节目展播》，共评出获奖节目 32 个。

同月

中央电视台播出的电视纪录片《蜜蜂号飞行日记》（甘肃电视台赵群力拍摄、编辑），获 1989 年中国电视纪录片“星光奖”。该片记录了甘肃电视台新闻部记者赵群力独自驾驶蜜蜂 3-C 超轻型飞机与另外两架轻型飞机共同编队，9 月从乌鲁木齐飞到哈尔滨的飞行历程。该飞行历时 25 天，航程 5100 公里，创造超轻型飞机三机编队长距离飞行的世界成绩，受到国际航联（FAI）的表彰。

同月

安徽省政府拨专款 1000 万元，建设省内广播电视微波专线。

同月

青海电视台拍摄的大型电视连续剧《格萨尔王》全部完成。长达 1500 多万字的《格萨尔王传》，被学术界誉为东方的“伊利亚特”。青海电视台经过三年的努力，将其中的部分内容改编，摄制成 18 集电视连续剧。1990 年 6 月 2 日，该剧在北京举行首播式，中共中央政治局常委李瑞环打电话表示祝贺，阿沛·阿旺晋美、杨静仁、杨成武等领导出席首播式。

12 月 1 日

中央人民广播电台《午间半小时》节目举办的系列广播《可爱的中华》，历时四个月圆满结束。

12 月 1 日～ 9 日

西藏自治区第五次广播电视工作会议在拉萨召开。会议讨论了落实广播电视事业发展规划和广播电视学会工作。

12 月 2 日

全国唯一不通公路的县——西藏自治区“高原孤岛”墨脱县的军民第一次看到了中央和西藏的三套电视节目。次日，墨脱县党政军机关向自治区广播电视厅发来喜报并致谢意。

同日

长春人民广播电台研制的 GZ-1 型行波系数测量仪和用 MOS 管代替中波发射机场效应管组建成功。这两项成果属国内首创。

12 月 4 日

中央电视台、中国广播艺术团和华远公司协作录制一套交响音乐会准备在元旦播出。广播电影电视部部长艾知生、副部长陈昊苏，中央电视台副台长洪民生和华远公司副总经理任志强等在大演播室观看了实况录像。

12 月 4 日～ 9 日

全国城市电视台第 11 次协作会在长沙召开。协作会自 1980 年创建以来，成员由原来的 8 家增加到 167 家，除台湾省外，其他省（区、市）城市电视台都已入会。

12 月 6 日

根据协议，从即日起，美国全国电缆卫星公司每天转播中国国际广播电台对北美广播的一小时英语节目，再通过卫星送到该公司音频用户，该公司不做删节、变动。

12 月 6 日～ 9 日

山西省广播电视厅在晋城市召开县级广播台（站）名牌节目听评会。

12 月 7 日

纪念国家副主席乌兰夫逝世一周年暨“乌兰夫广播电视骏马奖委员会”成立大会在内蒙古自治区彩电中心召开。

12 月 8 日

首都评论界、新闻界及广播电影电视部有关部门的负责人观看由中国电视剧制作中心、大庆石油管理局和长春电影制片厂联合摄制的八集电视连续剧《铁人》，对该剧给予高度评价。

12 月 11 日

贵州电视台用二十七频道对贵阳地区试播第二套节目，每天播出三个小时，以教育性、服务性、文艺性节目为主。

12 月 12 日

安徽省广播电视中心工程举行奠基仪式。1990 年 3 月 12 日，中心主楼（A 区）工程破土动工。主楼建筑面积 12241 平方米。1995 年 12 月 12 日，安徽电视台迁入中心；1996 年 12 月 12 日，安徽人民广播电台迁入中心。

12 月 13 日

山西电视台举办的“农民家庭演唱会”落下帷幕。10 户农民家庭获奖。山西省委、省政府有关领导在直播现场观看了决赛表演，并向获奖家庭颁奖。

12 月 14 日～16 日

四川省广播电视厅同省公安厅联合在眉山县召开全省广播电视安全工作现场会。会议参观并推广眉山县公安和广电部门以承包合同形式，加强广播电视设施安全管理的经验，表彰了全省公安机关在维护广播电视安全方面的先进集体和先进个人。

12 月 18 日～22 日

第四次全国归侨代表大会在北京召开。中国国际广播电台华侨部除播发开幕式录音新闻、中共中央总书记江泽民的讲话录音外，还播发新闻 13 条，并举办《侨代会特别节目》，共播出专稿 20 篇。大会结束时，播出本台记者综述《侨界盛会，任重道远》。

12 月 19 日

中国唱片总公司上海公司研制生产的“标准测试唱片”在国家科学技术奖励大会上荣获国家科技进步三等奖。

同日

广东省广播电视厅召开第三次山区广播电视工作会议，研究 1990 年全省山区广播电视一套节目的人口覆盖率要达到 90% 的实施方案。

12 月 20 日

国家人事部《关于广播电影电视部所属事业单位机构编制的批复》，核准广播电视部下属 32 个事业单位、1 个社团组织；核定事业编制共 14831 人。其中，中央三台的事业编制为：中央人民广播电台 1329 人，中国国际广播电台 1430 人，中央电视台 1974 人。

12 月 21 日

截至目前，青海省黄南藏族自治州共建电视差转台 4 座、卫星地面站 9 座、微波站 2 座、中波广播转播台 2 座，全州广播人口覆盖率为 95%，州委所在地隆务地区可收看到 4 套电视节目。

12 月 25 日

中央电视台和中国人民解放军总政宣传部联合举办的第三届《人民子弟兵》优

秀电视节目评选会在沈阳召开。会议评选出优秀专题节目52个，优秀新闻节目124个。

12月25日～29日

全国农村广播工作会议在哈尔滨召开，广播电影电视部副部长徐崇华到会并讲话。

12月28日

中央电视台播出的12集电视系列片《在共和国的史册上》得到社会各界的好评。中共中央总书记江泽民在该片拍摄之前，了解了拍摄方案和主题后批示："希望你们努力把片子拍好。"全国政协主席李先念为该片题写片名。这部系列片是由中央电视台、全国总工会和电影出版社联合摄制的。

同日

中央电视台《经济半小时》栏目正式开播。开篇向观众介绍了栏目的宗旨及近期将要播出的节目。

同日

湖北省鄂东、鄂南两条广播电视微波干线建成并开通，根本改善了鄂东、鄂南山区人民看电视听广播的状况。

同日

贵州人民广播电台举行庆祝建台（1950年1月1日）40周年大会和建台40周年学术讨论会。

12月29日

内蒙古电视台举行建台20周年庆祝活动。

同日

安徽省屯溪人民广播电台整建制划到徽州撤地建市后的黄山市。

12月30日

陕西电视台十九频道10千瓦发射机安装完毕，于1990年春节前投入使用，转播中央电视台第一套节目。

12月31日

新疆军区边防一线连队新建的电视卫星地面接收站全部交付使用，使分布在5000多公里边防线上的官兵每天都能看到中央电视台和新疆电视台的节目。

同月

天津电视台摄制《津门十景》，片长50分钟。拍摄十景为：蓟北雄关、三盘暮雨、独乐晨光、沽水流霞、中环彩练、双城醉月、海门古塞、天塔旋云、龙潭浮翠、古文化街。总撰稿冯骥才。该片在天津电视台多次播出，引起热烈反响。

同月

四川人民广播电台藏语专题节目正式定名为《雪山草地》，采用康巴语和安多语广播。该专题节目的开播，改变了过去只有康巴语专题的格局。《雪山草地》设置四个固定栏目：周一、周二为《知识窗与经济栏》；周三、周四为《话说藏区》；周五为《在祖国大家庭中》；周六为文艺性的《农牧乐园》。以上栏目均每次播出10分钟。

同月

甘肃省建成并开通兰州至武威的微波电路208.96公里，至此全省微波电路总长度已达993.42公里。

同年

全国（未包括港、澳、台）共有广播电台531座、电视台469座，收音机社会拥有量26226万台，电视机社会拥有量16593万台。广播人口覆盖率为73%，电视人口覆盖率为77.9%。

同年

中央人民广播电台收到听众来信1080228封。

同年

中国国际广播电台收到143个国家和地区听众来信171975封。

同年

吉林省建成微波电路全长376.3公里，微波站11座，卫星地面接收站23座。

同年

四川省乐山电视台、涪陵电视台和重庆经济广播电台开播。

同年

四川人民广播电台彝语广播将凉山州东部的美姑县作为采访报道联系听众的点，采取点面结合的方式，将采访的范围从美姑扩大到雷波、金阳、昭觉、布拖等该州东部地区。首批驻点的两位彝族、汉族青年记者，深入乡村、田间、林区、牧场，历时7个月，走遍了东部五县的21个区、52个乡、97个村，共发稿105篇。

同年

至年底，西藏自治区已建成广播电台2座、电视台2座、中短波发射台14座、电视转播台98座、差转台19座、用于广播电视的卫星地面接收站163座。全区中波人口覆盖率为21.8%，短波人口覆盖率为25%，电视人口覆盖率为34%。

同年

新疆人民广播电台出版《丝路新歌》一书，该书为广播精选稿，记录了40年来新疆的沧桑巨变。

1990年

1月1日

中央人民广播电台、中国国际广播电台播发《人民日报》元旦社论《中国人民有信心在90年代实现第二个国民生产总值再翻一番的目标》。国际台英语部、俄语部播出大型座谈会《回顾与展望》，华侨部播出六名侨界领导人对海外侨胞发表的新年贺词或广播讲话。

同日

天津人民广播电台经济台开办《每日金融》节目，传播国内外经济和金融信息，普及金融知识。

同日

安徽省黄山人民广播电台、宿州人民广播电台正式开播。

同日

福建人民广播电台举办《全省先进企业大展播》，副省长施性谋在首播式上发表广播讲话。

同日

海峡之声广播电台对广播节目进行改革和调整，综合性大板块节目《空中立交桥》正式开播。

同日

广东人民广播电台新闻台“90年代希望广场”直播室出现在广州友谊商场。这是内地电台首次开设户外直播室。

同日

广西人民广播电台立体声文艺台（第四套节目）试播。

同日

新疆电视台维吾尔语电视节目实现全天播出。

1月1日～3月2日

中央电视台《新闻联播》节目推出系列报道《看今朝》，共播出新闻94条，涉及农、林、电力、石油、轻纺等 30 多个行业，在社会各界引起很大反响。

1 月 2 日

宁夏回族自治区第一家县级电视台——中卫电视台正式开播。

1 月 4 日～24 日

北京电视台播出由中共北京市委宣传部组织拍摄的 21 集电视系列片《同心曲》。

1 月 8 日

中央电视台第十一届亚运会电视委员会中心部正式成立，下设工程技术分部、公共信号分部、专用通信分部、信息分部和国内分部等部门。

1 月 8 日～11 日

江苏省广播电视厅在宿迁市召开全省农村广播电视工作会议，提出年内实现全省农村有线广播喇叭达到 1000 万只、入户率达到 70% 的奋斗目标。

1 月 11 日

国务院宣布解除在北京部分地区的戒严。中央人民广播电台播出国务院总理李鹏宣布解除北京市部分地区戒严的消息。中国国际广播电台对外部编辑一条 3 分钟的英语新闻，通过卫星发给美国有线电视新闻网（CNN），他们于美国时间 10 日 15：30 头条新闻播出。中央电视台播出国务院总理李鹏就解除北京市部分地区戒严发表的电视讲话。

1 月 12 日

中南六省（区）电视台首次联合拍摄的春节文艺晚会《江河恋·湖海潮》在湖南电视台录制完毕。

1 月 13 日

上海市广播电视局和市农委在川沙县联合召开座谈会，探讨市郊农村提高电视覆盖率和清晰收看电视的问题。

1 月 15 日

全国人大常委会副委员长阿沛·阿旺晋美观看西藏电视台录制的《纪念班禅大师逝世一周年》节目。国家民族事务委员会和中央电视台领导陪同观看。

1 月 16 日

广播电影电视部批准中国广播电视学会设立秘书处（处级建制），编制 10 人，列入事业编制。

1 月 20 日

辽宁省广播电视厅和辽宁人民广播电台、辽宁电视台邀请劳动模范座谈，听取对广播电视宣传的意见。

1月22日

中央电视台举办的《1990年春节联欢晚会》在大演播室进行第三次彩排。中央领导李瑞环、李铁映以及有关方面领导出席审看。李瑞环肯定这台节目是成功的，体现了中央“过一个高高兴兴的春节”的希望，总的基调是欢快的。他要求精益求精，把节目搞得更好。

同日

中国国际广播电台副台长胡耀亭和美加华语广播网董事长刘恕分别于当日和2月1日以通信方式正式签订《中国国际广播电台与纽约美加华语广播网关于广播业务合作的协议》。协议规定，国际台从1990年1月1日起，每天向对方传送15分钟中国新闻（用广州话播讲），对方将其安排在纽约总台所属三分台播出一次和重播一次。协议有效期为一年。

1月26日

中央电视台《1990年春节联欢晚会》从20：00开始直播至次日凌晨结束，历时四个半小时。农历新年钟声敲响时，中共中央总书记江泽民、国务院总理李鹏来到直播现场，亲切慰问全体演职员，并通过屏幕向全国观众发表了热情洋溢的节日祝词，把晚会推向高潮。

1月27日

中央电视台副台长于广华率1990年春节联欢晚会部分演员一行20人赴福建省福州、泉州、厦门慰问演出。其间，共演出11场，观众达5万人。

同日

广西电视二台试播，主要覆盖南宁地区。

同日

中国国际广播电台广州工作站与广东珠江经济广播电台、美加华语广播网和澳门电台联合制作《马年贺岁》特别节目，春节期间分别在四个台播出，受到听众欢迎。

1月28日

四川、江苏、新疆、福建、黑龙江五省（区）电视台联合录制的晚会节目《东西南北中》在上述五台播出。该节目打破一省独办晚会的格局，通过横向联合，采用内外景结合方式，呈现了五省（区）的秀丽风光、鲜明的地域特点和民族风情。

同月

中央电视台播出《江泽民总书记答中外记者问》，引起国内外广泛关注，受到广大观众欢迎。中央电视台从1989年12月31日起共播出11次，并将录像带寄给177个中国驻外使领馆和16个华侨电视台，通过“亚广联”新闻交换传送给亚洲各国以及美国、西欧多国。

2 月 2 日

中央电视台邀请影视界评论家座谈 1990 年春节联欢晚会的得失。与会人士认为，该台晚会基本上是成功的，但也存在问题，相声和演唱的创作在走下坡路。

2 月 2 日～ 6 日

北京电视艺术中心召开全国城市电视台参加的电视剧《渴望》发行会。会议期间，各地电视台均签订了购片合同。

2 月 8 日

中央电视台《神州风采》栏目播出 300 期。中国电视艺术委员会组织有关专家，对该栏目已播出的节目进行优秀节目评选，评出一等奖 10 部、二等奖 24 部、三等奖 41 部。

2 月 9 日

中宣部文艺局、中国电视艺术委员会、中国电视艺术家协会在北京举行表彰大会，表彰电视剧《铁人》《长城向南延伸》在表现社会主义新人、弘扬民族正气、讴歌献身精神方面所作的努力。贺敬之、艾知生、武衡、林默涵等领导出席表彰会，并向剧组颁发表彰证书。

2 月 10 日

中央电视台和安徽电视台在合肥市安徽剧院联合举办并向全国现场直播《1990 年元宵晚会——黄梅欢歌迎新春》。

同日

上海市有线电视协会成立，76 家有线电视台（站）加入该协会。

同日

苏州市太仓县、常熟市一带发生 5.1 级地震。太仓县、常熟市和昆山市广播电视系统及时发布震情，传达抗震救灾部署，安定人心，维护秩序，受到当地领导和群众的好评。

2 月 10 日～ 24 日

由河北省广播电视厅厅长部永堂等五人组成的电视友好访问团对澳大利亚进行访问，同澳大利亚麦马洪·雷克制作公司签订电视系列片《万里长城》和《长城风情录》出售协议。

2 月 11 日

广东人民广播电台举办的“羊城中华博览会”在广州天河体育中心落下帷幕。博览会集文化、艺术、科技、商贸和游乐于一体，跨越元旦、春节、元宵三大节日，共接待海内外游客 130 多万人。

2月12日

第三届全国对台广播优秀节目评选工作在福建省泉州市结束，共评选出1989年度全国对台广播优秀节目（稿件）72个（篇）。

2月13日

乌鲁木齐市广播电视局举行庆祝活动，庆祝乌鲁木齐市人民广播事业开创30周年及乌鲁木齐人民广播电台开播10周年。

2月15日

青海音像资料馆成立。

同日

广东电视台与广州社情民意研究中心、广州日报社、广州电视台联合举办“菜篮子工程千家谈”大型宣传活动，内容有民意调查、专题报告会、电视讨论会等。

2月15日～28日

中国广播电视学会主办的全国广播剧评选在北京结束，54部剧作获奖。从这次评选开始，广播剧评选被正式列入政府奖。

2月16日

中国驻朝鲜使馆文化处来电，反映朝鲜中央电视台第一次播出中央电视台春节联欢晚会，观众反映很好。最近，该台每星期六又播出我国电视连续剧《诸葛亮》。据告，金正日指示，每个干部都要观看此剧，从中学习诸葛亮的雄才大略，体会其内涵哲理。

2月16日～23日

为纪念治理淮河40周年，安徽人民广播电台播出八集系列报道《治淮之歌》，再现当年治淮的宏伟场面和战天斗地的豪迈气势，展示治淮工程的成就。省委书记卢荣景作开篇讲话。

2月17日

天津人民广播电台经济台为庆祝《天津早晨》节目开播一周年，举办“听众在我心中”联欢会。中共中央政治局常委、书记处书记李瑞环为《天津早晨》题词：“天津早晨好，声情系万家。”天津市市长聂璧初等出席联欢会。

2月19日

中央人民广播电台在《新闻和报纸摘要》及《军事生活》节目中推出沈阳军区某炮团指挥连志愿兵张子祥向雷锋学习事迹的连续报道，在听众中引起很大反响。

2月20日～22日

为纪念《国际瞭望》专栏播出300期，上海电视台举办“部分省市电视台国际栏目展播”活动。

2 月 22 日

中华全国新闻工作者协会受中宣部委托，举行北京电视台拍摄的 21 集电视系列片《同心曲》座谈会。座谈会肯定了该片的成功和所产生的积极社会效果。

2 月 24 日

中央电视台社教部拍摄的 18 集电视系列片《万里海疆》在第一套节目中播出，旨在呼唤全民族的海洋意识。

2 月 25 日

四川人民广播电台记者、优秀共青团员游进在公共场所为保护他人生命安全，与持刀歹徒进行顽强搏斗，英勇献身，被四川省人民政府追认为革命烈士。

2 月 26 日～3 月 4 日

四川电视台在成都举办以“和平、友好、合作”为宗旨的“1990 年中国四川国际友好电视周”。来自美国、加拿大等 14 个国家和香港地区的 22 个电视机构和单位，带来 110 多部（集）风格、体裁各异的电视节目。

2 月 27 日

广播电影电视部任命林景云为中央电视台副台长。

2 月 28 日

中央人民广播电台对台湾广播部举办的第二届“海峡情”有奖征文评选揭晓，台湾杜奇荣的《一场蟠桃天伦宴》、王令娴的《一路顺风》和大陆陈慧瑛的《寄彼岸》同获一等奖。

同月

在中国电视艺术委员会、中国广告协会电视委员会主办的全国第四届优秀电视广告“印象奖”评比中，中央电视台《广而告之》专栏获特别奖。4 月 2 日，本届优秀电视广告“印象奖”颁奖大会在福州举行。

同月

广播电影电视部设计院召开“首届合理化建议和技术改进奖”评审会，评出获奖项目 14 个。

2 月～6 月

中央电视台和辽宁《共产党员》杂志社联合举办首届“我爱中国共产党”党的知识竞赛。全国 500 多个党的基层组织约 70 万党员和党外积极分子报名参加竞赛活动。该节目在“七一”期间播出。

3 月 2 日

《中国电视报》与青岛双星鞋业集团联合举办的“‘双星杯’我最喜爱的春节晚会节目”评选揭晓，小品《相亲》、舞蹈《瞧这群婆姨们》获第一名。

3 月 3 日～ 5 日

中央电视台《新闻联播》节目连续报道兰州军区志愿兵、“当代新雷锋”李润虎的事迹，引起热烈反响。

3 月 4 日

亚运会组委会与台湾地区 1990 亚运电视采访转播委员会就台湾地区电视转播签订合约书。

3 月 5 日

为纪念毛泽东“向雷锋同志学习”题词发表 27 周年，中国唱片总公司推出盒式音带《雷锋——奉献之歌》。

3 月 6 日

距亚运会开幕还有 200 天，中央电视台《体育新闻》推出专栏节目《亚运纵横》。

同日

新疆电视台电视剧译制中心成立。该中心由原维吾尔语电视剧译制部（58 人）和哈萨克语电视剧译制部（30 人）合并后组成。

3 月 7 日

中国电视艺术家协会北京分会与北京电视台联合举行第二届“理想杯”大学生电视剧、专题片展播暨评奖颁奖仪式。北京师范大学拍摄的《逝去的冬日》获电视剧一等奖；北京广播学院拍摄的《大学第一课》获专题片一等奖。

3 月 11 日

上海人民广播电台新闻教育台与无锡人民广播电台联合举办大型现场直播节目《奋进中的无锡》，时长八个半小时。

3 月 14 日

中央电视台文艺部推出综合性文艺专栏《综艺大观》，内设若干小栏目，通过现场直播方式与观众见面。

3 月 15 日

自即日起至 6 月底，广西音像出版社与《音乐周报》、文化部民族文化司、中央电视台联合举办“全国‘民族之声’歌曲征集活动”。

3 月 16 日

电视连续剧《悬崖百合》在中央电视台播出后，观众反响热烈。应广大电视观众要求，中央电视台青少部请来了当时在延安保育小学学习、生活、战斗过的韩作黎、肖克、伍绍祖等来台座谈，并播出座谈会录像。

3 月 17 日

中央电视台《新闻联播》开始播出《来自重点工程的报道》，涉及能源、交通、水电、农业等 16 个对国计民生有重大影响的建设项目。全年共播出 250 条。

3 月 18 日 ~ 4 月 4 日

中国人民政治协商会议第七届全国委员会第三次会议（3 月 18 日 ~ 29 日）和第七届全国人民代表大会第三次会议（3 月 20 日 ~ 4 月 4 日）先后在北京召开。在七届人大三次会议上，通过了关于接受邓小平辞去中华人民共和国中央军事委员会主席职务的请求的决定，选举江泽民为中央军委主席。中央人民广播电台“两会”期间共发稿 670 余篇，现场直播人大会议开幕和李鹏总理、钱其琛外长回答中外记者提问的实况，举办专题节目，播出 38 组节目。中国国际广播电台共发稿 245 篇，英语部对人大会议开幕做了现场直播。中央电视台此次“两会”报道，出动两辆转播车，共转播记者招待会 10 场次，其中实况转播两场次；转播会议 11 场次，其中实况转播一场次。

3 月 19 日

中国广播电视学会电视音乐研究会成立，洪民生任会长。

3 月 20 日

美籍华人陈香梅女士为江苏金陵之声广播电台题词：“金陵风光无限好，两岸诗书一线通。”

同日

13 集纪录片《走向罗马》在中央电视台开播，由此开始了第十四届世界杯足球赛的宣传。

同日

天津电视台召开纪念建台 30 周年座谈会，并向有 30 年工龄的干部职工颁发荣誉证书。

3 月 20 日 ~ 22 日

贵州省广播电视厅召开全省技术维护会议，强调强化技术管理，降低停播率，提高播出质量。

3 月 20 日 ~ 30 日

第八届全国优秀广播节目评选在四川省都江堰市举行，225 件作品获奖。

3 月 21 日

国务院授予“三北”（华北、东北、西北）地区联合组织的电视专题片《绿色长城》摄制组“全国绿化先进集体”光荣称号。

3 月 22 日

中央电视台亚运会技术运营总部场馆部与中国科学院大洋图像公司联合开发的“亚运会电视转播彩色字符制作系统”经专家联合鉴定，达到游泳、跳水、手球比赛电视实况转播要求。

3 月 23 日

中央电视台《曲艺杂技》专栏播出“长治杯”全国曲艺大赛获一等奖的部分节目。这次大赛由中央电视台、中国曲艺家协会、长治市政府联合举办。中共中央政治局常委、书记处书记李瑞环为大赛题词:“繁荣曲艺事业，弘扬民族文化。”

3 月 25 日

中央人民广播电台和合肥人民广播电台在合肥市联合举办并向全国直播《优秀传统相声欣赏会》。

3 月 26 日

“第四届全国青年歌手大奖赛”组委会召开新闻发布会。这次大奖赛由中央电视台和部分省、市电视台联合主办。参加大奖赛业余组比赛的共有全国 73 个单位选送的 466 位歌手。

3 月 30 日、31 日

中国电视艺术家协会、国家民族事务委员会文化司、中国文艺人才研究会、《当代电视》杂志社和内蒙古电视台联合举办蒙古族青年导演宝音达来电视剧研讨会。

同月

刘守璞任山东省广播电视厅党组书记、厅长。党组副书记、副厅长钱海骅，副厅长李建林、滕敬德、张海涛，厅党组纪检组长、监察专员周大明，副厅级调研员李有道。

3 月～6 月

为纪念国务院批准《彝文规范方案》10 周年，四川人民广播电台彝语广播推出《古老的文字重放光芒》系列报道，共播发 40 组录音专访。该系列报道从多角度、多层面，用充分的事实反映了改革开放不仅使彝族地区的经济建设取得巨大成就，而且使彝族传统文化也随之得到振兴、繁荣和发展。

4 月 1 日

内蒙古自治区广播协作会议在通辽召开，主要研究农村广播供稿问题。

4 月 1 日～15 日

中国广播电视学会人才培训部和四川省广播电视学会在四川省广播电视学校联合举办全国首届广播节目创优研讨班。23 个省、自治区、直辖市共 340 名学员参加培训。

4 月 2 日～12 日

贵州电视台在全省范围内招聘电视专栏节目特约主持人，有 760 人报名，21 人进入录像复试。

4 月 3 日

由山东电视台、济南电视台联合摄制的 16 集电视连续剧《孔子》在古齐国都城临淄开拍。

4 月 4 日

广播电影电视部党组批复河南省广播电视厅党组：经研究，同意建立中共郑州广播电视学校委员会，党的基层组织工作由厅机关党委代管。

4 月 5 日～11 日

由上海人民广播电台主办，全国 10 家省、市电台和上海音像公司、上海电视台、《每周广播电视》报等联办的“上海国际相声交流演播”顺利举行。30 多位海内外相声名家为上海市民做了 7 场演出。

4 月 6 日

青海人民广播电台藏语广播开始播出记者采写的介绍被誉为“草原上的‘活雷锋’”的蒙托那义事迹的 14 篇系列报道。

4 月 7 日

中央电视台和四川电视台联合现场直播中国长征三号火箭发射“亚洲一号”通信卫星实况获得成功。中国国际广播电台首次用英语向国内以及东南亚、南太平洋地区和北美东部成功地直播了这次发射的现场实况。

4 月 8 日

由湖南电视台和湖南省纪律检查委员会联合录制的专题片《廉政建设的突破口》由中纪委推荐在全国播放。

4 月 10 日

中国国际广播电台庆祝越南语、缅甸语、泰语和印尼语广播开播 40 周年。

同日

由中央电视台、宋庆龄基金会联合主办的“海球杯”国际儿童绘画比赛在人民大会堂举行发奖仪式。这次比赛历时一年，23 个国家和地区的孩子寄来 6000 多幅作品，其中 30 幅优秀作品分获金、银、铜奖。

同日

上海电视二台《女性世界》栏目与市妇联《现代家庭》杂志社、团市委、国际春秋旅行社上海分社联合主办的《让我们同行》电视征婚从 1 月 6 日开播以来，共播出七集，引起社会上的关注和反响。

4 月 12 日

中共中央通知：中央批准，免去陈昊苏的广播电影电视部副部长职务。同日，中组部通知：免去陈昊苏的广播电影电视部党组成员职务。陈昊苏调任中国人民对外友好协会副会长。

同日

广播电影电视部党组批准：黄勇任中共北京广播学院委员会副书记；赵玉明、周铜山、王纪言任常务委员。

同日

从当日开始，甘肃人民广播电台播出系列录音通讯《祁连山的敬礼》，连续报道兰州军区原工程兵团班长孙建民烈士的事迹，并播出省委书记李子奇、兰州军区副政委刘新增就宣传孙建民烈士回答甘肃人民广播电台记者问的采访录音，在社会上引起积极反响。

4月14日

第十一届亚运会组委会与“亚广联”、阿拉伯联盟等组织和台湾地区在中央电视台签署第十一届亚运会电视报道权的协议书。

4月14日～24日

1989年度全国优秀电视新闻评奖活动在浙江杭州举行，各台选送新闻334条，获奖244条。

4月15日

浙江人民广播电台对节目进行调整，以体现“加强新闻、精办专题、丰富文艺”的方针。

同日

中国国际广播电台庆祝德语、葡萄牙语广播开播30周年。德语组除开办30周年特别节目外，还向听众寄发调查表2540份，共收到来自13个国家的回信589封。葡萄牙语组举办了一周有奖收听竞赛活动，共收到听众来信200多封。

4月16日～18日

中国广播电视学会、《声屏世界》编辑部在南昌市联合举办“继承、借鉴、改革”理论研讨会。会议本着交流思想、总结过去10年新闻改革经验的宗旨，围绕着继承什么、如何继承，借鉴什么、如何借鉴，改革什么、如何改革，以及三者之间的关系等问题展开了讨论。

4月17日～19日

28家省级电台参加的省级电台广播广告宣传座谈会在北京召开。会议就发挥广播优势，加强广播广告宣传，进一步加强省级电台横向联合等问题进行了交流和探讨。

4月18日

湖南省广播电视厅在长沙举行新闻发布会，宣布经广播电影电视部和湖南省人民政府批准，建立湖南省有线电视台。这是全国首家省级有线电视台。

4 月 19 日

中央电视台同中国会计学会、华人世界社、中央人民广播电台联合主办全国首届会计知识大赛。国务委员兼财政部长王丙乾、全国政协副主席洪学智以及中央顾问委员会常务委员张劲夫、王平等出席决赛，并为获奖代表队颁奖。

4 月 20 日

美国全国电缆卫星公司（C-SPAN）正式转播中国国际广播电台英语节目。

4 月中旬

中南六省（区）1989 年电视剧“金帆奖”评奖在武汉东湖宾馆揭晓。

4 月 20 日～22 日

中国广播电视学会史学研究委员会第三次会议暨第四次《解放区广播史》讨论会在湖北咸宁召开。会议总结了“七五”期间广播电视史志研究工作，讨论了“八五”期间史志研究规划及《中国广播电视通史》的编写问题。

4 月 21 日～26 日

中央电视台文艺部主办的第四届全国青年歌手电视大奖赛的业余组通俗、美声、民族唱法歌手进行决赛，评选出一等奖 1 名、二等奖 3 名、三等奖 5 名、优秀歌手若干名。

4 月 21 日～5 月 2 日

由江西省广播电视厅主办的 1989 年度华东地区电视剧“银燕奖”评选会在南昌市举行，21 部电视剧获奖。

4 月 23 日

经建设部“全国百名设计大师评审委员会”评审，广播电影电视部设计院的孙芳垂、严星华被评为建筑行业设计大师；王成武、金孟申为广播电视行业设计大师。

4 月 23 日～24 日

上海电视台承办的全国部分省、市电视台新闻协作交流会举行。中央电视台和北京、辽宁、内蒙古、新疆等 25 家电视台的新闻部主任、通联编辑参加会议。

4 月 24 日

江西省新余电视台与江西人民广播电台、中央电视台文艺部联合摄制的电视艺术片《大山的奉献》在北京举行首映式。该片以颂扬井冈山老区人民无私奉献精神为主题，反映了井冈山老区的变化和风貌。

4 月 26 日

青海省塘河发生大地震，1 小时后，青海人民广播电台《新闻节目》报道了地震消息，并连夜组成报道组，深入震区采访。青海电视台在震后 10 分钟就紧急动员，不到4小时，记者就赶到震区，24小时内即向全国发出了第一组报道。

4月27日

历时三个月的“广而告之”征文活动结束，此次征文是由中央电视台广告部和《中国电视报》共同举办的，共收到1700多篇稿件，35篇稿件获奖。

同日

监察部通知：崔洪任监察部驻广播电影电视部监察局副局长。

4月28日

中国国际广播电台葡萄牙语广播正式开始向巴西利亚超级调频电台传送新闻节目。

同日

第四届东北三省电视剧“金虎奖”评选会在长春结束，共评出9类31项。电视连续剧《铁人》《湖南和平起义》获特别奖；《少帅春秋》获一等奖。

同日

江西省上饶人民广播电台开播。

4月29日

全国政协副主席、新疆维吾尔自治区顾问委员会主任王恩茂为新疆人民广播电台成立40周年、新疆电视台建台20周年题词：“广播电视要广泛深入宣传社会主义好。”同日，王恩茂在寓所会见新疆广播电视少儿合唱团团员，祝贺合唱团建团10周年。

同日

广播电影电视部党组决定：蒋振江任部机关纪委书记。

同日

辽宁省沈阳广播中心工程破土动工。

4月30日

中央电视台文艺部举办欢庆“五一”文艺晚会，邀请来自全国各条战线的劳动模范和英模代表150多人出席。

同日

由广播电影电视部、中国儿童少年基金会、国家教委、文化部、中华全国妇女联合会等单位发起创设的“优秀儿童电视节目专项奖励基金”新闻发布会在北京举行。该基金旨在繁荣和发展儿童电视节目的创作和出版，鼓励儿童电视节目的编导、制作人员。

同日

中国国际广播电台意大利语广播开播30周年。

同日

广西人民广播电台举行建台 40 周年庆祝会。

同月

全国政协副主席王任重为《广播记者》杂志题写刊名。

同月

甘肃电视台记者刘炘、李仁奇等赴日本拍摄反映中日友好人士井上靖、平山郁夫、清水正夫等的专题片，并在新闻节目中开办《中日友好之桥》专栏。此后至 1992 年，又连续组织 4 次采访活动，先后拍摄播出专题片 40 多集。

5 月 1 日

中国国际广播电台开办《正在建设中的中国重点工程》系列专题节目，有选择地报道一批关系国计民生的重点工程项目，多采用现场采访的形式。

5 月 1 日 ~ 15 日

以中央广播艺术团马季为团长的中国笑星团一行 13 人，在马来西亚举行为期两周的访问演出，受到马来西亚观众的热烈欢迎。

5 月 1 日 ~ 23 日

江苏电视台和全省 11 家市级电视台联合举办第二届江苏电视艺术节。

5 月 1 日 ~ 7 月 13 日

中央电视台举办以歌颂劳动、歌颂劳动者为主题的“七十二行”电视专题节目展播活动。全国 80 多家电视台共选送参展节目百余个，中央电视台选播了其中 74 个优秀专题节目。

5 月 3 日

为配合鸦片战争爆发 150 周年爱国主义宣传教育，中央人民广播电台在《各地人民广播电台联播》和《午间半小时》节目中同时推出系列广播特写《民族正气歌》。

5 月 4 日

山东省广播电视厅向全省系统发出通知，要求积极开展向夏津县东李官屯镇广播站站长、共产党员陈乐胜学习的活动。陈乐胜在农村广播战线上奋斗了 20 年，1989 年 12 月去世，年仅 40 岁。

5 月 5 日

中央电视台体育部《亚运问答》栏目开播，每周六播一集，直到亚运会开幕。

5 月 6 日

第十届全国优秀电视剧“飞天奖”和第四届电视文艺“星光奖”颁奖大会在北京举行。在第十届全国优秀电视剧“飞天奖”评选中，《上海的早晨》获长篇连续剧二等奖（一等奖空缺）；《长城向南延伸》获中篇连续剧特等奖，《铁人》获一等奖；

《有这样一个民警》获单本剧一等奖;《膏药章》获戏曲片一等奖;《角儿》《悬崖百合》《窗棂》分获短剧小品、儿童连续剧、儿童单本剧二等奖（一等奖均空缺）;《小歌星》《金童海豚》《熊》获优秀译制片奖；此外，还评出13个单项奖。第四届电视文艺“星光奖”评选中，共评出86个文艺节目奖，33个单项奖。

同日

安徽人民广播电台《安徽各地》节目开播，宣传安徽各地改革开放和经济社会建设成就，受到各地党委政府的支持和重视。节目内容主要由各市台提供，各市台同时转播。该节目每年召开一次研讨会。

5月6日～9日

黑龙江省广播电视厅在肇州县召开全省县级电视台宣传工作座谈会，研究县级电视台宣传工作和管理问题。

5月7日

广播电影电视部干部司向广电系统发出《关于援藏干部实行轮换制的通知》。通知要求，在1986年、1988年两批援藏干部期满后，今后援藏干部实行轮换制，按照广电部1990年给有关省（市）厅（局）下达的援藏指标，每期在藏时间两年，期满时由原派出单位按原定专业派人轮换。

5月9日

中央电视台和美国特纳广播系统下属特纳节目公司和电缆电视新闻网合作协议签字仪式在北京长城饭店举行，中央电视台台长黄惠群和特纳广播系统董事会主席泰德·特纳分别代表双方在协议书上签字。根据这项协议，中央电视台可在国内独家使用和播出特纳节目公司通过国际卫星播出的电视新闻和其他节目；特纳节目公司在不损害原意和第三方利益的条件下，可全部或部分使用中央电视台的新闻节目。

5月10日

全国政协主席李先念为湖北电视台建台30周年题词：“发挥电视的多种功能作用，为湖北和全中国人民服务。”

5月10日～16日

山西电视台举办中外友好电视周，庆祝建台30周年，115位中外来宾参加台庆活动。

5月17日

贵州人民广播电台录制的第一部长篇评书《侠义风尘传》开始播出。

5月18日

中央电视台用于国际节目交换的北京国际卫星电视地球站开通。

同日

全国人大常委会副委员长赛福鼎·艾则孜、铁木尔·达瓦买提和全国政协副主席、国家民委主任司马义·艾买提对新疆电视台艺术片《丝绸路上的诺肉孜》给予高度评价。赛福鼎·艾则孜为此撰写诗作《夙愿——大型电视艺术片〈丝绸路上的诺肉孜〉观后》。

同日

中央电视台和中国工商银行联合举办的“光荣与梦想——圣火 1990”文艺晚会在中国剧院录像演出。亚运会组委会常务副主席张百发、执行主席伍绍祖等和广播电影电视部部长艾知生以及阿富汗、巴林、日本、黎巴嫩、尼泊尔等十几个国家和地区的驻华官员应邀出席。

同日

广东电视台为迎接第十一届亚运会而专门制作的大型体育杂志型节目《亚运之光》(46 集)在广东珠江电视台首播，每集 50 分钟。

5 月 18 日～20 日

北京人民广播电台、北京电视台与《北京日报》、北京出版社合作，共同发起举办“纪念徽班进京 200 周年”演出活动。各流派的著名京剧表演艺术家参加演出。

5 月 20 日

11：45，中国台北台湾电视事业股份有限公司（TTV）通过电讯线路收到中央电视台的电视节目信号，图像、伴音质量很好。海峡两岸实现首次直通卫星传送。

5 月 21 日

中央人民广播电台举行茶话会，纪念少数民族语言广播创办 40 周年。全国政协副主席、国家民委主任司马义·艾买提，广播电影电视部部长艾知生，国家民委副主任江家福及台内外有关部门负责人出席会议。艾知生、江家福及中央电台台长杨正泉在会上讲话。

5 月 22 日

由英国广播公司提供、中央电视台社教部改编而成的英语教学节目《客居英国》开播。

5 月 23 日

由中央电视台社教中心主办、浙江电视台承办的全国电视社教节目理论研讨会在杭州举行，与会代表就社教节目的走向和实现栏目化以后如何提高节目质量等问题发表意见。

5 月 24 日～26 日

1990 年国际女排邀请赛在南昌市新落成的江西省体育馆举行。江西电视台除及时播发新闻外，对四场比赛全部进行现场直播，并首次向中央电视台进行微波回传。

5 月 27 日～ 28 日

北京国际铁人三项赛在怀柔县举行，赛程分为游泳、自行车、公路跑三段，全长 51.5 公里。中央电视台与日本每日放送电视台（MBS）合作，投入两辆转播车、两辆移动车、一架直升机、14 台摄像机及 100 多人进行报道。

5 月 28 日

《卫星地面接收设施接收外国卫星传送电视节目管理办法》（广播电影电视部、公安部、国家安全部令第 1 号）4 月 9 日经国务院批准，于本日发布施行。

同日

天津人民广播电台与日本东方通信社在天津水晶宫饭店举办“第二届首都门户天津友好之声日语演讲比赛”，专业和业余日语爱好者近 200 多人参加比赛。中方派出京津两地专家教授担任评委，日方派出政界、经济界有影响的人士担任评委。这次活动对推动天津市开展群众性学习日语活动起到了积极作用。

同日

中央电视台青少部开办的“少年儿童电影展播”陆续播出，历时两个多月。这次展播活动共有 20 部少年儿童电影参展，影片均由中国电影发行放映公司免费提供。

5 月 29 日

中国广播电视学会主办的全国 1989 年“蜀秀杯”广播剧评奖在成都揭晓，33 个剧目获奖。

同日

安徽省亳州人民广播电台建立，发射功率 1 千瓦，频率 999 千赫。

5 月 31 日

在中国科学院卫星通信技术公司的支持下，5 米卫星地面接收站在广播大楼院内正式投入使用。该站主要用于监测中央电视台第一、第二套节目通过卫星向全国传送的质量，同时对云南、贵州、新疆、西藏的卫星电视节目进行监测，也可以进行有关卫星的试验工作。

同日

中国国际广播电台体育组举办《第十一届亚运会服务台》节目，向国外听众简要介绍北京的饭店、交通、通信、购物、医疗等情况。每篇 500 字左右，每周一篇，直至亚运会开幕时为止。

同月

全国人大常委会副委员长赛福鼎·艾则孜为新疆人民广播电台、新疆电视台题词：“发展和办好广播电视事业，为建设社会主义的新新疆作出贡献。”国家副主席王震为新疆人民广播电台题词："祝贺新疆广播事业建立 40 周年，为安定团结坚持四项基本原则而胜利前进。"全国政协副主席、国家民族事务委员会主任司马义·艾买提为新疆人民广播电台 40 周年题词："努力办好广播电视，用现代化工具为新疆维吾尔自治区各族人民服务，为新疆维吾尔自治区的社会主义事业服务，为祖国的统一和各族人民的大团结服务。"

同月

中央电视台参加 1990 年戛纳电视节的剧目有《庄妃轶事》《澳门轶事》《荒原城堡 731》《宋庆龄和她的姊妹们》《末代皇帝》《红楼梦》《西游记》《樱花梦》《孤女奇冤》《同是一个太阳》《太阳有七种颜色》《中国一绝》《动画集锦》等。

6 月 1 日

第十次全国省会城市广播工作经验交流会在南京结束。济南等 24 个省会城市和青岛等 5 个计划单列市的代表共 54 人出席会议。会议总结交流了坚持正面宣传为主的经验。

同日

李向阳兼任江苏人民广播电台台长。

同日

广播电影电视部任命张兆雄为技术局副局长。

6 月 2 日

国务院总理李鹏为新疆人民广播电台、新疆电视台题词："努力办好广播电视，促进民族团结，共同建设新疆。"

6 月 3 日

辽宁省音像资料馆建成。

6 月 5 日

根据中共中央总书记江泽民"要把我国一大批学部委员、老科学家的事迹拍成电视片，除向全国人民介绍外，还可以作为珍贵资料保留下来"的指示，中国科学院与中央电视台就落实此项工作达成协议。

6 月 8 日

经国家教委批准，中国国际广播电台马来语、柬埔寨语、斯瓦希里语、泰米尔语、普什图语 5 种非通用语言，委托北京外国语学院、北京广播学院招收定向培养生 20 名，学制四年，由国际台支付学费、住宿费、奖学金，毕业后分配到该台工作。

同日

国家编委发出《关于录音录像管理体制分工的通知》：根据多年来音像事业归口广播电视部门管理的成功经验，结合各地的实际情况，确定广播电视部门仍是录音录像事业的归口管理部门。

6月9日

0:30，中央电视台直播第十四届世界杯足球赛开幕式和首场比赛。计划除播出全部52场比赛之外，还录制20集专题报道《意大利90年集粹》节目，都安排在晚上黄金时间播出。

同日

中国教育电视台的两套教育节目开始启用卫星传送。

6月14日

福建省农村广播电视网络研究委员会在建瓯县徐墩乡举行成立大会，同时举行首次农村广播电视网络建设研讨会。

6月18日～21日

亚太广播发展机构（AIBD）第16次管理委员会会议在马来西亚吉隆坡举行。广播电影电视部第一次派代表以观察员身份出席。

6月25日

浙江经济广播电台正式开播。节目形式采用大板块结构，由主持人直播。

6月25日～27日

中国国际广播电台举办第十一届亚运会报道培训班，70多名参与亚运会报道的记者、编辑、技术、后勤工作者参加培训。亚运会组委会新闻部长吴重远来培训班作了报告。

6月25日～7月1日

中央人民广播电台《在祖国各地》节目第七届业务年会在内蒙古海拉尔举行。

6月26日～29日

广播电影电视部科技委天线电波专业1990年年会在贵阳市召开，21位专家参加会议。会议讨论了《电视调频发射天线系统技术指标》《电视调频发射天线系统技术指标测量方法》《电视调频广播场强滑动量方法》等三个文件。

6月26日～7月5日

全国少数民族自治区广播电视工作会议暨西南、西北地区广播电视协作会在拉萨召开。西藏自治区党委书记胡锦涛、自治区主席江村罗布、自治区党委副书记田聪明、自治区副主席图道多吉等到会祝贺。

6月27日

国家新闻出版署批复，同意《西藏广播电视报》汉、藏文版编入国内统一刊号。

6月29日

中央电视台制作部美术编辑吴克勤的作品《第十一届亚运会》片头设计，在第十九届日本富士电视网艺术节获三等奖。

同月

为纪念鸦片战争 150 周年，天津电视台历时 100 天，录制完成专题片《津沽百年》。该片以反帝爱国为主题，系统、全面介绍了天津从 1840 ~ 1949 年这 109 年饱经沧桑的历史，时长 54 分钟。

同月

上海电视台用 1.5 万美元购买世界拳王争霸赛电视直播权，租用国际卫星通信线路进行现场直播。

同月

成都电视台第一个体育栏目《体坛博览》在十五频道正式开播。该栏目为周播节目，主要针对国内外及本地重大体育赛事予以报道和评论，深受观众喜爱，其收视率长期居四川地区电视体育节目前茅。

同月

贵州电视台开辟体育栏目《世界最新体育新闻》《环球体坛》《赛场内外》。

7 月 1 日

中央电视台和国家气象局卫星气象中心联合开办的《气象信息》栏目开播。自即日起，每天第一套节目 13：00 播出，每次 5 分钟。

同日

南京经济广播电台开播。该台采用直播方式，全天播音 10 个小时，设置 7 个板块节目。

同日

江西省上饶电视台建成开播，发射功率 3 千瓦，使用十五频道，每周播出 4 次，每次播出 3 个小时。

同日

应新中友好协会邀请，甘肃电视台对外宣传部《路易・艾黎》摄制组一行三人赴新西兰采访拍摄。新西兰政府总理杰弗里・温斯顿・拉塞尔・帕尔默在家中会见摄制组成员。

7 月 2 日

中国国际广播电台朝鲜语组举行茶话会和图片展览，庆祝朝鲜语广播开播 40 周年。朝鲜民主主义人民共和国广播电视委员会发来贺电。朝鲜驻华大使朱昌骏向国际台朝鲜语组赠送了礼品。

7 月 3 日 ~ 6 日

第九次全国省级广播电台记者经验交流会在大连举行。

7月4日

中央音像教材出版社在人民大会堂江苏厅举行电视专题片《少年英雄赖宁》和电视剧《赖宁》录像带首发式。

7月9日~16日

日本广播协会中村有光率高清晰电视技术代表团一行六人访华，与广播电影电视部广播科学研究所进行技术交流并讲学。

7月10日

海峡之声广播电台和中国广播电视学会主持人节目研究会在福建东山联合举办全国部分电台优秀主持人节目研讨会。

7月14日

中国唱片总公司发行中国大陆第一批卡拉OK激光视盘《中国名歌60首》。

7月14日~15日

广播电视系统进行亚运会全区合练。中央电视台在9个场馆进行了现场传送合练，在12个场馆进行了电子新闻采集（ENG）合练。这次电视合练有中央电视台、9个地方台和两个院校参加，共传送信号90个小时，平均每天45个小时。

7月16日

经全国第四次优秀工程设计评选，广播电影电视部设计院设计的“8201工程”荣获国家优秀工程设计银质奖。

同日

辽宁人民广播电台立体声节目由原来的每天播出1次增加为3次，共播出10个小时。

7月17日

上海电视台播出专题节目《彩虹在浦江升起》，报道南浦大桥工程建设者无私无畏、攻坚克难的突出业绩。节目以现场采访、现场串联的方式，对新闻事件进行现场深度报道，在1991年首届中国新闻奖评选中获电视专题一等奖。

7月18日

全国首届城市电视台优秀电视新闻评选活动在武汉市揭晓。

同日

新疆电视台开拍电视剧《在山那边》（上、下集）。该剧是新疆维吾尔自治区第一部反映蒙古族人民生活的电视剧。

7月18日~26日

中共中央总书记江泽民到西藏拉萨和日喀则等地考察、慰问、走访，西藏人民广播电台、西藏电视台对之作了充分报道。

7 月 23 日～ 26 日

中央电视台经济部与河南电视台联合主办的电视经济宣传座谈会在郑州举行，70 多家省、市电视台的 80 多位代表参加会议。

7 月 24 日～ 26 日

山西省广播电视学会在大同市举办新闻理论研讨会，会议收到学术论文 30 多篇。

7 月 24 日～ 28 日

吉林省第三届优秀播音员评选会在吉林市召开，8 名播音员获特别奖、66 名分获一、二、三等奖。

7 月 25 日

三集系列片《大命脉》在中央电视台《观察与思考》栏目中播出后，引起很大社会反响。水利部部长杨振怀观看该片时说："《大命脉》中采访了很多省长、市长、县长和书记，他们谈水利的重要性都很生动、具体，有说服力。片中既歌颂了毛泽东、周恩来、邓小平等老一辈革命家对水利的关心，也表现了江泽民、李鹏等新一代领导集体对水利的重视。这个片子很有纪实性，给人一种真实感。"

7 月 27 日

中央电视台与日本广播协会联合现场直播《你早北京》节目，通过卫星向日本介绍北京亚运会的筹备情况及北京早晨的市容。

同日

广播电影电视部任命刘爱清为教育司副司长（主持工作），康志荣为教育司副司长。任命张书义为政策法规司副司长。

7 月 28 日

广播电影电视部任命孙昌生为老干部局局长。任命刘习良为部总编室主任，免去其中国国际广播电台副台长职务。

同日

中国西部 11 个省（区）电视协作集团节目交流会 1990 年年会在银川举行。

7 月 29 日

甘肃人民广播电台和中央人民广播电台现场直播西北五省（区）民歌邀请赛演出实况。

7 月 30 日

由民政部、中国人民解放军总政治部、北京市人民政府和中央电视台联合主办的"八一"建军节军民联欢晚会《团结就是力量》在中国剧院举行。江泽民、李鹏等党政军领导出席观看演出。晚会录像于 8 月 1 日在中央电视台第一套节目播出。

同日

大庆广播电视综合发射塔向社会开放。该塔为钢结构多功能塔，相对高度260米，1985年4月开工，1989年9月竣工并开播。党和国家领导人李瑞环、李铁映、康世恩以及国家有关部委和黑龙江省的领导先后视察。

7月31日

中央电视台新闻中心主任章壮沂、国际新闻部副主任盛亦来代表该台参加在日本东京召开的“亚广联”新闻交换特别会议，讨论“亚广联”新闻交换的前途问题。

同日

为纪念“八一”南昌起义63周年，南昌电视台受中共南昌市委、市政府委托，在中南海中共中央办公厅警卫局礼堂举办以井冈山民歌为主体的“‘八一’军旗红”文艺晚会。中央顾问委员会常委李德生、余秋里、陈锡联、杨得志等出席。

同日

广播电影电视部党组任命刘继南为北京广播学院党委书记。广电部任命胡大忻为北京广播学院正局级调研员。

同月

1990年度全国广播新歌——《每周一歌》评奖在温州揭晓。

同月

中央电视台对外部摄制的亚运会宣传专题片《北京欢迎你》发行。该片向世界观众展示了筹办亚运会的各个侧面，包括亚运场馆、亚运村建设及介绍北京的交通、宾馆、娱乐场所、商店、生活等情况。节目长40分钟，制成中、英、法三种文字版本发往国外。

同月

大连广播电视发射塔竣工。该塔为钢结构多功能塔，相对高度190米，总投资4600万元，建筑面积4000平方米，能同时播出七套电视节目和四套调频广播。

同月

中共四川省委组织部和四川人民广播电台联合举办《我身边的共产党员》专题节目征文活动。该节目每周播出两次，每次10分钟。播出后反响好，来信多，省委组织部给予充分肯定和高度评价。

同月

新疆维吾尔自治区广播电视厅广播播控楼竣工投入使用。该楼建筑面积4999平方米，楼高26米。这是新疆人民广播电台维吾尔、汉、哈萨克、蒙古、柯尔克孜五种语言广播新的播控中心。

8 月 1 日

中央电视台和美国有线电视新闻网（CNN）合作传送世界友好运动会的跳水决赛。我国运动员高敏获女子跳板冠军。中央电视台在比赛前后分别通过卫星双向传送，让高敏父母在演播室和在美国比赛现场的高敏进行了对话。

同日

福建人民广播电台召开座谈会，纪念对台湾广播创办 40 周年。

同日

陕西人民广播电台调频立体声广播正式播出，发射功率 1 千瓦，覆盖半径 50 公里，日播出 12 个小时。

8 月 2 日～ 8 日

第七届全国理论广播宣传座谈会在承德市召开，37 家广播电台的领导和编辑共 73 人参加会议。会议重点研究讨论了如何深入搞好当前理论宣传和提高理论广播节目质量的问题。

8 月 3 日

北京人民广播电台经济台试播，全天播音 11 个小时。

8 月 7 日

中共中央政治局常委、书记处书记李瑞环在人民大会堂会见美籍华人陈立鹤，对其与中央电视台合作开办彩虹电视公司和在旧金山租用 KWBBTV 三十八频道播出介绍中国的英语电视节目给予肯定和鼓励。

同日

全国第七届省级电视台节目交流年会在哈尔滨召开。

8 月 7 日～ 13 日

由内蒙古自治区广播电视厅承办的华北地区第八次广播电视协作会议在呼和浩特召开。

8 月 8 日

由西班牙大使馆提供、中央电视台国际部译制的 10 集连续剧《两个女人的命运》开播。

同日

湖北省广播电视厅党组作出决定，要求全省广播电视系统职工向模范宣传工作者黄子清学习。黄子清生前是孝感市牌坊乡亦工亦农广播员。7 月 5 日，在维修广播线路时因公殉职。

8 月 9 日

由中央电视台、中华全国妇女联合会、《家庭》杂志社、《家庭生活指南》杂志社联合主办的“首届全国美好家庭评选”颁奖仪式在人民大会堂举行。李瑞环、习仲勋、陈慕华、雷洁琼等领导出席并向获奖者颁发奖杯和荣誉证书。李瑞环在讲话中充分肯定这次评选活动，希望新闻媒介对典型的美好家庭广为宣传。中央电视台社教部《为您服务》组赶制一个专题节目《首届全国美好家庭评选采访手记》在当晚播出。

同日

四川省广播电视专用微波干线成都到西昌段正式开通。

8月14日

安徽省广播电视厅召开沿江七市（地）广播电视局长会议，贯彻省委提出的“抓住时机、开发皖江，强化自身、呼应浦东，迎接辐射、带动全省”的战略方针，研究部署广播电视的宣传任务。皖江指长江安徽段。

8月14日～18日

由宁夏人民广播电台主办的全国省级广播电台农村节目经验交流会在银川召开。

8月15日

中央电视台文艺部邀请影视界同行和首都新闻界部分记者观摩文艺部摄制的10集电视连续短剧《夫妻奏鸣曲》。该剧采用了室内搭景、多机拍摄、现场切换、同期录音的拍摄方法。大家认为这部短剧内容好，录制手法上体现了电视节目的制作方向，缩短了节目制作周期，节约了经费，保证了质量，应予以肯定和提倡。

8月16日

为在亚运会期间帮助在北京的外国人随时听到亚运会消息，中国国际广播电台决定从9月15日至10月31日增加对内3小时英语广播和1小时阿拉伯语广播，从而使国际台的英语、日语、阿拉伯语、法语、德语、西班牙语6种语言的对内广播每天全天贯通，达18.5个小时。

8月18日

浙江省音像资料馆正式开馆。该馆的主要任务是收藏具有参考、保留价值的国内外资料片；收集、整理全省重大事件的音像资料；收集国内外具有较高艺术价值的文艺节目等。

8月20日

中央人民广播电台和四川省泸州曲酒厂联合举办的“泸州老窖杯”亚运歌曲传播奖评选活动在人民大会堂落下帷幕。《亚洲雄风》《亚洲的太阳》等六首歌曲获传播奖。

同日

山东省16个市（地）全都建起了电视台。

8 月 22 日

第十一届亚运会点火仪式在天安门广场举行，中共中央总书记江泽民亲手点燃圣火。中央电视台从7：55开始向全国现场直播火炬点燃仪式。自即日起到9月21日，中央电视台在《新闻联播》中开设专栏，一个地区一个地区地介绍火炬传递的行程。9 月 22 日 15：30，在开幕式之前播出亚运火炬传递的综合专题。

同日

中国国际广播出版社《第十一届亚运会会歌》（中、英文版）录音带首发式在北京举行。录音带辑录了《第十一届亚运会会歌》、大型团体操《相聚在北京》选曲以及组委会向全国征采的歌曲精品。国家体委主任伍绍祖为该录音带题词“团结、友谊、进步”，并参加首发式。

8 月 23 日

中组部发文，同意刘习良为广播电影电视部党组成员。同月，广播电影电视部副部长聂大江调任中宣部副部长。

同日

青海电视台记者李亚鹏、杨宏圆满完成随国家可可西里综合科学考察队拍摄电视资料片的任务，共拍摄 170 多小时的录像资料和 1000 多英尺的胶片资料，为地理学、地质学、气象学、植物学、动物学、医学研究提供了珍贵的第一手资料。

8 月 24 日

中央电视台经济部与地质矿产部合作，录制完成我国第一部全面反映地矿事业 40 年历史和讴歌地质工作者创业精神的四集电视片《陌生的编年》，即日在北京举行首映式。

8 月 27 日～ 31 日

中国广播电视学会在乌鲁木齐召开各省、自治区、直辖市学会秘书长会议，会议讨论了学会换届、地方学会组织建设、学会经费来源及发展团体会员等问题。

8 月 28 日

作为亚运会的重点配套工程——中央电视台梅地亚中心通过验收，9 月 5 日开始营业。它在亚运会期间将接待来自 74 个新闻机构的 1300 名广播电视记者。

同日

广播电影电视部任命马元和为外事司副司长。

8 月 30 日

中共中央总书记江泽民为新疆人民广播电台建台 40 周年和新疆电视台建台 20 周年题词：“办好广播电视，为新疆各族人民服务。”

8月30日～9月11日

广播电影电视部政策研究室与山西人民广播电台在太原共同举行全国广播评论经验交流会。来自各省、市台的代表交流了经验，探讨了若干理论问题，通过了成立“全国广播评论研究会”的倡议书和研究会章程（草案）。

8月31日～9月1日

1990年15号强台风连续两天袭击江苏省扬州市，使全市广播设施，特别是农村有线广播基层网路遭受严重破坏。灾情发生后，全市广播战线职工立即奔赴第一线，奋力抢修线路，保证广播畅通。

同月

全国音像资料馆协作体年会在乌鲁木齐召开，广播电影电视部办公厅主任郭宝新主持会议并讲话。

同月

贵州电视台和安顺电视台合作译配的特别节目《迷人的贵州西域》(英文版)，在中央电视台第三套节目和北京各大涉外宾馆播出。

9月1日

1988～1989年度全国优秀电视社教节目颁奖大会在乌鲁木齐举行。这次社教节目评优，共评出特等奖3个、一等奖16个、二等奖6个、三等奖129个。新疆维吾尔自治区党委常委、宣传部长冯大真等出席颁奖仪式。

同日

新疆电视台承办的第三届全国少数民族题材电视艺术片“骏马奖”评选会议在乌鲁木齐举行。

9月1日～10月5日

中央人民广播电台、中国国际广播电台、中央电视台对作为亚运会重要组成部分的“亚运艺术节”进行了全方位报道。中央电台录制了大量演出资料，在文艺广播中播出。中国国际广播电台文艺部和有关语言部组对十余个亚奥理事会成员国派出的文艺团体在北京上演的50余台节目进行了采访，共录制演出32场，编发通稿12篇。中央电视台文艺部在56场演出中选择了26场节目进行实况录像，并陆续播出。

9月3日

根据亚运会组委会的要求，广播电视系统进行全负荷的全区合练。中央电视台电视转播全系统线路准时开通，全体人员准时到岗，所有信号准时传送，各项技术指标、节目指标基本达到要求。为提高信号传输质量，建设中的中央广播电视塔利用其高度228米的发射机房，临时安装微波中继传输设备及不间断电源（UPS）等保障设施，通过联合演练，承担了亚运会各场馆直播信号的传输任务。

9 月 4 日

亚运会组委会执行主席、国家体委主任伍绍祖，亚运会组委会副主席、国家体委副主任徐寅生率国家体委、北京市体委有关方面负责人 20 多人到彩电中心和梅地亚中心视察亚运会转播准备工作。

9 月 5 日～ 10 月 20 日

为了让东南亚、海湾及东北亚地区的观众收看到亚运会期间的电视节目，中央电视台使用东经 66° 国际卫星转发第一套节目。据印度尼西亚华侨反映，接收效果良好。

9 月 8 日

中国国际广播电台与香港裕华国货公司联合举办的“第十一届亚运会知识竞赛”活动圆满结束并在京伦饭店举行新闻发布会。27 种语言组共收到 102 个国家和地区听众参赛答卷信件 4.2 万多封。

9 月 9 日～ 16 日

泰国国务部长素帕达拉率泰广播电视代表团访问北京等地。中共中央政治局常委、书记处书记李瑞环会见该代表团。

9 月 10 日

内蒙古人民广播电台纪念建台 40 周年，自治区党委副书记张丁华等到会祝贺。

同日

新疆维吾尔自治区广播电视厅各族干部职工隆重集会，庆祝新疆人民广播电台成立 40 周年、新疆电视台成立 20 周年。自治区党委书记宋汉良、自治区主席铁木尔·达瓦买提等参加庆祝大会。

9 月 11 日

中央电视台《新闻联播》播出的系列报道《祖国在我心中》，自 3 月开播以来已播出 51 集，报道的 64 位人物中有工人、农民、解放军、体育健将和退休工人等。节目播出后，受到李瑞环等中央领导的肯定和表扬。

9 月 13 日

广播电影电视部教育司发出《关于编写广播电视中专工科教材有关事项的通知》，要求这轮教材编写的重点应放在提高质量上，采取个人申报、学校推荐、课程组择优审定的办法，吸收优秀教师参加编写工作。本轮规划教材暂定为 15 本。

同日

日本协力团援助北京电视台的第一批物资运抵北京，计有摄像机 30 部、监视器 30 台、小型转播车 1 辆，采访车 6 辆，价值约 4 亿日元。

同日

福建省广播电视厅决定：为了较快地实现调频广播覆盖到县，在没有设中波转播台的县建设调频转播台，每县台增设一部 100 瓦调频发射机，转播福建人民广播电台第二套节目。

同日

湖南电视台新建的电视发射塔在亚运会开幕前正式启用。发射塔总高 210 米，覆盖面扩大了 10 倍，可同时容纳 7 个电视频道和 6 套调频广播节目。

9 月 13 日～17 日

西北五省（区）广播电视协作会在银川市召开。

9 月 14 日

中国电视剧制作中心摄制以亚运为题材的电视剧《为了这一天》《啊，球迷》，从不同侧面反映了社会各界期盼亚运会、为亚运会的到来所做的努力。

9 月 15 日

中国国际广播电台文艺部为国内英语广播制作的《亚运特别音乐》节目全部完成。节目由中国民族民间音乐、中国现代创作音乐、中国轻音乐和通俗歌曲、亚洲国家音乐四部分组成，共 103 篇 93 小时。

同日

山东电视台召开建台 30 周年庆祝大会。

同日

河南人民广播电台庆祝开播 40 周年。台庆期间，举办了台史展览，并把电台 40 年来的优秀新闻、文艺作品及业务论文分别汇集出版。

9 月 15 日～20 日

山西省普及广播电视现场会在长治市平顺县和潞城县召开。会议总结推广长治市各级党委、政府重视普及广播电视的经验，特别是整顿恢复有线广播的经验。

9 月 16 日

由广播电影电视部设计院设计的辽宁广播电视塔正式通过验收。广电部副部长徐崇华、设计院院长袁文博、总工程师孙芳垂等参加验收活动。

同日

浙江人民广播电台再次对节目进行调整，重点突出两个方面：一是在“黄金时间”（早晨）和“准黄金时间”（中午、傍晚）着重安排重点节目。二是增办体现浙江特色的节目。

9 月 19 日

亚运会广播电视委员会在人民大会堂举行中外广播电视记者招待会，近 2500 名中外广播电视工作者及来宾出席。

同日

中央电视台现场直播“亚运之光”火炬终交仪式，时长 35 分钟。现场直播气氛热烈，终交仪式场面壮观。“亚运之光”火炬接力活动指挥部特来函感谢。

同日

汕头广播电视中心一期工程建成投入使用。新建成的广播电视发射塔净高 212 米，为当时全国钢结构第一高塔。

9 月 21 日

东北三省农村有线广播事业研讨会在辽宁省凤城县召开。

9 月 22 日～ 10 月 7 日

第十一届亚洲运动会在北京举行。中央人民广播电台、中央电视台成功直播开幕式、闭幕式现场实况。亚运会期间，中央电台派出由 185 人组成的前方报道队伍，实况转播各种比赛 64 场，对台湾转播 26 场，总计达 138 小时。除在《新闻和报纸摘要》《各地人民广播电台联播》节目中开办《亚运之声》专栏外，还在整点新闻节目中开办《亚运快讯》专栏。该台 5 种少数民族语言节目和对台湾广播节目也都及时播发亚运会新闻。中国国际广播电台组织 108 人的采访班子，各语言部组开办《亚运特别节日》，每天 24 小时实况报道，总共播出 480 小时，共播发新闻 490 条、报道 411 篇，同时还增加了 4 小时对首都地区的外语广播。华侨部通过卫星用广州话向美加华语广播网转播了开幕式、闭幕式以及乒乓球、羽毛球、排球、女足决赛的实况。亚运会开幕以后，中央电视台每天在第一套节目《新闻联播》之后的 30 分钟黄金时间播出《亚运专题报道》。其中设一些小栏目，如《每日战况》《赛场内外》《现场快讯》，采用现场直播同时插播赛事录像的形式，以新、快、活及大信息量见长。中央电视台 3 个频道在亚运会期间共播出亚运节目 773 小时，平均每天播出 17 小时，占播出总量的 39.7%。其中，直播 68 场，189 小时 58 分钟；录像 62 小时 37 分钟；专题 19 个，9 小时 25 分钟；专栏 15 个，3 小时 10 分钟。在中央电视台办公室设立的亚运热线电话，历时 21 天，共接到观众电话 18747 次。抽样调查结果表明，83.5% 的电视观众收看了亚运会开幕式，加上晚上收看重播的人，有 95% 以上的电视观众看到了开幕式，约 7 亿人左右。亚运会期间，广播电视报道的总体规模超过上届汉城亚运会，创造了历届亚运会广播电视报道规模的最高纪录，质量也达到国际水平。本届亚运会对 18 个项目从预赛到决赛都提供电视实况，同时传入国际广播中心的电视国际信号最多时达 14 个；提供的评论席位 122 个；为外来转播者提供了 14 路卫星通道。据统计，来北京采访亚运会的境内外广播电视记者 1102 人，相当于上届的 3 倍。亚运会期间，东道主为境外来的广播电视记者提供电视节目国际信号950小时，各广播电视机构通过卫星传送的节目达2045小时。亚洲地区收看过亚运节目的观众约20亿人。

9月22日～10月10日

中央电视台使用亚洲一号卫星北部波束以NTSC制式转发第一套节目，韩国、日本、蒙古国及我国台湾地区的观众都能收到这套节目。亚洲一号卫星使用权是亚洲卫星公司免费提供的。

9月23日

中央电视台对外部6：00制作完亚运会开幕式专题片，及时通过快递寄往美国旧金山华声台，该台于当晚黄金时间与六十六频道太平洋公司合作播出。亚运会期间，中央电视台共向14个海外中文台寄发亚运会新闻15分钟，向6个海外中文台寄发开幕式专题（中文版）55分钟，向旧金山三十八台、欧洲“同一世界卫星频道”及5个亚洲国家寄发开幕式专题（英文版）50分钟；向海外7个中文台机构、156个中国驻外使馆寄发开幕式实况录像。

9月25日

亚运会广播电视委员会邀请采集“亚运之光”火炬火种的西藏少女达娃央宗在梅地亚中心接受境外记者采访。这一活动引起了境外媒体的极大兴趣。菲律宾电视台、香港无线台、台湾华视等机构采访了达娃央宗。此次采访一小时后即通过卫星对外传送。

同日

上海市广播电视局题桥广播发射台正式播出上海人民广播电台的五套中波广播节目。

9月26日

吉林省辽源有线电视站成立，并一次联网成功。年末，联网达到1000户，每户每月收5元收视费。

同日

中央电视台青少年节目中播出河南信阳大学生范显良为五保老人做好事摔成重伤事迹的专题片《青春的奉献》之后，陆续收到全国各地的观众来信1000多封，捐款1000多元。

9月27日

广西电视台举行建台20周年庆祝大会。经过20年发展，广西电视人口覆盖率已从2.4%提高至75.5%。

9月28日

天津市广播电视局建立党委，中共天津市委宣传部副部长罗远鹏兼任书记，董树义、胡兴华任副书记。

9 月 29 日

正在内蒙古自治区考察的中共中央总书记江泽民等来到内蒙古彩电中心，了解自治区广播电视发展情况，并在微波电视电话会议室向全区各族人民表示节日（国庆）的问候和良好祝愿。

同日

亚运会广播电视宣传效果调查的第一批数据统计完毕。调查结果表明：北京地区亚运会开幕式电视转播收看率高达 58%，近 600 万人通过电视目睹了开幕式。

同日

中共中央对外宣传小组领导朱穆之、曾建徽等，在广播电影电视部副部长马庆雄陪同下，到中国国际广播电台各语言组和播出部调度室、主控室及录音机房等部门看望夜班人员，对全台工作人员表示亲切慰问并致国庆节日祝贺。

9 月 30 日

安徽电视台召开大会纪念建台 30 周年。台庆前编印了 1960 ～ 1990 年安徽电视台画册。

同日

中共中央政治局委员、国务委员李铁映和亚运会执行主席伍绍祖、公安部副部长顾林仿、安全部副部长胡绍普、外交部部长助理李肇星等一行来到中央电视台彩电中心看望记者、联络员、外来广播电视记者和本台工作人员，祝贺亚运会电视转播成功，向大家表示慰问，并就下一步电视转播和对外宣传工作提出要求。

同日

新疆维吾尔自治区党委组织部、宣传部、新疆电视台联合举办的《先锋之歌》电视专题节目展播活动结束。这项活动于当年 5 月 1 日开始，新疆电视台分别用汉、维吾尔、哈萨克语播出宣传自治区优秀党组织和优秀共产党员先进事迹的专题片，共 153 集。

同月

中国广播电视学会与广播电影电视部政策研究室联合组织 29 人课题组，历时 4 年集体编纂完成的《中国广播电视学》一书出版。

同月

四川省“光荣杯”川剧评论有奖征文活动正式展开。这是四川人民广播电台为弘扬民族艺术、振兴川剧而组织的一次大规模的群众性戏剧广播评论活动。该活动历时 3 个月，收到来自省内 12 个市、40 多个县及贵州部分地区专业、业余作者撰写的评论文稿 200 余篇。1991 年 1 月 17 日举行颁奖大会。省委副书记聂荣贵等到会为获奖者颁奖。

同月

天津电视台引进的62集美国长篇动画片《忍者神龟》首次在全国电视台作为交流节目播出。

10月1日

中央人民广播电台、中国国际广播电台播出《人民日报》今日发表的社论《坚定不移地走自己的路》。

同日

由中央电视台少儿部和地方台联合举办的全国少儿专题节目展播《祖国和我》开始播出，约50家省、市电视台参加，送来节目60多个。

同日

天津人民广播电台和天津电视台联合主办的“国际友好城市广播电视展播周”开幕。200多位中外来宾出席开幕式。天津市副市长钱其璈出席开幕式并讲话。在展播周期间，每天播出两次由国外友好城市提供的节目，每次10分钟。

同日

浙江电视台进行栏目调整，集中力量办好《众安桥》《山外山》《七彩路》《大赛场》《调色板》《荧屏舞台》《银幕消息》7个栏目。这些栏目全部为主持人直播。

同日

福建电视台第一套节目增办《午间节目》，由午间新闻、专题、电视剧构成。

10月4日

上海人民广播电台文艺台《立体声之友》节目播满500辑，特举行现场直播文艺晚会，《立体声之友》各专栏主持人与听众见面。

10月5日

广播电影电视部任命姜树琪为办公厅副主任。

10月5日~19日

以新疆维吾尔自治区广播电视厅厅长沙明为团长的代表团一行八人，应邀访问苏联哈萨克加盟共和国和乌兹别克加盟共和国。代表团与两个加盟共和国经过友好协商，签署1990年至1992年广播电视合作计划，还草签6个合作意向书。

10月8日

亚运会广播电视委员会在中央电视台召开广播电视转播总结表彰会。广播电视委员会领导马庆雄、徐崇华，顾问李肇星，中央电视台、中央人民广播电台、中国国际广播电台和参加亚运会转播的17个地方台的有关领导，以及北京广播学院、北京邮电学院的有关人员参加会议。

同日

中国广播电视学会全国少儿广播理论研讨会在南京召开，14 家电台的 32 位代表出席会议。

10 月 9 日～13 日

中国电视剧制作中心在河北省涿州市外景基地召开会议，讨论、修订电视剧生产管理条例，即以生产流程为主体的生产管理制度和以经济开支标准为主体的经济管理制度。

10 月 9 日～14 日

由江西人民广播电台承办的华东六省一市广播电台新闻、农村节目经验交流会在九江市召开。

10 月 14 日

安徽、河南、江苏、山东四省电视台联合摄制的 17 集电视系列片《淮河》开播。

10 月 15 日～25 日

中国唱片总公司在苏联古比雪夫市举办“中国唱片展销会”，展销品种主要是盒式音带和唱片。

10 月 15 日～26 日

由中国国际广播电台牵头、浙江人民广播电台主办、西安磁带厂协办的“第三届全国省级电台立体声音乐节目交换会”在杭州举行。

10 月 19 日

全国城市广播电台主持人节目研讨会在南京举行，23 个城市台的代表参加。

10 月 20 日

江西电视台在南昌举行建台 20 周年纪念大会。

同日

中国电视剧制作中心摄制的 40 集大型电视连续剧《唐明皇》开机。

同日

西安人民广播电台由西安军分区院内迁至西安市振兴路副 7 号。一年后，西安电视台也由市政府新楼 8 层迁至该址。

10 月 20 日～24 日

浙江电视台在杭州举办西湖电视博览会，一大批中外电视节目参加展播，并进行了学术研讨。

10 月 21 日～25 日

由中国广播电视学会史学研究委员会、国家民族事务委员会文化宣传司、内蒙古自治区广播电视厅和内蒙古广播电视学会共同倡议的《中国少数民族广播电视史》

编写工作研讨会在呼和浩特举行。

10 月 22 日

八省、市广播电视理论研讨会在湖南省大庸市召开。来自湖南、湖北、江西、江苏、浙江、四川、辽宁、天津的 20 余名代表，交流了广播电视学会成立四年来的理论研究成果。

10 月 22 日 ~ 30 日

中南六省（区）第三次广播电视协作会议在长沙召开。会议着重交流了把广播电视事业建设重点切实转移到农村去，解决农民群众听好广播、看好电视的措施和经验。

10 月 23 日

中央电视台与台湾电视制作单位“鑫凯传播”第一次联合制作的综艺节目《远山含笑》正式播出。台湾方面播出了该节目的修改版，基本完整地播出了大陆演员表演的节目，这在台湾属首次。

同日

在第二十七届“亚广联”大会上，中央人民广播电台的儿童教育节目《可爱的大熊猫》获“亚广联广播奖”。这是我国广播节目首次获得本项比赛的大奖。中央电台的专题音乐节目《介绍西藏器乐组曲“雪域大法会”》获“亚广联广播文化基金奖”。这是中央电台第三次获得此项大奖。

10 月 24 日

中共中央顾问委员会常务委员胡乔木写信给电视剧《围城》的导演黄蜀芹，对该剧给予较高评价。

10 月 25 日

庆祝湖南电视台建台 20 周年大会在长沙举行，王震、聂荣臻、王首道、耿飚等为台庆题词。

10 月 27 日

中央电视台对由该台和中华全国总工会宣教部、中国职工文学艺术基金会共同主办的“全国职工戏剧小品比赛”进行了两场直播。李瑞环、倪志福等领导在广播电影电视部部长艾知生陪同下观看了 24 日业余组比赛的现场直播，并为获奖者颁奖。

同日

为纪念上海、横滨缔结友好城市 17 周年，日本广播协会横滨放送局与上海人民广播电台合作播出特别节目《你好，上海》。从上海、横滨两地的播音间以及上海的豫园、外滩等直播点，向日本听众直播，时长 3 个小时。

10 月 29 日

吉林省长春市广播电视中心大楼竣工并交付使用。

10 月 29 日～ 11 月 3 日

由世界职业台球协会和国际管理集团合作举办的“555 亚洲台球公开赛”在广东电视中心 108 演播厅进行。这是首次在我国举行的世界性台球比赛，也是广东电视台举办的第一个世界性体育比赛。

10 月 30 日

甘肃电视台在兰州体育馆现场直播建台 20 周年文艺晚会《彩色的长河》。

10 月 31 日

中共中央书记处候补书记、中央办公厅主任温家宝到湖北龟山广播电视发射台视察工作。

同日

广西广播电视设备厂生产的 3.2 米卫星地面接收天线通过广播电影电视部生产定型鉴定。

10 月 31 日～ 11 月 5 日

中国广播电视学会在海峡之声广播电台召开全国广播电台主持人节目现场研讨会。

同月

四川人民广播电台农村部在听众中进行了一次公开征求意见和建议的活动。从 10 月 13 日开始在《对农村广播》节目中播出致农村听众的公开信到 10 月 23 日，10 天时间共收到省内 81 个县市的来信 320 封。这些来信都出自农村基层干部、农民群众、民办小学教师和乡、村广播员之手。来信在肯定对农节目成绩的同时，普遍要求增加节目时间，增加播出次数，充实内容，增设栏目。

同月

甘肃省庆阳地区正宁县广播转播台安装使用两部陕西 762 厂生产的 100 瓦全固态脉宽调制（PDM）发射机，转播甘肃人民广播电台第一套节目。这是甘肃省最早使用的全固态脉宽调制中波发射机。

同月

在国家民族事务委员会组织的“全国民族团结先进集体、先进个人评比表彰活动”中，新疆维吾尔自治区广播电视厅、天山电影制片厂被评为“全国民族团结进步先进集体”。

11 月 3 日～ 5 日

安徽省广播电视厅召开全省农村广播电视工作会议。会议指出，“八五”期间，全省广播、电视、调频广播的人口覆盖率要分别达到89.4%、85%、87.4%，新建乡到村广播专线10万杆公里，小喇叭入户率提高到41%。

11月3日～24日

北京电视台、北京电视艺术中心编导摄制的50集大型室内电视连续剧《渴望》在北京电视台六频道播出。该剧以写实的视角直面“文革”那个社会动荡、是非颠倒的年代，讲述了几个年轻人复杂的爱情经历，揭示了人们对爱情、亲情、友情以及美好生活的渴望。播出后，受到社会各界的好评和欢迎。

11月5日

四川人民广播电台在双流县召开全省通讯员工作会议，200多名通讯员参加会议。会上表彰了1989～1990年广播通讯员积极分子246名，先进集体55个。

11月8日

中国国际广播电台与莫斯科电台在北京签订互转节目协议书，并商定从12月1日开始执行。根据协议，苏方将为中国国际广播电台每天转播五种语言共5个小时的节目。这一协议执行后，将大大改善国际台对欧洲和西亚部分语言广播的收听效果。广播电影电视部副部长马庆雄出席签字仪式，并在签字前会见苏联广播代表团一行。

11月8日～12日

全国广播电视系统财务管理工作座谈会在长沙召开。

11月10日

第三届上海电视节开幕式在上海体育馆隆重举行。中共中央总书记江泽民题词：“友谊的彩带，合作的桥梁——祝贺第三届上海电视节开幕。”本届电视节国际电视节目交易市场和国际广播电视设备展览会同时在新落成的上海商城展厅举行。据统计，共有137家中外影视公司参加了节目交易市场，引进国外电视节目1570集，计1185小时及100小时的体育节目和88小时的足球赛转播节目；出口电视节目94部（集），计300小时。国际广播电视设备展览会上，共有29家中外厂商租用了展台。在5天的展览中，参观人数达17100人次，200多家国内厂商及影视制作公司与参展的中外厂商进行了业务洽谈，中方签订合同200多万元人民币，167万元美元。意向成交200万元人民币。本届电视节还新增加了国际电视学术交流会，共举办9场讲座。有206个节目参评白玉兰国际电视节目评奖，23个节目分获白玉兰大奖、提名奖、城市奖和评委奖。

11月11日

华东六省一市农村广播电视协作会在安徽省滁州市召开。

11 月 14 日

江苏省首届全省收听员会议在无锡市召开。

11 月 16 日

《有线电视管理暂行办法》（广播电影电视部令第 2 号）11 月 2 日经国务院批准，于本日发布施行。

同日

中央电视台新闻中心《观察与思考》栏目播出关于土地问题的节目《土地的疾呼》和《为了子孙》以后，在社会上引起很大反响。

11 月 16 日～ 17 日

中华全国新闻工作者协会主席、中国广播电视学会会长吴冷西考察中央电视台无锡外景基地、无锡电视发射台、无锡广播电视缆车服务公司和建设中的无锡广播电视中心，在市广播电视局与广电工作者座谈广播电视发展工作，并题词：“市局全体同志再接再厉，努力创新，发挥广播电视作用，取得更大的胜利。”

11 月 16 日～ 27 日

中国电视艺术委员会和中央电视台联合主办的第七届中日电视艺术交流活动在北京举行。日本 7 家电视机构和映像纪录中心等 8 个团体组成 12 人的代表团参加这次交流活动。

11 月 19 日

中宣部部长王忍之考察惠山二茅峰无锡电视发射塔，了解无锡广播电视发展情况，并题词：“为家乡人民服务得更好。”

11 月 20 日

中央人民广播电台召开表彰会，表彰最近几年来在国际广播大赛中获奖的节目和有关人员。1986 年以来，中央人民广播电台有 5 个节目分获“亚广联广播奖”“亚广联广播文化基金奖”“柏林未来奖”。另有 3 个节目获“亚广联广播奖”特别推荐提名，1 个节目获“柏林未来奖”特别推荐提名。

同日

广播电影电视部批准设立湖北人民广播电台文艺台（调频立体声）。

11 月 20 日～ 30 日

中南六省、区联合举办电视记者异地采访活动。首次活动在湖南进行，到湘西拍摄专题系列片《与我同行看湘西》。

11 月 21 日～ 23 日

辽宁省农村广播宣传现场会在法库县召开，推广法库广播局的经验。

11 月 25 日～ 29 日

第四届全国青少年儿童电视工作会议在广西桂林举行。全国 57 家电视台的 80 余名代表参加会议。会议决定次年在中央电视台举行少儿节目栏目和游戏节目展播。会上颁发了第三届全国少年儿童节目“金童奖”。

11 月 25 日～ 12 月 1 日

由广播电影电视部组织的第三届国际广播电视设备展览会在北京举行。全国广播电视系统 23 个厅局的 250 余位代表来京参观展览。

11 月 26 日

广东人民广播电台和广东电视台分别与深圳广播电台和深圳电视台联合现场直播深圳特区建立 10 周年庆祝大会实况。中共中央总书记江泽民在庆祝大会上发表讲话。

11 月 26 日～ 31 日

根据中苏两国文化交流协议，中国唱片总公司接待苏联旋律唱片公司来华在广州举办“苏联唱片展销会”。

11 月 28 日

为纪念中央人民广播电台建台 50 周年，回顾 50 年来录制技术发展的历史，中央电台举办 50 ～ 90 年代部分录音作品鉴赏座谈会，选听了不同时期录制的 16 个节目。

11 月 28 日～ 30 日

黑龙江省广播电视厅在佳木斯召开全省农村有线广播、无线广播维护管理经验交流会。

11 月 29 日

中国国际广播电台与蒙古人民共和国广播电台关于合作事宜的会谈纪要正式签字。合作项目包括：从 1991 年开始，互派一名工作人员到对方电台工作一年；交换广播节目等。

同月

为迎接中国共产党诞生 70 周年，弘扬党的光荣传统，反映革命老区的巨大变化，湖南、江西两省广播电台商定，联合举办《湘赣边界老区纪行》专题节目。

同月

安徽省巢湖人民广播电台成立，翌年 7 月 1 日正式开播。

同月

四川人民广播电台制订《启动市场，适度发展》专题报道计划，为“克服市场疲软，经济滑坡，走出困境，争取当年经济工作全面好转”提供舆论支持。这份报道计划刻意加强了广播评论的分量，整个计划共发八组报道，其中六组报道配发广播评论或广播短评。

12 月 1 日

由文化部主办、中央电视台与安徽电视台联合直播的《菊苑芬芳——纪念徽班进京 200 周年电视戏曲晚会》取得圆满成功。

同日

湖北电视台庆祝建台 30 周年。30 年来，湖北电视台的宣传和事业建设迅速发展，平均每天已能播出各类自制节目 97 分钟，人口覆盖率达到 83.8%。

同日

中央电视台新闻编采专业证书班经过一年多的学习结业，45 名学员获广播电影电视部教育司核准、北京广播学院颁发的专业证书。

12 月 3 日

贵州省广播电视厅 645 台新购置的 200 千瓦脉宽调制发射机通过验收并投入使用。

12 月 5 日

为纪念中央人民广播电台建台 50 周年，中央电台在北京召开 90 年代广播战略研讨会。广播电影电视部部长艾知生出席并讲话。

12 月 6 日～13 日

中央电视台新闻中心在云南省芒市召开全国省级电视台新闻部主任会议。会议学习贯彻中央领导关于新闻工作的讲话精神，部署 1991 年上半年新闻报道的重点选题计划。

12 月 7 日

山西省广播电视厅为从事广播电视工作满 30 年的干部职工颁发荣誉证。

12 月 8 日

北京广播学院举行中央人民广播电台、中国国际广播电台、中央电视台奖学金首次颁奖大会。8 名在校研究生、本科生荣获优秀学生奖，6 名教师、干部荣获优秀青年教师和优秀青年教育工作者奖。

同日

新疆维吾尔自治区巴音郭楞蒙古自治州广播电视局蒙古语电视译制部正式成立。

12 月 9 日

中华全国妇女联合会在国谊宾馆举行授奖仪式，表彰中央电视台录制播出的全面、系统反映妇女题材的七集系列节目《女人的发现》在妇女宣传方面所作的突出贡献。全国人大常委会副委员长、全国妇联主席陈慕华出席并向剧组人员颁发荣誉证书。

12月11日～12日

云南省首届少数民族语言广播理论研讨会在昆明召开。会议由云南省广播电视学会举办，云南多家电台、广播站民族语广播制作人员共30多人参加会议。与会人员探讨了少数民族语言广播的地位、作用以及节目制作方面的问题。主办方共收到17篇论文，其中14篇为傣族、景颇族、傈僳族等少数民族语广播节目制作人员撰写。

12月13日

中组部通知，中央同意田聪明任广播电影电视部党组成员。12月31日，国务院通知：国务院决定，任命田聪明为广播电影电视部副部长。

12月14日～15日

湖南人民广播电台同省经委在长沙联合召开31家大中型企业厂长经理展望1991年工作座谈会，探讨新闻如何与经济紧密配合，更好地宣传企业，为促进经济发展作贡献。

12月17日

内蒙古自治区伊克昭电视台正式更名为鄂尔多斯电视台。

同日

新疆电视台与全疆八家地州市电视台联合摄制的庆祝自治区成立35周年献礼电视系列片《金秋》开始播出。全国政协副主席、自治区顾问委员会主任王恩茂对此片给予肯定。

12月18日

宁夏电视台庆祝建台20周年。

12月19日

董树义任天津市广播电视局局长，张再鸣不再担任局长职务。

同日

广播电影电视部任命齐勇毅为中国广播电视国际经济技术合作总公司总经理。

12月19日～22日

江西省广播电视学会在宜春市召开“坚持党性原则，深化广播电视宣传改革理论研讨会”。

12月20日

中央电视台直播“纪念徽班进京200周年、振兴京剧观摩演出”开幕式。该台文艺部录制了这次参演的21台节目和一部反映京剧诞生及发展的专题片。

同日

为纪念中国人民广播事业暨中央人民广播电台创建50周年（12月30日），中央电台举行记者招待会，台长杨正泉向到会的20多家首都新闻单位的记者介绍了中央电台 50 年走过的道路和发展成就。

12 月 21 日

中国国际广播电台文艺部为英语广播举办《快乐，1991》节目，邀请在京的 15 个国家的留学生、专家以及中国学生共计 55 人参加演出，演出内容有歌曲、乐曲和诗歌朗诵等。

12 月 22 日

四川省广播电视厅、四川电视台庆祝四川电视事业创建 30 周年。

同日

广播电影电视部党组决定，宋述君任部直属机关党委书记。

12 月 26 日～ 28 日

以纪念中国人民广播事业创建 50 周年为主题的中国广播电视学会第二届学术年会在北京召开。大会收到论文 50 多篇。与会人员回顾了中国人民广播事业创建 50 年的历程，交流了搞好广播电视宣传和事业建设的经验，对继承发扬延安精神和进一步加强广播电视理论研究等问题进行了探讨。

12 月 27 日

《中国电视报》为纪念创刊 10 周年，在国际新闻广播电视交流中心举行以“面向亿万观众，当好读者挚友”为主题的座谈会。

12 月 28 日

广播电影电视部、中国广播电视学会、中央人民广播电台在北京全国政协礼堂联合举行纪念中国人民广播事业暨中央人民广播电台创建 50 周年大会。中共中央政治局常委、书记处书记李瑞环出席大会并讲话。大会首先宣读了江泽民、邓小平、李鹏、杨尚昆、彭真、邓颖超、李瑞环等党和国家领导人为中国人民广播事业暨中央人民广播电台创建 50 周年的题词。江泽民题词：“宣传党的路线，弘扬民族精神。”邓小平为大型画册《半世纪的历程——纪念中国人民广播事业 50 周年》题写书名。李鹏题词：“努力办好广播，为建设社会主义物质文明和精神文明服务。”杨尚昆题词：“办好有中国特色的社会主义广播事业。”李瑞环在讲话中对进一步把广播电视事业办得更好提出四点希望：第一，要继续坚持社会主义方向；第二，要努力满足人民群众的精神文化需求；第三，要认真搞好队伍建设；第四，要切实加强对广播电视工作的领导。出席大会的领导还有李铁映、丁关根、钱伟长、邓力群、李强、王忍之、阮崇武等。广电部部长艾知生，中华全国新闻工作者协会主席、中国广播电视学会会长、原广电部部长吴冷西，中央顾问委员会委员、原中央广播事业局局长梅益，原中央广播事业局副局长温济泽和中央电台台长杨正泉分别在纪念大会上讲话。在纪念会上，李瑞环、李铁映、丁关根等中央领导向从事广播电视工作满 30 年的干部职工颁发了荣誉证书。

12 月 29 日

广播电影电视部部长艾知生举行新年招待会，感谢受聘于广播电影电视部的外国专家为中国对外宣传、教育工作所付出的辛勤劳动。来自 30 多个国家的专家及其家属出席招待会。出席招待会的还有广电部副部长马庆雄、中国国际广播电台台长崔玉陵、中央电视台台长黄惠群等。

同日

中央电视台编委会通报表彰社教部《神州风采》节目组。《神州风采》专栏自 1989 年 3 月 18 日开播以来，已经播出 600 期，受到各层次观众的喜爱，在国外和我国港、澳、台地区也得到广泛好评。其收视率始终名列专题节目之首，荣获 1989 年全国社教节目专栏一等奖，成为中央电视台的名牌栏目之一。

同日

四川省纪念人民广播事业创建 50 周年暨四川经济广播电台开播大会在四川人民广播电台举行。

12 月 30 日

中央人民广播电台《残疾人之友》节目举办的“各地人民广播电台残疾人节目展播”活动历时 3 个多月后全部结束。期间共播出录音通讯、广播特写等节目 30 个。

12 月 31 日

国家主席杨尚昆 1991 年新年前夕对中国国际广播电台海外听众作题为《我对中国未来充满信心》的广播讲话。这是我国国家主席首次通过国际台向海外听众发表新年讲话。该台各语言广播当晚陆续播出。中央人民广播电台、中央电视台、新华社也于当晚播发。《人民日报》等各报全文刊发。

同日

国家教委批复：为提高广播电影电视在职干部队伍的政治素质，使广播电影电视干部教育工作做到经常化、正规化和制度化，同意建立广播电影电视管理干部学院。学院属成人高等学校，实行广播电影电视部与山西省人民政府双重领导、以广播电影电视部为主的管理体制。学院在校生规模为 800 人，以岗位培训和继续教育为主，根据需要与可能也可举办大学专科学历教育。

同月

为纪念中国人民广播事业创建 50 周年，新疆维吾尔自治区广播电视厅举行座谈会，自治区党政领导张思学、冯大真、毛德华、富文等参加会议，并向从事广播电视工作满 30 年的 150 多位干部职工颁发了荣誉证书。此外，青海、辽宁、四川、贵州、甘肃、湖南、天津等省、市广播电视厅（局）和人民广播电台，也分别举行纪念人民广播事业创建 50 周年大会，省（市）委、省（市）政府领导出席，并向从事广播电视事业 30 年的干部职工授予荣誉证书。

同月

由江苏省广播电视新闻研究所、江苏省广播电视学会史学研究会、江苏人民广播电台总编室联合编印的江苏人民广播电台回忆录《垒土之歌》（首卷）出版。该书展示了江苏广播电视创业阶段的历史风貌。

同月

江西省广播电视中心大楼竣工交付使用。1991 年 6 月 20 日起，厅机关和省电台、电视台陆续迁入大楼办公。

同月

广东电视中心投入使用，广东电视台从人民北路整体搬迁到环市东路的广东电视中心。

同年

全国（未包括港、澳、台）共有广播电台 635 座、节目套数 750 套。有中、短波发射台和转播台 687 座，调频台 661 座，微波站 1010 座，微波线路 4.5 万多公里，卫星电视地面站 19505 座。广播人口覆盖率为 74.7%。有电视台 509 座、节目套数 554 套。有电视发射台和转播台 24713 座，电视人口覆盖率为 79.4%。收音机社会拥有量 25123 万台，电视机社会拥有量 18546 万台。

同年

至年底，广播电影电视部职工总数 23165 人，其中行政机关 518 人、事业单位 14018 人、企业单位 8629 人。干部总数 14714 人，其中专业干部 12470 人（事业单位 9596 人、企业单位 2874 人）。各类专业职务情况：已评定专业技术职务 10407 人，其中高级职务 2095 人、中级职务 4258 人、初级职务 4054 人，未评职务 2063 人。专业人员结构情况：新闻编采人员 1554 人、播音主持人员 259 人、外文翻译人员 641 人、工程技术人员 3849 人、教学人员 631 人、科研人员 54 人、文艺人员 2418 人、经济人员 724 人、财经统计人员 613 人、图书档案人员 214 人、出版专业人员 94 人、卫生技术人员 192 人。干部职务情况：正副部级 5 人，正司局级 38 人、副司局级 104 人，正处级 441 人、副处级 680 人。

同年

至年底的不完全统计，经广播电影电视部批准从台湾来大陆制作电视节目的摄制组达 48 个，共计 607 人次。其中 13 个电视剧组拍摄了 17 部电视连续剧，共计 551 集。电视剧《婉君》《哑妻》《三朵花》《观世音前传》等 11 部已经在台湾播放。《雪珂》《望夫崖》《武当》《雪山飞狐》《李娃传》《草莽英雄》等 6 部将陆续播放。

另有34个专题片摄制组拍摄了《八千里路云和月》《天下奇观》《万里江山——大陆寻奇》《咫尺天涯》《神州大地》《远山含笑》等几十个专题片，共300多集。这些专题节目，题材广泛，涉及风光民俗、宗教信仰、历史文物、民族传统以及经济建设和人民生活。

同年

中央人民广播电台收到听众来信822933封。

同年

中国国际广播电台收到153个国家和地区的听众来信211127封。

同年

中央电视台影视部、上海电视台联合拍摄的电视剧《十六岁的花季》播出。这是中国最早的也是影响最大的一部校园青春剧。

同年

至12月底，广东省实现全省广播和电视一套节目人口覆盖率均达90%的目标。

同年

西藏人民广播电台藏语新闻类节目增设《国际新闻》。

同年

新疆吐鲁番人民广播电台成立，使用维吾尔语、汉语播出。

1991 年

1 月 1 日

《中国电视报》创刊 10 周年。截至本日，该报共出版 522 期，总发行量突破 8.345 亿份。中共中央政治局常委、书记处书记李瑞环为本日出版的该报题词“观众挚友”。

同日

中央人民广播电台对少年儿童广播开办《彩虹桥》节目，采用板块结构，融知识性、思想性、参与性、服务性于一体，设有《绿色留言卡》《花季小语》《烦恼门诊部》等栏目。

同日

中央电视台社教部推出新栏目《民族之林》，首播篇《中华盛衰话民族》。

同日

中央电视台第二套的《外国文艺》栏目转播 1991 年维也纳新年音乐会实况。

同日

江苏人民广播电台《经济舞台》节目正式在第二套节目播出，结束该台自“文革”以来第二套节目一直复播第一套节目的历史。

同日

四川经济广播电台正式播音。节目以大板块、小栏目方式设置，分《峨眉晨光》《岷江新潮》《夜间万花筒》三大板块。由录播改为主持人全天直播，12 月 1 日起 24 小时播音，是我国西南地区第一个全天候电台。

同日

贵州电视台第二套节目正式开播，主要播出教育性、娱乐性、服务性节目。

1 月 2 日

经中共甘肃省委常委会议同意，省委宣传部批准省广播电视厅成立总编辑委员会。

1 月 6 日

中央电视台国际新闻部恢复播出国际专栏节目《今日世界》。该节目以时事政治性内容为主，穿插一些军事、科技、环境等方面的知识介绍，内设《国际要闻》小栏目，包容一周内发生的世界大事。

1月7日

广播电影电视部党组发出通知：林景云为中央电视台分党组成员。

同日

福州市广播电视局在上海新村、浦下新村分别建成有线电视变频点，主杆线达8公里，安装2600多个终端盒，开始试播有线电视节目。

1月8日

中共中央政治局常委、书记处书记李瑞环，中共中央政治局委员、国务委员李铁映等中央领导在中南海怀仁堂，同电视连续剧《渴望》剧组人员座谈，高度评价剧组工作，并要求认真研究和总结经验，促进我国电视电影艺术事业乃至整个文艺事业的繁荣。1月7日，中共北京市委、市人民政府举行大会，表彰《渴望》剧组，颁给荣誉证书及10万元奖金。该剧是北京电视台、北京电视艺术中心联合录制的国内第一部大型室内电视连续剧（50集），编剧李晓明，改编王石等。导演鲁晓威，主演李雪健、张凯丽等。该剧自1990年11月3日起在北京电视台六频道播出后，在社会上引起巨大反响。在第十一届（1990年度）电视剧"飞天奖"和第九届"大众电视金鹰奖"评选中，该剧分别获得长篇连续剧一等奖和优秀电视连续剧奖，并囊括第九届"大众电视金鹰奖"最佳男女主角、男女配角的桂冠。

1月9日

中央电视台与香港无线电视台正式商谈1992年西班牙巴塞罗那奥运会转播事宜，原则上以中央电视台和香港无线电视台为主，吸收"亚广联"成员参加，同意台湾三家电视台接收转播信号。

1月9日~14日

国家民族事务委员会和中央电视台在广西南宁联合召开《祖国大家庭》专栏节目筹备工作会议。会议确定3月中旬在中央电视台《新闻联播》中开辟《祖国大家庭》栏目，介绍我国56个民族，每天播出一集，每集四分钟。该栏目于3月20日正式开播。

年初

中共中央总书记江泽民到河南视察，应邀观赏河南电视台《春节联欢晚会》。该晚会于正月初一在中央电视台播出。

1月12日

中央电视台动画部成立暨制作52集动画片《彩色桥》新闻发布会在北京民族饭店举行。

1 月 14 日～ 17 日

中国电视艺术委员会与北京电视艺术家协会在北京联合举办大型室内电视连续剧《渴望》创作经验交流会。广播电影电视部部长艾知生、中国电视艺术委员会副主任阮若琳等出席会议。

1 月 15 日

吉林电视台第二套节目（长春十九频道）开播，结束了该台建台以来只有一套节目的历史。

同日

广州人民广播电台举办京、津、沪、豫、鄂、湘、苏、滇、桂、粤 10 省市广播剧联播。

1 月 16 日

中央书记处书记杨白冰视察海峡之声广播电台。

同日

国家气象局通过光缆向中央电视台传输天气预报信号，结束了以往靠汽车送磁带的历史。

1 月 17 日

广播电影电视部发布《全国有线电视管理会议纪要》（该会议 1990 年 12 月 20 日召开，研究了对全国有线电视实行系统管理和事业发展政策的有关问题）。会议纪要中确定的有线电视事业方针是：“有线电视是我国广播电视事业的重要组成部分，是无线电视的延伸、补充和发展，它和无线电视一样是党、政府和人民的喉舌，必须坚持党性原则和社会主义方向，在事业发展中，必须认真贯彻‘实事求是，量力而行，注重效益，协调发展’的指导原则，稳步、协调、科学地发展有线电视事业。”

同日

海湾战争爆发。中国国际广播电台驻美记者陈德浓于 8:10 发回美军进攻巴格达的消息，该台国际部 8:15 编发这一消息。中央人民广播电台 8:18 中断正常节目插播，8:30 的《新闻和报纸摘要》节目头条播出。中央电视台从 8:45 开始，在电视屏幕上每隔三分钟飞字幕一次进行连续报道，并在各档新闻节目中都作了报道。对之后的战争进程，中央三台都作了详尽报道。伊拉克最终接受联合国 660 号决议，从科威特撤军。2 月 28 日，战争结束。

1 月 18 日

全国首次城市广播电台经济信息交流会在哈尔滨结束。会议期间评选出 1990 年度优秀广告、信息节目 42 个。

1月19日

新中国成立后第一个正式的新闻工作职业道德规范——《中国新闻工作者职业道德准则》由中华全国新闻工作者协会第四届理事会讨论通过后公布实施。该准则共八条，是我国全体新闻工作者的职业行为规范，也是社会各界对新闻工作者进行职业道德监督的依据。

1月23日

6：00，广东人民广播电台音乐台开播，调频99.3兆赫，全天播音15个小时。

1月27日

全国第五届电视广告“印象奖”评奖结果在北京揭晓。

1月30日

山东省广播电视厅举行广播电视中心大楼落成典礼。

1月31日

四川人民广播电台举办《巴蜀之声——全省地、市、县广播电台对农村广播节目展播》。每周六播出各市、县广播电台选送的对农节目，每次15分钟。

同月

新疆克拉玛依人民广播电台开通汉语调频立体声广播。

2月1日

广播电影电视部下文，批准浙江省广播电视厅关于建立供片中心，为全省县级电视台统一提供电视文艺节目的请示。12月11日再次下文，将试点的省份从浙江扩大到江苏、上海、北京、河北等10个省、市。

同日

湖北人民广播电台文艺台正式成立。

2月2日

中共中央政治局常委、书记处书记李瑞环，中宣部部长王忍之，广播电影电视部部长艾知生以及中共中央对外宣传小组组长朱穆之等到中央电视台演播厅，看望春节晚会剧组工作人员并观看春节晚会节目排练。

2月2日～9日

第七届全国冬运会在哈尔滨亚布力举行，中央人民广播电台派出13人报道组，除开办《全国冬运会专题》节目外，还与黑龙江人民广播电台联合进行了五场实况转播。中央电视台与黑龙江电视台合作，对运动会作了报道。

2月4日

广播电影电视部任命方庆浩为中央电视台总工程师。

2 月 11 日

中共中央政治局委员、国务委员、国家教委主任李铁映在黑龙江省委书记孙维本陪同下，到大庆广播电视局视察工作。

2 月 12 日 ~ 17 日

北京电视台首次在苏联中央电视台黄金时间举办“北京电视艺术周”。

2 月 14 日

上海电视台新闻部记者朱黔生、林罗华等四人前往邓小平的住处，采访邓小平、杨尚昆、李先念等中央领导与上海党政军领导欢度除夕之夜的活动。邓小平愉快地与记者们合影留念。

同日

广播电影电视部任命谭德祥为地方管理司副司长。

同日

中央电视台现场直播《1991 年春节联欢晚会》，晚会的主题是“团结、欢快、多彩”。

2 月 15 日

中央人民广播电台播出春节文艺晚会《九州春光》。

同日

广西电视二台正式开播，用普通话、白话（广州话）播音。

2 月 22 日

湖南省广播电视厅成立广播电视艺术委员会，为厅党组领导下的广播电视文艺宣传管理机构。

2 月 22 日 ~ 3 月 7 日

朝鲜广播技术代表团访华，与广播电影电视部签署《中朝两国广播频率会谈纪要》。

2 月 26 日

中央人民广播电台体育部和中国体育记者协会联合会举办纪念新中国体育实况转播暨张之从事体育实况转播工作 40 周年座谈会。张之是我国第一位体育实况转播解说员。

2 月 28 日

中央人民广播电台台播部在厦门举行第三届“海峡情”有奖征文评选揭晓暨颁奖大会，65 名作者获奖。

同月

由中国电视剧制作中心摄制的 12 集电视连续剧《宋庆龄和她的姊妹们》自春节

期间播出后，引起较大社会反响。

同月

中央电视台自建的观众调查网北京地区 500 户构成，其中城区 290 户，1089 人。

3 月 1 日

中宣部、文化部、广播电影电视部联合印发《〈关于当前繁荣文艺创作的意见〉的通知》。要求各级党的宣传部门和文化部门、广播影视部门、文艺团体、艺术生产单位组织好创作队伍，努力为繁荣创作提供条件。同时，要加强科学管理，抓好创作规划。《关于当前繁荣文艺创作的意见》共 10 条，内容如下：1. 组织和引导作家艺术家学习马克思列宁主义、毛泽东思想，学习党的路线、方针、政策，学习科学文化知识；2. 采取多种形式，组织作家艺术家深入生活；3. 加强创作规划和对重点创作的领导；4. 搞好二度创作，调动导演、表演、指挥、演奏、音乐、美术、摄像、录制等各类创作人员的积极性，合力推出高水平、高质量的艺术品；5. 建立一支宏大的专业与业余相结合的创作队伍；6. 加强文艺作品传播手段的管理；7. 加强和改进对文艺创作的评论；8. 加强文艺创作的对外宣传推荐和中外合作创作的管理；9. 设立创作基金，改进奖励制度；10. 加强文艺法制建设，促进文艺创作繁荣，保证文艺事业健康发展。

同日

福建电视台、厦门电视台与广东电视台、香港亚洲电视有限公司的本港台，在厦门联合举办“闽港粤厦门闹元宵”大型文艺晚会，并向闽、港、粤三地现场直播。

同日

新疆维吾尔自治区伊宁市有线电视台正式开播，共有 12 套节目。

3 月 2 日

由日中友协及中国国际广播电台“日本听众之会”组织的“日本听众中国民乐欣赏访华团”一行 60 人，出席在广播大楼音乐厅举行的中国民族音乐演奏欣赏会。著名指挥家彭修文指挥的中国广播民族乐团为爱好中国民乐的日本朋友进行了精彩的演出和交流，受到热烈欢迎。

3 月 4 日

天津人民广播电台调整节目。新闻台增办《909 专题新闻》；经济台开办《经济大世界》专题节目；《津沽大地》扩充 60 分钟，设置 15 个栏目；《海河夜话》调整为每周 7 次，每次 30 分钟；文艺台增办《空中音乐厅》《中国民歌》《诗词歌曲》等 15 个文艺节目。

3 月 5 日

为纪念西藏和平解放 40 周年（5 月 23 日），中央人民广播电台成立由 15 人组成的报道组，第一批赴藏记者于 3 月 9 日启程。3 月 6 日，全国人大常委会副委员长阿沛·阿旺晋美为纪念西藏和平解放 40 周年作广播讲话。中国国际广播电台 1 月～5 月共编发有关西藏问题的各类稿件 250 余篇（条），全台 43 种语言广播除个别语言部外，均从 3 月起开办《西藏 40 周年》专题节目。

3 月 6 日

中国广播电视学会主持人节目研究会在太原宣布全国广播电视节目主持人“开拓奖”评选结果，125 名 1985 年以前开始主持节目的广播电视主持人获奖。沈力、陈铎、徐曼、赵忠祥、虹云、李一萍获特别金奖，另有 22 名金奖、45 名银奖、52 名铜奖。

同日

中国广播电视学会对台湾广播研究会在江苏无锡宣告成立。其会员由担负对台广播的七家广播电台的编播技术人员以及从事对台宣传、管理、研究工作的人员组成。第四届全国对台湾广播优秀节目评选会和第四届全国对台宣传工作协调会同期举行。

同日

辽宁渤海经济广播电台更名为辽宁经济广播电台。

3 月 9 日

为加强对中国国际广播中心工程的领导，经广播电影电视部领导批准，成立广电部中国国际广播中心工程领导小组。组长：徐崇华；副组长：贾德安、崔玉陵；组员：章之俭、张伟中、丁宝庭、严发祥、邵昌跃、汪勤文。

同日

福建电视台开办《晚间新闻》。

3 月 11 日

广播电影电视部任命仲呈祥为中国电视艺术委员会副主任。

同日

由中央电视台和民政部、中国人民解放军总政治部联合摄制，海政电视剧制作中心承拍的专题系列片《国魂》开播。

3 月 12 日

中央电视台和全国绿化委员会、林业部、黑龙江电视台联合录制《绿色赞歌》专题文艺晚会，以纪念我国全民义务植树 10 周年。

同日

中国国际广播电台拉美部主任、副译审范维信荣获巴西圣保罗艺术评论家协会颁发的 1990 年“国外最佳翻译奖”。

3 月 13 日～16 日

由中共中央对外宣传领导小组和广播电影电视部主持召开的全国部分省（区）、直辖市电视对外宣传工作会议在长沙举行。

3 月 14 日

中国广播电视学会和广播电影电视部研究室举办的中央电视台 1990 年优秀电视新闻评比揭晓。《轻工业市场的变化》等 10 条新闻获新闻一等奖；《土地的疾呼》等 4 条新闻获优秀评论奖；《菜篮子工程》等 4 条连续（系列）报道获优秀连续报道奖。

3 月 15 日

为纪念辛亥革命 80 周年，中国国际广播电台与中国新闻社、《人民日报》（海外版）、南京《青春》杂志社联合举办“金陵明月奖征文大赛”。征文活动从即日起到 8 月 30 日止，共收到国内外作者稿件 1500 余篇。颁奖仪式于 9 月 22 日在南京举行。

同日

中央电视台经济部首次举办《经济半小时》特别节目——《3·15 消费者之友专题晚会》。直播现场开通 10 部专线电话，当晚收到电话 400 多个。此后，中央电视台每年 3 月 15 日都举办消费者专题节目。

同日

湖南有线电视台试播，自办 1 套节目，设 12 个栏目，每天 9：00 播出，次日零点左右结束。此外，还转播 9 套无线电视节目。

3 月 18 日

经广播电影电视部批准，中央人民广播电台编委会成立，台长杨正泉任总编辑，副台长王健儒、张振东任副总编辑。王燕春、栗国安、曹仁义任编委。

3 月 19 日

辽宁省广播电视厅党组发出《关于向于新奎同志学习的决定》。于新奎是丹东市广播电视局经济警察班班长、共产党员。1990 年 12 月 15 日晚，在电视转播台执勤时，同盗窃分子英勇搏斗，不顾身体多处受伤，将犯罪分子擒获，保护国家财产免遭损失。

3 月 19 日～21 日

1991 年度全国电视剧创作题材规划和引进海外电视剧管理工作会议在成都召开。全国各省、自治区、直辖市、计划单列市广播电视厅（局），电视台和各电影制片厂以及电视剧制作单位的负责人出席会议。会议认为，全国电视剧界贯彻落实中央宣传思想工作领导小组原则同意、广播电影电视部印发的《1990 年度全国电视剧创作题材规划和引进海外电视剧管理工作会议纪要》精神取得初步成效，1991 年，要进一步贯彻执行《纪要》精神。

3 月 19 日～ 28 日

广东广播电视代表团赴澳门，与澳门邮电司代表团举行粤澳电视和调频广播频率协调会谈并签署协议书。至此，历时五年的粤澳广播电视频率协调工作完成。

3 月 23 日～ 4 月 9 日

中国人民政治协商会议第七届全国委员会第四次会议（3 月 23 日～ 4 月 4 日）和第七届全国人民代表大会第四次会议（3 月 25 日～ 4 月 9 日）先后在北京召开。中央人民广播电台“两会”期间共播发各类稿件 481 篇。中国国际广播电台派出 17 名记者对“两会”进行采访报道。英语部对人大会议开幕进行了现场直播，3.4 万字的报告同步播出；华侨部每天三次用广州话向澳门广播电视台传送“两会”新闻。中央电视台第一套节目向全国现场直播人大会议开幕实况。“两会”期间，在《新闻联播》和其他新闻栏目中及时播出“两会”新闻，在《新闻联播》之后开辟“两会”专题新闻节目，详细报道“两会”代表参政、议政、审议《政府工作报告》及各项议案的情况。

3 月 24 日

国家民族事务委员会和广播电影电视部联合举办的首次全国民族知识大奖赛举行发奖大会。至此，长达七个月、遍及全国的民族知识大奖赛圆满结束。复赛、决赛（3 月 23 日）在中央电视台播出。

3 月 25 日

广播电影电视部和人事部发出《关于追授黄子清同志“全国广播电视系统先进工作者”称号的决定》。黄子清系湖北省孝感市牌坊乡广播站线务员，1990 年 7 月 5 日在维护线路时，不幸因公殉职。

3 月 28 日

中国国际广播电台调整编委会，并制定编委会职责条例。条例明确规定编委会是在台分党组及台长领导下负责全台广播宣传工作的决策和组织指挥机构。台总编室为编委会办事机构。编委会成员由台长委任，每届任期两年。本届编委会总编辑胡耀亭，副总编辑丛英民、张振华，编委曾平、崔永昌、黄达强、李广才、李顺然、叶国城、陈敏毅、李丹、吴正民。

3 月 29 日

新疆维吾尔自治区库尔勒市建立调频广播电台，用维吾尔语、汉语播出。

4 月 2 日～ 5 日

全国广播电视受众调研工作经验交流会暨中国广播电视学会受众研究会成立大会在广州召开。赵水福任名誉会长，王传玉为会长。

4月6日

国务院总理李鹏接受日本广播协会记者组的电视采访。日方当晚即在电视新闻中向日本全国播出采访内容。此次由广播电影电视部接待的日本广播协会记者组将在中国进行为期两个多月的采访，其采访主题是“90年代中国的展望”。

4月9日～10日

广播电影电视部设计院召开优秀工程设计评选会，中央彩电中心工程被评为院级一等奖，另有二等奖和三等奖各三个。

4月10日

在中国国际广播电台与德国之声电台合作10周年之际，德国之声电台台长迪特·魏里希和节目部主任约瑟夫·格哈德应邀对中国进行为期一周的访问。广播电影电视部副部长马庆雄会见客人，国际台台长崔玉陵与魏里希就进一步加强两台之间的合作进行了会谈。

同日

江西省机构编制委员会、省广播电视厅联合发出《关于乡镇广播电视站机构和人员编制的通知》，明确规定乡镇广电站为基层事业单位、股级机构，实行县、市、区广播电视主管部门与乡镇人民政府双重领导，按照每乡镇设一站的原则，全省共设1839座广电站，核实事业编制5860名，经费按财政分级管理原则，由县、乡政府解决。

4月10日～13日

全国首届县级广播台（站）优秀专题节目评选活动在山东莱芜举行，28个省、自治区、直辖市广播电视厅（局）推荐的134组节目参评，107组节目获奖。

4月12日

中央人民广播电台《在祖国各地》节目研讨会在安徽省黄山市举行，中央电台副台长张振东出席研讨会。会议以“振奋精神，提高质量，共创一流节目”为主题，将1991年作为《在祖国各地》节目的质量年。会上还介绍了上海人民广播电台已故高级记者蒋孙万的录音报道经验。

同日

全国城市电视台技术协作中心在湖南岳阳宣告成立。

4月14日

中共中央政治局常委、书记处书记李瑞环到江苏无锡考察惠山二茅峰电视发射塔和中央电视台无锡外景基地。

4月15日

从即日起除周日外，上海电视台每天提供一小时的综合性节目供美国旧金山的华声电视台播出。

4 月 16 日

杭州电视台承办的 1991 年度全国城市电视台春季节目交流会在杭州召开，170 多家城市电视台的近 400 名代表参会。参加交流的电视剧 1233 部（集），专题节目 238 个，文艺节目 1147 个，小品 6 个。

同日

贵州省广播电视厅人事变动，变动后的厅党组成员如下：党组书记黄世维，副书记刘国治、陈福履，党组成员罗德成、饶观圣、梅应福、罗良映。5 月 20 日，变动后的厅领导班子组成人员如下：厅长黄世维，副厅长刘国治、陈福履、罗德成。5 月 24 日，梅应福任贵州人民广播电台台长。

4 月 16 日～22 日

1990 年度全国优秀电视新闻评选会在安徽屯溪举行，参评节目 236 个，188 个获奖。

4 月 17 日

湖北省人大常委会任命刘纯臣为省广播电视厅厅长。

4 月 18 日

为纪念人民音乐家施光南逝世一周年，共青团中央、全国青联、中国音协、中国国际广播出版社在人民大会堂举行《人民音乐家施光南歌曲 101 首》首发式。广播电影电视部部长艾知生、文化部代部长贺敬之、音协主席李焕之以及首都音乐界知名人士和施光南的老师、同学等 200 余人出席首发式。

4 月 20 日

《〈有线电视管理暂行办法〉实施细则》（广播电影电视部令第 5 号）发布施行，共 6 章 40 条。

同日

萨本冀任宁夏回族自治区广播电视厅党组书记、厅长，杨发颐为党组成员、副厅长、总工程师；王振华不再担任厅党组书记、厅长职务，郭启全不再担任厅党组成员、副厅长、总工程师职务。

4 月 24 日

海峡之声广播电台厦门有线广播站和所属各分站，停止对驻金门岛屿国民党官兵的广播。

4 月 25 日

北京市平谷县在 9 个山区村镇建 21 座差转台、6 座卫星地面站的任务全部完成，北京电视台六频道覆盖率达到 98.5%。

4月26日～30日

广播电视系统科技情报工作会议及第四届情报网大会在杭州举行。会议修订通过《广播电视系统科技情报工作“八五”计划纲要》。

4月28日～5月2日

台湾“海峡交流基金会”代表团访问北京，中央人民广播电台对台湾广播共播出文字快讯及报道11篇，录音新闻、报道及特写15个，现场直播、重播各一次，插播两次，综述一篇。

4月29日

中央人民广播电台军事部举行茶话会，庆祝该台军事节目开播40周年（5月1日）。中国人民解放军总政治部宣传部部长赵可铭，中央电台台长杨正泉、原台长左漠野等出席会议并讲话。

同日

中央人民广播电台和最高人民法院、最高人民检察院、公安部、司法部联合举办“我办一案”征文活动。这是中央政法机关首次和新闻单位联合举办这样的大型征文活动。

4月30日～5月4日

中国广播电视学会史学研究委员会、江苏省广播电视学会、中广学会北京广播学院分会在南京联合召开第二次中国广播电视史志研讨会。与会代表就史研会“八五”期间的工作计划、《中国广播电视通史》的编写等进行了研讨。

5月1日

中央人民广播电台《民族大家庭》《午间半小时》《军事生活》等节目开始播出为纪念西藏和平解放40周年该台赴藏记者采制的系列报道《来自西藏的报告》，共14集。

同日

中央电视台体育部推出《赛场纵横》和《体育大世界》两个新栏目，取代原来的《体坛纵横》《体育之窗》和《世界体育》。《赛场纵横》栏目长度为90分钟，每周播出两次；杂志性栏目《体育大世界》每周二播出。

5月3日

中央电视台首次通过苏联、东欧在印度洋上空的13号卫星转发器传送国务院总理李鹏访问朝鲜的新闻。讯号从云岗地球站接收后通过微波送到三楼主控，另一路信号由电视台后院的六米地球站同时接收。图像和声音讯号都很好。

5月6日

广播电影电视部部长艾知生参加上海电视台《新闻透视》专栏创办200期座谈会。

5 月 7 日～10 日

华东地区广播电视厅（局）长第七次协作会议在上海召开。广播电影电视部部长艾知生出席会议并讲话。

5 月 9 日

中国国际广播电台组织的日本听众第二次“丝绸之路探访”活动圆满结束。由 80 多名日本听众组成的探访团历时两个月，行程 1000 多公里，从新疆维吾尔自治区若羌行至喀什，与 1990 年第一批探访团共同走完丝绸之路南线全程。

同日

由中央电视台无锡外景基地与国家物资部联合录制的四集电视连续剧《再生的世界》举行试映座谈会。这是该基地独自生产的第一部电视剧。

同日

吉林省第七届人大常委会任命姜兴坤为省广播电视厅厅长。

5 月 10 日

中央电视台音频部首次为日本朝日电视台录制实况立体声录像节目，同时为该台录制兼容单声道录像带取得成功。

5 月 11 日

珠江经济广播电台与香港电台合办的《粤港经贸专线》节目开播。这是两地广播界首次合作，为两地受众提供投资经商活动、政策解释、办事指引等服务，开播当年就为两地民众解决了 1200 多件实事。此后，在该节目的基础上，又先后合办《粤港法律专线》《粤港文化专线》等节目。

5 月 11 日～12 日

中央电视台少儿节目《七巧板》主持人鞠萍在首都剧场举行《儿童歌曲演唱会》，演出的全部收入捐给儿童少年电视奖励基金会。

5 月 15 日

为庆祝西藏和平解放 40 周年，中央电视台新闻节目开始播出介绍西藏发展成就的 16 集系列报道。

5 月 15 日～23 日

亚太地区影视培训研讨会在北京电影学院召开，这是亚太地区影视教育工作者在北京的首次聚会。22 个国家和地区以及国际组织共 60 多名代表出席会议。广播电影电视部部长艾知生会见与会代表，副部长田聪明出席开幕式并致辞。联合国教科文组织总干事马约尔到会祝贺。会上主要讨论了本地区影视教育的方向、课程设置、教师培训和新技术运用。会议收到近 30 篇论文，并正式成立亚太地区影视学校联合会。

5月16日

广播电影电视部发布《〈关于一九九一年给部分专家、学者、技术人员发放政府特殊津贴实施方案〉的实施办法》。规定：发放政府特殊津贴的范围及对象是部直属企事业单位的工程技术、科研、高等教育、新闻、艺术等岗位的作出突出贡献的专家、学者、技术人员。

5月17日

北京市第一届电视艺术“春燕奖”颁奖仪式在北京举行。该奖是经中共北京市委宣传部、北京市人事局批准的，由北京影视家协会和北京市广播电视局联合主办的一年一届的北京电视奖，以鼓励电视艺术创作多出精品，表彰优秀电视艺术人才，繁荣首都的电视艺术事业。

5月18日～25日

1990年度全国优秀广播节目评选会在厦门举行，参评节目195个，177个获奖。

5月19日～21日

全国第五届电视文艺“星光奖”颁奖大会暨电视文艺研讨会在山东省淄博市举行。本届“星光奖”参评节目近千部。其中《1991年春节文艺晚会》（中央电视台）、《第十一届亚运会开幕式》（中央电视台）获特别奖；一等奖13个，二等奖31个，三等奖44个。此外，还评出导演、撰稿、剪辑、美术、摄像等12个单项奖。

5月20日

为配合庆祝西藏和平解放40周年和玉树藏族自治州成立40周年的宣传报道，青海电视台从当日起在《青海新闻》节目中开辟新栏目《来自藏区的报道》，在一个月内共发录像新闻25条，重点报道该省牧区解放以来的发展变化。

5月21日

邓颖超在中南海接见中央电视台大型电视系列片《英才风华录》摄制组，并接受记者采访。

同日

第五届全国蒙古语广播优秀稿件评选在北京揭晓，参评稿件104篇，60篇获奖。

5月22日

“北京和平友谊中外儿童电视片展播周”节目在北京电视台开播。

5月23日

中国国际广播电台驻肯尼亚记者李首道、万玉珍前往乌干达首都坎帕拉，采访在那里举行的首次非洲领导论坛会议。乌干达总统约韦里·卡古塔·穆塞韦尼接受国际台记者的单独采访。

同日

为纪念西藏和平解放 40 周年，中央电视台文艺部在《电视剧场》栏目中播出电视艺术片《班禅东行》；电视剧制作中心录制的六集电视连续剧《藏民飞骑》开始播出。

5 月 25 日

为纪念中国共产党建党 70 周年，中共河北省委组织部、省广播电视厅联合举办《在鲜红的党旗下》电视专题栏目，自即日起在《河北新闻联播》节目中连续播出，共播出 120 集。

5 月 26 日

为纪念著名作曲家莫扎特逝世 200 周年，中国国际广播电台同中国广播管弦乐团、国际新闻广播电视交流中心联合主办的《室内音乐会》在北京梅地亚宾馆演出成功。广播电影电视部、文化部和国际台等单位的领导艾知生、马庆雄、刘德有、崔玉陵等到场观看演出。

5 月 27 日

中组部、中央电视台、新华出版社在人民大会堂联合举行党员教育电视系列片《中流砥柱》和系列丛书《人民的好干部》首映、首发式，国家副主席王震，中央顾问委员会副主任薄一波，中组部部长吕枫，中宣部副部长徐惟诚出席仪式并讲话。该片是为纪念中国共产党成立 70 周年，由中组部和中央电视台联合录制的。全片共 10 集，每集 20 分钟。中共中央总书记江泽民题写片名，中共中央政治局常委宋平、李瑞环在片中发表讲话。该片从当月 29 日开始在中央电视台第一套节目中连续播出。

5 月 27 日 ~ 29 日

广播电影电视部在青岛召开“新闻编辑与管理网络系统”推广应用会。

5 月 28 日

国务院发文：国务院 1991 年 5 月 27 日决定，任命刘习良为广播电影电视部副部长。

同日

中国广播电视学会经济广播电台研究委员会成立，余统浩当选为会长。

同日

第十一届（1990 年度）全国优秀电视剧“飞天奖”颁奖大会在广州举行。本届“飞天奖”评选中，《渴望》获长篇连续剧一等奖；《焦裕禄》获中篇连续剧一等奖；《少年毛泽东》获儿童连续剧一等奖；《一个真实的童话》获儿童单本剧一等奖；《原野上的马车》获戏曲电视剧一等奖；《交际花盛衰记》（中央电视台）等三部片子获优秀译制片奖。另外，还评出 14 个单项奖。

同日

大连电视台与日本放送协会总部及北九州支局，通过卫星现场传送《大连赏槐会——北九州门司港节市民聊天活动》的电视节目，长达三个小时。日本放送协会于6月8日将这个节目向全日本播出。

5月30日

全国32家电台联合举办的大型系列音乐节目《党的旗帜高高飘扬》评选活动在长春结束。

5月31日～6月4日

广播电影电视部在青岛召开全国第二次广播电影电视法制工作会议。部法规领导小组和部行政复议委员会成员，各省、自治区、直辖市广播电视厅（局），部分省、自治区、直辖市文化厅（局）电影处（或电影发行放映公司）和部属有关单位主管法制工作的负责人参加会议。会议期间，代表们讨论了《广播电影电视部"八五"立法计划》《关于在广播电影电视系统开展法制宣传教育的第二个五年规划（1991 ～ 1995）》《广播电视法》（草案）和《电影法》（草案）。

同月

中央人民广播电台第一次在重点新闻节目前安排广告，在《新闻和报纸摘要》节目前播出钟表广告。

同月

经国家统计局工业交通统计司和《管理世界》中国企业评价中心评定，中国唱片总公司广州公司被评为1990年中国500家最大工业企业之一；在全国文教体育用品制造业前50家中，该公司排在最大经营规模第28名，最佳经济效益第15名。

同月

广东省广播电视厅领导班子进行调整。调整后的厅领导班子成员为：厅党组副书记、厅长周无忌；厅党组书记、副厅长刘炽；厅党组副书记、副厅长何栋材；厅党组成员、副厅长梁振快；厅总工程师冯锡增；厅党组成员、广东人民广播电台台长余统浩；厅党组成员、广东电视台副台长孙孔华（1991年6月11日任台长）。

6月1日

国务院妇女儿童工作委员会授予中央人民广播电台《小喇叭》节目组"热爱儿童先进集体"称号。

同日

中央电视台《中国报道》栏目在第二套节目开播。栏目形态为板块式结构，设有《焦点》《星座》《科技世界》《看中国》《珍闻》五个小栏目，每周一期，每期30分钟。1992年10月1日，中央电视台第四套节目（国际频道）开播后，《中国报道》

成为其中的重点栏目之一。

同日

中央电视台推出一套外语电视节目，由英语、法语节目组成，每天在第二套节目 22：30 至 23：30 播出。英语节目包括英语新闻、纪录片、电视剧、电影、文艺节目、外国人学汉语、体育等。法语节目为综合节目。

同日

上海市成立有线电视节目供片站，从即日起统一向全市各有线电视台（站）供应录像节目。

6 月 3 日

经广播电影电视部人事司同意，中国国际广播电台编辑部门机构名称及其领导职务称谓作如下变更：一、将国内新闻部和国际新闻部分别更名为国内新闻中心和国际新闻中心。二、将 34 个外国语言组更名为外国语言广播部。三、机构更名后，领导职务称谓也作相应的变更，原外国语言组正副组长改称为外国语言部正副主任。四、机构更名后，机构隶属关系不变，如“越南语广播部、老挝语广播部、柬埔寨语广播部和朝鲜语广播部”仍隶属第一亚洲部。五、机构更名后，其机构级别暂时不变。

6 月 4 日～9 月 14 日

为纪念中国共产党建党 70 周年，北京人民广播电台播出特别专题节目《京都有一片热土》。

6 月 5 日

应巴西利亚超级调频电台台长要求，中国国际广播电台决定从即日起对该台每周增加一次葡萄牙语新闻节目传送，时间是周三晚上 9 点（即巴西时间上午 9 点），该台于当地时间下午 3 点播出。

6 月 6 日～11 日

广播电影电视部岗位规范审定会在江苏无锡召开。

6 月 7 日

中共中央发文：中央同意，李范笑任中央纪委驻广播电影电视部纪律检查组组长。

同日

国家民族事务委员会和中央电视台召开《祖国大家庭》栏目表彰会，中共中央政治局常委李瑞环、中共中央政治局候补委员丁关根、中央顾问委员会常委陈丕显、全国人大常委会副委员长赛福鼎·艾则孜、中宣部部长王忍之、国家民委副主任江加布和广播电影电视部副部长马庆雄等领导出席会议，并为参与此次报道的 19 个省

（区、市）民委和电视台的人员颁奖。

6月8日～13日

由广播电影电视部音像管理处主办、天津市广播电视局音像管理处协办、天津音像公司承办的全国部分省、市音像制品博览会在天津举行。

6月10日

中国国际广播电台和北京电视台签订《中国国际广播电台协助北京电视台开办电视英语节目》的协议。北京电视台将从6月16日开始，每周开办一次英语新闻、专题、服务、娱乐综合节目，由国际台负责节目的翻译、定稿和播音。

同日

西藏人民广播电台、西藏电视台纪念西藏和平解放40周年报道工作圆满结束。该报道从1990年11月17日开始，两台先后开办《光辉的起点》《你知道吗》《纪念西藏和平解放40周年》《历史的丰碑》等专栏、专题。电台共播出专稿57组，电视台累计播出自己摄制的专题片63部（集），新闻170多条。两台还为各省（区、市）开办《来自远方的祝贺》特别节目，共播出22个省（区）提供的节目。为了向国外藏胞宣传40年来西藏发生的巨大变化，西藏人民广播电台对外节目开辟《伟大的历程》专题广播，历时三个月，共播出稿件200多篇。

6月10日～15日

中国广播电视学会播音学研究委员会主办的全国第三届广播电视播音作品、第二届播音论文评选暨学术研讨会在天津举行。114件播音作品和45篇论文获奖。广播电影电视部部长艾知生，副部长马庆雄、刘习良和中广学会副会长郝平南出席会议。

6月10日～8月3日

为纪念中国共产党建党70周年，中央人民广播电台在《新闻和报纸摘要》节目中开办专题报道《共产党员风采》，共播出44次，宣传了45位先进党员、三个先进党员集体、两个先进党员家庭。

6月13日～14日

中央电视台研究室和文艺部在北京梅地亚中心联合召开黄一鹤电视艺术研讨会，这是中国电视界第一次为电视导演举行的艺术研讨会。

6月14日

由中国电视国际服务公司、台湾永真电视电影有限公司和吉林省电视台服务公司联合摄制的大型电视连续剧《雪山飞狐》出版发行。

6月15日～8月9日

为纪念中国共产党建党70周年，中央电视台《新闻联播》节目开辟《共产党人》

专栏，陆续介绍了 58 位优秀共产党员的先进事迹。

6 月 20 日

中国唱片总公司为庆祝中国共产党成立 70 周年，编辑出版一套题为《光辉的历程——献给中国共产党成立 70 周年》的系列盒式音带。

6 月 20 日～ 27 日

亚太广播发展机构管理委员会举行会议，中国当选为该组织成员。

6 月 20 日～ 30 日

1990 年度全国优秀电视社教节目评选活动在太原举行，参评节目 175 个，有 143 个获奖。本届评选增设优秀栏目奖，《神州风采》等 6 个栏目获奖。

6 月 20 日～ 7 月 10 日

为纪念中国共产党成立 70 周年，江西电视台举办《纪念建党 70 周年专题节目展播》栏目 。

6 月 21 日

广播电影电视部党组通知：中央纪律检查委员会决定，武俊礼任中纪委驻广播电影电视部纪律检查组副组长。

6 月 24 日

广播电影电视部任命陈智教为科技司副司长。

6 月 24 日～ 28 日

广播电影电视部地方司在太原主持召开全国县级台（站）广播宣传经验交流会。广电部副部长马庆雄到会并讲话。会议代表着重就进一步深入农村实际、提高宣传艺术水平、办好对农节目展开研讨。

6 月 25 日

广播电影电视部任命邹新炎为办公厅副主任。

同日

中央电视台对外电视中心经广播电影电视部和中央对外宣传领导小组批准正式成立，下设新闻部、专题部、节目部、技术部。7 月 16 日，召开中心成立大会。中央对外宣传领导小组组长朱穆之，广播电影电视部部长艾知生，副部长马庆雄、刘习良等出席会议。

同日

浙江电视台现场直播中共浙江省委在嘉兴市举行的“浙江省庆祝中国共产党成立 70 周年大会暨嘉兴南湖革命纪念馆落成典礼”。

6 月 27 日

中国广播电视学会在民政部履行复查登记手续，民政部部长崔乃夫签发学会的社团登记证，社团代码：5000161-6。法定代表人何光。

6月28日

中宣部、新闻出版署在人民大会堂召开“中华大家唱卡拉OK”曲库首发仪式新闻发布会，中共中央政治局常委李瑞环、中宣部常务副部长徐惟诚等参加会议并讲话。中国电视国际服务公司首批推出的150首歌曲共计15盘录像、录音带全部投放市场，占首次发行片目的一半。

同日

由中央人民广播电台、中国国际广播电台、中央电视台、北京人民广播电台、北京电视台、中国民族管弦乐学会联合主办的第二届“全国民族管弦乐展播——小型民乐作品征集评选”举行闭幕颁奖晚会。中央电视台进行直播。18件作品分获一、二、三等奖。

同日

广西壮族自治区民政厅批准追认莫勇强为革命烈士。莫勇强是梧州市广播电视服务公司工人，于1991年5月21日在仓库值夜班时，为保卫国家财产，赤手空拳与持刀抢劫犯罪分子进行英勇搏斗，壮烈牺牲。

同日

青海省七届人大常务委员会第二十一次会议决定，任命王贵如为省广播电视厅厅长。7月3日，中共青海省委决定王贵如任省广播电视厅党组书记。宋立业不再担任厅党组书记、厅长职务。

6月29日

中宣部通知：同意马瑞流任中央电视台副台长。7月2日，经广播电影电视部党组研究，同意马瑞流任中央电视台分党组成员，主要分管对外宣传工作。

同日

苏尔塔拉图任内蒙古自治区广播电视厅厅长。

6月30日

由中国录音师协会、四川人民广播电台联合举办的“全国首届语言、采访与报道录制技术大奖赛”评选揭晓。

6月30日～7月11日

中国国际广播电台驻津巴布韦记者陈家宇赴南非德班，采访非洲人国民大会第48次全国代表大会，这是该台首次派记者赴南非采访。

6月～8月

我国部分省区遭受百年不遇的洪涝灾害，中央人民广播电台、中国国际广播电台、中央电视台和地方台迅速投入到抗洪抢险报道中。湖北广电系统在一个多月里，共播发抗洪救灾新闻 2000 多条，开办专栏 8 个，组织特别节目 4 场，赈灾义演两场。中央电视台采用湖北传送的新闻 44 条。安徽人民广播电台在三个月中，共发抗洪救灾新闻 1600 多条，专稿 304 篇，并与广东珠江经济台、天津人民广播电台举办联合直播节目，现场募捐数百万元支援灾区。安徽电视台播发抗洪救灾新闻 805 条，有 180 条经中央电视台播发。山东人民广播电台共播出有关防汛抗洪救灾的新闻稿件 486 条，山东电视台播出抗洪救灾稿件 202 件。6 月 18 日 ~ 7 月 31 日，江苏人民广播电台播出抗洪救灾报道 2070 篇。为了加强抗洪救灾报道，该台对部分节目时间作了调整，辟出专门时间开办《抗洪救灾特别节目》。为了向灾区群众表达爱心，全国各地广电媒体纷纷行动，通过举办特别节目、举行赈灾义演，为灾区群众捐款捐物。其中，由中央三台联合主办的《风雨同舟情暖人间》大型赈灾义演晚会于 7 月 25 日在月坛体育馆直播成功，来自安徽、江苏、浙江、湖北、河南抗洪救灾前线的英雄模范代表观看了演出。这次义演现场募捐，共收到捐款 300 余万元。

7 月 1 日

由中央电视台主办的大型文艺晚会《拥抱太阳》在第一套节目中录像播出，时间近 120 分钟。22：00，中共中央总书记江泽民打电话给广播电影电视部部长艾知生，热情赞扬中央电视台庆祝建党 70 周年的节目搞得好。7 月 3 日，中共中央政治局常委李瑞环给艾知生打电话，对节目表示称赞。

同日

庆祝中国共产党建党 70 周年大会在北京隆重召开，中共中央总书记江泽民发表重要讲话。中央人民广播电台、中国国际广播电台、中央电视台对大会进行了现场直播。

同日

安徽省马鞍山市有线电视台建成开播，12 月定为自收自支的副县级事业单位。

同日

广西人民广播电台文艺台调频立体声节目正式开播。

7 月 2 日

由中共中央总书记江泽民题写片名、吉林电视台摄制的电视连续剧《特殊连队》，在中宣部和中央电视台举办的“庆祝中国共产党建党 70 周年全国电视剧展播”中播出，并获得优秀电视剧展播奖。

7 月 2 日 ~ 7 日

中央电视台在北京郊区怀柔县召开首届全国电视美术交流会。会议总结了近 10 年来电视获奖节目的美术设计创作，讨论了美术在电视节目中的作用和地位。代表们共交来论文 18 篇，展出设计图片 1348 幅。同时，在会上成立了中国广播电视学会电视美术研究委员会，洪民生当选为会长。

7月3日

白朝蓉任内蒙古自治区广播电视厅党组书记。

7月4日

中央人民广播电台召开座谈会，纪念朝鲜语广播创办35周年（7月6日）。台长杨正泉出席座谈会，中共延边朝鲜族自治州州委副书记李政文出席会议并讲话。

7月5日

9：00至9：10，中央电视台第一套节目开始直播《早间新闻》。

7月6日

中央军委副主席刘华清在内蒙古自治区党委书记王群、内蒙古军区司令员刁从洲及内蒙古自治区广播电视厅领导陪同下，视察内蒙古彩电中心。

7月7日～10日

中央电视台三人组成的电视报道小组，跟随中共中央总书记江泽民赴皖、浙、沪、苏三省一市灾区视察灾情，看望、慰问抗洪救灾的军民和受灾群众，共拍摄素材2小时40分钟，编辑、播出专题新闻两条。

7月8日

中宣部、中央对外宣传小组、广播电影电视部、国家旅游局联合发出通知，要求各地开通中国国际广播电台对内外语广播及在涉外饭店置备收听设备。

7月12日～20日

中国广播电视学会与《中国广播电视年鉴》编辑部在北京举办全国首届广播听众工作研讨班。

7月16日

北京电视台早间新闻资讯类栏目《北京您早》正式开播，为全国较早开创此类节目的电视台，每天7：00（星期日除外）播出，每次20分钟。

7月16日～19日

香港亚洲电视、香港无线电视台和台湾华视的摄制组到江苏报道水灾情况，并通过江苏电视台的微波线路传送至北京，再传至香港、台湾，使香港、台湾观众当晚即可看到当天的报道。

7月16日～20日

海峡之声广播电台在天津召开全国对台宣传报道工作会议。

7月18日

湖南省广播电视厅和湖南省农业委员会、科学技术委员会等单位决定，在全省107家市、县级广播电视台（站）联合开办《兴农富湘》联播节目。

7 月 20 日

广播电影电视部任命刘宝顺为保卫司副司长。

7 月 22 日

中国广播电影电视报刊协会经民政部核准于本日登记，并于 12 月 12 日正式成立。12 月 12 日 ~ 14 日，该协会第一次会员代表会议在北京召开。

7 月 22 日 ~ 24 日

全国广播电视系统音像出版单位发行工作研讨会在长春召开。

7 月 22 日 ~ 25 日

广播电影电视部科技司和科技情报所在北京召开全国有线电视网络技术体制研讨会。会议重点讨论了我国有线电视节目套数、有线电视系统的干线带宽、干线传输方式、前端信号的处理等问题。

7 月 22 日 ~ 30 日

台湾电视公司等单位的七名记者赴安徽合肥、肥东和寿县重灾区采访报道。

7 月 24 日

中国广播电视学会音像委员会成立，郭宝新被推选为名誉会长，会长刘森民。11 月 13 日，该会更名为中国广播电视学会音像交流研究委员会。

7 月 25 日 ~ 29 日

中央人民广播电台第六次全国对台广播宣传工作会议在吉林省图们市召开，会议重点研讨了该台即将出台的对台广播节目全方位调整的构想和稿件要求。

7 月 26 日

中央电视台现场直播在北京国际会议中心举办的“北京申办 2000 年奥运会全国知识竞赛”活动。

7 月 27 日 ~ 29 日

广播电影电视部地方司、科技咨询服务中心和黑龙江省广播电视厅联合在黑龙江省虎林县召开调频双节目技术应用推广会。该系统为农村有线广播提供了一种新途径，是调频多工广播的一种。

7 月 30 日

中国国际广播电台同国家旅游局、中国国际航空公司和承德市人民政府联合举办的“承德杯·中国旅游知识竞赛”活动圆满结束。本次竞赛活动从 3 月初开始，共收到 81 个国家和地区的听众寄来的参赛答卷 5 万余份。全国人大常委会副委员长、中国国际交流协会代会长雷洁琼参加颁奖会，并会见获奖的外国听众。

同日

上海广播电视塔奠基仪式在浦江东岸建筑工地举行。参加仪式的有中共上海市委副书记陈至立、上海市副市长兼上海广播电视塔工程领导小组组长倪天增、广播电影电视部总工程师兼科技司司长章之俭等。

7 月 31 日

吉林省敦化市电视台记者张险峰在抗洪抢险采访中，为保护和抢救国家财产壮烈牺牲，年仅 28 岁。中共吉林省委追认他为中国共产党党员，吉林省人民政府批准张险峰为革命烈士。11 月 11 日，中华全国新闻工作者协会书记处决定授予张险峰“抗洪抢险优秀新闻工作者”称号。

同日

广西有线广播电视台成立。

8 月 1 日

由中央人民广播电台和江西、湖南、湖北等 10 家电台联合采制的系列报道《来自老区的报告》开始播出，共 12 集。

8 月 2 日

广播电影电视部党组转中直工委文件批复：同意广电部机关第八届党委会由 29 人组成，田聪明任书记，李国友任常务副书记，温治中任副书记。

8 月 5 日

中国黄河电视台在美国斯科拉电视台播出仪式在太原举行。8 月 13 日，以“中国黄河电视台”为呼号的中国电视节目正式在美国斯科拉卫星教育电视网播出。

8 月 6 日

广播电影电视部《关于在广播电影电视系统开展法制宣传教育的第二个五年规划》印发。

8 月 7 日

针对《有线电视管理暂行办法》和《〈有线电视管理暂行办法〉实施细则》发布后，有些部门对这两个法规和规章中有关共用天线系统的设计、安装施工和验收工作提出不同意见，广播电影电视部下发《关于加强共用天线系统的设计、安装施工和验收工作的通知》。

8 月 8 日

广播电影电视部批复，同意建立北京有线电视台，呼号为“北京有线电视台”。1992 年 5 月 4 日，该台试播。1992 年 8 月 21 日，北京市广播电视局总工程师金国钧兼任该台台长，刘敏任总编辑。

8 月 9 日 ~ 12 日

1991 年全国广播电视学校教育工作研讨会在兰州举行。本次会议的主要议题是加强学校管理，深化教学改革。会议期间，《广播电视中专》编委会召开会议，讨论如何提高办刊质量和明年编委的换届问题。

8 月 10 日

中央电视台国际新闻部对外新闻组姜红被"亚广联"秘书处评为"亚广联"新闻交换最佳新闻协调员，并获得"亚广联"的奖学金。

8 月 11 日

人事部发出《关于作出突出贡献的表演艺术人员享受 1991 年政府特殊津贴的通知》，同意广播电影电视部侯宝林、彭修文、聂中明、袁方、孙书筠、项堃、于蓝、陈强、赵子岳、于洋、谢芳、马季等 12 名作出突出贡献的表演艺术人员享受 1991 年政府特殊津贴，津贴额每人每月 100 元。

8 月 13 日～18 日

由宁夏人民广播电台、中央人民广播电台、开封人民广播电台共同举办的全国第十届戏曲广播工作会议在银川举行。会议对全国 40 家电台开展的戏曲节目展播活动进行了总结并评选出获奖节目，同时进行了学术交流。

8 月 14 日

广播电影电视部党组发文：经研究并商山西省委高校工委同意，决定宋立业任广播电影电视部管理干部学院党委书记。经研究并商中共浙江省委高校工委同意，决定林和任浙江广播电视专科学校党委书记，陈为良不再兼任党委书记职务。

同日

中央电视台银河少年电视艺术团在北京音乐厅举行音乐会，纪念建团 30 周年。

同日

由新疆人民广播电台承担的重新整理录制维吾尔族大型音乐套曲《十二木卡姆》的工作历经七年全部完成。重新整理录制的这部大型音乐套曲总计时间 1110 分钟。

8 月 15 日～22 日

由中央人民广播电台主办、甘肃人民广播电台承办的第四届全国省级广播电台总编室主任会议在酒泉举行。会议就广播节目改革，坚持正面宣传为主方针，电台总编室在新形势下的工作规律、特点和作用进行了交流与探讨。广播电影电视部副部长马庆雄出席会议并讲话。

8 月 19 日

佛山人民广播电台在全国广播界率先实行全天 24 小时播音。

同日

四川电视台第三套（卫星）节目通过东方红 331 通信卫星正式播出。

8月21日

法国电视三台决定从本年9月13日起，每周五上午10点向全国播出由中央电视台对外电视中心制作的法文版综合节目。

8月24日

由中国广播电视学会主办、中央电视台和全国省级电视台体育宣传协作会联合承办的第一届全国优秀电视体育节目评奖揭晓。

8月26日

中央电视台动画片部与广播电影电视部信息中心联合制作的第一部动画片《漫画集锦》完成。这部用电子计算机制作的动画片由《竹蜻蜓》《老鼠洞》等四集组成。

8月30日

中央人民广播电台少年广播合唱团在北京音乐厅举行建团40周年合唱音乐会。

8月30日～9月4日

应伊朗声像组织（即国家广播电视台）的邀请，广播电影电视部部长艾知生率广播电视代表团访问伊朗。访问期间，伊朗第一副总统哈比比、文化和伊斯兰指导部长分别会见代表团。伊朗声像组织主席穆罕默德·哈希米·拉夫桑贾尼同艾知生进行了两次业务会谈。中伊双方同意在广播电视领域进行广泛合作并签订为期两年的合作计划。

同月

历时三个多月的“首届全国青少年儿童电视栏目展播”活动结束。全国57家省、市电视台制作的67个青少儿节目参展，节目播出总长度1675分钟。

同月

由中宣部文艺局和中央电视台联合举办的庆祝中国共产党建党70周年全国电视剧展播、评选活动结束。展播期间，共收到全国66家录制单位送来的314部（集）电视剧，在42天内选播了216部（集）较好的作品。

9月1日

经国务院总理李鹏批准，中央电视台通过亚洲一号卫星，用NTSC制式全天转播第一套节目，覆盖东南亚以及港澳台地区。

同日

中国国际广播电台斯瓦希里语广播开播30周年。

9月3日

广播电影电视部与中宣部联合发出《关于加强有线电视台宣传管理的通知》。

9月3日～9日

第八届全国省级电视台节目交流会在呼和浩特举行，广播电影电视部副部长刘习良作题为《我们的责任》的报告。会议在总结八年来节目交流经验的基础上，针对久积难解的问题进行了讨论，并通过四个文件：1. 关于节目交流的补充规定；2. 关于使用《省级电视网版权委托书》的若干规定；3. 关于交流节目“繁荣荧屏奖”的补充规定；4. 全国省级电视台节目交流网章程。

9 月 5 日

《东北人民广播史》出版。此书由辽宁、吉林、黑龙江三省广播电视厅、学会合编，填补了三省专业史研究中的空白。

同日

山东人民广播电台第三套节目（调频立体声）正式播出。

9 月 6 日

第六届北京国际广播电视设备展览会在国贸中心开幕。全国人大常委会副委员长严济慈，广播电影电视部部长艾知生和副部长徐崇华等出席开幕式。国内 98 家广播电视设备制造厂及来自其他 15 个国家和地区的 41 家广播电视设备制造公司或代理公司应邀参展。

9 月 7 日

广播电影电视部印发《关于广电部第二届高校优秀教材评选结果的通知》：根据国家教委《高等学校优秀教材奖励试行条例》及《关于进行第二届全国高等学校优秀教材评奖工作的通知》精神，我部今年 7 月以来开展了第二届部属高校优秀教材评优活动。《播音学简明教程》等四部著作获一等奖，《新闻评论与写作》等四部著作获二等奖。

同日

中国国际广播电台普什图语广播部开办《丝绸之路今昔》专题节目。每周播出一次，共播出 11 篇稿件，系统地介绍了古代丝绸之路的概况以及古道发生的巨大变化。

9 月 10 日

为纪念辛亥革命 80 周年，金陵之声广播电台与省暨南京市政协联合举办《中山百记》系列报道。该报道以孙中山先生从事革命活动所到过的地方和《建国方略》《建国大纲》中提到的主要建设项目及以孙中山命名的地方为采访点，反映这些地区的建设成就、社会风貌与风光名胜。报道由 100 篇文章组成，分为“足迹篇”“理想篇”“缅怀篇”。

9 月 10 日～ 18 日

中国广播电视学会理论广播研究会主办、甘肃人民广播电台承办的全国第十一次理论广播宣传座谈会在酒泉召开。会议就理论广播如何加强经济理论宣传和党的建设宣传等问题展开讨论。中宣部副部长聂大江、广播电影电视部副部长刘习良出席会议并讲话。会议交流论文近40篇，评出优秀论文11篇。

9月11日

中共新疆维吾尔自治区委员会发出《关于自治区广播电视厅与电视台分设的通知》，新疆电视台为事业单位，享受二级局待遇，分设党委，直属自治区广播电视厅党组领导。杨连勇任新疆电视台党委书记、第一副台长；赵庆忠任副书记、台长。同日，新疆维吾尔自治区广播电视厅与新疆人民广播电台分设，新疆人民广播电台由厅台合一变为独立的二级局单位。党委书记、第一副台长赵建华；党委副书记、台长高复兴。

9月12日～17日

第十次全国省级广播电台记者工作经验交流会在西安举行。会议的中心议题是研究改进和加强经济宣传问题，探讨交流经济报道的做法和经验，同时交流记者管理工作方面的经验。会议共收到17个省（区）广播电台提交的论文和经验交流材料26份。

9月12日～18日

日本大阪每日放送三人摄制组在南京、上海等地，对1937年期间日军在南京大屠杀时尚存的受害者和见证人进行采访，并到发生具体事件的现场，为美国传教士马丁当年所拍摄的电影纪录片提供佐证。

9月13日

财政部、广播电影电视部决定，从1991年10月至1993年10月，对中央电视台实行经费预算包干的财务管理办法。

9月14日

丁仁山任辽宁省广播电视厅党组成员、副总编辑、辽宁人民广播电台台长。

9月16日

中央电视台委托北京广播学院举办的节目计划管理研讨班开课。该班是根据当年全国省级台和计划单列市台总编室主任会议上各地方台代表的提议，由中央电视台总编室牵头举办的。这样的研讨班在电视界尚属首次，共有30个省台的总编室有关人员参加。

9月17日～20日

《中国广播电视学刊》编辑部和甘肃省广播电视学会在兰州召开全国广播电视学刊交流协作会，会议经酝酿成立“全国广播电视学刊研究委员会”。

9月19日

第九届“大众电视金鹰奖”授奖大会在广州天河体育中心举行。《渴望》《围城》

《宋庆龄和她的姊妹们》《公关小姐》荣获优秀电视连续剧奖，《五朵金花的儿女们》《大兰和星兰》获优秀电视单本剧奖，《赖宁》获优秀儿童剧奖，《黄山情》获优秀电视戏曲片奖。最佳男女主角、男女配角的桂冠由《渴望》剧组演员李雪健、张凯丽、孙松、韩影包揽。此现象为历届“金鹰奖”所绝无仅有。

9 月 22 日

中央电视台文艺部与台湾台视、香港无线电视台联合举办的《神州一片月》中秋文艺晚会在中央电视台第一套节目录像播出。

9 月 23 日

经广播电影电视部党组批准，中央电视台正式成立对台编辑部。

9 月 24 日

瑞典广播电台代表团一行五人来华访问，与中央人民广播电台签署广播合作协议。

9 月 24 日～29 日

由广播电影电视部、四川省政府主办的 1991（第一届）中国四川国际电视节在成都举行。来自五大洲 32 个国家、地区和国内 400 余家电视台、影视制作发行机构、广播电视设备制造厂家、文艺表演团体、新闻单位的 3500 多位中外来宾参加本届电视节。广电部部长艾知生，中宣部副部长聂大江，中央对外宣传领导小组副组长周觉等出席电视节有关活动。电视节上举办了“金熊猫奖”国际电视节目评奖。《南行记——边寨人家的历史》获最佳电视剧奖（故事片），《藏北人家》获最佳纪录片奖，陈道明获最佳男主角奖，大竹忍获最佳女主角奖。在国际电视节目交易会上，与国外达成意向协议引进送审的电视剧共 122 部 1100 多集，引进卡通片、纪录片约 200 多部集。国外影视机构购买我国的电视片 213 部集，金额 40 多万美元。在五天的国际广播电视设备展览会上，共有 3 万多人次参加，获得意向性成交额 5113 万元人民币和 307 万美元。电视节组委会还组织了 4 场国际电视学术讨论会和 14 场国际广播电视新技术交流会。广电部党组于 1990 年 4 月作出决定，在全国设上海电视节和四川电视节，四川电视节逢单年举办，上海电视节逢双年举办。

9 月 28 日

人事部发出《关于自然科学方面 1991 年首批享受政府特殊津贴人员的通知》，首批批准广播电影电视部五名在自然科学方面作出突出贡献的专家学者、技术人员潘振中、王成武、孙芳垂、严星华、金驾东享受 1991 年政府特殊津贴。

同日

5：00，原广东省属的广州人民广播电台改名广东人民广播电台文艺台并正式开播，采用中波 999 千赫，全天播出 19 个小时。

9 月 29 日

天津电视台六个频道的电视节目全部按市委、市政府的要求，实现国庆节前在天津广播电视塔播出。10 月 1 日，天津广播电视塔落成开播典礼在天塔前广场举行，中共中央政治局常委、书记处书记李瑞环为典礼剪彩。该塔于 10 月 10 日正式对外开放。

9 月 30 日

大型文艺晚会《这是一片热土》作为献给新中国 42 周岁的礼物，在中央电视台第一套节目中播出。

同日

上海人民广播电台交通信息台正式以中波 648 千赫对外播音，播出时间为 7：00 至 19：00。

9 月 30 日～10 月 4 日

为配合国庆 42 周年宣传，中国国际广播电台英语部制作特别节目《中国的开放窗口》，全面介绍我国经济特区 10 年来的建设成就，以及我国的对外经济政策。该节目由五篇录音报道组成，每篇 25 分钟。

10 月 1 日

北京人民广播电台开办《世界著名戏剧故事》专题节目，计划用四年左右时间播完。

10 月 5 日～16 日

“亚广联”第二十八届大会在马来西亚首都吉隆坡举行，广播电影电视部副部长马庆雄率团参会。中央人民广播电台选送的音乐专题《钟与钟乐》获 1991 年度“亚广联广播文化基金奖”大奖。中央电视台选送的由宁夏电视台和辽宁电视台联合摄制的专题节目《沙与海》获“亚广联电视节目奖”。它是中国第一部获“亚广联”大奖的纪录片。中央电视台撰写的技术论文《第十一届亚运会电视转播系统概况》获技术论文二等奖。

10 月 7 日～9 日

广播电视科技情报成果评审委员会召开评审会议，评选出广播电视科技合理化建议和技术改进（科技情报成果）奖 1991 年度获奖项目 13 个。

10 月 7 日～12 日

蒙古广播电视台总台长卓·阿勒泰等四人来华访问，中共中央政治局常委、书记处书记李瑞环会见该代表团。广播电影电视部部长艾知生会见蒙古客人，副部长刘习良代表广电部与蒙方签订中蒙广播电视 1991 年至 1992 年合作计划。

10 月 8 日

人事部发出《关于社会科学方面 1991 年首批享受政府特殊津贴人员的通知》，确定广播电影电视部 33 名社会科学方面的专家学者首批享受 1991 年政府特殊津贴。名单如下：张庆午、李顺然、钟健生、王善忠、邹昶冷、席升茂、黄阿玲、崔永昌、嵇书佩、耿绍光、张以清、张之、徐肖冰、沈杰、高维进、齐越、康荫、宋珑、闫飞、王立平、王扶林、张水华、凌子风、谢添、谢铁骊、钱江、林农、秦威、王好为、苏叔阳、石梅音、杨霁明、孙明经。

同日

广播电影电视部科技司和中央电视台在北京召开 SDS-P 单信道双节目传输系统论证研讨会。该系统由清华大学负责研制。

10 月 9 日

“辛亥革命 80 周年纪念大会”在北京奥林匹克体育中心体育馆隆重举行，国家主席杨尚昆发表讲话。中央人民广播电台、中国国际广播电台、中央电视台对大会进行现场实况转播。

10 月 9 日～ 12 日

全国广播电台立体声音乐节目交换会在贵阳市举行。

10 月 10 日

广播电影电视部任命高孚曾为广播科学研究所所长。

同日

江西电视台、江西师范大学、北京国际汉字研究会联合录制的我国第一部全景式展示中国汉字的历史源流、当代应用美学价值和未来发展趋势的四集电视系列艺术片《神奇的汉字》，在南昌举行首映式。

10 月 10 日～ 19 日

广播电影电视部在广西桂林召开《广播电视法》研讨会。

10 月 12 日

中国广播电视学会电视教育节目研究委员会在青岛成立，洪民生当选为会长。

10 月 12 日～ 11 月 15 日

为纪念中央革命根据地创建暨中华苏维埃共和国临时中央政府成立 60 周年，江西省赣州地区 18 个市、县广播台（站）举行大联播活动。

10 月 13 日～ 18 日

中央人民广播电台举办首届全国广播系统新设备维护经验交流会。

10 月 15 日

国务院副总理朱镕基在上海市委副书记、市长黄菊，副市长、电视塔建设工地领导小组组长倪天增陪同下，视察上海广播电视塔建设工地，称赞上海市广播电视局自筹资金建塔是一个创举。

同日

四川人民广播电台推出一个以农村听众为主要对象的综合性板块节目《希望的田野》。到年底，每天播出时间为半小时，1992 年元旦以后改为一小时。

10 月 16 日～ 18 日

中央电视台在北京梅地亚中心召开全国省级电视台社教（专题）部主任会议。会议确定，由中央电视台联合上海等省级电视台，会同国家科委、中科院、科协、国防科工委，完成 52 位学部委员和中青年科学家的拍摄任务，每集五分钟。

10 月 17 日

由中国电视剧制作中心摄制的 10 集电视连续剧《荒原城堡 731》播出后反响强烈。该片是大陆首部反映日本 731 部队在中国用活人做试验的罪恶行径的连续剧。日本《中日新闻》《东京新闻》记者在京采访了该剧导演朱一民等。

10 月 19 日

中共中央政治局常委、书记处书记李瑞环到上海广播电视塔工地现场视察。

同日

甘肃电视台举行 26 集电视连续剧《羚羊号历险记》（英国）首映式，这是该台首次完成的译制片。

10 月 20 日～ 24 日

上海人民广播电台主办第三届上海国际音乐节目展播，共有 37 个国家和地区的 51 家广播电台、广播公司参加。提供展播的音乐节目近 100 个小时，编辑播出 53 套。展播期间还举行了专场文艺演出和国际音乐节目研讨会。

10 月 23 日

中共山东省委决定省电台设立党委，胡维周任党委书记。

10 月 25 日～ 11 月 8 日

应意大利国家新闻出版局和德国之声电台台长邀请，中国国际广播电台台长崔玉陵率领代表团一行四人对上述两国进行访问。与意方就互换节目、合作制作节目、人员交流等方面的合作进行磋商；与德方续签关于两台互换工作人员的协议。

10 月 27 日～ 11 月 2 日

全国音像资料馆协作会年会在长沙召开，31 位理事和代表出席会议。会议讨论通过《全国音像资料馆协作会章程》，讨论了《录音录像资料管理规定》并提出修改意见。

10 月 28 日～29 日

广播电影电视部科学技术进步奖评审委员会在北京召开评审会议（部分有异议的项目于 1992 年 5 月进行了最终裁决），共评出广电部科学技术进步奖 1991 年度授奖项目 24 项。

10 月 31 日

由中央人民广播电台和国家语言文字工作委员会共同主办的“容声杯”全国普通话大赛决赛在广播剧场举行，49 名选手进入决赛。广播电影电视部部长艾知生、副部长刘习良和中央电台台长杨正泉等为获奖选手颁发奖杯、证书。

同日

全国第二届“蜀秀杯”广播剧评选在重庆揭晓，参评剧目 46 部，评出单本剧得奖剧目 21 部、短剧 11 部。

同月

广播电影电视部党组任命贾文增为中央电视台总会计师。

11 月 1 日

国务院新闻办公室发表《中国的人权状况》白皮书。中国国际广播电台国内新闻中心编发消息和介绍，并配合编辑有关稿件 23 篇（条）。该台英语、西班牙语、葡萄牙语广播按规定的时间播出关于白皮书的综合消息和介绍稿，以及国务院新闻办公室主任朱穆之对广播电视记者的谈话，其他语种也都在各自的首次节目中安排播出。

11 月 1 日～6 日

全国农村有线广播第三次设备技术改造会议在苏州召开，广播电影电视部副部长徐崇华到会并讲话。会议重点研究探讨有线广播在抗洪救灾中的作用以及如何进一步提高其抗灾能力等问题。

11 月 1 日～6 日

由浙江电视台承办的第二届西湖电视博览会在杭州举行，日本、新加坡、泰国、捷克斯洛伐克等 10 多个国家和地区以及中国广播电视界的 200 多位代表应邀参加。博览会期间共展播国内外提供的 62 部 318 集中外电视剧和专题片。

11 月 2 日

中国广播电视学会电视制片研究委员会在北京成立。全国人大常委会副委员长王光英被聘为高级顾问，何光被聘为顾问，徐宏当选为会长。

同日

中央电视台推出一个以娱乐性和欣赏性为主的新栏目《曲苑杂坛》，设置《快活林》《谈曲说艺》《惊险奇观》《笑不笑由你》等小栏目，每两周播出一次，每次 50 分钟。

同日

珠江经济广播电台今起分别和华中、华东、东北、华北、西南等地区的多家经济广播电台联合举办跨省多台联播系列节目《东南西北中热线大讨论：如何搞好国营大中型企业》。

11月5日

江西省抚州电视台建成开播，全天播出六个小时。

11月6日～8日

中国广播电视学会第二届理事会第一次会议在天津召开。广播电影电视部部长艾知生，中宣部副部长聂大江等出席开幕式。会议选举产生中广学会第二届理事会，审议通过新修改的《章程》和第一届常务理事会工作报告，选举产生52人组成的第二届常务理事会。在二届一次常务理事会议上，吴冷西再次当选为会长，马庆雄等15人为副会长，梅益、温济泽、金照、董林、周新武、左漠野、邹凡扬、丁一岚被聘为顾问，孙以森任秘书长。

11月11日

由中宣部、国家教委委托中央电视台电视剧制作中心等单位联合录制的六集国情教育片《神州吟》在人民大会堂举行首映式。中共中央总书记江泽民观看样片后题词："了解历史，认识国情，自强不息，振兴中华。"该片被国家教委列为中小学教材。

11月14日

广播电影电视部设计院声学所与建筑研究院物理所等单位联合研制的JW隔板垫，通过北京市科学技术研究院组织的技术鉴定，为国家填补了空白。

11月15日

全国中青年京剧大奖赛全部结束，中央顾问委员会常委宋任穷和广播电影电视部部长艾知生、副部长刘习良观看决赛，并给获得最佳表演奖的演员发奖。本次比赛从今年2月开始，全国2000多名演员参加比赛，51名选手进入决赛。中央电视台直播了全部七场决赛。

同日

中国广播电视学会批准成立城市广播新闻研究委员会。第一批会员台35个。何光、韩庆余被推选为名誉会长，张贵当选为会长。

11月16日

广播电影电视部同意江苏人民广播电台第二套节目改为江苏经济广播电台。

11月16日～30日

首届世界女子足球锦标赛在广东举行。中央人民广播电台、中国国际广播电台、中央电视台报道了比赛情况。广东人民广播电台组织 30 多人投入采访报道，共播出消息 160 多条、专题 125 个。广东电视台抽调 200 多人参与宣传报道，现场直播或录播全部 26 场比赛实况。

11 月 18 日

广播电影电视部教育司同意管理干部学院暂设电视摄像、影视照明、影视动画和录音艺术四个专科专业，学制两年。

同日

中央电视台、中国长城学会与日本东京广播公司联合摄制的大型电视纪录片《望长城》于本日在中国和日本播出。日方用的片名为《万里长城》。该特别节目共四集，题目分别是《万里长城万里长》《长城两边是故乡》《千年干戈化玉帛》《烽烟散尽说沧桑》。

同日

国务院总理李鹏视察上海广播电视塔建设工地。

同日

湖南电视二台开播，以经济科技宣传为主。

11 月 20 日

广播电影电视部任命张振东为部总编室副主任。

11 月中旬

四川省广播电视科技所科技攻关项目“低功耗太阳能无人值守微波中继站”通过省科委的技术鉴定。

11 月 20 日～ 29 日

“长江杯”全国抗洪救灾优秀新闻作品评选在北京举行。本次评选共收到中央和有关省、地、县新闻单位的稿件、节目 263 件，评出获奖作品 102 件，其中广播 14 件、电视 18 件。颁奖大会于 1992 年 1 月 1 日在京举行。

11 月 21 日

全国人大常委会委员长万里视察上海广播电视塔建设工地。

11 月 23 日～ 28 日

由广播电影电视部委托中央电视台青少部主办的首届全国少年儿童电视政府奖“金童奖”颁奖大会暨少儿电视理论研讨会在福建厦门举行。

11 月 26 日

由中央电视台社教部承办的“全国台湾知识大赛”决赛在第一套节目中播出。本次比赛历时半年，《台湾日报》《联合报》《中国时报》和美国《侨报》都对此进行了报道。

同月

西安电视台开办外语新闻节目。

同月

由新疆电视台摄制的第一部哈萨克语电视剧《长满蒿草的原野》播出。

12月1日

在《动物世界》开播10周年之际，中央电视台国际部和《中国电视报》联合举办的“我看《动物世界》”有奖征文活动举行发奖仪式。本次活动共收到征文2000余篇。

同日

广州市属的广州人民广播电台开播，全天播音24小时。至此，广东已建立19个地市级广播电台。

12月2日

中央人民广播电台对台广播新节目出台。采用板块节目和专题节目相配套的方式，开办《新闻与时事》《空中之友》板块节目和《九洲彩虹》综合文艺板块节目。

12月3日

广播电影电视部、人事部发布《关于表彰全国广播电影电视系统先进集体和先进个人的决定》：授予北京市海淀区广播电视局等135个单位“全国广播电影电视系统先进集体”称号；授予于蓝等40人“全国广播电影电视系统劳动模范”称号；授予刘平等399人“全国广播电影电视系统先进工作者”称号。

12月5日

李绍成任江苏人民广播电台台长；苏子龙任江苏电视台台长。

12月10日

首届“中国新闻奖”和首届“范长江新闻奖”颁奖大会在人民大会堂举行。中共中央政治局常委、书记处书记李瑞环等领导出席大会并向获奖者颁奖。首届“中国新闻奖”广播电视部分获一等奖8件，二等奖23件，三等奖38件。《欧共体决定立即恢复同中国的关系》（中国国际广播电台）、《黄河大桥贪污案引出的问号》（河南广播电视新闻中心）、《大地一样的深情》（辽宁人民广播电台、中央人民广播电台）和《和“锅巴王”谈产品结构调整》（陕西人民广播电台）分获广播消息、评论、专题类一等奖；《亚运圣火火种在西藏采集》（中央电视台、西藏电视台）、《粪桶畅销的启示》（浙江电视台）、《彩虹在浦江升起》（上海电视台）和《金融卫士》（湖北宜昌地区电视台）分获电视消息、评论、专题类一等奖。“中国新闻奖”每年评选一次，是全国优秀新闻作品最高奖。首届“范长江新闻奖”评出获奖者9名，广播电视系统刘效礼（中央电视台）、杨登榜（四川省金堂县广播电台）、曹仁义（中央人民广播电台）获奖。该奖是以我国杰出的新闻工作者范长江的名字设立的新闻奖，1991年起每三年举办一次，从 2000 年起改为每两年举办一次。

同日

中国国际广播电台老挝语部陈集秋，因在建设老挝万象卫星地面站工程中表现出色，荣获老挝国家劳动英雄勋章。

12 月 11 日

1991 年全国广播体育好新闻评选在成都揭晓。

12 月 13 日

首届“宣传中国共产党领导的多党合作和政治协商制度好新闻奖”评选颁奖大会举行，共评出一、二、三等奖 106 篇。

12 月 14 日

山东电视台设立党委。武云芳任党委书记，曾昭明任副书记。

12 月 14 日～21 日

应越南之声、越南中央电视台的邀请，由广播电影电视部副部长刘习良率领的中国广播电视代表团一行六人对越南进行业务访问。这是中越广播电视界 20 年来首次接触。

12 月 15 日

四川信息广播电台成立。

12 月 16 日

广播电影电视部办公厅《关于明确我部所属广播电影电视管理干部学院级别的函》，函告山西省人民政府办公厅，明确该院为广电部直属正司局级事业单位。

同日

海峡两岸关系协会成立，汪道涵任会长。该协会的成立标志着海峡两岸关系的重要发展。中央人民广播电台对台湾广播部对此进行了集中报道。

12 月 17 日

宁夏回族自治区首个有线广播电视网工程在固原县城动工。

同日

为纪念毛泽东诞辰 98 周年，中国唱片总公司上海公司编录并出版的唱片《红太阳——毛泽东颂歌新节奏联唱》开始发行。

12 月 18 日

中共中央总书记江泽民出席厦门经济特区成立 10 周年庆祝大会，并发表重要讲话。福建电视台向全省现场直播庆祝大会实况。

12月19日

广播电影电视部党组决定，张振华任中国国际广播电台分党组副书记。

12月20日

河北省电视中心工程举行开工典礼。

12月21日

中组部通知：任命杨伟光为中央电视台台长，免去黄惠群中央电视台台长职务；经中宣部批准，任命沈纪为中央电视台副台长。同日，广电部党组发出通知，对中央电视台分党组成员进行调整。杨伟光为分党组书记，洪民生为副书记，于广华、沈纪、林景云、马瑞流、陈汉元、张天民、黄惠群为分党组成员。

同日

全国人大常委会办公厅在人民大会堂召开第一届“宣传人民代表大会制度好新闻奖”颁奖大会，全国人大常委会副委员长彭冲出席。该奖是中央批准的全国性常设新闻奖，旨在加强对人民代表大会制度和社会主义民主法制建设的宣传，表彰为此作出贡献的新闻工作者，鼓励更多的宣传人民代表大会制度和民主法制建设的优秀新闻作品问世，每年评选一次。本次评选共评出获奖作品139件。

同日

中央人民广播电台协助日本东京放送（TBS）制作专题节目《来自2001年的音信——亚洲的孩子现在在想什么》，现场采访北京、曼谷、汉城、东京一些10～12岁的小学生，并在同一时间实现四城市直播获得成功。

12月23日～26日

《中国少数民族广播电视史》第一次编委会议在南宁召开，会上讨论了编写指导思想、编写原则等有关问题。

12月24日～27日

由中央人民广播电台台播部和香港汛年国际有限公司、汉顺公司联合举办的第四届“海峡情”有奖征文进行评选，获奖作品65篇，其中台湾作者18人，大陆作者45人，美国作者2人。

12月29日

人事部发出《关于享受1991年政府特殊津贴增补人选的通知》，批准广播电影电视部享受1991年政府特殊津贴的增补人选共两人：张厚忠、金孟申。

12月30日

广播电影电视部部长艾知生阅中央电视台《宣传日报》刊出的《文艺部重申要注意通俗歌曲的比例和格调》后批示：“抓这个问题很有必要。请电视台文艺部，继续大力提高文艺节目的格调、品位，大力提倡民族音乐，大力普及音乐知识，提高音乐水平。中央电视台作为国家台，绝不可随波逐流，要在文艺上掌握正确的方向。”

同日

新闻出版署正式批准中国国际广播电台创办《世界信息报》。该报为周二报，4开8版。

同日

由中央电视台与河南电视台联合拍摄的六集电视系列片《商战》播出，在全国引起普遍关注和好评。

同日

天津人民广播电台调频立体声节目在新建的天津广播电视塔发射播出。同时播出两套节目，第一套播出频率99兆赫，台号天津人民广播电台调频立体声音乐台，全天播音14小时35分钟，内容为自办节目，其中音乐节目占90%，其余为戏曲、广播剧节目；第二套播出频率102.9兆赫，台号天津人民广播电台调频立体声文艺台，全天播音18个小时，转播中央人民广播电台调频立体声文艺节目，并新开设《乐林漫步》《通俗乐坛》《歌剧精华》等栏目。

同日

辽宁人民广播电台对节目设置和广播时间进行重大调整，新闻节目由12次增加到17次，新开办四个板块节目，在综合性频率中实行节目主持人直播方式。

12月31日

国家主席杨尚昆通过中国国际广播电台向海外听众发表新年讲话。国际台各语言广播从18：00开始播发该讲话。当日，新华社、中央人民广播电台、中央电视台也播发该讲话。第二天，《人民日报》等报刊都在各自的首要位置刊登了杨尚昆的新年讲话。

同日

中央电视台第一部大型声像目录《中央电视台新闻目录》1988年卷由中国广播电视出版社出版发行。该目录的编辑对象是《新闻联播》节目，以播出日期为序，每条附加一个分类索引和新闻人物人名索引。每年度1卷，每卷约90万字，计划在年内将1982 ~ 1991年的各年卷出齐。

同日

福建省广播电视中心大楼建成并部分投入使用。

同月

中共中央政治局常委、书记处书记李瑞环就15集连续剧《联林珍奇》给剧组人员写信，希望有更多弘扬民族文化的好作品出现。

年底

中共中央总书记江泽民为安徽电视台拍摄的反映1991年安徽抗洪救灾的十集电视专题片《大浪丰碑》题写片名。

同年

全国（未包括港、澳、台）共有广播电台724座、节目套数为848套，对国内广播使用35种语言、对国外广播使用43种语言，平均每天播音7125小时，全年共制作节目76.65万小时；有中、短波发射台和转播台706座、调频发射台和转播台799座、微波站1080座、微波线路47793公里、卫星电视地面站28217座；广播人口覆盖率为75%。有线广播站2464个，平均每天播音13933小时。有线广播专用线路为286.77万杆公里，广播喇叭有8604万只，喇叭入户率为38.1%。全国共有电视台543座、节目套数为596套，平均每周播出时间为23815小时，全年制作电视节目共10.85万小时、电视发射台和转播台28479座，电视人口覆盖率为80.5%。

同年

广播电影电视系统共制作广播剧570部1649集、电视剧1030部5304集。

同年

广播电影电视部科技司对1985年的《广播电视技术维护工作竞赛评比管理办法》进行修订，印发《广播电视技术维护管理工作的若干规定》，对技术维护工作各个环节的指标等级、测试方法等提出明确要求。

同年

中央人民广播电台收到听众来信560111封。

同年

中国国际广播电台收到155个国家和地区的听众来信234870封。

同年

安徽省内微波专线开通，省电台、电视台节目可以通过微波专线传送到16个地、市和30多个县（市），扩大了省台节目的覆盖范围。

同年

贵州电视台摄制的全面介绍黄果树瀑布自然风光的电视片《黄果树瀑布》被制作成中、英两种文版，是为配合黄果树景区申报世界自然遗产而拍摄的。

1992 年

1 月 1 日

中央人民广播电台调整改革节目，新推出 6 个板块节目：《科技 · 知识 · 生活》以传播知识、指导生活、服务社会为宗旨，节目内容以科学技术知识为主，同时包括医药卫生知识，生活实用知识以及文学、历史、地理知识。《经济生活》以宣传经济政策、追踪经济热点、研讨经济现象、传播经济信息、沟通产销关系、引导群众消费为宗旨。《439 播音室》是一个以青少年为主、面向全社会的综合性思想教育板块节目。《音乐天地》是向全国听众介绍中国音乐，展示中国音乐事业和音乐工作者成就的窗口。《空中大舞台》是一档戏曲曲艺板块节目。《海外乐坛》是一个外国音乐综合性板块节目。

同日

中国国际广播电台华侨部更名为中文部。

同日

中央电视台《神州风采》栏目自 1989 年 3 月开办以来，已连续播出 1000 期，特别节目《千回话神州》今日与观众见面。

同日

吉林人民广播电台文艺台（调频 104.3 兆赫）正式开播。节目以音乐为主，兼有戏曲、曲艺、文学、广播剧等。除周日外，每天播出 10 小时 15 分钟，周日播出 12 小时 45 分钟。

同日

广东人民广播电台新闻台推出电话讨论节目《今日热线》。该节目着重以当日大众关注的新闻事件为议论话题，展开群众热线电话讨论，为社会提供一个议论时事的讲坛，达到监督社会、引导舆论的目的。每周一到周五 18：30 至 20：00 播出。

同日

四川人民广播电台早间新闻节目的名称由《四川新闻和报纸摘要》改为《早晨新闻》。新开设《西南纵横》和《特区信息》栏目。整点新闻每天增加到 9 次，每次

5分钟。《全省各地广播台站联播》节目改为《四川新闻联播》。同时，《早晨新闻》和《四川新闻联播》节目都推出“星期版”，开设若干新栏目，如《地县广播台》《目击传真》《听众点题》《政府大楼里的讯息》等。

同日

合肥人民广播电台全套节目改录播为直播。

1月2日

中国国际广播电台普通话节目正式向美国中国广播网传送。根据双方于1991年11月26日签订的协议，每天传送15分钟的中国新闻和时事报道节目，该网于纽约时间21：15播出。

1月9日

广播电影电视部党组任命雷元亮为人事司副司长。

1月10日

广播电影电视部任命宋世芳为老干部局副局长。

1月11日

广东人民广播电台珠江台与美加华语广播网实现越洋合作，成功直播《飞越太平洋》节目。

1月12日

《关于广播电影电视行政复议若干规定》（广播电影电视部令第6号）发布施行，共33条。

1月16日

中共上海市委决定：贾树枚任中共上海市广播电视局委员会书记。中共上海市委同意：徐济尧兼任中共上海人民广播电台委员会书记。上海市人民政府决定：任命盛重庆为上海电视台台长。

1月16日、17日

在京的部分全国人大代表到中央电视台、中国国际广播电台中文部、中央人民广播电台对台湾广播部视察工作。

1月17日

中共中央总书记江泽民在上海市委书记吴邦国、市长黄菊和南京军区政委史玉孝陪同下，视察上海广播电视塔工程建设工地。上海市广播电视局局长龚学平向江泽民介绍了“东方明珠”上海广播电视塔的总体结构、功能、规模及施工情况。“东方明珠”预计于1994年建成，向国庆45周年献礼，将成为上海城市的又一重要标志。

1月20日～2月24日

北京电视艺术中心摄制的第一部大型电视轻喜剧《编辑部的故事》（25集）在

北京电视台播出。

1 月 22 日～ 30 日

“美国有线电视新闻网（CNN）世界报道”第三届供片成员年会在美国亚特兰大召开。中央电视台由于供片超过 100 条而被吸收入“百条成员俱乐部”。

1 月 27 日

《中国电视报》英语版试刊，拟每月出 1 ～ 2 期。第 1 期共印报 3.5 万份。

1 月 28 日

中共中央政治局委员、四川省委书记杨汝岱和省委副书记聂荣贵，在省广播电视厅厅长卢子贵陪同下，到四川人民广播电台检查工作并通过广播向全省人民拜年。

2 月 1 日

中共中央政治局常委、书记处书记李瑞环，中共中央政治局委员、国家教委主任李铁映，财政部部长王丙乾到北京电视艺术中心视察。该中心成立于 1982 年，是中国大陆第一家电视剧专业单位。时值该中心成立 10 周年，中共中央总书记、国家主席江泽民题词：“艺无止境，不断创新。”国务院总理李鹏题词：“寓教于乐。”

同日

广东省佛山市广播电视局完成全国第一个微波联网有线电视工程，传送 13 套节目，其中自办节目两套。

2 月 2 日

全国政协主席李先念通过海峡之声广播电台，向 2000 万台湾同胞拜年。

2 月 3 日

19：00，中央人民广播电台播出春节晚会《九州同庆报春来》。20：00，中央电视台在 1000 平方米演播室现场直播《1992 年春节联欢晚会》，次日凌晨 0：40 圆满结束。

2 月 4 日

中国国际广播电台中文部 5 个语言组分别与香港电台、美加华语广播网、佛山人民广播电台举办全球华人贺岁联播《不分疆界华人大团拜》节目。

2 月 9 日～ 26 日

日本外务省以经济协力局无偿资金协力课植野笃志为团长，一行九人到新疆电视台访问。双方签订《关于新疆电视台器材装备计划基本设计调查的会谈纪要》。日本政府将对新疆电视台提供 5.09 亿日元无偿资金援助。

2 月 10 日

新疆维吾尔自治区伊宁人民广播电台改名为伊犁人民广播电台。

2 月 12 日

中央电视台在无锡外景基地拍摄的第一部室内电视连续短剧《人到老年》晚间

在第二套节目中播出。

2月18日～3月3日

第三届"中国艺术节"在昆明举行。中央人民广播电台、中国国际广播电台、中央电视台圆满完成本次艺术节的报道任务。中央电台在开幕式现场直播中，首次试用卫星接收信号和微波传送交替的办法，保证了第一套节目和对台广播频率同时直播这场实况。

2月18日～3月5日

广播电影电视部部长艾知生率团访问印度尼西亚、新加坡、泰国。艾知生同印度尼西亚新闻部部长哈莫哥签订两国政府新闻合作谅解备忘录。

2月19日

为加强有线电视台、站的节目管理，根据《有线电视管理暂行办法》《〈有线电视管理暂行办法〉实施细则》和国家有关法律、法规及电视宣传管理规章，广播电影电视部《关于有线电视台、站电视节目管理的暂行规定》发布施行，共22条。

2月20日

中国国际广播电台计算机发稿系统投入试运行。

2月23日～28日

由广播电影电视经济管理研究会和广东省广播电视厅联合举办的首届广播电影电视经济管理研讨会在广州召开。

2月25日

中国国际广播电台俄语部举行庆祝开播30周年茶话会。

2月27日

《中国广播电视学刊》第二任编辑委员会组成，编委21人。主编何光，副主编赵水福、洪民生、罗弘道、吴贤纶、白谦诚，胡若木被聘为顾问。

2月28日

中宣部、广播电影电视部、中华全国新闻工作者协会联合举行"张根昌优秀事迹报告会"，号召全国新闻工作者向张根昌学习。张根昌是山西电视台的一名主任记者，从事电视新闻工作16年来，共拍发5000多条新闻，其中近千条被中央电视台采用，16条在全国获奖。1991年9月，他累倒在工作岗位上。本年2月，中共山西省委授予张根昌"优秀共产党员"称号。2月24日，中华全国新闻工作者协会作出决定，授予张根昌"无私奉献优秀新闻工作者"光荣称号。3月10日，广电部党组作出《关于向张根昌同志学习的决定》。

同日

广东人民广播电台英语台举行开播仪式。

2 月～7 月

中国新闻文化促进会和人民日报社经济部联合发起“中国质量万里行”活动，参加主办的单位有人民日报社、新华社、中央人民广播电台、中央电视台等 24 家新闻单位，300 多名记者和国家技术监督局、中国质量协会等管理机构和行业组织人员参加，是一次全国规模的系列报道活动。活动期间，首都各大报刊、中央电台和中央电视台共刊登、播发由组委会编发的“中国质量万里行”通稿 60 多篇，被揭露和批评的伪劣产品制造厂家 17 个，有 34 个质量先进单位受到表扬。之后此项活动变成一项持续性的活动，组委会成为常设机构，国家经贸委和中宣部为其主管机关。1994 年之后，“中国质量万里行促进会”成立。

3 月 5 日

时逢藏历水猴年新年，四川人民广播电台藏语广播以主持人直播、听众参与、文艺搭台的形式，组织《藏历水猴年新春省、州、县同呼吸、共命运、心连心空中大联欢》大型直播活动。

3 月 6 日～7 日

贵州省人民政府在贵阳市召开全省乡（镇）卫星广播电视收转站建设工作会议，通过《关于发展贵州省乡（镇）卫星广播电视收转站的实施方案》。

3 月 7 日

由中华全国妇女联合会等 13 个部委发布的《1992 年全国城镇妇女“巾帼建功”标兵》光荣册，广播电影电视部电视剧制作中心导演潘霞名列其中。

同日

广播电影电视部通知：经中宣部批准，任命李丹为中国国际广播电台副台长。

同日

中央电视台与广播电影电视部广播科学研究所联合开发的“利用图文电视技术传送新闻稿”项目，经过三个多月的实验，通过功能验收。

同日

新疆克拉玛依 7605 台地面卫星接收系统安装调试完毕，开始传送中央人民广播电台第一、第二套节目。自此，克拉玛依结束用短波接收信号的历史。

3 月 8 日～13 日

广播电影电视部政策法规司和中国广播电视学会在江苏常州联合召开全国广播电视研究工作会议。全国 20 多个省、自治区、直辖市、计划单列市广播电视厅（局）、广播电台、电视台的研究部门和广电学会的代表及中宣部新闻局、广电部有关司局、中央人民广播电台、中国国际广播电台、中央电视台、北京广播学院的代表共 70 余人参加会议。会议的主要议题是交流总结广播电视研究部门的工作，拟订

1992 ~ 1995 年全国广播电视研究课题（不包括科技方面的课题）。按照“着眼宏观、面向实际、突出重点、协调发展”的要求，经过反复研究，会议确定研究课题 115 个，其中重点研究课题 22 个。

3 月 13 日 ~ 17 日

1992 年度全国电视剧题材规划会议在石家庄召开，全国各省、自治区、直辖市广播电视厅（局）、电视剧制作单位、电影制片厂、音像管理部门、音像出版单位和国务院有关部、委（局）宣传司的有关负责人出席会议。广播电影电视部部长艾知生到会讲话。会议就电视剧生产创作、题材规划、播出管理等方面达成多项共识。经过反复协商，会议从各地电视剧制作单位上报的 1992 年度 567 部 4440 集选题规划中，初选出 60 部 461 集作为供中央电视台第一套节目每天黄金时间的电视剧佳作栏目播出备选的剧目，并在此基础上进一步圈定供中央电视台其他时间里首播的备选剧目 160 部 1070 集。会议认为，为了进一步解放电视剧艺术的生产力，在生产制作上要逐步实现“专业化，基地化和电视化”。同时，必须切实改进播出工作，坚决贯彻执行优质优播的原则。

3 月 14 日

广播电影电视部教育司发文，向国家教委报送《我部所属高校文科本科专业目录修订方案（草案）》：新闻学、国际新闻、广播电视新闻、播音、广告学、广播电视管理、文化事业管理、文艺编导、电视编辑、电视导演、广播电视文学、电影文学、电影导演、电影表演、电影摄影、动画、电影电视美术设计、录音艺术、影视工程、图片摄影、电影电视广告设计。

3 月 18 日

中央电视台收到“亚广联”关于新闻交换技术指标的测试报告。报告表明，中央电视台的技术指标较高，有的指标优于国际电信联盟建议的数值。这次测试的目的是检查“亚广联”新闻交换成员国卫星电路的质量。通过测试，找出问题所在，以提高新闻交换的质量。

同日

新疆维吾尔自治区乌鲁木齐市有线电视台成立。

3 月 18 日 ~ 22 日

马来西亚新闻部部长达图·穆罕默德·拉赫迈特访华，广播电影电视部部长艾知生与其签订两国政府新闻协定。

3 月 18 日 ~ 4 月 3 日

中国人民政治协商会议第七届全国委员会第五次会议（3 月 18 日 ~ 3 月 28 日）和第七届全国人民代表大会第五次会议（3 月 20 日 ~ 4 月 3 日）先后在北京召开。

中央人民广播电台、中国国际广播电台、中央电视台对人大会议开幕式进行了现场直播。从 3 月 17 日 ~ 4 月 4 日，中央电台在全台各类节目中播出“两会”新闻、专稿 450 多篇；中国国际广播电台“两会”期间共发稿 259 篇（条）；中央电视台首次邀请 25 个省级电视台的 51 名记者，共同参加人大会议的新闻采访。

3 月 22 日

中央人民广播电台、中国国际广播电台、中央电视台现场直播我国为澳大利亚发射通信卫星。当发射失败后，三台及时采取措施，保证当晚节目顺利播出。8 月 14 日，我国再次为澳大利亚发射由美国休斯公司制造的通信卫星获得成功，中央三台及时进行了报道。

3 月 24 日

《广播电影电视社会团体管理暂行办法》发布施行，共 19 条。

同日

辽宁电视台与日本富山电视台联合摄制的大型电视纪录片《辽河》，在辽河入海口营口市举行关机仪式。该片摄制历时一年半，行程 1.5 万公里。11 月 26 日，该片在日本冈山市举行的第一届亚洲映像节上获得“亚洲未来奖”优秀奖。

3 月 25 日

中共河北省委、河北省人大常委会决定，任命周申明为省广播电视厅党组书记、厅长，郜永堂不再担任党组书记、厅长职务。

3 月 25 日 ~ 28 日

全国广播电视微波线路综合利用现场会在太原召开。

3 月 28 日

中国广播电视学会企事业管理研究委员会在北京召开第一届理事会议。广播电影电视部副部长徐崇华被推选为名誉会长，张文翥当选为会长。

3 月 31 日

邓小平视察深圳的专题报道《东方风来满眼春》于当晚在中央电视台第一套节目播出。中央电视台将该节目复制成不同制式、规格的录像带，通过民航快递，分送给美国及加拿大的 13 家电视台和 160 个中国驻外使领馆。

3 月 31 日 ~ 4 月 1 日

叶惠贤主持艺术研讨会在上海举行。北京、上海、杭州等文化界、新闻界、学术界的领导、知名人士和代表共 50 余人应邀出席。大家结合分析叶惠贤的主持实践，研究了中国节目主持人的现状，并就如何进一步办好主持人节目发表意见。叶惠贤是上海电视台著名节目主持人，曾主持过《今夜星辰》《今日影视》《难忘的老朋友》等节目，三次获得“金话筒”奖，并获得中国电视主持人终身成就奖。

同月

日本广播协会与中央电视台在日本设立的合资公司“中国电视”签订购买《中国报道》的合同。日方拟在1992年4月开始播出，并通过卫星向欧、美的日侨播出。

同月

甘肃电视台第一个综艺栏目《花好月圆》开播。

同月

新疆电视台拍摄的《火焰山来的小鼓手》获第四十二届柏林国际电影节儿童片评委会奖，即最佳儿童片奖。

4月1日

中国唱片总公司成为国际唱片业协会（IFPI）的正式会员。

同日

凌晨，新疆广播电视学校1989级电大工程班20名参加毕业实习的学生，在乘坐274次列车前往湖南株洲中南无线电厂途中，突遇歹徒。为保护人民生命财产，同学们奋不顾身与歹徒搏斗，戴伟、吴刚、慕志红、陈鹰、王进峰、桂星等6名同学负伤。4月19日，铁路公安部门将凶犯抓获归案。4月29日，广播电影电视部发出《关于表彰新疆广播电视学校学生与犯罪分子英勇斗争事迹的决定》。6月3日，新疆维吾尔自治区人民政府发出《新疆维吾尔自治区人民政府关于授予戴伟等6名同学“见义勇为，勇斗歹徒的大学生”称号的决定》。

同日

吉林省九台市委、市政府召开大会，庆祝新中国第一座农村县级有线广播站——九台市人民广播站（台）创建40周年。

同日

广西人民广播电台恢复《壮文广播学校》节目并开始播出。

4月2日

《广播电影电视部直属单位劳动就业服务企业管理办法》发布施行，共6章39条。

4月6日

广播电影电视部任命安利为外事司副司长。

4月7日

《广播电影电视部科学技术项目管理办法》和《广播电影电视部科学技术成果鉴定办法》发布施行。

4月8日

中国广播电视学会农村宣传研究委员会（后改为中广学会对农村广播电视研究委员会）在湖南长沙宣告成立。农业部部长刘中一、林业部部长高德占被推举为名誉会长，广播电影电视部地方司司长韩庆余为会长。

4 月 9 日～ 17 日

日本电视网广播公司社长佐佐木芳雄率团访问中国，中共中央政治局常委李瑞环在人民大会堂会见该代表团。广播电影电视部副部长马庆雄与日方签署友好合作协议书。

4 月 11 日～ 17 日

全国对台广播优秀节目评选会和协调会在上海举行。中央人民广播电台、海峡之声广播电台等八家电台推荐的 101 篇稿件（节目）参评，共评出各类优秀稿件（节目）80 篇（个）。

4 月 15 日

中共中央对外宣传领导小组组长、国务院新闻办公室主任朱穆之考察广西对外广播电台。

同日

广播电影电视部任命肖克昌为教育司副司长。

同日

青海人民广播电台藏语编辑部与海北藏族自治州人民政府联合举办专题节目《改革中的海北草原》，到年底结束。

4 月 18 日～ 25 日

中央电视台圆满完成第五届“五洲杯”业余青年歌手电视大奖赛的民族、美声、通俗三种唱法的三场决赛的现场直播任务。

4 月 21 日～ 25 日

新疆首次少数民族语言电视剧译制工作会议在乌鲁木齐召开。会议制定《全疆电视剧译制规划》《全疆少数民族语言电视剧译制协调管理暂行办法》和《优秀电视剧译制片评奖办法》。

4 月 22 日～ 29 日

1991 年度全国优秀电视新闻评选活动在郑州举行。31 家单位选送的 231 个节目中有 187 个获奖。

4 月 24 日

全国文化宣传系统首家股份有限公司——上海东方明珠股份有限公司成立，并于 5 月 23 日经上海市委批准，向社会发行股票。

同日

文选德任湖南省广播电视厅厅长、李青林任厅党组书记。

4月25日

晚，北京广播学院无线电系1989级学生万成兆（男，23岁，1969年8月1日出生于青海省贵德县，土族，共青团员），在同混入学院学生活动中心滋事行凶的流氓分子斗争中，为维护学院的正常秩序和其他同学的生命安全，被流氓分子刺成重伤，经抢救无效，光荣牺牲。1993年7月22日，青海省贵德县举行大会，宣布青海省人民政府批准万成兆为革命烈士的决定。

同日

由广播电影电视部广播科学研究所研制开发的《电视播控数据行技术方案》和试验样机在北京通过部级鉴定。

4月27日

天津市广播电视局将天津文艺广播促进会更名为天津市广播事业促进会，名誉会长谢国祥，顾问林代柱、罗远鹏、董树义，会长宋银章。

4月28日

广西壮族自治区人大常委会任命郑久粲为自治区广播电视厅厅长，邓生才不再担任厅长职务。

同月

为了探索地球未来的发展，联合国新闻署主持了题为《小行星计划》的电视系列节目。中央电视台对外电视中心参加了这个国际合拍节目。中国编导负责拍摄世界人口问题的一集专题已完成。联合国新闻署5月至6月将向世界各国发行。

同月

甘肃省第一个县级电视台——敦煌电视台开播。

4月～5月

为纪念中日邦交正常化20周年，北京电视台与日本长野放送分别在中国北京和日本东京等地拍摄并制作大型电视特别节目《一衣带水，源远流长》，于9月28日分别在中国和日本播出。

5月1日

从当日起，由福建省发展计划委员会、经济委员会、经贸委员会、农业委员会，省府特区办、省广播电视厅、省电台、省电视台联合举办的大型广播电视系列专题《来自改革开放第一线的报告》推出。专题展播一年。省长贾庆林为专题开播发表广播电视讲话。

同日

山东人民广播电台文艺台正式开播。

同日

四川人民广播电台戏曲板块节目《今晚好时光》开播。该板块节目侧重多样性，设有欣赏性、知识性、信息传播、评论、参与性、娱乐性等小栏目，以满足广大戏曲爱好者多方面的要求。每周一至周五晚上播出一个小时。

5 月 3 日

黑龙江人民广播电台进行节目改革，主持人现场直播板块节目《你好，星期天》播出。节目融新闻、知识、服务、娱乐为一体，以城市和城镇听众为主要对象，旨在伴随听众度过一个轻松愉快、充实的星期天。整个节目分五个部分：第一档《共度良辰》，第二档《热线点播》，第三档《社会广角》，第四档《哈哈乐园》与《621 茶座》隔周一次播出，第五档《卡拉 OK 你我他》。

同日

湖南省醴陵电视台开播。

5 月 3 日～ 13 日

国务院台湾事务办公室新闻局和中华全国新闻工作者协会组织的“海峡两岸记者三峡工程联合采访团”，从重庆至武汉的采访活动圆满结束。台湾 15 家新闻单位的 18 名记者和大陆 11 家新闻单位的 14 名记者参加。中央电视台在《天涯共此时》栏目中连续报道此次采访活动，并通过卫星向台湾地区播出。

5 月 4 日

江苏经济广播电台试播。

5 月 5 日

湖南省娄底电视台开播。

5 月 6 日

广播电影电视部《录音录像资料管理暂行规定》发布施行，共 6 章 25 条。

同日

广播电影电视部任命刘洪才为无线电台管理局局长。

5 月 8 日～ 15 日

应中央人民广播电台邀请，塞浦路斯新闻局局长索福克莱沃斯夫妇来华访问，台长杨正泉会见了他们，双方签署广播合作协议。

5 月 9 日

由岳阳电视台、北京电影制片厂、中央电视台联合摄制的四集电视连续剧《太阳照在桑干河上》在岳阳市举行首映式。国务院总理李鹏为该片题写片名。

5 月 12 日

中央电视台在大演播厅举行首届外国人学汉语知识大赛决赛。实况录像编制成

《汉语风》特别节目于6月份播出。

5月13日～17日

中国广播电视学会史学研究委员会第二届全体会议暨《中国广播电视通史》编委会议在湖南省郴州市召开。会议期间进行了史研会换届工作，推选出新一届常务理事21名，常务理事会第一次会议一致同意聘请温济泽、周新武、丁一岚为顾问。选举杨兆麟为会长。

5月14日

为纪念毛泽东《在延安文艺座谈会上的讲话》发表50周年，陕西人民广播电台、中央人民广播电台、上海人民广播电台、延安地委宣传部和地区广播电视局，在当年毛泽东发表该讲话的旧址——延安杨家岭，联合举办《延安之声》广播现场直播大型文艺演出。

5月15日～23日

1991年度全国优秀广播新闻暨广播社教节目评奖会议在青岛举行。本届评奖共设消息类新闻、新闻评论、系列（连续）报道、理论节目、新闻专稿、科技节目、少儿节目、组合节目、对台湾广播节目、对农村节目、对外节目等11个项目，共有248个作品获奖。

5月17日～20日

中央人民广播电台主办的全国首届广播听众工作经验交流会在天津举行。全国32家电台的领导、群工部门负责人及广播电影电视部总编室、中国广播电视学会受众研究委员会有关负责人出席会议。中央电台台长杨正泉、副台长王健儒到会讲话。会议认为：近几年来，各台的听众工作取得不少成绩和经验，但与电台的其他工作相比，还是一个薄弱环节。会议呼吁各级领导充分认识听众工作的重要性，加强指导，积极支持，解决问题；从事听众工作的同志要增强责任感和事业心，不断提高自身思想素质和业务水平。会议提出，要采用现代科学手段开展听众调查工作，为领导科学决策提供可靠依据。到会代表一致同意由中央电台牵头，组建全国广播收听信息反馈网，以便及时开展全国性的或局部性的调查研究。

5月18日

《广播电影电视部机构编制管理暂行规定》发布施行，共8章38条。

5月20日

在纪念毛泽东《在延安文艺座谈会上的讲话》发表50周年之际，中宣部在北京举行隆重仪式，颁发首届“五个一工程”的组织工作奖和入选作品奖。由中宣部组织的精神文明建设“五个一工程”评选活动，自1992年起每年进行一次，评选上一年度各省、自治区、直辖市和中央部分部委，以及解放军总政治部等单位组织生产、推荐申报的精神产品中五个方面的精品佳作。起初这五个方面分别是：一部好的戏剧作品、一部好的电视剧、一部好的电影作品、一部好的图书（限社会科学方面）、一篇好的理论文章（限社会科学方面）。活动还对组织这些精神产品生产成绩突出的有关单位和部门授予组织工作奖。对获奖单位与入选作品，颁发获奖证书和奖金。从 1995 年起，将一首好歌和一部好的广播剧列入评选范围，"五个一工程"的名称不变。首届评选，有 15 部戏剧、15 部电视剧、7 部电影、10 本图书和 10 篇理论文章获"五个一工程"奖。

5 月 20 日 ~ 25 日

由中央电视台组织召开的全国电视经济宣传座谈会在天津召开。本次会议的主要议题是学习贯彻邓小平南巡谈话精神，交流办好电视经济节目的经验，建立电视经济宣传网络，全方位、多侧面地进行电视经济宣传合作。中央电视台台长杨伟光就如何解放思想、搞好电视经济宣传作了讲话。

5 月 20 日 ~ 26 日

第三届江苏电视艺术节在南京举行。日本、美国、德国、新加坡等国友好电视台及我国各地电视台 200 多位代表参加艺术节活动。艺术节期间，举办了江苏省 1990 ~ 1991 年获奖电视节目展播，海外台祝贺节目展播，并举办江苏电视台优秀系列短剧、单本剧研讨会。

5 月 22 日

广播电影电视部任命陈智教为科技司司长。

同日

为隆重纪念毛泽东《在延安文艺座谈会上的讲话》发表 50 周年，中央电视台和陕西电视台联合举办专题晚会《源泉》。

5 月 25 日

天津电视台播映天津第一部大型室内连续剧《风雨丽人》（30 集）。

5 月 27 日 ~ 7 月 24 日

中央人民广播电台陆续在《新闻和报纸摘要》节目中播出系列报道《边城行》（26 集），报道边城改革开放的新成果、新气象、新形势。

5 月 28 日 ~ 6 月 12 日

由新疆电视台八人组成的拍摄组赴吉尔吉斯共和国、哈萨克斯坦共和国、蒙古人民共和国和巴基斯坦等国摄制电视片《发展中的西部口岸》。

5 月 30 日

安徽人民广播电台召开座谈会，纪念建台 40 周年（6 月 1 日），省党政军领导和新老广播工作者 200 余人与会。

同月

为配合希望工程的实施，中央人民广播电台制作播出本台第一条公益广告《我要读书》。该广告获得当年全国公益广告政府奖金奖。

同月

《内蒙古广播电视》理论期刊创刊，这是内蒙古广电系统唯一的广播电视宣传学术期刊。此前的《内蒙古广播》《内蒙古电视》先后停刊。

同月

吴钟谟任安徽电视台分党组书记、台长。

5月～9月

西南五省（区）的广西、云南、四川、贵州和西藏人民广播电台与成都、重庆人民广播电台第一次联合举行大型宣传活动，开办《振兴大西南，迎接“十四大”》专题节目。

6月1日

贵州人民广播电台《整点新闻》节目开播，并滚动式播出，每天7：00至23：00共播10次，每次10分钟。

6月1日～6日

全国广播电视系统内部审计工作会议在杭州召开。与会代表就《广播电影电视部内部审计工作规定》《内部审计“八五”发展计划要点》《内部审计考核办法》等进行了讨论并提出修改意见。

6月4日～16日

由中央人民广播电台、中国国际广播电台、中央电视台30多名记者组成的“灾后一年看安徽”采访团对安徽进行采访，深入灾区看变化，采写各类专稿近50篇。

6月5日

广播电影电视部转审计署令：任命吴达审为审计署驻广电部审计局副局长。

同日

广播电影电视部发文：同意北京广播学院党委副书记黄勇兼任副院长。

6月6日

中央电视台召开首届中国电视节目展播评奖新闻发布会。全国115家电视台选送408部节目参加展播评选，参展节目分专题和文艺两大类。山东电视台的专题片《方荣翔》获得本次展播评选唯一的特等奖。87部作品分获专题片、文艺片一、二、三等奖。《南行记——人生哲学的一课》获电视剧一等奖。23部作品获单项奖。山东电视台、中国电视剧制作中心、河北电视台获展播组织奖。部分优秀节目于7月份陆续在中央电视台播出。

6 月 10 日

福建电视台《今日福建》专栏在美国中文电视台（纽约）开播，每周一期，每期 12 分钟。

6 月 11 日

上海人民广播电台与英国橱窗通讯公司合作制作的一套音乐节目《上海电台节目集锦》，在纽约国际广播节的电台节目制作及推广奖评比中获得系列节目编导银奖。

6 月 13 日～18 日

法国国际广播电台台长拉吉埃一行来华访问，与中国国际广播电台签订延长互转合作协议，并商谈租机事宜。6 月 15 日，广播电影电视部副部长马庆雄会见法国客人。

6 月 17 日

《有线电视系统技术维护运行管理暂行规定》（广播电影电视部令第 7 号）发布施行，共 5 章 20 条。

6 月 17 日～23 日

第四届全国广播电视优秀播音作品、第三届播音论文评选活动在贵阳举行。广播电影电视部部长艾知生到会讲话，并到贵阳、遵义、安顺等地视察工作。本次活动共评选出广播主持人播音作品一等奖 5 个、二等奖 10 个、三等奖 12 个，电视新闻播音作品一等奖 5 个、二等奖 10 个、三等奖 14 个，论文一等奖 6 篇、二等奖 10 篇、三等奖 44 篇。

6 月 20 日

杭州人民广播电台调频立体声广播更名为西湖之声广播电台。9 月 20 日，该台开始播音，从 10 月 25 日起实行 24 小时播音，是浙江省第一家全天候播出的广播电台。

6 月 20 日～24 日

全国广播电视技术维护工作会议在大连市召开。广播电影电视部副部长徐崇华到会讲话，强调今后广播电视技术维护工作要继续贯彻“高质量、不间断、既经济、又安全”的总方针。会议建议各级领导要给技术维护第一线一些特殊政策，积极创造条件，以利稳定队伍，保证安全优质播出。

6 月 21 日

第十届大众电视“金鹰奖”评奖在杭州揭晓。《上海一家人》《编辑部的故事》《外来妹》《中国神火》获评优秀电视连续剧；《毛泽东和他的乡亲们》获评优秀电视单本剧；《少年毛泽东》获评优秀儿童电视剧；《桃花扇》获评优秀电视戏曲片。授奖大会于9月22日在杭州举行。

6月22日~28日

经广播电影电视部党组批准，由中央人民广播电台组织的全国省级广播电台台长会议在沈阳和大连召开。全国省级和计划单列市共46家广播电台的台长和有关负责人参加会议。会议的主要议题是学习贯彻邓小平南巡重要讲话精神和中共中央政治局全体会议精神，研究在改革开放新时期如何宣传好改革和搞好广播自身的改革。辽宁省委书记全树仁出席会议开幕式并讲话。广电部副部长刘习良在会上作题为《认清形势，解放思想，加快广播事业改革的步伐》的讲话。中央电台台长杨正泉作题为《抓住时机，加快改革，广播宣传再上一个新台阶》的总结发言。大会决定，今后全国省级广播电台台长会议每两年召开一次，如有特殊需要可随时召开。下次台长会议拟于1994年在上海举行。

6月25日

广播电影电视部通知：经中宣部批准，任命洪民生为中国电视艺术委员会副主任兼秘书长。

6月27日

由广播电影电视部广播科学研究所完成的“图文电视文稿发送接收系统”通过部级鉴定。

6月28日~7月5日

1991年度全国优秀电视社教节目评奖在哈尔滨举行。本届评奖共设经济类、栏目类、服务类、社会政治类、人物类、文化教育类、系列片类、教育节目类、科技类等9个项目。31家单位选送185个节目，160个节目获奖。

同月

安徽省滁县地区经济开发区广播电台建立，8月更名为皖东经济广播电台并试播，1993年1月18日正式播音。

7月1日

福建电视台《福建新闻》改为《福建新闻联播》。

同日

山东省济宁人民广播电台经济台开播，是山东省最早开播的经济广播电台。

7月2日~6日

由中央电视台、中国电影电视技术学会声音委员会联合举办的全国电影电视音频技术研讨会在北京召开。来自8个电影厂和46家电视台及部分音像公司的代表共100多人参加研讨会。与会人员就音频技术的发展及如何提高音频技术，更好地为广大观众和听众服务等问题进行了讨论。

7 月 2 日～ 11 日

1991 年度全国电视对外报道节目评奖活动在烟台举行。评审委员会对中央电视台对外中心和全国各省、自治区、直辖市、计划单列市、市级电视台及侨办（中国新闻社）等 40 家单位选送的 149 个电视外宣节目进行了观摩和评选。

7 月 3 日

新疆电视台开办第二套节目。

7 月 4 日

中央电视台播出大型体育文艺晚会《奥林匹克风》，以弘扬奥运精神，为我国体育健儿出征 1992 年西班牙巴塞罗那奥运会壮行。

7 月 6 日

天津人民广播电台对节目作重大调整，调整后的新闻台设有整点新闻，所有新闻节目全部采用直播方式播出。同日，天津经济广播电台正式播出，全天播音 15 小时 10 分钟。节目实现全天板块化，主持人直播。

同日

天津电视台与美国旧金山中华电视公司合办的定期节目《中国天津》开始播出。每周一晚 7 点在天津电视台十二频道和美国西海岸旧金山的二十六频道无线台播出。该节目是天津电视台在美国电视屏幕上打开的第一个窗口。

7 月 6 日～ 14 日

贵州电视台主办的全国省级电视台深化改革经验交流会暨《神州揽胜》专题节目研讨会在贵阳召开。会议就新闻宣传、管理制度及如何办好《神州揽胜》节目进行了探讨。

7 月 8 日

广东人民广播电台珠江经济台与香港电台主办的“1992 粤港业余粤曲大赛”总决赛在广州友谊剧院举行。这是省港两地电台第一次联合举办大型晚会。

7 月 10 日

广播电影电视部任命郑集强为总编室副主任，任命陈晓宁为信息资料中心主任。

7 月 11 日

广播电影电视部任命赵水福为政策法规司司长。

7 月 12 日

中央电视台对外中心制作的《今日中国》英文版节目正式在纽约 WNYC-31 台播出，播出时间是每星期日下午 4 点至 5 点。WNYC 台是纽约市市政府下属的一个较有影响的台。

7月12日～14日

经广播电影电视部党组批准，中央电视台在北京京西宾馆组织召开全国省级电视台台长会议。中央电视台台长杨伟光主持大会，会议的主要任务是落实解决即将开办的《经济信息联播》等有关问题。

7月16日

赵锋佩任吉林电视台台长。

7月17日

中共中央政治局常委、书记处书记李瑞环视察广播电影电视部和中央人民广播电台，实地了解情况，研究建设中央电台业务大楼的可能性和办法。李瑞环视察了中央电台地下室胶带库、新闻中心、台播部、《午间半小时》节目组、文艺部、播音部等部门。在察看了建楼的场地、听取了广电部部长艾知生的汇报后发表讲话，提出把广电部单拿出来，不贴在中央三台之中，现在的广播大楼作为广电部的办公楼。中央三台之中，中央电视台和中国国际广播电台新大楼都已解决，剩下一个中央电台的问题。新建的广播电台大楼作为三台之一，要同等规格，不是一个临时的、过渡的过程，是一个未来的中央电台。为保证精神文明建设、政治思想工作和宣传工作的圆满完成，就一定要把中央电台业务大楼这件事办好。他还就大楼的设计、施工及资金筹集等一些实际问题提出了具体意见和要求。广电部副部长徐崇华、中央电台台长杨正泉等陪同视察。8月4日，李瑞环为具体研究落实中央电台新业务楼规划、设计方案和施工等问题，再次来到广电部和中央电台现场办公，他对工程建设提出明确而具体的要求，并希望通过此项工程促进中央电台工作的提高。艾知生、马庆雄、徐崇华等部领导和中央电台业务楼工程建设领导小组成员、设计院有关领导、专家参加。8月18日，李瑞环在人民大会堂福建厅主持召开中央电台业务楼建设协调会，北京市副市长张百发，北京市28个委、局（办）、公司的负责人，广电部领导徐崇华、马庆雄，部有关司局领导，中央电台领导和业务楼工程建设领导小组办公室负责人参加会议。

同日

中央电视台与英国施雅士电讯有限公司所属的“欧洲中国卫星电视”在北京签订协议。“欧洲中国卫星电视”将自10月1日起，在香港收录中央电视台卫星播出的《新闻联播》《午间新闻》《晚间新闻》《经济半小时》和《体育新闻》。这将使我国新闻能够及时在整个欧洲地区播出。

7月19日

新疆人民广播电台集会，纪念柯尔克孜语广播开播10周年。

7 月 20 日

江西广播电视中心建成。该中心占地面积 22 万平方米，主楼高 22 层，总建筑面积 7 万平方米。当月，省广电厅、省电台、省电视台搬入中心办公。

同日

由甘肃人民广播电台、“首届中国丝绸之路节”组委会和南昌飞机制造公司主办的“洪都丝绸之路万里采访活动”开始。采访团沿丝绸古道经河西走廊、乌鲁木齐过阿拉山口，最后到达哈萨克斯坦首都阿拉木图，行程约一万公里。甘肃人民广播电台开辟专栏及时报道采访活动。

7 月 21 日

海峡之声广播电台首届广播理论学术研讨会在福州召开，会议提交论文 43 篇。

7 月 22 日

青海人民广播电台庆祝藏语广播创办 40 周年。

7 月 23 日

福建电视台《海峡同乐》摄制组一行七人赴台湾，拍摄 12 集电视系列片《台湾行》。

7 月 25 日

中央人民广播电台成立业务大楼建设领导小组，组长张冬兴，副组长张忠贵。

7 月 25 日～8 月 9 日

第二十五届奥林匹克运动会在西班牙巴塞罗那举行。中央人民广播电台、中国国际广播电台、中央电视台派出报道组采访本届赛事。中央电台记者用手持电话现场直播了女子跳水决赛等比赛，是该台记者首次用手机进行现场直播报道。国际台奥运期间共发新闻 197 条、专稿 97 篇。中央电视台在报道中有所创新，一是建立后方演播室重新包装专题节目；二是开设早间专题，每天 6：30 至 7：00 直播，并经过重新制作后再在中午滚动播出；三是创造了中央电视台历史上连续播出 90 小时的纪录，现场转播达 250 小时。

7 月 29 日～8 月 2 日

首届全国电视节目主持人研讨会在辽宁省丹东市举行。

7 月 30 日

内蒙古电视台推出第一个经济栏目《经济 118》，报道内蒙古自治区的经济建设和经济生活，每周四晚播出。

7 月 30 日～8 月 2 日

’92 海峡两岸高清晰度电视（HDTV）研讨会在深圳科学馆国际会议厅召开。这是 40 余年来，大陆与台湾进行的一次较大规模的学术交流活动。来自台湾工研院电脑与通讯研究所的专家和大陆专家学者在会上发表多篇论文。大家对开发高清晰度电视技术的重要性达成共识，会议还就市场、标准、策略、投资、合作等方面事宜展开研讨。

同月

科威特新闻大臣巴德尔·加西姆·雅古布作为科威特埃米尔贾比尔特使访华时，广播电影电视部部长艾知生同其签订《中国广播电影电视部和科威特新闻广播电视合作备忘录》。

同月

方文任浙江省广播电视厅厅长；傅上伦任副厅长、浙江人民广播电台台长；张曦任副厅长、浙江电视台台长。

8月1日

陈圣来任上海东方广播电台台长，穆端正任上海东方电视台台长。10月28日，上海东方广播电台正式开播。开播之初拥有中波792千赫和调频立体声101.7兆赫两套节目，设有新闻、经济、文化、艺术、社教、服务等类节目近50个板块，每天播音42个小时。该台具有独立法人资格，享受浦东新区政策，自筹资金，自主经营，是在改革开放形势下产生的一家全功能、全方位、全天候的电台。1993年1月18日，上海东方电视台直播开播特别节目，标志着“东视”的诞生。开播之初，每天播出16个小时以上，其中自制节目约4个小时。中共中央总书记江泽民为两台题写了台名。

同日

吉林电视台第二套节目改为吉林经济电视台，试验播出。

8月6日

北京人民广播电台经济台正式开播，全天播音11个小时。

8月7日

广播电影电视部党组决定：于广华任中央电视台分党组副书记。

8月8日

《广播电影电视内部审计工作规定》（广播电影电视部令第8号）发布施行，共7章33条。

同日

湖南经济广播电台正式开播，每天播音12个小时，逢半点播出一次新闻，逢整点播出一次信息。

同日

上海东方明珠股份有限公司为建造东方明珠广播电视塔，发行东方明珠股票4.1

亿元人民币。

8 月 8 日～24 日

全国 1991 年度对外电视优秀节目颁奖会、全国电视对外旅游片研讨会暨“武陵杯”大奖赛在湖南大庸市武陵源区举行。来自各省（区、市）电视台和中央电视台的 146 名代表出席会议。大会还特邀 4 位美国电视专家讲学。中共中央对外宣传小组副组长曾建徽、广播电影电视部副部长马庆雄出席会议并讲话。

8 月 9 日

中共中央政治局常委、书记处书记李瑞环视察内蒙古彩电中心。

8 月 10 日～20 日

甘肃省音像出版社和甘肃敦煌文艺出版社联合出版的敦煌乐谱新译——《敦煌古乐》精装音带配书首发式暨研讨会在兰州举行。《敦煌古乐》是甘肃著名学者席臻贯对 1900 年敦煌藏书洞发现的著名唐五代“曲谱”，历时 10 余年潜心编译而成，获得本年度中宣部“五个一工程”奖。

8 月 12 日～18 日

广播电影电视部副部长刘习良率中国广播电视代表团访问蒙古。这是近 30 年来中国广播电视部级代表团首次访蒙。

8 月 14 日

中央电视台研究室主办的《电视研究》(双月刊)，经国家新闻出版署批准，将于 1993 年公开发行。

8 月 15 日

北京电视台与全国 28 家电视台为欢迎参加第二十五届巴塞罗那奥运会的我国体育健儿凯旋，在北京联合举办并现场直播《圣火’92》大型文艺晚会。

8 月 18 日～28 日

中央电视台与中国广播艺术团、北京广播学院、中华对外文化交流与合作促进会联合，并与香港电视有限公司、台湾电视公司、新加坡广播局合作，在河北省涿州市中央电视台外景基地，以大型扬州灯会为背景，录制《中秋月正圆——1992 年中秋晚会》。

8 月 20 日～26 日

全国第十一届戏曲广播工作会议暨全国戏曲节目展播评比会议在承德市召开。中央人民广播电台及全国各省、自治区、直辖市、计划单列市和部分省辖市电台以及有关单位的 76 名代表出席会议。会议总结了自 1991 年在银川召开第十届戏曲广播工作会议以来，戏曲广播的新成果、新经验，探讨了戏曲广播改革的前景。

8月21日

石家庄经济广播电台正式开播。

8月24日

中央电视台在《早间新闻》节目中现场直播中国和韩国建交公报签字仪式的实况。

同日

广播电影电视部任命李天德为中央人民广播电台总工程师。

8月25日

来华进行国事访问的坦桑尼亚总统阿里·哈桑·姆维尼在钓鱼台国宾馆接受中国国际广播电台记者的独家采访，赞扬国际台为增进各国人民之间的友谊和交往所进行的工作。他指出，中国开办斯瓦希里语广播本身就是对坦桑尼亚和整个非洲的巨大支持，非洲人从中得到极其深刻的教益。他建议国际台增加斯瓦希里语的播出时间，加大发射功率，增加经贸信息的报道量，包括世界市场信息。

8月30日～9月4日

为纪念中日邦交正常化20周年，日本广播协会和福建电视台、厦门电视台联合举行《厦门，你早》新闻专题，并向东京直播。

8月31日

中央电视台《经济信息联播》正式开播。该栏目旨在形成全国电视经济信息传播网络，沟通产供销渠道，为繁荣社会主义商品经济服务。每天播出30分钟，第一次播出时间为第二套节目当晚18：30至19：00，另外安排两次重播。

同月

第二届中国新闻奖评选揭晓，共有152个作品获奖。广播电视部分共有69个作品获奖。由国家民委、中央电视台和18家地方电视台联合拍摄的系列报道《祖国大家庭》获特别奖。广播部分：《荣成渔民跨国赶集 中国活鱼蹦上日本早市》（威海人民广播电台）获消息类一等奖；《补上市场意识这一课》（辽宁人民广播电台）获评论类一等奖；《妻子、女儿和井》（天津人民广播电台）、《你好，南极人》（广东人民广播电台）获新闻性专题类一等奖；《午间半小时》（1991年7月28日，中央人民广播电台）获新闻性节目编排类一等奖。电视部分：《南浦大桥成为上海人民心中的丰碑》（上海电视台）、《刑场上枪声留下的警示》（广东电视台）、《91年中国抗洪曲之二〈雄狮百万〉》（中央电视台）分获消息、评论、新闻性专题类一等奖。

同月

北京电视台由皂君庙甲2号开始向位于海淀区苏州街3号的新大楼搬迁。

同月

经广播电影电视部批准，中央电视台调整编委会成员：总编辑杨伟光；副总编辑沈纪、马瑞流、陈汉元、王传玉、章壮沂；编委朱继峰等 10 人。

同月

苏州市广播电视局和苏州市广播电视学会联合编纂的《乡镇广播文集》由中国广播电视出版社出版发行，主编金士英。

9 月 1 日

长沙市有线电视台正式开播，每天播出 15.5 个小时。

9 月 5 日

中央电视台涿州外景基地对外开放。

同日

中国唱片总公司与乌兹别克斯坦共和国塔什干唱片厂、杨吉尤里生物化工厂在乌兹别克境内建立合资经营生产盒式音带等产品的乌中和声公司在北京举行签字仪式。

9 月 5 日～ 12 日

由人民日报社、新华社、中华全国新闻工作者协会、中央人民广播电台、中央电视台等 17 家单位 18 名记者组成的首批赴台湾采访团，在台湾进行了为期 8 天的采访活动。这是大陆新闻界 43 年来首次组团赴台湾进行采访报道，打开了两岸新闻界双向交流的大门。采访团团长翟象乾（人民日报），中央电台记者王求，中央电视台记者张长明、景春寒参加采访。张学良将军接受大陆记者的采访。

9 月 9 日～ 14 日

“中国国际广播电台创建 45 周年展览”在北京民族文化宫正式展出。

9 月 10 日

中央人民广播电台在《新闻和报纸摘要》节目中播出 30 集系列报道《改革大潮看神州》，展示全国各地改革开放取得的最新成果。

同日

中央电视台分党组研究决定，成立经营开发部，负责管理组织和协调全台第三产业的经营和开发，进一步加强经营管理工作。

同日

由安徽人民广播电台迟立国等完成的“ABS-3 调幅广播发射机智能测试仪”获广播电影电视部科技进步二等奖。该项目被列入国家科委 1993 年第七期《科学技术研究成果公报》无线电电子学类。

9月10日～20日

“中国首届丝绸之路节”在兰州举办。甘肃人民广播电台、甘肃电视台对开、闭幕式盛况进行直播，并开辟专栏进行宣传。

9月11日

中国国际广播电台创建45周年。11日、12日，国际台在北京工人体育馆举行了庆典晚会《空中彩桥》。台庆期间，出版了《国际广播论文集》(第二辑)、《国际广播纵横》等六种图书。

9月13日

由新疆电视台主办的第九届全国省级电视台节目交流年会开幕。

9月14日

广播电影电视部副部长刘习良在北京同来访的越南之声电台副台长范梅伦和越南电视台台长范克榄签订《中华人民共和国和越南社会主义共和国关于广播电视合作协定》。广电部副部长马庆雄和越南驻华大使邓严衡等出席签字仪式。9月16日，中国国际广播电台副台长张振华与范梅伦签署《中国国际广播电台和越南之声广播电台合作会谈纪要》。

9月15日～10月9日

韩国广播公司(KBS)摄制组来华，拍摄介绍我国改革开放的电视专题片《发展中的中国》。这是中韩建交后该公司向我国派出的第一个电视摄制组。

9月16日

第十二届全国电视剧“飞天奖”评选揭晓。《孔子》获长篇连续剧特等奖;《中国神火》《外来妹》获长篇连续剧一等奖;《南行记》获中篇连续剧一等奖;《硝烟散后》获短篇连续剧一等奖。

9月17日

中央电视台与美国芝加哥3C集团有限公司签订通过国际卫星向北美传送第四套节目的技术和节目经营的两份合同书，中央电视台台长杨伟光、副台长马瑞流和总工程师方庆浩出席签字仪式。

9月19日

为纪念中日建交20周年，中央电视台首次与日本广播协会合作，在北京劳动人民文化宫举行“中日友好歌会”，电视现场直播通过卫星传送日本。

9月22日

中国国际广播电台通过美国旧金山KPLA商业电台试播本台制作的30分钟英语节目，并于10月1日开始正式转播。

同日

广播电影电视部在北京召开“固定格式中文图文电视（CCST 制）规范（送审稿）审定会”。会议认为，固定格式中文图文电视广播规范已达到国际同类标准水平，建议作为国家标准。

9 月 23 日～ 30 日

日本广播协会会长川口午夫率团对我国进行友好访问，中共中央总书记江泽民会见该代表团。

9 月 25 日

中国国际广播电台国际广播中心工程破土动工。中共中央政治局常委、书记处书记李瑞环出席开工典礼，并在工地现场召开工程协调会。广播电影电视部部长艾知生、建设部部长侯捷、国家计委副主任郝建秀、北京市副市长张百发、物资部副部长蔡宁林、财政部副部长项怀诚、中央外宣小组副组长周觉及施工单位中建一局四公司领导等出席协调会和开工典礼。该工程总面积 4.2 万平方米，计划于 1995 年建成交付使用。

9 月 26 日

天津市塘沽电视台开播。

9 月 27 日

黑龙江人民广播电台文艺台开播，调频 102.7 兆赫，每天播出两次。

9 月 28 日

柳州人民广播电台在广西首家开始实行全天 24 小时播音。

9 月 29 日

国务院外国专家局授予中国国际广播电台朝鲜专家金秀泽“友谊奖章”。

9 月 30 日

由中华全国新闻工作者协会组织的第三届全国现场短新闻评选揭晓。报纸、通讯社、广播、电视参评作品共有 153 件获奖。广播电视获奖作品 55 件。

同月

河南电视台开始每月向美国拉斯维加斯卫星电视提供两期《中国河南》节目，每期 15 分钟，设有《窗口》《中州揽胜》《人物春秋》等栏目。

同月

吉林人民广播电台与白城市人民广播电台在白城联合举办两个小时的直播节目，这是吉林人民广播电台第一次在长春以外地区利用微波线路远距离回传广播信号。

10 月 1 日

中央人民广播电台开始对港澳地区广播，开办的第七套节目主要覆盖我国珠江三角洲及港澳地区，每天早五点到次日凌晨两点，全天播音 21 个小时。

同日

中国国际广播电台开办覆盖包括港澳在内的珠江口地区的英语、普通话、广州话广播。该节目从早六点至次日凌晨一点，全天累计播音 19 个小时。

同日

中央电视台对台港澳及海外华侨的第四套节目正式开播，用 NTSC 制式向亚洲一号卫星、PAL 制式向 ST-14 号卫星传送节目。这套节目从 8：30 开始，全天播出 15 个小时，以新闻节目为主，同时还有较多的娱乐性和服务性节目。

同日

北京电视台创办的全国第一家图文电视台开始试播，采用中文代码制，随六频道 24 小时同步播出。

同日

上海人民广播电台英语台正式对外播出。

同日

陕西经济广播电台正式开播，全天播音 12 小时 10 分钟。

同日

哈尔滨经济广播电台正式开播。

同日

河北省石家庄有线电视台建成开播。

同日

江苏省常州人民广播电台经济台正式开播。

同日

山东省潍坊交通信息广播电台开播。这是山东省第一家以交通宣传和信息服务为主的广播电台。

同日

青海省格尔木电视台开始全天转播中央电视台第一套节目，结束了该市白天看不到电视的历史。

10 月 5 日

广播电影电视部管理干部学院举行首届大专班开学典礼，共招收 160 多名新生。

同日

在中国共产党第十四次全国代表大会召开之际，中央电视台推出三部反映改革开放的历史、现状、经验与成就的大型专题片。当日开始播出由国家体改委和中央电视台联合摄制的 13 集电视系列片《凤凰涅槃》。

10 月 6 日

中国人民解放军总政宣传部领导到中央电视台，向该台军事部全体人员宣读中央军委主席江泽民签署的命令：任命军事部原副主任刘效礼为军事部主任；批准原军事部主任周居方离职休养，并授予中国人民解放军胜利勋章。总政治部主任杨白冰签署命令：任命主任记者杨宪文任军事部副主任。

同日

海南省广播电视学会成立，王服邦当选为会长。至此，除台湾省以外的 30 个省、自治区、直辖市广播电视学会全部成立。

10 月 8 日

上海人民广播电台交通信息台为庆祝开播一周年，租用直升机在市中心的火车站、外滩、南京路、大世界等繁华路段进行一小时的空中直播特别节目。

同日

四川省眉山电视台正式成立。

10 月 10 日

第四届全国少数民族题材电视艺术“骏马奖”评奖活动在南宁举行。

10 月 12 日

北京有线电视台开始转播中央电视台第四套节目。

10 月 12 日 ~ 18 日

中国共产党第十四次全国代表大会在北京召开。中央人民广播电台、中国国际广播电台、中央电视台对大会进行了及时、全面的报道。中央电台第一、第二、第七套节目和对台湾广播同时直播了大会开幕和中共中央总书记江泽民的报告。从 10 月 9 日 ~ 20 日，共播出各类稿件 346 篇。国际台首次用英语、汉语普通话直播大会开幕实况。华语广播还通过国际电话线路，首次用广州话向美加华语广播网直播“十四大”开幕式实况。大会期间，国际台共发稿 137 篇（条）。“十四大”期间，中央电视台累计播出有关会议新闻 8 小时 45 分钟，为中国驻外使领馆寄送 454 盘录像带，为海外华人台和电视机构寄送 131 盘播出带。广东人民广播电台、广东电视台首次派出记者赴京，全程采访报道此次会议。

10 月 14 日

9：00，国务院副总理邹家华在中央电视台演播室，通过卫星与日本通产大臣（在日本 NHK 演播室）就日中经济关系进行了一个小时的电视对谈。

10 月 15 日

天津电视台与美国中文电视台联合拍摄的电视系列片《渤海风——来自’92 年中国天津的报道》在美国纽约举行首播式。

10 月 15 日～ 19 日

中央人民广播电台第七次全国对台广播宣传工作会议在重庆召开，会议重点研讨对台广播如何适应大陆加快改革开放和海峡两岸交流的新形势，进一步提高稿件质量，把对台广播宣传工作搞好。

10 月 19 日

中国国际广播电台更改中文部和英语部对外称呼。中文部对外称“中国国际广播电台华语台”，英语部对外称“中国国际广播电台英语台”。

10 月 19 日～ 26 日

乌兹别克斯坦国家电视广播公司主席哈依特巴耶夫一行三人访华。国务委员李铁映会见客人，广播电影电视部部长艾知生与哈依特巴耶夫签订中乌广播电视合作协定。

10 月 26 日

上海人民广播电台开办《市民与社会》节目。该节目专门讨论热门话题，对热点新闻进行评论，反映群众呼声，是上海地区第一个新闻类直播谈话节目。播出时间是每天 12：00 至 13：00。

10 月 27 日

广播电影电视部设计院庆祝建院 40 周年大会在部音乐厅召开，广电部部长艾知生出席大会并讲话。他高度赞扬设计院为我国广播事业的发展作出的重大贡献，并对设计院今后的发展提出殷切期望。设计院院长袁文博在讲话中代表全院职工表示，将按照“十四大”精神的要求，坚持“严谨、创新、团结、奉献”的院风，为把设计院建成一流的设计单位而奋斗。艾知生向从事设计工作 30 年以上的干部职工颁发了荣誉证书。大会由设计院副院长董西理主持。

同日

中央电视台发表关于节目版权的声明。声明指出：近来陆续发现本台制作播出的电视节目未经许可被一些电视台、音像经营单位、出版社或录像点播放，或剪接组合后公开播出，或制作成录像带出版发行，或翻拍成图书出版，等等。凡此种种，违反了《著作权法》的规定，是严重的侵犯版权行为。为了维护我台的版权利益，今后凡欲使用我台节目版权者，须与我台总编室联系，取得同意，并签定版权许可使用合同。对未经授权，擅自使用我台节目版权者，将依法追究其法律责任。

10 月 28 日

上海东方广播电台 792 千赫和 101.7 兆赫两个频率同时开播。792 千赫开设的节目有《东方新闻》《都市乐章》《相会在午间》《戏曲精品》《传真电话》《蔚兰夜话》《相伴到黎明》等；101.7 兆赫的节目有《东方俱乐部》《音乐万花筒》《名曲点播》《环球音响》等。

同日

广西经济广播电台正式开播，用普通话和白话（广州话）播出，全天播音 10 个小时。

同日

甘肃省白银电视台正式播出。

10 月 29 日

广播电影电视部同意乌鲁木齐市将调频电台改为经济广播电台，呼号为“乌鲁木齐经济广播电台”。

10 月 29 日～11 月 1 日

为纪念浙江省和日本静冈县缔结友好关系 10 周年，浙江电视台和日本静冈放送等五家电视台联合举办两场卫星双向传送现场直播电视节目。

10 月 30 日

由海南人民广播电台主办的海南经济广播电台开播。

同日

中共天津市委宣传部副部长林代柱兼任中共天津市广播电视局委员会书记。

同日

中国唱片总公司在北京饭店举行第二届“金唱片”奖颁奖大会。吕骥、贺绿汀等 38 位著名艺术家和文艺工作者获奖。

10 月 31 日

中央电视台播出由国务院港澳办公室和广播电影电视部主办的大型特别节目《香港 1997——中华人民共和国特别行政区基本法知识竞赛》。

11 月 1 日

浙江金融信息广播电台开播，其是利用调频广播附加声道开办的我国第一家金融信息电台。

11 月 5 日

北京电视台为配合电视购物市场发展，开办综合性服务节目《电视商场》。该节目集广告性和服务性于一体，采用主持人的方式，把电视广告、电话购物、指导消费、购物咨询结合起来，在商家、厂家与消费者之间进行沟通。

11 月 5 日～8 日

全国直辖市、计划单列市第 8 次广播电视协作会议在天津举行。

11 月 7 日～11 日

中国广播电视学会第二届常务理事会第二次会议在上海召开。广播电影电视部部长艾知生、副部长刘习良到会讲话。会议提出《中国广播电视学会 1992 ~ 1996 年发展规划》。

11 月 7 日 ~ 12 日

第四届上海电视节举行，来自 35 个国家和地区的 400 余家电视台、制片公司、设计制造厂商、唱片公司、演出公司的 700 余位外宾及 900 余位国内来宾参加本次电视节活动。电视节组委会组织了电视节开幕式文艺晚会、国际电视节目交易会、国际电视学术交流会、国际广播电视设备展览会、名特优新商品博览会、国际影视明星作品展、祝贺演出及“白玉兰”奖颁奖典礼暨闭幕式等 8 项大型活动。本届电视节进出口电视节目交易达 1600 小时，设备交易与外商达成合同金额 500 万美元，意向合同金额超过 400 万美元。电视节共收到来自 28 个国家和地区的 167 个节目，其中故事片（电视剧）60 部、纪录片 107 部。本届白玉兰奖新设立由记者评选的“最佳”和电视观众评选的最喜爱电视节目奖。

11 月 9 日

甘肃电视台开播新闻杂志栏目《新闻大观园》，内设《一周要闻》《企业风采》《交通短波》等子栏目，是对《甘肃新闻》的重要补充和延伸，为甘肃省第一个电视新闻杂志栏目。每周日 19：30 播出，时长 20 分钟。

11 月 10 日

全国首届省级电视台行政管理工作经验交流会在北京开幕，各省、自治区、直辖市台，计划单列市台和中央电视台的代表近 60 人出席会议。会上，中央电视台台长杨伟光作题为《加强电视管理》的报告。广东、上海等 8 家电视台的代表作了经验交流发言。

同日

由美国 SGI 图形工作站和三维动画软件及附属设备组成的三维动画机房在中央电视台录制部安装调试完毕，承担了春节晚会、三峡工程和申办奥运节目片头的设计制作任务，结束了中央电视台三维动画制作全靠社会力量的历史。

11 月 10 日 ~ 22 日

福建电视台派记者赴美国，现场直播世界拳王赛。这是该台第一次在海外直播电视节目。

11 月 13 日

由新疆木卡姆研究学会、维吾尔古典文学研究基金会和新疆电视台联合录制的大型艺术片《维吾尔十二木卡姆》在新疆电视台播出。

11 月 15 日

浙江文艺广播电台试播。

11 月 15 日 ~ 22 日

全国广播电视系统人事教育工作会议在湖北省宜昌市召开。各省级广播电视厅（局），广播电影电视部属各单位人事处、教育处负责人出席会议。会上，广电部人事司司长张伟中、教育司副司长刘爱清作报告。会议讨论修改了《广播影视系统1993 年至 1997 年在职人员培训规划》（草案）和《广播电影电视部关于开展岗位培训的实施意见》（草案）。

11 月 16 日 ~ 27 日

"亚广联"第二十九届大会及有关会议在印度尼西亚巴厘岛举行。大会选举中国广播电影电视部为新任理事，从 1993 年元旦生效，任期三年。中央人民广播电台选送的广播特写《今日少林》获"亚广联广播奖"二等奖；中国国际广播电台选送的《华东水灾》节目获"亚广联对外广播奖"二等奖；中央电视台获得"亚广联电视新闻交换艾伯特基金会奖"；广播电影电视部选送的论文《论电视新技术的发展战略》获"亚广联最佳技术论文奖"。

11 月 17 日

中共中央总书记江泽民在上海市委书记吴邦国、市长黄菊等陪同下，再次视察上海广播电视塔工地。

11 月 19 日

广播电影电视部党组同意夏一强任部机关直属党委书记。

11 月 24 日

广播电影电视部同意新疆维吾尔自治区建立经济广播电台，呼号为"天山经济广播电台"。

11 月 25 日 ~ 12 月 5 日

全国第三届"蜀秀杯"广播剧评选在北京举行。23 家单位选送 60 个剧目，40 个获奖。此外，还评出最佳导演奖、最佳录制奖、最佳音乐奖、最佳音响奖四个单项奖。

11 月 26 日 ~ 12 月 5 日

在中央电视台和云南电视台的共同组织下，全国 32 家省级、计划单列市电视台的台长以及总编室主任共 60 人在昆明召开电视台总编室工作研讨会。这是在前两届全国电视台总编室工作交流会的基础上举办的第一次总编室工作专题研讨会。

11 月 29 日

广东人民广播电台珠江经济台举行"珠江六载情，海陆空大放送"台庆活动，采用海（珠江河面船舶）、陆（广州南方大厦一带楼房临江外墙面）、空（直升机）立体宣传方式。

11 月 30 日

由福建人民广播电台对台湾广播部改建的中国东南广播公司成立。

同月

中央人民广播电台首次实现广告黄金时段公开招标。

同月

中央电视台的中国电视国际服务公司更名为中国国际电视总公司，下设 12 个分公司。

同月

福建省南平电视台成立并开播。

12 月 4 日

为了做好现行《宪法》颁布 10 周年的宣传，中央电视台与全国人大常委会办公厅、司法部等单位联合主办《庄严的颂歌——纪念〈宪法〉颁布 10 周年文艺晚会》。

12 月 6 日

经广播电影电视部和吉林省广播电视厅批准，吉林省天桥岭林业局有线电视台成立，成为延边州第一家企业电视台。

12 月 6 日 ~ 9 日

全国广播电视受众研究成果及论文评选揭晓。

12 月 7 日

中国国际广播电台“中国历史文化知识竞赛”颁奖仪式在人民大会堂举行。本次知识竞赛活动从本年 4 月下旬起举办，共收到来自 104 个国家和地区的听众答卷 10 万余份，6 人获特等奖。全国政协副主席谷牧、程思远，国务院新闻办公室副主任周觉，文化部副部长刘德有、广播电影电视部副部长刘习良出席颁奖仪式并为获奖者颁发奖杯和荣誉证书。

12 月 8 日

天津电视台制作的节目《长城内外》开始在美国纽约的中文电视台播出。

12 月 8 日 ~ 10 日

全国省（区、市）级电视台经济宣传工作会议在北京举行。会议的主要议题是以“十四大”精神为指导，交流办好电视经济节目的情况，总结《经济信息联播》开办以来的经验，进一步明确在建立社会主义市场经济体系中电视经济宣传的任务，以推动《经济信息联播》节目迈上新的台阶。

12 月 15 日

中央人民广播电台新建业务楼工程开工典礼和奠基仪式举行。广播电影电视部部长艾知生，副部长马庆雄、徐崇华及部机关、中央电台、中国国际广播电台、中央电视台、部设计院、北京建工集团和三建公司的领导出席开工典礼。

12 月 17 日

莱阳转播台划归山东省广播电视厅领导。

12 月 18 日

天津音像资料馆建成，建筑面积 1500 平方米。

同日

甘肃省有线电视台成立。

12 月 19 日

人事部发出通知，批准广播电影电视部享受 1992 年政府特殊津贴人选共 196 人，其中自然科学 100 元档 29 人,50 元档 42 人；社会科学 100 元档 42 人,50 元档 83 人。

同日

中央电视台新闻中心记者陆伟昌、王春全启程赴美国，开展中央电视台驻美记者站建站工作。这是该台首次在国外正式设立记者站。

12 月 23 日

中央电视台与韩国养志园株式会社在北京贵宾楼饭店就《三国演义》在韩国的播映权、发行权问题举行签字仪式。

12 月 26 日

上海有线电视台正式开播。

同日

山东省潍坊经济广播电台开播。

12 月 27 日

北京电视台在美国休斯敦电视台三十三、三十四频道开办的《北京之窗》中文电视节目开播。

12 月 28 日

吉林省长春经济广播电台开播。

12 月 29 日

国务院首次召开全国农业工作电视电话会议，主会场设在中南海，30 个省、自治区、直辖市设分会场，其中吉林、江西和甘肃三省分会场的电视画面回传主会场。在中央电视台、各地方电视台和邮电部微波、卫星传送工作部门的配合下，圆满地完成此次会议的电视传送和回传任务。

同日

经国家新闻出版署批准，中央人民广播电台主办的研究刊物《广播业务》改名为《中国广播》，将于 1993 年公开向全国发行。

12 月 30 日

江苏人民广播电台举行建台 40 周年庆祝活动。

12 月 31 日

国家主席杨尚昆为中国国际广播电台海外和港澳台听众作题为《更加开放的中国愿同各国在互利基础上携手合作》的新年广播讲话。国际台各语言广播 18：30 起陆续播出。华语部还向美加华语广播网和美国中国新闻音乐广播网传送该讲话。新华社、中央人民广播电台、中央电视台、中新社、《人民日报》《光明日报》等首都各大新闻媒介以及上海《解放日报》都在当晚和 1993 年元旦播发、刊登了杨尚昆的讲话。

同年

全国（未包括港、澳、台）共有广播电台 812 座、节目套数为 943 套，对国内广播使用 34 种语言，对国外广播使用 43 种语言，平均每日播音时间 8111 小时，全年制作广播节目 96 万多小时。有中、短波发射台和转播台 711 座，调频发射台和转播台 934 座，微波站 1119 站，微波线路 4.9 万多公里，卫星电视地面站 3.9 万座。广播人口覆盖率为 75.6%。市县有线广播站 2452 个，平均每日播音时间 1.3 万多小时。有线广播专用线路为 288.7 万杆公里，广播喇叭 8900 万只，喇叭入户率为 39%。共有电视台 586 座、节目套数为 644 套，平均每周播出时间 26432 小时，全年制作电视节目共 14.8 万小时。电视发射台和转播台 3.2 万座，电视人口覆盖率为 81.3%。

同年

中央人民广播电台收到听众来信 924076 封。

同年

中国国际广播电台收到 170 多个国家和地区的听众来信 328612 封。

同年

辽宁人民广播电台开办《轻风夜话》栏目，为全国最早播出的广播谈话类栏目之一。栏目内容涉及经济与社会、道德与法制、情感与生活。该栏目主持人沈霞被众多大学、机关、企业聘为德育教授、校外辅导员、心理健康顾问，曾荣获全国“五一劳动奖章”、全国优秀新闻工作者、辽宁省劳动模范、辽宁省优秀共产党员、辽宁省首届新闻标兵等荣誉称号。

同年

安徽全省县（市）级广播电台总数增加到 39 座，全省县（市）级电视台总数增加到 17 座。县级六安市电台与六安县人民广播电台合并，沿用“六安人民广播电台”呼号。六安地区有线广播电视台成立，为自收自支事业单位，隶属于六安行署广播电视局，1993 年 1 月 1 日开播。

同年

四川人民广播电台文艺部在希望集团的支持下，承办由省委宣传部、省教委、共青团四川省委、省总工会主办的四川省首届“希望杯”中华大家唱卡拉 OK 大奖赛。

同年

贵州电视台发起组织全国省级电视台经济节目交流网，14 家省级电视台在北京通过共同办好节目交流网络和共同创办《八面来风》专栏的协议。

1993年

1月1日

中国国际广播电台使用新呼号 CHINA RADIO INTERNATIONAL，缩写为 CRI。

同日

中央人民广播电台综合性国际专题节目《环球信息》开播，设有《国际述评》《经贸与科技》《国际纵横》和《空中市场》专栏，每天播出两次，每次 20 分钟，首播为第二套 7：40 至 8：00，重播为第一套 17：00 至 17：20 。

同日

中央电视台通过太平洋国际中转卫星开始向北美传送中国电视节目，每天传送一小时新闻、经济和文体节目，由美国芝加哥 3C 集团在美国 KVBAND 首次正式向北美播放。

同日

中央电视台新闻中心在新闻节目的播报中开始使用播音员提示器，改变了播音员低头念稿的形象。

同日

经国家新闻出版署批准，《中国电视报》由 4 开 8 版扩为 4 开 16 版，价格仍为 0.20 元。1 月份每期发行量由 200 多万份增加到 350 多万份。

同日

江苏省镇江人民广播电台经济台正式开播。

同日

湖北省武汉有线电视台正式播出节目。

同日

山东人民广播电台新闻编辑计算机系统正式投入使用。

同日

福建有线电视台正式开播，设影视、综艺、服务、体育四个专业频道。

同日

吉林经济广播电台正式播音，频率 1530 千赫。节目融信息、新闻、服务、知识、娱乐为一体，每天播出 11 小时 10 分钟，全部采用直播方式。当日，吉林经济电视台、吉林省广播电视信息台也正式开播。吉林省吉经广播电视广告有限公司开业。

同日

甘肃人民广播电台《经济大世界》《陇上人家》《星期天，您好》主持人直播板块节目开播。

同日

经国家新闻出版署批准，《吉林广播电视报》更名为《视听导报》，全国政协副主席赵朴初为该报题写报头。

同日

辽宁电视台、中央电视台同沈阳音乐学院联合举办第一次“全国管弦乐作曲大赛”。大赛共征集到作品 154 件。

同日

浙江省钱江电视台开播。

同日

陕西人民广播电台对节目进行大的改革与调整，以整点新闻为骨干，以八个板块节目为主体，较多地采用主持人直播形式，设立热线电话。

同日

青海电视台《青海新闻》更名为《青海新闻联播》。

1 月 3 日

中组部、广播电影电视部、人事部联合下发《关于为西藏自治区选派广播电视技术干部的通知》。选派干部采取定期轮换的办法。这批干部在藏工作时间为 3 年，其间可探亲一次，工作期满后，由原派出省（区、市）组织、人事部门及广播电视厅（局）派人轮换。其工资由原单位发给，国家规定的西藏地区的特殊工资待遇由西藏负责发给，并享受当地规定的特殊工资待遇和在藏工作的各项福利待遇。

1 月 5 日

10：00，中国国际广播电台和中央电视台合作，通过太平洋国际卫星，用西班牙语向墨西哥特莱维萨电视台传送五条新闻，节目长度 10 分钟。3 月 3 日 ~ 10 日，墨西哥特莱维萨电视公司副总裁埃米略·迭斯·巴洛索·阿斯卡拉加一行四人来华访问。在京期间，正式签署中央电视台、中国国际广播电台向墨西哥特莱维萨电视公司传送电视新闻的协议。

1月6日

武炳统任中国广播艺术团团长、艺术团艺委会主任。

1月7日

由广播电影电视部广播科学研究所负责组建的“有线电视质量监督检测中心”在北京通过由国家技术监督局、广电部系统的专家和领导组成的评审委员会的审查，正式成立。

1月8日

中共中央政治局委员、书记处书记、中央宣传思想工作领导小组组长、中宣部部长丁关根，中共中央政治局委员、国务委员李铁映和中央宣传思想工作领导小组成员刘忠德、艾知生、邵华泽，广播电影电视部副部长马庆雄、刘习良，在中央电视台1000平方米演播室观看1993年春节联欢晚会的相声、小品节目和部分歌舞、戏曲节目彩排。

同日

中央电视台与韩国广播公司（KBS）就购买中央电视台《新闻联播》节目播放权举行签字仪式。韩国广播公司在保持节目原意的前提下选播中央电视台的国内新闻。

1月9日

辽宁人民广播电台和中国广播电视学会、中央人民广播电台联合举办全国北方“康源杯”业余京剧大赛，全国近40个台参加。

1月10日

南京人民广播电台交通台、新闻台同时开播。

1月11日

广播电影电视部发文：同意常振铮不再担任北京广播学院院长职务，由党委书记刘继南兼任院长；任命王纪言、赵玉明、周铜山为副院长。

1月11日～12日

中央电视台在北京组织召开中国电视节目外销联合体第一次全体理事台会议。会议表决通过《中国电视节目外销联合体章程》《联合体节目输出操作程序》《93年节目外销市场估计和联合体工作规划》，宣布中国电视节目外销联合体于1993年1月12日正式成立。

1月16日

中央电视台动画部《红、黄、蓝》专栏开播，栏目内容有“彩色桥”“365夜”“漫画集锦”和“儿童动画卡拉OK”四部分。它填补了中央电视台动画专栏的空白，每周播出一次，每次30分钟。

同日

广播电影电视部任命赵声鸿为教育司副司长。

1 月 18 日

中国国际广播电台华语部与中国侨联举办“跨越时空，环球同乐——向海内外亲人拜年”联欢会。国务院副总理吴学谦、全国人大常委会副委员长雷洁琼以及有关部委的领导出席联欢会。

1 月 20 日

上海市市长黄菊到上海人民广播电台《市民与社会》节目直播室，就市民关注的市政府 1993 年要办的实事与听众直接交流。

同日

中央电视台与韩国广播公司举行合作拍摄大型专题片《长江》意向书的签字仪式。

1 月 22 日

20：00，中央电视台以金鸡唱晓为主题，以“欢乐、祥和、自豪、向上”为宗旨的《1993 年春节联欢晚会》开始现场直播，次日凌晨 1：00 结束。

同日

中央人民广播电台播出春节晚会《欢乐共此时》。

同日

甘肃全省第一个行政区域有线电视网络在兰州城区建成，兰州市区部分用户第一次看上了信号稳定、图像质量好的有线电视节目。

同日

安徽人民广播电台、海峡之声广播电台和台湾“中广公司”联合举办春节特别节目《江淮宝岛情相连》。

1 月 23 日

北京人民广播电台调频立体声节目实行 24 小时播音。

同日

上海电视台与台北“中国电视公司”、香港亚洲电视台联合录制的《“大家恭喜”春节文艺晚会》在上海、台北同时播出。晚会由三地节目主持人共同主持，这是两岸三地三家电视台首次合作录制的综合文艺节目。

同日

甘肃电视台第二套节目即甘肃飞天经济台开始试播，覆盖省会兰州市。

1 月 28 日

中国首家由中央和地方合资的大型文化影视有限公司——东上海国际文化影视

公司正式成立。

同日

辽宁电视台与日本富山电视放送联合拍摄的大型电视纪录片《辽河》，于当地时间 28 日 19：00 在美国纽约联合国总部举行首映式。首映式由联合国总部环境计划委员会举办。

1 月 30 日

广播电影电视部党组决定，派一名司局领导干部任部驻香港记者站站长，中央三台各选派一名业务水平高、管理能力强的干部任首席记者，并兼任副站长。增加中央三台驻站记者人数，加强采访一线力量。中央人民广播电台增加 5 人，中国国际广播电台增加 4 人，中央电视台增加 6 人。

同月

中央电视台主办的电视理论刊物《电视研究》从当月起由双月刊改版为月刊，设基础理论、屏幕研讨、评论与欣赏、创作谈、国外电视介绍、国内理论动态、屏幕后的研讨等 7 个部分 23 个栏目，并向全国公开发行。

同月

安徽省滁县地区撤地建市，县级滁州电台与皖东经济电台合并组建市级滁州人民广播电台，滁县地区电视台与县级滁州电视台合并组建滁州电视台。滁州有线电视台成立，转播 12 套节目，网络传输覆盖滁州市区 70% 以上。

2 月 1 日

广播电影电视部印发《关于开展岗位培训的实施意见》。

同日

自即日起，美国新闻广播网（原美国中国新闻音乐广播网）开始播出中国国际广播电台华语部寄送的普通话《空中彩桥》《五彩周末》板块节目，时长各 30 分钟，暂定每周一次。

同日

中央电视台正式启用图文电视，向部分地方电视台传送《新闻联播》文字稿。12 月 18 日，该台图文电视正式开播。

同日

7：00，上海电视台新栏目《上海早晨》正式开播。

2 月 1 日～ 17 日

应印度新闻广播部、马来西亚新闻部邀请，广播电影电视部部长艾知生率中国广播电视代表团访问印度、马来西亚，并顺访新加坡。代表团向印方提交《中国广播电影电视部与印度新闻广播部广播电视合作协定》文本草案，与马来西亚商谈落实已签订的《中马政府新闻合作协议》。

2 月 3 日

中央广播电视大学在北京举行座谈会，纪念邓小平批准广播电视大学成立 15 周年。国务院总理李鹏、国务委员兼国家教委主任李铁映分别为中央广播电视大学成立 15 周年题词。李鹏题词："开拓创新办电大，不拘一格育英才。"李铁映题词："办好电大教育，送教千家万户。"国家教委副主任邹时炎等出席座谈会。据介绍，经过十几年的发展，我国的广播电视教育已形成从中央到地方统筹规划、分级办学、分级管理的教育系统。除中央电大外已有 43 所省市级电大和 654 所地市级电大、1500 多所县级电大，有电大教学班 1 万多个，已逐步形成一个具有中国特色的现代化远距离高等教育体系。

同日

由中国广播电视学会主办的第三届全国广播电视学术研究论文评选揭晓，评奖分宣传、管理、技术三类，共有 102 篇论文获奖。

2 月 3 日～ 17 日

中央电视台《神州风采》栏目派记者赴台湾采访，这是中央电视台首次派出制作专题节目的摄制组。

2 月 5 日

广播电影电视部副部长田聪明代表部党组主持召开驻部纪检组、驻部监察局全体干部会议，正式宣布按照中纪委批准的方案，两个派驻机构从即日起合署办公。同时宣布合署后领导成员名单：组长李范笑，副组长王德新（兼监察局局长）、副组长武俊礼，监察局副局长崔洪。

2 月 6 日

广播电影电视部、文化部、中国文学艺术界联合会、中国曲艺家协会在北京联合召开"中国相声艺术大师侯宝林从艺 65 周年研讨会"。中共中央政治局委员、国务委员李铁映出席并讲话。侯耀文代表家属发言。

2 月 9 日

中国国际广播电台《世界信息报》举办的"西泠杯"1992 年十大国际新闻和国内新闻评选颁奖大会在人民大会堂举行。全国政协副主席洪学智、王光英，广播电影电视部副部长刘习良出席大会。

2 月 9 日～ 27 日

以中央电视台副台长沈纪为团长、迟洪业为副团长、余培侠为艺术总监的中央电视台银河少年电视艺术团一行 47 人，应邀前往新加坡进行为期 18 天的访问演出。这是该艺术团建团 30 多年来的首次出国访问演出。

2月10日

台湾世界新闻传播学院院长成嘉玲博士率领由21位部、学系主任和教授组成的大型代表团，到北京广播学院参观访问。

2月11日

云南省人民政府批复同意建立云南有线电视台，并责成云南省广播电视厅按规定向广播电影电视部报批以及着手筹建工作。该台为省广播电视厅下属事业单位，实行企业化管理，独立核算，自负盈亏。

2月12日

广播电影电视部科技司、美国中美有线电视科技有限公司在北京联合举办’93北京国际有线电视科技展。

同日

安徽人民广播电台恢复编委会，台长杨波任总编辑，副台长褚水敖任副总编辑。

2月13日~22日

由中国电视艺术委员会主办、广播电影电视部音像处协办的第二届国产优秀音像制品“双向奖”评奖在北京举行。评选出一等奖14个，二等奖30个，三等奖50个，特别奖11个，单项奖13个。另有69个作品获荣誉奖。颁奖大会于8月21日在北京举行。

2月14日

中共中央政治局常委、书记处书记胡锦涛到天津广播电视塔视察。

2月17日

山东电视台卫星地球站工程破土动工。

2月17日~21日

中央电视台对外电视中心与第四套节目编辑部在南宁联合召开全国电视对外宣传工作座谈会，讨论电视外宣的形势和任务，落实1993年选题规划和与全国各电视台的合作计划。

2月20日

黑龙江省广播电视厅举行黑龙江人民广播电台开办朝鲜语广播30周年庆祝大会。

2月22日

中共江西省委决定李立功任省广播电视厅党组书记。2月27日，江西省第八届人大常委会第一次会议通过决定，任命李立功为省广播电视厅厅长。原厅长、党组书记刘宗一当选为江西省八届人大常委会委员。

2 月 23 日

中宣部同意赵化勇任中央电视台副台长。

2 月 24 日

中央人民广播电台委托北京广播学院进行的“中央人民广播电台 1992 年全国听众抽样调查”在北京通过专家鉴定。调查结果显示，全国 12 岁或以上城乡居民中，收听中央电台节目的比例为 78.1%，中央电台拥有听众总人数 6.92 亿。

2 月 25 日

中央电视台在北京民族文化宫举行“梅兰芳金奖大赛”颁奖晚会。中共中央政治局委员、书记处书记、中宣部部长丁关根和文化部、广播电影电视部、中央电视台领导出席晚会，并为获奖演员颁奖。

2 月 26 日～3 月 1 日

由中央电视台主办的全国省级、计划单列市电视台台长会议和总编室主任会议在北京京西宾馆举行。全国 30 个省、自治区、直辖市和部分计划单列市电视台，以及上海东方电视台、湖北江汉电视台的台长和总编室主任近 80 人出席会议。广播电影电视部部长艾知生、副部长刘习良和部办公厅、总编室、地方管理司、中国广播电视学会、北京广播学院的领导以及中央电视台领导、各部处主任参加会议。3 月 1 日上午，中共中央政治局委员、书记处书记、中宣部部长丁关根到会看望会议代表并讲话。他阐述了新闻宣传工作中应注意的问题，并对如何建成与中国国际地位相适应的、具有世界水平的电视台及如何使电视节目更加丰富多彩而被群众所喜爱提出了具体意见。

2 月 27 日

国务院发文：任命何栋材、同向荣为广播电影电视部副部长；免去徐崇华、马庆雄的广电部副部长职务。

2 月 28 日

广东省河源人民广播电台正式播音。至此，广东所辖 21 个地级市全都建立了无线广播电台。

同日

江苏省无锡人民广播电台经济台正式开播。

同月

上海电视台国际部主办的《纪录片编辑室》开播。这是全国第一个以“纪录片”命名的栏目，也是全国第一个在黄金时段播出的纪录片栏目。

同月

山东电视台成立“山东电视广告公司”（对外称“山东华泰广告公司”）。

3月1日

中央电视台实施第一套节目新闻改革，新闻由每天4次增加至12次（包括体育新闻），其中，除《新闻联播》外，其余都实现直播和滚动播出。

同日

福建省和福州市有线电视联网协议正式签字，福建全省有线电视联网开始启动。

同日

北京人民广播电台新闻台、音乐台成立。音乐台实现全天24小时播音。

同日

河北电视台播出时间由过去的每天四个半小时增加到九个小时。

同日

广东省广播电视厅党组决定成立厅新闻编辑委员会，由厅长周无忌等六人组成。

同日

贵州省六盘水电视台正式开播。

3月3日

广播电影电视部下发《关于加强赴台广播影视交流立项和审批管理工作的通知》。

同日

魏文彬任湖南省广播电视厅厅长、党组书记。文选德不再担任厅长职务；李青林不再担任厅党组书记职务。

同日

甘肃省委发文通知，杨德儒任中共甘肃省广播电视厅党组书记。3月10日，甘肃省八届人大常委会第二次会议决定任命杨德儒为省广播电视厅厅长。皇甫斌不再担任厅党组书记职务。

同日

中央人民广播电台对台湾广播部在北京长城饭店举办第五届“海峡情”有奖征文活动颁奖大会。国务院副总理吴学谦、全国政协副主席赵朴初、广播电影电视部副部长刘习良等出席大会并向获奖者颁奖。本次征文活动共评出获奖作品65篇。

3月4日

安徽省八届人大常委会第二次会议决定，任命杨波为省广播电视厅厅长。3月5日，中共安徽省委决定，任命杨波为省广电厅党组书记。朱兆瑾不再担任党组书记、厅长职务。

3月8日

根据《有线电视管理暂行办法》和《〈有线电视管理暂行办法〉实施细则》，广播电影电视部制定并下发《有线电视入网设备器材认定管理暂行规定》，共 19 条。

同日

中央电视台在第一套节目中播出《日月同辉》大型文艺晚会，这是中央电视台为迎接第四届世界妇女大会，庆祝三八国际妇女节，与中华全国妇女联合会共同主办的文艺晚会。

同日

以瑞典奥委会主席埃里克松为团长的国际奥委会考察团一行 13 人到中央电视台进行实地考察，北京奥申委张百发、万嗣全等负责人陪同，中央电视台台长杨伟光、副台长林景云等会见考察团成员。

3 月 9 日

新疆有线电视台正式成立，9 月 20 日开播。

3 月 9 日～12 日

第十届全国电视剧题材规划会在西安举行，来自全国各生产单位的 250 名代表出席会议。广播电影电视部部长艾知生、副部长刘习良和陕西省常务副省长徐山林等出席会议并讲话。会议代表就如何把握电视剧创作的思想和题材选择、如何提高电视剧质量、电视剧如何进入市场等问题展开讨论。会议期间，艾知生还到延安考察了广播电视工作。

3 月 11 日

中央电视台新闻节目中播出《保护圆明园遗址刻不容缓》的报道之后，在社会各界引起较大反响。中共中央政治局委员、国务委员李铁映看了报道后，在北京市市长李其炎、国务院副秘书长徐志坚、国家文物局局长张德勤等陪同下视察了圆明园遗址，并向有关部门发出“抢救圆明园遗址越快越好”的呼吁。

3 月 12 日

广播电影电视部同意北京广播学院成立播音员、节目主持人培训交流中心。该中心的主要任务是：培训全国的广播电视播音员、节目主持人；建立人才信息档案库，向全国的广播电台、电视台推荐胜任播音和节目主持人岗位工作的优秀人才。

同日

为筹备 1995 年在天津举办的第四十三届世界乒乓球锦标赛，天津市计划委员会批准新建天津广播电视国际新闻中心工程立项，总投资为 2.52 亿元。4 月 30 日，该工程破土动工。

3 月 14 日～3 月 31 日

中国人民政治协商会议第八届全国委员会第一次会议（3 月 14 日～27 日）和第八届全国人民代表大会第一次会议（3 月 15 日～31 日）先后在北京召开。中央人民广播电台在《新闻和报纸摘要》《各地人民广播电台联播》等新闻节目中发稿 9.5 万字；举办“两会”专题节目 20 次，发稿 430 篇。中国国际广播电台共发稿 345 篇（条）。中央电视台在本次“两会”报道中，首次用一部转播车同时传送两路信号获得成功。

3 月 15 日

广播电影电视部通知：中宣部批准任命汪勤文为中国国际广播电台副台长。

3 月 17 日～18 日

北京、广东、上海三家电视台合作，现场直播’93 世界体操单项锦标赛，开创了地方台联手直播世界重大赛事的途径。

3 月 22 日～25 日

广播电影电视部地方司和福建、江西、山东、河南、山西、河北、黑龙江、陕西、安徽九省广播电视厅在福建省厦门市联合举办’93 厦门有线电视技术、设备展示会。

3 月 24 日

国务院副总理吴邦国在天津市副市长李慧芬陪同下视察天津广播电视塔。

3 月 25 日

中央电视台在原《百花园》栏目基础上推出新栏目《东西南北中》，成为地方台和社会上文艺节目的窗口，设有《地方风采大擂台》《歌迷天地》《请跟我来》和《点歌台》等小栏目，每两周播出一次，每次 50 分钟，安排在星期六第一套节目黄金时间播出。

3 月 26 日

广播电影电视部《外事工作管理办法》印发，共 21 条。

同日

美国美南报业传播集团董事长李蔚华到天津市广播电视局签署合作协议书，从 5 月 1 日起，在美国休斯敦推出天津电视台拍摄的《中国天津》专题电视节目。

同日

由台湾电视文化公司编辑出版的《电视周刊》在第 1590 期上首次刊出中央电视台第四套节目表。

同日

新疆天山经济广播电台正式开播。

3 月 30 日

北京广播学院举行第三次党代会，选举新一届党委，刘继南任党委书记。

同日

河南交通广播电台成立并开播。

同月

《中国改革开放辉煌成就 14 年 · 广播电影电视卷》出版，广播电影电视部部长艾知生、副部长刘习良任主编，全书近 110 万字。

同月

中共四川省委、省人大常委会任命李之侠为四川省广播电视厅党组书记、厅长。

同月

中国广播电视学会电视音乐研究委员会在福州市召开换届会议。李焕之、乔羽被聘为顾问，洪民生当选为会长。

4 月 1 日

海峡之声广播电台对原有广播节目进行较大幅度的调整和改革，改革后，除 10 分钟的《新闻》和《广告》节目外，其他节目均以板块结构形式与听众见面。

同日

经国家工商局注册批准，国际新闻广播电视交流中心正式启用梅地亚中心（内设梅地亚宾馆）新名称。

同日

陕西省铜川市电视台正式开播。至此，陕西 10 个地、市全部建立电视台。

4 月 5 日～6 日

全国省级、计划单列市电视台对外宣传工作座谈会在北京梅地亚中心召开。广播电影电视部副部长刘习良，中央电视台领导杨伟光、于广华、马瑞流和来自全国 40 家电视台的台长参加会议。美国 3C 集团总裁子繁、总经理迟晶也出席会议。本次会议主要议题是共商在美国建立“美洲东方卫星电视”全天候联播网问题。中央电视台及 31 家省、市电视台与美国 3C 集团签订租用卫星时间段意向书。

4 月 5 日～13 日

全国优秀农村广播节目评选暨全国农村宣传研讨会在山东省烟台市召开。与会的全国 27 家省级电台的 70 多位代表就如何加强社会主义市场经济新形势下的农村宣传进行了研讨。会议认为，中央人民广播电台和地方广播电台都应进一步加强和重视农村广播宣传。同时，农村宣传本身也需要展开深层次的改革，随着系列台的陆续出台，办“农民台”已成大势所趋。

4 月 7 日

国务院总理李鹏为中央电视台建台 35 周年题词：“立足中国，面向世界。”

4 月 8 日

中央人民广播电台《新闻和报纸摘要》节目播出本台记者胡占凡写的述评《拜金主义要不得》，在社会上引起很大反响，《光明日报》等刊载了这篇述评。

同日

贵州电视台与共青团贵州省委、贵州大学历史系等单位协作制作的大型中国近代史国情教育系列片《世纪的抉择》（80集）在贵州电视台播出。

同日

由陕西、四川、内蒙古、重庆等12家电视台组成的中国西部电视集团与美国3C集团企业有限公司签约，商定从8月1日起，3C集团的“美洲东方卫星电视”每天用一小时，以中国西部CWTV台名，播出西部集团摄制的电视节目。

4月8日～10日

中国广播电视学会主持人节目研究委员会第一届理事会议在北京召开。广播电影电视部副部长刘习良、中广学会常务副会长郝平南、中央人民广播电台台长杨正泉、中央电视台台长杨伟光等到会讲话。此次会议的主要任务是通过委员会工作报告、修改章程、研究“金话筒”奖评选方案。会议选举常务理事台27个，常务理事9人。

4月10日

安徽省蚌埠经济广播电台开播。

4月12日

全国人大常委会委员长乔石为中央电视台建台35周年题词：“勇于进取，开拓创新，加强两个文明建设，增进中国与世界相互了解。”

4月13日

广播电影电视部通报表彰1992年度广播电视技术维护竞赛评比获奖单位。河北、河南、广东、安徽、山东、贵州、部无线局、黑龙江、江苏、辽宁、吉林和天津12个广播电视厅（局）获奖。

同日

广播电影电视部审计局举办的第一期广播影视审计培训班在北京广播学院培训中心开学。

4月13日～21日

广播电影电视部副部长刘习良率七人广播电视代表团访问韩国，与韩国广播公司（KBS）签署广播电视合作协定。

4月14日

黑龙江人民广播电台在《你好，星期天》直播板块节目中开辟《热线交流》专栏，邀请省领导和省直各委、办、厅、局负责人，就群众关心的热点、难点问题，定期到电台直播间同听众现场交流。新华社为此发了通稿，题目是《多架一些干群沟通的桥梁》。

4 月 15 日

由中央人民广播电台主办，全国 25 家省级广播电台参加的“首届大自然杯全国听众喜爱的歌手评选”揭晓。本次活动共收到听众寄来的选票和信 10 万多件，颁奖晚会于 25 日晚在北京海淀剧院举行。

同日

江西信息广播电台建成开播。主要覆盖南昌地区，其任务是向社会传播科技信息、商业经贸信息、证券交易信息、交通信息、天气预报等。

4 月 17 日

中共中央政治局常委、书记处书记胡锦涛在江西省委书记毛致用、省长吴官正等陪同下，视察地处井冈山黄洋界哨口西南处的 704 电视转播台。

同日

《广播电视技术标准管理暂行规定》和《广播电影电视部企业标准化管理暂行规定》发布施行。

4 月 17 日～ 23 日

中国广播电视学会对台广播研究委员会在福建厦门主持召开第六届对台广播优秀节目评选暨对台宣传协调会，参评节目 109 个，共有 87 个获奖。

4 月 18 日

由中国国际减灾十年委员会、中国抗灾救灾协会、中国贫困地区经济开发服务中心、广东清远扶贫试验区、中央电视台和香港演艺界举办的减灾、扶贫、献爱心大型义演晚会获得成功。这是中央电视台与香港无线电视台首次携手合作。香港无线电视台采用现场直播，中央电视台在开演 90 分钟后首次采用 AB 带剪接录播方式播出。

4 月 19 日

广播电影电视部同意北京广播学院成立电视纪录片研究中心。该中心的主要任务是：开展对电视纪录片创作的重要理论问题和实践问题的研究；组织专业教师、电视台创作人员和专家进行学术交流、专题研讨、优秀片目评奖、专业培训和咨询活动。

4 月 20 日

中央电视台《电视译制片》栏目改名为《国际影院》。

4 月中旬

台湾《大成报》继台视《电视周刊》之后，成为台湾首家每天刊登中央电视台第四套节目表的报纸。

4月23日～5月2日

中央人民广播电台台播部记者陈金海、中央电视台第四套节目编辑部四名记者前往新加坡采访“汪辜会谈”，及时向海内外报道世界舆论极为关注的海峡两岸40多年来的首次正式接触。

4月24日

《广播电影电视行政复议法律文书使用与管理办法》发布施行，共26条。

同日

福建省编制委员会、省广播电视厅、省人事厅、省财政厅联合下文，对本省乡镇广播电视站机构和人员编制标准作出规定，使长期悬而未决的这个问题终获解决。

同日

中共中央政治局委员、书记处书记、中宣部部长丁关根视察福建电视台。

4月28日

广东人民广播电台珠江股市台正式开播，成为国内首个股市专业电台。

4月28日～5月7日

由中国广播电视学会主办的中国电视奖’92电视新闻节目评奖会在陕西西安举行，送评节目192个，共有137个获奖。

同月

中国国际电视总公司全国有线电视供片中心在全国30个省、市和地区建立供片站，形成一个较完整的全国有线电视供片网络。

同月

宋国华任河南省广播电视厅党组书记、厅长、总编辑。原厅长马心浩调任中共河南省委宣传部副部长。

同月

李治宇任安徽人民广播电台台长。

5月1日

中央人民广播电台新的英文译名CHINA NATIONAL RADIO正式启用，缩写为CNR。

同日

7：00，中央电视台第一套节目新开辟的杂志型板块栏目《东方时空》正式开播。其由《新闻》《东方之子》《东方时空金曲榜》《生活空间》《焦点时刻》五个板块构成，总长度为40分钟，每天播出四次。首播时加上《东方时空新闻》20分钟，总长度为一个小时。播出时间：第一套节目7：00、10：45；第二套节目14：15；第三套节目18：20。

同日

山东人民广播电台经济台、山东电视台经济台同时开播。

同日

青岛有线电视台建成并正式开播。

同日

陕西文艺广播电台正式开播。

5 月 3 日

中央电视台举办'93 中国民歌 MTV 大赛，旨在推动有中国特色、民族风格的 MTV 的创作发展。

5 月 3 日 ~ 12 日

第七届（1992 年度）全国电视文艺"星光奖"终评会议在北京举行。本届"星光奖"评选进行了两点改革，一是将历届"星光奖"按中央电视台播出栏目设奖改为按电视文艺类型设奖；二是地方电视台未在中央电视台播出过的电视文艺节目可以参评。《金鸡唱晓——'93 春节晚会》（中央电视台）获特别奖；《综艺大观》（中央电视台）获栏目奖；在综合性文艺节目、电视专题文艺节目、电视音乐节目、电视歌舞节目、电视戏曲节目和电视戏剧、小品节目评选中，共有 50 个节目获奖。此外，还评出 8 个单项奖。7 月 16 日 ~ 19 日，本届"星光奖"颁奖暨全国电视文艺座谈会在北京京西宾馆举行。广播电影电视部部长艾知生在《争取电视文艺节目有一个较大的改观》的讲话中，肯定了电视文艺工作取得的成绩和进步，同时指出电视文艺节目中存在的一些不容忽视的问题和不足。并强调，要解决这些问题，必须认真学习、贯彻中央领导关于文艺创作的重要指示，贯彻党的文艺方针；要对文艺的功能中的教育功能、娱乐功能、认识功能、审美功能等多种功能统一起来认识，寓教于乐；要处理好普及和提高的关系、要处理好社会效益与经济效益的关系；要走好群众路线，依靠社会各方面的力量办电视。会议议定今后由中国电视艺术委员会每年召开一次全国性的电视文艺工作会议，加强电视文艺的规划、交流和研讨。

5 月 4 日

江苏经济广播电台开播。5 月 5 日，该台指导委员会成立，副省长季允石任主任委员。

同日

北京有线电视台在人民大会堂举行成立一周年暨正式播出大会。

5 月 5 日

中央电视台推出一个板块式的杂志型栏目《环球 45 分》。主要内容有：各国概况、神奇世界、异国风情、音乐舞蹈、科技新知、影视欣赏等。设置《地球探秘》《人海萍踪》《好望角》《音乐厅》等小栏目。于每周三 21：10 在中央电视台第一套节目首次播出，每期 45 分钟。

同日

中共江苏省广播电视厅党校成立。党校与江苏省广播电视厅干部培训中心实行两块牌子一套班子，党校校长及培训中心主任由厅长周顺生兼任。

5 月 5 日、7 日、18 日

中央电视台先后组织召开观众代表、中央和国家机关部委负责人、电视工作者参加的三个座谈会。中共中央政治局委员、中宣部部长丁关根参加全部座谈会，他与会议代表一起讨论，并发表《开拓创新 真抓实干 加快电视事业的发展》的讲话。丁关根强调：一要坚持走自己的路，形成自己的特色；二要在继续加强经济宣传的同时，重视和做好精神文明建设的宣传；三要充分发挥电视的多种功能，在坚持正确导向上下功夫；四要不断改进和提高节目质量，把丰富多彩、生动活泼、喜闻乐见、雅俗共赏的节目奉献给观众；五要坚持把社会效益放在首位，力争社会效益和经济效益相统一；六要走群众路线，依靠社会各界办好电视节目；七要积极推进改革，加快事业发展；八要加强队伍建设。

5 月 6 日

中共中央政治局常委、全国政协主席李瑞环为中央电视台台庆 35 周年题词："一心为群众。"

5 月 9 日～18 日

中国广播电视学会电视经济节目研究委员会在山东曲阜举办全国首届电视经济节目评选会议。中央电视台和 35 家省、市级电视台的 260 个节目参加评选，评出优秀节目 120 个。

5 月 9 日～18 日

第一届东亚运动会在上海举行，上海广播电视系统在中央人民广播电台、中国国际广播电台、中央电视台以及部分兄弟省市台的协助下，对 12 个比赛项目，共 173 场赛事全部提供国际标准的电视实况信号，其覆盖面达到 14 亿观众。

5 月 10 日

广播电影电视部发文：同意韩峻峰任北京广播学院党委副书记。

同日

云南省委、省人大常委会任命薛泽高为省广播电视厅党组书记、厅长。

同日

首届中国广播评论奖的评选工作在山东潍坊结束。

5 月 12 日

人事部通知：经国务院批准，广播电影电视部王仲丙等 34 名表演艺术人员享受 1992 年政府特殊津贴，其中 100 元档 14 人，50 元档 20 人。

同日

中央电视台对外电视中心记者在采访国际奥委会主席萨马兰奇时，萨马兰奇用西班牙文为中央电视台题词："把我的情感和友谊献给中国电视观众。"同日，萨马兰奇接受中国国际广播电台西班牙语部记者采访，并为国际台题词："向中国国际广播电台听众致以亲切问候！"

同日

四川经济广播电台独家买断 1994 年世界杯足球外围赛成都赛区的广播转播权。

5 月 15 日～22 日

中国广播奖'92 广播新闻和广播社教节目评选会议在吉林长春举行，共有 256 个作品获奖。广播新闻节目一等奖 20 个、二等奖 41 个、三等奖 71 个，广播社教节目一等奖 18 个、二等奖 41 个、三等奖 65 个。

5 月 16 日～22 日

北京电视台主办第二届北京国际电视周。31 个国家和地区的 100 家电视机构和电视设备厂家的 300 多名电视工作者和技术人员参加本届电视周。

5 月 17 日

中央电视台第四套节目的《中国中央电视台新闻》第一次改版。节目长度由 10 分钟增加到 15 分钟，即日起除对台港澳地区播出外，同时通过太平洋国际中转卫星向北美地区传送。12 月 1 日进行第二次改版，节目长度由 15 分钟增加到 20 分钟。在第四套节目中的首播时间从每天的 21：30 提前到 20：30，之后在 23：10 和零点依次重播；在第二套节目中的播出时间仍为 22：30。

5 月 18 日

江苏人民广播电台综合台和金陵之声广播电台全面改版。综合台每天有 16 次整点新闻。

5 月 20 日

国家副主席荣毅仁在无锡市委书记刘济民、市长洪锦炘等陪同下，到中央电视台无锡外景基地视察。

5 月中旬

法国电视三台恢复定期向法全国播放中央电视台对外电视中心制作的法文版《中国报道》节目。

5月23日

江苏人民广播电台文艺台开播。

5月24日

中共中央总书记江泽民为中央电视台成立35周年台庆题词："努力办好电视，促进社会主义物质文明和精神文明建设。"

同日

中央电视台现场直播美国费城交响乐团访华首场演出。该团时隔20年再度来华演奏世界名曲。中共中央总书记江泽民等党和国家领导人到现场观看演出。

5月24日～26日

全国省级电台、电视台人员编制标准讨论会在长沙召开。与会代表对广播电影电视部人事司经过多年调查研究后制定出的全国广播电视系统第一个编制标准方案进行了讨论，对定编模式进行了实际测算。本次会议讨论通过的省级电台、电视台人员编制标准报国家编委审批后，将在全国广播电视系统推广实施。

5月29日

广播电影电视部党组发文：中组部通知，同意李范笑（女）任广播电影电视部党组成员。

同日

广播电影电视部科技司、地方管理司、设计院等单位11位专家组成的评审委员会，审查通过《天津市有线电视总体规划》和《天津有线电视技术方案》。

5月30日

中共山东省委宣传部常务副部长陈光林兼任省广播电视厅党组书记，张海涛任厅党组副书记、厅长。

同日

中央电视台《新闻联播》开始播出《省长访谈录》，每天播出一集。

5月31日

国务院总理李鹏为中国广播艺术团建团40周年题词："艺术传四海，知音遍五洲。"

同日

中央电视台在第二套节目中连续播出系列纪录片《西藏》，真实客观地报道藏族的宗教文化、民族文化和目前的生产生活情况。

6月1日

中共中央政治局委员、国务委员李铁映为中央电视台35周年台庆题词："努力办好电视，为全中国人民和全世界人民服务。"

同日

中宣部同意张振东任广播电影电视部总编室主任。

同日

黑龙江电视台俄语节目正式开播并举行首播式。该节目设有《访谈园地》《中国导游》《经济彩虹》《艺术沙龙》和《跟我学俄语》专栏，可覆盖俄罗斯布拉格维申斯克、哈巴罗夫斯克、格罗捷克沃等 10 个城市。

同日

中国国际广播电台豪萨语节目开播 30 周年。

同日

中央电视台现场直播“六一”少儿晚会《妈妈，我们长大了》。

同日

江苏省徐州人民广播电台经济台正式开播。

6 月 3 日

王志强任中国华艺广播公司总经理。

6 月 4 日

安徽电视台新开办综合性栏目《天都瞭望》，融知识性、趣味性、科学性和新闻性为一体，不仅对全省播放，还定期送中央电视台第四套节目播出和定期提供给美国和北欧等国家和地区播放。

6 月 5 日

中央电视台第二套节目现场直播《20 世纪华人音乐经典系列演出开幕式庆典音乐会》。由中华民族文化促进会主办的这次活动是世界各地华人音乐家共同参与的一次空前盛会，共评选出 124 部（首）经典曲目。

6 月 5 日～10 日

江苏电视台举办德国电视周。电视周的主要节目由南德意志电视台提供。

6 月 6 日

中央人民广播电台第三套调频立体声《音乐杂志》直播专栏节目开播。播出时间：周一至周六 8：00 至 9：00，周日 8：00 至 10：00。

同日

黑龙江人民广播电台开办黑龙江金融广播电台。

6 月 6 日～8 日

中国广播电视学会电视经济节目研究委员会在太原召开全国电视经济宣传座谈会，全国 48 家电视台的经济宣传负责人参加会议。

6月7日

中国唱片总公司及所属公司、南方音像集团、联谊音像集团在广州召开首届音像协作会，决定组成“音像协作体”，并通过《音像协作体公约》等三份文件。

6月8日

中国广播艺术团收到全国人大常委会委员长乔石为该团建团40周年的题词：“人民需要艺术，艺术更需要人民。”

6月8日～13日

中国广播电视学会播音学研究委员会在福州市举办第五届全国广播电视优秀播音作品评选、第四届优秀播音论文评选暨1993年年会。优秀播音作品评选，一等奖11个。优秀播音论文评选，一等奖5篇。年会就新形势下广播电视播音方面的新问题进行了研讨。

6月10日

中共中央政治局委员、中宣部部长丁关根在广播电影电视部部长艾知生陪同下到中央人民广播电台，与台领导和各部门干部座谈。丁关根在讲话中着重强调抓好舆论导向工作的重要性和加强新闻队伍建设的重要性。中央有关部门的负责人参加座谈会。会后，丁关根视察了中央电台新闻中心和播出机房。

同日

中央电视台第一、第二套节目的各个栏目均实行零秒制作与正点播出。《新闻联播》的零秒制作率达百分之百。

同日

天津电视台撤销经济部，建立天津经济电视台。10月1日，该台正式开播。

6月11日

广西壮族自治区广播电视厅建立编辑委员会，厅长郑久粲任总编辑。

6月11日～14日

中国广播电视学会电视译制研究委员会成立大会暨第三届电视译制片工作研讨会在南京召开。来自全国38家电视台、电影译制片厂及有关文化单位的70多名代表参加会议。会议讨论了电视译制片研委会第一届理事会的机构、章程及人选，通过理事单位、常务理事名单，选举产生理事会负责人，会长刘习良。

6月12日

中共中央政治局委员、中宣部部长丁关根到中国国际广播电台与各级干部座谈。丁关根在讲话中希望国际台发扬好传统，面对新形势解决新问题，使我国的对外广播更上一层楼。广播电影电视部部长艾知生，副部长刘习良、同向荣，中央外宣小组、中宣部和广播电影电视部办公厅有关人员参加座谈。

6 月 14 日

国务院发文：国务院决定，同向荣兼任中央人民广播电台台长。杨正泉调任国务院新闻办公室副主任兼中国外文局局长、党组书记。

6 月 16 日

广播电影电视部党组向中共中央政治局委员、中宣部部长丁关根和中共中央政治局委员李铁映呈送《关于将中央三台升格为副部级单位的报告》。报告强调“中央人民广播电台、中国国际广播电台和中央电视台是我部直接领导的国家一级的电台和电视台”。广播电视承担着繁重的对内对外宣传任务，是强大的现代化宣传舆论工具。但是，目前中央三台机构设置现状与其在国内外的地位和影响及所承担的日益繁重的宣传任务很不适应，其机构级别仍为一个司局级单位，同中央一些新闻单位的机构级别相比明显偏低。1988 年 10 月，国务院总理李鹏主持召开的国家编委会第十次会议纪要明确确定：“考虑到中央人民广播电台、国际广播电台、中央电视台在国际、国内的影响都很大，同意‘三台’的台长和副台长级别高配半格；在干部条件具备时，台长可配副部级，副台长可配正局级；‘三台’机构的级别，由人事部调查后再议。”根据这个精神，广播电影电视部本着精简的原则，对中央三台的下属机构进行了认真研究，提出了升格的调整方案，已报人事部，并向中组部上报了具备升为副部级干部条件的三位台长名单。

同日

高 185 米、重 255 吨的黑龙江广播电视发射塔在省广播电视厅楼前建成。该发射塔是黑龙江省广播电视厅为改善中央电视台两套节目和黑龙江电视台第一套节目转播发射效果，并开办黑龙江电视台第二套节目而自筹资金建成的。6 月 28 日，黑龙江电视台第二套节目正式播出，结束建台 35 年来只有一套自办节目的历史。

6 月 17 日

广播电影电视部广播科学研究所的“录像 - 监视系统校验带”科研项目通过部级鉴定。

6 月 20 日

第三届中国新闻奖评选结果在郑州揭晓，共有 154 个作品获奖。广播电视部分共有 70 个作品获奖。《张学良接受大陆记者采访》（中央人民广播电台）、《江海联运货船首航》（黑龙江人民广播电台）获广播消息一等奖，《奉献一片爱心》（上海东方广播电台）、《身份证大搬家》（深圳广播电台）获广播专题一等奖，《扫除形式主义》（中央电台）获广播评论一等奖；《邓小平与中央领导同志一起同十四大代表亲切见面》（中央电视台）获电视消息一等奖，《邓小平同志在广东》（广东电视台）、《来自病床上的报道》（山西电视台）获电视专题一等奖，《新闻联播》（1992 年 2 月 3 日，中央电视台）获电视编排一等奖。

6月21日～23日

中央电视台与台湾全能制作公司和良世集团合作，通过卫星传送为台湾“中华电视公司”录制的综艺节目《综艺总动员》。该节目在台湾播出后反响热烈，收视率居台湾三台的首位，促进了两岸电视界的文化交流。

6月22日

广播电影电视部《关于审批影视制作公司（中心）若干问题的通知》下发。

6月24日～27日

经广播电影电视部批准，由中央电视台组织的全国省级、计划单列市电视台技术交流工作会议在北京召开。

6月28日

四川证券广播电台正式开播。该台成立之初就采用国内新开发的高频附加信息SCA加密技术，是全国第一家采用计算机通信网络和自动语音播报系统，实现无人操作、自动播音的电台，同时连通上海、深圳股市和北京的全国证券交易自动报价系统。

7月1日

中共中央政治局委员、中宣部部长丁关根在江苏省委副书记孙家正和无锡市领导陪同下，视察中央电视台无锡外景基地。

同日

江苏省常州人民广播电台交通台开播，江苏省南通人民广播电台经济台、扬州人民广播电台经济台分别开播。

同日

甘肃有线电视台建成开播，栏目主要有《有线新闻》《现场存真》《生活时空》《影迷俱乐部》《热线点播》《荧屏扫描》等。首任台长李琰。

同日

甘肃人民广播电台的《经济大世界》《陇上人家》《星期天，您好》三个直播板块节目开通热线电话。甘肃省委书记顾金池在《经济大世界》直播节目中打进电话表示祝贺。

同日

由中国国际广播音像出版社组织、策划和拍摄的对外电视专题片《外国人看中国》经过一年的努力，已完成14集的后期制作。该片通过外国人的眼睛从不同的角度看中国的改革开放，以达到让世界了解中国的目的。第一期将拍摄26集，每集20分钟。

同日

浙江有线电视台开播。

7 月 1 日～ 8 日

广播电影电视部教育司在四川广元市组织专家，对四川省广播电视厅承编的《县、乡广播电视编播岗位教材》和《县、乡广播电视技术岗位教材》进行审定。经审定认为，两本教材基本适合基层岗位培训的要求，具有一定的实用性和广泛性。建议各省（区、市）广播电视厅（局）在对县、乡广播电视工作者进行岗位培训时采用。

7 月 5 日～ 9 日

中国广播电视学会经济广播电台研究委员会在沈阳、大连召开全国经济广播电台宣传改革座谈会，并进行换届选举。何光、赵水福、韩庆余、余统浩被聘为顾问。朱砚当选为会长。

7 月 6 日～ 8 日

全国电视经济宣传座谈会在太原举行。会上颁发了 1992 年全国优秀电视经济节目奖，总结了第一届全国电视经济节目研究委员会的工作情况，重点研究了电视经济宣传部门的机制走向、经济信息与经济新闻的异同、如何办好全国电视经济类栏目等课题。会议还就组织培训、评奖及召开座谈会等事项作出决定。

7 月 8 日～ 10 日

中国辽宁省广播电视技术代表团同朝鲜平安北道通信代表团举行中朝边境地区小功率分米波频道协调第一轮会谈，双方签署中朝边境地区小功率电视和调频广播使用频率协调纪要。

7 月 10 日～ 14 日

应中国国际广播电台邀请，以埃及广播电视协会主席艾敏・巴斯尤尼为团长的埃及广播电视协会代表团来华访问，与广播电影电视部签订《会谈纪要》。广电部部长艾知生会见该代表团。

7 月 12 日

中共陕西省委、省人大常委会任命骞国政为省广播电视厅党组书记、厅长。

7 月 14 日

广播电影电视部批准江西省租用东方红三号通信卫星转发器，传送江西人民广播电台、江西电视台节目。

7 月 14 日～ 17 日

全国实施调频广播覆盖网规划工作会议在青岛召开。广播电影电视部有关单位和来自全国各省、自治区、直辖市广播电视厅（局）的 80 余人参加会议。会议就加速实施全国调频广播规划，尽快完成向规划过渡的问题进行了讨论。

7月15日

中国国际广播电台普什图语节目开播20周年。

7月19日

由中央电视台和中国科协普及部、中国科教电影电视协会联合举办的“全国科技短片展播”在中央电视台第一套节目中连续播出，共15期，每期10分钟。展播的节目包括科普片和科技成果推广片两大类。

7月20日

国务院副总理李岚清就我国杰出教育科技人才的电视宣传问题致信中央电视台台长杨伟光：非常感谢你们为宣传我国杰出教育科技人才办了一件大好事。在方法上频率不一定太高，更不要搞突击，一个星期有一次三几分钟即可，但希望能长期坚持下去。向节目编制播映的同志转达问候和谢意。

同日

由中央电视台和国家经济贸易委员会、国家技术监督局联合举办的《’93质量万里行》报道全面展开。东北、东南、西南、西北四路采访小分队赴全国各地开展宣传报道，途经26个省市，行程4万公里，中央电视台《经济半小时》和《经济信息联播》每天播出10分钟新闻报道。

7月22日～27日

1993年全国省级广播电视报年会在贵阳市召开。会议着重探讨了在社会主义市场经济条件下，广播电视报如何办出自己的特色，积极参与报业竞争的问题。

7月24日

广播电影电视部正式批准福建省建立东南电视台。该台隶属于福建电视台，电视节目以新闻为龙头，立足本省，面向台港澳和东南亚地区，竭诚为台港澳同胞及海外侨胞服务。日播出18个小时。9月25日，该台正式组建。

7月26日

中国国际广播电台英语广播节目正式由美国华盛顿地区的新世界电台通过中波在当地时间下午4点至5点向华盛顿及周围地区播出。

7月26日～8月1日

第七次全国广播电视中专学校工作座谈会和第二次全国广播电视中专实验教学工作会议同时在长春召开。全国各广播电视中专学校校长、实验室主任和各课程组组长等参加会议。座谈会上，各广播电视学校交流了中专教育改革的新鲜经验和扩大创收补充教育经费不足的多种途径。会议讨论并通过《全国广播电视中专学校实验教学工作条例》、部颁教学计划及关于制定《全国广播电视中专实验目录》的提要。

7 月 27 日

上海电视台与台湾全能制作公司联合制作的《卫星大联播》综艺节目通过卫星实行双向传送，分别在上海电视台和台湾“中华电视台”播出。

7 月 27 日～30 日

由中央人民广播电台主办的全国广播中心技术规范研讨会在北京举行。来自 30 家国家级、省级和少数市级电台的技术负责人以及广播电影电视部有关单位共 50 多人参加会议。会议对中央电台编写的《广播中心节目录制系统设备规范》《节目播出系统设备规范》及《广播节目录音技术质量评比规范》进行了研讨。

7 月 28 日

湖北省广播电视厅召开厅党组扩大会议，省委宣传部领导宣布省委、省人大常委会的决定，任命黎鸣为省广播电视厅党组书记、厅长。

同日

江西电视台制作的电视节目《中国江西》在美国美洲东方卫星电视播出。

7 月 28 日～8 月 13 日

第十三届（1992 年度）全国电视剧“飞天奖”终评会议在北京进行。本届参评电视剧共 168 部 952 集，《唐明皇》《半边楼》分获长篇电视连续剧特别奖、一等奖；《天梦》获中篇电视连续剧一等奖，《神算子》获短篇电视剧一等奖，《大义夫人》获戏曲电视连续剧一等奖，《孔雀胆》获戏曲短篇电视剧一等奖，《太湖人家——清名桥的故事》《一碗荞麦面》获短剧、小品一等奖，《小龙人》《少年特工》分获少儿电视连续剧特别奖、一等奖，《金色轮船》获少儿短篇电视剧一等奖，《卖花女》《冤狱》《北国情》获优秀译制片奖。此外，还评出 12 个单项奖。9 月 26 日，本届“飞天奖”颁奖仪式在成都举行。广播电影电视部部长艾知生、四川省副省长徐世群等参加颁奖仪式。

7 月 29 日～30 日

中国国际广播电台非洲部斯瓦希里语、阿拉伯语和豪萨语广播的新闻节目调整为由新闻和简讯两部分构成。新闻部分重点报道中外大事、地区消息和世界要闻，简讯部分侧重报道国际上发生的、听众感兴趣的消息。

7 月 30 日

广东人民广播电台羊城交通台正式开播。

7 月 31 日

中宣部、新闻出版署联合向各省、自治区、直辖市党委宣传部、新闻出版局及中央各新闻单位发出《关于加强新闻队伍职业道德建设，禁止“有偿新闻”的通知》。《通知》提出关于新闻队伍职业道德建设的五项要求。

7月31日～8月17日

中央电视台播出该台军事部与中国人民解放军总政话剧团电视剧部、公安部边防局政治部联合摄制的展示我国陆、海、空港口岸和边境一线的开放景象，讴歌边防将士感人事迹的八集电视片《中华之门》，观众反响热烈。邓小平称该片拍得好。

同月

为庆祝中央电视台建台35周年，该台研究室组织编辑出版《电视丛书》，全书共12册，约450万字，包括《电视新闻论集》《电视声画论集》《电视专题论集》《电视剧论集》《电视宣传管理论集》《电视文艺论集》《荧屏金杯录》《荧屏岁月记》《电视技术论集》《中央电视台大事记》《电视制作论集》《中央电视台台史》。

同月

中央人民广播电台主办的《中国广播》月刊，经过两期试刊后，正式创刊，并向国内外公开发行。它的前身是中央电台主办的内部刊物《广播业务》。9月9日，《中国广播》杂志社正式成立。

同月

《江西广播电视》杂志（月刊）创刊，中共江西省委书记毛致用题写了刊名。

同月

天津市广播电视局史志编审办公室主办的《天津广播电视史料》（月刊）正式创刊。到1996年共出刊32期。

8月1日

中央广播电视塔正式启用。中央人民广播电台中一调频、中三调频立体声节目在该塔正式播出。中国国际广播电台对首都地区的五种外语广播即日起用调频立体声播出，使用频率为91.5兆赫。中央电视台对北京地区开路播出的二、八、十五频道和北京电视台的六、二十一频道全部集中由新塔发射。发射功率除六频道为10千瓦外，其他频道均为30千瓦。新塔启用后，北京地区广播电视节目的收听收看质量得到改善。7月31日，广播电影电视部举行了试播庆典活动。

同日

广东人民广播电台珠江台为庆祝中国人民解放军建军66周年，远涉西沙制作特别节目。这是内地电台首次在西沙群岛采制广播节目。

同日

福建电视台正式播出图文电视节目。

8月3日

根据《中华人民共和国档案法》和《中华人民共和国审计条例》，广播电影电视部制定并发布《广播电影电视审计档案管理办法》，共16条。广电部审计局根据该

《管理办法》制定并发布《关于广播电影电视审计文件材料立卷归档工作程序若干规定》，共 7 章 27 条。

8 月 4 日

中宣部在中南海召开加强新闻职业道德建设座谈会。中共中央政治局委员、书记处书记、中宣部部长丁关根在会上讲话，要求各新闻单位都要认真贯彻中宣部、新闻出版署《关于加强新闻队伍职业道德建设，禁止“有偿新闻”的通知》，拟定具体措施和实施细则，公之于众，接受监督。

同日

中国国际广播电台日本老专家内海博子女士因病在北京逝世，终年 63 岁。内海博子与丈夫添田修平于 1962 年到国际台工作。她先后为国际台培养了几代播音员，为国际台日语广播作出宝贵贡献。

8 月 4 日～ 11 日

中国电视奖’92 电视社教节目评奖会议在西宁市举行，参评节目 121 个，共有 87 个节目获奖。此外，评出经济类、电教类、科技类获奖节目 61 个。

8 月 5 日～ 7 日

中央电视台和国家经济贸易委员会、国家技术监督局、中国工业经济协会、中国质量管理协会、《’93 质量万里行》电视宣传活动组委会等单位联合主办’93 中国质量意识高层论坛。中共中央总书记江泽民为论坛题词：“树立质量法制观念 提高全民质量意识”。国务院副总理朱镕基发来贺信，国务院副总理李岚清出席闭幕式并讲话。

8 月 5 日～ 14 日

1992 年度全国电视对外报道节目评奖活动在成都举行。评审委员会对中央电视台对外电视中心和全国 57 家电视台的 188 个对外宣传节目进行评选，共评出获奖节目 92 个。

8 月 8 日

中央电视台第三套节目通过中星五号卫星向全国播出。播出时间为每天 8：25 至次日凌晨 0：00 左右。节目内容以文艺、体育节目为主，简称“文体频道”。

8 月 9 日

青海人民广播电台、青海电视台同步播出 70 集大型广播电视系列报道《湟水行》。

8 月 14 日～ 19 日

全国第十二届戏曲广播工作会议在西宁举行，会议侧重交流了近几年文艺广播特别是戏曲广播工作的经验。会议还对全国戏曲展播节目进行了评奖，共评出戏曲广播节目一等奖 10 个、二等奖 9 个、三等奖 7 个。

8 月 16 日

广播电影电视部任命马元和为外事司司长。

同日

中央电视台第一、第二套节目完全改用东经 115.5 度中国通信广播公司的中星五号卫星传送，停止向东经 87.5 度东方红二号卫星传送节目。

同日

甘肃省人民政府决定，魏成贵任省广播电视厅党组成员、副厅长兼甘肃电视台台长。

8 月 18 日

中共中央政治局常委、国务院副总理朱镕基和中共中央政治局常委、书记处书记胡锦涛分别委托办公室秘书打电话，向中央电视台建台 35 周年表示祝贺。中共中央政治局委员、书记处书记丁关根委托秘书打电话，向中央电视台建台 35 周年表示祝贺，并向全体职工表示慰问，希望中央电视台坚持走自己的路，努力提高节目质量，丰富电视屏幕，更好地为人民服务、为社会主义服务。

同日

中央人民广播电台第七套节目编辑部（港澳部）正式成立。

同日

广播电影电视部批复同意建立天津有线电视台。

8 月 18 日 ~ 20 日

由广播电影电视部主办、中国国际电视总公司协办的全国有线电视供片工作会议在北京举行。28 个省（区、市）的音像、出版部门及部分有线电视台的负责人近 70 人参加会议。会议要求各地区进一步落实《有线电视管理暂行办法》及《实施细则》，使有线电视节目管理和供片工作更加扎实有效。

8 月 22 日

陕西电视台拍摄的专题片《最后栖息地的朱鹮》，在日本举办的'93 世界野生生物保护电视节上荣获“环境保护奖”“地球奖”“亚洲、大洋洲奖”三项大奖。

8 月 23 日

江苏人民广播电台信息台（SCA）开播。

8 月 24 日

海峡之声广播电台举办系列活动，庆祝建台 35 周年。

同日

中央电视台在第一套节目播出一台别具特色的文艺晚会《阳光、土地、庄稼汉》。

这是该台文艺部和中国电视剧制作中心合作为中国 9 亿农民录制的专题文艺晚会，一批著名演员和扮演过农民形象的影视明星与 150 名农民代表一起参加演出。

8 月 25 日

中央电视台第二套节目向全国现场直播中宣部、公安部和中华见义勇为基金会联合举办的《正义之歌》文艺晚会。全国人大常委会副委员长王光英等领导和参加全国见义勇为表彰大会的代表出席晚会。

同日

西藏广播电视译制中心工程破土动工。该项工程国家投资 5700 多万元，建筑面积 1.6 万多平方米。西藏电视台彩电中心开工建设，建筑占地 1.2 万多平方米，使用面积 8000 多平方米。

8 月 25 日～ 30 日

由广东对外文化交流协会、广东省广播电视学会、广东电视台联合主办的首届“华语电视周”在广州举行。中外电视台、影视公司的代表近 400 人参加此次盛会。中共中央政治局委员、广东省委书记谢非，广东省省长朱森林，国务院新闻办公室主任曾建徽，广播电影电视部副部长刘习良、何栋材等领导参加电视周部分活动。本次电视周举办了华语电视节目展播、海内外电视节目展销和华语电视发展学术研讨会等活动。

8 月 27 日

福建省广播电视厅发出《关于成立福建人民广播电台系列台的通知》。经广播电影电视部和中共福建省委宣传部批准，同意成立福建人民广播电台经济台（呼号为“福建经济广播电台”）、福建人民广播电台文艺台（呼号为“福建文艺广播电台”）、东南广播公司。

8 月 28 日

中央电视台在北京京西宾馆召开建台 35 周年纪念大会。中宣部副部长龚心瀚，广播电影电视部领导艾知生、王枫、田聪明、刘习良、何栋材、同向荣，广电部、中央电视台老领导和部机关负责人与中央电视台全体职工参加纪念会。龚心瀚作题为《开拓创新 把电视事业办得更好》的讲话。王枫代表广电部作题为《总结过去 开拓未来 持续发展 不断前进》的讲话。台长杨伟光作题为《发扬优良传统 建设世界一流大台》的讲话。会上为 131 位在中央电视台工作 30 年以上的干部职工颁发了荣誉证书。

同日

广播电影电视部下发《关于进一步加强有线电视节目供片工作若干问题的通知》。

同日

中央电视台、美国芝加哥3C集团和国内大企业合作，在美国芝加哥创办的“美洲东方卫星电视”正式开播。中央电视台和国内各省市电视台共同租用12小时卫星播出频道，播出节目内容包括新闻、经济、文化、体育、教育在内共40多个栏目。

同日

黑龙江人民广播电台交通台开播，发射功率1千瓦，频率99.8兆赫。该台以交通服务为主，以提供知识、信息、气象服务为辅，通过SCA专用接收机向机动车驾驶员播报水陆空信息和路面疏导信息。每天为听众提供11个小时的直播节目。

同日

内蒙古有线电视台开播，自办综合节目一套，设有《大全景》《有线歌台》《有线视点》等栏目。1994年10月1日，开办第二套自办节目“内蒙古有线台图文信息频道”。

8月29日

中央人民广播电台钟声少儿广播艺术团（原名儿童广播剧团）创建40周年纪念会在人民大会堂举行。国家副主席荣毅仁，全国人大常委会副委员长陈慕华、雷洁琼及宋任穷、康世恩、荣高棠等领导分别题词和写信祝贺。

同日

中央电视台和意大利广播电视公司达成协议，自即日起至1994年6月17日，每星期日晚上现场直播1993 ~ 1994赛季意大利足球甲级联赛，共32场。这是中央电视台历史上第一次定时直播一个国家的甲级联赛。

同日

黑龙江人民广播电台儿童台正式开播。

8月30日

江苏省苏州人民广播电台经济台开播。

8月31日~9月15日和11月13日~26日

中国吉林省广播电视代表团在长春和朝鲜清津分两阶段就朝鲜咸镜北道、两江道和中国吉林省边境地区小功率分米波电视发射台、转播台使用频率问题与朝方进行会谈。最终协调成我方732个频点，朝方194个频点。

同月

湖南省岳阳经济广播电台开播。

9月1日

全国省级电视台台长座谈会在北京梅地亚中心召开，全国30家省级电视台台长到会。会议由中央电视台台长杨伟光主持，广播电影电视部部长艾知生出席会议，并就如何使电视节目有较大改观讲了六个问题：一、掌握好舆论导向，坚持党的基本路线，坚持团结鼓劲的方针，以正面宣传为主；二、电视节目中要弘扬爱国主义、集体主义和社会主义的主旋律；文艺创作要注意思想性、艺术性，又要融于娱乐性和趣味性；三、旗帜鲜明、严格把关，建立和加强责任制；四、加强广播电视系统的管理；五、禁止有偿新闻，加强职业道德建设；六、加强中央电视台和地方电视台的联系，互相支持，团结协作，共同发展。

同日

中央电视台现场直播台庆 35 周年大型文艺晚会《今宵属于你》。中共中央政治局委员、中宣部部长丁关根，中共中央政治局委员李铁映和广播电影电视部、中央电视台领导以及海内外数十家电视台代表出席晚会。

同日

广播电影电视部部长艾知生主持召开部编辑委员会成立会议，部党组成员和编委会组成人员出席。艾知生任总编辑，刘习良、同向荣、田聪明、张振东任副总编辑。

同日

北京电视台六频道从零点起实行 24 小时播出，同时，二十一频道播出时间由每天 8 个小时增为 18 个小时。

同日

陕西科技教育广播电台开播。这是我国首家省级以传播科技教育新闻信息为主体，兼及经济、文化信息的专业性电台。

9 月 3 日

全球华语电视台交流会在北京梅地亚中心召开。39 家大陆电视台和台湾、香港、澳门的广播电视公司，以及来自美国、加拿大、新加坡、泰国和英国的 17 家华语电视台的代表参加会议。广播电影电视部副部长刘习良致欢迎辞，中央电视台台长杨伟光作题为《中央电视台发展概况和发展构想》的讲话。国内外数家电视台代表在会上发言，共同研讨如何在全球范围传播优秀中华文化、办好电视事业。

9 月 4 日～7 日

中央电视台和中国广播电视国际经济技术合作总公司联合主办的第四届北京国际广播电视设备展览会在北京国贸大厦举行。本届展览会参展的外商有 66 家，国内厂商 100 余家。

9 月 4 日～15 日

第七届全国运动会在北京举行。中央人民广播电台开办《第七届全运会午夜特别节目》，采用现场直播的形式，以赛场为主、热门话题为辅，集新闻、知识、娱乐于一体。虽然安排在晚上 11 点播出，但受到听众的欢迎和肯定。中国国际广播电台英语、朝鲜语、阿拉伯语、斯瓦希里语、越南语等语言部都在节目中播出自采的消息和专稿。中央电视台、北京电视台和天津电视台联合报道了本届运动会北京赛区的各项比赛。

9月7日

北京广播学院在校庆暨教师节之际，第一次聘请78位社会知名专家学者、新闻工作者担任学院的兼职教授，其中有邵华泽、郭超人、南振中、徐光春、杨正泉、刘习良、何栋材、杨伟光等。

9月9日～12月26日

湖南电视台为纪念毛泽东诞辰100周年，与省电影发行公司联合举办革命历史题材影片回顾展播活动，每周播出两部影片，共播出28部51集。

9月10日

吉林电视台摄制的长白山自然纪录片《远离的愿望》，在挪威国际自然电影节和第五届世界野生环境大会上荣获特别荣誉奖。10月25日，该片在意大利桑迪欧国际环境电影节评选中获得特别奖。

9月12日

延边人民广播电台玄英爱采写的录音报道《我们的骄傲》，在韩国广播公司举办的海外朝鲜族广播电视节目评比中荣获一等奖。

9月12日～16日

第十三届全国城市电台新闻宣传经验交流会暨城市广播新闻研究委员会第三次年会在济南召开。会上，各台就城市广播新闻宣传如何更好地为建立社会主义市场经济体制服务、城市广播如何加快内部机制转换，以适应社会主义市场经济的需要进行了交流。

9月13日

为了充分发挥爱国主义影视片对中小学生的独特教育功能，进一步加强新形势下对中小学生的爱国主义教育，中宣部、国家教委、广播电影电视部、文化部联合发出《关于运用优秀影视片在全国中小学开展爱国主义教育的通知》。通知要求：针对中小学生的年龄特点，确定爱国主义教育的必（选）看影视片目，共100部。为响应通知精神，12月2日，广电部下发《关于电视台要安排播放爱国主义教育影视片的通知》。

同日

中央电视台教育节目部与外语教学与研究出版社合作拍摄的《电视俄语》讲座向全国播出。这是中央电视台播出的第一套俄语教学节目。

9 月 13 日～ 26 日

广播电影电视部在上海举办首期全国广播电视经营管理领导干部培训班，全国 24 个省、自治区、直辖市和部分计划单列市广播电视厅（局）以及部有关直属单位主管经营的领导干部参加培训班。

9 月 14 日

广播电影电视部任命刘以纯为计划财务司司长，刘国良为副司长。

9 月 16 日

中共中央政治局委员、中宣部部长丁关根在中南海主持召开广播电视宣传工作座谈会，中宣部副部长徐惟诚、龚心瀚，广播电影电视部部长艾知生、副部长同向荣和中宣部新闻局、中央人民广播电台、中国国际广播电台、中央电视台、中央各大报的领导出席会议。中央电视台《新闻联播》《焦点时刻》《12 演播室》《经济信息联播》《经济半小时》、中央电台《午间半小时》等栏目负责人，分别汇报了各自加强社会热点新闻宣传报道的情况。丁关根在会上对今后加强“热点新闻”的报道提出了要求。

9 月 17 日～ 10 月 2 日

广播电影电视部副部长田聪明率中国广播影视代表团访问马来西亚、老挝。代表团与老挝签署两国《广播电影电视合作备忘录》。

9 月 19 日

中央电视台和文化部艺术局联合举办的《奥林匹克魂》大型音乐会在人民大会堂举行。国家主席江泽民为晚会题词，国际奥委会主席萨马兰奇发来贺电，党和国家领导人出席音乐会。

同日

黑龙江人民广播电台经济台开播。

9 月 19 日～ 23 日

广播电影电视部和财政部在长沙联合召开全国广播电视财务管理工作会议，各省、自治区、直辖市、计划单列市广播电视厅和财政厅、局的代表参加会议。会议总结、交流 10 年来广播电视财务管理工作的经验，分析广播电视财务管理工作存在的问题，研究改革和加强广播电视财务管理工作的措施，部署今后一个时期广播电视财务管理工作改革的任务。会上，广电部副部长何栋材作题为《解放思想，深化改革，加强财务管理，促进广播电视事业的发展》的报告。财政部副部长刘积斌作总结报告。会议对财政系统的 30 个先进集体、广播电视系统的 64 个先进集体和 44 位先进个人进行了表彰。

9月20日

中国国际广播电台召开科组长以上干部会议、宣布国务院9月11日关于任命张振华为中国国际广播电台台长、免去崔玉陵台长职务的通知。广播电影电视部部长艾知生、副部长刘习良等参加会议。

9月22日

中共中央总书记江泽民为上海电视台建台35周年题词:“稳定鼓劲,求实创新。”中共中央政治局委员、上海市委书记吴邦国题词:“脚踏实地,稳步前进。”

9月22日～27日

’93四川国际电视节在成都举行。本届电视节的国际电视节目交易会,共有27个国家和地区的277个电视机构参加,设展机构91个,展厅面积2000平方米。展会期间达成意向性引进电视片2267集,出口416集,成交额160万美元。电视节期间,组委会组织中国内地和港台演员举行了9场次以中国民族风格为主的文艺演出。

9月25日

全国人大常委会委员长乔石视察上海东方明珠广播电视塔工程建设工地。

9月25日～10月4日

北京市广播电视局音像管理处承办的“北京首届音像制品博览会”在民族文化宫举行,参加博览会的海内外音像出版单位共70余家。这是改革开放以来在国内举办的最大的一次音像博览会。

9月26日

北京电视艺术中心与中央电视台联合拍摄的电视连续剧《北京人在纽约》开始在中央电视台第一套节目中播出。这是北京电视艺术中心以自身资产抵押贷款、全部镜头在境外拍摄的电视连续剧,此创作模式为全国首创。

9月29日

国家教委办公厅发出《关于请各地组织收听〈中学生时事〉广播的通知》。通知说,为配合全国普通中学的时事政策教育活动,自10月8日起,中央人民广播电台开办《中学生时事》节目,播出一周国内外发生的重大事件。

同日

四川有线电视台开播。

9月30日

中央纪律检查委员会同意:崔洪任中央纪委、监察部驻广播电影电视部纪检组、监察局正局级纪律检查员、监察专员;方源任监察部驻广播电影电视部监察局副局长。

同日

北京人民广播电台儿童台经广播电影电视部批准成立。使用 97.4 兆赫副信道播出，凡持有特定收音机的听众均可收听到该台的节目。

10 月 1 日

河北经济广播电台建成并正式开播，实行全天 24 小时播音，内设《北方快车》《健康乐园》《消费大世界》《苏琳肖雅直播室》等 12 个主持人直播板块节目。

同日

为庆祝中华人民共和国成立 44 周年，中央电视台《经济半小时》栏目推出 30 分钟特辑《历史的脚步》。它以 44 年前开国大典为线索，从不同侧面追忆和纪实采访当事人，反映共和国 44 年来在各条战线上的飞跃发展。

同日

由国家投资近 3000 万元的西藏 602 广播发射台扩建工程经过试运行正式投入使用。

同日

内蒙古人民广播电台首次推出三个直播文艺板块节目《长乐园》《共度好时光》《夜空心桥》，并设热线电话。

同日

南昌人民广播电台推出新的主持人直播板块节目，分 10 大板块直播，13 次整点新闻贯穿其中。大型新闻板块《早安，南昌》及时播送国际国内和省市新闻，全天连续播出 17 小时 30 分钟。

10 月 2 日

中央人民广播电台《体育沙龙》节目开播。

10 月 4 日

广播电影电视部任命范光第为外事司副司长。

10 月 5 日

《卫星电视广播地面接收设施管理规定》（国务院令第 129 号）发布施行，共 14 条。国家对卫星地面接收设施的生产、进口、销售、安装和使用实行许可制度。生产、进口、销售、安装和使用卫星地面接收设施许可的条件，由国务院有关行政部门规定。10 月 20 日，广播电影电视部发出《关于坚决贯彻执行国务院 129 号令的通知》。

10 月 6 日

中央人民广播电台第三套节目实现每天直播六个小时（18：00 至 24：00）。主要专栏有《都市闲情》《歌声传情》《精品唱片欣赏》《文化广场》等。

10月6日～10日

全国广播电视系统第八次函授教育工作会议在郑州召开，27个省级广播电视厅（局）的人事教育处处长和函授站站长出席会议。广播电影电视部副部长何栋材、河南省副省长张世英出席开幕式并讲话。北京广播学院党委书记兼院长刘继南作工作报告。广电部教育司副司长刘爱清作总结报告。会议的主要任务是贯彻1992年全国成人高等教育工作会议精神，总结1990年以来的函授教育工作，部署今后函授教育的改革和发展，表彰先进函授站和先进函授教育工作者。

10月6日～14日

“亚广联”第三十届大会在新西兰奥克兰市举行，广播电影电视部副部长刘习良率团出席。中央人民广播电台选送的儿童广播剧《古墓探险》获“亚广联儿童广播节目奖”大奖；广播特写《一场特殊的音乐会》获“亚广联广播奖”大奖。中央电视台对外电视中心制作的电视片《最后的山神》获“亚广联电视奖”大奖。这是中央电视台制作的节目首次获得“亚广联”电视大奖。

10月7日

中央电视台和全国部分地方电视台联合摄制的电视系列报道《中国百强县》开始播出。1992年，国务院有关部门在全国范围评选出100个县（市），称为“中国农村综合实力百强县”。

10月8日

广播电影电视部决定：中央新闻纪录电影制片厂并入中央电视台。29日，新影厂整建制划归中央电视台大会在新影厂礼堂举行，广电部部长艾知生，副部长田聪明、同向荣和部电影局、中央电视台及新影厂有关部门的领导出席会议。

10月8日～14日

由全国理论广播研究会主办、安徽人民广播电台承办的全国第十三次理论广播宣传座谈会在黄山市召开。

10月9日

广播电影电视部下发《关于不得在电视新闻节目播出中插播字幕广告的通知》。

10月11日

由中央人民广播电台、中国广播剧研究会主办的“石松杯”全国广播连续剧评选活动揭晓，评出剧目奖九个、单项奖八个。

同日

黑龙江省广播电视厅创办的《黑龙江广播电视》第1期出版。

10月13日

根据国务院颁布的《全民所有制工业企业转换经营机制条例》和国家有关法律、

法规和政策的规定，结合宣传、文化企业的特点和部里的具体情况，广播电影电视部发布施行《贯彻〈全民所有制工业企业转换经营机制条例〉实施办法》，共32条。

10月14日

广播电影电视部通知：经中组部同意，任命雷元亮为人事司司长。

同日

广播电影电视部党组任命张伟中为广电部驻香港记者站站长。

10月15日～21日

第十二次全国省级广播电台记者工作经验交流会在安徽省黄山市召开。

10月16日

根据《中华人民共和国工种分类目录》所列广播电影电视行业工种范围，广播电影电视部组织制定的《广播电影电视行业工人技术等级标准》经劳动部审定，颁发实施。

同日

中国电视剧制作中心在北京梅地亚宾馆召开成立10周年纪念大会。

同日

第十一届“大众电视金鹰奖”颁奖活动在天津举行，本次“金鹰奖”首次采用现场揭晓的方式，并由往届的“金鹰奖”获奖演员宣读获奖名单，其间穿插电视演员们自己表演的节目。在本届“金鹰奖”评选中，《唐明皇》《风雨丽人》《女人不是月亮》获评优秀长篇电视连续剧，《一村之长》《野姑娘茉莉花》获评优秀中篇电视连续剧，《板桥轶事》获评优秀电视单本剧，《少年特工》获评优秀儿童电视剧，《半把剪刀》获评优秀电视戏曲片，《戏说乾隆》获评优秀合拍电视剧。

同日

山东省广播电视厅成立编辑委员会，厅党组书记陈光林任主任，厅党组副书记、厅长张海涛任副主任。

10月17日

江苏电视台对外栏目《今日江苏》在美国旧金山太平洋电视公司六十六频道播出。

10月18日

国家科技委复函广播电影电视部，同意广播科学研究所更名为广播科学研究院。10月23日，广电部任命陈晓宁为广播科学研究院院长兼信息资料中心主任。

同日

以中央直属机关工作委员会副书记、中直纪工委书记王景茂为组长的中央调查组进驻广播电影电视部，就广电部反腐败斗争开展情况进行调查研究。

同日

江苏省无锡人民广播电台新闻台、文艺台、交通台成立并同时开播。

同日

湖南人民广播电台举办的《纪念毛泽东同志诞辰100周年专题节目》开播。

10月19日

广播电影电视部任命谭德祥为中国广播电视出版社社长，张品兴不再担任代理社长的职务。

10月20日

中国国际广播电台经过调整后的新一届编委会举行第一次会议。大家就编委会职责条例的修订、工作的制度化、编委的分工以及加强编委会的权威性等提出建议。调整后的编委会成员为：总编辑张振华，常务副总编丛英民，副总编李丹、李顺然，秘书长李广才；编委陈敏毅、崔永昌、黄达强、钱雨润、汪作舟、张志根、郭景哲、孔令保、夏吉宣。

同日

中央电视台制作的电视专题节目《今日中国》继在纽约地区WNYC电视台播出后，又陆续进入纽约和新泽西州的22个有线电视网。这22个有线电视网覆盖60多个城市，收视户达40多万。

10月22日

中央电视台一档全方位为老年人服务的杂志型栏目《夕阳红》开播。栏目的宗旨是：热忱为老年人服务，做老年观众的知心朋友。设有《人生之旅》《再回首》《心里话》《桑榆赞》《老人与社会》等小栏目。每周一至周六在第一套节目8：35首播、第二套节目重播，每次25分钟。

10月22日～26日

广播电影电视部办公厅在云南昆明组织召开全国广播电视厅（局）办公室主任会议。

10月23日

广播电影电视部任命熊生民为中国唱片总公司总经理。

10月23日～30日

中华全国总工会举行第十二次全国代表大会，广播电影电视部工会副主席曲桂兰当选为全总第十二届执委会委员，并被评为“全国优秀工会工作者”。

10月23日～31日

马里文化通讯部长卡米索科等一行三人来华，中马双方签订《中马关于租用短波广播发射机的协议书》和《关于实施广播工程和技术协助的合同》等。

10 月 24 日

广播电影电视部确定人事司副司长乔明友为正司级干部。

10 月 25 日～ 31 日

中央电视台、文化部艺术局、中国曲艺家协会和合肥市政府在合肥联合举办中国首次相声节。

10 月 26 日

广播电影电视部任命王清峰为老干部局局长，宋世芳为行政管理局副局长。

同日

山西电视台推出 65 集大型电视系列片《中国历史文化名城》。

10 月 26 日～ 11 月 3 日

全国省级电视台交流网第十届年会在福州市召开。会议主要内容是：研讨在社会主义市场经济的新形势下改革现行的节目交换体制等问题；回顾交流网 10 年历程，举办 10 周年庆祝活动。

10 月 27 日～ 29 日

中国广播电视学会与上海广播电视学会、上海东方广播电台联合举办“迈向 21 世纪——现代广播上海研讨会”。来自北京、上海的数十名专家学者、新闻工作者及全国各地近 40 家电台的台长、节目主持人参加会议。

10 月 28 日

国务院副总理李岚清在江苏省副省长王荣斌、无锡市市长洪锦炘陪同下，视察中央电视台无锡外景基地。

10 月 28 日～ 11 月 1 日

《中国广播电视年鉴》第九届年会在厦门召开，全国广播电视系统的 70 多位编委和资料负责人参加会议。鉴于第一届编委会已工作 7 年，广播电影电视部党组决定组建第二届编委会，由广电部副部长刘习良担任第二届编委会主任委员。

10 月 29 日

广播电影电视部广播科学研究院的“卫星电视分配信道副载波传输数字立体声（NICAM-728）”科研项目通过部级鉴定。

10 月 29 日、11 月 1 日

中央电视台两次成功完成海峡两岸三地卫星连线播出新闻的任务。中央电视台第四套节目编辑部新闻节目主持人徐俐与台北的新闻主持人张雅琴、香港 TVB 的主持人汤棣云在三地新闻演播室，通过卫星共同主持（播报）了《无线晚间新闻》及无线卫星电视的新闻节目。

10月31日

国务院总理李鹏在天津市委书记高德占、市长张立昌陪同下视察天津广播电视塔，并为天津广播电视塔题词："高塔矗渤海，电波传津门。"

同日

广播电影电视部确定部机关党委副书记温治中为正司级干部。

同日

福建经济广播电台正式开播。

同日

由中国国际广播电台和海南省人民政府联合举办的大型系列宣传活动"海南杯·中国改革开放知识竞赛"圆满结束。该活动于5月～10月举办。共收到五大洲109个国家和地区的参赛答卷22万余份。颁奖仪式于12月11日在人民大会堂举行，全国人大常委会副委员长雷洁琼、全国政协副主席孙孚凌等出席颁奖仪式。

同月

湖北省江汉经济电视台更名为湖北经济电视台。

同月

江苏省64个县（市）、12个郊区广播站全部改为广播电台。

同月

辽宁有线电视台、沈阳有线电视台开播。

同月

福建省厦门有线电视台开播。

同月

广西壮族自治区玉林电视台开播。

11月1日

中央电视台第四套节目的15分钟新闻从本日开始，每天0:30左右在香港亚洲电视完整播出。

同日

北京电视台教育台开播。

11月2日

中央电视台文艺部《人间万象》栏目改版。其由原来的电视短剧单一类型改为杂志型，设有《人物速描》《黑白写真》《欢乐写真》《短剧30分钟》等小栏目，及时报道戏剧、影视界动态与人物，增加纪实性、娱乐性和反映现实生活的短剧与小品，增加信息量和节奏感。

11 月 2 日～5 日

中华全国电视法制新闻协会第二次代表大会暨中国广播电视学会电视法制节目研究委员会筹备会议在郑州举行。中央电视台和近 30 家省、市级电视台及中广学会的代表出席会议。会议通过电视法制研究委员会章程，选举了理事会成员并进行了节目交流。评选出首届全国优秀法制节目一、二、三等奖得主。

11 月 3 日～5 日

全国广播电影电视科技工作会议在北京召开。各省、自治区、直辖市广播电视厅（局）主管科技的领导，广播电影电视系统科研所的负责人和广播电影电视部有关司（局）、直属单位的领导参加会议。开幕式上，广电部副部长刘习良致开幕词，国家科委副主任惠永正代表科委讲话。国家计委社会发展司、财政部文教司、国家技术监督局和国家外国专家局的有关领导出席开幕式。广电部副部长何栋材作题为《深化科技体制改革，进一步解放和发展科技第一生产力，更好地为广播电影电视事业服务》的工作报告。在总结成绩和经验的同时，强调要深化科技体制改革，建立适应社会主义市场经济和广播影视事业发展并符合科技自身发展规律的科技体制。要抓住机遇，大力发展广播影视适用的高新科学技术，依靠科技进步，促进广播影视事业发展。

11 月 6 日

湖南人民广播电台新闻台正式开播，每天播音 18 个小时，采用调频、调幅两种方式，用 8 个频率广播。

11 月 7 日

著名播音员齐越因病久治无效在北京逝世，终年 71 岁。齐越，曾用名齐斌濡，河北高阳人，1922 年 2 月 23 日生于内蒙古满洲里。1946 年 10 月参加革命，1950 年加入中国共产党。自 1947 年担任陕北新华广播电台播音员起，从事新闻播音工作 28 年，是新中国第一位男播音员。1949 年 10 月 1 日，与丁一岚一起向全世界现场直播开国大典的盛况。后从事播音教学与研究工作，是著名的播音艺术家，北京广播学院教授，全国优秀新闻工作者。曾任中国记协理事、中国广播电视学会理事、中国播音学研究会名誉会长、北京语言学会顾问。13 日上午，北京广播学院举行“缅怀齐越教授座谈会”。下午，中共中央政治局委员、书记处书记、中宣部部长丁关根，广播电影电视部部长艾知生、副部长刘习良和广院师生、各界人士 400 余人在八宝山革命公墓沉痛送别齐越。

同日

由中国记协和中国韬奋基金会联合举办的首届“韬奋新闻奖”评选结果揭晓，10 人获奖。广播电视系统杨青（中央人民广播电台）、额尔德尼（内蒙古电视台）、郭景哲（中国国际广播电台）、孙玉胜（中央电视台）获奖。该奖是奖励我国新闻编辑及通联、校对、资料等新闻工作者优秀成果的最高荣誉奖，也是经中宣部批准常设的全国性新闻奖。奖项名称以我国伟大的爱国主义者、政治活动家、著名评论家、杰出的新闻出版工作者邹韬奋的名字命名。该奖从1993年起每三年评选一次，从2000年起改为每两年评选一次。

同日

江西经济广播电台正式开播。设新闻、音乐、综艺、生活等9个直播板块节目，实行新闻、信息滚动播出，全时段主持人直播，开通热线电话，听众参与直播。全天播音14个小时。

11月7日～11日

第四届上海国际广播音乐节举行，44个国家和地区的56家广播电台、广播公司参加，提供展播节目138套。音乐节期间举办了音乐节目展播评奖、音乐广播学术研讨会、购物博览会、文艺演出专场、文艺晚会、颁奖晚会等活动。

11月9日

为满足广大电视观众的要求，中央电视台文艺部的《戏剧欣赏》栏目改为《九州戏苑》开始播出。改版后的栏目为现场直播，增设《戏曲专递》《舞台与人生》《台前幕后》《今日头牌》《就听这一口》《古韵新风》《学句行话》《票友天地》《点戏台》等小栏目。

11月10日

中宣部同意安景林任中央人民广播电台副台长。

11月10日～12日

广播电影电视部工会召开第二届会员代表大会。出席会议正式代表167名，特邀代表81名。副部长田聪明等出席大会。大会选举温治中为工会主席，曲桂兰为常务副主席，何希增为副主席。

11月11日～11月14日

中国共产党第十四届中央委员会第三次全体会议在北京举行。中央人民广播电台、中国国际广播电台、中央电视台对会议进行了充分报道。中央电台、国际台各语言部及时播发全会公报。国际台西班牙语部根据中央电台广播录音进行了编译，向墨西哥特莱维萨电视公司传送了公报的消息。

11月13日

广播电影电视部任命刘爱清为教育司司长。

11月15日

21集大型系列电视艺术片《毛泽东诗词》在中央电视台第一套节目中播出。

11 月 16 日

中央人民广播电台、中央电视台在重点新闻栏目中播出新华社播发的中共十四届三中全会通过的《关于建立社会主义市场经济体制若干问题的决定》。

11 月 18 日

湖北彩电中心大楼工程竣工。

11 月 19 日

中共上海市委任命孙刚为中共上海市广播电视局委员会书记。

11 月 20 日

广播电影电视部任命郭宝新为地方管理司司长。

同日

广播电影电视部任命王甘文为办公厅主任，其不再担任行政管理局局长职务。

同日

河北经济电视台正式开播。

11 月 21 日～30 日

在联合国检查团检查我国野生动物保护情况期间，中央电视台和林业部共同摄制的《为了大自然的生灵》在《新闻联播》《英语新闻》及第四套节目的《中国中央电视台新闻》等节目中同时播出。该片第一次全面系统地介绍了我国近年来保护野生动物所取得的巨大成就。

11 月 22 日

广播电影电视部发出《关于进一步加强播出海外影视剧管理的通知》和《关于有线电视现阶段网络技术体制的意见（修订稿）》。

11 月 24 日

广播电影电视部任命江澄为科技司副司长。

11 月 27 日

广播电影电视部教育司发出《关于报送我部所属普通高等学校现设本科专业名称整理汇总表》的函。北京广播学院 22 个专业：思想政治教育、新闻学、广告学、广播电视新闻、电视编导、导演、文艺编导、播音、管理信息系统、广播电视文学、录音艺术、电子工程、广播电视工程、电磁场与微波技术、英语、斯瓦希里语、泰米尔语、世界语、普什图语、孟加拉语、尼泊尔语、国际新闻。

同日

北京电视台开办《心怀祖国》栏目。该栏目作为对中小学生进行爱国主义教育的第二课堂，自即日起到 1994 年 6 月 25 日，每周六在二十一频道专门介绍和播放爱国主义影片。

11月28日

厦门人民广播电台音乐台、厦门电视台二台正式开播。

11月30日

中国人民广播事业发祥地——延安新华广播电台旧址整修完毕，对外开放。

同月

中央电视台第四套节目部与对外中心合并，成立中央电视台海外节目中心，下辖新闻部、专题部、节目部、外语部、技术部。

12月1日

广西壮族自治区广播电视厅电视剧艺术指导委员会成立，主任郑久粲。

12月1日～5日

第二届全国少儿电视“金童奖”颁奖会暨全国少儿电视工作座谈会在济南举行，全国60家电视台的获奖代表，青少部（组）负责人、编导，“金童奖”部分评委等100多人参加会议，广播电影电视部副部长刘习良到会祝贺。颁奖会上对28名连续从事少儿电视工作10年以上的人员颁发了荣誉证书。中国电视艺术委员会副主任兼秘书长洪民生作《青少年节目力争有大面积的新的开拓》的专题报告。为了在较短的时间内加速少儿节目前进的步伐，会议提出要狠抓四个环节：一要大力增强少儿节目的对象感，提高少儿节目的吸引力；二要对少儿节目给予特殊的重视和关心；三要抓好少儿电视队伍的建设；四要联合社会各种力量共同办好少儿电视节目。

12月4日

中央人民广播电台创办《股市传真》节目，引起舆论的广泛关注。不仅国内新闻界给予大量报道，许多海外新闻机构也对此进行了报道。中国证监会主席刘鸿儒专门发表广播讲话祝贺节目开播。该节目主要内容是当天上海、深圳股市的行情概要、股市信息和股评。

同日

由中共中央总书记江泽民题写片名的电视片《澜沧江——湄公河》开拍仪式在泰国曼谷举行。以主办方四川省广播电视厅厅长李之侠为团长的中国电视访问团赴曼谷参加了仪式。

12月8日

为了扩大中央人民广播电台、中央电视台的覆盖面，满足人民群众的需要，中宣部、广播电影电视部联合下发《关于地方广播电台、电视台必须完整转播中央人民广播电台、中央电视台节目的通知》。

12月11日

广播电影电视部同意中国电视艺术委员会副主任仲呈祥兼任该委员会秘书长。

12 月 13 日～ 17 日

1993 年度全国电视对外宣传优秀节目评选和电视外宣研讨会在杭州举行。

12 月 13 日～ 24 日

12 集大型纪录片《毛泽东》在中央电视台第一套节目黄金时间播出。

12 月 15 日

由北京电视台、北京广播电视报社共同主办的新版《北京电视》月刊开始发行。

同日

上海市人民政府任命叶志康为市广播电视局局长。

12 月 18 日

北京人民广播电台交通台成立。该台由北京电台主办，北京市公安交通管理局协办。

12 月 19 日

第二届全国影视动画展播“美猴奖”颁奖仪式在上海举行，广播电影电视部副部长刘习良出席颁奖仪式。此次展播由中国电视艺术委员会、中央电视台、电影局、中国动画学会联合主办。参加展播的有全国各动画制作单位选送的 56 部动画片，合计 780 分钟。共评出电影动画片一等奖 1 部、二等奖 4 部、三等奖 4 部，电视动画片一等奖 1 部、二等奖 2 部、三等奖 3 部。此外，还评出若干单项奖、荣誉奖。

同日

108 集全本《三国演义》广播连续剧由四川人民广播电台录制完成。

12 月 20 日～ 25 日

广播电影电视部在南宁召开 1993 年全国广播电影电视法制工作会议。各省、自治区、直辖市和计划单列市广播电视厅（局）、电影系统有关单位以及黄石、沙市、天水市广播电视局的代表共 70 余人参加会议。广电部副部长同向荣作题为《进一步加强广播电影电视法制工作 推动和促进广播影视事业的发展》的报告。部政策法规司向本次会议提交了《广播电视管理条例》《电影管理条例》《关于中外合作摄制电影片管理规定》《关于中外合作摄制电视片管理规定》《关于广播电影电视系统贯彻实施著作权法若干规定》《电影艺术档案管理规定》和《广播电影电视部 1994 年法制工作计划》等法规、规章草案。与会代表进行了分组讨论。

12 月 21 日

湖南电视台与中央电视台合作，在韶山举办纪念毛泽东诞辰 100 周年大型电视文艺晚会《人间正道是沧桑》。湖南电视台进行现场直播，中央电视台 12 月 25 日播出实况录像。

12月22日

为加强对卫星电视广播地面接收设施的管理，根据国务院第129号令发布的《卫星电视广播地面接收设施管理规定》，国家工商行政管理局制定并发布《卫星电视广播地面接收设施销售管理规定》，共6条。

12月24日

西藏自治区广播电视厅与西藏人民广播电台正式分设。西藏人民广播电台成为独立的县级事业单位和宣传实体。

12月25日

吉林人民广播电台调频立体声广播开始全天24小时播音。

12月26日

中共中央、全国人大常委会、国务院、中央军委、全国政协在人民大会堂举行大会，纪念中国共产党、中国人民解放军、中华人民共和国主要缔造者，中国各族人民的伟大领袖毛泽东诞辰100周年。党和国家领导人江泽民等和首都各界1万人出席大会。大会由中共中央政治局常委、国务院总理李鹏主持。中共中央总书记、国家主席、中央军委主席江泽民发表重要讲话。中央人民广播电台、中央电视台圆满完成纪念大会的现场直播任务。中国国际广播电台各语言广播播出纪念大会的消息和相关内容。湖南人民广播电台新闻台全天播出大型综合性特别节目《12·26之歌》。全国多家广播电台制作了大量的专题节目、多家电视台举办了多场文艺晚会，拍摄了许多电视文艺节目。

同日

上海有线电视台成立一周年。中共中央政治局委员、上海市委书记吴邦国题词："发展具有中国特色的有线电视事业，满足人民群众精神文化需求。"

12月27日

西藏有线电视台试播。

12月28日

广东人民广播电台主办的《股市快报》创刊。

同日

由中央人民广播电台、中国国际广播电台、中央电视台、中国广播艺术团和长城音像出版社共同主办的纪念华彦钧（阿炳）诞辰100周年暨中国广播民乐团成立40周年音乐会在北京音乐厅举行。

同日

中国国际广播中心主楼经过一年三个月的施工于当日封顶。

12 月 31 日

国家主席江泽民对中国国际广播电台海外听众及港澳台同胞发表《满怀信心走向未来》的新年讲话。这是江泽民担任国家主席后第一次向国际台听众发表新年讲话。该台各语言节目都在当日 16：00 以后的首次节目中播出江泽民讲话。中央人民广播电台、中央电视台、新华社、中新社、《人民日报》等各大新闻媒体分别于当晚和 1994 年 1 月 1 日，在首要位置播发、刊登了江泽民的讲话。美国、英国、日本、法国等国家和香港地区的传媒都作了广泛报道。

同日

由中央人民广播电台和深圳实业有限公司联合主办的“1993 年全国十大新闻”评选揭晓。这十大新闻是经首都 30 多家主要新闻单位的社长、总编辑从数万条信息中评选出来的。

同日

连接辽宁、吉林两省的微波电路建成并开通。至此，东北三省的微波电路联网工作最终完成。

同日

海峡之声广播电台调整领导班子，孙四海任台长，陆中明为政治委员。

同日

西藏自治区广播电视厅及所属电台、电视台的领导班子进行调整。格桑朗杰任广播电视厅厅长，邱德荣任厅党委书记；田荣高任西藏人民广播电台台长；李光远任西藏电视台副台长（主持工作）。

同月

辽宁省盘锦电视台开播。

同月

吉林省松原人民广播电台、松原电视台开播。

同年

全国（未包括港、澳、台）共有广播电台 987 座、对国内广播节目套数 1149 套、对国外广播使用语言 43 种，平均每日播音 10363 个小时，全年制作广播节目 142.56 万小时；中、短波发射台和转播台 716 座，调频发射台和转播台 1132 座，微波线路 5.47 万公里，卫星电视地面站 5.4 万座；广播人口覆盖率为 76.3%；市县有线广播站 2382 个、有线广播专用线路为 297.7 万杆公里，广播喇叭有 8707 万只，喇叭入户率为 38%。全国共有电视台 684 座、节目套数 755 套，平均每周播出时间 34407 小时，全年制作电视节目共 21.83 万小时；电视发射台和转播台 35880 座，电视人口覆盖率为 82.3%。

同年

广播电影电视系统共制作广播剧 238 部 2234 集、电视剧 816 部 5631 集。

同年

中央人民广播电台收到听众来信 664328 封。

同年

中央人民广播电台与世界各地 10 家华语台联合录制春节特别节目《欢乐共此时》。这是中央电台首次同多家海外、境外电台联合制作的春节特别节目。

同年

中国国际广播电台收到 173 个国家和地区的听众来信 554122 封。

同年

全世界 45 个国家建有 2079 个中国国际广播电台听众俱乐部。

同年

黑龙江省齐齐哈尔、大庆、牡丹江、七台河、双鸭山有线电视台先后开播。

同年

浙江省新建县级无线电视台 6 座、市级电视专业台 1 座，新建市县调频广播电台 13 座，新建中波广播电台 1 座、有线广播站改台 7 座。

同年

江苏省新建电视台 10 座，新建县级调频广播电台 8 座。

同年

安徽省新建电视台 9 座，调频广播电台 8 座，经济广播电台 5 座。

同年

江西省有 9 个县市实现广播站改台，有 5 个县办起了电视台。

同年

广西壮族自治区建立县级电台、电视台各 5 座，市县有线电视台 7 座。

同年

贵州省新建市、县级广播电台各 1 座，新建市、县级电视台各 1 座。

同年

甘肃省新增建嘉峪关人民广播电台和金昌人民广播电台。

1994 年

1 月 1 日

从本日开始，中央人民广播电台在《新闻和报纸摘要》《午间半小时》节目中开办为期一年的《中华英模》和《中华之声》专栏。全年共播出稿件 300 多篇，宣传了 152 位英模人物。中共中央政治局委员丁关根、李铁映分别打电话和写信，对这组广播的成功播出表示祝贺，并要求在全社会形成“学习英模、争当英模”的风气。

同日

经国家工商行政管理局批准，中央电视台的中国电视节目代理公司登记注册，正式运营。

同日

上海东方广播电台推出《792 为您解忧》特别节目，一个月中每天为听众解决一桩生活、工作、学习上遇到的困难。该节目每年一月份连续举行。

同日

浙江人民广播电台两套节目、浙江电视台一套节目通过中星五号卫星覆盖全省、全国及周边国家和地区，覆盖人口达 20 亿，从根本上解决了浙江全省约 30% 的人听不到省台广播、约 15% 的人看不到省电视台节目的问题。浙江卫视节目在全国县级以上有线网入网率达 96.1%。

同日

山东人民广播电台的第一、第二套节目和山东电视台第一套节目通过中星五号卫星播出，实现了对全国及周边国家和地区的覆盖。山东人民广播电台教育台正式开播。

同日

安徽经济广播电台正式开播，全天播音 14 个小时。

同日

内蒙古人民广播电台与自治区外宣办合办的对外宣传蒙古语专栏节目《内蒙古之窗》正式播出，采用主持人谈话形式，听众对象为蒙古国及俄罗斯远东地区的蒙古族。

同日

吉林人民广播电台东北亚音乐频率开始广播，采用调频 92.7 兆赫，全天 24 小时播音，是东北三省第一家立体声全天 24 小时播音的电台。节目内容以音乐为主体，兼融新闻动态、社会热点、艺术修养、情感交流等综合节目。

同日

江苏南京广播电视塔投入使用。该塔位于南京城西王家山，其中混凝土塔身高 262 米，钢桅杆高 41 米，建筑总面积 6352 平方米。1989 年 3 月 15 日开始动工，历时五年完工。

同日

福建东南电视台开播，每天播出六个小时，设有《东南新闻》《东南纪实》《海峡同乐》《东南风景线》等栏目。

同日

天津交通广播电台试播，1 月 1 日至 8 月 28 日播出频率为调频 102.9 兆赫。8 月 28 日以后播出频率为中波 567 千赫。

同日

北京人民广播电台开始实施新的广告创收管理办法，鼓励多创收，当年的广告创收额比 1993 年翻了近一番。

同日

四川人民广播电台推出热线录播节目《公仆与人民》和《今朝人物》。

1 月 3 日

广播电影电视部副部长同向荣主持召开中央人民广播电台干部会议，宣布部党组决定：任命安景林为中央电台分党组副书记、常务副台长；张冬兴不再担任分党组副书记、副台长职务。

同日

人事部发文，批准广播电影电视部享受 1993 年政府特殊津贴人员共 235 人。其中，自然科学 100 元档 14 人，50 元档 53 人；社会科学 100 元档 53 人，50 元档 115 人。

1 月 5 日

中央电视台在晚上黄金时间播出由广东电视台和中央电视台、珠江电影制片厂联合制作的电视连续剧《情满珠江》。该剧是一部真实展示珠江三角洲改革开放历史的精品力作，播出后在全国引起很大反响。先后荣获中宣部“五个一工程”优秀电视剧奖，第十四届全国电视剧“飞天奖”长篇电视连续剧一等奖，“金鹰奖”优秀长篇连续剧奖等多个奖项。

同日

中央电视台决定将多年来每星期二下午例行的停播检修机器设备工作改在晚间节目结束后进行，以使周二下午的节目不停播。

同日

陕西省广播电视厅、省广播电视学会主办的《陕西广播电视》杂志改名为《声屏之友》（月刊）。

同日

广播电影电视部地方管理司为加强海外电视剧的引进和管理，约请广东、陕西、杭州、南京等八家省、市电视台的领导研究引进剧问题，确定了 1994 年引进海外电视剧的总定额和分配指标及管理办法，报部领导审定。

1 月 5 日～8 日

澳大利亚广播公司（ABC）总经理大卫·希尔一行三人来华访问。7 日，广播电影电视部部长艾知生和希尔签订《中华人民共和国广播电台、电视台和澳大利亚广播公司广播电视合作协议》。此前，中央电视台台长杨伟光和希尔签署《中国中央电视台和澳大利亚广播公司合作备忘录》。

1 月 5 日～2 月初

云南省广播电视厅总工办抽调 34 人，组成 15 个工作组，用一个月时间对全省 17 个地、州、市广播电视的基础设施综合能力进行全面普查核实，并编写出 15 万字的《云南广播电视资料汇编》一书。

1 月 6 日

湖北省广播电视厅作出《关于开展向见义勇为、舍己救人的优秀青年新闻工作者钱宏同志学习的决定》。1993 年 12 月 30 日晚，武汉广播电视周报社青年职工钱宏在武汉市汉阳门江边轮渡码头舍身救人，献出年仅 22 岁的生命。

1 月 7 日～8 日

中央电视台《观察思考》《东方时空》《今日世界》三个栏目联合在北京地区招聘编辑、记者和摄像人才。此举揭开了中央电视台第二种用工制度的改革序幕，引起较大的社会反响。

1 月 8 日

广播电影电视部下发《关于做好机关、事业单位工资制度改革工作的通知》，正式启动机关、事业单位工资制度改革工作。

1 月 10 日

新疆电视台撤销电视剧部，成立电视制片中心，成为自治区独家持有广播电影电视部颁发的长期生产电视剧许可证的单位。

1月12日

中共辽宁省委任命张恩华为省广播电视厅党组书记。1月24日，辽宁省第八届人民代表大会常务委员会第六次会议决定，任命张恩华为省广播电视厅厅长。

1月14日

新疆维吾尔自治区霍尔果斯口岸建立有线电视台。

1月15日

广播电影电视部发文，任命朱继峰为中央电视台副总编辑，免去其社教中心主任职务；任命李建为台长助理兼台办公室主任、胡恩为台长助理兼总编室主任。

1月17日

在《关于表彰全国城镇妇女“巾帼建功标兵”“巾帼建功先进单位”的决定》中，中央人民广播电台易淑珍、中国国际广播电台蒋巧云两人被授予1994年全国城镇妇女“巾帼建功标兵”称号。

1月18日

中共中央政治局委员、书记处书记、中宣部部长丁关根，中共中央政治局委员、国务委员李铁映，中央宣传思想工作领导小组成员刘忠德、艾知生等，观看中央电视台《1994年春节联欢晚会》节目彩排，并对剧组全体演职员表示亲切慰问。

同日

上海东方电视台推出中国首个卫星传送全球财经行情的节目《东视财经》。该节目是在东方电视台与道琼斯·德励财经资讯有限公司签署合作协议的基础上开办的。

同日

上海广播电视浦东基地奠基仪式在浦东新区举行。

同日

浙江省电视节目交流中心成立。该中心对县级无线电视台和有线电视台实行统一供片。

1月19日

江苏广播电视发射传输总台正式成立。

1月20日

江西有线电视台正式成立。

1月21日

广播电影电视部、国务院台湾事务办公室联合印发《台湾电视从业人员来大陆摄制节目的管理办法》，共12条。

同日

河北省广播电视厅科学技术委员会成立，厅总工程师秦祥任主任委员。

1 月 22 日

广播电影电视部教育司发出《关于利用卫星电视对卫星地面站值机员开展岗位培训的通知》，要求凡在各级卫星地面站、发射台工作，不具备值机员岗位规范规定的最低专业学历（中专学校无线电专业或相近专业）的值机人员，均须参加培训。培训时间 20 周。考试统一命题，考试考查合格，发《岗位培训证书》。10 月 27 日～1995 年 4 月 27 日，北京广播学院《空中课堂》栏目通过贵州电视台卫星频道，播出全国广播电视系统卫星地面站值机员岗位培训教学节目。18 个省、自治区的卫星地面站、发射台、微波站的值机员共 6450 人收看并参加培训。

同日

中央电视台推出周末新栏目《星期音乐会》。节目内容包括管弦乐、协奏曲、中外世界名曲、歌剧选段、芭蕾舞剧音乐、艺术歌曲等。时长 50 分钟，每周六 19：15 以直播和录播相结合的方式在第三套节目中播出，第二套节目白天时间重播。

1 月 24 日

中央人民广播电台听工部编辑的《听众反映》改名为《听众与广播》。

同日

国务院学位委员会批准北京广播学院设立戏剧电影文学和国际关系两个专业的硕士点。至此，该院共有七个专业具有硕士学位授予权。其他五个专业是：新闻学、现代汉语、语言学、通信与电子系统、电磁场与微波技术。

1 月 24 日～31 日

全国广播电影电视宣传工作会议在北京召开。来自 30 个省、自治区、直辖市和 7 个计划单列市的广播电视厅（局）长、各电影制片厂厂长、中央人民广播电台、中国国际广播电台、中央电视台以及广播电影电视部各司局和主要部属机构的负责人参加会议。广电部部长艾知生、副部长田聪明等出席会议并讲话。艾知生在讲话中回顾总结了 1993 年的广播影视宣传工作，提出做好 1994 年工作的基本思路和主要任务，并对几个法规性文件作了说明。他要求全系统在新的一年里紧紧围绕“抓住机遇、深化改革，扩大开放，促进发展，保持稳定”这个大局积极开展工作。田聪明在讲话中着重就影视合作、电影改革及 1994 年电影工作的主要设想等发表了意见。会议根据《卫星电视广播地面接收设施管理规定》，讨论修改了《〈卫星电视广播地面接收设施管理规定〉实施细则》等 9 个文件。本次会议与全国宣传思想工作会议（1 月 24 日～29 日）套开，会议期间，全体代表听取了中共中央总书记江泽民在全国宣传思想工作会议上的讲话，江总书记在讲话中强调宣传思想战线必须把握邓小平建设有中国特色社会主义理论这一根本方针，着重做好四个方面的工作：要以科学的理论武装人，以正确的舆论引导人，以高尚的精神塑造人，以优秀的作品鼓舞人。从此，“一个根本指针，四项主要任务”就成为长期引领我国宣传思想工作的指导思想。代表们还听取了国务院总理李鹏、副总理朱镕基的讲话以及中宣部部长丁关根的总结报告。

1月25日

中央电视台和美国黄线国际公司在人民大会堂举行电视系列片《世界企业》新闻发布会。该片是双方合作推出的一部专门介绍世界上有特殊成功经验、有信誉、有影响的跨国公司企业形象的电视系列片。

1月28日

北京人民广播电台开通新华社综合信息网一级站。至此，该台所属经济台、交通台、音乐台结束靠电话抄收新华社新闻稿的状况。

同日

中央人民广播电台决定从1994年2月1日起，新闻节目在使用中国国际广播电台提供的稿件时，电头称谓一律改为“据中国国际广播电台报道”。

同月

北京人民广播电台开办新闻板块节目《新闻大视野》，它以快速度、大容量传播来自北京、全国乃至世界各地的最新消息，并对重要新闻展开专题报道和评论。主要栏目有《北京新闻》《新闻背景》《潮头掠影》《都市采风》《热点与难点》等。每天7：00开始播出，每次50分钟。

2月1日

《中国电视报》试印彩色报纸取得成功。

2月1日～3日

中央电视台海外电视中心制作的纪录片《两位百岁老人和他们的饮食》在“亚广联”1993年“饮食与人”主题节目评选中获得第一名。

2月3日

《广播电影电视部关于引进、播出境外电视节目的管理规定》（广播电影电视部令第10号）发布施行，共21条。以前发布的《关于进口电视剧管理的暂行办法》及《广播电影电视部关于引进海外电视节目管理的暂行规定》同时废止。

同日

根据国务院颁布的《卫星电视广播地面接收设施管理规定》第十三条的规定，广播电影电视部《〈卫星电视广播地面接收设施管理规定〉实施细则》（广播电影电视部令第11号）发布施行，共6章31条。

同日

《有线电视管理规定》（广播电影电视部令第12号）发布施行，共6章34条。

同日

上海人民广播电台开通 24 小时“帮困热线”电话。

2 月 4 日

针对农村广播网的发展现状和存在的问题，为了进一步开发农村广播网的多功能，增强其自我发展能力，认真办好节目为农民服务，使农村广播网得到巩固和发展，广播电影电视部提出并下发《关于巩固和发展农村广播网的几点意见》。

2 月 5 日

吉林电视台《中国吉林》栏目开播，每周一期，由美国斯科拉电视台播出。从此，吉林省有了固定的对外宣传窗口。

2 月 6 日

江苏省南京电视台经济台正式开播。

2 月 9 日

除夕，中央电视台在第一、第二、第三套节目黄金时间分别向国内外播出《1994 年春节联欢晚会》(现场直播)、《春节戏曲晚会》(录播)、《春节音乐、舞蹈晚会》(录播)，得到社会各界好评。

同日

江西广播电视学校成立。该校属普通中等专科学校，由省广播电视厅领导。办学规模暂定 640 人，1994 年开始招生，先开设广播电视发送技术专业和电视节目制作专业。

2 月 10 日

84 集电视连续剧《三国演义》试播两集，10 月 23 日正式播出。该剧由中国电视剧制作中心、中央电视台制作，总导演王扶林。

2 月 15 日

广播电影电视部印发《加强电视剧题材规划管理的暂行办法》。

2 月 18 日

国务院总理李鹏应中央电视台新闻中心之邀，为《东方时空 · 金曲榜 · 中国民族歌曲经典》题词：“高歌民族曲，激荡中国魂。”李鹏说，这也是给中央电视台题的词。

同日

宁夏经济广播电台试播。

2 月 20 日

中宣部、广播电影电视部、国家教委、文化部、农业部联合下发《关于在全国农村中小学运用优秀影视片进行爱国主义教育的实施意见》。

2月21日～28日

中国广播奖1993年广播剧奖评选活动在哈尔滨举办。各地选送的由37家电台录制的62个剧目参评，共评选出获奖剧目46个。另外还评选出编剧、导演、音乐、音响效果、录制、男演员、女演员7个单项奖。

2月22日

青海电视台《青海新闻》节目改名为《青海新闻联播》，由青海电视台主办，西宁电视台、格尔木电视台、海西电视台、海南电视台协办。自当日起，该台还增办了《午间新闻》。

2月25日

广播电影电视部下发《关于进一步加强利用外资管理有关问题的通知》。

2月26日

’94全国电视剧题材规划会议在杭州召开，全国各地电视剧生产单位的代表近250人出席会议。广播电影电视部部长艾知生、副部长刘习良，浙江省委副书记刘枫、宣传部长梁平波以及浙江省副省长徐志纯等出席会议。艾知生传达了全国宣传思想工作会议精神。刘习良作题为《弘扬主旋律，提倡多样化，为创作出更多更好的电视剧而努力奋斗》的讲话。

2月27日

上海教育电视台开播。

2月28日

广播电影电视部任命张开兴为计划财务司副司长。

同月

中国广播电视学会主持人节目研究委员会主办的首届全国广播电视节目主持人"百优双十佳"金话筒奖评选结果在北京揭晓。广播电视各有10人获金奖、16人获银奖、24人获铜奖。其中金奖获得者分别被授予全国"十佳"广播电视节目主持人称号，银、铜奖得主获全国"百优"广播电视节目主持人称号。中央人民广播电台徐曼、中央电视台赵忠祥被授予"特殊荣誉奖"。

同月

广东省广播电视卫星地球站由广东省政府立项筹建，选址番禺区南村镇。

同月

新疆电视台首次进行春节文艺晚会《咱们新疆人》现场直播。

3月1日

中央人民广播电台第一套节目由单声道改为立体声方式播出。

同日

内蒙古人民广播电台利用调频立体声广播，新开办《都市信息》《市场行情》《名人传记》等主持人大型板块节目。

同日

江苏省扬州人民广播电台第一套节目呼号改为“扬州人民广播电台新闻台”。

同日

江西电视台对第一套节目自办栏目作出新的安排，原《江西新闻》更名为《江西新闻联播》。

3 月 4 日 ~ 6 日

全国省级电视台台长会议在北京召开，各省、自治区、直辖市及计划单列市的电视台台长参加会议。此次会议旨在贯彻全国宣传思想工作会议精神，联系电视工作实际，交流经验，共同探讨加强合作办好电视的途径和办法。广播电影电视部部长艾知生就电视系统如何贯彻落实全国宣传思想工作会议精神和电视系统怎样一手抓繁荣、一手抓管理两个问题讲了话。中央电视台台长杨伟光在会上作题为《认真贯彻全国宣传思想工作会议精神 把电视办成建设社会主义精神文明的重要阵地》的讲话。会议提出：电视宣传要唱响主旋律，提高节目质量，丰富荧屏。

3 月 6 日 ~ 11 日

由中央电视台主办，江西电视台承办的 1994 年全国海外电视宣传选题规划会在南昌召开。广播电影电视部、中央外宣办、中央电视台、中国国际广播电台、全国侨联文化联络部和 28 家省级电视台、23 家城市电视台的代表共 109 人参加会议。会议期间，广电部副部长刘习良、部总编室副主任郑集强和中央电视台台长杨伟光分别讲话。代表们就海外中心的节目设置、加强外宣队伍的培训、异地采访等具体问题交换了看法，进行了商讨。

3 月 8 日

广播电影电视部党组同意广播科学研究院院长陈晓宁兼任广播科学研究院党委书记。

3 月 8 日 ~ 9 日

北京广播学院首次科研工作会议召开，广播电影电视部教育司司长刘爱清、副司长赵声鸿和部科技司、北京市高教局的有关负责人到会并讲话。会议回顾了 14 年来学院科研工作的主要成绩和存在的差距，提出了今后科研工作改革发展的目标和任务。

3 月 8 日 ~ 22 日

中国人民政治协商会议第八届全国委员会第二次会议（3 月 8 日 ~ 19 日）和第

八届全国人民代表大会第二次会议（3月10日～22日）先后在北京召开。中央人民广播电台、中国国际广播电台、中央电视台对“两会”进行了充分报道。截至21日，中央电台在《新闻和报纸摘要》和《各地人民广播电台联播》节目共发稿177篇。“两会”专题节目共播出稿件近200篇。国际台共发新闻和专稿257篇（条）。中央电视台第一套节目播出新闻347条，专题28集；第四套节目播出新闻102条，专题20集；英语新闻播出38条。同时，还向9个国家和地区的25个电视机构提供卫星信号270次，向“亚广联”提供新闻27条，向墨西哥特莱维萨电视公司提供新闻7条。

3月10日

广播电影电视部任命张长明、刘宜勤为中央电视台副台长，分党组成员；免去马瑞流、林景云的副台长和分党组成员职务；免去王传玉副总编辑职务。

3月15日

由安徽电视台与中国科技大学合作研制的“电视台新闻节目信息管理网”通过安徽省科委组织的技术鉴定。广播电影电视部、外省市电视台及安徽省有关方面的专家近30人出席鉴定会。与会专家一致认为：该系统实用性较强，在全国广播电视系统中处于领先地位。

3月16日

在日本大阪举办的第二届亚洲电视节上，中央电视台选送的纪录片《姊妹溪》获“优秀纪录片奖——亚洲未来奖”，辽宁电视台摄制的电视纪录片《两个孤儿的故事》获最优秀奖。

3月18日

青岛人民广播电台、青岛经济广播电台分别与青岛华联商厦、青岛东方贸易大厦合办“华联直播室”“东方直播室”，开辟大板块节目。

3月21日

广播电影电视部任命赵立凡为总编室副主任。

同日

广播电影电视部通报表彰1993年度全国广播电视技术维护竞赛评比获奖单位。辽宁、吉林、河北、山东等11个广播电视厅（局）获优秀奖，江西省广播电视厅获进步奖。

同日

广东省广播电视厅召开干部大会，宣布广东省委关于调整厅领导班子成员的决定，孙孔华、梁浩泉任广东省广播电视厅副厅长，谢望新任副厅长、广东电视台台长，曾广星任广东人民广播电台台长；梁振快任广东省广播电视厅党组副书记；广东电视台成立党委，谢望新兼任党委书记；广东人民广播电台成立党委，高明扬任党委书记；黄添元任省广播电视厅副厅级巡视员。

同日

江西人民广播电台开办《729 早新闻》，采用直播、板块形式播出。内容以本省新闻为主，还有国内新闻、国际新闻和气象服务。设有《江西新闻》《华夏要闻》《国际快讯》《新闻广角》等九个相对固定的栏目。每天 30 分钟，是该台第一个一次播音时量为半小时的新闻节目。

3 月 23 日

国务院办公厅印发《广播电影电视部职能配置、内设机构和人员编制方案》：一、职能转变：（略）。二、主要职责：广播电影电视部是国务院主管全国广播电视宣传和广播电影电视事业的职能部门，既是新闻宣传机关，又是全国广播电影电视事业的管理机关。其主要职责：（一）全面贯彻党中央、国务院在新闻宣传、影视文艺方面的路线、方针、政策和国家的法律、法规，把握好舆论导向和文艺方针，直接领导和管理“中央三台”，对广播影视节目审查把关。（二）组织和指导全国性的广播电视宣传和电影创作及生产，制订广播电影电视事业发展的战略目标和规划，促进广播电影电视事业的发展和繁荣。（三）协调、指导全国广播电影电视工作的改革，研究分析广播电影电视工作中的重大问题，包括广播电视的宣传方针、电影创作的指导思想，组织制订相应的政策和措施。（四）建立健全广播电影电视事业的有关政策、法规、制度、标准，并依法监督检查执行。协调中央和地方在广播电影电视事业建设方面的事项。（五）审批全国各级广播电台、电视台、电影制片厂及其他电影电视制作单位的建立和撤销，指配广播电视频率和规定发射功率。发放或撤销影片发行许可证和电视剧制作许可证。（六）管理全国有线电视和卫星电视节目的收录事务。根据国务院有关规定，管理音像事业。（七）综合管理广播电影电视系统的对外交流与合作等外事工作，负责与港澳台地区的广播电影电视交流与合作，制订管理境外来访电影电视摄制组和中外合作拍摄电影电视剧等事项的政策和规定。（八）指导和协调全国广播电影电视系统新技术的科学研究和开发应用、广播电视网建设及维护等方面的工作。（九）研究和推进广播电影电视系统内部管理体制的改革，按照广播电影电视事业发展的需要，有计划、多层次地培养各种专业人才。（十）承办党中央、国务院交办的其他事项。三、内设机构：根据上述职责，广播电影电视部设 10 个职能司局和机关党委：办公厅（同时挂法规司牌子）、总编室（部编委会的办事机构）、电影事业管理局、社会管理司、人事司、计划财务司、科技司、外事司、保卫司、教育司、机关党委（以上各司局的职责略）。四、人员编制和领导职数：广播电影电视部机关行政编制为 466 名。其中，部长 1 名，副部长 4 名，现超配的 1 名副部长职数作为过渡；正副司局长 36 名（含机关党委专职副书记 2 名，专职纪委书记 1 名）。

纪检、监察、审计等派驻机构和后勤、老干部服务机构及编制，按有关规定另行核定。

同日

广播电影电视部聘任章之俭为科学技术委员会主任。

3月31日

中共中央通知，中央同意：艾知生任中央宣传思想工作领导小组副组长，孙家正任中央宣传思想工作领导小组成员。

4月1日

中共中央总书记、国家主席江泽民为北京广播学院40周年题词："发扬艰苦奋斗的优良传统，为我国广播电视事业培养更多人才。"

同日

中央电视台开播新闻评论性节目《焦点访谈》，在每天第一套的《新闻联播》后播出。该栏目关注领导重视、群众关心的问题，包括热点话题、人物，社会事件和问题，重大政策的出台及背景解析，改革开放中遇到的新现象、新问题以及对国际问题的报道等。分为调查分析、追踪采访、快速反应、访谈述评4种类型，每期播出13分钟。《焦点访谈》当天播出的第一期节目是《'94国债发行第一天》，报道当天开始的1994年度国库券发行的情况、有关人士的评说和群众的反应。

同日

中央电视台开播新闻性栏目《世界报道》。该栏目以报道国际新闻为主，是《新闻联播》国际新闻报道的拓展和延伸，于每天22：00在第一套节目播出，每期10分钟。1995年9月1日，《世界报道》改版，与《晚间新闻》《体育新闻》合为一体，总称《晚间新闻报道》。

同日

中央电视台《中国音乐电视》栏目开播，其宗旨是借用音乐电视（MTV）这种外来形式，倡导中国音乐电视走民族化、多样化的道路，为观众不断推出新人和新作。

同日

北京人民广播电台文艺台正式开播，发射功率10千瓦，调频87.6兆赫，每天播出时间从5：50至次日凌晨1：30结束。

同日

天津人民广播电台按系列台布局原则进行节目调整，调整后全天播音108小时13分钟。

同日

海峡之声广播电台对原有广播节目进行较大幅度调整和改革，推出第一广播网和第二广播网，并增设《中国军队》《体坛经纬》两个新节目。

同日

广播电影电视部正式批复同意广东省筹建有线电视台，呼号为“广东有线电视台”。

4 月 3 日

上海人民广播电台调频 103.7 兆赫以节目主持人形式首播《中国原创音乐联合榜》节目。《联合榜》由上海人民广播电台音乐台、北京人民广播电台音乐台、广东珠江经济广播电台联合倡议举办。

4 月 3 日～7 日

山西省在美国洛杉矶举办’94 中国山西省出口商品展销暨经济技术合作洽谈会期间，中国黄河电视台与美国熊猫电视台合作，在美国举办“山西电视周”。

4 月 5 日

安徽省广播电视厅、省公安厅和省工商行政管理局联合发出《关于进一步加强音像市场管理的通知》。

同日

陕西人民广播电台、陕西电视台现场直播陕西省各界在黄陵县举行的清明祭祖活动。陕西人民广播电台将信号传送给北京、福建、广东人民广播电台同时直播，获得成功。

4 月 5 日～22 日

广播电影电视部部长艾知生率中国广播电视代表团访问日本、菲律宾。访日期间，日本国首相细川护熙、副首相兼外务大臣羽田孜、邮政大臣神崎武法先后会见代表团。艾知生与日本广播协会会长川口午夫共同签署关于广电部配合国家文物局协助日本广播协会用高清晰度电视拍摄中华文明五千年及故宫电视节目的协定书。在菲律宾，菲总统菲德尔·拉莫斯特别邀请代表团全体成员出席每周三由他举行的记者招待会。之后，在总统府单独会见代表团。代表团就广播电视领域里的技术合作项目、广播电视交换及人员互访等细节问题同菲律宾广播电视界同行交换了意见，并进行了参观考察。

4 月 6 日

广播电影电视部、劳动部联合下发《关于广播电影电视行业实行技师聘任制的补充通知》。

4 月 8 日

中共山东省委、省政府授予山东电视台“全省广播电视系统先进集体”称号。

4月9日

中央电视台正式推出中学生栏目《第二起跑线》。该栏目面向全国5000万中学生，以贴近中学生、引导中学生、娱乐中学生、塑造中学生为宗旨；栏目内容着意展示中学生的智力、能力、体力和毅力，培养中学生的完美人格和高尚的审美情趣。每周在第一至第四套节目中各播出一次，每期50分钟。

4月11日

中共中央通知，中央同意：调孙家正任广播电影电视部部长；艾知生不再担任广播电影电视部部长职务。同日，中共中央通知，中央同意：孙家正任广播电影电视部党组书记，艾知生不再担任广播电影电视部党组书记职务。

同日

中国国际广播电台与俄罗斯广播技术代表团签订《中国国际广播电台和莫斯科国际广播电台合作议定书》（互转合作）。国际台台长张振华、副台长丛英民等出席签字仪式。

4月12日

广播电影电视部下发《关于组建中国数据广播网的通知》。

同日

中纪委决定赵声鸿任中央纪委驻广播电影电视部纪律检查组副组长。

同日

国家工商行政管理局商标局正式受理中央电视台《焦点访谈》《东方时空》及其小栏目《东方之子》《东方时空金曲榜》《生活空间》《焦点时刻》等电视栏目及其专用图形的注册申请。据国家工商局介绍，电视栏目注册服务性商标寻求法律保护，在全国尚属首次。

4月14日

广播电影电视部批准，建立青岛经济技术开发区电视台。4月23日批准建立青岛经济技术开发区广播电台。

4月15日

刀承锦任云南人民广播电台台长。

4月16日

黑龙江人民广播电台经济台、新华社黑龙江信息社联合推出以传递新华社新闻与信息为特色的专题节目《873新华社信息传递》，每周六、周日12：30至13：00播出。

4月17日

广播电影电视部任命贠振华为行政管理局局长。

4 月 18 日

江苏人民广播电台音乐台开播。

4 月 19 日

黑龙江广播设备厂和省 904 中波广播发射台合作试制的“多频备机”通过省广播电视厅技术鉴定。该机是无线广播的一项新技术。

同日

中国国际广播电台保加利亚语广播开播 20 周年。

4 月 21 日、23 日、25 日

中央电视台现场直播’94 青年歌手大奖赛业余组决赛,127 名歌手分别角逐美声、民族、通俗三种唱法的桂冠。

4 月 22 日

广播电影电视部转审计署通知：任命吴达审为审计署驻广播电影电视部审计局局长，王保智为副局长。

4 月 23 日～ 29 日

中国电视奖’93 电视新闻评奖会在沈阳举行，32 家单位选送 223 个节目，共有 163 个节目获奖。

4 月 24 日～ 5 月 1 日

中国广播电视学会对台广播研究委员会在福州市举办第七届全国对台湾广播优秀节目评选暨对台宣传协调会，参评节目 110 多个，共评出一等奖 15 件、二等奖 26 件、三等奖 45 件。

4 月 28 日

新疆人民广播电台音乐台正式开播。该台体制确定为自收自支的宣传事业单位。7 月 10 日，全国政协原副主席王恩茂为该台题词：“发展高尚的、优美的、愉快的、有益的、使人听了高兴的音乐，努力满足人民音乐精神生活的需要。”

4 月 28 日～ 29 日

全国数据广播工作会议在北京召开。广播电影电视部副部长何栋材、部有关司局、中央人民广播电台、中国国际广播电台、中央电视台和其他直属单位以及全国 30 个省、自治区、直辖市广播电视厅（局）的负责人参加会议。国家经贸委、国家科委、中国证券监督管理委员会和国家信息中心等单位的有关负责人出席会议并讲话。本次会议的主要议程是听取关于中国数据广播网的筹建工作报告、产生中国数据广播网管理委员会、讨论修改《中国数据广播网章程》(草案)。中国数据广播网由中国数据广播中心和各省、自治区、直辖市广播电视厅（局）的分支机构组成，在广电部的领导下统一规划、共同建设和管理。

同月

辽宁省沈阳广播中心工程基本竣工并部分投入使用。工程投资5000万元，建筑面积1.5万平方米，主楼高110米，能同时容纳6～8套广播节目的制作和播出。

5月1日

《中国中央电视台新闻》改名为《中国新闻》，并由20分钟改为30分钟。

同日

辽宁人民广播电台系列台——辽宁信息电台正式播音，全天直播18小时10分钟。

同日

福建文艺广播电台正式开播。

同日

山东省广播电视厅开始实行各市、地电视台定时通过微波线路向省电视台回传新闻的制度。

同日

四川经济广播电台在成都市锦江大礼堂前广场举办"为了希望工程"大型直播活动。

5月1日～5日

应美国特纳广播公司（TBS）及其下属的美国有线电视新闻网（CNN）的邀请，广播电影电视部副部长刘习良率代表团一行六人参加在亚特兰大召开的第五届《CNN世界报道》供片者年会。刘习良在会上作《卫星电视对亚洲的影响》的专题发言。

5月3日

中央人民广播电台开播《大陆证券》专题节目，以闽南话向台湾听众宣传国家有关金融、证券的大政方针，传递大陆金融、证券的最新信息，每周二播出，每次10分钟。

5月4日

北京有线电视台《BCTV新闻》节目正式开播，于每天18:35在影视频道播出5分钟。同时一个以经济信息为主的综合型、板块式节目频道在该台十七频道开播。主要栏目有《BCTV经济百叶窗》《图文专讯》，儿童、音乐节目，包括《动画城》《童真·花季》《音乐潮》《一曲牵情》等，每天播出13个小时。

5月5日～9日

经广播电影电视部办公厅批准，由中央电视台牵头组织、江苏电视台承办的第二次全国省级电视台行政管理工作经验交流会在南京召开。全国38家省级、计划单列市电视台和中央电视台的 58 位代表参加会议。

5 月 6 日

曹瑞德任新疆维吾尔自治区广播电视厅党组成员、新疆电视台党委书记、第一副台长。

同日

日本“收听海外广播联盟（BCL）”以世界现有的 16 家电台（除日本本国）的日语广播为对象，举办“最受欢迎的电台”的投票评选。中国国际广播电台日语广播被评为第一名。19 日，该联盟会长名越真之在东京向中国国际广播电台的代表颁发了奖状。

5 月 7 日

中共中央通知：中央同意田聪明任广播电影电视部党组副书记。

同日

《广播电影电视部广播影视科技周转金管理办法》发布，共 16 条。

5 月 8 日

南京人民广播电台音乐台开播。

同日

乌鲁木齐经济广播电台在成立一周年之际，实现在西北地区城市电台中首家 24 小时连续播出。

5 月 9 日

青海经济广播电台成立。该台为自收自支的副县级事业单位，隶属青海人民广播电台领导，列事业编制五名、县级领导职数两名。

5 月 10 日

安徽人民广播电台新闻部与中央人民广播电台新闻中心实现微机联网，成为全国第一家进入微机联网的省级广播电台。

同日

山东省第一家合资影视公司——山东三冠福涌影视发展有限公司在济南成立。

5 月 11 日

中央电视台推出以宣传保护人类生存环境为宗旨的大型板块栏目《人与自然》，取代《动物世界》老栏目。设有《生物圈》《我和我的朋友》《奥秘百科》和《绿色视野》四个小栏目，每周播出一次，每次 30 分钟。

5 月 11 日～14 日

中央电视台驻全军各大单位（各大军区、军、兵种、三总部以及武警等 17 个大单位）记者站站长会议在北京举行。会议重点研究了进一步加强军事宣传特别是如何提高新闻质量问题。

5月12日

广播电影电视部下发《关于开办专业台须报我部审批等有关问题的通知》。

5月15日

由天津电视台和天津市残疾人联合会共同承办的电视手语综合栏目《我们同行》正式开播。

5月16日～21日

北京电视台主办第三届北京国际电视周，来自22个国家和地区的80多家电视机构、设备厂家和国内70多家电视台，10多家电视剧制作单位、经营单位参加。电视周期间举办了为期两天的纪录片研讨会和历时3天的设备展示会与节目展示会。中央及各地电视台输出节目300小时左右，购入节目500小时以上，成交额50多万美元，北京电视台与境外达成多个合作交流意向。

5月17日

全国人大常委会委员长乔石参观天津广播电视塔。

同日

湖南广播电视信息台正式开播。该台所属的图文电视台和证券广播电台也同时开播。

5月18日

内蒙古经济电视台经过一年多的筹备顺利开播，发射功率1千瓦，信号可覆盖呼和浩特地区，播出《经济新闻》等自办节目90多分钟。

5月19日

广播电影电视部人事司召开协调会，研究部属技术机要处划归中央人民广播电台的问题。会上决定：机要处全建制划归中央电台，所承担任务不变，经费上给予必要支持。

同日

山东电视广告发展总公司在山东电视广告公司基础上组建成立。

同日

陕西广播电视大厦封顶。大厦位于西安南郊，高16层。

同日

国务院妇女儿童工作委员会研究决定，授予广播电影电视部张之路、唐熙明、梅灵芝“全国有突出贡献的少年儿童工作者”称号，颁发“热爱儿童”荣誉奖章，享受省部级劳模待遇。

同日

中国国际广播电台《收听外台快报》发行 2000 期。该刊自 1987 年 10 月 8 日创办以来，共刊登时政性消息约 1 万余条、750 余万字，受到中央领导和有关部门的普遍重视与好评。

5 月 20 日

丁关根、艾知生、徐惟诚等领导在中南海同中央电视台《焦点时刻》和《焦点访谈》栏目部分制片人、记者就如何进一步搞好“焦点”栏目进行座谈。丁关根等领导认为，《焦点时刻》《焦点访谈》栏目办得很有新意，既贯彻了中央宣传方针，也赢得了观众的喜爱。丁关根说，办好热点节目最重要的就是要有喉舌意识，要站在党和人民的立场上，以国家利益为重。“焦点”就是群众关心的、政府要做的、具有普遍意义的事情，关键是要选好题。他还就如何办好“焦点”栏目提出了指导性意见。

5 月 20 日～24 日

广播电影电视部在湖南省张家界市召开全国《广播电视教育》首届编委会工作会议。会议讨论了编委会的工作报告，审议通过了编委会《章程》和《广播电视教育通讯》工作条例等，并制定了刊物逐步向双月刊和公开发行过渡的发展规划。《广播电视教育》原名《广播电视中专》，1986 年创刊，1994 年改为现名。由广电部教育司主办。

5 月 23 日

中国延安精神研究会、中共陕西省委和中央电视台为纪念毛泽东《在延安文艺座谈会上的讲话》发表 52 周年，联合举办大型文艺晚会《大地深情》现场直播取得圆满成功。布赫、王首道、马文瑞、汪锋、伍修权、贺晋年、莫文骅、方强、荣高棠等一大批老领导、老同志和广播电影电视部部长孙家正、陕西省委书记白清才出席晚会。

同日

江苏省淮阴经济广播电台开播。

同日

山东电视台率先成为全国第一家 24 小时播出的卫视频道。

5 月 24 日

广播电影电视部部长孙家正看望中国国际广播电台工作人员。在谈到对外广播和对外电视工作时，孙家正指出：要充分发挥对外广播和电视的优势，进一步搞好对外宣传工作，努力把国际台办成在国际领域中占据重要地位的电台。

5月25日～27日

北京广播学院40周年校庆学术活动项目之一的国内首次新闻心理学研讨会在学院举行。

5月26日

’94首届上海广播节目交易会举行，全国50多家广播电台参加，成交节目2154小时，成交额近12万元。

5月27日

上海人民广播电台建台45周年。中共中央总书记江泽民题词：“发展广播事业，为建设有中国特色的社会主义服务。”中共中央政治局委员、上海市委书记吴邦国题词：“祝贺上海人民广播电台建台45周年。”

5月30日

南京有线电视台实行24小时全天播出。

5月30日～6月1日

中国广播电视国际经济技术总公司在江苏常州召开’94全国有线电视、有线广播系统设备展示订货会。

5月31日

国务院发文：任命杨伟光为广播电影电视部副部长；王枫不再担任广电部副部长职务。同月，中组部通知：同意杨伟光任广播电影电视部党组成员；王枫不再担任部党组成员职务。

6月1日

中央人民广播电台现场直播“六一”特别节目《在阳光下》。国家副主席荣毅仁题词：“做有理想、有道德、有文化、有纪律的一代新人。”中央电视台“六一”儿童节专题晚会《跨世纪的公民》播出。

同日

河南经济电视台正式开播，主要栏目有《经济大观》《今日信息》《财经快讯》等。

同日

天津儿童广播电台试播，播出频率为调频106.8兆赫，全天播音7小时13分钟。

6月4日

中共中央政治局委员、中宣部部长丁关根给中央电视台打电话，表扬6月3日晚《焦点访谈》播出的《远亲不如近邻》节目很好，它既提出了带有普遍性的社会问题，又坚持了正面报道。丁关根还说，今晚《新闻联播》播出的《北师大支教扫盲志愿者服务队在山西武乡》很好，报社也可发这一消息。报纸、广播、电视应相映成辉。

6 月 6 日

柬埔寨国王诺罗敦·西哈努克在结束对我国正式友好访问后，接受中国国际广播电台单独采访，并欣然为国际台题词："我谨向中国国际广播电台为帮助柬埔寨实现和平和重建这一崇高事业，为巩固和发展中华人民共和国和柬埔寨王国之间兄弟般的、永恒的伟大友谊作出的巨大贡献表示赞赏和最深切的谢意。"

同日

中国电视奖'93 电视社教节目评奖活动在武汉结束。28 家电视台送评 140 个节目，共有 100 个节目获奖。此外还认定了 15 个电教节目、25 个经济节目、12 个科技节目为获奖作品。

同日

河南省广播电视中心大厦落成典礼暨日本国政府无偿援助河南电视设备交接仪式在郑州举行。该工程投资 9000 万元，建筑面积 3.74 万平方米、占地 124 亩。投入使用后，能生产制作广播、电视节目各 4 套。

6 月 6 日～14 日

由中国广播电视学会主办、广西人民广播电台承办的中国广播奖'93 广播新闻奖和'93 广播社教奖评奖会在南宁举行。送评的 274 件作品中有 198 件获奖。此外，评委会还认定了中广学会所属对外、对台、对农研究委员会推荐的 52 件作品为获奖作品。

6 月 7 日

国家民族事务委员会、中宣部、中央统战部、文化部、广播电影电视部、新闻出版署、国务院宗教事务局联合下发《关于严禁在新闻出版和文艺作品中出现损害民族团结内容的通知》。

6 月 8 日

湖南电视台首次举行制片人评聘竞选演讲会，该台的 11 位青年编导对 5 个新栏目制片人位置进行了角逐。

6 月 10 日

中共中央总书记江泽民接受由广播电影电视部负责接待的日本广播协会《中国》系列节目的电视采访。

6 月 13 日

广播电影电视部任命尹廉钊为社会管理司副司长。

6 月 15 日

中共中央政治局委员、国务委员兼国务院住房制度改革领导小组组长李铁映接见电视专题片《居者有其屋》摄制组主创人员并接受采访。该片是一部以中国老百姓住房问题和我国住房制度改革为题材的系列片，由李铁映、侯捷、刘志峰担任顾问。李铁映为该片题写了片名。

6月18日

5：00，中央人民广播电台第七套节目华夏之声开播。播出频率为调频87.8兆赫、104.9兆赫，中波1215千赫。全天播音21个小时，采用“直播+主持人”的新方式，为港澳和珠江三角洲听众服务。开播之初有5个小时的自办节目，设《黄金通道》《华夏风情》《华夏温馨夜》3个栏目。

同日

内蒙古经济广播电台开播，发射功率1千瓦，每天直播10个小时新闻、音乐等节目。

同日

湖北经济电视台正式启用30千瓦发射机，将覆盖面由原来的武汉地区扩大到以武汉为中心，半径在90公里以内的广大地区，使黄石、咸宁、随州、孝感等地观众均能清晰地收看到该台的电视节目，武汉地区的接收质量也大为改观。

6月20日

山西图文电视正式开播。

同日

江西电视台在第二套节目中推出大型新闻板块杂志型专栏《晚间800》，节目构成有新闻、深度报道、百姓家常话、观众信箱等。每晚8点播出，节目长度20分钟。

6月22日～24日

广播电影电视部科技委主办的“广播电视系统计算机应用成果展览会”在北京举行。

6月23日

广播电影电视部科技司在北京主持召开“数字音频广播重大科技产业工程项目可行性论证报告”评审会。

6月24日

第二届中国广播评论奖在兰州揭晓。

6月24日～27日

《中国广播电视年鉴》第十届年会在内蒙古自治区海拉尔市召开。

6月25日

北京广播学院学位评定委员会讨论并通过4个新增硕士专业研究方向和9名研究生导师。4个专业研究方向是：广播电视经济学、新闻心理学、英语节目主持人、节目主持人。9名导师是：教授周鸿铎、蔡文美，副教授刘京林、哈艳秋、郭镇之、李兴国、姚喜双、韩宪柱、沈琴。

6 月 26 日

新疆维吾尔自治区石河子经济广播电台开播，并在石河子首办维吾尔语广播节目《民族团结桥》。

6 月 26 日～7 月 1 日

根据广播电影电视部与韩国广播公司签订的广播电视合作协定，以广电部外事司司长马元和为首席代表的广播电视代表团一行七人访问韩国，参加在汉城举行的中韩第二次广播电视合作会议。双方就 29 个议题进行了协商，对部分合作事项达成初步协议，并签署会议纪要。

同月

国务院总理李鹏为北京广播学院 40 年校庆题词："培养优秀人才，发展广播事业。"

同月

江苏省微波总站、江苏电视台发射台、江苏电视台微波组全部迁至王家山江苏广播电视发射传输总台。

同月

中央电视台文艺部录制的文艺专题片《大唐舞韵》《中国民族民间舞蹈》，在俄罗斯莫斯科举办的国际民间艺术"彩虹"电视节上荣获国际民间艺术"彩虹奖"。

7 月 1 日

党和国家领导人江泽民、乔石、朱镕基、刘华清、胡锦涛、丁关根、布赫、铁木尔·达瓦买提、迟浩田、洪学智、杨汝岱、邓兆祥，以及王首道、李德生、张劲夫、段君毅、马文瑞等老同志，在中南海怀仁堂观看中央电视台"庆祝'七一'第六届全国青年歌手电视大奖赛专业组获奖歌手汇报演出"。演出结束后，江泽民等走上舞台，同演员握手，祝贺演出成功并合影留念。

同日

中央人民广播电台决定自本日起，新闻节目中原"本台记者 ××× 报道"的称谓，改称为"中央台记者 ××× 报道"，原"本台消息"改称为"中央台消息"。各专题节目也根据上述规定相应调整。

同日

江苏金陵之声广播电台中波开播。

同日

江西电视台正式实施《定额（目标）管理试行办法》，对节目生产部门的编辑、记者、播音员和技术人员的工作任务进行量化，实行定额管理，其他部门的工作人员明确职责范围，实行目标管理。

同日

乌鲁木齐人民广播电台维吾尔语广播实现直播。

7月2日

江苏省南京有线电视台正式成立。12月该台开通20万户。

7月8日

广播电影电视部制定并发布施行《广播电影电视消防安全管理规定》和《广播电影电视保卫工作暂行规定》。

7月9日

中央电视台现场直播《精神文明建设“五个一工程”文艺晚会》。中共中央政治局委员、中宣部部长丁关根提前到场看望演职人员。全国人大常委会副委员长程思远、王光英以及中央宣传思想领导小组成员，中宣部、广播电影电视部领导，文艺界老艺术家代表，“五个一工程”获奖人员和各省（区、市）委宣传部领导到会观看演出。在1993年“五个一工程”奖评选中，《十三世达赖喇嘛》等15部戏剧作品、《大进攻序曲》《北京人在纽约》《情满珠江》等27部电视剧（片）、《凤凰琴》等8部电影、《中华五千年美德丛书》等20本图书和《论毛泽东的现代化观》等20篇理论文章获奖。

7月12日～13日

经广播电影电视部批准，北京广播学院董事会成立大会暨首届董事会第一次会议在该学院举行。中央宣传思想工作领导小组副组长、北广董事会名誉董事长艾知生，广电部副部长、北广董事会董事长何栋材等出席会议。艾知生在讲话中强调，广院董事会的成立，对于办好广院，为21世纪培养更多更好的广播电视专业人才，建设具有中国特色社会主义广播电视事业都有至关重要的意义。他希望各董事单位有钱出钱，有力出力，共同努力办好广播学院。会议讨论通过了《北京广播学院董事会章程》修改稿；通过了副董事长和秘书长人选。中央人民广播电台、中国国际广播电台、中央电视台与广院签署了关于将中央三台奖学（教）金数额由每年5万元提高到15万元的协议书。

7月14日

辽宁省锦州市有线电视台记者杨晔，在拍摄抗洪抢险新闻时不幸被洪水卷走，以身殉职。8月14日，辽宁省人民政府批准其为革命烈士。8月15日，中共辽宁省委追认其为共产党员。10月17日，中华全国新闻工作者协会授予其“忠于职守英勇献身的优秀新闻工作者”称号。

7月18日

天津市有线电视台试播，播出18套节目，其中自办节目两套，综合频道每天平均播出 5.5 个小时。

7 月 19 日

广播电影电视部部长孙家正会见以色列驻华大使本·亚可夫，就两国广播影视领域的交流进行友好交谈。

7 月 19 日～31 日

广播电影电视部副部长兼中央电视台台长杨伟光率领中央电视台代表团一行四人，先后访问埃及和毛里求斯。埃及新闻部长萨夫瓦特·谢力夫、毛里求斯总统卡萨姆·乌蒂姆分别会见代表团。代表团与埃及、毛里求斯两家电视台分别举行业务会谈，就举办“中国电视周”、节目交易和人员交流达成协议。

7 月 21 日

根据广播电影电视部文件精神，贵州省机构编制委员会批复同意建立贵州经济广播电台。该台于 11 月 18 日正式开播。

同日

国务院总理李鹏会见电视音乐专题片《大亚湾，灿烂的阳光》剧组成员，并听取中央电视台的汇报。

同日

广播电影电视部任命陈宇锴为教育司副司长。

7 月 22 日

广播电影电视部发布《有线电视网络采用加解扰技术的暂行规定》。

7 月 24 日

中央电视台国产动画片栏目《动画城》正式开播。设有《放映厅》《回音阁》《足迹台》《信息屋》《娱乐园》和《连锁店》等小栏目。

7 月 25 日～8 月 1 日

中国广播电视学会主持人节目研究委员会与山东人民广播电台在青岛市联合召开全国广播电视节目主持人研讨会。

7 月 25 日～8 月 5 日

广播电影电视部副部长何栋材率中国广播电视技术代表团一行六人访问美国达拉斯、华盛顿、丹佛、昆西和洛杉矶。代表团与美方签订购买与合作生产短波广播发射机合同，并签订合作生产调频发射机和天线的意向书。

7 月 26 日

国家标准“PAL-D 制电视广播技术规范”审查会在北京召开。

7 月 27 日～8 月 2 日

全国广播电视中专学校改革与发展工作会议在辽宁省广播电视学校召开，来自全国 21 所广播电视学校的代表和有关方面负责人出席会议。本次会议的主要议题是传达贯彻国家教委召开的“全国普通中等专业教育改革与发展工作会议”精神，研究探讨广播电视中专学校改革与发展的新思路。

7 月 29 日

广播电影电视部正式下文批准筹建陕西有线电视台。8 月 28 日，该台试播成功，除转播八套节目外，自办陕西有线电视影视台。

7 月 29 日～31 日

中国广播电视学会电视学研究委员会在兰州召开第二届代表大会，会议选举产生该研委会第二届领导机构，杨伟光当选为会长。

7 月 30 日

“第四届中国新闻奖”评选结果在长春市揭晓，160 件作品获奖。广播电视部分共有 68 件作品获奖。《莫斯科流血事件连续报道》（中国国际广播电台）获广播消息类一等奖；《拜金主义要不得》（中央人民广播电台）获广播评论类一等奖；《人民崇尚这颗星》（中央电台）、《南街情》（河南获嘉县广播站）、《挖墙脚的人们》（北京人民广播电台）获广播专题类一等奖；《牡丹集团厂庆新办》（中央电视台）、《邓小平同志和上海各界人士共度新春佳节》（上海电视台）获电视消息类一等奖；《农民要减轻自身负担》（山西电视台）获电视评论类一等奖。本届中国新闻奖颁奖大会于 12 月 21 日在北京中华全国新闻工作者协会新闻发布厅举行。

8 月 1 日

广播电影电视部下发《关于在广播影视系统学习和贯彻落实〈国务院关于加强知识产权保护工作的决定〉的通知》。

同日

为纪念甲午战争 100 周年，中央人民广播电台对台广播《现代国防》节目开始播出 30 集大型系列报道《甲午百年看海防》。

同日

为配合第二次全国民族团结进步表彰大会的召开，中央人民广播电台民族广播部推出大型系列报道《民族团结进步之声》。中国华艺广播公司与国家民族事务委员会联合推出 85 集大型系列报道《中国少数民族地区纪行》。

8 月 2 日

远南运动会组委会主席邓朴方、副主席张百发，国家体委副主任徐寅生，广播电影电视部副部长刘习良，泰国正大集团董事长谢国民、总裁谢中民等到中央电视台，参加《正大综艺》远南运动会特别节目的录像。正大集团向中国残疾人联合会和远南运动会组委会各捐款 150 万元人民币。邓朴方对中央电视台积极报道我国残疾人事业和远南运动会表示感谢。

8 月 3 日～ 15 日

第十四届全国电视剧“飞天奖”终评会在北京举行。本届参评的电视剧共 138 部 820 集，共有 53 部 405 集优秀电视剧获奖。《一个医生的故事》获短篇电视剧一等奖，《豫东之战》获中篇连续剧一等奖，《大潮汐》《情满珠江》获长篇连续剧一等奖，《只要你过得比我好》获长篇少儿题材电视剧一等奖，《嗨，中学生》（二）获短篇少儿题材电视剧一等奖，《钟馗》（河北梆子）获长篇戏曲电视剧一等奖，《大上海出租车》获短剧一等奖。11 月 8 日～ 10 日，本届“飞天奖”研讨暨颁奖活动在南京举行。

8 月 5 日～ 9 日

全国经济广播电台改革研讨会在乌鲁木齐市召开。来自全国 28 家经济电台的负责人及广播电影电视部的专家、北京广播学院的领导参加会议，新疆维吾尔自治区政协副主席、广播电视厅厅长沙明，自治区党委宣传部长李康宁出席会议并讲话。研讨会由新疆天山经济广播电台承办。

8 月 8 日

广播电影电视部部长孙家正视察江苏南京广播电视塔。

8 月 8 日～ 10 日

中国国际有线电视技术与设备展览会在北京国际贸易中心展览馆举行。

8 月 10 日

中国广播电视学会小说连播研究委员会组织的全国省级广播电台“西夏杯”《小说连续广播》节目评选揭晓。

8 月 10 日～ 13 日

受广播电影电视部党组委托，由中央人民广播电台牵头的第二届全国省级广播电台台长会议在上海举行。中央电台及全国 38 家广播电台的台长、技术副台长、总工程师、有关负责人及广电部办公厅、总编室、社会管理司的负责人和有关人员共计 80 余人参加会议。上海市委常委、宣传部长金炳华，上海市副市长龚学平出席会议并讲话。广电部部长孙家正出席会议并作题为《坚持正确舆论导向，努力促进广播事业的发展》的讲话。肯定了近年来各级广播电台在宣传工作中所取得的成绩。同时指出，广播目前确实面临着其他传媒的挑战。在新形势下，对广播的功能和优势应有一个再认识。他就广播面临的不断改革、繁荣和发展的问题谈了意见。广电部副部长、中央电台台长同向荣结合孙家正的讲话谈了体会。会议围绕年初召开的全国宣传思想工作会议精神，着重研究了如何发挥全国广播电台系统的整体优势，加强中央电台同地方电台的联系与合作，并尽快实现中央与地方新闻信息的联网等议题。大会决定今后全国省级广播电台台长会议仍每两年召开一次，如有特殊需要可随时召开。

8月12日

广播电影电视部设计院天线设计研究所副所长周国材被建设部授予“广播电视工程设计大师”称号。

8月13日

为庆祝中华人民共和国成立45周年，中央电视台与人民日报社、中国国际战略研究基金会、中国科普作家研究会、中国人民解放军总参动员部、解放军总政群工部等全国71个单位共同举办的“全国国防知识竞赛电视决赛”在中央电视台举行。国务委员、中央军委委员、国防部长迟浩田上将，中央军委委员、解放军总政治部主任于永波上将等领导观看决赛，并为获奖单位颁奖。

8月15日

中央人民广播电台台播部举行茶话会，纪念对台广播开播40周年。百余名新、老对台广播工作者参加茶话会。经过40年的发展，中央电台对台广播已有两套节目，编播业务人员近百名，使用普通话、闽南话、客家话播音，每天累计播音37小时45分钟。

同日

美国洛杉矶KMAX电台正式播出中国国际广播电台华语部制作传递的一小时普通话节目。这套节目除新闻外，还包括《时事报道》《茶余饭后》《家乡信息》《祝您健康》和《评书连播》等专题节目。

8月16日

江苏省镇江人民广播电台文艺台正式开播。

8月18日

中央人民广播电台《新闻和报纸摘要》节目中的《介绍地方台播出的部分内容》专栏开播，随后在《各地人民广播电台联播》节目中开辟《来自地方台的报道》专栏。中央电台与地方电台的合作进入一个新阶段。

同日

内蒙古信息广播电台开播。

同日

中央电视台与甘肃电视台联合现场直播第四届中国艺术节开幕式《黄河潮》盛况。

8月19日

1993年度全国海外电视节目评奖活动在哈尔滨揭晓。中央电视台海外中心和全国各地 44 家电视台选送的 175 个对外节目参加观摩和评选，其中 96 个节目获奖。10 月 18 日 ~ 20 日，'93 年度全国海外电视获奖节目颁奖暨研讨会在太原举行，广播电影电视部副部长刘习良作题为《我国电视对外宣传必须有个大发展》的讲话。

8 月 20 日

广播电影电视部和中国残疾人联合会在中央电视台联合举办“迎远南残疾人运动会中外影视展播”新闻发布会，中宣部副部长刘云山、广电部副部长兼中央电视台台长杨伟光、中国残联主席邓朴方及广电部、中国残联、中央电视台和首都 30 多家新闻单位的有关人员出席。自本日起至 9 月 3 日，中央电视台及地方电视台将联合举办残疾人题材中外优秀影视片展播活动。

8 月 20 日 ~ 24 日

中国国际电视总公司在太原召开首次全国有线电视供片工作会议，全国各省（区、市）50 多家有线电视台的代表参加会议，广播电影电视部社会管理司司长郭宝新到会并讲话。

8 月 22 日

国务院副总理李岚清在中宣部召开的有关教育宣传工作的新闻单位通气会上说：中央电视台开辟的《中华学人》栏目、中学生栏目《第二起跑线》《大学生辩论会》《大学生之夜晚会》等节目都不错，各方面评价很高，对教育宣传工作起了很大作用。李岚清感谢新闻单位对教育宣传工作的支持。

8 月 23 日

湖南省广播电视厅创办《声屏信息报》，4 开 4 版。

8 月 24 日

中央人民广播电台少儿部副主任易杏英被中国福利会授予“第七届中国福利会妇幼事业樟树奖”。

同日

沈阳人民广播电台文艺台开播，发射功率 10 千瓦，频率 92.1 兆赫，每天播出 13 个小时。

8 月 25 日

《音像制品管理条例》（国务院令第 165 号）发布，共 7 章 40 条，1994 年 10 月 1 日起施行。10 月 12 日，广播电影电视部下发《关于认真贯彻国务院〈音像制品管理条例〉的通知》。

同日

由中央电视台与文化部振兴京剧指导委员会、中央人民广播电台、中国京剧艺术基金会联合举办、《中国京剧》杂志社协办的《梅兰芳金奖大赛》（净、丑、老旦组）

决赛在中央电视台大演播室举行，并向全国现场直播比赛实况。

同日

山东省广播电视厅对所属的山东人民广播电台、山东电视台等所有事业单位全面实行干部聘任聘用制。

8月26日

中共中央政治局委员、中宣部部长丁关根在中南海召开如何办好'95春节联欢晚会座谈会。中宣部副部长、文化部部长刘忠德，广播电影电视部部长孙家正、副部长杨伟光，中宣部文艺局局长李准，中央电视台副台长赵化勇以及著名文艺节目编导、节目主持人参加座谈。

8月29日

广播电影电视部部长孙家正视察吉林省广播电视系统，强调要适应形势，发展优势，走向新阶段，创一流水平。

同日

北京有线电视台对节目频道进行调整。调整后的频道为：十七频道为经济信息频道（包括音乐、体育、教育节目）；二十四频道为影视频道；二十四副二频道转播四川电视台节目；二十四副四频道转播云贵电视台节目；二十五频道转播山东电视台节目；二十九频道转播中央电视台第四套节目；三十一频道转播浙江电视台节目。

同日

天津人民广播电台教育台恢复播出，播出频率为中波567千赫，全天播音八个小时。

同日

广东人民广播电台少年儿童专业台——广东教育二台利用调频103.6兆赫副讯道试播音，10月8日正式开播。

8月31日

中国国际广播电台与杭州西泠集团公司联合举办的"西泠杯·中国西藏知识竞赛"活动圆满结束。本次知识竞赛活动从3月开始，共收到五大洲105个国家和地区的答卷237270份。3名听众获特等奖，另有4000人获一、二、三等奖。9月19日，颁奖仪式在北京钓鱼台国宾馆举行。全国政协副主席阿沛·阿旺晋美、西藏自治区党委副书记丹增、国务院新闻办公室副主任李源潮、广播电影电视部副部长刘习良、国家民委副主任李晋有、国务院新闻办公室三局局长金晖、西泠集团总经理张平等参加颁奖仪式。

同月

安徽省撤嘉山县设明光市，县电视台更名为明光电视台。

9 月 1 日

青海电视台举行藏语电视播出 10 周年庆祝晚会。

9 月 1 日～ 4 日

全国广播电视系统纪检监察工作会议在北京召开。中央纪律检查委员会常委、监察部副部长李至伦，广播电影电视部党组副书记、副部长田聪明到会讲话。中纪委驻广电部纪律检查组组长李范笑代表驻部纪检组监察局作题为《深入持久 更有成效地开展反腐败斗争》的报告。

9 月 2 日

湖南卫星广播电视上行站落成。

9 月 2 日～ 4 日

广播电影电视部部长孙家正到黑龙江省视察广播电视工作。他在省广播电视厅听取工作汇报时指出：广播电视工作“宣传是中心，事业是基础，管理是关键”，必须“强化舆论导向，优化节目质量，推进事业建设，扩大视听覆盖”。

9 月 3 日～ 23 日

第五届全国少数民族题材电视艺术“骏马奖”评奖活动在成都举行。本次评奖活动收到来自全国 21 个省（区、市）和中央电视台共 85 家单位的 146 部、491 集电视片。在电视单本剧、连续剧、译制片等 7 个大类中，共评出各类获奖节目 84 个。

9 月 4 日～ 10 日

第六届远南运动会在北京举行，中央人民广播电台、中国国际广播电台、中央电视台对赛事进行了充分报道。中央电台新闻节目和对台湾广播以及对港澳地区广播共播发新闻 90 条，专稿 50 多篇。国际台国内新闻中心共发新闻 19 条、专稿 9 篇。

9 月 5 日

陕西省第八届人大常委会第八次会议通过《陕西省文化市场管理条例》。条例规定：广播电视行政主管部门负责文化系统以外的音像制品经营和播映的管理。

同日

世界高塔协会批准天津市广播电视局广播电视塔管理中心正式成为世界高塔协会会员。该协会为国际民间组织，成立于 1989 年。

9 月 6 日

广播电影电视部副部长、中央人民广播电台台长同向荣主持召开部主任、支部书记会议。部人事司领导宣读关于中央人民广播电台领导班子及增补中央电台机关党委书记、副书记的任免通知：1. 任命李天德、王燕春、胡占凡为中央电台副台长；2. 安景林为台机关党委书记、王汝峰为台机关党委专职副书记；3. 张熙裕为台分党组纪检组组长；4. 王燕春、胡占凡、王汝峰、张熙裕为台分党组成员；5. 张忠贵为台副司局职调研员。

9月7日

北京广播学院创办40周年庆祝大会举行。大会宣读了国家领导人江泽民、李鹏、李岚清、李铁映为广播学院40周年校庆的题词。学院党委书记兼院长刘继南发表讲话。数千名来自首都和全国各地的校友返回母校参加校庆活动。与此同时，该学院还举行了为期两天的广播电视人才培养国际学术研讨会，举办了校史展览和广播电视设备展示等活动。

同日

中共中央政治局委员、中宣部部长丁关根，中宣部副部长刘云山在内蒙古自治区党委副书记王占、党委宣传部长乌云其木格的陪同下，分别视察了内蒙古广播电台播出机房、播控室、演播厅和电视台蒙古语、汉语新闻部及微波电视会议厅。

同日

根据广播电影电视部意见，广东省编委批复同意成立羊城交通广播电台，核定事业编制45名，所需经费自行解决。

9月9日

中国文化扶贫委员会和广播电影电视部在中央电视台举行向全国100个贫困县赠送100套百部爱国主义教育影视片录像带仪式。中宣部、中国文化扶贫委员会、广电部、国务院扶贫开发领导小组、文化部的领导徐惟诚、杨雍哲、田聪明、杨伟光等出席仪式。

9月13日

广播电影电视部任命刘宝顺为保卫司司长。

同日

广播电影电视部任命谷方海为离退休干部局副局长。

9月14日

中国教育电视协会成立。

9月15日

根据《中华人民共和国无线电管理条例》和国务院批准的广播电影电视部职责，广电部印发《中华人民共和国广播电视频率执照管理暂行规定》，共14条。

同日

《北京广播学院学报》更名为《现代传播——北京广播学院学报》。

9月15日～18日

第八届“星光奖”颁奖、研讨会暨1994年全国电视文艺座谈会在北京京西宾馆举行。广播电影电视部部长孙家正，副部长刘习良、杨伟光等出席会议。孙家正在讲话中充分肯定了“星光奖”自创设以来，在推动我国电视艺术创作的繁荣和发展方面起到的良好导向作用，同时，对本届获奖作品给予较高评价。刘习良以《首要任务是提高电视文艺节目的质量》为题发表讲话。杨伟光作题为《加强系统合作、进一步繁荣中国电视文艺》的讲话。本届“星光奖”终评会于 7 月 8 日 ~ 18 日在北京举行，全国 44 家电视台选送的 195 个节目参加评选，共有 62 个优秀节目获奖。

9 月 16 日

中共中央政治局委员、国务委员李铁映在广播电影电视部副部长杨伟光和保定地委副书记、涿州市委书记杨新世陪同下，视察中央电视台涿州拍摄基地。

9 月 18 日

广东人民广播电台珠江股市台的“潮信证券直播室”正式开播，成为内地第一家证券行情户外直播室。

9 月 20 日 ~ 22 日

中国广播电视学会少数民族广播电视研究会第一次单位会员代表大会暨第一届理事会议在乌鲁木齐市召开。会议选举产生第一届理事会领导机构，沙明当选为会长。

9 月 20 日 ~ 24 日

由江西人民广播电台承办的’94 全国广播电台记者工作经验交流会在庐山召开，来自 25 家省（区、市）广播电台的台长、记者部主任、总编室主任、驻站记者及有关人员 80 多人参会。省级广播电台的驻地记者如何加强管理，如何进一步加强这支队伍的建设是本次会议的主要议题。会议提出要加强广播记者的职业道德教育，抓好跨世纪记者队伍的思想建设、业务建设和作风建设，尤其要抓好敬业精神的教育。会议收到业务论文，经验交流材料近 30 份。

9 月 22 日 ~ 24 日

由全国广播电视学刊研究会和江西《声屏世界》月刊联合举办的“声屏世界杯·’94 全国广播电视学刊优秀论文评选”揭晓。全国广播电视系统 39 家刊物共 81 篇论文参评，7 篇获一等奖。

9 月 27 日

国家副主席荣毅仁在北京接受中央人民广播电台华夏之声记者和香港《文汇报》记者联合采访，就这两家媒体于 10 月 5 日共同开办《香港基本法专题》，重点阐述了宣传基本法的意义。

同日

河南省安阳市委、市政府下达文件，决定撤销安阳市文化广播事业管理局，建立安阳市文化局、安阳市广播电视局。

同日

贵州省广播电视厅下发《贵州省广播电视厅科学技术进步奖奖励办法》《贵州省广播电视厅贯彻〈广播电影电视部合理化建议和技术改进奖励办法〉的实施细则》和《贵州省广播电视厅科技论文评奖办法（试行）》。

9月27日~10月1日

国务院在北京召开第二届全国民族团结进步表彰大会，广播电影电视部中国电影发行放映输出输入公司、中央人民广播电台、中央电视台《神州风采》栏目组获"全国民族团结进步模范单位"称号；何宗就（中央电视台台长助理兼技管办主任）、甘珠尔扎布（中国国际广播电台蒙古语播音员）、张小平（中央人民广播电台民族部副主任）、刘静（中央电视台新闻采访部编辑）获"全国民族团结进步模范个人"称号。

9月28日

由中央电视台投资拍摄并播出的《中国民族歌曲经典》音乐电视系列，已由中国唱片总公司广州公司制作成大型系列音像制品，国庆前夕开始投放市场。为此，中央电视台《东方时空》栏目和中国唱片总公司广州公司举行了首发式。

同日

湖南广播电视中心工程破土动工，11月28日举行奠基仪式。

10月1日

中央人民广播电台对第一、第二、第三套节目进行大幅度调整。第一套节目推出《新闻纵横》和《九州巡礼》等新闻性节目，并实行全天每到整点有新闻。《新闻纵横》旨在配合《新闻和报纸摘要》《各地人民广播电台联播》节目对重要新闻事件、社会热点进行深度拓展和延伸报道。开辟《今日观察》《新闻万花筒》《公民档案》《热线追踪》《警方热线》《国际风云》《权威论坛》《一周要闻回顾》等栏目。每天早7点在第一套节目首播，晚7点在第一套节目重播，每次20分钟。《九州巡礼》以采用地方台稿件为主，报道地方新闻，反映各地变化，介绍各地风情，集纳百家之言。节目突出思想性、知识性、趣味性，加强针对性。设有《各地快讯》《最新报道》《一事一议》《公仆话筒》《百姓心里话》等栏目。每天播出一期，重播一次，每次15分钟。第二套节目开始采用直播方式。开办一个以报道国际政治、经济为主的节目《全球瞭望》，设有《热点追踪》《专家访谈》《海外商情》等栏目。全新的证券节目《证券广播网》开播，时长30分钟。第三套音乐广播节目新开办融中外音乐节目于一体的大板块《音乐大世界》。在第一套节目22：45至次日凌晨1：30播出。

同日

中华人民共和国成立45周年，中央电视台在世界各地同时举办"中国电视周"，共有 127 个国家和地区的 150 家电视台参加。“中国电视周”节目被译成英、法、俄、德、西班牙、葡萄牙、阿拉伯、塞尔维亚、波斯 9 种语言。台湾无线卫星电视台（TVBS）全部播出电视周的节目。

同日

四川人民广播电台民族广播电台试播，呼号为“四川人民广播电台金桥之声台”（沿用至 2002 年）。该台全天播出时间 17 小时 30 分钟（6：30 至次日凌晨 0：00）；节目语言包括藏语（含康巴语和安多语）、彝语、汉语普通话；节目布局与构成为四类板块：藏语节目板块、彝语节目板块、汉语普通话板块和综合文艺板块及其他单元节目。1995 年 10 月 1 日正式开播。

同日

黑龙江电视台第一套节目每天播出时间由原来的 8 个小时增加到 17 个小时。

同日

江西电视台第一套节目增加播出时间，由 5.5 个小时增加到 15 个小时。新的播出时间是每天 8：30 开始至 23：30 结束。

同日

青岛有线电视台正式开播，并新增开体育和音乐两套自办电视节目。

同日

安徽经济广播电台与安徽省歌舞团联合在铁四局礼堂举办“现场直播国庆交响音乐会”。

10 月 2 日

中央人民广播电台为加强听众工作，扩大与全国听众联系而特别设置的专题节目《听众与广播》开始播出。节目内容汇集听众反馈，反映听众呼声，介绍广播知识，提供信息服务。该节目 1995 年 9 月 24 日前每周播出一次，每次 20 分钟。9 月 29 日后每周播出两次。

10 月 2 日～16 日

第十二届亚运会在日本广岛举行。中央人民广播电台不但在新闻节目和专题节目中给予充分报道，还制作播出 4 次亚运直播节目。中国国际广播电台 8 人记者组共发稿 164 篇（条）。中央电视台派出 53 人的报道队伍，在广岛亚运会国际电视中心设立自己单独的播出制作中心，租用一条单独的卫星通道播出节目。此举改变了过去报道中心都由香港电视工程人员组建、中央电视台的技术人员只是使用其中的一部分的局面。

10 月 3 日

四川电视台节目通过卫星播出。

同日

贵州人民广播电台第二套节目推出主持人直播板块节目，并开设热线电话。

10月5日

青海电视台推出国际交流电视节目专栏《洲际大观》。

10月6日

安徽广播电视中心主楼建成，省委书记卢荣景、省长傅锡寿等省党政军领导出席落成典礼。该工程获我国建筑行业质量评比最高奖“鲁班奖”，是安徽近几年获此殊荣的唯一项目。厅机关、安徽电视台、安徽人民广播电台先后整体搬进该中心。

同日

广西卫星广播电视上行站建成。

10月8日

广播电影电视部《广播电影电视保卫工作暂行规定》发布施行，共8章32条。

同日

《关于设立广播电影电视部教育基金的决定》发布：根据《中国教育改革和发展纲要》中关于改革和完善教育投资体制，多渠道筹措教育经费的精神，部党组决定，设立广播电影电视部教育基金。基金每年从部属单位的广告收入中（扣除成本）按2%的比例征收，以此保证教育经费有稳定的来源。

同日

河南电视台晚会性戏曲栏目《梨园春》第1期播出。

同日

四川人民广播电台音乐频率（岷江音乐）开播。

10月上旬

经河南省委、省政府研究决定，王明贵任省广播电视厅党组成员、副厅长，免去其河南电视台台长职务。王南方离职休养，不再担任党组成员、副厅长职务。姚嘉任省厅党组成员、河南电视台台长。

10月11日~16日

第14次全国理论广播研讨会在贵阳市召开。

10月12日~14日

中央电视台主办的全国首届电视公益广告研讨会在山东曲阜召开，全国近20家电视台的代表和企业界人士共60多人参加。

10月16日

中共中央政治局常委胡锦涛视察上海东方明珠广播电视塔。

10 月 17 日

广播电影电视部发文：根据国务院批准我部的“三定”方案，办公厅与法规司合署办公，一个机构、两个牌子。办公厅（法规司）设六个处（室），行政编制 70 名（负责原部领导秘书工作的人员编制另定）。王日文任办公厅主任、法规司司长；李志荣、邹新炎、才华任办公厅副主任、法规司副司长。

同日

中央电视台开播《粤语新闻》栏目，为《中国中央电视台新闻》的粤方言版，其对象是港澳和海内外讲粤方言的几千万观众，每日第四套节目 22：00 播出，每次 20 分钟。

同日

胡文良任中共天津市广播电视局委员会书记。

10 月 18 日

云南电视台与日本名古屋中京电视台在昆明举行建立友好关系五周年庆祝活动，并续签友好协议书。

10 月 21 日

由中央人民广播电台、国家语言文字工作委员会、全国各省级人民广播电台和安徽巢湖柴油机厂联合举办的第三届全国普通话广播大赛圆满结束。北京人民广播电台等 25 个省级电台和语言文字机构获大赛组织奖。10 名选手分获一、二、三等奖和优秀奖。全国人大常委会副委员长王光英、广播电影电视部部长孙家正、国家语言文字工作委员会主任许嘉璐、广电部副部长兼中央人民广播电台台长同向荣等向获奖者颁奖。

10 月 22 日 ~ 24 日

厦门市举办“首届厦门友好城市电视艺术周”。应邀参加本次活动的海内外来宾、新闻记者近 500 人，国内外 23 个友好城市派出代表团。50 多部电视专题片、文艺片和电视剧参展。艺术周期间还举行了电视学术研讨会，开展了“东南西北看厦门——鹭岛一日”电视摄制活动。

10 月 22 日 ~ 24 日

全国音像资料馆协作会’94 年会暨上海音像资料馆 10 周年庆祝活动在上海举行。

10 月 23 日

南宁 - 河池广播电视微波电路开通正式运行。这是广西传送广播电视节目信号到桂西北的主干线，全长 216 公里，可正传两套彩色电视、六套广播节日信号，返传一套彩色电视、三套广播节目信号及一路业务电话。

10月24日～27日

经中央对外宣传办公室同意，由广播电影电视部委托中国国际广播电台举办的首届全国广播对外宣传协作会议在北京召开。全国各省、自治区、直辖市和计划单列市外宣办，广播电视厅（局）、台及国际台的100多名代表出席会议。会议的中心议题是落实年初全国对外宣传工作会议和全国广播影视宣传工作会议精神，根据“广播电视并重、内宣外宣并举、发挥系统优势”的指导思想，探讨建立以国际台为龙头，以各省（区、市）电台为依托的广播大外宣的网络和措施，以把我国广播对外宣传工作推上一个新台阶。广电部部长孙家正，副部长同向荣、刘习良，中央对外宣传办公室副主任李源潮、中国对外文化交流协会会长朱穆之、全国政协华侨事务委员会副主任马庆雄等到会并讲话。会议作出以下几项决定：一、在省（区、市）电台建立一个专门从事广播外宣的国际部（对外部）；二、每年进行一次对外广播节目的评奖，由广电部和中央外宣办主办，国际台（组织专家）承办，奖级为政府奖；三、每年的颁奖活动主要请各台国际部有关人员和获奖者出席，会议期间开展讲评和研讨活动，由各厅（台）轮流承办。

10月24日～28日

全国广播影视知识产权法律培训班在兰州开办。

10月26日

吉林省广播电视塔动工兴建。该塔建成后，可发射六套电视节目和八套调频立体声广播节目，可保证长春市广播电视节目的有效覆盖。

同日

江苏省苏州人民广播电台实行全天播音。

10月26日～11月4日

“亚广联”第三十一届大会及有关会议在日本东京召开，广播电影电视部副部长刘习良率中国广播电视代表团参加会议。中央人民广播电台制作的音乐节目《古诗新韵——介绍民乐室内乐（春夜洛城闻笛）》获“亚广联广播娱乐节目奖”。中央电视台与河北电影制片厂联合录制的电视剧《远山姐弟》获“亚广联电视娱乐节目奖”，同时获得“亚广联京都奖”，该奖是为庆祝“亚广联”成立30周年而特别设立的。

10月27日

广播电影电视部决定，成立广播电影电视部监测实验中心，为部直属事业单位。任命刘忠良为监测实验中心主任。

10月28日

中央人民广播电台举办’94全国广播新歌评选获奖作品音乐会。本届评选活动从39家广播电台推选的178首新歌中评出金、银奖各10首，铜奖23首。

同日

上海东方广播电台和上海有线电视台合作创办的国内第一家专业音乐电视台——上海有线音乐台开播。

同日

江苏南京广播电视塔被正式命名为“紫金塔”。

同日

青海省广播电视卫星地球站建成。

10 月 29 日～ 11 月 3 日

全国经济电视台业务交流研讨会在乌鲁木齐召开。

10 月 31 日～ 11 月 4 日

北京电视台在北京主办全国青少年电视工作研讨会，全国近 30 家电视台代表参加。其间，代表们观看了各电视台的 50 多部少儿专栏、专题和少儿文艺晚会节目，并进行了优秀节目评比活动。

同月

第二届范长江新闻奖评选揭晓，广播电视系统获奖者：魏斌（中央电视台）、刘振英（中央人民广播电台）、阿不力孜·阿不都热依木（新疆人民广播电台）、邬志豪（上海电视台）。丁邦英（中国国际广播电台）等获提名奖。

同月

中央人民广播电台与美国、新加坡、马来西亚、澳大利亚和澳门、台湾地区华语台联合制作的《全球华语节目荟萃》在中央电台第二套节目中播出。

同月

经国家工商行政管理局同意，中央电视台广告部将 1995 年《新闻联播》和《天气预报》的标牌广告进行招标，有 22 家企业和广告公司中标。

同月

江苏省徐州电视台第二套节目正式开播。

11 月 1 日

中国华艺广播公司与国家计委、天津市、河北省、辽宁省、山东省联合推出 60 集系列专题报道《金色渤海湾》。

11 月 2 日

云南经济广播电台正式播出。该台隶属云南人民广播电台，以经济宣传为主，频率为中波 1242 千赫，每天播出 12 小时 40 分钟。

11 月 3 日～ 18 日

以广播电影电视部副部长同向荣为团长的中国广播电视代表团一行六人访问科

威特和塞浦路斯，与科威特新闻代表团举行会谈，双方一致同意延长1992年两国签订的中科广播电视合作备忘录。在塞浦路斯，双方共同签署《中塞两国广播电视合作协议书》。

11月4日

安徽省六安经济电台设立，呼号为“六安经济广播电台”。

11月7日

中国国际广播电台、中央电视台与墨西哥特莱维萨电视台关于中方用西班牙语向墨方传送电视新闻的协议在北京续签。广播电影电视部部长孙家正出席签字仪式。特莱维萨电视公司副总裁巴洛索、中国国际广播电台台长张振华、中央电视台副台长张长明在协议上签字。自两年前中墨双方签订合作协议以来，中方已向该台传送、寄送带画面的电视新闻700多条。

11月10日

经国务院批准、国家工商行政管理局重新注册，中央电视台中视电视节目代理公司改名为中国电视节目代理公司。

11月12日～17日

第五届上海电视节举行，来自39个国家和地区的580余家电视台、电视公司、电影公司、广告公司、传播公司、设备制造公司、演出团体的2000多名中外来宾参加本届电视节。本届电视节举办了四项主体活动，即“白玉兰”奖国际电视节目评选、国际电视节目市场、国际电视学术交流活动和国际广播电视设备展览会。节目交易成交2000小时，交易额达300万美元；设备展览接待来宾3.1万人次，共成交金额850万美元，意向性协议金额380万美元。

11月12日～17日

中国广播电视学会第二届常务理事会第四次会议在上海召开。广播电影电视部部长孙家正出席会议并讲话。会议通过“关于调整、增补常务理事的决定”和《中国广播电视学会关于会费、管理费的规定》，同意《中国广播电视学刊》组成新的编委会。

11月18日

中国国际广播电台驻日内瓦记者站正式建立，首任记者钱慰曾、徐秀荣离京赴任。这是该台第20个驻境外记者站。

同日

湖北有线电视台正式成立并开播。

11月23日

中国国际广播电台蒙古语广播部为纪念开播30周年举行纪念会和“锡尼河杯知

识竞赛”颁奖仪式。全国人大常委会副委员长布赫为该台蒙古语广播开播 30 周年题词:“不断充实蒙语广播节目，努力做好对外宣传工作。”

11 月 23 日～27 日

由广东省广播电视厅和广东省政府新闻办公室、广东人民广播电台联合主办的’94 广东国际广播音乐博览会在广州举行。这是广东电台建立以来规模最大、影响最广的一项国际交流活动。国内 30 多家电台、世界 16 个国家和地区的嘉宾以及“亚广联”的代表与会。博览会上举办了开幕音乐晚会、国际名人名曲音乐会、莫斯科之夜音乐会、流行新世纪音乐会等大型音乐晚会，以及国际著名主持人现场演示会、“当代广播传播和音乐发展”学术交流会等活动。

11 月 28 日

上海新闻广播电台诞生。中央人民广播电台与上海人民广播电台携手联播 7 点档新闻节目。

同日

中国广播电视学会电视法制节目研究委员会在江苏南京成立，张长明当选为会长。

同月

沈阳彩电中心基本竣工，建筑面积 18970 平方米，投入资金 9100 万元，可播出两套电视节目。

同月

广西电视台与日本熊本县熊本株式会社熊本放送缔结友好台关系，这是广西电视媒体第一次与外国电视媒体缔结友好台关系。

同月

全国新闻资料协会广播影视系统分会成立大会在杭州举行，全国 25 个省（区、市）广播电视厅、电台、电视台、音像资料馆和新影厂的代表参加会议。大会通过工作报告和分会章程，选举产生全国新闻资料协会广播影视系统分会第一届理事会。

同月

中央电视台《东方时空》9 月 10 日播出《“天之骄子”上大学》节目后，国务院秘书长罗干责成有关部门调查用公车送子女上大学的情况，并作如下批示：查处一下有好处，不然这股风会一年比一年厉害。各有关部门的报告我都看了，虽然有的明显是借口“顺路”为理由，但也不得不承认，不能允许这种不正之风蔓延。又：请将处理的详细情况告中央电视台《东方时空》节目组。

同月

河南电视台对新闻节目进行扩容改版，把《河南新闻》改为《河南新闻联播》，每日19:35播出，时长20分钟。

同月

安徽省芜湖经济广播电台开播。

同月

新疆有线电视台改由自治区广播电视厅直接领导，改称新疆有线广播电视台。

12月1日

北京人民广播电台教育台正式开播。这是北京人民广播电台继经济台、音乐台、新闻台、交通台、文艺台和儿童台之后，成立的第七个专业台，使用频率为中波603千赫，全天播音16小时50分钟。

同日

中央电视台服务于全国妇女的电视板块栏目《半边天》试播。旨在向国内外展示中国妇女的风采，维护妇女、儿童合法权益，传播有关妇女的科学、生活知识，促进社会的和谐与家庭的和睦，设有《'95话题》《我是女人》《休闲时光》《女性·社会》等小栏目，以及充满温馨情趣的“星期版”。该栏目每周播出七次。

同日

山东省济南有线电视台正式开播。

同日

海峡之声广播电台完成播控中心节目录制设备和传音设备的更新，并投入运行。

12月1日~7日

第六届全国省级广播电台总编室主任会议在昆明举行，全国28家广播电台的总编室主任以及广播电影电视部、中央人民广播电台、云南人民广播电台有关部门的负责人共计50余人出席会议。这次会议的中心议题是贯彻全国省级广播电台台长会议精神，研究如何进一步发挥全国广播电台的整体优势做好总编室工作。广电部副部长兼中央电台台长同向荣出席会议并讲话。

12月2日~6日

1994年全国电视观众调查网工作会议在江苏举行，中央电视台副总编辑章壮沂出席会议并讲话。全国范围的收视调查网运行已有4年，目前共有49个调查站、10800个样本户。

12月3日

江苏省人民政府批准江苏电视台与省教委在原教育频道的基础上建立江苏教育电视台。

12月7日

中央电视台社教中心在北京召开《神州风采》栏目播出2000期研讨会，全国人大常委会副委员长程思远、李沛瑶、吴阶平和全国政协副主席阿沛·阿旺晋美、万国权，国务院有关部委的领导出席座谈会。

12 月 14 日

三峡工程开工仪式在湖北省宜昌市三斗坪举行，湖北电视台配合中央电视台用录播方式报道了开工仪式盛况。

12 月 15 日

四川信息广播电台正式开播。这是以传播经济信息为重点的信息型、娱乐型、服务型的专业广播电台。该台以正点播送信息和大时段主持人直播板块节目为基本结构，穿插现场直播、户外活动、热线沟通、双向参与、服务咨询。

12 月 16 日

云南经济电视台正式播出。该台隶属云南电视台，以经济宣传为主，使用二十一频道，每晚播出六个小时节目。1999 年 1 月 12 日，改为云南电视台经济频道。

12 月 18 日

江苏省盐城人民广播电台经济台开播。

12 月 19 日

中国国际广播电台世界语广播开播 30 周年。

12 月 21 日

中国广播电视学会专业电视设备用户委员会在北京成立，徐崇华被推选为名誉会长，刘宜勤当选为会长。

12 月 21 日～23 日

澳大利亚新闻有限公司董事长默多克一行六人访问北京，中国广播电视国际经济技术合作总公司、中国国际电视总公司与澳方新闻技术集团和卫星电视公司签署合作备忘录。

12 月 22 日

广东经济电视台成立并举行开台试播仪式。

12 月 23 日

中国广播电视学会青少年儿童电视节目委员会召开成立大会。会议通过《中国广播电视学会青少年儿童电视节目委员会章程》；产生委员会第一届理事会；选举出中央电视台、广东电视台等 18 个常务理事台；推选于广华任会长。

12 月 24 日

中共江西省委书记毛致用、省长吴官正等省领导在江西省广播电视厅集体审看由江西电视台拍摄的九集电视剧《京九情》。

12 月 25 日

厦门人民广播电台经济台正式开播，采用调频立体声广播、板块结构、主持人直播的方式播音。

12 月 26 日

中共中央政治局委员、国务委员李铁映在听取广播电影电视部党组工作汇报后，在中宣部副部长龚心瀚，广电部部长孙家正和副部长田聪明、刘习良、同向荣等陪同下到中国国际广播电台视察。会见了部分外国专家，对他们表示感谢。李铁映强调，广播宣传比文字宣传作用大得多，他希望国际台搬进新大楼后要对体制作出改革，以适应形势发展的需要。国际台领导张振华、丛英民、许永生等在场陪同。

同日

江苏省苏州人民广播电台儿童台正式开播。

同日

贵州人民广播电台第一套节目调整方案出台。新的节目实行整点新闻、滚动发稿、板块节目主持人直播的节目新格局。

同日

皖江第一桥——“铜陵长江大桥”举行通车典礼，安徽人民广播电台同步进行“铜陵长江大桥通车典礼”大型现场直播，时长一小时。

12 月 28 日

被列为国家重点工程的中央人民广播电台业务大楼封顶。该工程占地面积 1.55 公顷，建筑面积 4.9 万平方米。新大楼全部投入使用后，中央电台每天累计播音时间由 128 个小时增加到 200 个小时。

同日

由中央电视台主办的’94 中国音乐电视（MTV）大赛落下帷幕。本届音乐电视大赛共收到参赛作品 400 余件，经音乐界和电视界专家的评审，共评出金奖 16 个、银奖 30 个、铜奖 40 个，同时还评出最佳创意、导演、摄影、制作等 10 个单项奖。

同日

中国广播电视学会中央电视台分会换届选举会议在中央电视台召开。大会选举产生了第二届分会领导机构：会长于广华；副会长陈汉元、赵化勇、张长明、刘建中、刘宜勤；秘书长赵群。聘请杨伟光等 17 人担任顾问。

同日

上海《每周广播电视》报创刊 40 周年座谈会在上海广电大厦举行。该报前身为《每周广播》报，是全国第一家广播节目报，诞生于 1955 年 1 月 1 日。

同日

新疆人民广播电台维吾尔、汉、哈萨克、蒙古、柯尔克孜五种语言广播开始使用亚太 2R 卫星传输，有效覆盖全疆、全国及亚太地区。

12 月 31 日

国家主席江泽民为中国国际广播电台海外听众及港澳台同胞录制新年讲话《共同迎接新世纪》。中央人民广播电台、中央电视台、新华社、中新社、《人民日报》等各大新闻媒体，均于当晚或 1995 年 1 月 1 日在重要位置播发和刊登该讲话。国外一些新闻媒体也进行了报道和评论。

同日

人事部发出《关于 1994 年度有突出贡献的中青年科学、技术、管理专家审批的通知》，批准广播电影电视部丁文华、于中宁两人为 1994 年度有突出贡献的中青年科学、技术、管理专家。

同日

广播电影电视部批准青岛人民广播电台开办文艺台。同日，青岛经济技术开发区人民广播电台、电视台试播。

12 月下旬

经广播电影电视部批准，甘肃电视台第二套节目正式改名为甘肃飞天经济电视台，隶属甘肃电视台领导。

同月

甘肃省广播电视微波专用线路全线开通。全省微波专线始建于 1985 年，截至 1994 年底，全省共建成微波台站 50 个，微波线路全长 2000 公里。

同年

全国（未包括港、澳、台）共有广播电台 1107 座、对国内广播节目套数 1296 套，对国外广播使用语言 43 种，平均每日播音 12374 个小时，全年制作广播节目 189.76 万小时；中、短波发射台和转播台 727 座，调频发射台和转播台 1321 座，微波线路 5.68 万多公里，卫星电视地面站 7.33 万座；广播人口覆盖率为 77.5%；市县有线广播站 2342 个、有线广播专用线路为 271.6 万杆公里、广播喇叭有 8151 万只、喇叭入户率为 35.4%。全国共有电视台 766 座、节目套数 848 套，平均每周播出时间 39878 小时，全年制作电视节目共 28.08 万小时；电视发射台和转播台 38917 座，电视人口覆盖率为 83.4%。

同年

广播电影电视部机构设置如下。部机关司局级机构：办公厅（政策法规司）、总编室、电影局、社会管理司、人事司、计划财务司、科技司、外事司、保卫司、教育司、机关党委、离退休干部局、驻部纪检组监察局、驻部审计局。部直属司局级事业单位：行政管理局、中央人民广播电台、中国国际广播电台、中央电视台、中国广播艺术团、广播科学研究院、设计院、北京广播学院、北京电影学院、中国电影艺术研究中心、中国电影科学研究所、中国电影乐团、管理干部学院、中央卫星电视传播中心、中国电影卫星频道节目制作中心、监测中心、浙江广播电视专科学校、中国广播电视出版社。部直属处级事业单位：职工学校、中国广播影视杂志社。部直属企业单位：北京电影制片厂、中央新闻纪录电影制片厂、北京科学教育电影制片厂、中国儿童电影制片厂、北京电影洗印录像技术厂、中国电影公司、中国电影合作制片公司、中国电影器材公司、中国唱片总公司、中国广播电视国际经济技术合作总公司。

同年

广播电影电视系统共制作广播剧 194 部 2235 集、电视剧 792 部 6212 集。

同年

中央人民广播电台收到听众来信 905294 封。

同年

中央人民广播电台强化整点新闻滚动播出机制，在整点新闻中既对《新闻和报纸摘要》和《各地人民广播电台联播》节目播出的重要新闻进行跟踪报道，又随时采用新的稿件，并基本实行来稿即播的直播机制，平均一天发新闻稿近 200 条，达 8 万字。

同年

中国国际广播电台收到 179 个国家和地区的听众来信 578744 封。

同年

内蒙古自治区建设卫星地面收转站 108 座，新建旗县级调频台 18 座。

同年

山西省新建太原经济广播电台等调频广播电台 5 座，无线电视台 6 座，新建有线电视台（站）11 座。

同年

江苏省新建县级调频台 13 座，新增县级电视台 6 座。

同年

浙江省新建无线电视台 9 座，新建调频广播电台 17 座，新批正式建立县级有线电视台 9 座，新批筹建有线电视台 22 座。

同年

安徽省县级以上广播电台新增 14 座，县级以上电视台新增 10 座。

同年

长沙市广播电视中心大楼建成并投入使用。该中心占地面积 14.12 亩，主楼建筑面积 1.25 万平方米，主楼 16 层，高 77.4 米。

同年

广西壮族自治区新建电视台 4 座、有线电视台 8 座、广播电台 4 座、专业电台 3 座。

同年

西藏自治区新建广播电视差转台、卫星地面站 40 座，新建广播调频台 47 座。

同年

陕西省新建县（市）级调频广播台 12 座。

同年

甘肃省建立有线电视台 13 家，其中行政区域台 10 家、企业台 3 家。

同年

新疆维吾尔自治区霍尔果斯调频广播电台成立，开办《法制报道》《午后风铃》《子夜好时光》《午夜悄悄话》等自办栏目。

1995年

1月1日

中央人民广播电台、中国国际广播电台、中央电视台播出《人民日报》元旦社论《总揽全局 乘势前进》。

同日

经过一个月试播后，中央电视台体育频道（第五套节目）正式播出。播出时间为12：00至24：00。

同日

中央电视台以台港澳地区和海外观众为主要对象的第四套节目实行24小时播出。节目安排以8小时为一个单元，全天分三个单元滚动播出；其间有13个时段播出电视新闻。

同日

中国国际广播电台英语部在对内广播7：00至8：00节目中恢复新闻直播，华语部在对珠江三角洲和对东南亚普通话的主要节目中实施新闻直播。

同日

中国华艺广播公司《华广午间潮》《华广欢乐园》节目正式直播。华广每天播出时间也从当日开始由9个小时增至11个小时，新闻节目由原来的每天两档增加到四档，并对其他节目进行相应调整。

同日

隶属于山东电视台，以山东省城镇居民为观众服务对象的齐鲁电视台开播。

同日

辽宁省丹东人民广播电台经济台正式开播。

同日

《中国电视报》1995年第1期发行量达255万份（其中中文版243.4万份、外语版11.6万份），创造了该报创刊以来每年首期的最好成绩，成为国内发行量最大的报纸。

1 月 1 日～5 日

上海电视台举办“全国 56 个民族音乐舞蹈邀请展演”，现场直播了“蓝天白云”“青山绿水”“春风大地”三场歌舞表演。

1 月 7 日

坦桑尼亚政府为表彰中国国际广播电台斯瓦希里语广播开播 30 年来，在推动斯语发展和应用方面所作的贡献，特向该台斯瓦希里语部颁发“贡献奖”。

1 月 7 日～17 日

中国广播电视学会主办的首届中国广播奖广播文艺节目评选在广东省肇庆市举行。经专家对音乐专题、综艺板块、文学专题、曲艺专题、戏曲板块、小说连播、广播文艺新作编采以及对外专项和对台专项共 9 个项目的作品进行评选，评出获奖节目 138 个。颁奖会于 7 月 19 日在广州举行。

1 月 9 日

国务院副总理李岚清到中央电视台视察工作。国家教委主任朱开轩，广播电影电视部部长孙家正、副部长田聪明，中央电视台领导杨伟光、于广华等陪同视察。李岚清感谢广电部和中央电视台为宣传教育所做的大量工作，希望 1995 年进一步加强对教育的宣传。他视察了中央电视台播送机房、主控机房、新闻中心编辑机房和演播室、400 平方米录音棚及 1995 年春节晚会排练现场，并与参加春节晚会排练的演员们合影留念。

同日

北京电视台即日起加大新闻播出量，六频道新闻播出由每天 5 次增至 9 次，播出时间累计达 125 分钟。

1 月 10 日

沈阳人民广播电台交通台开播。

1 月 14 日

广东省委、省人大常委会决定，任命许光辉为省广播电视厅党组书记、厅长，周无忌不再担任厅党组副书记、厅长职务。

1 月 15 日

大连人民广播电台文艺台开播。

1 月 16 日

丁关根、李铁映、王兆国等中央领导到中央电视台看望春节联欢晚会的演员、总导演和剧组工作人员，并对演职员们表示亲切慰问。中宣部、中央新闻单位、广播电影电视部的领导和中央宣传思想工作领导小组成员及参加全国宣传部长会议的代表陪同前往。

同日

广东省云浮电视台成立。至此，广东省21个地级市全部开办无线电视台。

1月18日

江苏南京广播电视塔举行落成典礼。该塔为钢混结构多功能塔，相对高度318.5米。

1月19日

广播电影电视部任命姜兆龙为离退休干部局副局长；岳克不再担任离退休干部局副局长职务，改任巡视员。

1月20日

中共中央政治局常委、全国人大常委会委员长乔石在中共中央政治局委员、中共上海市委书记黄菊和副市长龚学平、上海广播电视局局长叶志康陪同下，视察上海东方明珠广播电视塔。

1月21日

中共中央政治局委员、中宣部部长丁关根在全国宣传部长会议闭幕会上谈到舆论引导时说："中央电视台的《焦点访谈》,《东方时空》的《焦点时刻》，'讲述老百姓自己的故事'，看的人很多，成了名牌节目。尽管有的人还有意见，但总的是好的，有缺点提出来改进就好。他们做的是好的，许多人很想上他们的栏目。好的栏目要支持。"

1月24日

广播电影电视部发文：任命苏志武为北京广播学院副院长，王纪言不再担任副院长职务。

1月27日

中共中央政治局委员、国务委员李铁映在广播电影电视部部长孙家正及副部长田聪明、杨伟光的陪同下，到中央新闻纪录电影制片厂慰问并给大家拜年。在听取了厂长刘建中的汇报后，李铁映对新影厂在过去几十年来在新闻战线上为国家和人民作出的卓越贡献表示感谢，并祝愿新影厂更加辉煌。李铁映参观了新影厂东楼电视技术制作部，对新影厂由电影向电视转轨迈出的步伐给予充分肯定，并提出希望和要求。

1月28日

北京市电视节目供片中心成立，为正处级事业单位，并于4月15日开始向北京郊区有线电视台、企事业有线电视台集中供片。

同日

经北京市编制办公室批准，北京中北电视艺术中心成立，为北京市广播电视局正处级事业单位，经费自收自支，实行企业化运作。

同日

湖南省第一家音乐专业电台——长沙音乐广播电台开播，发射功率 3 千瓦，能覆盖湘中、湘北大部分地区。

1 月 28 日～2 月 2 日

摩尔多瓦国家电视公司主席阿德里扬·乌萨德依率代表团一行四人访华。中共中央政治局委员、国务委员李铁映会见该代表团。广播电影电视部部长孙家正和副部长同向荣、杨伟光分别会见乌萨德依一行。双方签署《中摩广播电视合作协议》。

1 月 30 日

中央电视台第一、第二、第三套节目同时推出《1995 春节联欢晚会》《梨花飞雪庆吉祥——1995 戏曲晚会》《1995 春节音乐歌舞晚会》。第四套节目与第一套节目并机，也是首次向海外现场直播《1995 春节联欢晚会》。

1 月 31 日

农历正月初一，北京电视台举办的《京城大拜年文艺晚会》首次通过卫星向全国播放。时长 200 分钟。

同月

由中国广播电视学会主办的《中国广播电视学刊》从当月起由原来的双月刊改为月刊，并调整和充实编委会，编委会由 20 人组成，何光任主编，聘请左漠野、同向荣、杨伟光、张振东、张振华、章之俭为顾问。

同月

甘肃电视台开播电视评论性栏目《今日聚焦》。该栏目以新闻评论、深度报道、新闻专题为主要内容。每天 20：00 在甘肃电视台第一套节目播出，时长 13 分钟。该栏目获“中国新闻名专栏”“甘肃新闻名专栏”“甘肃省新闻媒体十大精品栏目”等多项荣誉称号。

同月

新疆维吾尔自治区库尔勒市广播电台正式开播，每天播出 8 个小时，汉语广播除转播中央人民广播电台、新疆人民广播电台的节目外，还开办 70 分钟自办节目。

2 月 7 日～27 日

上海人民广播电台《市民与社会》节目和人民日报华东分社联合举办“华东六省一市省市长热线”。华东六省一市的 7 位省、市领导通过该节目，就华东地区全方位多侧面的合作和各省、市 1995 年改革开放的构思，与上海及华东地区的广大听众直接交谈讨论，听取意见和建议。

2 月 8 日

贵州省黔西南布依族苗族自治州电视台正式开播。

2 月 13 日～ 15 日

1995 年全国电视对外宣传选题规划会在厦门举行，全国 70 多家省（区、市）级以及地市级电视台的台长、副台长或外宣工作负责人出席会议。广播电影电视部副部长刘习良作题为《扎扎实实地走广播电视大外宣道路》的讲话，中央外宣办三局局长金晖传达了中央对外宣传工作会议精神，广电部外事司司长马元和、部总编室副主任郑集强分别就外事工作如何为外宣服务及如何加强针对性、提高对外宣传电视节目的质量问题阐述了自己的见解。

2 月 14 日

广播电影电视部任命李天德为无线电台管理局局长。

同日

广播电影电视部党组同意刘洪才任广播科学研究院党委书记。

同日

广播电影电视部任命王瑞英为信息资料中心主任。

2 月 15 日

广播电影电视部下发《关于建立广播电视行政处罚案件上报制度的通知》。

同日

山西人民广播电台第一套节目进行重大改革，贯穿全天早、午、晚的 12 档新闻节目和经济、社教、信息类节目一起，构成高密度的信息传播网。

同日

中央卫星电视传播中心与伟确投资（集团）有限公司就共同开发加密卫星频道签订合作协议书。

2 月 16 日

中共中央政治局委员、国务委员李铁映在中南海接见中国电视剧制作中心《三国演义》摄制组的主要演职员。李铁映感谢剧组全体人员的严谨创作和辛勤劳动，祝贺该剧获得成功，祝愿有更多更好的影视片问世。国务院副秘书长刘奇葆和广播电影电视部部长孙家正等参加接见。

2 月 16 日～ 18 日

广播电影电视部 1995 年纪检监察工作会议在北京召开，部机关及直属单位的专兼职纪检监察干部，党委、纪委以及各有关司局领导 90 余人出席会议。会议传达了中共中央总书记江泽民在中国共产党中央纪律检查委员会第五次全体会议（1 月 20 日～ 23 日在北京举行）上的讲话和中纪委书记尉健行在该次全会上作的《深入工作，狠抓落实，努力取得反腐败斗争新成效》的报告及国务院反腐败工作会议的精神，听取 1994 年部纪检监察工作总结，部署 1995 年纪检监察工作。广电部部长孙家正在讲话中强调：一要充分认识纪检监察工作在党的工作中的重要地位和作用，它对党的命运、事业前途和干部的健康成长都有很重要的意义；二要充分认识广播影视 1995 年工作任务的繁重，保证中心任务的完成；三要充分认识党政主要负责同志在党的廉政问题上的重要作用，党和行政主要负责干部要重视、要带头，从自己做起，一级管一级。

2 月 21 日～25 日

全国广播电影电视工作会议在北京召开，各省、自治区、直辖市和计划单列市的广播电视厅（局）长、电影制片厂厂长和广播电影电视部机关、部直属单位负责人共 180 人出席会议。会议期间，中共中央政治局委员、国务委员李铁映到会与部分代表进行座谈，并发表讲话。强调：一、要始终把正确引导舆论放在广播影视工作的首位；二、努力创作弘扬时代主旋律、催人奋进的优秀广播影视作品，给人们提供更多更好的精神食粮；三、加强管理，完善法规，促进繁荣，使广播影视事业逐步走上依法管理、健康发展的道路；四、各级党委、政府要加强对广播影视工作的领导。会议认真研究了今后一个时期，即 2000 年以前我国广播影视工作的指导思想、主要任务、奋斗目标和工作思路，进一步征求对《关于进一步加强和改进广播电影电视工作的报告》（简称“三十条”）的意见。广电部部长孙家正代表部党组作题为《坚持正确导向，提高节目质量，努力把广播电影电视工作提高到新水平》的工作报告。副部长刘习良、何栋材、同向荣围绕“三十条”分别就宣传工作、事业与科技规划、行业系统管理等有关问题作了阐述和说明。

2 月 27 日～3 月 2 日

广播电影电视部在昆明召开第三次全国广播电视外事工作会议，来自 29 个省（区、市）广播电视厅（局）的代表及部属 7 个单位共 90 余人出席会议。外交部新闻司、国务院台办交流局、新华社香港分社和云南省外办等单位应邀派代表参加会议。云南省副省长赵淑敏出席开幕式并讲话。广电部副部长刘习良作题为《广播影视外事工作的基本任务》的讲话。会议对《广播电视对外合作管理暂行规定》《中外合作制作电视剧（录像片）管理规定》和《关于广播电视系统地方外事工作的暂行规定》（征求意见稿）进行了讨论。

2 月 28 日～3 月 1 日

广播电影电视部首次举办的全国电视节目技术质量研讨、观摩、交流会在北京召开，各省（区、市）广电厅（局）及电视台领导出席会议，广电部副部长何栋材在讲话中强调在整个节目生产过程中，要树立精品意识、质量意识，集中全力提高节目的技术质量，使之达到或接近世界先进技术水平。广电部副部长兼中央电视台台长杨伟光在讲话中指出，要想提高电视节目质量，必须从节目内容、节目表现形式和节目技术质量几个方面抓起。会上公布了广电部科技司组织评选的 1994 年全国电视节目录制、播出、安全播出三项奖的评选结果。

同月

北京电视戏曲研究会主办的《中国电视戏曲》双月刊，经新闻出版署批准于本月创刊，正式向海内外公开发行。

3 月 1 日

广播电影电视部决定采用 NICAM-728 数字声传输技术，通过 CCTV-1 卫星信道传送中央人民广播电台第一、第二套节目，通过 CCTV-2 卫星信道传送该台第三套立体声节目，以扩大该台节目的覆盖和改善广播传输质量。

同日

辽宁电视台扩大新闻节目容量，增加新闻时段，推出《辽宁新闻》《热点透视》《早间新闻》《晚间新闻》《英语新闻》等有关新闻报道的新栏目。辽宁电视台第二套节目（呼号为“北方电视台”）正式开播，每天播出 11 个小时。

3 月 1 日 ~ 4 日

经广播电影电视部批准，由中国电视艺术委员会主办、山东省广播电视厅承办的 1995 年度全国电视剧题材规划会议在济南召开。本次会议的主要任务是贯彻落实党中央一手抓繁荣、一手抓管理、进一步繁荣文艺的指示，加强电视剧创作题材的宏观调控。广电部副部长刘习良、杨伟光出席会议。刘习良在讲话中提出要下大功夫抓精品、出力作，确保中央电视台、省级电视台在每晚黄金时间播出优秀国产电视剧。杨伟光在讲话中提出今后的奋斗目标是：争取每年有一至两部不朽作品、360 集精品和 1000 集左右优秀作品出台。

3 月 2 日

中共中央政治局委员、国务委员李铁映，全国人大常委会副委员长王光英，全国政协副主席万国权以及国家公安部、财政部、电子部、广播电影电视部、邮电部、国家体委的负责人，在天津市市长张立昌陪同下，到天津市广播电视局视察，了解第四十三届世界乒乓球锦标赛广播电视转播准备情况及广播电视国际新闻中心建设情况。

3 月 3 日

广播电影电视部标准化规划研究所举行座谈会，庆祝建所 10 周年。

3 月 3 日 ~ 18 日

中国人民政治协商会议第八届全国委员会第三次会议（3 月 3 日 ~ 14 日）和第

八届全国人民代表大会第三次会议（3 月 5 日～18 日）先后在北京召开。中央人民广播电台在《新闻和报纸摘要》《各地人民广播电台联播》等重点新闻节目、《“两会”专题》《新闻纵横》和对台湾广播、对少数民族广播及对港澳地区广播发稿 976 篇。中国国际广播电台组织 42 人报道组，共自采自编“两会”稿件 305 篇。中央电视台在报道中进行了新的尝试，以加强电视的吸引力和权威性。会议期间对国务院总理李鹏的独家采访被新闻界认为是“两会”期间最有分量的新闻。

3 月 5 日

广播电影电视部《广播电影电视工程建设标准管理办法》发布施行，共 27 条。原《广播电影电视工程建设标准规范编制及管理办法》同时废止。

3 月 6 日

四川电视台首次进行广告经营招标，以此确定广告部主任人选。

3 月 9 日

首家将评书连播移植到荧屏上，并坚持播出 10 年的辽宁电视台召开庆祝“连播十周年”座谈会。

同日

哈尔滨电视台与哈尔滨图文信息传播中心合作开办的图文电视信息节目开播。

3 月 10 日

吉林省广播电视厅与中国吉通公司（由国家电子工业部发起成立）、吉通南贝尔公司在北京签署《吉林省数字微波改造协议》，外方投资 1160 万美元。电子工业部部长胡启立，吉林省委书记何竹康、副省长刘淑莹，广播电影电视部副部长何栋材，南贝尔公司丁希利，吉通公司董事长陆首群，吉林省广电厅厅长姜兴坤等参加签字仪式。

3 月 11 日

《广播电影电视部教育基金管理办法》和《成立部教育基金管理委员会的通知》下发。教育基金主要用于增加对教育的投入，解决教学上急需，改善部属院校的办学条件，支持部属高校向国家“211 工程”迈进。教育基金的来源从部属单位的广告收入提取。具体办法是按广告总收入减去广告成本（广告总收入的 50%）、上缴的部分和按规定划转其他单位的部分后的收入的 2% 征收。成立部教育基金管理委员会，田聪明任主任。

3 月 13 日～14 日

全国人大常委会副委员长王光英、全国政协副主席马万祺分别接受北京广播学院董事会名誉董事长的聘书。

3月15日

广播电影电视部决定：1941年12月3日为中国人民对外广播开创日。当时为适应抗战需要，延安新华广播电台于1941年12月3日开办日语广播，此为中国人民对外广播事业的开端。

3月15日～20日

中国广播电视学会电视经济节目研究委员会在北京举行'94全国优秀电视经济节目评比活动。

3月19日

广播电影电视部下发《关于积极组织有线电视台与中央卫星电视传播中心联网的通知》。

3月20日～25日

为落实1994年首届全国广播对外宣传协作会议精神，由中国国际广播电台承办的全国广播外宣选题规划会在北京召开，来自全国各省、自治区、直辖市及部分计划单列市的30家电台的代表与会。国际台台长张振华在会上作题为《加强联合与协作，共同发展广播大外宣》的发言。23日，广播电影电视部副部长刘习良、国务院新闻办三局局长金晖与会议代表举行了座谈。

3月21日

国务院批准，广播电影电视部1994年享受政府特殊津贴的人员共23人，其中自然科学5人、社会科学18人。

同日

由中央电视台海外电视中心发起并组织的大型电视采访活动“黄河一日”在黄河流域全线展开，沿黄河9省（区）电视台参与这一活动，创作出的30集系列片将从7月5日起在中央电视台第四套节目首播。

3月22日

广播电影电视部1995年人事工作会议在北京召开。部长孙家正在讲话中强调，人事工作具有十分重要的地位。广播影视工作概括起来四句话：“宣传是中心，事业是基础，管理是关键，队伍是保证。”在全部工作中，干部、人事工作处于保证事业发展、保证宣传中心任务完成这样一个重要地位。干部、人事工作的核心问题是选人干事。因此，要经常树立这样一个观念：选人用人是为了干事。不能把安排、照顾、平衡矛盾放在第一位；干部、人事工作一定要坚持公道正派、五湖四海。公道正派，机关风气就会正，人心就会顺。反之，如果用人搞不正之风，搞亲亲疏疏，用了不当的人，就会挫伤一大批人的积极性；要下决心培养青年干部。这是十四届四中全会的精神。事业不断延续发展，干部必须交替相接；要十分注重培养专业人才。我们广播影视工作涉及门类很多，因此我们的专业人才培养要有一个规划。干部人事部门要注意关心老干部。老同志为党为人民为事业工作了一生，于情于理都应该关心他们。人事部门要真正成为干部之家，使干部有个倾诉的地方，有个说真心话的地方。干部人事部门就应该是这样一个地方。

同日

国务院副总理朱镕基到天津广播电视塔视察。

3 月 22 日～25 日

中央电视台驻全军（各大单位、军兵种、三总部及武警总部等 17 个大单位）军事记者站站长会议在北京举行。会议的中心议题是进一步加强电视军事记者队伍建设，适应中央电视台栏目改革的要求，不断提高节目质量，创作更多的精品。会议对 1995 年电视军事宣传的重点任务和设立精品节目奖励基金达成共识。

3 月 23 日～4 月 22 日

中央人民广播电台播出与《经济参考报》联合组织的 30 集系列报道《省长谈农业》。

3 月 24 日

广播电影电视部下发《关于加强影视市场稽查工作的通知》。

同日

由中华全国新闻工作者协会主办的首届“全国百佳新闻工作者”评选揭晓，颁奖大会在北京举行。广播电视系统共有 35 人获得“百佳新闻工作者”称号。其中，记者 21 名、编辑 13 名、评论员 1 名。开展这项活动的目的是表彰先进，加强新闻队伍建设，促进新闻界多出精品，多出人才。“百佳”将每两年评选一次。

3 月 25 日～30 日

广西壮族自治区人民政府和广播电影电视部联合主办、中央电视台和广西电视台联合承办的第二届中国民歌大赛复赛、决赛在南宁举行。

3 月 26 日

全国人大常委会副委员长铁木尔·达瓦买提在新疆维吾尔自治区广播电视厅副厅长巴吾东·卡德尔陪同下，到新疆音像出版社考察新疆少数民族音像出版工作情况。

3 月 27 日～31 日

无线电台管理局 1995 年度工作会议在北京召开。会议期间，广播电影电视部部长孙家正、副部长何栋材和部党组成员王甘文先后到会看望会议代表。孙家正在讲话中提出要使 1995 年成为无线局的质量年，为此，要下决心抓好技术改造和提高管理水平，把各项工作提高到一个新的档次。何栋材在会上就 1995 年安全播出所面临的重要任务及安全播出、技术改造、加强管理等问题讲话。无线局局长李天德代表分党组作工作报告。

3月28日

江西有线电视台影视频道正式开播，成为江西省第一个专业电视频道。

同日

湖南文艺广播电台正式成立并开播。每天6：25开始播音，23：45结束，办有《潇湘晨钟》《一路平安》《金色录像带》《世纪流行风》等十几个栏目。

同日

陕西有线广播电视台正式开播。至年底，入网用户达到25万户。

同日

西北五省（区）省级有线电视协作体在陕西西安宣告成立。

3月29日

全国第一家专业金融台——上海东方广播电台卫星金融台开播。全天节目由上海证券交易所通过卫星向全国400多个城市传送。

3月29日～31日

海峡之声广播电台在福州召开对台宣传组稿（研讨）会议，22个省、自治区、直辖市台办和各大军区、海空军联络部负责对台宣传工作的人员参加会议。会议对新形势下如何加强对台广播宣传进行了研究，特别是对如何继续深入宣传"和平统一、一国两制"基本方针和江泽民总书记提出的"八项主张"、全面系统地宣传改革开放和现代化建设成就、加强对台舆论斗争、加强对台军事宣传、突出海峡台特色等问题进行了座谈和讨论，在此基础上商定了1995年的宣传重点选题。

3月31日

广播电影电视部发文：任命冯玉玲、徐志仁为管理干部学院副院长；于洪连不再担任管理干部学院副院长职务，按规定办理退休手续。

同日

新闻出版署、广播电影电视部联合下发《关于改进广播电视类报纸出版管理的通知》。

同月

由广播电影电视部援建的西藏广播电视培训中心工程正式开工。该培训中心计划1996年下半年正式招生，争取在三年内建设成为培养西藏广播电视各类专业技术人才的学校。

4月1日

为配合第四届世界妇女大会在北京召开，中国华艺广播公司与广东省台湾事务办公室联合推出 50 集大型系列专题报道《巾帼情怀》。

4 月 2 日

由欧洲广播联盟组织筹划，法国自由柏林电台、法国电视二台和柏林市主办的“'95 国际广播电视未来奖大赛”在德国柏林举行，上海电视台选送的电视剧《逆火》荣获“柏林亚洲未来奖”大奖。这是上海电视台摄制的电视剧首次获得国际大奖。

4 月 3 日

中央电视台推出新闻性栏目《新闻 30 分》。节目内容原则为“传达中央精神，正确引导舆论，反映普通人生活和命运，兼顾信息量和观众兴趣”。在强调时效性的同时，注重新闻背景的介绍，主要内容包括：国内外重大事件、突发事件，对新闻事件的连续追踪、组合报道。首播时间为第一套节目 12：00，重播时间为第二套节目 15：05。

4 月 6 日

广播电影电视部办公厅下发《关于对事故、突发事件及有关信息要及时报告的通知》。

同日

新疆人民广播电台庆祝哈萨克语广播开播 40 周年。

4 月 7 日

广播电影电视部通知，调整后的中国电视艺术委员会领导成员由以下人员组成：主任孙家正；副主任刘习良、杨伟光、仲呈祥；秘书长仲呈祥（兼）。

4 月 7 日～9 日

中央人民广播电台在《新闻和报纸摘要》节目分三次播出本台记者采写的长篇通讯《新时期领导干部的楷模——孔繁森》。

4 月 8 日

中央机构编制委员会办公室《关于中央人民广播电台、中国国际广播电台、中央电视台增加事业编制的批复》：经研究，同意中央人民广播电台事业编制由 1381 人增加到 1426 人，中国国际广播电台事业编制由 1498 人增加到 1635 人，中央电视台事业编制由 2095 人增加到 2203 人。

4 月 9 日

中共中央政治局委员、中宣部部长丁关根在广播电影电视部部长孙家正和副部长杨伟光陪同下，视察中央电视台涿州影视拍摄基地。丁关根听取基地情况汇报后，参观了唐城、汉城和铜雀台三个主要景观，对影视拍摄走基地化的路子给予肯定。

4 月 11 日～13 日

由江苏人民广播电台承办的全国农村广播宣传研讨会在南京召开，来自全国 25

个省、自治区和直辖市广播电台的70余名代表，就如何深化农村宣传改革，加大对农业、农村、农民的宣传力度，发挥广播的农村宣传优势等问题进行了探讨。广播电影电视部副部长同向荣到会并讲话。

4月11日～14日

1995年全国省级电视台总编室主任工作会议在广西北海召开。广播电影电视部副部长兼中央电视台台长杨伟光在会上作《中国电视面临的严峻挑战和难得的机遇》的专题报告。提出未来的发展战略及步骤：1. 利用中文频道覆盖全球；2. 创办英语频道，争取使中央电视台的节目进入西方主流社会；3. 用不同的语种播出中国的新闻。会议认为：要继续巩固和加强业已形成的中央电视台与地方电视台的联系与合作。

4月11日～15日

广播电影电视部部长孙家正率中国广播电视代表团访问朝鲜，朝鲜国家副主席李钟玉会见代表团。代表团向朝方赠送部分电视节目。

4月12日

《广播电影电视部关于不准接受可能对公正执行公务有影响的宴请的具体规定》和《广播电影电视部关于不准参加用公款支付的营业性娱乐场所活动的具体规定》印发。

同日

广播电影电视部任命李春武为总编室副主任。

同日

湖北楚天经济广播电台更名为湖北楚天广播电台。

4月14日

中组部、中宣部作出《广泛开展向孔繁森同志学习的决定》。之后，西藏人民广播电台、西藏电视台连续报道孔繁森的事迹。与此同时，还积极配合中央人民广播电台、中国国际广播电台、中央电视台和各兄弟省（市）台对孔繁森的事迹进行大规模的宣传，在全国产生强烈反响。

4月15日

国务院副总理李岚清致函中央电视台和北京大学，祝贺《中华文明之光》电视特别节目播出成功。指出：作为教育工作者和新闻工作者，应当在弘扬中华优秀传统文化方面多尽些义务，多做些实事，特别是要编写和制作一些深入浅出、雅俗共赏的好教材，来向青少年介绍祖国的历史和民族的优秀文化，激发他们的爱国主义热情，帮助他们树立正确的人生观和价值观，使他们从小就具备远大的理想和良好的品德，成为社会主义的一代新人。《中华文明之光》不失为这样一种好教材。

4 月 15 日～ 22 日

中国电视奖'94 电视新闻评奖会在海口市举行，33 家单位的 260 个节目参评，共评出获奖节目 185 个。

4 月 16 日

由河南电视台组织、全国 30 家省级电视台参加的“嵩山风情”电视比赛在河南登封举行。

4 月 17 日

北京科学教育电影制片厂划归中央电视台大会在科影厂召开。广播电影电视部部长孙家正，副部长田聪明、杨伟光，电影局局长滕进贤，科影厂厂长万迪基，新影厂厂长刘建中等领导和中央电视台部分处级干部参加大会。4 月 28 日，广播电影电视部党组发文，同意北京科学教育电影制片厂厂长兼党委书记万迪基任中央电视台分党组成员。

4 月 17 日～ 18 日和 6 月 15 日～ 16 日

广播电影电视部分两次在北京召开中央卫星电视与地方有线电视网、台联网会议。来自全国 30 个省（区、市）和 5 个计划单列市的广播电视厅（局）长和主管有线电视的处长参加会议。部有关司的领导及电影局、中央电视台和中央卫星电视传播中心的有关人员出席会议。会议由社会司司长郭宝新主持。广电部部长孙家正到会并讲话，他强调指出，为了更好地维护中央的宣传阵地，部党组决定开办电影、体育、文艺、农业、少儿等中央卫星加扰电视节目，决定卫星电视全国建网联网，这是中国广播电视划时期的大事，要以此为契机，以卫星微波为干线和有线广播电视网络为基础，建成全国性的广播电视专用网。广电部副部长田聪明、同向荣、杨伟光分别到会并讲话。

4 月 18 日

湖南有线广播电视台正式开播。

同日

贵阳交通广播电台开播。

4 月 18 日～ 28 日

由中宣部和广播电影电视部联合举办的全国省级电视台台长研讨班在北京建银大厦开班。4 月 25 日，中共中央政治局委员、书记处书记、中宣部部长丁关根和大家座谈并发表讲话。他希望电视工作者充分认识做好电视工作的重要意义，增强责任感和使命感，以对党对国家负责、对人民负责、对青少年未来负责的精神，兢兢业业，扎扎实实，努力把电视办得更有感染力、影响力，更为人民群众喜爱。开班动员会由广电部部长孙家正主持，中宣部常务副部长徐惟诚在会上讲话，中宣部副部长龚心瀚、广电部副部长兼中央电视台台长杨伟光出席会议。4 月 20 日，国务院研究室党组书记、副主任王梦奎在研讨班上作关于当前我国经济形势的报告。4 月 21 日上午，孙家正作题为《努力发挥电视在正确引导舆论方面的重要作用》的报告。4 月 21 日下午，杨伟光就如何当好电视台台长作报告。研讨班于 4 月 28 日结业。

4 月 19 日

国务院总理李鹏在中共中央政治局委员、上海市委书记黄菊，上海市市长徐匡迪，副市长赵启正、龚学平和上海市广播电视局局长叶志康陪同下视察东方明珠广播电视塔。

4 月 19 日～22 日

广播电影电视部 1994 年度共建精神文明总结表彰大会在河北涿州中国电视城召开。会议由部精神文明协调委副主任曲桂兰主持。部精神文明协调委成员、部机关和直属单位党政领导及从事精神文明协调工作的人员共 120 余人参加会议。广电部部长孙家正出席会议并讲话；部党组成员、部精神文明协调委副主任王甘文作报告。会议评选出中央电视台等 12 个标兵单位、设计院等 10 个先进单位、计财司等 25 个达标单位，以及缪暑金等 238 位先进个人。8 位先进个人和先进集体的代表在会上作了发言。部机关党委副书记、协调委副主任温治中作总结发言。

4 月 19 日～25 日

广播电影电视部与日本广播协会第十一届合作会议在日本东京举行。双方就 52 项提案进行了协商，并签订备忘录。

4 月 21 日

北京时间 19：00 至 20：00，上海东方电视台和日本广播协会联合举办“亚洲歌坛实况传送”获得成功。本次实况传送通过国际通信卫星和中日海底光缆，覆盖面积达 37 个国家和地区。

4 月 23 日～5 月 7 日

应美国特纳广播公司（TBS）和加拿大广播公司（CBC）的邀请，广播电影电视部副部长杨伟光率中央电视台代表团一行 5 人访问美国和加拿大。访问期间，与美国映佳传播公司达成合作协议，该公司将从 8 月起在其国际频道每天播出 1 小时中央电视台节目；与美国泛美卫星公司进一步确认了中央电视台租用该公司卫星，传送中央电视台第四套电视节目的合作项目；与加拿大新时代电视台和城市电视台商定增加中央电视台节目播出比例，为 80 万旅加华人观众提供服务。

4 月 25 日

山西文艺广播电台开播。

4 月 27 日

中国国际广播学会第二届理事会召开。会上选出新一届领导成员，修改了学会章程。从英民当选为会长，汪勤文、于纪恺、吴志成、李松凌为副会长，李松凌任常务副会长兼秘书长。会议推选张振华、胡耀亭为名誉会长，聘请刘习良，马庆雄、崔玉陵、邹晓青、张纪明、魏琳为顾问。

4 月 28 日

广播电影电视部任命熊生民为中国广播艺术团团长。部党组同意熊生民任中国广播艺术团党委书记。

同日

由上海市广播电视局自筹资金建造的上海广播电视国际新闻交流中心竣工并交付使用。该中心总建筑面积 3 万平方米，主楼 24 层，裙房 6 层，墙面镶嵌 120 平方米的大型彩色电视显示屏。

同月

江苏省连云港、盐城、常州电视台相继在美国芝加哥美洲东方卫星电视台开设《中国连云港》《中国盐城》《中国常州》专栏节目。

4 月～ 7 月

中央人民广播电台举办由全国听众评选的“我喜爱的中央台节目”活动，听众踊跃参与，共收到选票 30.15 万张。《新闻和报纸摘要》《今晚八点半》《午间半小时》《法制园地》等 10 个节目获“全国听众最喜爱的中央台节目”称号。

5 月 1 日

中国国际广播电台《你好，香港》三小时特别节目（普通话、广州话、英语各一小时）在香港新城电台正式播出。为适应香港听众收听，以每 10 分钟为一小单元，每周一至周五播出。

同日

天津广播电视国际新闻中心接收传输和节目制作系统正式启用，并向世界传送第四十三届世界乒乓球锦标赛开幕式信号。19：50 至 22：00，中央电视台（一套）、中央人民广播电台、中国国际广播电台、天津电视台（一套）、天津人民广播电台现场向国内外转播世乒赛开幕式盛况。世乒赛期间，天津电视台向国内外现场直播 68 场，总计 102 小时。播出世乒赛消息 240 多条，播出世乒赛专题 14 期，总计 210 分钟。天津人民广播电台现场直播 8 场，播发世乒赛消息近 1000 条。天津广播电视国际新闻中心先后为 13 家国外广播电视机构、5 家国内广播电视机构提供国际信号、节目制作、传送等技术服务。

同日

9：30，上海东方明珠广播电视塔正式投入使用，开始发射5个电视频道的节目和5套调频广播节目。该塔为钢混结构多功能塔，塔高468米，1991年7月开工，1994年11月竣工，由11个大小不一、错落有致的球体组成，集广播电视发射与旅游观光于一体，成为上海城市地标性建筑。

同日

新疆电视台《新疆新闻》更名为《新疆新闻联播》，时长由15分钟增至20分钟，增设《国内新闻》和《国际新闻》板块。

5月4日

西藏人民广播电台调频广播首次实现直播。该台调频广播是1985年开始筹建的。

5月5日

湖南电视台推出面向农村的新闻性专题栏目《乡村发现》，每周播出一期，每期20分钟。后成为该台名牌栏目。

5月7日

广播电影电视部下发《关于暂停审批新建无线和有线广播电台、电视台的通知》。

5月8日

由中宣部组织、中央主要新闻单位参加的名专栏（节目）评选揭晓暨颁奖会在北京举行，中央人民广播电台《午间半小时》《新闻纵横》，中央电视台《焦点访谈》《东方时空》榜上有名。

同日

上海有线电视台和上海人民广播电台联合开办的上海有线戏剧频道正式开播。

5月9日

国家主席江泽民赴莫斯科参加纪念反法西斯战争胜利50周年庆典。中国国际广播电台俄语部除及时编发消息外，还与国际新闻中心联合采访了俄罗斯驻华大使罗高寿。罗高寿为国际台题词："祝国际台全体工作人员在你们崇高的工作中取得成绩，祝身体健康、和平幸福！"

5月10日

中共中央政治局委员、中宣部部长丁关根视察即将竣工的河北电视中心。

5月11日

根据中宣部、国家新闻出版署《关于加强新闻队伍职业道德建设，禁止"有偿新闻"的通知》精神，广播电影电视部制定并发布施行《广播电影电视部关于纠正行业不正之风 禁止"有偿新闻"的若干规定》和《广播电影电视部关于广播电台、电视台外借播音员节目主持人的暂行规定》。

5 月 15 日

上海人民广播电台、深圳广播电台等近 20 家地方广播电台开始为中央人民广播电台《证券广播网》提供节目并在当地转播，实现了联合制作、播出和覆盖。

5 月 16 日～ 17 日

由广播电影电视部科技司组织的《全国有线电视网总体规划》专家评审会在北京举行。

5 月 16 日～ 27 日

由中国广播电视学会主办的 1994 年度中国广播奖广播新闻、广播社教节目评选会在沈阳举行。评委会对 30 个省（区、市）及中央人民广播电台、中国国际广播电台、海峡之声广播电台推荐的 380 篇作品进行评议，还对 4 个专业研委会推荐的 62 篇作品进行了终评认定，最终评出获奖作品 338 篇。

5 月 17 日

中共中央总书记、国家主席江泽民在中共中央政治局委员、上海市委书记黄菊，副书记、市长徐匡迪等陪同下，视察上海东方明珠广播电视塔。

同日

广播电影电视部确定下列五人到西藏自治区广播电视厅工作：中央人民广播电台副总编（副局级）张小平，拟任自治区广播电视厅副厅长；广电部办公厅综合处副处长孙向辉，拟任自治区广播电视厅社会管理处副处长；中央电视台专题部副主任陈学林，拟任西藏电视台副台长；中央广播电视发射塔主任工程师（副处级）孟冬，拟任自治区广播电视厅电视发射台副台长；广电部无线电台管理局 654 台主任工程师（副处）姜林基，拟任自治区广播电视厅广播发射台副台长。这些人员均为自愿报名入藏，在政治、业务、身体等方面都符合进藏工作的条件。

5 月 18 日

广播电影电视部部长孙家正、副部长何栋材，中共北京市委常委、宣传部长强卫等一行六人，视察北京市广播电视局和北京有线电视台，听取北京市广播电视宣传改革和事业发展情况汇报。

5 月 19 日

央视调查咨询中心正式成立。该咨询中心是以中央电视台投资所建的全国观众调查系统为基础，以开发利用其潜能，争取发挥更大的社会效益和经济效益为目的而组建的企业实体。

5 月 19 日～ 22 日

北京电视台主办的“’95 北京国际电视市场”在北京国际会议中心举行。此次活动有近 20 个国家、地区和国内电视台、节目制作、发行、设备生产、销售等百家单位参加，现场成交电视片3000多集、2000多小时。

5月20日

经过两年多的筹备，新疆昌吉有线电视台正式播出。

5月20日～6月4日

中国国际广播电台台长张振华率该台代表团赴日本参加日本放送协会国际广播60周年庆祝活动。张振华在“国际广播面临的挑战”研讨会上作大会发言。访日期间，还与日本“听众之会”就今后加强合作与交流进行了商谈，并签订备忘录。

5月22日～31日

由中宣部和广播电影电视部联合举办的省、自治区、直辖市广播电台台长研讨班在北京劳动大厦开班。中共中央政治局委员、书记处书记、中宣部部长丁关根和大家进行座谈。他希望广播工作者充分认识做好广播工作的重要意义，增强责任感，努力办好广播，多出精品、多出人才，更好地为人民服务，为社会主义服务，为全党全国工作大局服务。来自29个省、自治区、直辖市的广播电台台长和中央人民广播电台、中国国际广播电台、北京广播学院的领导参加研讨班。广电部部长孙家正主持开班动员会并作题为《充分发挥广播优势 正确把握舆论导向 大力提高节目质量》的讲话。就认真贯彻中央关于广播影视工作的指示精神，做好新形势下的广播宣传工作发表意见。中宣部常务副部长徐惟诚在讲话中就当前的形势、中央总的工作精神、新闻舆论工作的任务等分别作了阐述。中宣部副部长龚心瀚，广电部副部长刘习良、副部长兼中央电台台长同向荣出席会议。

5月23日

中共中央政治局委员、中宣部部长丁关根在浙江省委宣传部长梁平波陪同下，到浙江省广播电视厅考察工作。

5月24日

广播电影电视部党组发文：同意吴国田任浙江广播电视高等专科学校党委书记；林和不再担任校党委书记职务，按规定办理退休手续。

5月25日

广播电影电视部下发《关于对各级无线和有线广播电台、电视台进行检查的通知》。8月17日，针对该通知又下发了《补充通知》。

同日

广播电影电视部任命李鼎祥为中国唱片总公司总经理。

5月25日～27日

广播电影电视部在北京召开全国广播电视系统卫星电视岗位培训工作研讨会。会议总结了1994年卫星地面站值机员岗位培训的工作经验；肯定了利用卫星电视开展大规模的岗位培训，是发挥广播电视系统优势、提高职工队伍素质的有益尝试；讨论了今后利用卫星电视广泛开展岗位培训的必要性、可行性和管理措施等问题。

5 月 27 日

江苏省镇江人民广播电台新闻台正式开播。

同日

内蒙古电视台汉语节目实现自动化播出；8 月 1 日，该台蒙古语节目实现自动化播出。

5 月 28 日

全国人大常委会副委员长田纪云在无锡市委、市政府和无锡太湖影视城负责人陪同下，视察“三国城”。

5 月 29 日

针对一些电视台存在的严重违纪问题，广播电影电视部发出《关于对有关电视台严重违章违纪问题的处理决定》。《决定》对八家严重违纪的电视台分别做出处理。

同月

在甘肃电视台建台 25 周年前夕，中共中央政治局常委宋平为该台题词：“发扬艰苦奋斗精神，办好广播电视事业。”

同月

中央电视台与新加坡电缆电视有限公司签订协议，新加坡电视开始传送播出中央电视台第四套节目。

同月

新疆维吾尔自治区吐鲁番市人民广播站更名为吐鲁番人民广播电台。

6 月 1 日

中央电视台青少部推出大型儿童电视板块栏目《大风车》。该栏目集原《七巧板》《天地之间》等 6 个少儿栏目为一体，以 3 至 12 岁的儿童为主要对象，采用杂志的编排手法，将内容分为动画节目、系列短剧、学前节目、专题与游戏节目等 4 个板块。每天一期，每期 40 分钟。每天首播时间 18：08 至 18：49。

同日

由山西省卫生厅和山西人民广播电台共同创建的山西电台健康之声广播开始试播。

6 月 2 日

内蒙古自治区八届人大常委会第十四次会议任命白朝蓉为自治区广播电视厅厅长。

6月3日

中共中央办公厅、国务院办公厅转发广播电影电视部党组《关于进一步加强和改进广播电影电视工作的报告》。该报告指出，今后广播电影电视工作奋斗的总目标是：力争到本世纪末，使广播电视节目和电影的质量有更大的改观，全国广播电视节目制作总量在现有基础上翻一番，使广播人口覆盖率达到85%左右，电视人口覆盖率达到90%左右，使我国广播电影电视事业进入世界先进行列。具体目标为：1.提高广播电视节目质量。要提倡短新闻，实施整点播出、滚动播出；要更多地采用现场采访和现场报道的形式；要继续加强栏目建设；要加强同报刊、通讯社等新闻宣传单位的配合；要弘扬主旋律；电台和电视台要在正确引导创作、严格节目审查和加强播出把关的前提下，利用社会力量，采取联合制作、委托加工制作等多种方式制作广播电视节目；中央电视台要加紧筹备开办少儿频道；改进现有广播电视节目交换办法，丰富节目资源，提高优秀节目的利用率。2.继续深化行业机制改革，努力繁荣电影创作。要坚持“二为”方针和“双百”方针，全面提高影片的思想性、艺术性和观赏性；要重视儿童影片的生产，保证完成年产12部儿童故事影片的任务；繁荣剧本创作；电影局与中央电视台合作，争取在1995年内开办电影频道；逐步使电影行业实行制片、发行、放映一条龙和电影、电视、录像、视盘一体化的新的运行体制；积极发展乡镇影院和放映场所，对广大乡村继续采用露天包场的办法，在群众自愿的基础上设法解决收费问题；继续扶持少数民族语言影片的译制。3.依靠科技进步，推进事业协调发展。大力加强和完善以中央台和省级为主体的全国广播电视覆盖网，采取广播电视共星传输、共站接收，提高其传输质量；重点加强对农村和老、少、边、穷地区的广播电视覆盖；有计划地采用卫星传输来扩大广播电视覆盖，逐步完成从通讯卫星传送节目向用广播电视专用卫星传送节目的过渡；加快传输网络建设，促进我国广播电影电视信息产业的发展。4.加强广播电视对外宣传，扩大广播电影电视对外交流。继续做好对外合作拍片和电影、电视片进口工作。5.加强行业管理，促进广播电影电视繁荣健康发展。行政区域有线网只能由广播电视行政管理部门开办，采取“一城一网”（省市、地市共网）的办法建设；加强播出管理，保证舆论导向的正确和节目的健康文明；大力支持广播电视教育事业，有线电视台要开辟专门频道用于教学节目的转播；健全规章制度，加快立法步伐。6.各级党委和政府要切实加强对广播电影电视工作的领导。

同日

广播电影电视部部长孙家正到中央人民广播电台新闻中心，看望新闻部和《新闻纵横》值班编辑，与大家亲切交谈，并对《各地人民广播电台联播》节目稿件作了具体指导。

6 月 4 日

中宣部、公安部、广播电影电视部、国家禁毒委的领导观看中央电视台军事部摄制的八集电视纪录片《中华之剑》，对该片给予充分肯定。该片是新中国成立以来第一部大规模反映我国禁毒领域斗争的大型纪录片。将于 6 月 26 日国际禁毒日与观众见面。

6 月 7 日～ 13 日

广播电影电视部与韩国广播公司第三次合作会议在北京召开。双方就 27 项议题进行了协商，就有关项目达成一致意见，并签署会谈纪要。

6 月 8 日

为贯彻中共中央办公厅、国务院办公厅《关于加强和改进书报刊影视音像市场管理的通知》精神，广播电影电视部、国家工商行政管理局联合发布《关于加强影视制作经营机构管理工作的通知》。

6 月 8 日～ 15 日

由中国广播电视学会主办的中国电视奖'94 电视社教节目评奖会在江西举行，33 家单位的 180 个节目参评，127 个节目获奖。此外还认定了委托电视教育节目研究委员会评选出的 16 个获奖节目和中国科技影视协会评选出的 14 个获奖节目。

6 月 8 日～ 24 日

广播电影电视部副部长何栋材赴瑞士参加蒙特勒国际电视研讨会和技术设备展。随后，何栋材率中国广播电视技术代表团访问德国、法国和奥地利。在法、德期间，就高清晰度电视和数字声广播，与欧共体签署数字音频广播（DAB）/ 数字视频广播（DVB）合作协议。与奥地利西门子公司草签为中央人民广播电台和中国国际广播电台新大楼提供数字自动化播出系统合作意向。

6 月 10 日

青海经济广播电台正式开播。

6 月 13 日

中共中央政治局委员、中宣部部长丁关根在广播电影电视部副部长田聪明、杨伟光陪同下，看望中央电视台和中央电视塔的工作人员。丁关根称赞《焦点访谈》很受欢迎，他还询问了图文电视和广告播出时间等情况。并指示，中央电视塔一定要加强安全管理，正确处理好安全播出和商业经营两者的关系。

6 月 14 日

广播电影电视部副部长田聪明主持召开广电部普通高等院校专业设置评议委员会成立暨委员会第一次会议。该委员会由部有关司局、中央三台、部属高校负责人及广播影视主要学科专家、教授共 23 人组成。田聪明任主任委员，刘爱清、刘以纯、薛大力任副主任委员。

同日

中共上海市委副书记陈至立，市委常委、宣传部长金炳华和副部长贾树枚等到上海有线电视台，从9：30至21：30，集中观看上海的电视节目。市领导专门抽出一个工作日集中看节目，这在上海电视史上还是第一次。

6月14日～18日

由中央电视台主办，云南电视台、昆明市政府协办的全国电视戏曲研讨会在昆明召开。广播电影电视部、中央电视台、中国电视艺术委员会、部分省、市电视台、《中国电视戏曲》杂志等单位的主管领导和有关专家共60余人参加研讨会。广电部副部长刘习良到会并以《借电视屏幕之威力，扬民族戏曲之美名》为题发表讲话。

6月15日

湖南人民广播电台牵头组织“洞庭万里行”大型采访活动。整个活动分三期进行，历时34天，采访近百个单位，行程5000多公里，共发稿40多篇。

6月15日～17日

由中央人民广播电台主办的华语广播交流与合作研讨会在北京举行。来自美国、澳大利亚、加拿大、马来西亚、新加坡等国家以及香港、澳门、台湾地区的14家华语广播机构和中国国际广播电台的代表出席。广播电影电视部副部长兼中央电台台长同向荣参加研讨会并致开幕词。此次会议为中央电台发起建立全球华语广播网奠定了基础。

6月15日～18日

广播电影电视部总编室在济南召开新闻评论性节目研讨会，中央人民广播电台、中央电视台以及来自全国各地14家省级广播电台、电视台的代表参加会议。孙家正部长到会作题为《努力办好新闻评论性节目 提高舆论引导水平》的讲话。与会人员围绕如何办好新闻评论性节目，进一步提高舆论引导水平这一中心议题展开讨论。

6月18日

广播电影电视部部长孙家正一行在山东省委宣传部常务副部长、山东省广播电视厅党组书记陈光林和厅长张海涛陪同下，到泰安市视察指导工作。

6月19日

广播电影电视部副部长杨伟光和中央电视台副台长赵化勇会见韩国青丘集团董事长张寿弘一行，并举行中央电视台与隶属青丘集团的韩国大邱电视台合作协议签字仪式。

6月20日～22日

中共广播电影电视部机关第九次代表大会在部音乐厅举行。中央直属机关工作委员会常务副书记顾云飞，部党组书记孙家正、副书记田聪明，党组成员同向荣、杨伟光、王甘文，原副部长郝平南等出席大会开幕式。

6 月 23 日

广播电影电视部部长孙家正、副部长同向荣在河北省省长叶连松等陪同下，视察即将竣工的河北电视中心。

6 月 25 日

中国国际广播电台尼泊尔语广播开播 20 周年。

6 月 26 日

广播电影电视部给新疆生产建设兵团广播电视局下发《关于对理顺新疆生产建设兵团广播电视事业体制的请示的复函》，指出兵团的广播电视事业发展规划、技术政策等大的方面按广电部的规定办，具体操作上应在自治区党委、政府和广播电视厅的统一规划内结合兵团的实际贯彻执行。

6 月 26 日～ 7 月 1 日

全国第九届蒙语广播节目评奖会在新疆博乐市举行，参评作品 94 件，68 件获奖。

6 月 28 日

全国人大常委会副委员长、全国妇联主席陈慕华接受中央电视台《半边天》栏目记者采访，并为该栏目题词："愿《半边天》为提高妇女地位，为保障妇女合法权益作出自己的贡献！"

同日

山东有线电视台试播典礼在山东电视台举行。7 月 1 日，该台新闻台、综艺台、影视台、体育台同时开播。

6 月 29 日

由中华全国新闻工作者协会主办的第五届中国新闻奖评选揭晓，共评出特别奖 1 个、一等奖 18 个、二等奖 54 个、三等奖 77 个。广播电视部分：《公仆、旗帜、丰碑》（锦州有线电视台）获电视专题特别奖，《在巴以签署执行协议的时刻》（中国国际广播电台）获广播消息一等奖，《反暴利，在南昌为什么难以展开》（江西人民广播电台）获广播评论一等奖，《孤岛守塔人——中华英模之 55》（中央人民广播电台）、《海外游子故乡情》（上海人民广播电台）获广播专题一等奖，《当农资价格飙升的时候》（辽宁电视台）、《外滩：悄然崛起的上海金融街》（上海东方电视台）获电视消息一等奖，《和平，使沙漠变绿洲》获电视评论一等奖，《粤海情融天山雪——一个新疆流浪儿童的故事》（广州电视台）、《壁画后面的故事》（山东电视台）获电视专题一等奖。

6月29日～7月4日

广播电影电视部副部长田聪明在陕西省广播电视厅厅长骞国政、副厅长饶一新等陪同下，视察陕西省广播电视中心，并到西安、咸阳、渭南、延安、铜川、临潼等地检查指导广播电视工作。

6月30日

中共广东省委、省人民政府《关于批转〈广东省市县乡镇机构改革实施意见〉的通知》明确规定，广播电视工作任务重的市和一类县单独设置广播电视局，纳入政府行政系列，二、三、四类县设广播电视事业局，赋予行政职能。

同月

宁夏有线电视台开始转播中央人民广播电台第一至第三套节目。至此，该台自办和转播电视节目达22套、广播节目3套，自办综合频道节目每天播出8个小时。

7月1日

中央电视台第四套节目对外播出呼号改为“中国中央电视台国际频道”，并启用新的台标片头。

同日

福州人民广播电台二台正式开播。

同日

西藏自治区党委任命原山南地委书记鲍友德为自治区广播电视厅党委书记。

7月2日

为配合中国人民抗日战争暨世界反法西斯战争胜利50周年宣传，中央人民广播电台播出专题报道《历史丰碑》。7月5日开始播出系列广播《老将军话抗战》。

7月2日～13日

第十五届全国电视剧“飞天奖”评选在北京举行。本届参评电视剧共110部800集，共有51部474集荣获等级奖和提名奖。《三国演义》获长篇电视连续剧一等奖，《沟里人》获中篇电视连续剧一等奖，《鸳鸯绣》获长篇戏曲电视剧一等奖。此外，还评选出12个单项奖。本届“飞天奖”颁奖暨研讨会于11月14日～16日在太原举行。

7月6日

为纪念中国人民抗日战争暨世界反法西斯战争胜利50周年，中央电视台第一、第二、第三套节目开始为期三个月的抗日题材影视片展播。此外，河北、山东、河南、江苏、安徽、山西6家省级电台联合推出“抗战老区南北行”大型跨省采访活动。为期一个多月。

7 月 7 日

为配合中国人民抗日战争暨世界反法西斯战争胜利 50 周年宣传，中国华艺广播公司推出大型系列报道《重返抗日战地》及系列专题《不能忘怀的历史》。

同日

广播电影电视部无线电管理委员会在北京成立。何栋材任主任。

7 月 7 日～16 日

1995 年全国省级电视台新闻部主任会议在长春召开，广播电影电视部、中央电视台有关领导和各省级电视台新闻部主任出席会议。广电部副部长兼中央电视台台长杨伟光在会上作题为《深化新闻改革 提高新闻质量》的报告。与会者就如何当好新闻部主任进行专题讨论，吉林、广东、北京、浙江等省级电视台新闻部主任介绍了经验。

7 月 7 日～8 月 15 日

为纪念中国人民抗日战争暨世界反法西斯战争胜利 50 周年，北京电视台播出专题电视片 7 部（114 集）；在 8 月 9 日开播的《影视圈》栏目中，播出第二次世界大战题材的国内外影片 14 部；举办晚会 16 台。

7 月 10 日

吉林省长春有线电视台正式开播。

7 月 10 日～16 日

由中央人民广播电台民族部主办的新形势下的民族宣传工作研讨会在吉林省延吉市召开。中央电台副台长王健儒在开幕式上就民族问题在国际、国内所处的地位及其作用、怎样做好民族宣传工作和办好中央电台民族广播作了讲话。研讨会上，与会人员结合国内外形势和我国基本国情、本地区情况，交流了新形势下民族宣传工作取得的成绩、经验，提出了值得注意的问题、具体对策和办法。

7 月 12 日

广播电影电视部同意中央电视台副台长赵化勇兼任中央卫星电视传播中心主任。

7 月 13 日～19 日

应黑龙江省广播电视厅邀请，俄罗斯哈巴罗夫斯克远东广播电视公司、萨哈林广播电视公司等几家广播电视公司的主要负责人，在哈尔滨与黑龙江电视台领导就电视节目交流、互派记者、主持人采访、学习等活动及联合译制电视剧、电影、联合拍摄专题片、纪录片等问题交换了意见，并签署加强友好合作关系协议书。

7 月 17 日

《广播电影电视部普通高等院校本、专科专业设置暂行办法》印发。

同日

内蒙古自治区广播电视厅与自治区党委宣传部、中国电视艺术家协会在人民大会堂联合召开电视系列剧《乌兰夫》研讨会。全国人大常委会副委员长王光英、布赫，全国政协副主席阿沛·阿旺晋美、洪学智，原中顾委常委伍修权、李德生出席研讨会。中共中央政治局委员、国务委员李铁映向研讨会致函祝贺。

7月17日～23日

由中央电视台和吉林电视台联合举办的全国电视台理论刊物研讨会在长春召开，中央电视台和15家省市级电视台的理论刊物的代表共30人参加研讨。与会者认为，电视理论刊物要改变“散兵游勇”式的现状，形成联网规模，才有利于互相交流，促进提高。

7月19日

广播电影电视部确定部工会常务副主席曲桂兰为正司局级干部。

7月20日

中共中央发文：中央批准，王德新任中央纪律检查委员会驻广播电影电视部纪律检查组组长，免去李范笑（女）的中央纪律检查委员会驻广播电影电视部纪律检查组组长职务。

同日

中央人民广播电台恢复播出《广播体操》节目，播放第七套广播体操乐曲，每周一至周五上午10：00至10：10于第二套节目播出。

同日

山西长城广播电台推出沿内外长城进行连续采访的《长城人家》大型采访活动，涉及山西、陕西、内蒙古、河北的20多个县、市，行程1.1万多公里，历时三个月，该台全体采编人员轮流参与。

7月21日

自即日起，北京电视台开始举办为期一个月的’95国际动画片展播活动，国外十几家、国内50家影视单位参展，展播动画片、木偶片、人偶片等50余部。

7月25日～28日

1995年全国广播电视技术维护工作会议在吉林省通化市召开，广播电影电视部副部长何栋材、吉林省广播电视厅厅长姜兴坤出席会议，全国30个省、自治区、直辖市广播电视厅（局）的主管领导共62人参加会议。会议听取广电部科教司司长陈智教所作的《94年广播电视技术维护工作的工作报告》；重点讨论了《广电部广播电视技术维护奖励暂行办法及实施细则》《全国有线电视技术维护管理的若干规定》《省级、省会市、计划单列市有线电视系统技术验收的暂行规定》和全国广播电视专用微波网总体规划。会上宣读了广电部关于表彰 1994 年度全国广播电视技术维护工作竞赛评比获奖单位的通报，吉林、辽宁、河北、山东、江苏、黑龙江、广东、河南、甘肃、安徽省和北京市等 11 个成绩突出的广播电视厅（局）荣获 1994 年度全国竞赛评比优秀奖，福建省广播电视厅荣获进步奖。

7 月 26 日

中央直属机关工作委员会批复：同意田聪明任广播电影电视部第九届机关党委书记（兼），温治中为常务副书记，夏一强为副书记，罗盛明为部机关纪律检查委员会书记。

7 月 26 日 ~ 29 日

全国广播电视法规研讨会在太原召开，来自全国 30 个省、市的 40 余名广播电视法制工作第一线的代表出席会议，广播电影电视部副部长田聪明到会并讲话。会议讨论了《广播电视管理条例》，会议代表就管理工作、法制建设的经验和做法进行了交流。田聪明在讲话中指出，在市场经济飞速发展、改革开放步伐加快的形势下，广播电视工作必须加强法制观念和法制建设，要加快立法进度，加强普法工作，加大执法力度，用法制来规范和保证广播电视事业的发展。

7 月 29 日

原中央广播事业局副局长、副部级干部董林因病在北京逝世。董林，辽宁丹东人。1938 年 4 月参加革命，同年 6 月加入中国共产党。1938 年起历任八路军挺进军司令部电台中队报务主任、晋察冀军区冀东军区无线电台第四区队副区队长、冀热辽军区第十八军分区电台区队长。1945 年日本投降后，从锦州调到广播电台工作，1946 年任承德新华广播电台台长。1948 年 9 月起先后任东北新华广播电台副台长、东北人民广播电台副台长。1953 年调北京，历任中央广播事业局设计处处长、基建总处处长、技术办公室主任、中央广播事业局副局长。

同日

广播电影电视部教育司、社管司发出《关于利用卫星电视对有线电视台专业技术人员和管理人员开展岗位培训的通知》，要求凡在各级有线电视台工作，不具备本专业大专以上学历的专业技术人员和管理人员均须参加培训。培训方式是通过卫星电视进行教学。教学过程包括讲授、自学、辅导、答疑、作业、考核六个环节。培训时间从 1995 年 12 月至 1996 年 6 月共 20 周 60 学时。

7 月 31 日

广播电影电视部任命许永生为离退休干部局局长。

同日

福建省有线电视教育频道试播，并定于教师节（9 月 10 日）正式播出。

7月31日～8月5日

全国第十三次藏语文艺广播会议在甘肃省甘南藏族自治州首府合作举行。

8月1日

吉林电视台开办吉林有线电视台，对内称有线中心，自办一套节目，以有线电视的传输方式，进入长春市及全省各市、州、县和企业、大专院校等单位的有线电视网络。

8月3日

广播电影电视部制定并发布施行《广播影视文教企业发展专项资金管理暂行办法》，共9条。

8月3日～13日

第九届全国电视文艺"星光奖"评选在北京举行。全国各电视台选送238个节目和30个栏目参加评选，有93个节目和栏目荣获等级奖和提名奖。此外，还评出9个单项奖。为了表彰对繁荣电视文艺作出突出贡献的电视文艺工作者，经广播电影电视部批准，本届"星光奖"还特别向39位多次荣获"星光奖"的电视文艺工作者颁发"星光奖特别荣誉证书"。本届"星光奖"颁奖暨研讨会11月3日～5日在西安举行。

8月5日

浙江电视台组织周末版编辑部，创办周末版节目《浙江卫视周末版》，每周六、日播出20个小时。

8月6日～12日

中国广播电视学会交通宣传委员会在哈尔滨市成立。

8月7日～12日

全国广播电视中专学校工作会议在太原广播电影电视部管理干部学院召开。会议的主要议题是贯彻国家教委《关于普通中等专业教育（不含中师）改革与发展的意见》；交流1994年全国广播电视中专学校改革与发展会议精神的贯彻情况；研讨改革办学体制、搞好学校创收、增强办学活力等问题。广播电影电视部教育司司长刘爱清在开幕式上作题为《关于广播影视中专教育改革与发展的一些思考》的讲话。

8月8日

由安徽电视台捐资20万元兴建的荧屏希望小学在霍邱县洪集乡奠基，这是安徽电视台于建台35周年之际，不搞庆典，不发纪念品，将节省的资金投向希望工程，纪念台庆的一项举措。

同日

由贵州省各级电视台共同举办的栏目《多彩的贵州》在贵州电视台播出，每周二 10：00 左右首播，周六重播，每次 20 分钟。

同日

福建省泉州人民广播电台试播。

8 月 11 日

广播电影电视部部长孙家正审看大型电视纪录片《胜利》，对该片整体结构、表现手法、解说配音等方面提出具体意见。孙家正要求将这部大型纪录片制成精品，成为保留节目。该片由中央电视台和中共中央党史研究室联合录制，是一部全景式反映中华民族全民抗战的大制作，共 14 集。

同日

广播电影电视部下发《关于宾馆、饭店必须完整转播国内有关电台、电视台节目的通知》：宾馆、饭店应安排专用频道完整转播中央人民广播电台、中国国际广播电台、中央电视台和省级电台、电视台以及当地电台、电视台的第一套节目。

8 月 12 日

中央电视台通过卫星与上海东方电视台双向直播第 110 期《综艺大观》晚会节目，纪念 1937 年“8・13”淞沪抗战。两地卫星双向直播节目的首次尝试取得成功。

8 月 13 日

全国第二届电视十佳制片人评选活动在北京揭晓，张雪村、靳树增、陈虻、任大惠、孙雪萍、孟欣、王升旗、王惠、尤小刚、申彬彬获本届电视十佳制片人称号。颁奖大会于 11 月 12 日在上海举行。

8 月 15 日

中央人民广播电台《企业之声》节目开播，设有《经营之道》《专家会诊》《企业家漫谈》《信息快讯》等栏目。

同日

中国国际广播电台日语部为配合中国人民抗日战争暨世界反法西斯战争胜利 50 周年宣传，播出特别节目《前事不忘，后事之师》、专访《不容许否认的历史事实》《战争孤儿话今昔》。

8 月 16 日

中国广播电视学会主办的第二届全国广播电视学术论著评选在北京揭晓，共有 27 部作品获奖。其中，《中国广播电视学》《中国应用电视学》《东北人民广播史》《播音风格探》和《飞天与金鸡的魅力》等 5 部作品获一等奖；另有 9 部作品获二等奖，11 部作品获三等奖。《中国改革开放辉煌成就十四年（广播电影电视卷）》和《半世纪的历程——纪念中国人民广播事业 50 周年》获特别奖。

8 月 17 日

广播电影电视部部长孙家正、副部长何栋材到新疆维吾尔自治区广播电视厅考察工作。

同日

陕西省数据广播中心正式成立，同时组建陕西省数据广播网。

8 月 19 日～21 日

全国边境广播电视建设工作会议在新疆维吾尔自治区伊宁市召开，全国 10 个边境省（区、市）广播电视厅（局）的代表参加会议。国家发展计划委员会副主任郝建秀、广播电影电视部部长孙家正、新疆维吾尔自治区党委副书记贾那布尔等领导出席会议。孙家正在讲话时强调，“九五”期间，边境广播电视建设要把重点放在扩大广播电视的人口覆盖率上，解决 30% 的人口收听收看广播电视问题。会议表彰了全国陆地边境广播电视建设 18 个先进集体和 32 名先进个人。

8 月 20 日～9 月 5 日

中央人民广播电台在《新闻和报纸摘要》节目开设《庆祝西藏自治区成立 30 周年》专栏。

8 月 21 日

广播电影电视部印发《关于进一步加强影视剧著作权保护工作的通知》。

同日

黑龙江省广播电视厅、黑龙江人民广播电台举行庆祝黑龙江人民广播事业诞生 50 周年大会。中共中央政治局委员、国务委员李铁映和广播电影电视部副部长、中央人民广播电台台长同向荣专程到会祝贺。

8 月 22 日～27 日

马来西亚新闻部秘书长达杜·扎瓦维·马哈穆丁率代表团一行六人来华，在北京与广播电影电视部举行中马合作委员会第一次会议，并访问天津。

8 月 23 日

广播电影电视部任命吴达审为中国广播电视国际经济技术合作总公司总经理。

8 月 24 日

中共上海市委宣传部召开影视合流首次干部大会，市委常委、宣传部长金炳华主持大会，市委常委、组织部长罗世谦宣布上海广播电影电视局党政领导班子名单。孙刚为局党委书记、叶志康为局长、吴贻弓为局艺术总监。

8 月 27 日

中央电视台第二套节目现场直播十二演播室特别节目《’95 国际大专辩论会》决赛。国务院副总理李岚清发来贺词，全国人大常委会副委员长王光英、广播电影电视部副部长杨伟光等为获奖队和获奖个人颁奖。

8 月 28 日

广播电影电视部下发《关于进一步加强和改进境外影视剧引进和播出管理的通知》。

同日

青岛文艺广播电台正式开播。

同日

宁夏回族自治区银川城区供电分局因宁夏人民广播电台 8 月未能按时缴纳电费，将宁夏人民广播电台发射台的两路供电电源切断，造成宁夏人民广播电台播出及转播中央人民广播电台节目停播 4 小时的严重停播事故。自治区广播电视厅和自治区人民政府有关部门及时进行了解决处理。

8 月 30 日

中国华艺广播公司推出 50 集大型系列专题《两岸百姓话亲情》。

8 月 30 日～ 9 月 11 日

中央人民广播电台副台长王燕春率该台代表团访问保加利亚国家电台和俄罗斯国家广播电视公司，与对方分别签订广播合作协议，促成保加利亚电台举办“中国广播音乐周”。

8 月 31 日

广播电影电视部副部长刘习良出席上海电视台外语台开播仪式并致辞。上海市委、市政府及外国驻上海领事馆近 300 名中外宾客出席开播仪式。9 月 1 日，该台正式开播。

同月

张海涛任山东省广播电视厅党组书记。

同月

浙江电视台改版原有的少儿节目《星星 · 太阳 · 风》，开设全新的《浙江少儿 TV 》。这是一档面向 14 周岁以下少年儿童的综合性栏目，被评为全国“金童奖”优秀栏目。

同月

投资 7000 多万元（不包括设备）、建筑面积 1.6 万多平方米的西藏广播电视译制制作播出中心建成并部分投入使用。

同月

西藏自治区成立 30 周年大庆项目、62 项重点工程之一的 550 个乡级太阳能广播电视卫星收转站、单收站通过验收。这项工程是广播电影电视部为解决西藏农牧民群众听广播、看电视难而采取的一项重要措施。

同月

新疆人民广播电台播控中心声频数字系统安装完毕。原来的五种语言节目的播出和制作实现数字化。

9月1日

《中外合作制作电视剧（录像片）管理规定》（广播电影电视部令第15号）发布施行，共23条。

同日

《影视制作经营机构管理暂行规定》（广播电影电视部令第16号）发布施行，共18条。

同日

广播电影电视部发出《关于我部第三届高校优秀教材评选结果的通知》。一等奖：《中国应用电视学》等四部著作；二等奖：《中国广播文艺学》等四部著作；鼓励奖：《现代市场营销学》等两部著作。

同日

西藏自治区成立30周年庆祝大会在拉萨新落成的布达拉宫广场隆重举行。西藏电视台首次采用直播方式通过卫星向全区人民转播了大会实况。

同日

陕西电视台试播图文电视节目。

9月2日

为了纪念中国人民抗日战争暨世界反法西斯战争胜利50周年，由中宣部、文化部、广播电影电视部、中国人民解放军总政治部和北京市政府联合举办的大型文艺晚会《光明赞》在人民大会堂隆重举行。党和国家领导人江泽民、李鹏、乔石、李瑞环、朱镕基、刘华清、胡锦涛、荣毅仁等同首都各界群众观看演出，中央人民广播电台、中央电视台进行现场直播。9月3日，中央三台现场直播“首都各界纪念中国人民抗日战争暨世界反法西斯战争胜利50周年大会”。

9月4日

联合国第四次世界妇女大会在北京开幕。中央人民广播电台专门开设《联合国第四次世界妇女大会特别节目》，播出有关消息、专稿700余篇，录音报道360多分钟。中国国际广播电台采访了100多个国家和地区的300多位外宾。中央电视台开辟了为与会各国代表及在京外国人服务的C路频道。C路频道以英语为主，采取直播、录播、新闻和专题等方式播出，在众多出席和报道世妇会的外国记者中产生了一定影响。

9 月 4 日～ 8 日

由广播电影电视部和中国残疾人联合会共同举办的首届“奋发文明进步电视奖”评选活动在北京进行。该奖项旨在奖励和表彰反映残疾人事业的优秀电视作品和主创人员。各地选送推荐作品 185 部，50 部荣获等级奖和提名奖。《壁画后面的故事》（山东电视台）获专题节目大奖；《生命交响——’94 远南》（中国残疾人联合会、中央电视台）获专题节目特别奖；《空间——严华的自述》（上海电视台）获专题节目一等奖；《正大综艺（远南专集）》（中央电视台）获文艺节目一等奖。

9 月 7 日

广播电影电视部部长孙家正主持召开广播电视科教宣传座谈会，国务院副总理李岚清出席当日下午的座谈会。李岚清在讲话中指出：“在宣传报道中要加大科教兴国的宣传力度；教育宣传要寓教于乐，增加趣味性；教育宣传要补充学校课堂教育的不足；要增加科普知识宣传。”会议认为，广播电视为适应科教兴国战略的要求，需在以下几个方面作出努力：一、广播电视工作者要提高对科教兴国战略的认识，把宣传科教兴国的战略作为重要任务，认真规划，切实抓好；二、广播电视工作者要努力学习现代科学技术的基本常识，学会使用通俗易懂的语言宣传各种新的科技知识；三、大力宣传科技、教育战线的先进人物、先进集体、宣传他们为国家建设所作的巨大贡献；四、要宣传党、国家、各级政府对科技、教育事业的重视和支持；五、制作节目时要充分考虑到宣传可能产生的正负两方面的效应；六、广播电台、电视台要增强自觉性、主动性，同科技部门、教育部门加强联系和沟通。中央人民广播电台、中国国际广播电台、中央电视台以及科技界、教育界的专家学者出席座谈会。

同日

辽宁人民广播电台建台 50 周年。

9 月 8 日

广播电影电视部任命孙迎年为中央人民广播电台总工程师。

9 月 12 日

新一届中国电视艺术委员会委员会议在中央电视台召开。会上，广播电影电视部部长孙家正，副部长刘习良、杨伟光向各位委员颁发聘书。孙家正在讲话中强调，艺委会委员之间要倡导民主气氛，做到各抒己见、畅所欲言、群策群力，努力做好艺委会的工作。

9 月 14 日

中共中央政治局委员、中宣部部长丁关根到吉林人民广播电台、吉林电视台视察工作。

同日

西藏有线电视台试播。至年底，拉萨已有4000多用户并入西藏有线电视网。

9月15日～19日

由广东省对外文化交流协会、广东省广播电视学会和广东电视台联合举办的第二届华语电视周在广州举行。来自美国、加拿大、法国、英国、澳大利亚、新加坡、日本等国家和中国香港、台湾、澳门地区的83家电视机构以及内地164家电视台、影视机构的代表近600人参加本届华语电视周活动。

9月15日～20日

第十二届全国省级电视台节目交流年会在湖北召开。各成员台台长、总编室主任和广播电影电视部、中央电视台有关部门负责人共121人参加会议。中共湖北省委常委、宣传部长王重农，省委宣传部副部长李德华，省广播电视厅厅长兼湖北电视台台长黎鸣出席开幕式并讲话。与会代表围绕省级电视台面临的形势、任务和在市场经济条件下节目交流网面临的问题，以及上星台与不上星台播出网内交流节目的关系协调等议题进行了讨论。

9月17日～21日

中国西部广播电视技术协作会在拉萨召开。

9月18日～20日

广播电影电视部在重庆召开全国广播电视厅（局）长座谈会，全国30个省、自治区、直辖市广播电视厅（局）的主要领导参加会议。广电部部长孙家正、副部长同向荣出席会议并讲话。这次会议的主要议题是汇报、交流广播电视系统开展检查的进展情况、出现的问题及经验，研究、部署下一阶段的检查工作。座谈会还就审批新建广播电台、无线和有线电视台办法、对各级广播电视播出机构实行年检制度等文件征求意见稿进行了讨论。孙家正在讲话中强调，前一阶段检查已取得初步成效，各级广播电视行政部门要再接再厉，按照部里的部署，把检查工作搞好。同时在检查中要加强领导，严格执法，妥善处理各方面的关系，注意工作方法，总结各方面的经验。他还就年内广播电视宣传工作等谈了意见。会议还对全系统“二五”普法工作进行了总结，110个先进集体和106名先进个人受到表彰。

9月18日～24日

中央人民广播电台首次在国外举办“中国广播音乐周”活动。该台制作的音乐节目在韩国国际广播电台（KBS）《下午大行进》节目中播出。

9月20日

由中国国际广播电台举办的“荣事达杯世界反法西斯战争胜利50周年征文活动”颁奖仪式在北京举行。

同日

贵州有线电视台成立。11 月 30 日，该台正式转播中央电视台卫星加密节目。

9 月 21 日

广播电影电视部党组发文：同意宋立业任管理干部学院党委书记，高昶任管理干部学院党委副书记兼纪委书记。

9 月 21 日～25 日

中国广播电视学会第二届常务理事会第五次会议在成都召开，广播电影电视部部长孙家正出席开幕式。会议审议了《“中国广播奖”“中国电视奖”评奖条例（草案）》。

9 月 21 日～26 日

’95（第三届）四川国际电视节在成都举行，来自 30 个国家和地区的 2800 多位中外来宾参加电视节各项活动。本届电视节国际电视节目交易会有 23 个国家和地区的 355 家机构参加，设展机构 114 个，展厅面积 2000 多平方米，达成意向引进电视片 1100 多集；出口 500 多集，成交额 50 多万美元。9 月 23 日，由本届国际电视节组委会和中国电视艺术委员会联合主办的“中国电视剧十佳女导演”评选活动揭晓。斗琪、李莉、阿因、陈力、倪绍钟、黄蜀芹、富敏、虞志敏、蔡晓晴、潘霞获此殊荣。

9 月 22 日

西藏电视台庆祝建台 10 周年。该台 1975 年开始筹建，1985 年 8 月正式建立。目前，有两套节目，每天用藏、汉两种语言播出 17 个小时。

9 月 22 日～25 日

全国广播电视系统纪检监察工作会议在江苏省无锡市召开。中央纪律检查委员会副书记陈作霖出席开幕式并讲话，强调指出：纪检监察工作要始终坚持“两手抓”，全面贯彻党的基本路线。要切实履行职责，认真抓好本部门、本单位的党风廉政建设和反腐败斗争，要加强政治思想作风建设，努力提高自身的素质，才能更好地担负起党和人民赋予我们的各项任务。中纪委驻广播电影电视部纪检组组长王德新在开幕式上作题为《全面履行纪检监察职能，为广播电视宣传服务》的工作报告。与会代表就社会主义市场经济体制条件下，广电系统如何进一步开展反腐倡廉等问题进行了讨论。

9 月 23 日

应山西人民广播电台邀请，中央人民广播电台、中国国际广播电台和广东、上海、江苏、辽宁、山东等省、市七家广播电台派出记者，组成广播记者采访团，联合推出“看山西”大型采访活动。

9月24日～28日

全国广播电视对台宣传工作座谈会在厦门召开，国务院台湾事务办公室、广播电影电视部、中央人民广播电台、中国国际广播电台、中央电视台，福建、福州、厦门以及部分省市电台、电视台的负责人共40多人参加会议。会议交流了对台宣传工作的经验及在新形势下如何进一步做好对台宣传工作。

9月26日～10月4日

上海电视台与广播电影电视部“飞天奖”评委会联合举办“飞天奖佳作展播”。这是广电部“飞天奖”评委会第一次与省、市台联合举办电视剧展播。

9月27日

19:20至19:25，远在海峡对岸的台湾无线卫星电视台（TVBS）演播室的主持人蒋雅琪与在北京中央电视台演播室的主持人徐俐，通过卫星线路同时出现在台湾观众面前，由此开始了海峡两岸新闻连线直播。这是《中国新闻》首次在台湾无线台直播，也是两岸电视界的一次成功合作。

9月下旬～10月7日

新疆电视台圆满完成四场庆祝新疆维吾尔自治区成立40周年重大活动的现场直播。新疆电视台首次实现外来信号（同时具备三种语言实施现场译播、插播功能）的现场直播。

同月

马雨农调任浙江省广播电视厅副厅长、浙江人民广播电台台长。原副厅长、台长傅上伦调离广电厅。

10月1日

上海人民广播电台990千赫、湖北人民广播电台774千赫、四川人民广播电台1116千赫同时成功直播一档国庆特别节目《腾飞的长江》。

同日

中央电视台《经济半小时》播出国庆特别节目《收获——中国农村小康纪实》。国务院副总理姜春云认为，节目内容丰富、编排得当，准确地反映了当前农村新貌和小康工作的进程。

同日

新疆维吾尔自治区阿勒泰地区通过微波定向传送，首次电视现场直播阿勒泰地区“庆祝新疆维吾尔自治区成立40周年”活动的盛况。

10 月 1 日～ 3 日

中央人民广播电台《午间半小时》节目播出国庆特别节目《您好！祖国》，直播记者从全国各地发来的现场报道。

10 月 2 日

宁夏有线电视台自办新闻节目正式播出，每天播出 10 分钟。

10 月 2 日～ 12 日

中央人民广播电台副台长王汝峰率该台代表团一行四人访问匈牙利国家电台和捷克国家电台，与匈方达成在各自电台相互举办对方国家音乐周的协议。

10 月 6 日

由全国重大革命历史题材影视创作领导小组、江西电视台、吉安地区广播电视局联合摄制的四集电视连续剧《毛泽东千里寻故地》首映式在江西电视台举行。

10 月 6 日～ 11 日

第十四届全国省级电台记者工作经验交流会在南宁召开。

10 月 12 日

中国国际广播电台新建业务大楼竣工仪式在该台新址隆重举行，中共中央政治局常委、全国政协主席李瑞环，中共中央政治局委员、国务委员李铁映以及中央各部委和北京市的有关领导参加仪式。

10 月 12 日～ 15 日

《中国广播电视年鉴》第十一届年会在湖南张家界举行，来自 27 个省、自治区、直辖市，6 个计划单列市和广播电影电视部直属部门的编委、特约编辑共 80 多人出席。会议表彰了 16 名从事年鉴工作满 10 年的人员。

10 月 16 日～ 24 日

“亚广联”第三十二届大会及有关会议在伊朗德黑兰举行，广播电影电视部副部长刘习良率中国广播电视代表团参会。会议期间，刘习良拜会了伊朗广播电视组织主席，向他转达了广电部部长孙家正的问候，邀请他在方便的时候访问中国。中央电视台选送的儿童电视剧《小猫王》获“亚广联儿童电视节目奖”。

10 月 17 日～ 19 日

广播电影电视部总编室在北京召开全国省级广播电视厅（局）总编室工作座谈会，30 个省、自治区、直辖市广播电视厅（局）的总编室主任参加会议，广电部部长孙家正、副部长刘习良出席会议并讲话。与会人员围绕进一步搞好广播电视宣传工作这一中心，就如何加强和改进总编室工作展开讨论，并对部总编室的工作提出不少意见和建议，部总编室给予了积极的回应。

10 月 18 日

《电视剧制作许可证管理规定》(广播电影电视部令第 17 号)发布施行，共 25 条。

同日

广播电影电视部任命胡恩为中国电视剧制作中心副主任；任命邵昌有为中央电视台总工程师，刘宜勤不再任该职务。

10 月 20 日

为纪念著名记者范长江 60 年前只身走西北的壮举，湖北楚天广播电台组成“范长江之路”采访团，即日从武汉出发，途径四川、甘肃的 11 个市、县，历时 41 天，行程近 4000 公里，发稿 27 篇，对四川和甘肃省部分市、县的社会经济发展状况和当地干部群众的精神风貌进行了比较深入和实事求是的报道。

10 月 22 日

中共中央政治局委员、中宣部部长丁关根和广播电影电视部部长孙家正、国务院副秘书长刘奇葆等在江苏省委常委、宣传部长王霞林等陪同下，到无锡太湖影视城“三国城”视察工作。

10 月 23 日

《广播电影电视部行政奖励工作管理暂行办法》发布施行，共 18 条。

10 月 24 日

俄罗斯驻华大使罗高寿代表使馆和俄罗斯国际科学文化合作中心，对北京电视台在纪念苏联人民卫国战争胜利 50 周年活动中，制作并播放大量有关的宣传节目和影片给予高度评价，并向北京电视台颁发荣誉证书。

10 月 25 日

中国华艺广播公司与中央人民广播电台、海峡之声广播电台、华艺出版社联合举办的“‘忆烽火岁月，话祖国统一’对台广播征文活动”圆满结束，并在北京举办颁奖仪式。全国人大常委会副委员长程思远，中央军委委员、中国人民解放军总政治部主任于永波等领导及参加抗战的老将军杨成武、张爱萍、王平等出席颁奖仪式。

同日

广播电影电视部人事司组织召开部属单位人事档案工作达标暨“双先”表彰会。会议对 1995 年度人事档案管理达标检查及“双先”评比工作进行总结，对达标单位颁发达标证书，对先进集体和先进个人进行了表彰和奖励。

10 月 26 日～27 日

中共中央政治局委员、中宣部部长丁关根，广播电影电视部部长孙家正视察上海电影制片厂、上海电影技术厂、上海电视台、上海有线电视台。

10 月 26 日～ 29 日

由中国广播电视学会技术研究委员会、浙江省广播电视厅、《世界有线电视信息》杂志共同主办的’95 国际有线电视技术研讨会在杭州召开，来自国内外的专家、厂商和广电系统代表近 500 人参加研讨会。会议针对我国有线电视的飞速发展和国际有线电视高新技术的出现，研究了交互式综合宽带网的关键技术问题，探讨了有线电视网络综合利用的新路子。广播电影电视部副部长何栋材作题为《关于中国有线电视数据广播网之我见》的报告。近 30 名中外专家作了学术报告。

同日

广播电影电视部在北京举办第二届节目技术质量评奖会议。

10 月 28 日

陕西省重点建设项目——陕西广播电视中心基本建成并投入使用。

10 月 30 日～ 11 月 1 日

’95 中国电视节目外销联合体全体会议在北京召开，广播电影电视部部长孙家正、副部长兼中央电视台台长杨伟光、中央外宣办三局副局长任一农、国家版权局副局长沈仁干、广电部外事司司长马元和及中国电视节目外销联合体 47 个成员台的代表出席会议。孙家正在讲话中谈了对外销工作的几点想法：1. 对中国电视节目来说，国际市场非常广阔；2. 中国电视节目走向世界的关键在于节目质量；3. 电视节目外销既是商业行为，也是外宣的需要；4. 节目外销工作要重视渠道问题；5. 电视节目的销售工作反过来要推动和促进电视节目的制作。会议讨论并通过修改后的《中国电视节目外销联合体章程》及《联合体节目输出实施细则》，选举产生新一届的常务理事台及理事长、副理事长和秘书长。

10 月 30 日

中国唱片总公司董事会（筹备会）成立，在上海召开的会议上就公司的重大问题形成一致意见。原则确定和通过成立中国唱片发行公司的方案。

10 月 31 日

中央人民广播电台第五套节目（对台第一套）经调整改造后正式出台，进一步完善和强化以新闻为主体、突出服务功能的节目布局。第六套节目（对台第二套）经调整改造后，采用“华语世界”这一新的呼号正式开播，内容以服务性、娱乐性为主，除新闻节目外，还设有综合性、专题性节目。

同日

中国国际广播电台纪念菲律宾语广播开播 30 周年。

同月

中央人民广播电台蒙、藏、维、哈、朝语广播陆续上星，收听效果比过去有了很大改善。

11月1日～9日

中国广播奖1994年度广播剧评选活动在江苏省靖江市举行，参评作品62部，有44部获奖，其中一等奖8部。

11月1日～17日

北京市广播电视局承办的'95中国音像出版物展览会分别在美国洛杉矶和旧金山市举办。中国国内22家音像出版、发行单位参展，展品以民族文化精品为主，反映了我国音像出版的现状和水平。

11月3日

全国政协副主席钱正英视察江苏南京广播电视塔。

11月5日

作为邹韬奋百年诞辰纪念活动重要内容之一的“第二届韬奋新闻奖”和“第四届韬奋出版奖”颁奖会在人民大会堂举行。中共中央政治局委员、书记处书记、中宣部部长丁关根，中共中央政治局委员、国务院副总理邹家华，全国人大常委会副委员长、中国韬奋基金会主席孙起孟等，以及邹韬奋生前友好、各界代表200多人出席颁奖会。共有10名编辑、通联、校对获本届韬奋新闻奖，其中，广播电视系统白玛卓嘎（西藏人民广播电台）、李向明（中央人民广播电台）、余碧君（广东人民广播电台）等获奖。

11月8日

第三届中国唱片“金唱片奖”颁奖文艺晚会在北京保利大厦国际剧院举行。

同日

新疆维吾尔自治区广播电视厅天山电视台更名为新疆经济电视台。

11月8日～12日

中国广播电视学会播音学研究委员会在北京举行第七届优秀播音作品、第六届优秀播音论文颁奖暨1995年学术年会。中共中央政治局委员、中宣部部长丁关根，全国政协副主席赛福鼎·艾则孜出席会议，并向夏青、林田、葛兰、林如、沈力、刘佳、陈醇、关山、路虹、段美珍和已故著名播音艺术家齐越等对新中国播音事业作出杰出贡献的老播音员颁奖。广播电影电视部部长孙家正到会讲话。共有48件优秀播音作品和53篇优秀播音论文在评选中获奖。

11月14日

中国国际广播电台和天津市人民政府联合举办的“天津杯·联合国第四次世界妇女大会环球知识竞赛”颁奖仪式在钓鱼台国宾馆举行。全国人大常委会副委员长雷洁琼，国务院新闻办公室主任曾建徽、副主任李源潮，天津市副市长叶迪生、市政府副秘书长陈洪江，广播电影电视部副部长杨伟光，国际台领导张振华、丛英民、李丹、陈敏毅和各新闻单位代表150余人出席颁奖仪式。此次竞赛活动共收到112个国家和地区的听众参赛答卷25万多份。6人获特等奖。

同日

广播电影电视部下发《关于进一步加强各级无线和有线电台、电视台以及电视差转台节目播出管理的通知》。

11月14日～17日

广播电影电视部科学技术委员会第十三次会议在北京召开。广电部部长孙家正在讲话中强调要充分认识科技工作在广播电影电视工作中的地位，要重视人才队伍建设，还要进一步发挥科技委的作用。

11月15日

上海有线电视台全市联网用户达150万户。

11月16日

广播电影电视部发出《关于加快与中央卫星电视传播中心联网的几个具体问题的通知》，要求各省、自治区、直辖市广播电视厅（局），加快做好推荐、组织有线网、台与中央卫星电视传播中心的联网工作。

同日

京九铁路全线铺通。铺通庆典和接轨仪式分别在江西省九江市和定南县同时举行。江西人民广播电台首次胜利完成两地远距离现场同步直播的报道任务。中央电视台与江西电视台、九江电视台密切合作，圆满完成现场直播和新闻报道任务。

同日

四川人民广播电台第一套（新闻综合）和第二套（民族语言）节目上卫星传送。同时对第一套节目结构进行调整，全天播音18小时10分钟。该台特意举办了一档上卫星直播特别节目，于11：45至12：50播出。

11月17日

全国广播电视厅（局）办公室主任会议在长沙召开。会议的主要内容是交流贯彻落实中央领导对广播电影电视工作的指示精神，交流和总结各厅局的督查督办工作和信息工作，为1996年全国厅（局）长会议作前期准备。

11月20日～22日

广播电影电视部在北京召开全国广播电视监测工作会议，会议由部科技司、监测中心联合筹办。来自全国30个省、自治区、直辖市广播电视厅（局），部内有关单位和几个特邀监测台的代表共85人参加会议。会议开幕式由部科技司司长陈智教主持。部长孙家正到会看望会议代表并讲话，副部长何栋材在会上作题为《统筹规划，扎实工作，建设现代化的广播电视监测网》的报告。与会代表对《全国广播电视监测网总体规划（征求意见稿）》提出了修改意见。

11月21日

吉林人民广播电台建台50周年。

11月23日

针对国务院《卫星电视广播地面接收设施管理规定》(129号令)发布以后各地在管理中出现的一些新问题、新情况，为了更好地贯彻执行国务院129号令，进一步加强对卫星电视的管理，广播电影电视部发布《关于接收境外卫星电视节目管理的有关问题的通知》。

11月23日～28日

由中央电视台广告部主办、安徽电视台协办的'95第二届全国电视公益广告研讨会在黄山市召开，全国近30家省（区、市）电视台的领导及广告创意人员出席会议。

11月26日

四川人民广播电台推出《四川与世界》栏目。除开设国内外要闻外，主要设置《经贸纵横》《时事综述》《友好往来》《华侨之声》《巴蜀文化》《异域风情》《港澳台专电》等栏目。

11月26日～30日

第五届上海国际广播音乐节举行，共有51个国家和地区的79家电台（公司）参加，国内各省（区、市）电台都送来播出节目参赛。上海人民广播电台制作的音乐专题节目《一枝极美丽的古代花朵》获得本届"金编钟"大奖。

11月27日

《广播电影电视部干部聘任管理暂行规定》印发，共7章30条。1996年1月1日起施行。

同日

湖南省广播电视网络数字微波工程在省广播电视厅院内举行开工典礼。该项工程由湖南省广电厅和美国联合国际控股有限公司共同投资兴建。工程投资总额1.2亿元。

11月28日

监察部、中纪委决定：赵声鸿任监察部驻广播电影电视部监察局局长，方源任中央纪委驻广播电影电视部纪检组副组长、正局级监察员。

同日

'95北京数字电视技术研讨会开幕式暨中央电视台数字压缩设备、数字演播室、数字转播车启用仪式在中央电视台新建的800平方米数字演播室举行。广播电影电视部、国家科委等有关部门的领导出席开幕式。

11 月 28 日～ 30 日

中国广播电视学会高塔委员会在北京成立，李天德当选为理事长。

11 月 29 日

第十世班禅额尔德尼转世灵童的金瓶掣签仪式在拉萨大昭寺举行。12 月 8 日，第十一世班禅坐床典礼在日喀则扎什伦布寺隆重举行，西藏人民广播电台、西藏电视台及时派出记者进行报道。

11 月 30 日

8：30，中央电视台加扰卫星电视开始试播。加扰的体育、电影、文艺三个频道和少儿、农业、科技、军事综合频道同时播出，为全国有线电视提供了新的节目源。

11 月 30 日～ 12 月 2 日

美国体育节目主播人协会在纽约向中央电视台体育节目评论员宋世雄颁发 1995 年度国际体育节目最佳主播奖。

同月

首届“中国江苏电视周”在美国纽约教育电视网四十五频道举办。电视周期间，播出江苏电视台选送的《桑帛情》《周庄》《南京大屠杀》等电视片，共七个小时。

12 月 1 日

甘肃有线电视台节目通过微波线路，正式送往全省各地、州、市。省广播电视厅为此举行全省联网开通仪式。

12 月 2 日

中国国际广播电台派驻尼日利亚的记者李守明、张哲赴拉各斯建站。

12 月 2 日～ 3 日

第三届亚洲冬季运动会新闻中心及哈尔滨至亚布力滑雪场电视转播微波线路建设全部完成，黑龙江电视台与中央电视台进行亚冬会电视转播首次合练成功。

12 月 5 日～ 8 日

由中国数据广播中心和广播科学研究院图文电视技术中心联合举办、北京电视台协办的“图文电视数据广播经验交流会”在北京举行，全国 20 多家图文电视台和有关单位的 57 位代表参加会议。会上，广科院院长陈晓宁作题为《数据广播是广播电视未来发展的希望》的报告；国家信息中心主任胡小明介绍了数据广播与 SIC 实时金融信息；部分图文电视台和信息台分别介绍了各自的发展情况并进行了经验交流。

12 月 6 日

《中国广播电视年鉴》创办 10 周年座谈会在中国国际广播电台新落成的国际广播中心大楼召开。《年鉴》顾问吴冷西、温济泽、金照、卢克勤、周新武、左漠野和原主编谢文清及在京的编委、特约编辑40多人出席。

12月6日～8日

广播电影电视部在北京召开全国少儿电视节目题材规划会，来自全国60多家电视台和30多个动画制作单位的代表参加会议。会议由广电部副总编辑、部总编室主任张振东主持。广电部副部长兼中央电视台台长杨伟光作《加强少儿电视宣传是培养跨世纪人才工程的重要工作》的讲话，提出1996年中央电视台将联合各地电视台推出“六个一百”电视创作计划，即一百首儿歌、一百集童话剧、一百集动画片、一百集科普专题片、一百集人物系列片、一百集游戏节目。12月8日，第三届少儿电视节目“金童奖”颁奖大会在中央电视台举行。中共中央政治局委员、国务院副总理李岚清出席大会并发表讲话。他希望广大电视工作者在现有成绩基础上进一步提高节目的质量和水平，生产出更多的精品，并希望大家努力发展国产动画片。

12月7日

经天津市委、市政府批准，天津人民广播电台、天津电视台由正处级单位升格为副局级单位。

12月10日

1995年全国电视经济节目研究会年会暨电视经济深度报道研讨会在北京召开，广播电影电视部副部长兼中央电视台台长杨伟光及全国电视经济节目研究会近60位理事出席会议。杨伟光在讲话中要求经济报道要注重提高质量，多出精品，提高收视率；内容上要有针对性，形式上要生动活泼，强调现场采访，让普通百姓上电视；要发挥电视系统优势，共同抓好经济宣传。

12月10日～15日

第九届全国省台海外电视工作会议在上海举行，全国30多家省级电视台的外宣部门负责人以及北京、上海近10家外宣部门和机构负责人共70余位代表参加会议。广播电影电视部副部长刘习良为大会发来贺信，上海市副市长龚学平代表上海市委、市政府到会祝贺。这次会议是1994年11月在广州成立的中国省级电视台海外交流联合体的第一个年会。与会代表认为，在新形势下，电视外宣要集中各台力量，以节目为龙头，在各方面实行联合对外，使海外观众了解中国改革开放的大好形势。

12月11日

全国政协副主席吴学谦视察江苏南京广播电视塔。

同日

“凤阳杯”第二届中国广播文艺奖评选在广州揭晓。总评委会共收到26个参评单位选送的65个节目，评出获奖节目42个。同时，评委会还对先期委托专业委员会、中央人民广播电台等单位评出的54个专项文艺节目进行了终评认定。

12 月 12 日～ 18 日

全国广播电视系统成人教育工作座谈会在海口市召开，各省级广播电视厅（局）、中央三台、部属院校的负责人参加会议。会议认为，新形势下要继续推进广播电视成人教育的发展，必须从管理体制、办学条件、教学手段等方面加大改革力度，建立具有广播电视行业特色的成人教育体系。会上成立了“中国广播电视学会成人教育委员会”，刘爱清当选为会长。

12 月 15 日

中央人民广播电台召开 1994 年度获奖节目颁奖总结会。广播电影电视部副部长兼中央电台台长同向荣在会上强调，提高节目质量是中央电台永恒的主题。在 1994 年度，中央电台在“中国广播奖”评选中共获得 10 个一等奖、12 个二等奖、11 个三等奖。在“中国新闻奖”评选中获得 1 个一等奖、1 个二等奖。在全台优秀节目评选中，4 个节目获得特别奖、28 个获得一等奖、77 个获得二等奖、89 个获得三等奖。

同日

中国国际广播电台召开纪念中国人民对外广播事业创办 54 周年老同志座谈会。广播电影电视部部长孙家正、原部（局）老领导，延安时期参加过对外广播工作的老播音员、工程技术人员和有关老同志温济泽、金照、张纪明、原清志、毛动之、唐旦、肖岩、赵安博、王斐，原台领导丁一岚、邹晓青、赵光、卢杰、崔玉陵、胡耀亭、魏建群和现任台领导张振华、丛英民、孔令保、李广才等出席座谈会。孙家正在座谈会上指出，对外广播开播时间是经过反复查证后郑重确定的，对外广播开播时间从 1947 年 9 月 11 日提前到 1941 年 12 月 3 日，不仅是简单的日子更改，对外广播诞生于抗日战争时期，表明对外广播从一开始就投身于民族解放事业，而且是日本友人同中国人民一同并肩战斗，这是非常有意义的事情，是中国广播事业的光荣。我们应铭记这一段历史。

同日

青岛广播电视发射塔被国务院研究中心选入“中华之最荣誉大典”（1949 ～ 1995），认定为“中国第一钢塔”。该塔为钢结构多功能塔，相对高度 232 米，1993 年 1 月开工，1995 年 2 月开播，1996 年 2 月竣工。

12 月 15 日～ 17 日

由上海电视台发起并和中国电视纪录片学术委员会联合举办的’95 中国电视纪录片理论研讨会在上海召开。研讨会期间，举行了中国电视纪录片学术奖颁奖仪式。

12 月 15 日～ 20 日

中国广播电视学会主持人节目研究委员会在北京举行第二届广播电视节目主持人“金话筒”奖定评会议。在全国 282 名参评者中，有 120 名获奖。其中广播电视各获金奖10名、银奖20名、铜奖30名。张之、沈力、宋世雄获“特殊荣誉奖”。

12月18日

云南人民广播电台音乐台正式开播。

12月19日

山东省广播电视传输网微波主干线开通典礼在济南举行。

同日

贵州电视台经济频道正式开播。

12月22日

在黑龙江省首次公开考试选拔省直部分副厅局级干部中，周兴海被任命为省广播电视厅副厅长。

同日

宁夏回族自治区党委、人大常委会决定，任命金晓昀为自治区党委宣传部副部长、自治区广播电视厅党组书记、厅长；萨本冀不再担任自治区广电厅党组书记、厅长职务。

12月23日

安徽省广播电视厅与安徽省国际信托投资公司签订“关于联合建设安徽有线广播电视台工程”的合同。合同规定，该公司向安徽有线广播电视台基础设施提供总额为1500万元的建设资金，投资方通过合作期内经营纯利润分成的方式获取回报。省委常委、常务副省长汪洋出席签字仪式。

12月25日

中央人民广播电台《各地人民广播电台联播》节目经过改造后更名为《全国新闻联播》。

同日

广西壮族自治区广播电视厅举行广西有线电视台全区联网新闻发布会，公布自1996年1月1日起广西有线电视台实行全区联网。

同日

由国务院总理李鹏题写片名，北京电视台与国家科学技术委员会、国家发展计划委员会联合摄制的30集电视专题片《21世纪不是梦》座谈会在北京电视台举行。

12月27日

纪念中央人民广播电台创建55周年座谈会在广播电影电视部三楼会议室举行，广电部部长孙家正在讲话中充分肯定了中央电台近年来取得的成绩，强调发挥广播系统整体优势的重要性，并对中央电台和全国广播工作者提出希望。广播界老领导、老同志梅益、温济泽、丁一岚、孟启予、钱佳楣、金照、杨兆麟、杨正泉等及广电部领导，有关部委负责人、社会各界人士、中央电台领导和各部门领导参加会议。广电部副部长兼中央电台台长同向荣主持会议并讲话。

同日

电视剧《水浒传》摄制组在北京梅地亚中心多功能厅举行开机仪式。

12 月 28 日

中共中央政治局委员、国务委员李铁映到中央电视台视察工作，并与部分电视工作者座谈。广播电影电视部部长孙家正、副部长兼中央电视台台长杨伟光、国务院副秘书长刘奇葆、国务院办公厅秘书四局局长李主其和 1996 年春节晚会剧组主创人员、赴藏参加十世班禅灵童转世认定报道工作的记者及台新闻中心、文艺中心有关负责人参加座谈会。李铁映说：“中央电视台是中国的中央电视台，你们的节目要体现中国的气派和中国的精神。中华民族的振兴没有人能够代替，也没有人能够阻挡。我们现在面临改革开放的新形势，通过电视节目要让中国人民了解世界上一切美好的、文明的、进步的东西。中央电视台在这方面做了很多工作，一直在进步，希望你们保持下去。”

12 月 29 日

广播电影电视部任命刘建中为电影事业管理局局长，王庚年、童刚为副局长。

同日

’95 中国音乐电视大赛评奖揭晓。

同日

上海首档手语节目《迎着阳光》在上海东方电视台开播。

同日

广西电视制作中心奠基。该中心建筑面积 1.65 万平方米，计划投资 5000 万元。

12 月 30 日

中央人民广播电台、中央电视台在黄金时间同步播出纪念中国人民广播事业暨中央人民广播电台创建 55 周年大型文艺晚会《光明行》。

同日

浙江省广播电视中心工程全面竣工。

12 月 31 日

西藏电视台、山东电视台和中国电视剧制作中心合拍的六集电视连续剧《孔繁森》在中央电视台黄金时段首播。

同月

自中央电视台 12 月 16 日的《新闻联播》节目披露一些大中城市猪肉市场管理混乱、私宰生猪现象严重后，中共中央总书记江泽民亲自打电话给国内贸易部部长陈邦柱、黑龙江省委书记岳岐峰，要求他们做好与百姓生活密切相关的猪肉市场管理工作，同时恢复一些国营肉联厂定点屠宰功能。

同月

北京市对外文化交流协会与北京电视台联合发起成立北京七色光少儿电视发展促进会，机构设在北京电视台青少部。

同月

上海人民广播电台、上海东方广播电台迁至上海虹桥路1376号广播大厦新址。广播大厦总面积4.65万平方米，主楼30层，标高150米。

同月

陕西省广播电视厅开通西安至宝鸡微波电路，使省台节目在宝鸡市的收听收看效果明显改善。

同年

全国（未包括港、澳、台）共有广播电台1202座、对国内广播节目套数1414套、对国外广播使用语言43种，平均每日播音13736个小时，全年制作广播节目233.2万小时；中、短波发射台和转播台746座，调频发射台和转播台1553座，微波线路6.11万多公里，卫星电视地面站9.65万座；广播人口覆盖率78.7%；市县有线广播站2592个、有线广播专用线路为260.6万杆公里，广播喇叭有7891万只，喇叭入户率为33.5%。全国共有电视台837座、节目套数932套，平均每周播出时间46916小时，全年制作电视节目共38.35万小时；电视发射台和转播台40987座，电视人口覆盖率84.5%。

同年

广播电影电视部职工总数为22526人，其中行政机关500人、事业单位14381人、企业单位7645人。干部总数为15060人，其中行政机关490人、事业单位11392人、企业单位3178人。专业干部总数为12667人，其中事业单位9980人、企业单位2687人。专业干部职称情况：高级职称2773人、中级职称5194人、初级职称4000人、未评聘700人。干部职务情况：司局级175人，其中机关43人、事业单位98人、企业单位34人；相当司局职务人员17人，其中机关10人、事业单位6人、企业单位1人。处级干部1421人，其中机关131人、事业单位988人、企业单位302人。

同年

广播电影电视系统共制作广播剧205部2734集、电视剧773部6574集。

同年

中央人民广播电台听众来信数量突破180万封。

同年

中国国际广播电台收到 165 个国家和地区的听众来信 61.98 万封。

同年

内蒙古经济电视台牵头，在蒙古国首都乌兰巴托兴建“中蒙合资桑斯尔有限电视公司（台）”，实行市场化运作。第一任董事长由内蒙古经济台台长路万海担任。该公司（台）拥有有线电视用户两万多，开通中央电视台两套节目、内蒙古蒙古语节目、香港凤凰中文台等 20 多个频道，成为蒙古国最大的一家有线电视媒体，也成为内蒙古自治区对外宣传的一个窗口。

同年

浙江省新建有线电视台 2 座，筹建有线电视台 3 座；新建调频电台 1 座；有线广播站改台 3 座。

同年

江苏省新增 10 座县级调频广播电台、8 座县级电视台。

同年

安徽电视台开播影视频道，利用无线与有线覆盖全省。内容以电影为主，兼有电视剧、自制专栏、影视类专题。

同年

广西壮族自治区新增县级广播电台 5 座、有线电视台 12 座，新建调频发射台 6 座。

同年

四川省开办广安地区、达川地区电视台。

1996年

1月1日

从昨日18：00开始，中国国际广播电台各语言部陆续播出国家主席江泽民对国际台及中央电视台海外听众、观众的新年讲话《共同缔造更美好的世界》。中央人民广播电台在当晚《全国新闻联播》节目中播出。本日，国际台、中央电台继续播出江泽民的讲话，首都各大报分别在头版头条刊发这一讲话。

同日

中央电视台《新闻联播》由录播改为直播，结束了长达18年的录像播出历史。至此，中央电视台第一套节目全天13次新闻全部实现直播。

同日

中央电视台戏曲·音乐频道正式开播，设有《名段欣赏》《戏苑百家》《戏迷园地》《梨园群英》等栏目。

同日

据邮局统计，《中国电视报》1996年首期发行量为273万份，比上年同期增加20万份。

同日

内蒙古电视台推出以“关注社会热点，倾吐百姓心声”为宗旨的新闻评论性栏目《今日观察》。

同日

广西壮族自治区对全区有线电视台（站）实行集中统一供片制度，由广西电视节目交流供片中心每天给每个台（站）提供两小时节目。

同日

湖南经济电视台正式开播，推出大型游戏、综艺类板块栏目《幸运3721》，每周六晚现场直播，每期60分钟。

同日

西藏电视台将《全区新闻联播》更名为《西藏新闻联播》，并在节目包装、内容编排等方面作了改进。

同日

北京电视台采用光缆向中央电视塔传送六、二十一、二十七频道节目信号。

同日

宁夏有线电视台开通图文音乐频道，除播出《经济动态》《影视预告》《本周粮菜价格》等 15 个自办栏目外，还转播中央电视台、地方电视台图文信息。

月初

重庆市彩电中心 800 平方米主演播厅建成投入使用。该中心工程占地面积 50 亩，建筑面积 32543 平方米，总投资 1.2 亿元。

1 月 2 日

中央电视台推出新栏目《体育世界报道》，由《视点》和《海外专递》小栏目构成。其中，《海外专递》是主体，节目全部由中国记者赴世界各地拍摄制作。

1 月 2 日～ 10 日

中央人民广播电台《民族大家庭》节目播出一组录音专访《八省区领导访谈录》。采访了内蒙古、新疆、西藏、宁夏、广西五个自治区和青海、甘肃、云南三个多民族省的主要领导。

1 月 3 日

由中国国际广播电台与国家统计局首次联合评出的“1995 年十大财经要闻”揭晓。《中国国民经济持续、稳定、协调向前发展，提前五年实现国内生产总值翻两番的目标》《中共中央公布〈关于国民经济和社会发展“九五”计划和 2010 年远景目标的建议〉》等十条新闻入选。

同日

中国国际广播电台通报嘉奖该台驻墨西哥记者站站长李英杰，表彰他勤奋工作、忠于职守、艰苦敬业的精神。李英杰于 1 月 14 日不幸病逝。广播电影电视部部长孙家正对其忘我工作的精神给予高度评价。

1 月 4 日

《广播电影电视部广播电视技术维护奖励暂行办法》印发，共 4 章 20 条。文件对评奖范围、申报、评审等作出具体规定。奖励范围涵括先进台站和先进个人，重点鼓励艰苦地区的高山台（站）。

同日

由中央人民广播电台组织首都 30 家新闻单位共同选定的“95 十大新闻”揭晓。

1 月 8 日

天津人民广播电台开办《广播与听众》节目，旨在更好地为听众服务。

同日

中央电视台第四套节目《中国新闻》和《英语新闻》分别向海外播出一条八分钟的新闻《境外多家新闻媒体参观采访上海儿童福利院》。这条新闻旨在真实反映上海儿童福利院和西方记者采访这家福利院的情况，驳斥美国“亚洲人权观察组织”为3月份在日内瓦召开的联合国人权大会蓄意炮制的一份诬蔑中国福利事业、攻击中国人权状况的报告。国务院新闻办公室主任曾建徽对这条新闻给予很高的评价。

1月8日～13日

’96全国电视海外宣传协作会议暨1994年度海外电视节目颁奖研讨会在广西桂林市召开。广播电影电视部副部长刘习良、国务院对台办公室新闻局局长张铭清及来自27个省、44个市及音像制作单位的代表共146人参加会议。

1月9日

上海广播交响乐团成立。其前身是上海广播电视艺术团、上海电影乐团。

1月13日～15日

1996年全国省级广播电视报年会在哈尔滨召开，全国近30家省级广播电视报的负责人和代表参加会议。与会者认为，应坚决贯彻《中共中央关于加强社会主义精神文明建设若干重要问题的决议》，采取措施治理广播电视报存在的散滥问题，努力提高报纸质量，为社会主义精神文明建设作出更大贡献。

1月16日

广播电影电视部副部长刘习良和阿尔巴尼亚国务秘书贝洛尔塔亚在人民大会堂签署《中华人民共和国广播电影电视部和阿尔巴尼亚共和国广播电视总局合作协议》。

同日

中央电视台社教中心《半边天》栏目组制片人孙素萍被中华全国妇女联合会授予“全国巾帼建功标兵”荣誉称号。

1月16日～19日

四川省广播电视厅召开四川省“千乡电视工程”工作会议，厅长李之侠到会讲话。1月28日，“千乡电视工程”首批设备启程运往本省35个边远山乡。

1月18日

中组部发文：同意赵实（女）任广播电影电视部党组成员。2月16日，国务院发文：任命赵实（女）为广播电影电视部副部长。

1月20日

中央电视台新闻中心新闻评论部在北京展览馆举办“《东方时空》1000期观众日”活动，观众达两万多名。

1 月 22 日

中宣部、文化部、广播电影电视部联合下发《关于各地方电影制片厂统一划属广电部门的通知》。

1 月 25 日

宁夏人民广播电台和上海人民广播电台首次联办直播节目，共同探讨如何缩小东西部差距问题。宁夏回族自治区主席白立忱作为宁夏特邀嘉宾与上海的经济专家和听众现场交流。

1 月 26 日～ 29 日

全国广播电视（影视）厅（局）长会议在北京召开。会议传达学习了中共中央总书记江泽民、国务院总理李鹏与全国宣传部长会议代表座谈时的讲话和全国宣传部长会议精神，听取和讨论了广播电影电视部部长孙家正所作的题为《把握导向，多出精品，促进广播电影电视工作迈上新的台阶》的报告；总结和分析了 1995 年广播电影电视工作及面临的新形势，确定了今后 5 年至 15 年的奋斗目标，部署了 1996 年工作。在讨论 1996 年的工作时，会议突出了两个重点：一是要始终把坚持正确导向放在首位，大力提高节目质量和影片质量，特别要抓好精品的创作和生产；二是要继续加强管理，解决散和滥的问题，促进管理工作的科学化、规范化、法制化。

1 月 27 日

中央电视台《东方时空》栏目改版后正式播出。保留《东方之子》《生活空间》两个节目，将《焦点时刻》更名为《时空报道》，增加一个三分钟的《面对面》谈话节目，取消《音乐电视》，采用主持人整体串联，注重节目的整体包装。

1 月 29 日

广播电影电视部教育司报国家教委社科司《广播电影电视部所属高校人文社会科学研究“九五”规划》。《规划》涉及的学科领域有：语言学、艺术学、政治学、经济学、新闻学、传播学、教育学等。建议列入国家教委人文社科研究“九五”规划的选题有北京广播学院申报的 15 个、北京电影学院申报的 6 个。

1 月 30 日

作为国家科技奖获奖代表，上海广播科学研究所蒋明浚在人民大会堂受到党和国家领导人江泽民、李鹏等亲切接见。蒋明浚等人研制的 2×30 千瓦波导型分米波双工器获国家科技进步三等奖、广播电影电视部科技进步一等奖。

1 月 31 日

中央电视台对台宣传政论性栏目《海峡两岸关系论坛》开播。该栏目顺应海峡两岸民众的需求，在政治、经济、文化、科技、教育以及两岸关系、祖国统一等方面进行交流与对话，成为台湾同胞了解祖国大陆对台政策，获取各种信息的权威性栏目。每周六 20：05 至 20：25 在中央电视台第四套节目首播，每周日重播两次。1998 年 5 月，栏目名称改为《海峡两岸》。

同日

上海东方电视台与上海科学教育电影制片厂合并。

同月

国家对外汉语教学领导小组办公室在《对外汉语教学工作简报》中，以《中国国际广播电台教汉语节目蓬勃发展》为题，详细介绍了国际台开办教汉语节目的具体情况和成功经验。文章指出："截至 1995 年底，中国国际广播电台已经有 27 个语言部开办了《教汉语》节目"，"已经有 17 个语种出版了规范的双语教学的讲座课本"。

同月

由中央电视台和中国人民解放军总政宣传部联合举办的第六届全国优秀电视军事节目评选揭晓，中央电视台摄制的军事新闻《边海防纪行》和大型电视纪录片《毛泽东》被评为特等奖，军事新闻《抗日将士谈抗战》被评为特别奖。

2 月 1 日

根据《音像制品管理条例》，广播电影电视部、文化部联合制定并发布施行《音像制品内容审查办法》（广播电影电视部、文化部令第 18 号），共 5 章 18 条。

2 月 3 日

19：14，云南丽江地区发生七级地震。云南人民广播电台中断正常播音，从 20：48 起，连续播报地震消息。云南电视台在新闻节目中报道了地震情况，并将丽江记者在当地拍摄的新闻送达昆明后及时传送中央电视台，于当晚播出。2 月 4 日，云南电台、电视台派记者赶赴灾区采访抗震救灾情况，电视台在新闻节目开设《国际社会关注云南灾区》《心系灾区献爱心》等专栏。

2 月 4 日

中央电视台和黑龙江电视台同时在第一套节目现场直播在哈尔滨举行的第三届亚洲冬季运动会开幕式盛况。中共中央总书记、国家主席江泽民宣布运动会开幕。

2 月 6 日

中共中央政治局委员、中宣部部长丁关根，中共中央政治局委员、国务委员李铁映及中央宣传思想领导小组的领导到中央电视台观看春节联欢晚会节目彩排，并与台领导和晚会总导演座谈，对晚会节目给予肯定。

同日

经北京市编制委员会批准，北京有线电视台加挂北京有线广播电视网络中心牌子。该中心主要职责为组织实施北京有线广播电视网络建设、经营、管理和维护工作，确保中央、北京有线广播电视节目正常收转、播送及用户接收，向社会提供网络多功能服务。

2 月 8 日

山西人民广播电台与《光明日报》及环渤海区的北京、天津、河北、辽宁、山东、内蒙古等七省（区、市）的广播电台联合举办“新世纪环渤海高层访谈”大型系列宣传活动。

同日

四川人民广播电台、上海人民广播电台和解放日报社联合举办《东西部手拉手，共谋发展》现场直播活动。四川电台直播间同上海电台直播间由电话连接，节目同步播出。四川省省长宋宝瑞、上海市市长徐匡迪作为嘉宾，分别到四川电台和上海电台直播间，同主持人和广大听众对话。

同日

浙江教育电视台正式开播，节目通过无线和有线方式同时播出。

2 月 9 日

广播电影电视部副部长兼中央电视台台长杨伟光、部人事司司长雷元亮到中央新闻纪录电影制片厂，宣布广电部党组关于任命李建任新影厂党委书记、厂长的决定。

2 月 12 日

广播电影电视部下发《关于支持少数民族语言电视译制工作的通知》。

同日

上海电视台和上海美术电影制片厂实现影视合流。

2 月 13 日

天津市内各区有线电视网与市有线电视台实现联网。2 月 14 日，天津市有线电视台实现与宝坻、蓟县、宁河、汉沽、静海、西青、津南、北辰等郊县的有线电视联网。

同日

湖北人民广播电台、湖北电视台、楚天广播电台和湖北广播电视报社联合组成的春耕备耕采访团前往农业大市荆沙市（现荆州市）进行采访报道活动，开启了由省厅（局）牵头组织的春耕备耕采访活动。此采访活动以后每年举办，共持续了 10 年。

2 月 16 日

上海电影电视（集团）公司挂牌成立。

同日

郭炎生、黄勇任广播电影电视部办公厅副主任、法规司副司长。

2月17日

中央卫星电视农村加扰卫星电视网开通典礼在山西阳泉娘子关举行。这是在广播电影电视部社会管理司的支持下，由中央卫星电视传播中心与华广卫星有线电视公司开通的第一家农村有线电视接收中央卫星电视网。

2月18日

国务院副总理李岚清在中央电视台写给他的该台与北大方正合作研制动画片生产和制作计算机软件的情况汇报上批示："请北大方正和中央电视台共同努力，在制作更多的动画，促进青少年的健康成长和把欢乐带给孩子们（方面）作更大贡献。"

同日

20：00，中央电视台以"欢乐、祥和、凝聚、振奋和辉煌"为主题的《1996春节联欢晚会》播出。它首次走出北京，在上海、西安设立两个分会场，实现三地互传。

2月20日

中共中央政治局委员、中宣部部长丁关根，中宣部副部长徐光春等到中国国际广播电台看望、慰问春节值班人员，并视察国际台新大楼。在与台干部职工座谈时强调要尽快解决发射问题。

2月26日

广播电影电视部发文：任命罗明为中央电视台副总编辑，章壮沂不再担任副总编辑职务，按有关规定办理退休手续。

2月27日

人事部发文：国务院批准，广播电影电视部1995年享受政府特殊津贴的人员共33人，其中自然科学11人、社会科学22人。

2月29日

中央人民广播电台科教部、中央电视台社教中心专题部荣获"全国先进科普工作集体"称号，中央电台宋广礼被评为"全国先进科学普及工作者"。

同日

藏历火鼠年初一20：40，中央电视台录制的专题片《班禅转世》通过西藏电视台一频道同自治区广大观众见面，受到自治区各族各界人士的广泛赞誉。

同日

辽宁省数据广播网建成投入使用。

2月29日～3月2日

由中国电视艺术委员会和中央电视台主办，江苏电视台和扬州电视台承办的1996年全国电视剧题材规划会在扬州市举行。来自全国各地的广播电视厅（局）、电视台、电影制片厂以及电视剧制作单位的代表共200多人参加会议。此次会议的主要议题是研究制定 1996 年全国电视剧题材规划，探讨在电视剧创作和管理方面存在的问题及其解决方法，以及如何加强管理，繁荣创作，制作更多更好的电视剧等。广电部部长孙家正在讲话中一再强调创作者要深入生活、深入实际、深入群众。副部长刘习良以《加强管理是促进电视剧创作繁荣的关键》为题作了主旨发言，副部长杨伟光就如何正确处理好电视剧创作中的几个关系作了详细论述。会议对 182 家持有电视剧生产许可证单位所报的 829 部 10988 集电视剧目进行了规划，并向前一年度在中央电视台首播的电视剧“飞天奖”获奖者颁发了奖金、证书。

同月

宁夏有线电视台实现自办节目全区联网，观众增至近百万人。

3 月 3 日 ~ 17 日

中国人民政治协商会议第八届全国委员会第四次会议（3 月 3 日 ~ 13 日）和第八届全国人民代表大会第四次会议（3 月 5 日 ~ 17 日）先后在北京召开。中央人民广播电台的“两会”报道与往年相比，有两点突破：一是比较好地处理了人大与政协、中央领导与基层代表、东部地区与中西部地区、会内与会外、一般表态性发言与监督议政、深度报道与增加信息量等关系；二是进一步发挥广播特点，大量采用了录音报道的方式。中国国际广播电台总计发稿 310 多篇（条）。中央电视台在本次“两会”报道中着力抓取社会各界普遍关心的热点问题，进行多种形式的报道，推出对国务院总理李鹏的独家采访。配合《九五计划和 2010 年远景目标纲要》，拍摄了《中国走向新世纪》和《辉煌的八五》等系列片。

3 月 7 日

中国国际广播电台驻卡塔尔记者站正式建站，首任记者吴茴萱（站长）、贾灵坚赴任。这是该台第 22 个驻国（境）外记者站。

同日

中共中央政治局委员、国务委员李铁映到中央电视台涿州拍摄基地看望《水浒传》摄制组全体人员，与主创人员进行座谈，并题词：“奉献艺术，创造精品。”

3 月上旬

由中国国际广播电台世界语部译审谢玉明历时 10 年编译完成的《红楼梦》世界语版出版发行。

3 月 13 日

在法国戛纳国际电视节上，天津电视台、四川电视台、星光影视集团合作拍摄的纪录片《山洞里的村庄》荣获“新闻与长篇报道”特别提名奖。

3 月 15 日

天津人民广播电台《天津之窗》节目在上海正式开播。该节目集中报道天津市改革开放的新经验、新气象，及时传递天津的经济信息。经过协商，上海人民广播电台与天津电台达成协议，每周定期交流10分钟经济类节目，定名为《上海之窗》和《天津之窗》，分别于每周六上午在对方台播出。

3月15日～16日

全国有线电视台协作体在北京召开《有线之旅》节目研讨会。该节目是全国60多家有线台联合录制播出的旅游杂志性栏目。

3月16日

中央电视台谈话类节目《实话实说》试验播出首期节目。该节目采用群体现场交谈形式，通过主持人、嘉宾、观众的共同参与和直接对话，在生动活泼的气氛中展开社会生活或人生体验的某一话题，经过叙述、讨论或辩论，达到各抒己见、增进参与者之间交流和理解的目的。4月28日，该节目正式定期开播。每周日第一套节目7：20至8：00首播。

3月19日

中共中央政治局常委、全国政协主席李瑞环在政协大楼接见中央电视台领导杨伟光、赵化勇等人。希望中央电视台尽快推出京剧音配像，扩大影响。

同日

中央人民广播电台军事记者站建站10周年经验交流会在北京召开。

3月20日

1996年《中央电视台简报》第三期刊登题为《超出屏幕的巨大反响——中央电视台举办’96洛杉矶华人华侨春节晚会受到欢迎》的文章。广播电影电视部部长孙家正批示："首办成功，值得庆贺。望总结经验，吸取海外观众的建议，进一步改进，以便越办越好。"

3月20日～23日

广播电影电视部社会管理司在广西北海市召开全国卫星电视管理工作座谈会，各省、自治区、直辖市广播电视厅（局）负责卫星电视管理和音像管理的领导参加会议。

3月23日

全国儿童电影电视动画片剧本评奖颁奖大会在湖南电视台举行，共收到各地参赛作品1000多件，评出获奖作品30件。

3月27日

国务院新闻办公室主办的第一届"中国国际新闻奖"颁奖大会在上海举行，共有69件作品获奖。广播电视部分：《外国政治家谈中国》（中央电视台）、《只身闯波黑》（中国国际广播电台）获一等奖。

3 月 28 日

新疆维吾尔自治区博尔塔拉蒙古自治州人民广播电台、有线电视台成立。

3 月 29 日

中央电视台编委会决定，自 5 月 1 日起启用新的节目表。新节目表中，第一套节目每天 21：10 之后的 45 分钟时间的栏目将采取招标的形式安排。整个招标工作由总编室组织，各部门拿出节目样带交编委会讨论，招标结果将于 4 月 10 日揭晓。

3 月 30 日

经国务院批准，广播电影电视部和人事部在北京联合召开全国广播电影电视系统先进集体、劳动模范和先进工作者表彰大会。中共中央政治局委员、国务委员李铁映以及广电部、人事部、文化部的领导出席大会。人事部副部长张学忠宣读了广电部、人事部“关于表彰全国广播电影电视系统先进集体和先进个人的决定”。127 个单位被授予“全国广播电影电视系统先进集体”荣誉称号；18 人被授予“全国广播电影电视系统劳动模范”荣誉称号；82 人被授予“全国广播电影电视系统先进工作者”荣誉称号。这次大会还邀请已获文化部 1995 年表彰的 20 个先进集体的代表、22 名先进个人和 1995 年获全国劳动模范和先进工作者称号的 14 位个人出席。李铁映代表党中央、国务院向获得表彰的先进集体和先进个人表示热烈祝贺，并对全国广播电影电视系统的干部职工提出殷切期望。广电部部长孙家正在讲话中号召全国广播电影电视系统全体职工向先进集体和先进个人学习，把更多更好的广播影视作品奉献给人民。在表彰大会上，部分先进个人、先进集体代表发言。广电部副部长田聪明作总结讲话。广播电影电视系统“双先”评选表彰工作计划每四年开展一次。这次表彰大会是广电部建部以来的第一次。

同日

中共中央政治局常委、全国政协主席李瑞环在上海市委书记黄菊、市长徐匡迪陪同下视察东方明珠广播电视塔。

同月

广播电影电视部科技司印发《广播电视技术维护奖励暂行办法实施细则》。

3 月～ 1998 年 6 月

根据中央领导关于挖掘抢救民族文化遗产的指示精神，天津音像资料馆馆属电视艺术开发中心与天津市广播电视学会分两个阶段联合录制了 89 集《中国传统相声集锦》，每集 30 分钟，共 170 余段传统相声。策划、制片人为郑吉平。该《集锦》前半部分以天津相声演员为主，后半部分将北京、南京、济南、武汉、合肥等地的相声名家的节目纳入其中。由于录制及时，这些名段佳作原汁原味地保留了下来。

4月1日

广播电影电视部党组发文：经北京市委教育工委同意，任命李焕生为北京广播学院党委副书记兼纪委书记；黄勇不再担任学院党委副书记职务；韩峻峰不再担任学院党委副书记兼纪委书记职务。

同日

中央电视台播出机房对八套节目中的五套播出系统进行大规模调整倒换，退出半自动播出系统，正式启用机械手数字播出系统。

4月2日

中央电视台第一套节目22：00至22：35推出新改版的《晚间新闻》《世界报道》和《体育新闻》，构成晚间新闻第二黄金时段。三个栏目统一包装，采用前一栏目播报后一栏目的节目提要的报道手法。

4月2日～6日

国家教委电教办和中央广播电视大学在安徽屯溪中央广播电视大学培训中心召开1996年全国广播电视大学教育工作会议。会议的中心议题是如何更好地贯彻国家教委批转的《关于广播电视大学贯彻〈中国教育改革和发展纲要〉的意见》。

4月4日

广播电影电视部部长孙家正会见美国泛美卫星公司总裁，对该公司与中央电视台的合作表示赞赏，希望双方进一步加强合作，使中国更了解世界、世界更了解中国。

4月7日～11日

以总裁兼首席执行官迈克尔·奥维兹为首的美国迪斯尼/ABC集团公司高级主管人员代表团一行16人来华访问，国家主席江泽民、国务院副总理朱镕基分别会见该代表团。广播电影电视部部长孙家正会见并宴请该代表团一行。广电部副部长刘习良、杨伟光与该代表团举行业务会谈，双方就交流影视节目、联合制作电视节目等方面的合作取得共识。

4月8日～13日

中央人民广播电台开展第一次大规模的节目听评周活动，对该台第一、第二、第三套节目进行全面听评。听评周期间共收到听众来信一万多封。台编辑部根据听众建议对节目进行及时改进，受到听众欢迎。

4月12日

全国政协台港澳侨联26位委员到广播电影电视部视察广播电视对台宣传情况，并与广电部和中央人民广播电台、中国国际广播电台、中央电视台有关领导座谈。全国政协副主席万国权到会讲话。

同日

中共北京市委宣传部和北京市广播电视局召开“庆祝京郊广播事业创建40周年”纪念大会。

同日

中国广播电视学会在北京召开第四届全国广播电视学术论文评选定评会议。119篇作品参评，72篇获奖。

4月16日

中共中央政治局常委、全国政协主席李瑞环出席在人民大会堂举行的“中国京剧音配像精粹”开播发布会并讲话。广播电影电视部部长孙家正、副部长兼中央电视台台长杨伟光，参加音配像的部分著名京剧演员、舞台导演和首都10余家新闻单位的记者参加发布会。音配像的原始录音资料由中央人民广播电台等单位提供。已完成的50部音配像戏，中央电视台将从5月份开始，每周黄金时间在第三套播出两部戏，并安排在第一套白天重播。“中国京剧音配像精粹”是在李瑞环创意和指导下于1985年实施的一项文化工程，历时21年，70多个单位、3万余人参与其中，录制剧目460部。

4月18日

《中国电视报》北京版从第5期起，由16版扩为24版。

4月19日

表现我国第一代无产阶级革命家的大型系列纪录片《刘少奇》《周恩来》《朱德》正式建组开拍，摄制组由中央电视台和中央文献研究室联合组成。

4月20日

广播电影电视部印发《关于“九五”期间进一步加强培训工作 全面提高广播影视队伍素质的意见》。

4月20日～7月8日

上海电视台摄制大型电视纪录片《长征·世纪丰碑》。该片通过珍贵翔实的历史资料、真实感人的故事，揭示了红一、二、四方面军和红二十五军长征的悲壮历程。在拍摄中，摄制组沿着红军长征的足迹行程4.8万多公里，跨越江西、广西等12个省、自治区，以历史地点为拍摄场景，以长征老人为第一采访对象，并对历史细节作深入调查，播出后受到各界好评。

4月22日

由湖南省广播电视厅与香港中旅集团、深圳华侨城合资共建的大型文化旅游项目——长沙“世界之窗”奠基。

4月22日～26日

中国广播电视学会对台宣传研究委员会在北京召开第九届对台广播优秀节目评

选暨对台宣传协调会，99个节目参评，73个节目获奖。

4月23日～24日

中央电视台广告部在北京召开首届全国电视公益广告题材规划会，15家省级电视台的领导、广告部主任、业务骨干以及专家学者等共40余人参加会议。广播电影电视部副部长兼中央电视台台长杨伟光出席会议并讲话，指出要让电视公益广告再上一层楼，摸索出一条搞好电视公益广告的规律。

4月24日～5月6日

广播电影电视部部长孙家正应邀访问韩国、泰国，与泰国UTV签订转播中央电视台第四套节目的协议。

4月26日

中国、俄罗斯、哈萨克斯坦、吉尔吉斯斯坦、塔吉克斯坦五国元首在上海正式签署《关于在边境地区加强军事领域信任协定》。中国国际广播电台俄语部共播出新闻36条，录音采访、时事和专栏节目共16篇。中央电视台、上海电视台也向全世界进行了直播。在沪期间，俄罗斯总统叶利钦、吉尔吉斯斯坦总统阿卡耶夫、塔吉克斯坦总统拉赫莫诺夫先后参观了东方明珠广播电视塔。

同日

云南省广播电视厅举办《云南省志·广播电视志》首发式暨编纂表彰会。该书记载了1932年至1990年云南广播电视发展情况，共70多万字，于1996年1月出版。

4月27日

中共中央总书记、国家主席、中央军委主席江泽民视察上海东方明珠广播电视塔，并题词："明珠璀璨耀东方。"

4月28日

国家副主席荣毅仁在中共中央政治局委员、上海市委书记黄菊陪同下参观上海东方明珠广播电视塔。

5月1日

中共中央政治局常委胡锦涛，中共中央政治局委员、书记处书记、中宣部部长丁关根在文化部副部长李源潮、广播电影电视部副部长杨伟光陪同下，出席中央电视台在北京音乐厅现场直播的庆"五一"大型音乐会。

同日

12：00，中央电视台第四套节目推出《中国新闻午间报道》，时长20分钟。《午间报道》是《中国新闻》增加对外报道信息量和提高报道时效的一个新措施。同时，中央电视台海外电视中心编辑部制作的对外综艺节目《中国文艺》改版后，在第四套节目正式播出。外语部的《英语新闻》也在改版后对海内外播出，每天播出由原来的 25 分钟增加到 30 分钟。

同日

为配合’96 中国旅游年宣传活动，中国华艺广播公司《华广文化街》节目推出 108 集系列专题《中国名山》。

5 月 2 日

广播电影电视部无线电台管理局收到世界高塔协会秘书长发来的贺电：“中央塔申请加入世界高塔协会已获批准，欢迎中央塔成为世界高塔大家庭的一员。”

5 月 4 日～16 日

第十届全国电视文艺“星光奖”终评会在北京举行。本届“星光奖”有 458 个节目、栏目参评，138 个节目获奖。《综艺大观》等 24 个栏目获优秀栏目奖，10 个单项奖也各有得主。颁奖大会于 11 月 7 日在北京举行。11 月 8 日，中共中央政治局常委、全国政协主席李瑞环和中共中央政治局委员李铁映出席观看纪念“星光奖”10 周年文艺晚会“星光灿烂”。

5 月 6 日

国务院副总理李岚清到北京广播学院视察，听取学院领导的工作汇报，同师生代表进行座谈，并对广播电视和广播电视教育工作作出指示。

5 月 6 日～12 日

中国电视奖’95 电视社教节目评选在河南郑州举行。评委会共收到 33 个参评单位选送的 188 个节目，评出获奖节目 133 个。同时对 16 个社教节目和 14 个科普节目进行了终评认定，获奖总数 163 个。

5 月 7 日

广播电影电视部、公安部中国交通信息广播网协调小组在北京召开中国交通信息广播网工作汇报会，广电部副部长何栋材出席会议并讲话。该网是广电部、公安部联合实施的全国性广播系统工程，目标是力争在三至五年内实现交通信息广播全国联网。

5 月 8 日～10 日

应广播电影电视部邀请，以董事长兼首席执行官萨姆奈尔·瑞德斯通为首的美国维康公司代表团一行八人来华访问。国务院副总理李岚清会见该代表团全体成员。广电部部长孙家正会见瑞德斯通一行。广电部副部长刘习良、杨伟光分别与该代表团进行业务会谈，双方就互换（或买卖）音乐电视节目、儿童节目、合拍电影和电视节目等合作项目取得一致意见。

5 月 9 日

广播电影电视部在北京召开广播电视农业和农村宣传座谈会。国务院副总理姜春云到会并讲话，他说，广播电视要把党中央、国务院关于农村和农业问题的方针、政策及时准确地宣传贯彻到农村，要突出科教兴农的宣传，突出可持续发展战略的宣传；加大对扶贫问题，尤其是在扶持西部发展问题的宣传；加强对农村精神文明建设，尤其是革命优良传统的宣传；要加强对农村基层组织建设的宣传。农业部、中组部、中宣部、水利部、中华全国供销总社和广电部、中央人民广播电台、中国国际广播电台、中央电视台的领导出席会议。广电部部长孙家正、副部长杨伟光和农业部副部长张延喜也在会上讲话。

同日

中央电视台社会及家庭生活栏目《万家灯火》开播。该栏目的宗旨是表现生活、反映时代、指导人生、服务家庭。由《体验》《往事》《家》《点点滴滴》和《生活现在时》五个小栏目组成。

同日

中央电视台《新闻联播》日前播发的新闻报道《北京发现“洋垃圾”》（指北京市平谷县发现美国生活垃圾事件），引起国务院领导的高度重视。国务院副总理李岚清当即指示对此事要迅速查明，严肃处理。中央电视台《新闻联播》及时播出李岚清的指示，并在《晚间新闻》对“洋垃圾”事件作了进一步报道。

5月11日～15日

北京电视台举办“’96北京国际电视周”，25个国家和地区的68家电视台、90家影视机构和50多个电视设备经营公司的1000余位来宾参加。电视周期间，共完成节目成交2万余部（集），国内各影视机构向海外输出电视节目3000小时，其中北京电视台500多小时。设备成交额2000多万元人民币。

5月13日

中央电视台“心连心”艺术团组成。这是该台根据中央领导提议组建的专为基层群众演出的文艺团体，旨在落实中央关于送文化下乡的要求，鼓励文艺工作者深入工厂、农村、部队，特别是革命老区和少数民族地区，为人民大众服务。“心连心”艺术团不是一个实体，团员不固定。今后，凡是中央电视台的基层演出活动，均以“心连心”艺术团名义组织实施。5月14日，“心连心”艺术团在广电部副部长、中央电视台台长杨伟光带领下，王昆、田华、赵丽蓉、刘秉义、吴雁泽、赵忠祥、鞠萍、关牧村、宋祖英等共50多人，到江西井冈山地区遂川县红军广场为老区人民进行成立后的首场慰问演出，受到欢迎。

同日

《广播电影电视部、国家教育委员会关于教育电视台、教育电视收转台管理暂行办法》印发，共16条。

同日

中央机构编制委员会发文：根据中央、国务院领导的批示，经研究，确定中央人民广播电台台长一名，中国国际广播电台台长一名，中央电视台台长一名为副部级。中央人民广播电台、中国国际广播电台、中央电视台的机构编制方案另行批复。

同日

国家科委主持召开综合评审会，由广播电影电视部组织编写的《数字音频广播（DAB）重大科技产业工程项目》的实施方案通过专家评审。12 月 11 日，国家科委发文批复，同意关于项目的总体目标、分项目标、组织管理结构设置、经费总预算及工程进度的安排，该项目作为国家重大产业工程列入 1996 年度科技计划予以实施。

5 月 14 日

中央电视台《九州戏苑》栏目在第一套节目播出。

5 月 14 日 ~ 16 日

全军电视宣传工作会议在北京举行。中央电视台驻各大单位记者站站长和全军各大单位的电教室主任以及正在国防大学参加培训的各大单位的宣传部长参加会议。中国人民解放军总政治部、中央电视台有关领导到会并讲话。会议强调，要始终坚持电视宣传工作的正确方向，把讲政治作为最高准则，坚持电视宣传为国家和军队现代化建设、为巩固提高部队战斗力服务的基本方针。下大力气提高电视军事宣传的质量。本次会议是解放军电视宣传中心组建后召开的第一次工作会议。

5 月 15 日 ~ 19 日

受广播电影电视部党组委托，由中央人民广播电台主办，山东省广播电视厅、山东人民广播电台协办的第三届全国省级广播电台台长会议在烟台市召开。会议由广电部副部长兼中央电台台长同向荣主持。广电部部长孙家正作题为《把握导向 加强管理 精办节目 努力提高广播宣传的整体水平》的讲话，他围绕提高宣传整体水平讲了五个问题：第一，坚持以经济建设为中心，团结、动员、鼓舞人民为实现国民经济和社会发展“九五”计划和 2010 年的远景目标努力奋斗；第二，加大精神文明宣传的力度，迎接六中全会的召开；第三，根据宏观调控的方针，抓好系列台的调整，形成主次分明、互相补充的综合优势和合理格局；第四，贯彻精办的方针，提高广播宣传的整体水平；第五，加强思想政治建设，全面提高广播队伍素质。中宣部副部长徐光春到会并讲话，他围绕 1996 年的广播宣传工作谈了六个方面的意见：一、认真掌握中央精神，切实抓好重点工作；二、牢牢把握舆论导向，努力做到守土有责；三、提高广播宣传质量，扩大广播宣传影响；四、明确广播宣传使命，强化广播宣传功能；五、积极搞好广播宣传，有序发展电台经营；六、努力打实工作基础，迎接辉煌的新世纪。

5月16日

中央电视台法律栏目《社会经纬》在第一套节目播出。栏目宗旨是向观众普及法律知识，增强防范意识，提高人民群众以法律为武器维护自身权益的能力。设有《举案说法》《法在身边》《是非公断》和《经纬专递》四个小栏目。

5月17日

中央电视台大型新闻性栏目《新闻调查》开播。该栏目以记者的调查采访为主要形式，力求保持平实、冷静、客观、科学的态度，对社会普遍关注的事件或现象进行多侧面、多角度、深层次的电视调查，融社会性、故事性、调查性为一体，跟踪记录、剖析社会新闻事件或现象发生、发展的过程。每周五21：10至21：55在第一套节目播出，次周一13：45至14：30在第二套节目重播。

同日

被列入《天津市国民经济和社会发展“九五”计划和2010年远景目标纲要》的天津电视城正式开建。该电视城建在武清县杨村镇，规划用地1200亩。

5月17日～20日

由广东省广播电视厅等单位主办的’96第三届广东国际广播电视设备展览会在广州市举行，共有国内外137家厂商参加展出，5000多人次参观。

5月18日

广播电影电视部副部长何栋材和国家科学技术委员会、广东省人民政府、佛山市人民政府负责人在佛山市签署《关于开发国家重大科技产业工程数字音频广播（DAB）项目协议书》。12月15日，数字音频广播广东先导网试播台在佛山启播。为中国数字音频广播的第一个先导网。5月15日～17日，广东省广电厅在佛山市召开数字音频广播国际研讨会，来自英国、德国、法国、瑞典、日本等国家的专家学者和国内有关部委、大专院校、科研单位、企业的工程技术人员70多人参加会议。

同日

天津市广播电视局领导班子调整，胡兴华任局长，李汝勤任副局长，刘湘潭任局党委副书记；刘玉峻任天津人民广播电台台长，马津力任天津电台编辑委员会总编辑；张建国任天津电视台台长，王朝海任天津电视台编辑委员会总编辑。

5月20日

广播电影电视部党组发文，同意中国国际广播电台党委专职副书记苏克彬任台分党组成员。

5月20日～21日

“亚广联”第六十届行政理事会在上海召开，此次理事会有11位理事成员、共计24名代表出席。广播电影电视部部长孙家正、副部长刘习良出席理事会开幕式。

5 月 21 日

中国国际广播电台华语部为香港听众制作的两小时普通话节目《今夜星空》正式开播。这是继 1995 年 5 月 1 日国际台在香港新城电台播出三小时的英语、普通话、广州话《香港，你好》节目之后的又一举措。至此，国际台每天共有五小时的节目通过该台播出。

5 月 21 日～27 日

中国电视奖'95 电视新闻评奖活动在哈尔滨举行。评委会对 33 个电视机构选送的 229 个节目进行评选，还确认了委托电视经济节目研究委员会评出的获奖节目 25 个，获奖总数 186 个。

5 月 22 日～24 日

全国广播电影电视系统第一次档案工作会议在西安召开。广播电影电视部副部长田聪明到会与代表座谈并作总结讲话。国家档案局副局长、中央档案馆副馆长沈正东出席会议并讲话。

5 月 23 日

中央电视台分党组研究决定，对电视台编辑委员会和技术委员会进行调整。调整后的编委会为：总编辑杨伟光，副总编辑赵化勇（常务）、张长明、李东生、陈汉元、朱继峰、罗明，编委胡恩、张建华、杨杰亭、谭希松、阎连俊、高长龄、邹友开、赵宇辉、刘效礼、高建民、周经、黄平刚。调整后的技委会为：主任刘宜勤，副主任邵昌有，委员刘广全、何宗就、许世杰、徐威、李旋宗、丁文华、陈凤龄、陈默、朱慰中、李树声、缪暑金、萧月桃、曹青。

5 月 24 日

为加强对设立广播电台、电视台的管理，根据国家有关规定，广播电影电视部制定并发布施行《广播电台电视台设立审批管理办法》（广播电影电视部令第 19 号），共 22 条。原广发地字〔1984〕224 号文同时废止。

5 月 25 日～27 日

1996 海峡两岸广播事业交流与发展研讨会在北京召开，本次研讨会的主题是"面对 21 世纪的海峡两岸广播"，来自中央人民广播电台及海峡两岸 40 多家广播机构的负责人和广播界资深人士参加了研讨会。广播电影电视部副部长兼中央人民广播电台台长同向荣和中央电台常务副台长安景林分别作题为《同根同业，携手共进》和《互励共勉，共同发展》的讲话。两岸代表就两岸广播事业如何携手共进，迈向 21 世纪等议题进行了探讨，还就"广播节目设置及依据""广播用语""经营运作方式""广播工程技术现状及发展趋向"等议题交换了意见，交流了经验。

同日

中央电视台开办音乐栏目《音乐电视城》。其由原《中国音乐电视》改版投标产生，设有《音乐电视人》《你说、我说》《打开问号》《星星打擂台》《'96中国音乐电视大赛》《歌迷时间》六个小栏目。

5月28日

为纪念中国共产党建党75周年，中央政策研究室、中共云南省委组织部和中央电视台电视剧制作中心联合录制的八集电视系列片《先锋颂》拍摄完成，将在“七一”前后播出。

同日

'96中国西部地区第二届有线电视新技术交流与产品展示会在西安闭幕。来自北京、上海、天津、河北等18个省（区、市）及美国、加拿大等国家和中国香港地区的120家国内外厂商参展。展示包括当代有线电视新技术、新工艺、新产品等计6000多种，约5000人次参观，达成意向合同400余项，成交额3500万元。

同日

吉林省完成全省广播电视数字化微波电路改造工程，基本实现县县通微波。

5月30日

广播电影电视部印发《广播电影电视系统法制宣传教育第三个五年规划》。

同日

15：00，北京地球站向亚洲二号卫星Ku波段传送中央电视台五套数字压缩电视节目（增传了中央电视台第三套节目）。

同日

湖南广播电视中心主楼封顶。

5月30日～31日

全国广播电视技术维护竞赛评比会议在北京召开。获1995年省际评比优秀奖的单位分别是：吉林、河北、江苏、辽宁、山东、黑龙江、广东、甘肃、河南、安徽省广播电视厅；上海市广播电影电视局获市际评比优秀奖。

6月1日

中央电视台第一、第四套节目并机现场直播新中国成立以来首次举办的洲际儿童歌唱比赛盛会。参加这次邀请赛的有中国、日本、泰国、韩国和新加坡等国家和地区的小歌手，12名佼佼者参加了当晚的决赛。

同日

中央电视台青少年节目“六个一百”工程之一的“百集动画片”，在第一套节目17：00至18：00《动画城》栏目开始播出部分片目。此次共播出9部近200集，是中央电视台首次在第一套节目黄金时间集中播出国产动画片。

同日

河南人民广播电台和河南电视台的第一套节目通过亚洲二号卫星播出。

6 月 4 日

根据中宣部、文化部、广播电影电视部文件要求，云南民族电影制片厂由云南省文化厅划归云南省广播电视厅管理。当天，云南省广电厅厅长卢云伍和云南省文化厅副厅长贺光曙出席交接仪式并在交接文本上签字。

6 月 4 日～ 7 日

第三次广播影视法制工作会议在北京召开，广播电影电视部部长孙家正出席会议并发表题为《关于广播影视法制工作》的讲话。会议确定了今年要着重抓好的工作，提出了一些需要明确的问题。会议认为，各级领导要进一步增强法制观念，加强对广播影视法制工作的领导。

6 月 11 日～ 15 日

广播电影电视部人事司召开全国广播影视系统干部培训工作会。

6 月 12 日

中国广播奖’95 广播新闻、’95 广播社教节目评选在贵阳市揭晓，广播新闻奖参评节目 246 个，共评出获奖节目 177 个。广播社教奖参评节目 133 个，共评出获奖节目 93 个。评委会还终评认定了中国广播电视学会理论、对台、对农研究委员会评选推荐的 62 个获奖节目。

6 月 16 日

通往甘肃陇南地区武都的广播电视微波电路正式开通，至此，联结甘肃全省的广播电视专用微波干线工程建设任务宣告完成。

6 月 16 日～ 20 日

第四次全国法制宣传教育工作会议在北京召开。在本次会议上，广电系统共有 11 个先进集体、16 名先进个人作为“二五”普法的先进，受到全国普法办的表彰。

6 月 17 日

由中央人民广播电台、中国国际广播电台以及北京、天津、河北和山西省电台、电视台记者组成的“大路朝阳越太行——广播电视记者太旧路采访团”，从本日起先后到河北石家庄，山西平定、阳泉、寿阳、昔阳、榆次等地采访。

6 月 18 日

长春电影制片厂划属吉林省广播电视厅，吉林省广播电视厅更名为吉林省广播电影电视厅。

同日

甘肃人民广播电台第二套节目改为甘肃人民广播电台都市调频广播并正式播出。其为甘肃省内首家实行全员招聘制、节目实现全天候播出的专业广播媒体。主要办有《都市快讯》《严军传呼》《人生驿站》《男左女右》《都市点歌台》等节目。

6月18日～20日

第三届全国省级电视台台长会议在北京召开。会议期间，中共中央政治局委员、书记处书记、中宣部部长丁关根打电话对会议作指示。中共中央政治局委员、国务委员李铁映看望与会代表。广播电影电视部部长孙家正、中宣部副部长徐光春、广电部副部长杨伟光等出席会议。孙家正作题为《努力提高电视宣传的整体水平》的讲话，根据中央精神和全国广播电视工作的实际情况，谈了五个方面的问题：一、坚持正确导向，进一步提高舆论引导水平；二、精办节目，提高质量，把更多优秀的电视节目奉献给观众；三、优化结构，合理布局，形成电视宣传的综合优势；四、加强管理，建设队伍，为中国电视走向新世纪打下坚实的基础；五、迎接新的世纪，提出“我们将把怎样的中国广播电影电视带入新的世纪”的问题。

6月18日～21日

广播电影电视部副部长同向荣出席全国百强县广播电视局长会议，会议交流探讨了经济发达的县市如何办好广播电视问题。

6月19日～21日

广播电影电视部高校工作会议在北京召开，部教育司司长刘爱清主持会议，部属四所高校的领导，部有关司局、出版社以及教育专项补助金管理委员会等单位负责人参加会议。会议讨论了部教育事业“九五”计划和2010年发展规划、教育专项补助金使用计划、师资队伍建设、教材建设、科研和优秀成果奖励等问题。广电部部长孙家正、副部长何栋材到会听取汇报后发表讲话。广电部副部长田聪明就有关问题同与会代表进行讨论并发表讲话。

6月21日

中央电视台在人民大会堂举行大型电视系列片《香港沧桑》首映新闻发布会。全国人大常委会副委员长王光英、国务院新闻办公室主任曾建徽、国务院港澳办公室副主任王凤超、香港《大公报》社长王国华以及《香港沧桑》摄制组全体人员出席新闻发布会。该片从立项到播出历时三年多，摄制组分赴全国各地和英国拍摄，分上下部，共12集。本片由国家主席江泽民题写片名，将于7月2日在’97香港回归倒计时一周年之际正式向海内外播出。

6月23日～30日

中央电视台海外中心和大连电视台联办大型采访活动“走向世界的大连”。中央电视台和 18 个省、市电视台以及日本、韩国三家电视台的 24 个摄制组在大连采访。

6 月 25 日

为加强西藏问题的对外宣传，中国国际广播电台印地语广播部开办专题节目《今日西藏》。主要栏目和系列节目有《西藏自治区概貌》《西藏经济建设巡礼》《西藏百户调查说变迁系列》《外国人看西藏系列》《情系西藏系列》和《西藏之旅系列》。

6 月 26 日

国务院学位委员会办公室印发《关于批准开展在职人员申请硕士学位工作单位通知》，同意北京广播学院开展在职人员以研究生毕业同等学力申请硕士学位工作。

6 月 26 日～28 日

广播电影电视部在北京召开全国有线电视入网设备器材认定管理工作会议，各省、自治区、直辖市广播电视（影视）厅（局）的代表，入网认定检测单位的代表，部有关司、局代表共 50 多人参加会议。广电部副部长何栋材、国家技术监督局局长李传卿、国家计量科学研究院院长王立吉出席大会并讲话。与会代表建议尽快修订入网认定管理暂行办法和暂行办法的实施细则。同时，要大力加速有线电视系统标准的制定工作。

6 月 27 日

第六届中国新闻奖评选揭晓，共评出特别奖 1 个、一等奖 18 个、二等奖 53 个、三等奖 85 个。广播电视部分：电视专题《领导干部的楷模——孔繁森（一）》获特别奖；广播消息《美发生一起故意使用放射性物质使人中毒事件》、广播专题《孔繁森——九十年代的焦裕禄》、广播编排《您好，祖国》、电视消息《农机千里走中原》《广东：农民成了现代农业投资的主体》、电视专题《中华之剑（第三集）——剑之威》《板车精神文明花》《田沛发》获一等奖。颁奖会于 10 月 18 日在北京举行。

6 月 30 日

经新疆维吾尔自治区人民政府批准，新疆维吾尔自治区广播电视厅改名为新疆维吾尔自治区广播电影电视厅。天山电影制片厂整建制由文化厅划归广播电影电视厅领导。

同月

安徽省开始实施行政村广播“村村通”工程，到 1997 年底，安徽农村广播网通播率已由 1995 年底的 83.76% 上升到 96.21%，基本上实现村村通广播的目标。

7 月 1 日

中共中央政治局委员、中宣部部长丁关根在听取中央电视台筹办京剧名家名段演唱会的情况汇报后说，参加演出的演员应是京剧界的名家，参加演出的节目应是精彩的名段；节目安排要兼顾流派和行当；有些剧目思想上不太好的可以不唱，带有迷信色彩的要尽可能避免；晚会要欢快，搞成京剧界、戏曲界的“心连心”活动。

同日

广播电影电视部印发《1996年～2000年全国广播电影电视系统干部培训规划》。

同日

中央电视台推出财经新闻栏目《财经报道》。该栏目以全方位报道发生在中国及世界的重要经济新闻为主，迅速传递权威的信息并及时提供服务，力求准确把握中国市场脉搏，及时扫描全球财经动态。

同日

中央人民广播电台、中国华艺广播公司、海峡之声广播电台、金陵之声广播电台等全国八家对台广播机构联合推出《中国统一大家谈》节目。

同日

云南有线电视台建成正式开播，共办有两套节目，第一套为综合节目，第二套为文艺节目。

同日

安徽有线电视台第一套节目试播，次年3月正式播出。

7月2日

中央人民广播电台和香港文汇报社在人民大会堂举行《香港基本法讲座》一书首发式。国家副主席荣毅仁为该书题词：“一国两制、港人治港。”

7月2日～5日

广播电影电视部副部长杨伟光率中国政府代表团赴菲律宾首都马尼拉参加首次“儿童权利与媒体亚洲高峰会议”。

7月3日

中央电视台推出世界经济新闻性杂志栏目《世界经济报道》。

7月4日～6日

由国务院新闻办公室和广播电影电视部共同举办、中国国际广播电台协办的1996年中国国际新闻报道研讨会在北京举行。来自中央和地方外宣办、新闻单位和首届中国国际新闻奖获奖代表70余人出席会议。

7月8日

广东省广播电视厅在番禺南村镇建设的广东省广播电视卫星地球站正式投入使用。10:00，“广东省卫星广播电视正式开播暨卫星地球站落成典礼”举行。该站播出广东卫视和广东卫星广播节目。

同日

四川省委、省人民政府发文同意峨眉电影制片厂划属省广播电视厅。

7 月 9 日

中共中央政治局委员、国务委员李铁映考察青岛广播电视塔。

7 月 10 日

广播电影电视部发布《转发国家无线电管理委员会〈关于委托广播电影电视部行使有关无线电管理职权的通知〉的通知》。

7 月 11 日

中宣部就广播电影电视部《关于对重大革命历史题材影视创作领导小组成员进行调整充实的请示》作出批复。同意杨伟光任调整后的领导小组组长，赵实、李准、徐怀中、滕进贤为副组长，赵化勇、章壮沂等为领导小组成员。

7 月 15 日～ 19 日

第三届优秀国产音像制品“双向奖”评选在北京举行。全国共有百余家音像出版单位精选出近 400 个节目参加评奖。最终，84 个节目分别获得录音制品和录像制品的各个奖项。颁奖大会于 11 月 10 日在上海举行。

7 月 16 日

广播电影电视部印发《关于对广播电视台（站）年检的规定》，共 19 条。年检工作从 1996 年开始，为了将此项工作做得更有成效，广电部于 10 月 3 日发布《关于认真执行对广播电视台（站）年检制度的通知》。

同日

山东电视台成立编辑委员会，曾昭明任编委会主任。

7 月 17 日

广播电影电视部教育司报国家教委“211 工程”办公室《关于开展重点建设北京广播学院（实施“211 工程”）预审工作的申请》：为确保重大项目建设，广电部党组决定每年拿出 4000 万元作为学院建设的保障资金。

7 月中旬

安徽电视台在美国成功举办“安徽电视周”。

7 月 22 日

经广播电影电视部党组批准，中国国际广播电台 34 个语言部恢复处级建制，其中，每天节目为一小时的语言部恢复为正处级、30 分钟节目部为副处级。

7 月 22 日～ 28 日

全国广播影视厅（局）长座谈会在北戴河召开。会议重点讨论研究了三个问题：如何加强和改进精神文明建设宣传；如何加大行业管理力度，治理广播电视“散、滥”问题；如何积极推进事业建设，加快建设和完善广播电视传输覆盖网。广播电影电视部领导，各省、自治区、直辖市广播影视厅（局）长，部有关司局领导参加会议。

中共中央政治局委员、中宣部部长丁关根到会看望全体与会人员，希望大家按照党中央要求，进一步搞好广播电视宣传，加强广播电视管理工作。中共中央政治局委员、国务委员李铁映打电话向与会人员表示问候，希望大家在已取得成绩的基础上，再接再厉，进一步做好广播影视工作。广电部部长孙家正在总结讲话中，针对会议重点研究的三个问题分别进行阐述，提出具体要求，并强调，当前和今后一个时期，要着重把握和处理好四个关系全局的问题：一是增强喉舌意识，坚持正确的舆论导向；二是提高质量，增强精品意识，创作更多优秀作品；三是加强行业管理，维护法规规章的严肃性；四是正确对待和处理好内外关系。

7 月 24 日

中国国际广播电台匈牙利语部举行茶话会，庆祝开播 20 周年。

7 月 29 日

国务院副总理李岚清看了中央电视台 7 月 26 日播出的《新闻调查——一言难尽“择校生”》后，召集京、津、沪三大城市主管教育的副市长和国家教委负责人进行座谈，研究制止义务教育阶段中小学乱收费、高收费的不正之风。中央电视台《新闻调查》栏目组的有关摄制人员应邀参加座谈。

同日

天津人民广播电台举办祝贺关山从事播音工作 40 周年座谈会。关山在 40 年的播音工作中，除播录日常新闻、专题节目外，还制作了大量文学节目，不少获全国一等奖。曾先后被评为天津市优秀新闻工作者、全国语言文字先进工作者、“全国最受欢迎的十名长书播讲者”“全国长书优秀演播艺术家”，1990 年获全国播音荣誉奖，1995 年被授予“为新中国广播电视播音事业作出卓越贡献的十名老播音员”称号。

7 月 30 日

中国国际广播电台乌尔都语部举行座谈会，庆祝乌尔都语广播开播 30 周年（8 月 1 日）。

同日

贵州省单独租用亚洲一号卫星上的二号转发器传送广播电视节目。8 月 1 日，贵州人民广播电台卫星广播、贵州电视台卫视频道正式开播。贵州电视台上星节目定名为贵州电视台卫视频道，播出时间为 6：20 至次日凌晨 2：30。

7 月 31 日

国家教育委员会、广播电影电视部、文化部联合下发《关于做好中小学教育影视片推荐和发行放映工作的通知》。

7 月 31 日～8 月 9 日

首期全国广播影视系统管理干部（主管人事）培训班在北京举办。

同月

在罗马尼亚举办的第九届“金鹿杯”国际音乐节上，由中央电视台录制的音乐电视作品《黄河源头》（文化部选送）荣获音乐电视作品第一名。

8 月 1 日

中央机构编制委员会发布《关于印发中央人民广播电台、中国国际广播电台、中央电视台机构编制方案的通知》（摘录）：（一）中央人民广播电台是国家广播电台，由广播电影电视部直接领导和管理。内设机构 14 个：办公室、总编室、新闻节目中心、社教节目中心、文艺节目制作中心、调频立体声广播中心、经济科技信息中心、民族广播中心、台港澳广播中心、地方记者中心、技术管理中心、人事办公室、财经办公室、机关党委。人员编制和领导职数：事业编制为 1458 名。台长兼总编辑 1 名（副部级）；副台长 4 名、总工程师 1 名、总会计师 1 名、副总编辑 2 名（以上为正局级）；内设机构领导职数 43 名（含副总工程师 1 名）。中央人民广播电台财务上实行全额拨款管理。（二）中国国际广播电台是国家对外广播电台，由广播电影电视部直接领导和管理。内设机构 14 个：办公室、总编室、新闻发稿中心、华语环球广播中心（华语台）、英语环球广播中心（英语台）、第一亚洲地区广播中心、第二亚洲地区广播中心、西亚非地区广播中心、俄东地区广播中心、西欧拉美地区广播中心、技术管理中心、人事办公室、财经办公室、机关党委。人员编制和领导职数：事业编制为 1635 名。台长兼总编辑 1 名（副部级）；副台长 4 名、总工程师 1 名、总会计师 1 名、副总编辑 2 名（以上为正局级）；内设机构领导职数 43 名（含副总工程师 1 名）。中国国际广播电台财务上实行全额拨款管理。（三）中央电视台是国家电视台，由广播电影电视部直接领导和管理。内设机构 15 个：办公室、总编室、新闻节目中心、海外节目中心、社教节目中心、文艺节目中心、广告经济信息中心、评论中心、青少节目中心、技术管理办公室、播出传送中心、人事办公室、财经办公室、机关党委。人员编制和领导职数：事业编制为 2503 名。台长兼总编辑 1 名（副部级）；副台长 5 名、总工程师 1 名、总会计师 1 名、副总编辑 2 名（以上为正局级）；内设机构领导职数 46 名（含副总工程师 1 名）。中央电视台财务上实行全额拨款管理。

同日

中央电视台使用数字压缩技术，通过泛美二、三、四号卫星成功向全球同时转发第三、第四套节目信号。

同日

云南省广播电视节目实现全天上星。

8 月 4 日～9 日

首届全国藏语广播电视新闻、专题作品（节目）评奖会在西宁举行，26 件作品分获一、二、三等奖。

8月5日

中国记协组织的“重走孔繁森之路”采访团结束为期一个月的采访活动返回北京。该采访团由包括中央人民广播电台、中央电视台在内的首都主要新闻单位的新闻工作者组成。

8月5日～11日

上海电视台和欧洲东方中文电视台联合在英国伦敦举办“上海电视周”。

8月7日

中央电视台发出《关于卫星电视节目换星有关事项的通知》。根据广播电影电视部的统一安排，由中星五号卫星传送的电视节目，因卫星寿命已到期，从8月16日起，将转至东经134°亚太1A和东经100.5°亚洲二号卫星传送。8月16日，中央电视台第一、第二套节目顺利地由中星五号转到亚太1A卫星上。

8月11日～16日

全国少数民族自治区暨西部地区广播电视协作会在西宁举行。13个省、自治区和计划单列市及省会市广电厅（局）的领导、代表等43人参加会议。

8月14日

安徽长江大堤东至段发生江水决口重大险情，中央人民广播电台驻安徽记者站站长张树国、记者洪波以最快的速度赶赴抢险现场采访，连续在中央电台《新闻和报纸摘要》节目中播发《安徽长江大堤东至段发生重大险情》《安徽二万军民奋力抢险》等报道，受到国务院副总理姜春云和水利部领导高度赞扬。事后，中共安徽省委、省政府向中央电台发出专函，为张树国、洪波请功。

8月15日～20日

1996年度全国广播电视中专学校工作会议在乌鲁木齐市召开，传达并贯彻《职业教育法》、讨论《关于加强广播电视中专师资队伍建设的意见》等文件。

8月16日

中国国际广播电台史志编委会正式成立，编委会主任张振华，副主任：丛英民、胡耀亭、于纪恺、苏克彬、刘家超，秘书长刘家超（兼）。

同日

西藏电视台彩电中心竣工并投入使用。

8月20日～23日

《中国广播电视年鉴》第十二届年会在贵阳市召开。广播电影电视部副部长、《中国广播电视年鉴》编委会主任刘习良出席会议并讲话。

8 月 21 日～ 29 日

中央人民广播电台接待以越南之声电台台长潘光为团长的越南广播代表团，并签署中越两国电台合作协议。

8 月 22 日

中共中央政治局委员、中宣部部长丁关根视察陕西省广播电视厅。

8 月 23 日

安徽省合肥市正式转播中国国际广播电台对内外语节目，包括英语、日语、法语和德语四种语言广播。

8 月 24 日

由中央电视台、中国广播电视设备工业协会、中国国际广告公司联合举办的第二届北京国际广播电视设备应用展览会（IBA'96）和北京国际电缆和卫星广播电视设备展览会（ICS '96）在北京中国国际贸易中心开幕，来自 180 多个国家和地区的厂商参展。

8 月 28 日

甘肃人民广播电台调频立体声广播（第三套节目）改为甘肃人民广播电台交通广播正式播出。作为甘肃省内首家开播的交通广播电台，其以"为移动人群办有用广播"为宗旨，主要办有《交广连线》《路况报道》《政风行风热线》《音乐往事，一路飞扬》等节目。

同日

北京电视台台长刘迪一会见来访的联合国教科文组织世界遗产中心主任冯·德罗斯特，共同探讨保护世界文化与自然遗产领域的合作事宜，并拟定双方联合拍摄大型电视系列节目《人类的共同遗产》。

8 月 30 日

广播电影电视部副部长杨伟光、赵实主持召开重大革命历史题材影视创作领导小组成员会议。部长孙家正出席会议并讲话。领导小组认为，新的形势下，在重大题材的创作中必须强调加强管理，并重申要解决好以下几个问题：一、中央对重大革命历史题材影视创作的有关文件和规定，是领导小组做好工作的主要依据。二、"领导小组"在今后的工作中必须加强对重大革命历史题材影视作品的创作规划和协调。三、为了运作的方便可行，除特别重要的问题需全组讨论以外，日常的工作"领导小组"原则上分电影、电视两组进行操作。四、为保证质量和工作的严肃性，凡通过的剧本必须经过集体讨论，写出审查意见，由组长、副组长或组长指定的负责人签字同意。

8月31日

贵州人民广播电台推出直播板块节目《周末广场》，每周六10：00至12：30播出；《周日直播间》节目每周日10：00至12：30播出；《周末温馨世界》节目20：30至21：00播出。

9月1日

中央电视台第四套节目正式进入澳大利亚有线电视系统。

9月2日

中国国际广播电台西班牙语部举行茶话会，庆祝西班牙语开播40周年。

9月2日～7日

中国广播电视学会播音学研究委员会在西安举行第八届优秀播音作品和第七届优秀播音论文评选颁奖会暨1996年学术年会，共有58件优秀播音作品和62篇优秀播音论文获奖。

9月4日

中央人民广播电台纪念少儿广播节目《小喇叭》开播40周年座谈会在中国儿童发展中心举行，广播电影电视部副部长兼中央电台台长同向荣出席会议并讲话。

9月5日

广播电影电视部批复：同意北京广播学院成立播音主持艺术学院，为处级建制的二级学院。

9月5日～7日

第一届全国国产电视节目展示交易会在北京展览馆举行，展示、交易节目16169部（集）。中共中央政治局常委、全国人大常委会委员长乔石，中共中央政治局委员、书记处书记、中宣部部长丁关根等中央领导到现场参观。

9月5日～11日

'96全国电视新闻工作会议在江西井冈山召开，中央电视台及全国各省、自治区、直辖市电视台的有关领导参加会议。广播电影电视部部长孙家正出席会议并讲话，就最近一个时期的新闻宣传工作作了详细部署。

9月6日～10日

广播电影电视部部长孙家正在江西考察卫星上行站、节目传送中心、省电台、省电视台、井冈山704转播台、泰和县广电局，看望一线广电职工。

9月10日

全国人大常委会副委员长田纪云就人民代表大会制度与中国的民主法制问题对中国国际广播电台海外听众发表广播讲话。中央电视台、《人民日报》先后发了消息，香港《信报》根据国际台广播作了报道。

9 月 10 日～ 13 日

广播影视系统外事工作座谈会在青岛召开，广播电影电视部副部长刘习良作题为《加强外事管理工作，促进对外合作交流》的报告。

9 月 11 日

中央电视台网络中心投入正常运行。

9 月 11 日～ 13 日

全国广播影视语言工作会议在北京召开。会议期间，广播电影电视部部长孙家正和国家语言文字工作委员会主任许嘉璐作讲话，语言研究所所长江蓝生作专题报告。部人事司就加强播音员、主持人队伍建设提出若干意见，并向会议印发《关于播音员、主持人上岗的暂行规定（征求意见稿）》。

9 月 12 日

《广播电影电视部教育事业“九五”计划和 2010 年发展规划》印发。院校发展目标是：到“九五”计划末，广播学院在校生达到 3600 人，电影学院在校生达到 800 人，两校联合或力保其中一校进入国家“211 工程”。到“九五”计划末，浙江广播电视高等专科学校在校生达到 1000 人，管理干部学院（含华北广播电视学校）在校成人专科生达到 400 人，中专生达到 200 人，郑州广播电视学校在校生达到 1000 人。各省、自治区的广播电视学校规模要有较大发展，其中 30% 的学校分别按普通中专和艺术类中专达标；到 2010 年，全部达到国家设置标准，教育质量有较大提高。

9 月 15 日

国务院总理李鹏为纪念中国人民对外广播事业创建 55 周年题词：“发展对外广播，促进友谊与合作。”

9 月 15 日～ 17 日

全国广播电视（影视）系统纪检监察工作会议在大连召开，中纪委驻广播电影电视部纪检组组长王德新作题为《加强思想政治建设，强化党内监督，促进广播影视事业健康发展》的工作报告。

9 月 16 日

中央人民广播电台在北京举行朝鲜语广播创办 40 周年研讨会及纪念活动。全国人大常委会副委员长布赫、全国政协副主席阿沛·阿旺晋美、中央统战部副部长李德洙、国家民委副主任李晋有、广播电影电视部副部长兼中央电台台长同向荣，以及来自吉林、黑龙江、辽宁等朝鲜族聚居地区的有关部门负责人、广播电视系统代表、听众代表、在京的朝鲜族知名人士代表出席研讨会和纪念活动。

同日

由湖北、河南、安徽三省电台联合采写的大型系列广播《开放的大别山》在鄂、豫、皖三台同时开播，中共中央政治局常委、中央军委副主席刘华清等领导为该节目播出题字、题词祝贺。鄂、豫、皖三省领导分别为三个电台作了开播讲话。

9月17日~19日

由中国广播电视学会、广东省广播电视学会、广东人民广播电台联合举办的中国广播改革回顾与展望研讨会在广东电台举行，会议就中国广播改革以及21世纪发展趋势等问题进行研讨，共收到论文46篇。广播电影电视部副部长兼中央人民广播电台台长同向荣、广东省有关领导以及广播界有关专家学者近50人参加会议。

9月18日

新疆维吾尔自治区广播电影电视厅新闻业务楼落成，厅机关和新疆人民广播电台迁入新大楼。新业务楼高12层，总面积1万多平方米。

9月20日

由中国广播电视学会主办的第十届全国广播新歌评选在北京结束，共有65首歌曲分获金、银、铜奖。

9月22日

由中国国际广播电台和陕西省人民政府联合主办的《文物杯·中国陕西旅游与投资知识竞赛》节目正式开播。全国人大常委会副委员长铁木尔·达瓦买提，陕西省省长程安东，广播电影电视部副部长田聪明、同向荣等领导出席开播仪式。

9月25日

第五届“五个一工程”奖文艺晚会在中央电视台1000平方米演播室现场直播，中共中央政治局委员、中宣部部长丁关根，中共中央政治局委员、国务委员李铁映等中央领导、中央宣传思想工作小组成员和全国各地的获奖代表出席观看晚会。本届“五个一工程”奖评选，包括电影、电视剧、戏剧、歌曲、广播剧、图书、理论文章共174件作品获奖。

9月25日~27日

由中央人民广播电台总编室主办，内蒙古人民广播电台承办的第七届全国省级电台总编室主任会议在呼和浩特市举行。会议的主要议题是贯彻落实第三届全国省级广播电台台长会议精神，交流近两年广播改革经验，研究探讨如何进一步发挥全国广播系统优势和广播电台总编室的作用，并商讨如何办好《全国优秀广播节目展播》节目的有关事宜。会议通过《全国优秀广播节目展播》预案，并讨论了具体操作办法。

9 月 26 日

中央人民广播电台、中央电视台播发《人民日报》发表的中共中央总书记江泽民当日视察人民日报社时的重要讲话。讲话着重强调舆论导向问题，指出："舆论导向正确，是党和人民之福；舆论导向错误，是党和人民之祸。"江泽民在讲话中还指出："要把新闻舆论的领导权牢牢掌握在忠于马克思主义、忠于党、忠于人民的人手里；新闻舆论单位一定要把坚定正确的政治方向放在一切工作的首位，坚持正确的舆论导向；新闻舆论工作要紧紧围绕经济建设这个中心，服从、服务于全党全国工作的大局。"讲话认为，新闻单位在以正确的舆论引导人方面负有重大而光荣的使命。讲话还提出新闻队伍建设问题，认为新闻工作者必须打好五个根底，即理论路线根底、政策法律纪律根底、群众观点根底、知识根底和新闻业务根底；发扬六种作风，即敬业的作风、实事求是的作风、艰苦奋斗的作风、清正廉洁的作风、严谨细致的作风、勇于创新的作风。9 月 28 日，广播电影电视部党组下发《关于认真组织学习〈江泽民总书记视察人民日报社讲话〉的通知》。

9 月 28 日

广播电影电视部印发《关于做好有线广播电视台验收工作的通知》。

9 月 29 日

中央广播事业局首任局长李强病逝。李强原名曾培洪，1905 年生，江苏常熟人。早年在上海南洋学堂土木工程专业学习，1925 年加入中国共产党。1927 年"四一二"事变后到武汉，任中央军委特科的特务股股长。受周恩来委托，自制了中共历史上第一部地下电台，培养了中共历史上第一批无线电人才。1931 年，在苏联邮电部通信科学院学习，搞科研、做教学工作，成为全苏七位无线电专家之一。1938 年初来到延安，白手起家办起了枪炮厂、炸药厂、炼钢厂及制药厂等，担任延安自然研究院院长。1949 年 6 月任中央广播事业管理处副处长，11 月担任新成立的广播事业局局长，同时任邮电部电信总局局长、无线电总局局长。1953 年调对外贸易部，先后任副部长、部长，1982 年任国务院顾问。为新中国的外交、经济、外贸工作作出了巨大贡献。

10 月 1 日

内蒙古电视台召开大会，庆祝蒙古语电视开播 20 周年。

10 月 3 日

中共河北省委任命于振华为省广播电视厅党组书记。11 月 3 日，河北省第八届人民代表大会常务委员会第 23 次会议通过，于振华任省广播电视厅厅长。周申明不再担任省广播电视厅党组书记、厅长职务。

10 月 4 日

国务院发文：任命安景林为中央人民广播电台台长（副部长级）；张振华为中国国际广播电台台长（副部长级）；同向荣不再兼任中央人民广播电台台长职务。

同日

第二届中央主要新闻单位名专栏（节目）评选颁奖会在北京举行。中央人民广播电台的《新闻纵横》，中央电视台的《焦点访谈》《东方时空》等 12 个栏目（节目）获奖。

10 月 10 日

西班牙短波爱好者杂志《DX 世界》189 期封面用鲜红大字刊出“庆祝中国国际广播电台成立 55 周年”，并用二分之一版面刊登国际台台标。该刊在内页写道：“介绍中国是很有魅力的工作，同时也是为了报道中国国际广播电台对广大听众的关注。我们中有谁没收到过这个辉煌的电台给予我们的慷慨的礼物呢？鉴于他们一如既往地对广大听众的关注，我们应当继续收听中国国际广播电台的广播。”

10 月 12 日

吉林市人民广播电台文艺频率正式开播，节目以文学鉴赏、综艺、曲艺、戏曲为主，全天播出 18 小时 15 分钟。

10 月 15 日

中央电视台海外新闻部拍摄的大型连续报道《边疆行》开始在《中国新闻》节目中播出。这一连续报道计划完成 100 集，以辽宁丹东为起点，至广西防城港终结，全程共 2.1 万多公里。报道涉及睦邻友好、民族风情、边疆风光、边民生活、边疆改革开放成果、边境管理、边贸往来、边防官兵奉献精神等方面。

10 月 16 日～ 17 日

首届全国卫星电视研讨会在厦门召开，北京、广东、云南等 10 余个省（区、市）近 30 名代表参加研讨。

10 月 18 日

第十四届“大众电视金鹰奖”在南宁揭晓。《宰相刘罗锅》《苍天在上》《咱爸咱妈》获最佳长篇连续剧奖；《孔繁森》《金海岸》获最佳中篇连续剧奖；《军校毕业生》获最佳单本剧奖；《小小飞虎队》获最佳儿童剧奖；《家》获最佳戏曲片奖；《花帜》获最佳合拍剧奖。

同日

周世康任江苏省广播电视厅厅长。

10 月 19 日

西藏自治区广播电视厅更名为西藏自治区广播电影电视厅。

10 月 20 日

贵州、陕西、江西、甘肃、浙江五省电视台联合策划制作的纪念红军长征胜利 60 周年大型文艺晚会《万岁，长征》，在上述五省电视台同时播出。中央电视台于 11 月 4 日在第一套节目播出这台晚会。

10 月 22 日

时值红军长征胜利 60 周年，中央人民广播电台《军事生活》节目开辟《漫漫长征路》《前所未有的壮举》两个专题广播；《新闻和报纸摘要》节目设置《纪念长征专题报道》栏目。

10 月 23 日

吉林人民广播电台交通文艺频率开播，采用调频 103.8 兆赫。全天节目以新闻为龙头，以交通信息为框架，融文艺、娱乐为一体。全部为自办节目。

同日

由中宣部宣教局、中华全国总工会宣教部、中国企业信息交流中心和中央人民广播电台联合主办，广州美晨股份有限公司协办的“美晨杯”第二届全国厂（店）歌优秀作品颁奖暨汇报演唱会在人民大会堂举行。本次活动共收到 24 个省（区、市）200 多家企业选送作品 300 余首。

10 月 25 日

广播电影电视部批准陕西电视台、陕西人民广播电台节目上星。

10 月 26 日

北京有线电视台与香港亚洲艺术影视传播有限公司联合摄制的 60 集大型电视系列片《今日香港》在影视频道开始播出。

10 月 28 日～ 30 日

全国广播影视系统援藏工作会议在北京召开，广播电影电视部和西藏自治区党委、政府的领导，广电部机关有关司局，23 个省及部分计划单列市广播影视厅（局）的代表，西藏自治区相关部门领导参加会议，中宣部、中组部、国家民委、国家计委有关负责人应邀出席会议。广电部部长孙家正作题为《提高认识，团结奋斗，加快西藏广播影视事业发展》的讲话，西藏自治区副主席次仁卓嘎在会上讲话。会议确定了广播影视系统援藏工作的目标、原则和任务，制定了广播影视“九五”援藏工作计划，落实了一批援藏项目。

10 月 29 日

中共中央总书记江泽民为纪念中国人民对外广播事业创建 55 周年题词：“声音传五洲，朋友遍天下。”

10月30日

中央电视台和中国人民解放军海政电视艺术中心联合摄制的反映红25军长征的7集纪实电视专题片《北上先锋》在北京举行首映式。中央军委副主席刘华清、中宣部部长丁关根、国务委员李铁映、文化部部长刘忠德、广播电影电视部部长孙家正等与部分红军老战士出席首映式。刘华清担任该片总顾问并题写片名。

10月31日～11月8日

广播电影电视部副部长刘习良率中国广播电视代表团参加在香港举行的"亚广联"第三十三届大会及有关会议。会上，中央人民广播电台的音乐广播特写《黎明前的交响》获"文化放送基金——亚广联娱乐节目奖"，中国国际广播电台的英语广播时事专题节目《为消除贫困而战》获对外广播节目奖，中央电视台体育专题节目《体育——我心中的太阳》获"亚广联电视体育奖"、电视剧《牛玉琴和她的树》获"文化发送基金——亚广联娱乐节目提名奖"，广电部选送的技术文稿《采用自适应相位制进行中波同步广播》获"优秀技术文稿提名奖"。这是我国参加"亚广联"大会以来获奖最多的一次，也是中央三台首次同时获奖。

同月

中国广播电视学会与浙江省广播电视厅、《世界有线电视信息》杂志社联合主办的第四届国际有线电视技术研讨会在杭州召开，来自国内外的650多名代表参加会议。广播电影电视部副部长何栋材参会并作报告，国内外专家共发表论文24篇。

11月2日～4日

中国广播电视学会企事业管理研究委员会在北京召开第二届理事会议，改选领导机构。徐崇华被推举为名誉会长，吴达审当选新任会长。

11月3日～7日

中央人民广播电台接待以捷则克为团长的捷克国家电台代表团，并签订中捷两国电台合作协议。

11月4日

西藏广播电视培训中心建成并举行首届开学典礼。

11月5日

全国经济广播电台宣传改革研讨会在湖南省株洲市召开，来自全国50余家经济广播电台的领导、专家出席会议。

11月5日～7日

全国广播电视厅（局）总编室工作会议在杭州召开，广播电影电视部部长孙家正出席会议并讲话。与会代表对部总编室编发的《编前会内容提要》和《宣传通报》予以肯定。部总编室提出在1997年实现与地方厅（局）总编室的计算机联网。

11 月 6 日

中国广播奖’95 儿童广播剧评选会在青岛胶州市举行，评选出一等奖 4 部、二等奖 5 部、三等奖 9 部。

11 月 8 日

广播电影电视部印发《认真贯彻党的十四届六中全会精神，进一步加强和改进广播影视工作的意见》。

同日

北京电视台和北京有线广播电视台联合开办的生活频道开播，为全国最早以民生为主要内容的生活频道之一。

11 月上旬

中国国际广播电台为纪念中国人民对外广播事业创建 55 周年而编撰的《国际广播丛书》完成。《丛书》包括：《中国国际广播大事记》《中国国际广播回忆录》《国际广播论文集》《国际广播人风采》《电波联结五洲情》《国际广播发展趋势研究》《当代世界传播研究》《国际广播谈艺录》，总计约 330 万字。

11 月 10 日～14 日

第六届上海电视节举行。中共上海市委书记黄菊、广播电影电视部部长孙家正等出席开幕式。来自 37 个国家和地区、700 家公司的 1800 余名中外来宾参加本届电视节。

11 月 11 日～14 日

广播电影电视部部长孙家正、副部长刘习良在安徽省委宣传部副部长、省广播电视厅厅长杨波陪同下，考察了省电台、省电视台、省有线电视台和合肥市、六安地区、含山县广播电视局及黄山 701 电视调频发射台。省委书记卢荣景、省长回良玉会见了孙家正。

11 月 12 日

广播电影电视部下发《关于确保各级广播电视台（站）播出安全的通知》。

同日

中央电视台与国务院侨办等单位联合举办的纪念孙中山诞辰 130 周年交响音乐会在北京举行，全国人大常委会副委员长王光英等和孙中山先生的亲朋故友应邀出席音乐会。中央电视台海外中心对音乐会进行实况录像，并于次日 15：50 通过第四套节目向海内外播出。

11 月 15 日

广播电影电视部部长孙家正到江苏省广播电视厅考察，了解县级电台、电视台、有线电视台情况。

同日

中央电视台'96全国优秀电视剧本征集评选活动开始。活动将持续至1997年10月31日。今后每两年举办一次。

11月15日～19日

受广播电影电视部委托，无线局在北京举办“96年全国广播电视发送系统技术能手竞赛”活动，全国26个省、自治区、直辖市的发射台，部直属发射台和海峡之声广播电台共90余名选手参赛。59名选手获得“1996年全国广播电视发送系统技术能手”称号。其中14名成绩优秀的选手同时获得荣誉奖状。

11月17日

根据中央关于地方外事工作实行“统一领导、归口管理、分级负责、协调配合”的原则，广播电影电视部制定并发布施行《广播影视系统地方外事工作管理规定》，共22条。

11月18日

上海广播大厦落成典礼举行。大厦总建筑面积46500平方米，主楼30层，标杆高度为150米，拥有33套功能齐全的节目制作用房，13套节目演播室。

11月19日～23日

全国电视理论研究工作会议在成都召开，24家省级电视台的40名从事电视理论研究工作的领导、专家参加会议。代表们建议，建立全国电视理论研究联系制度，举办学术年会，编辑出版《中国电视理论论文集》。

11月21日～23日

中宣部和广播电影电视部联合召开广播电台理论宣传座谈会。广电部副部长刘习良主持会议开幕式，中宣部副部长刘云山作专题报告，广电部党组成员、中央人民广播电台台长安景林介绍了本台理论宣传的有关情况。

11月21日～24日

'96广东国际广播音乐博览会在广州举行。博览会期间举行了“广播音乐节目展播”“21世纪的广播与音乐研讨会”“国际著名节目主持人演示会”等活动。来自20多个国家，国内30个省、市及香港、澳门、台湾地区的300多位代表参加博览会。

11月23日

中国广播电视学会广播音乐研究委员会成立，安景林被推选为会长。

11月25日

广播电影电视部首批部属高校人文社会科学研究项目部级立项30项，其中北京广播学院24项、北京电影学院3项、浙江广播电视高等专科学校3项。

11 月 26 日

中国国际广播电台举办国际广播理论研讨会，广播电影电视部副部长刘习良、国务院新闻办公室副主任杨正泉、原广电部副部长马庆雄、中宣部新闻局局长栗国安以及国际台台长张振华等出席研讨会。本次研讨会的主题是回顾历史，展望未来。共收到台内、地方电台、高等院校论文 83 篇。会上，10 多位论文作者发言。

11 月 26 日～ 12 月 5 日

由朝鲜中央广播委员会副委员长车承秀率领的朝鲜广播电视代表团来华访问。全国人大常委会副委员会长王光英会见该代表团，广播电影电视部部长孙家正会见并宴请该代表团，副部长刘习良与朝方举行业务会谈，双方就派遣专家、互派进修生和摄制组，以及互换节目等方面交换了意见。该代表团还访问了上海和南京。

11 月 28 日～ 30 日

中国电视艺术家协会第二届全国代表大会在中央电视台举行，中共中央政治局委员、中宣部部长丁关根接见与会代表并发表讲话。中宣部副部长、文化部部长刘忠德，广播电影电视部部长孙家正，中国文联党组书记高占祥等领导出席大会。在本届大会上，广电部副部长兼中央电视台台长杨伟光当选为中国电视艺术家协会主席，中央电视台副台长于广华当选为常务副主席。

同月

经广播电影电视部向国家科委申请，“深圳有线电视宽带综合业务网示范小区”国家“九五”科技攻关项目设立，该项目研究的目的和内容是：在 HFC 有线电视网上建立一个集图像、数据、语言传输于一体的高速信息传输网络，通过技术试验进行有线电视宽带综合业务网络结构体制的研究，推进我国信息化建设和新技术、新设备的开发，带动我国有线电视高新技术产业。

12 月 2 日

中国国际广播电台为纪念中国人民对外广播事业创建 55 周年而主办的名为“足迹·奉献·纽带”的大型展览在该台新大楼开幕。广播电影电视部部长孙家正和国际台最早的英语播音员魏琳为展览揭幕。展览通过 150 多张大型图片和近百个展柜的实物，展示了中国人民对外广播事业半个多世纪的发展历程。部领导田聪明、同向荣、杨伟光、赵实及国际台各语言部、新闻界朋友 100 多人出席开幕仪式。

12 月 3 日

为纪念中国人民对外广播事业创建 55 周年，中国国际广播电台在北京举行招待会。国务院新闻办公室主任曾建徽，副主任马毓真、杨正泉，广播电影电视部副部长同向荣，原副部长马庆雄等各界人士以及日本听众代表团近 200 人出席招待会。晚上，该台在北京民族文化宫大剧院举办庆典音乐会，中共中央政治局委员、国务委员李铁映，全国人大常委会副委员长王光英，广电部部长孙家正、副部长刘习良，原广电部副部长马庆雄，国际台台长张振华以及1000余名中外来宾出席。

12月4日

北京市政府决定，成立北京有线广播电视网络建设领导小组，市委常委、宣传部长龙新民任组长，副市长何鲁丽任副组长。

12月4日～14日

第三届中国广播文艺政府奖总评活动在天津广播电视国际新闻中心举行。评委会共收到各地选送的参评节目88个，此外，还对各专业组织先期评出的67个节目进行了终评认定，共评出获奖节目127个。

12月14日

中共中央办公厅、国务院办公厅联合下发《关于加强新闻出版广播电视业管理的通知》。《通知》明确了管理的指导思想和目标要求，提出按照“控制总量、调整结构、提高质量、增进效益”的原则，采取有力措施，实行综合治理，促进新闻出版和广播电视业从扩大规模数量为主向提高质量效益为主转变。各项治理措施要有利于加强和改善党对新闻出版、广播电视工作的领导，坚持正确的政治方向；有利于正确处理社会效益和经济效益的关系，把社会效益放在首位；有利于逐步形成布局合理、结构优化、效益明显、富有活力的发展格局，促进新闻出版和广播电视业进一步繁荣健康发展。《通知》还强调必须加强治理工作的组织领导。具体安排是：1997年上半年调查研究，制定方案，进行治理，刹住散、滥现象发展势头；而后再用两年左右的时间，全面落实治理措施，完善有关法规制度，调整结构，提高质量，基本改变散、滥状况。广播电影电视部为加大管理力度，颁发《关于贯彻落实中办、国办〈关于加强新闻出版广播电视业管理的通知〉的方案》，全面开展治理工作。

同日

中央电视台海外电视中心举办《英语新闻》开播10周年中外电视观众联谊活动。

12月15日

广东人民广播电台珠江经济台成功进入国际互联网。

12月16日

中宣部、广播电影电视部联合下发《关于坚决取缔非法设台建网 严格执行宣传纪律的通知》。

12月21日

中央人民广播电台维吾尔语广播创办40周年纪念大会在北京举行。全国人大常委会副委员长铁木尔·达瓦买提，中央统战部副部长李德洙，新疆维吾尔自治区副主席米吉提·纳斯尔，中央人民广播电台台长安景林等领导出席会议。

12 月 24 日

中宣部同意：王健儒、王燕春、张长明、胡占凡任中央人民广播电台副台长；丛英民、汪勤文、王汝峰、王国庆任中国国际广播电台副台长；赵化勇、李丹、刘宜勤任中央电视台副台长。

12 月 25 日

广播电影电视部党组任命：安景林为中央人民广播电台分党组书记；张振华为中国国际广播电台分党组书记，丛英民为副书记；杨伟光为中央电视台分党组书记。

12 月 26 日

中央电视台计算机网络与国际互联网联通，正式进入国际互联网。

同日

中央人民广播电台《午间半小时》节目召开 10 周年座谈会。

12 月 27 日

广播电影电视部党组召开部机关和中央人民广播电台、中国国际广播电台、中央电视台干部大会，宣布中央三台机构确定为副部级事业单位，并对中央三台领导班子重新任命。

12 月 28 日

第四届’96 中国音乐电视大赛结果在上海揭晓。本次大赛共收到参赛作品 500 多部，选出金奖曲目 25 部、银奖曲目 42 部、铜奖作品 80 部。

同日

南京广播电视大楼举行奠基仪式，大楼占地面积 4500 平方米，总建筑面积 3.5 万平方米，预计 1999 年 9 月竣工。

同日

大连市广播电视中心奠基开工。该工程总建筑面积 5.54 万平方米，被列为大连市重点工程。

12 月 28 日～30 日

全国省市电视台经济部主任会议暨全国电视经济节目研究会年会在北京召开，全国 78 家省市电视台的代表及有关方面的领导参加会议。广播电影电视部副部长兼中央电视台台长杨伟光传达了中共中央政治局常委、国务院副总理朱镕基对本次会议的批示和中共中央政治局委员、国务委员李铁映给本次会议的信。朱镕基指出：“中央电视台经济宣传工作做得有成绩，我是你们的热心观众，谨表示感谢，并且希望你们办得更好。”李铁映在来信中强调：“最近几年，全国电视经济节目有了长足的发展。希望大家认真贯彻中共中央十四届六中全会和中央经济工作会议精神，总结近年来我国电视经济宣传的成功经验，以中央电视台为龙头，发挥电视系统的优势，加强电视经济宣传工作。”

12月29日

由中央电视台和国家民族事务委员会共同开办的《中华民族》栏目正式开播。

12月30日

吉林省广播电视塔建成交付使用。

同日

重庆人民广播电台调频广播实现在黔江地区播出，结束了黔江没有调频广播的历史。

12月31日

国家主席江泽民发表对中国国际广播电台、中央电视台海外听众和观众的新年贺词《为创造美好的未来而共同努力》。国际台华语部在零点播出，并向美加华语广播网传送了贺词。中央电视台、中央人民广播电台、新华社、中新社、《人民日报》等各大新闻媒体均于当日晚和次日头条或头版头条位置全文播发。路透社、法新社、美联社、英国广播公司等西方媒体以及香港、澳门地区电台、电视台和各大中文报纸纷纷在重要位置报道和评述江泽民的新年讲话。

同日

广播电影电视部发布《关于首届（1996年度）高校部级科研和教学优秀成果评奖结果的通知》。一、著作类：一等奖《中外广播电视百科全书》等4项，二等奖《星期日广播英语》等7项，三等奖《中国广告表现透视》等6项；二、论文类：一等奖《中央六大新闻媒介新闻信息量分析报告》等3项，二等奖《论播音创作中的审美感受与价值取向》等3项，三等奖《电视：亦真亦幻的消费现象》等3项。三、教学成果类：一等奖《非计算机专业计算机系列课程改革与实践》1项，二等奖《广告基础理论教学与研究》等2项，三等奖《学生工作改革与实践》等3项；四、根据评奖条例有关规定，“八五”期间已获省部级（含中国广播电视学会）以上奖的成果，确认其具有广电部高校优秀科研成果奖同等级的资格。

同月

国家科委正式批准“数字音频广播（DAB）”重大科技产业工程项目。

同月

《中国中央人民广播电台与联合国教科文组织合作协议》在北京签署。

同月

何富麟任新疆维吾尔自治区广播电影电视厅党组书记、副厅长。

同年

中国教育电视台建台10周年。国家主席江泽民题词：“发展卫星电视教育，为提高全民族的文化素质服务。”国务院总理李鹏题词：“大力发展卫星电视教育，培养更多的建国人才。”国务院副总理李岚清题词：“积极采用先进技术，促进我国教育的改革和发展。”

同年

全国（未包括港、澳、台）共有广播电台 1244 座、对国内广播节目套数 1481 套、对国外广播使用语言 43 种，平均每日播音 14676 个小时，全年制作广播节目 289 万小时；中、短波发射台和转播台 746 座，调频发射台和转播台 1730 座，微波线路 7.07 万多公里，卫星电视地面站 13.36 万座；广播人口覆盖率 84.2%；市县有线广播站 2106 个、有线广播专用线路为 188.9 万杆公里，广播喇叭有 7743 万只，喇叭入户率为 29.5%。全国共有电视台 880 座、节目套数 983 套，平均每周播出时间 55518 小时，全年制作电视节目共 55.07 万小时；电视发射台和转播台 40886 座，电视人口覆盖率 86.2%。

同年

广播电影电视系统共制作广播剧 431 部 3350 集、电视剧 802 部 8503 集。

同年

中央人民广播电台收到听众来信近 186 万封。

同年

中国国际广播电台收到 161 个国家和地区的听众来信 580748 封。

同年

辽宁省按节目落地规划要求新建卫星地面接收站 70 座，新建有线广播电视台（站）89 座，新建企业事业单位有线电视台（站）57 座，新建转播台、调频台 45 座。

同年

江苏省新建县级电视台 2 座；新建县级调频广播电台 4 座。

同年

安徽省阜阳撤地建市，县级广播电台、经济电台一并整体上划，成立阜阳人民广播电台；阜阳地区电视转播台与县级阜阳市电视台合并，成立市级阜阳电视台。

同年

湖南省新建 1 座省级电视台，2 座县级电视台。

同年

四川人民广播电台和四川省农科院联合开办《农业科技点播台》，每周播出两次。该栏目根据农民来信来电提出的问题，请有关农业专家讲授关键技术措施，解决农业科技疑难问题，介绍新品种、新技术、新信息，把实用技术直接送到千家万户。

1997年

1月1日

0:00，河南、青海、福建、江西、辽宁、内蒙古（蒙古语、汉语各一套）、广东、湖南、湖北、广西10省（区）的广播电视节目采用数字压缩技术上星播出获得成功，并开始试播。

同日

12集大型文献纪录片《邓小平》在中央电视台第一套节目晚上黄金时间播出，在海内外引起强烈反响。1月4日，中央电视台第二套节目开始重播。1月20日，中央电视台第四套国际频道通过卫星向海外播出。1月13日，由人民日报社、中央文献研究室、中央电视台、光明日报社共同主办的《邓小平》座谈会在中央电视台举行。

同日

6:00，中央人民广播电台新版立体声广播节目——文艺调频正式开播。

同日

中央电视台《东方时空》播出一期全长53分钟的特别节目《走进97》。其中，三峡报道组成功地使用移动上行卫星地球站，把三峡工地沸腾的施工场面传到北京，直接切入播出线，圆满完成中央电视台首次移动卫星现场直播。

同日

广东人民广播电台羊城交通台与广东电视台合作，在广东卫视和珠江频道播出交通消息，开始进行广播与电视两种媒体合办道路交通信息发布节目的尝试。

同日

经过全面改版的安徽电视台第一套节目24小时播出。《安徽新闻》更名为《安徽新闻联播》。

同日

由广播电影电视部等部门联合举办的《'97迎接香港回归新年音乐会》、中央电视台和文化部艺术局承办的《新年京剧晚会》、中央电视台主办的新年音乐会《咏雪颂春》播出。

1 月 2 日

人事部发布《关于批准第七批有突出贡献中青年科学、技术、管理专家人选的通知》：经研究，批准广播电影电视部曹翠芬、何宗就两位同志为第七批有突出贡献中青年科学、技术、管理专家（曹翠芬为北影厂演员，何宗就为中央电视台高工）。

1 月 3 日

经湖南省广播电视厅党组研究，决定成立湖南广播电视产业中心。

1 月 6 日

浙江省广播电视国际新闻交流中心工程正式开工。该中心建筑面积 2.2 万平方米，建成后将拥有若干个现代化新闻发布厅，一个设施齐全的多功能大厅以及多套先进的广播电视节目制作传输系统。

同日

由北京电视台、上海东方电视台、广东电视台联合制作的综合性杂志型体育专栏节目《中国体育报道》开播。每期时长 50 分钟。除在三地电视台周一晚黄金时段播出外，国内 26 家电视台 29 个频道及两家航空公司客舱部每周均转播该节目。

1 月 7 日

经云南省广播电视厅批准，德宏傣族景颇族自治州少数民族语言译制中心正式成立。使用傣语、景颇语和载瓦语译制中央电视台《新闻联播》和云南电视台部分新闻和专题节目。12 月 29 日，该中心译制的节目在德宏电视台播出。

1 月 8 日

广播电影电视部部长孙家正，副部长何栋材、同向荣听取北京市广播电视局关于北京电视城建设和建立全国电视节目交易供片中心设想的汇报。孙家正对“电视城”建设和进入“全国电视节目交易供片中心”的节目提出具体要求。

同日

由中组部、中宣部、文化部、广播电影电视部共同主办的“歌颂孔繁森声乐作品演唱比赛颁奖电视晚会”在北京举行。中组部部长张全景、中宣部副部长徐光春、广电部副部长杨伟光等领导及各界人士观看晚会。

同日

北京市政府新闻办公室 、外事办公室和北京电视台共同主办的为期一个月的“北京电视节”暨《北京图片展》在澳门开幕。“电视节”期间，共播出 14 小时的节目，其中 7 小时为纪实性节目，另 7 小时为各具特色的 7 台文艺晚会。

同日

据当日出版的《新闻出版报》报道，截至 1996 年初，中国教育系统已建立教育电视台、收转台 940 多座，卫星地面接收站 1000 多个，在全国 1200 多个有线电视台中，有 75% 的省、地（市）级有线电视台转播中国教育电视台的卫星节目。中国教育电视台还通过东经 138° 的亚太一号卫星播出教育节目，覆盖全国及南亚、东南亚地区，收视人口超过两亿。

1 月 14 日

延边电视台“祖国边疆万里行”采访团结束历时 100 多天，行程 9000 多公里，跨越 10 个省、直辖市，系统报道我国沿海地区改革开放经验的采访回到延边。

1 月 15 日

中共中央政治局常委、全国人大常委会委员长乔石视察上海广播大厦，并题词：“大力发展广播影视事业，为人民群众和社会主义现代化建设服务。”

同日

中共中央政治局委员、国务委员李铁映在 1997 年第一期《中央电视台简报》上批示：“伟光同志：看此件后很兴奋。为了孩子，为了中国的明天，民族的未来，多播出一些好的精神食粮是你们的一大贡献、一大责任。我替孩子们感谢你们，也替天下父母感谢你们。祝九七取得更大成绩。”这期《中央电视台简报》刊载了题为《“六个一百工程”硕果累累 少儿电视节目异彩纷呈》的文章，介绍了中央电视台 1996 年为实施“六个一百工程”，丰富少儿节目所做的大量工作和取得的主要成果。该工程由百集童话剧、百首新儿歌、百集游戏节目、百集人物系列片、百集科普系列片、百集动画片构成。

1 月 17 日

齐勇毅任广播电影电视部设计院党委书记。

1 月 18 日～22 日

全国广播影视厅（局）长会议在北京举行，各省、自治区、直辖市及计划单列市的广播影视厅（局）长、广播电影电视部机关各司局和各直属单位的主要负责人出席会议，中央有关部委的相关负责人应邀参加会议。会议认为，1996 年广播影视系统认真学习贯彻中共中央总书记江泽民关于广播影视工作的指示，全面推进广播影视工作，整个广播影视战线呈现出蓬勃向上的局面。与会代表认真学习了江泽民关于新闻舆论导向和繁荣社会主义文艺的两个讲话，听取了全国宣传部长会议精神和中宣部部长丁关根讲话的传达。中共中央政治局委员、国务委员李铁映到会与代表们进行座谈并发表意见。强调广播影视系统要建立严格的科学管理体制，加强法规建设，依法管理；要根据中央的方针，积极探索研究新时期广播影视系统的管理体制；要用现代化的科学技术手段、装备来传播新闻、艺术和各种知识；要进一步贯彻科教兴国的方针，加强队伍的科技力量，提高广播电影电视的质量；为加强广播影视工作，必须要加强领导。孙家正部长就 1996 年的工作和 1997 年的任务作题为

《把握大局，开拓前进，努力开创广播影视工作的新局面》的总结性讲话。副部长田聪明、刘习良、何栋材、同向荣、杨伟光、赵实就有关方面的工作作了专题发言。

1 月 23 日

中宣部、广播电影电视部、新闻出版署、中华全国新闻工作者协会在北京联合召开全国新闻系统电视电话会议，号召全国新闻界认真贯彻中共十四届六中全会精神，加强职业道德建设，禁止有偿新闻，开展创建文明单位、树立行业新风的活动。会上，中华全国新闻工作者协会常务副主席郑梦熊宣读了新修订的《中国新闻工作者职业道德准则》；新闻出版署副署长梁衡宣读了由中宣部、广电部、新闻出版署、中华全国新闻工作者协会联合制定的《关于禁止有偿新闻的若干规定》；中宣部副部长徐光春发表讲话，并宣布 41 家新闻单位为全国新闻界“精神文明示范单位”。会议在全国 30 多个会场同时举行。出席主会场会议的有中央有关部门和中央主要新闻单位负责人。

1 月 24 日

广播电影电视部任命王伟国为教育司副司长。

1 月 25 日

原中央广播事业局副局长、中央人民广播电台台长左漠野因病医治无效在北京逝世，终年 84 岁。左漠野原名左铁铮，湖南岳阳人。1935 年毕业于北京师范大学教育系。1937 年初加入中国共产党。曾任延安《新中华报》编辑、八路军总政治部宣传科长、八路军总司令部秘书、《新华日报》华北版编委、晋冀鲁豫《人民日报》研究部部长、新华总社对蒋管区广播部主任。新中国成立后，历任中央广播事业局编委兼对外广播部主任、副局长兼中央人民广播电台台长。1982 年离休。曾发表过一批关于广播电视业务建设和广播电视学的论文。

同日

山东省广播电视厅全国第一个省级有线电视光纤干线网开通，山东有线电视台开播，构建成“天上一颗星，地下一张网”的星网传输体系。

1 月 29 日～31 日

由广播电影电视部和国务院新闻办公室主办、中国国际广播电台承办的第二届全国广播对外宣传协作会议暨首届全国广播对外报道优秀节目《中国之窗》颁奖会在北京举行。来自全国各省、自治区、直辖市广播电视厅（局）、台，外宣办和国际台的代表 80 多人参加会议。国际台台长张振华作题为《提高认识，加强力度，进一步推动、发展广播大外宣》的发言。30 日，广电部副部长刘习良在会上作题为《充分发挥对外广播优势》的报告。在《中国之窗》优秀节目评选中，北京人民广播电台等 6 家电台的节目获优秀节目奖，青海人民广播电台等 10 家电台获得优秀组织奖。

1月30日

《广播电影电视系统内部审计工作规定》(广播电影电视部令第23号)发布施行,共7章32条。1992年8月8日发布施行的《广播电影电视内部审计工作规定》(广播电影电视部令第8号)同时废止。

同月

由河南林河集团出资60万元援建的24座贵州乡村卫星地面广播电视收转站开播,使贵州6个贫困县24个乡村的农民看上了电视节目。

2月2日

中国华艺广播公司与林则徐基金会合作推出40集系列专题报道《迎九七林则徐足迹行》。

同日

宁夏回族自治区青铜峡电视台正式开播。

2月5日

应中国国际广播电台邀请,国务院副总理钱其琛在该台华语广播春节特别节目中向海外侨胞致辞,并为华语广播题词:“努力办好对外华语广播,为海外侨胞服务。”

2月6日

广播电影电视部党组发文:经北京市委教育工委同意,任命赵建华为北京广播学院党委书记,刘继南不再兼任院党委书记职务。

同日

中央人民广播电台春节晚会《春回千万家》播出。以“团结、奋进、自豪的中国人”为主题的中央电视台《1997春节联欢晚会》在第一套节目播出,并通过国际频道向全世界直播。

2月8日

欧洲东方中文电视台开始播放21集纪录片《细说香江》,旅欧华人可以通过该片了解香港的历史和近况。

2月13日

广播电影电视部发文:任命姚之楼为广播电影电视部管理干部学院院长,王宏民为副院长。同日,广电部党组发文,同意姚之楼任广电部管理干部学院党委副书记。2月18日,广播电影电视部部长孙家正、副部长田聪明召集部管理干部学院领导班子全体成员到京,对学院的办学体制、人才培养方向以及领导班子建设等提出具体要求。

2 月 15 日

吉林省广播电视数字微波工程通过部、省级验收，该系统采用 MPEG-2 标准地面数字微波传输系统，具有世界先进水平。

2 月 18 日～20 日

经广播电影电视部批准，由中国电视艺术委员会和中央电视台联合举办、中央电视台无锡太湖影视城承办的 1997 年度全国电视剧题材规划会议暨第十六届全国电视剧“飞天奖”颁奖会议在江苏省无锡市举行。来自全国各地广播电视厅（局）的领导、电视剧制作单位代表等近 400 人参加会议。广电部副部长刘习良作《实施电视剧精品战略，推动电视剧精品生产》的报告。会议对全国 86 家持有长期电视剧生产许可证和 127 家临时电视剧生产许可证单位申报的 859 部 2684 集电视剧进行了规划。在第十六届全国电视剧“飞天奖”评选中，评委会共收到全国各地制作单位上报的参评作品 143 部 920 集，最终有 62 部 456 集作品获奖。其中，《英雄无悔》获长篇电视剧一等奖，《孔繁森》获中篇电视剧一等奖，《牛玉琴的树》获短篇电视剧一等奖，《长大未成人》获少儿长篇电视剧一等奖，《秋瑾》获戏曲长篇电视剧一等奖，《情醉老龙沟》获戏曲短篇电视剧一等奖；12 个单项奖也各有得主。

2 月 18 日～23 日

葡萄牙总统若热·桑巴约访华期间举行授勋仪式，向中国国际广播电台葡萄牙语部译审范维信授予绅士级功绩勋章、向国际台退休副译审姚越秀授予军官级功绩勋章。

2 月 19 日

21：08，一代伟人邓小平逝世。广播电影电视部及中央人民广播电台、中国国际广播电台、中央电视台迅速部署新闻报道工作。中央电台于当晚调整新闻部班次，坚持 24 小时值班，并增加编辑力量，随时编发最新消息。文艺部当天夜里赶制、编排了近 40 个小时庄严、悲壮的音乐节目；突击剪辑出 6 集广播传记文学《我的父亲邓小平》。20 日，从凌晨 4 点开始，将全台 7 套节目（第四套少数民族节目除外）并机播出，反复播送中国共产党中央委员会、中华人民共和国全国人民代表大会常务委员会、中华人民共和国国务院、中国人民政治协商会议全国委员会、中国共产党和中华人民共和国中央军事委员会《告全党全军全国各族人民书》。25 日自 6：30 开始，对全台 7 套节目（第四套少数民族节目除外）并机播出，于 9：55 开始现场直播邓小平追悼大会实况，并重播 5 次实况录音。至 26 日晚，全台 7 套节目共播出有关新闻、专题 3240 多件。国际台英语部于 20 日凌晨 3：23、华语部广州话组和西班牙语部于 3：40 播出消息。其后，对 10 万群众送行和追悼大会等主要活动都作了及时准确的报道。追悼大会用华语和英语进行现场直播，美国和香港地区的 3 家电台转播了国际台的现场直播。在6天时间里，全台共编采、播发新闻77条、专稿30多篇。中央电视台自19日晚10点起，新闻中心各部门进行了大量的拍摄和播出工作，新闻采访部派出20个报道组近50名记者，赴全国各地，为《新闻30分》《新闻联播》和各次滚动新闻提供新闻13条（组）；新闻播出机房连续26小时直播、录制；从20日凌晨第四套节目首播邓小平逝世的新闻至“零点新闻”，全天共播出新闻497分钟。海外中心根据全球播出的特点，在第四套节目中实行滚动播出。文艺中心连夜调整邓小平治丧期间第三、第八套节目播出安排，确保这两套节目在大量更换节目的情况下安全播出。20日，总编室和新闻中心完成《邓小平伟大光辉的一生》的制作任务。该片长达67分钟，作为《新闻联播》头条新闻播出。24日，制作播出新闻特写《万众深情送小平》和专题《再道一声，小平你好》；25日9：50至11：07，对邓小平追悼大会进行现场直播。与此同时，全国各地电台、电视台制作、播出大量专题节目，缅怀邓小平的丰功伟绩。

同日

根据《中华人民共和国广告法》及其他有关规定，广播电影电视部下发《关于进一步加强广播电视广告宣传管理的通知》。

2月20日

天津人民广播电台机构进行重大调整，成立台务委员会和编辑委员会。同时设行政部门六个、宣传业务部门八个、技术业务部门四个。

2月24日

中国教育电视台编审委员会进行调整。新一届编审委员会由11人组成，主任宋成栋，副主任柴永广，秘书长李丹林。

2月28日

广播电影电视部党组同意：赵化勇任中央电视台分党组副书记。

同日

根据中央电视台分党组关于组建电视产业集团的决定，中央电视台重新组建中国国际电视总公司，由该台控股的中视影视基地发展有限公司、中视电视节目制作有限公司、中视电视技术发展有限公司、中国电视节目代理公司、中视实业发展有限公司、央视调查咨询中心六个子公司组成。总公司成立董事会，设立监事会，实行总经理负责制。李培森任总公司经理。

同月

新疆维吾尔自治区伊宁市有线电视台更名为伊宁市广播电视台。

3月1日

上海电视台外语台《中日之桥》选送的部分新闻节目在日本广播协会对外播出。

这是该台日语新闻首次在日本国家电视台播出。

3 月 5 日

广西有线广播电视台经广播电影电视部批准正式建台开播，呼号为“广西有线广播电视台”。

3 月 7 日

中共上海市委决定：赵凯任中共上海市广播电影电视局委员会书记，孙刚不再担任这一职务。

3 月 9 日

中央电视台在北京、昆明、南京、漠河 4 个地区 7 个地点对日全食——彗星同现天象奇观进行时长 142 分钟的现场直播并取得成功。这是该台首次对自然现象进行的一次全方位的多点传送直播。

3 月 10 日

广播电影电视部教育司组织北京广播学院和北京电影学院有关方面负责人开会，研究两校联合举办动画专业事宜。副部长田聪明出席会议并讲话。

3 月 13 日

中国国际广播电台发文调整搬迁指挥部。台长张振华任总指挥，副台长丛英民、王国庆任常务副总指挥；副总指挥汪勤文、孔令保、于纪恺、陈进先、李广才。从 3 月 31 日起，搬迁指挥部在新大楼办公室正式办公。

同日

广播电影电视部党组决定：任命胡恩为电视剧制作中心主任、中央电视台分党组成员。

3 月 15 日

中央电视台《世纪的力量——献给 1997 国际消费者权益日》专题晚会通过第一套节目进行现场直播。

3 月 18 日

陕西卫视正式开播，以陕西电视台原有的第一套节目为主干，同时吸纳第二、第三套节目的精粹共同组成，每天播出约 18 个小时。陕西人民广播电台第一套节目同时上星。

同日

中央电视台、贵州电视台、广西电视台联合在广西百色和贵州八渡成功直播南昆铁路合龙贯通实况及盛大庆典。

3 月 20 日

中国国际广播电台驻英国记者站正式建立，首任记者许华珍、吴佳前往伦敦赴任。

同日

人事部通知：国务院批准，广播电影电视部1996年享受政府特殊津贴的人员共30人，其中自然科学8人、社会科学22人。政府特殊津贴每人5000元，由中央财政拨付，一次性发放，免征个人所得税。

同日

中共辽宁省委发出《关于授予王永海同志优秀新闻工作者荣誉称号和开展向王永海同志学习活动的决定》。王永海是大连人民广播电台的主任记者，曾先后获得过全国先进工作者、全国“五一劳动奖章”、全国百佳新闻工作者、全国广电系统劳动模范、辽宁省十佳新闻工作者、辽宁省新闻战线职业道德标兵等荣誉称号。

3月23日

香港回归倒计时100天。由广播电影电视部、国务院港澳办公室、国务院新闻办公室主办，中央电视台承办的“百年香江知多少——全国香港知识竞赛总决赛”在中央电视台第一套节目黄金时间播出，海内外观众反响强烈。同日，中央电视台各档新闻播出新闻特写《香港回家》《回归的脚步》及全国各地的纪念活动等新闻节目。《新闻联播》开辟《香港回归倒计时》栏目。《中国新闻》《英语新闻》《粤语新闻》栏目推出百集系列节目《香港百题》，该节目将持续播出至6月30日，并译成多种外语版，在报道香港政权交接仪式时向国外媒体提供。

同日

在巴基斯坦驻华使馆举行的国庆庆典仪式上，巴基斯坦驻华使馆代办伊芙迪哈尔·侯赛因·卡兹米代表法鲁克·莱加里总统授予中国国际广播电台乌尔都语部陆水林“优秀业绩总统勋章”，以表彰他在研究乌尔都语言，丰富乌尔都语广播节目，介绍巴基斯坦文化和翻译乌尔都语文学、电影、电视剧等方面所作出的贡献。

3月23日~27日

’97全国广播影视纪检监察工作会议在北京召开。广播电影电视部党组书记、部长孙家正，部党组副书记、副部长田聪明，中央纪委常委、监察部副部长李至伦等领导出席会议并讲话。广电部党组成员、中纪委驻部纪检组组长王德新作题为《把握大局，加大力度，把广播影视系统反腐败工作继续引向深入》的工作报告。

3月24日

广播电影电视部、国家语言文字工作委员会联合下发《关于建立广播电影电视系统普通话水平测试工作领导小组和测试站的通知》。领导小组组长田聪明，副组长傅永和，成员：张振东、雷元亮、刘爱清等。

3月24日~26日

1997年全国电视对外宣传选题规划会在大连召开，来自全国47家电视台的近百名电视外宣工作主管领导及代表参加会议。广播电影电视部副部长刘习良、部总编室主任张振东、部外事司司长马元和、国务院台办新闻局局长张铭清、中央外宣三局副局长任一农出席会议并讲话。会议就加强栏目建设，提高节目质量，狠抓精品等问题展开研讨。

3 月 29 日

中国国际广播电台驻意大利记者站正式建立，首任记者赵泮仲、金力前往罗马赴任。至此，国际台驻外（含香港、澳门地区）记者站总数达到 26 个。

3 月 31 日

由国务院新闻办公室主办的第二届中国国际新闻奖评选在天津揭晓。评委会共收到中央和地方 79 家新闻单位 230 余件作品，在所设 6 类奖项的评选中，共评出一等奖 9 个，二、三等奖 60 个，鼓励奖 30 个。广播电视部分：《齐心协力 消除饥饿》（中央电视台）、《西方反华阴谋再次破产》（中国国际广播电台）等获一等奖。

同日

由中央电视台与西藏文化传播公司联合摄制的系列纪录片《我们西藏》之一《八廓南街 16 号》获法国第十九届“真实电影”国际纪录片电影节大奖——“真实电影奖”。

同日

湖南省广播电视厅成立由 30 名专家学者组成的监评委员会，全天候监听监看广播电视节目。

同日

浙江省宁波市广播电视局在美国洛杉矶熊猫电视台举办首届“宁波电视周”，播出介绍宁波的专题片《风从东方来》。

同月

上海电视台推出一档以深度述评为特色的新闻品牌栏目《新闻观察》。每期节目围绕一个话题展开，每周播出一次，周六 21：00 首播，周日上午重播，片长 20 分钟。

4 月 1 日

“甘肃电视宣传周”和“甘肃广播宣传周”在美国举办，甘肃电视台国际部摄制的《梦想 · 希望 · 现实》《飞天的故事》等六个电视节目在“电视周”播出。

4 月 2 日

广播电影电视部通报表彰 1996 年度全国广播电视技术维护竞赛评比获奖单位。吉林、辽宁、河北、江苏、山东、黑龙江省广播电视厅获省际评比优秀奖；北京市广播电视局获市际评比优秀奖；山西省广播电视厅获鼓励奖。

同日

广播电影电视部批复，同意建立广东有线广播电视台。

4月3日

《天津有线广播电视专用网技术方案》论证会在天津举行，广播电影电视部副部长何栋才主持会议。会上，原则通过该技术方案。5月9日，该技术方案获广电部正式批准。

4月4日

广播电影电视部通报表彰1996年度全国广播电视技术维护先进台（站）和先进个人。全国40个技术维护先进台（站），110名技术维护先进个人被分别授予“1996全国广播电视技术维护先进台（站）”和“1996全国广播电视技术维护先进个人”称号，并颁发奖牌、奖状（证书）。

4月5日

中共中央政治局委员、国务委员李铁映视察上海广播大厦，并题词：“电波传万里，一心为人民。”

4月7日～13日

中央人民广播电台举办第二次“听评周”活动。

4月8日～10日

中国广播电视学会第三届理事会议在北京举行，广播电影电视部部长孙家正出席会议。新的一届理事会共有理事239名，特邀理事48名，吴冷西被推举为名誉会长，艾知生当选为会长，刘习良为常务副会长。

4月9日

中共中央政治局常委、全国政协主席李瑞环出席由中央电视台和中国曲艺家协会、天津中华民族文化促进会在人民大会堂共同举办的骆玉笙暨北方鼓曲名家音配像选萃座谈会并讲话。李瑞环高度评价中央电视台和天津中华民族文化促进会弘扬民族文化的成绩和音配像的重要意义，他希望中央电视台继续支持这一流传后世、功在千秋的实事。

同日

为进一步把《中国新闻工作者职业道德准则》（新修订）和《关于禁止有偿新闻的若干规定》提出的各项要求真正落到实处，广播电影电视部下发《关于认真贯彻执行〈中国新闻工作者职业道德准则〉和〈关于禁止有偿新闻的若干规定〉的通知》。

4月10日

中宣部同意：刘宝顺任中央电视台副台长。

4 月 10 日～ 11 日

江苏省广播电视工作会议在南京举行，13 个省辖市分管广播电视工作的副市长，各市、县（市）、郊区广播电视局长，省有关部委负责人共 100 多人参加会议。省委副书记顾浩、省委常委、宣传部长王霞林，副省长张怀西、张连珍，广播电影电视部科技司副司长张兆雄出席会议并讲话。省广播电视厅厅长周世康作题为《把握重点，整体推进，进一步繁荣我省广播电视事业》的报告。

4 月 11 日

由中央电视台与澳大利亚广播公司、澳大利亚南方之星影视制作公司联合摄制的 52 集人偶童话剧《神奇山谷》在法国戛纳电视节上举行首发式。来自世界 170 多个国家的电视机构的代表参加该片首发式。

4 月 14 日

广播电影电视部任命才华为社会管理司司长，王云鹏为办公厅副主任、法规司副司长。

4 月 16 日～ 18 日

中国国际广播电台各语言广播节目在新楼进行 48 小时录制、播出系统运行演练。

4 月 18 日

广播电影电视部任命方源为保卫司司长。

4 月 20 日

为了加强对台文化宣传，让台湾同胞更加了解祖国大陆悠久的历史文化和百余年来的巨大变化，中国华艺广播公司推出 60 集专题节目《中国名街名巷》。

4 月 20 日～ 27 日

中国广播电视新闻奖'96 电视新闻评奖会在江苏省张家港市举行，33 个电视机构选送的 228 个节目参评。评委会还对中国广播电视学会电视经济节目研究委员会选送的 25 个获奖节目进行了终评认定。最终共评选出特别奖 1 个、一等奖 28 个、二等奖 59 个、三等奖 100 个。

4 月 21 日

广东珠江电影制片公司依照广东省委、省政府的决定并入省广播电视厅，广东省广播电视厅更名为广东省广播电影电视厅。1998 年 10 月 21 日，广东省广播电影电视厅挂牌。

4 月 22 日～ 26 日

中央电视台现场直播中国、俄罗斯、哈萨克斯坦、吉尔吉斯斯坦、塔吉克斯坦五国元首在莫斯科举行的关于边境地区相互裁减军事力量协定的签字仪式。这是中央电视台首次在国外对重大政治活动进行现场直播，并成功地实现国内国外现场对播。

4月24日～25日

中宣部理论局、广播电影电视部总编室在天津联合召开10省、市电视理论宣传工作座谈会。中宣部副部长白克明在讲话中指出，当前电视理论宣传仍处于探索阶段，还要积极探索电视的形象化与理论的抽象化相结合的道路，提倡表现手法及风格的多样化，以加强电视理论宣传的针对性。会议期间，与会代表着重就如何进一步落实宣传规划，更好地开展电视理论宣传工作进行了研讨。

4月26日～29日

广播电影电视部在北京召开全国有线电视台台长会议，各省、自治区、直辖市广播影视厅（局）、有线电视台，计划单列市、省会市有线电视台，以及中央电视台、中国教育电视台的代表共140多人参加会议。广电部部长孙家正到会作总结讲话；副部长同向荣作题为《加强管理，促进有线电视事业健康有序地发展》的工作报告；副部长何栋材、杨伟光分别就有线电视联网工作和转播中央电视台节目问题讲话；中宣部新闻局局长栗国安就做好当前新闻宣传工作提出要求。会议提出20世纪末21世纪初我国有线电视发展的总体目标，并强调要切实加强对有线电视的管理，保障和促进事业健康有序发展。

4月27日

中央电视台对中国海军舰艇编队出访美洲四国和南亚三国的报道圆满结束。此次报道是该台军事报道史上向国外派出记者人数最多、涉及国家最多、报道时间最长的一次。

同月

大型文献纪录片《邓小平》在美国纽约中文电视台和洛杉矶熊猫电视台完整播出，收到良好效果。

同月

广播电影电视部原部长艾知生所著《广播影视工作谈》，由中国广播电视出版社出版。中共中央政治局委员、国务委员李铁映为该书题词，广电部部长孙家正作序。全书收录95篇文章，约计37万字。

5月1日

国务院总理李鹏为中央电视台社教中心组织拍摄的两集电视专题片《东方之桅》题写片名。该片是为迎接香港回归，纪念中国最老的国营企业、中国第一家民用轮运企业——香港招商局集团成立125周年而拍摄的。

同日

自即日起，中央电视台第一套节目在每天清晨6点增加一档15分钟的《早间新闻》，每日首播新闻的时间提前了一个小时。《晚间新闻报道》播出时间由 30 分钟增加到 45 分钟。新栏目《科技博览》取代原《九州神韵》，以加大“科教兴国”基本国策的宣传力度。在第二套以经济节目为主的综合频道，《经济半小时》《生活》《中国财经报道》等栏目进入黄金时段。

5 月 3 日

中国教育电视台（CETV）推出现场答疑咨询直播节目《CETV 复习时间》。这是该台建台以来的首次直播尝试。

5 月 5 日

中央电视台《中国报道》栏目改版，由原来的专题性栏目改为新闻性栏目。每天一期，每期 15 分钟，专题报道国内外最新发生的重大新闻事件并进行深度分析。5 月 6 日，全国人大常委会副委员长布赫在中央电视台演播室就民族区域自治等问题接受《中国报道》栏目记者的采访，并为改版后的该栏目题词：“向世界报道中国，让中国了解世界。”

5 月 6 日～ 9 日

中宣部、广播电影电视部在北京举办全国省级广播电台、电视台台长研讨班，来自全国省级广播电台、电视台和中央人民广播电台、中国国际广播电台、中央电视台的 60 多位台长参加研讨班。中宣部部长丁关根在和研讨班的全体人员座谈时发表题为《新闻宣传要牢牢把握正确导向》的讲话。强调新闻宣传工作要坚定不移地贯彻团结、稳定、鼓劲和以正面宣传为主的方针，牢牢把握正确导向，努力提高节目质量，为今年我国恢复对香港行使主权和党的“十五大”的召开这两件关系全局、举世瞩目的大事创造良好的氛围。在研讨班上，广电部部长孙家正、中宣部副部长徐光春通报了有关情况，提出了工作要求。

5 月 6 日～ 11 日

广播电影电视部副部长何栋材率中国广播电视代表团访问古巴。何栋材与古巴邮电部副部长奥尔兰多签署《中华人民共和国广播电影电视部和古巴共和国邮电部关于古巴向中国提供短波广播转播服务的协议》。中方从 1998 年元旦起，租用古巴设施向美洲地区转播中国国际广播电台的节目，每天播出 12 个小时，租期 5 年。

5 月 7 日

大型电视系列片《香港沧桑》（下部）首映式在人民大会堂举行。该片将从 11 日起，在中央电视台第一套节目黄金时段连续播出。

5 月 10 日～ 13 日

全国广播电视多功能高塔研讨会在青岛召开。会议对高塔的规划、选点、造型、设计、功能布局、工程管理、设备选择、结构建设、运行维护等问题进行研讨并总结了已建成高塔的经验与教训。

5 月 10 日～15 日

第十届全国对台湾广播优秀节目评选暨协调会在浙江宁波召开。中央人民广播电台、海峡之声广播电台、南京金陵之声电台、上海浦江之声广播电台等选送的 75 个节目获奖。

5 月 10 日～15 日

北京电视台第 6 次主办“北京国际电视周”。来自 24 个国家和地区的宾客及国内近 400 家电视台、影视节目制作单位、销售公司、设备公司的代表 1800 多人参加本次“电视周”。国内参展节目约 230 余部近 6000 集，总交易量近 3 万小时；国内销往海外节目近 5000 小时。

5 月 16 日

广播电影电视部部长孙家正会见法国阿尔卡特公司总裁特舒鲁克一行，双方商谈了有线电视网络合作事宜。

同日

广播电影电视部组织北京电视台和牡丹电子集团等单位研究开发的“立体声伴音”广播电视技术新制式，经北京电视台技术人员反复试验达到各项技术指标。它标志着中国电视伴音由传统的模拟单声广播开始跨入数字立体声广播时代。

5 月 19 日

中央电视台社教中心《当代工人》栏目正式开播，每周一期，每期 30 分钟。这是该台第一个针对全国 1.5 亿工人开办的栏目。

5 月 20 日

广播电影电视部孙家正、田聪明、王好为、孙玉胜、崔明德（方明）五人在中直机关党代会上当选为出席中国共产党第十五次全国代表大会的代表。

5 月 21 日

据中央电视台第四套节目在台湾的代理——台湾无线卫星电视台（TVBS）发来的传真反馈，台湾已有 112 家有线电视台在全岛转播中央电视台第四套节目，有近 274 万户可以看到该套节目，占台湾有线电视用户总数的 67%。

5 月 22 日

无锡中视股份公司股票在上海证券交易所溢价发行成功，成为广播电影电视行业第一家上市公司。

5 月 23 日

云南省迪庆州人民广播电台播控中心建成，从此，云南省藏族同胞有了自己的广播电台。

5 月 24 日

由国务院新闻办公室和广播电影电视部主办，中央电视台海外中心和大连电视台承办的 1995～1996 年度中国海外电视节目“彩虹奖”颁奖晚会——《中国彩虹》，在大连通过中央电视台第四套节目和大连电视台第一套节目现场直播取得圆满成功。

5 月 27 日

中共中央政治局委员、国务委员李铁映在中央电视台《关于筹建中央电视台经济宣传顾问组的汇报》上批示：我全力支持。同时，李铁映指出，顾问组的任务：1. 宣传中央经济政策。2. 推动改革。3. 回答社会关心的热点、难点（问题）。4. 评介国内外经济形势。7 月 8 日，中央电视台经济宣传顾问委员会成立大会暨第一次全体会议举行。中共中央政治局委员、国务委员李铁映，广播电影电视部部长孙家正，广电部副部长兼中央电视台台长杨伟光出席会议。中央 12 个部、委、办领导和 14 位著名经济学家、企业家应邀担任经济宣传顾问。

同日

中国国际广播电台完成搬迁，在新楼正式录制、播出节目。16：28，当天下午最早播出的印尼语广播节目顺利准点播出。一分钟后，老大楼主控机房来电话告知，播出节目信号清晰，效果良好。截至 28 日 10：00，该台 43 种语言部的节目均顺利播出。

5 月 27 日～6 月 1 日

全国广播电视系统经营工作座谈会在广西北海市召开，来自广播电影电视部属有关单位和各省（区、市）广播电视厅（局）的代表共 90 人参加会议。广电部副部长何栋材出席会议并讲话。会上，各单位交流了经营管理的经验，探讨了今后进一步做好经营工作的措施。

5 月 30 日

广播电影电视部任命许家奇、孟宪礼为广电部设计院副院长。

同月

新疆维吾尔自治区交通不便的皮山县广播站 300 瓦和 100 瓦调频广播发射机正式启用，每天三次转播中央人民广播电台节目和新疆人民广播电台维吾尔语、汉语节目。

同月

北京电视台推出法制节目《庭审纪实》。内容主要是北京市各级人民法院审理的民事、经济、刑事、知识产权等案件，尤其是那些社会影响大、群众关注程度高、涉及老百姓切身利益的案件。节目长度 50 分钟，两周播出一次。

6月1日

中央电视台与香港凤凰卫视中文台合作完成的庆祝香港回归系列报道之一《飞越黄河》大型节目现场直播圆满结束。

6月1日～7月31日

海峡之声广播电台为庆祝香港回归，开设《庆祝香港回归特别节目——世纪归航》。这是该台近年来报道规模最大、连续播出时间最长、投入采编力量最多的一次重大宣传报道活动。

6月2日

河南省发展计划委员会批复《河南广播大厦工程建设可行性研究报告》。该广播大厦建筑面积3.2万平方米，投资1.5亿元人民币。

6月4日

中国国际广播电台国际新闻中心开始编发《香港回归国际新闻特辑》，从周一到周五，每天一辑，每辑至少包括三条新闻。

6月5日～6日

正在德国进行友好访问的全国政协主席李瑞环为解决中国国际广播电台和中央人民广播电台引进西门子公司设备的安装调试问题，特意会见了德国西门子公司有关方面负责人。李瑞环再三强调，西门子公司要珍视自己的声誉，在国际台和中央电台设备问题上做好工作。西门子公司总裁冯·皮勒表示，将对此事给予特别的重视。

6月6日

为迎接香港回归，重温百年历史，中央电视台举办中国近代史题材电视剧展播，在第二、第八套节目黄金时间播出《林则徐》《北洋水师》《总督张之洞》共3部40集。

6月9日

广播电影电视部《播音员主持人上岗暂行规定》发布施行，共5章29条。

同日

内蒙古自治区党委、自治区政府任命刘永欣为自治区广播电视厅党组副书记、副厅长；海青为厅党组成员、副厅长、内蒙古人民广播电台台长；董庭玉为厅党组成员、自治区纪委派驻厅纪检组组长。

同日

全国蒙古语广播文艺节目评比和文艺节目交换会在内蒙古自治区乌兰浩特举行。

6月11日

国家副主席荣毅仁为结集出版的中央电视台《香港百题》节目解说词作序。新华社以“荣毅仁为《香港百题》作序”为题全文转发了这一序言。

6 月 12 日

在韩国首都汉城举行的第五届汉城广播节中，中国国际广播电台朝鲜语部选送的录音报道《北京的韩食店》获对外广播“短波”奖。

同日

中央电视台在第一套节目黄金时间播出 28 集电视连续剧《香港的故事》。

6 月 13 日～15 日

广播电影电视部部长孙家正在黑龙江省广播电视厅厅长张克忠陪同下，视察黑龙江省牡丹江市广播电视局、绥芬河市广播电视局和 917 转播台。

6 月 15 日

中共中央政治局委员、全国人大常委会副委员长田纪云视察正在兴建的湖南广播电视中心和“长沙世界之窗”工地，并题词：“发展广播电视事业，建好新世纪文化城。”

同日

香港会议展览中心新闻及广播中心正式启用。该中心占地 9000 平方米。香港回归期间，将有 8000 多名记者在此工作。

6 月 15 日～17 日

广播电影电视部主办的’97 全国国产电视节目交易会在杭州举行，1400 余位中外来宾参加交易会。共有 14282 部（集）电视节目在 154 个展台进行了展示交流，节目成交额 3400 多万元，达成意向协议 1.3 亿元。

6 月 16 日

重庆电视台推出全新改版节目。新闻除对《重庆新闻联播》改扩版外，还增开《午间报道》《晚间报道》《经济报道》和《特别报道》，并实现滚动播出。增设《纪录片之窗》《法制经纬》《生活快讯》等新栏目。

6 月 17 日

中央电视台香港回归电视报道计算机通信系统建设工作圆满完成。网络中心开始通过国际互联网，用中、英文陆续发布有关香港回归的新闻和背景资料，并设立《香港’97》《’97 特辑》和《新闻》等栏目。这也是首次在重大宣传报道活动中通过国际互联网发布信息并进行新闻报道。

同日

12：00 至 14：00，北京人民广播电台与上海、天津、重庆人民广播电台推出直辖市首次现场热线联播特别节目《话说新重庆》。

6 月 17 日～ 24 日

中国广播电视新闻奖'96 电视社教节目评奖会在沈阳举行，全国 31 家电视台送评的 180 个节目中 123 个节目入选。评委会对两类委托评奖项目科普类、电教类节目进行了终评认定。最终评选出一等奖 25 个，二等奖 49 个，三等奖 89 个。

6 月 18 日

湖南省第一个广播电视专用的数字微波网络建成，并与全省 8 个地市联网成功。该网络可传输 24 套电视节目，64 套广播节目，还能双向传输，开办新闻节目回传和节目交换以及多功能的信息传输业务。

6 月 19 日

广播电影电视部任命郭炎生为广播科学研究院院长。

6 月 20 日～ 30 日

中央人民广播电台等 10 家广播电台联合举办“电波连南北，同心庆回归”大型文艺节目展播活动。

6 月 26 日

《广播电影电视部专业技术职务评聘管理暂行规定》发布施行，共 48 条。

同日

广播电影电视部部长孙家正向全国人大民族委员会第 19 次会议汇报广电部扶助少数民族地区加快广播电视事业发展的情况。与会委员充分肯定了少数民族地区广播电视事业的发展成就，肯定了党和政府对民族地区广播电视事业的关心与支持，同时提出一些希望和要求。全国人大常委会副委员长布赫到会并讲话。

6 月 27 日

17：00，中央电视台英语传送频道正式试播并取得成功，同时《英语新闻》在英语传送频道成功地进行了第一次新闻直播。9 月 10 日 21：00，该频道正式播出，播出信号通过亚洲一、二号和泛美二、三、四号共五颗卫星的七个转发器传送，覆盖全球 98% 的国家和地区。

6 月 28 日

青岛有线广播电视环形网开通暨表彰大会在青岛有线电视台演播室举行。该网是全国广播电视系统第一个光纤同步数字环形网（SDH）。

6 月 30 日

下午，中共中央总书记、国家主席、中央军委主席江泽民率领中国政府代表团抵达香港机场，出席香港政权交接仪式。中央人民广播电台时政记者首次用手机在现场直播机场欢迎仪式实况。

同日

中央人民广播电台和深圳广播电台联合采制的 80 集大型系列报道《罗湖桥头话 97》自 1996 年 7 月 1 日开播，到本日全部播完。该系列报道全面系统介绍了香港的政治、经济、文化和历史，记述了香港百年沧桑，展示了内地与香港血浓于水的骨肉亲情，展望了香港回归后的美好前景。

6 月 30 日～7 月 1 日

中国华艺广播公司连续直播 7 小时《庆香港回归特别节目》。

6 月 30 日～7 月 3 日

中央人民广播电台、中国国际广播电台、中央电视台香港回归报道全面展开。中央电台第一套节目和对港澳广播华夏之声打破常规，以长达 48 小时的时间不间断直播（自 6 月 30 日 22：00 开始），全程报道香港回归祖国盛典。报道采用大板块主持人节目、现场直播（7 场）、目击报道、嘉宾访谈、录音报道、录音特写等形式。7 小时的特别节目《百年长梦今宵圆》对香港回归进行了大时段新闻直播，涉及十几个国家、地区和全国 8 个城市，调动人员超过 200 人。此外，《新闻纵横》《午间半小时》《439 播音室》等新闻性专题栏目和第二套节目、第三套文艺调频节目、对少数民族广播，也全方位地对香港回归活动进行充分报道。为迎接香港回归，中央电台此前还安排播出 9 个大型报道或重点节目。其中包括 80 集系列专题节目《罗湖桥头话 97》《香港回归访谈录》《再话基本法》《中国统一大家谈》《香港基本法问答》《香港百年》等。国际台在香港回归报道中，43 种语言广播全部参与到其中。30 日 23：00，国际台同时使用英语、汉语普通话和广州话对英中香港交接仪式、防务交接仪式，以及香港特别行政区政府成立暨特别行政区政府宣誓就职仪式等重大庆典活动进行了长达 3 小时 30 分钟的现场直播。英语现场直播的信号除通过卫星、光缆和电话线对国内外广播外，还传送给中央电视台英语频道对海外播出。美国有线电视新闻网（CNN）在直播香港特区成立暨特区政府宣誓就职仪式李鹏总理和董建华的讲话时，也临时使用国际台英语直播信号。国际台华语部向美加华语广播网传送普通话、广州话的现场直播实况，向加拿大温哥华电台传送广州话现场直播实况。另外，国际台驻外记者先后有 15 个站次为中央人民广播电台的直播共提供 40 分钟世界各地对香港回归中国的反应。中央电视台第一套、第四套节目连续 72 小时向全世界报道香港回归盛况，其中有 25 次重大活动是现场直播，还加开 41 小时英语传送频道。第四套节目和英语传送频道实现在欧洲和非洲的落地，能收到中央电视台国际频道的我国驻外使领馆从 69 个增加到 92 个；转播中央电视台国际频道的海外电视台从 14 个增加到 64 个；转播英语传送频道的海外电视台达 58 家。在这次香港回归报道中，中央电视台赴港人员 289 人，在全国 8 个重点城市和海外 15 个大城市采访报道的记者、编辑近百人，再加上其他直接参加这次报道的二线人员，共计1600多人。台技术系统在香港建成占地540平方米的综合性报道中心。台里专门制作《展望辉煌》等不同长度、不同版本的宣传片，在各套节目中播出。

同月

由中华全国新闻工作者协会主办的第二届“全国百佳新闻工作者”评选在北京举行。本届评选活动除了评选优秀记者、编辑、评论员以外，增加了新闻节目主持人、播音员。广播电视部分有29人获奖，其中，记者16人、编辑7人，新闻节目主持人、播音员6人。

同月

北京电视台与香港商报联合摄制的20集大型纪录片《方寸国土万千情》播出。该片系中央外宣办确定的香港回归两部献礼大片之一，年内荣获第八届北京电视艺术“春燕奖”优秀长篇电视纪录片奖。

同月

首部《安徽省志广播电视志》由方志出版社出版。

7月1日

河南人民广播电台976中波发射台投入运行。该台于1997年3月初开始动工兴建，占地面积3.6万多平方米，建筑面积648.16平方米。一期工程投资630多万元，采用共塔发射方式，解决河南交通广播电台和河南文艺广播电台在郑州地区以及邻近地区的覆盖问题。

7月2日

晚，党和国家领导人江泽民、李鹏、乔石、李瑞环、朱镕基、刘华清、胡锦涛、荣毅仁等在人民大会堂出席观看由广播电影电视部、文化部、中国人民解放军总政治部联合主办的大型文艺晚会《回归颂》，并给予高度评价。

同日

’96中国广播剧评奖会在新疆阿勒泰市举行。34个单位选送的90多部广播剧参评，《尊严》《春雨蒙蒙》《为了母亲的微笑》《红庙村的故事》等11部广播剧分别获得单本剧、儿童剧、短剧（小品）、连续剧一等奖，7个单项奖分别由16人获得。

7月8日

广播电影电视部部长孙家正在北京京西宾馆主持召开广电部“香港回归”报道座谈会。中共中央政治局委员、国务委员李铁映出席座谈会并讲话。参加香港回归现场报道的广电部副部长刘习良、杨伟光，部总编室主任张振东，中央人民广播电台、中国国际广播电台、中央电视台有关人员参加座谈。李铁映在听取汇报后，希望中央三台充分总结，把这次经验作为成果积存起来。并要求“三台”建立更加长远、更高的奋斗目标，把“三台”真正办成世界性的大台。

同日

广播电影电视部副部长田聪明在中共安徽省委宣传部副部长、省广播电视厅厅长杨波陪同下，考察了省广播电视厅机关、省电台、省电视台、省有线电视台，并参加了 9 日至 12 日由中国广播电视学会史学研究委员会、广播电影电视部办公厅、北京广播学院、安徽省广播电视学会在黄山市联合召开的“第四次中国广播电视史志研讨会”。部办公厅 8 月 7 日转发这次研讨会纪要。

7 月 10 日～ 17 日

中国广播电视新闻奖 1996 年广播新闻、广播社教节目奖评选活动在兰州举行。经过专家评审，共评出广播新闻获奖节目 171 个，广播社教获奖节目 101 个，终评认定中国广播电视学会理论、对台、对外、对农研委会推荐的 61 个节目为获奖节目。

7 月 11 日

湖南卫视综艺节目《快乐大本营》推出。该栏目为湖南卫视第一个品牌栏目。

同日

1997 年度全国经济电视台协作体年会在呼和浩特市举行。

7 月 13 日～ 17 日

’97 全国广播新闻年会暨技术研讨会在太原开幕，会上交流了各台广播新闻改革和技术进步的经验，商讨了加强台际间全方位合作的途径。

7 月 14 日～ 17 日

广播电影电视部在北戴河召开全国广播影视厅（局）长座谈会，各省、自治区、直辖市广播影视厅（局）负责人，部机关各司局及有关直属单位负责人参加会议。会议认真总结了香港回归宣传和上半年治散治滥工作的进展情况，部署了迎接党的“十五大”胜利召开的宣传工作，明确了下半年及今后一个时期治理工作的重点和阶段性目标。广电部部长孙家正出席会议并作总结讲话，副部长刘习良通报了香港回归宣传报道的有关情况，副部长同向荣就上半年治散治滥工作的进展情况和下半年治理工作的重点作了专题发言，副部长杨伟光、赵实就有关电视、电影方面的工作发了言。

7 月 15 日

为纪念中国人民解放军建军 70 周年和秋收起义 70 周年，中共湖南省委宣传部组织“将军故乡行”新闻采访活动。湖南人民广播电台、湖南电视台、湖南有线广播电视台、湖南经济电视台、湖南广播电视报社等单位的近 40 名记者深入到全省 40 多个县市进行了为期两个月的采访。

7月15日～9月10日

海峡之声广播电台为纪念中国人民解放军建军70周年，推出大型系列报道《辉煌70年——纪念中国人民解放军建军70周年》和专题《绿色风采——中国军旅作家作品巡礼》。

7月17日～25日

中央人民广播电台、中国国际广播电台、中央电视台等13家中央新闻单位的31名记者，作为国务院副总理邹家华任团长的中央代表团的随团记者，赴内蒙古采访报道自治区成立50周年庆祝活动。

7月20日

广播电影电视部原部长、党组书记艾知生，因病医治无效在北京逝世，享年68岁。艾知生1928年12月生于武昌，湖北汉阳人，1948年参加革命，同年加入中国共产党。1950年清华大学土木工程系毕业后留校工作，担任校党总支副书记，1951年至1966年担任校党委副书记、副校长。1983年8月，调任国务院副秘书长、国务院机关党组副书记。1985年4月后，任广播电视部部长、党组书记，1986年1月任广播电影电视部部长、党组书记和中央宣传思想工作领导小组副组长。1997年4月被推举为中国广播电视学会会长。是中共第十二届中央候补委员，第十三、第十四届中央委员，第八届全国政协常委。

7月22日

中共中央总书记江泽民为中央电视台摄制的纪念中国人民解放军建军70周年大型电视纪录片《背负民族的希望》题写片名。中央军委副主席刘华清、张震、张万年、迟浩田分别就该片接受记者采访。该片运用全新的电视表现手法，从10个方面展示了中国人民解放军70年来的伟大历程和辉煌成就。

7月23日

广东电视台23集电视连续剧《和平年代》在人民大会堂举行首播式，24日在中央电视台第一套节目黄金时段播出。该剧一举囊括了当年中宣部“五个一工程”优秀电视剧奖、“飞天奖”长篇电视剧一等奖、“金鹰奖”和中国人民解放军“金星奖”优秀电视剧奖等4项国家级大奖以及多个单项奖。

7月25日

广播电影电视部印发《关于中央三台实施〈播音员主持人上岗暂行规定〉的意见》。

同日

新疆维吾尔自治区党委决定，石永强任自治区广播电影电视厅党组成员、新疆人民广播电台党委书记。

7 月 26 日

中共中央政治局常委、中央军委副主席刘华清，中央军委副主席张震、张万年、迟浩田，老同志李德生、肖克等与近百位将军，出席上海东方电视台在北京钓鱼台国宾馆举行的大型电视纪实片《将军世纪行》首映座谈会。该片由中华炎黄文化研究会、东方电视台、成都军区电视艺术中心联合摄制。

7 月 28 日

中央电视台综合性要闻栏目《中国新闻早间报道》开播，每日 8：00 至 8：15 在第四套节目播出。

7 月 29 日

中共中央政治局委员、中宣部部长丁关根在中央有关部门和北京市负责人陪同下到北京电视台调研。丁关根肯定了北京电视台在坚持正确舆论导向，努力贴近群众，积极开拓创新，推动事业发展等方面取得的成绩，并对今后的工作提出希望和要求，对宣传党的“十五大”作出指示。

同日

中国国际广播电台启用全数字音频广播设备，节目传送、播出及绝大部分语言广播节目录制告别磁带等模拟技术。

同日

陕西省黄陵县建成贯通全县的 122 公里光缆传输网，在全省率先实现县级行政区域县乡两级有线光缆联网。

7 月 30 日

广播电影电视部人事司推荐方明等 27 人为广电部社会科学界联系专家。

7 月 31 日～8 月 2 日

重大革命历史题材影视创作座谈会在北京召开。中共中央政治局委员、中宣部部长丁关根到会看望参加会议的全体人员并发表讲话。他充分肯定了 10 年来重大革命历史题材影视创作取得的显著成绩，强调了其重要意义，并对重大革命历史题材影视创作提出希望。广播电影电视部部长孙家正就重大革命历史题材影视创作的几个问题发表讲话。

同月

记录香港回归重要历史时刻全过程的大型新闻图片集《历史的巨变——香港回归 72 小时纪实》由中国广播电视出版社出版。画册的 300 多幅照片，是从赴香港采访的中央人民广播电台、中国国际广播电台、中央电视台的数百名记者拍摄的数千张照片中精选出来的。

同月

国务院副总理李岚清为第二届全国少年儿童歌曲卡拉 OK 电视大赛题词："让健康美妙的歌声伴随着孩子们快乐的童年。"大赛由中央电视台、国务院妇女儿童工作委员会和中华全国妇女联合会联合主办。

同月

经中央机构编制委员会办公室批准，广播电影电视部成立广播影视信息网络中心。

8月3日

浙江人民广播电台同美国洛杉矶双语电台建立合作关系，洛杉矶双语电台设立固定窗口，每周播出长度为一小时的宣传浙江的节目。

8月6日

广播电影电视部发布《关于县（市）广播电视播出机构合并的意见》和《关于企事业有线台改为有线广播电视站的意见》。

8月7日

广播电影电视部决定从本月起，对全国的电视剧生产单位和影视制作经营机构进行全面清理整顿，并于当日发布《关于清理整顿电视剧生产单位和影视制作经营机构的通知》。

8月8日

劳动部同意成立"广播电影电视部职业技能鉴定指导中心"和印发《广播影视行业特有工种职业技能鉴定实施办法》。

8月8日～12日

中国教育电视协会举办1997年全国教育电视节目评奖会。

8月11日

国务院发布《广播电视管理条例》(国务院令第228号)。该《条例》适用于在中华人民共和国境内设立广播电台、电视台和采编、制作、播放、传输广播电视节目等活动。总则中明确规定：国家发展广播电视事业，国家支持农村广播电视事业的发展，国家扶植民族自治地方和边远贫困地区发展广播电视事业。"广播电台和电视台"部分规定了国务院广播电视行政部门负责制定全国广播电台、电视台的设立规划，确定广播电台、电视台的总量、布局和结构，还明确了设立各级广播电台、电视台的条件及要求，变更台名、台标、节目设置范围或节目套数的要求，广播电台、电视台暂时停止播出和终止的申报、许可，对广播电台、电视台的保护，等等。"广播电视传输覆盖网"部分规定了国务院广播电视行政部门负责指配广播电视专用频段的频率，并核发频率专用指配证明，明确了设立广播电视发射台、转播站、微波站、卫星上行站的要求，对频率、频段使用、广播电视传输覆盖网的工程建设及使用、卫星方式传输广播电视节目的安装和使用作出了具体要求。“广播电视节目”部分规定了广播电台、电视台开办节目的要求，明确规定禁止制作、播放内容的范围，并指出，乡、镇设立的广播电视站不得自办电视节目。该条例共 6 章 55 条，自 1997 年 9 月 1 日起施行。9 月 2 日，广播电影电视部下发《关于认真学习、宣传、贯彻〈广播电视管理条例〉的通知》。

8 月 12 日～ 14 日

“亚广联”在文莱首都斯里巴加湾市举行第二十四届新闻工作组会议。会议向中央电视台颁发一项特别奖——“亚广联新闻交换奖”，以表彰中央电视台对香港回归这一重大历史事件进行的快速、准确、全面的报道。

8 月 12 日～ 16 日

全国广播电视系统第九次函授教育工作会议暨北京广播学院成人教育学院成立大会在云南召开，26 个省（区、市）广播电视厅（局）人事（教育）处领导和函授站站长出席会议。

8 月 15 日

为迎接党的“十五大”召开，中央人民广播电台《午间半小时》节目联合全国 30 多家城市广播电台，推出《华夏城市风景线》特别节目。从当日起，每天播出一集各城市电台制作的节目。

8 月 15 日～ 20 日

由广播电影电视部与文化部、新闻出版署等 5 个部门主办的’97 北京国际音乐音像博览会举行。本届博览会共有 9 个国家和地区的 100 余家音像出版单位参展，销售节目达 1660 个品种。

8 月 16 日

中国国际广播电台驻以色列记者站正式建立，首席记者伊怀杰和刘玲赴任。

8 月 17 日

中央电视台儿童戏剧栏目《儿童剧场》开播，每期播出一部主戏，设有《剧场休息》《戏里戏外》《剧场快讯》《回音壁》四个小栏目。每月双周日 9：30 至 11：10 在第二套节目播出。

8 月 18 日

为迎接党的“十五大”，广西壮族自治区广播电视厅编委会策划、牵头组织的 100 个选题，在广西人民广播电台、广西电视台、广西对外广播电台和广西有线广播电视台同时播出。这一重大报道一直延续到党的“十五大”召开以后，历时近两个月。

8月18日～29日

第十一届全国电视文艺“星光奖”终评会议在北京举行。全国50多个电视台共选送633个节目和栏目参评，149个节目获等级奖。《黄金航线》等34个栏目获优秀栏目奖。另外，还评出优秀撰稿、导演、摄像等7个单项奖。本届“星光奖”颁奖大会于1998年4月7日在石家庄市举行。

8月21日～22日

首届全国电视制片人研讨会在兰州召开，中央电视台、北京广播学院及全国23家省级电视台的领导和制片人共80多人参加会议。会议交流了“制片人负责制”实行以来的经验和得失，探讨了如何进一步完善制片人制度。

8月21日～23日

广播电影电视部在北京召开学习贯彻《广播电视管理条例》座谈会。国务院副秘书长兼法制局局长杨景宇到会作题为《谈依法行政》的报告，广电部部长孙家正就如何贯彻《条例》发表讲话，副部长田聪明作会议总结，部法规司负责人对《条例》作解释说明。各省、自治区、直辖市广播影视厅（局）的领导及有关负责人，部机关各司局和部属有关单位的领导共80余人参加会议。

8月23日

天津市广播电视局局长胡兴华率团赴美国、加拿大进行为期20天的访问和交流活动。在美国参加《中国·天津》在美播出五周年活动，在纽约举办“天津电视周”。在加拿大，与加拿大国家电视台和普利斯特制作公司就联合拍摄电视剧事宜进行商讨并签署合拍意向书。

8月25日

广播电影电视部部长孙家正会见英国大东电报局总裁布朗一行，双方商谈了有线电视网络建设项目合作事宜。

8月25日～31日

中国黄河电视台在美国举办“中国山西电视周”活动。播出宣传山西引黄工程、高速公路、电力通信、对外开放等专题报道24集。

8月25日～9月7日

为迎接党的“十五大”召开，中央电视台新闻中心制作的14集系列专题片《中国之路》在第一套节目黄金时间播出。该片集中展示了我国五年来社会主义现代化建设在实践和理论上的发展和突破。

8月26日～29日

第六届北京国际广播电视设备展览会（BIRTV ’97）在北京中国国际贸易中心举办。本届展览会展览总面积近1万平方米，举办技术交流和研讨会30多场，来自海内外 150 多家广播电视生产厂家及其代理应邀参展。

8 月 27 日

全国第十五次藏语文艺广播会议在西宁市举行，中央人民广播电台、西藏人民广播电台等 10 家电台的 32 名藏语广播工作者代表参加会议。会议期间，代表们交流了藏语文艺广播经验，交换了藏语文艺节目，并对各台选送的 15 个音乐专题和文学专题节目进行了评选。

8 月 28 日

广播电影电视部副部长田聪明向全国政协科教文卫体委员会汇报广播影视事业的建设与发展情况，并对存在的主要困难、问题及乡镇广播电视机构设置问题等提出了意见和建议。出席会议的 23 名政协委员对广播影视事业取得的进展给予充分肯定，并对进一步加强和改进广播影视工作提出意见。

8 月 30 日

由广播电影电视部部长孙家正题写片名的 60 分钟专题片《广播影视部掠影》由中央电视台制作完成。该片便于人们了解和认识中国广播电影电视事业和广播电影电视部。

同月

安徽省广播“村村通”工程在省广播电视厅统一部署和组织协调下在全省全面展开。到年底，全省行政村广播通播率达到 100%。

9 月 1 日

全国电台经济信息协作会议在长沙市举行，30 多家广播电台的 60 多位代表参加会议。会议共商新形势下广播电台发挥整体优势、加强横向联合、开展经济信息协作大计，评选出一年来全国经济电台经济信息优秀节目。

同日

吉林市人民广播电台第二套节目正式开播。

同日

中国黄河电视台“黄河汉语学校”在美国斯科拉电视网开办的全中文教学频道正式开课并播出。

9 月 2 日

广播电影电视部部长孙家正主持召开部中国共产党第十五次全国代表大会宣传报道领导小组会议。副部长刘习良、杨伟光及部“十五大”宣传报道领导小组其他成员出席会议。孙家正对各单位“十五大”宣传报道工作提出要求。

9 月 4 日

广播电影电视部推荐江西宜丰县参加联合国教科文组织举办的第七届广播电视

"农民传播奖"。全世界有80多个国家参加。宜丰县是我国唯一参加的县。

同日

《新闻出版报》报道，在庆祝中国共产党成立76周年的日子里，中央人民广播电台在《新闻和报纸摘要》栏目推出的专题系列报道《鲜红的党旗》以及《新闻纵横》栏目受到听众的称赞。听众认为，中央电台今年的"七一"宣传与往年不同：在介绍整体情况的同时，以报道基层先进党组织和优秀党员的事迹为主，增加动态消息。听众认为，早7点晚7点播出的《新闻纵横》吸引人的原因是，它能经常反映百姓的困难和呼声，并得到有关方面的重视而使问题得到解决。

同日

陕西省广播电视传输覆盖网建设工程的重点骨干项目——陕南数字微波干线正式开通。

9月4日～6日

21:10，由中共中央总书记江泽民题写片名、中组部和中央电视台联合摄制的六集电视专题片《风展红旗》在中央电视台第一套节目中播出。

9月5日

广播电影电视部教育司发布《关于部属高校部级工科科研项目立项课题的通知》:《数字音频广播（DAB）技术》等25项课题经专家评审组评审通过，正式确立为部属高校部级工科科研项目。

9月6日～10月5日

"辉煌的五年——'十四大'以来经济建设和精神文明建设成就展"在北京展览馆举行。广播电影电视部的"广播影视展区"被国家展览组委会评为"最佳设计装修奖"。展览期间，党和国家领导人江泽民、胡锦涛、尉健行、李岚清、刘华清等参观了"广播影视展区"。

9月8日

中央人民广播电台对台、对港澳广播开始播出16集大型系列报道《迈向21世纪的中国》，向台港澳同胞和海外华侨、华人集中展示我国五年来的巨大成就。

9月9日

中共中央总书记江泽民在中南海勤政殿接见中国国际广播电台参加"十五大"英语现场直播的导播杨磊、播音员林少文和吴曼玲，详细地询问了国际台关于"十五大"英语现场直播的准备工作情况，并对直播中如何把握政治报告精神给予了具体指导。江总书记十分重视对外广播的作用。他说："声音就是力量。"他希望中国对外广播发挥应有的作用，为加强中国人民与世界各国人民之间的交往和了解作出自己的一份贡献。江总书记说，对外广播工作者必须是不计较个人名利、热爱祖国、有事业心的人，而且要具有很好的政治素质和业务素质。他希望对外广播工作者加强对母语和外语两种能力的培养，以提高自己对语言的驾驭能力。

9 月 10 日

上午，中共中央总书记江泽民在中南海勤政殿接见中央人民广播电台著名播音员、“十五大”代表方明。江总书记向他咨询了播音的技巧问题，在谈到播音工作时，江总书记详细询问了一些老播音员的情况，特别让方明转达他对夏青同志的问候。江总书记还对做好广播工作提出了期望。

9 月 11 日

中国国际广播电台庆祝英语广播开播 50 周年。10 月 10 日，与中央电视台合作推出一台名为“空中彩桥”的直播音乐会，在中央电视台第三套节目中播出。

9 月 12 日～18 日

中国共产党第十五次全国代表大会在北京召开。中央人民广播电台第一套节目、对台湾广播、华夏之声并机现场直播“十五大”开幕式。从 9 月 9 日～19 日上午，中央电台各套节目共播发“十五大”报道 950 多篇，文艺节目播发庆祝“十五大”专题节目 1920 分钟。在后续报道中，中央电台开辟《学习十五大精神，省部领导访谈》专栏，节目持续到 10 月底。中国国际广播电台前期报道共发新闻 68 条、《五年回顾》专题节目 36 篇。从 12 日至 19 日，该台英语、华语普通话对大会开幕式及中共中央政治局常委会见中外记者成功进行现场直播。全台 43 种语言广播共播发新闻 3397 条（次）、专题报道 3225 篇（次）。此外，还向海外 5 家电台和电视台传送新闻、专稿 210 篇（条）。美国有线电视新闻网（CNN）直接使用国际台英语直播声音信号和中央电视台直播画面，播出开幕式和江泽民总书记报告实况 1 个多小时。与此同时，美国的 C-SPAN 有线电视网、美国之音及英国广播公司（BBC）等都采用了国际台英语直播的声音信号。英语向美国的新世界电台、日本的国际广播电台（NHK），西班牙语向墨西哥的特莱维萨电视公司，葡萄牙语向巴西“巴西利亚”超级调频电台，华语向美加华语广播网传送了江泽民总书记报告的详细摘要和重要新闻。中央电视台 9 月 12 日 7：00 至 11：30，第一套、第四套节目并机完成大会开幕式直播任务。同时，海外电视中心与国际台英语部合作，通过英语传送频道，直播大会开幕式。美国、加拿大、法国等 24 家海外电视台转播了英语传送频道现场直播的开幕式。另根据协议，海外共有 76 家电视台转播中央电视台第四套节目的“十五大”开幕式和新当选的政治局常委与中外记者见面会。中央电视台国际互联网站从 9 月 11 日起开始发布中、英文版“十五大”专辑，共制作新闻近 500 页，图片 100 多幅。

9 月 16 日

由中央电视台、上海东方电视台和台湾电视公司、台湾《中国时报》联合制作的《千里共婵娟——中秋夜·两岸情》“'97中秋特别节目”，通过卫星双向传送，在上海外滩和台北歌剧院音乐厅广场同时举行。

9月23日

中华全国新闻工作者协会召开中央和北京市主要新闻单位负责人学习、宣传、贯彻党的“十五大”精神座谈会，40余名与会者畅谈学习体会，交流下一步的打算。中央人民广播电台台长安景林、中国国际广播电台台长张振华、北京市广播电视局副局长周溥雄等在座谈会上发言。

同日

广播电影电视部《卫星传输广播电视节目管理办法》发布施行，共23条。

同日

广播电影电视部同意天津广播电视节目上星播出。

9月26日

福建东南电视台与台湾华夏卫星电视台在福州西湖大酒店正式签约。从1998年元旦起，福建东南电视台部分节目将通过该台在台湾地区落地。这将是全国第一家省级电视台在台湾播出节目。国务院台湾事务办公室致电祝贺两台合作成功。

9月28日

江西电视台为庆祝党的“十五大”召开和国庆48周年，在江南名楼滕王阁举办《迈向21世纪》现场直播大型文艺晚会，这是该台第一次在室外举办直播大型文艺晚会。

同日

河北省有线广播电视网络建设一期工程正式开工，到年底前，完成主干线光缆敷设800余公里。

9月29日

中组部发文：同意张海涛任广播电影电视部党组成员；刘习良、何栋材不再担任广播电影电视部党组成员职务。10月22日，国务院发文：任命张海涛为广播电影电视部副部长；刘习良、何栋材、杨伟光不再担任副部长职务。10月31日，广电部召开部党组会和部务扩大会，宣布这一任免决定。

同月

新疆雪莲电视台更名为新疆电视台文艺频道。

同月

由浙江省广电系统援建的西藏那曲地区有线广播电视工程竣工并正式开通，使居住在藏北高原的那曲群众能收看到19套图像清晰的电视节目，从根本上解决了看电视难的问题。

10 月 1 日

第三届“金话筒”奖评选揭晓，220 名节目主持人获奖。其中，广播电视各有金奖 10 名、银奖 40 名、铜奖 60 名。金奖得主获“十佳”称号，银、铜奖得主获“百优”称号。上海电视台著名节目主持人叶惠贤获“特殊荣誉奖”。

同日

从即日起，天津人民广播电台更改各套节目呼号：天津电台新闻台、经济广播电台、文艺台、交通台、音乐台、教育儿童台分别改称频率。

同日

吉林广播电视塔全面建成投入使用，可以传输 8 套广播节目、4 套电视节目。该塔为钢结构多功能塔，相对高度 218 米，1994 年 10 月开工，1996 年 12 月开播。

同日

新疆维吾尔自治区巴音郭楞蒙古自治州经济广播电台开播，全天播音 19 个小时，转播节目时间 7 个小时，自办节目时间 12 个小时。

10 月 3 日

中央电视台开播戏剧栏目《戏剧天地》，设有《梦想剧场》《戏剧人》等四个小栏目。

10 月 6 日

中共中央政治局委员、中宣部部长丁关根，在中宣部副部长徐光春、国务院副秘书长刘奇葆和安徽省省长回良玉等陪同下，视察安徽卫星地球站、安徽省电台、电视台、有线电视台，并与编辑记者、节目主持人和工程技术人员亲切交谈。同日，安徽广播电视节目上星仪式在省广播电视中心举行。安徽人民广播电台第一套节目、安徽经济电台节目、安徽电视台第一套节目，顺利上行到亚洲二号卫星。

10 月 6 日～9 日

中央人民广播电台主办的中国广播受众研究会议在北京召开，来自全国 13 家广播电台的 27 位代表以及专家学者参加会议。

10 月 6 日～9 日

全国地方电台新闻研讨会在青岛召开。来自全国 31 家省级电台和大连、青岛等 4 家计划单列市、省会城市、地级市电台的新闻部主任和部分主管新闻的副台长参加会议，中央人民广播电台台长安景林在会上作题为《继往开来 加强合作 共创广播辉煌》的报告。

10 月 6 日～11 日

全国第十六届戏曲广播工作会议暨中国广播戏曲研究委员会年会在贵阳市举行，全国 36 家广播电台、中国广播电视学会、北京广播学院和西安磁带厂的 61 位代表出席会议。会议对一年多来的戏曲广播工作经验进行研讨，并由专家进行讲评。会议期间还为先期在南京评出的中国广播文艺奖（戏曲广播）获奖节目颁了奖。

10月7日

广播电影电视部下发《关于进一步加强广播影视行政执法工作的通知》。

同日

中国国际广播电台波斯语部和土耳其语部联合举办庆祝开播40周年茶话会。

10月8日

中央电视台第四套节目采用银河四号卫星Ku波段在北美开始播出。

10月10日

广播电影电视部《广播电视技术能手竞赛暂行办法》发布施行，共12条。该《办法》将广播电视按技术专业分为四大类，每年举办一个专业。竞赛通过“业绩评审”“笔试”“口试”和“实际操作”进行综合考评。

同日

经国家教委批准，广播电影电视部管理干部学院获得举办高等职业教育资格，从1998年开始招生。

10月12日～24日

第八届全国运动会在上海举行。中央电视台派出200多人组成的报道团，开办以直播比赛为主的《八运赛场》栏目，并在报道中采用“杂志”式的节目形式，增强现场感。上海东方电视台发挥地利优势，充分报道本届赛事。八运会召开期间，开设四档流动播出新闻专题节目和一个直播谈话节目《八运直播室》。从10月10日至运动会结束，东方台制作播出各类八运新闻324条，专题215集420分钟，赛场转播50场100小时以上。

10月15日

中国国际广播电台举行新闻发布会，宣布从即日起在各国听众中举办为期半年的“澳门知识竞赛”活动。全国人大常委会副委员长王光英、全国政协副主席马万祺、广播电影电视部副部长同向荣以及国务院新闻办公室、国务院港澳事务办公室、新华社驻澳门分社的有关领导出席新闻发布会。

10月15日～18日

’97国际有线电视技术研讨会在杭州举行。广播电影电视部，各省（区、市）广播电视厅（局）、有线电视台及科研机构的领导、专家，国际著名研究机构的专家、有线电视业、通信业的厂商共千余名代表参加会议。会议期间，举行了学术报告会、产品展示会、国内外专家圆桌会议和有线电视台台长经验交流会。集中介绍了国外有线电视技术的最新发展成果，研讨了我国有线电视技术的发展趋势，交流了各地建设有线电视事业的先进经验。

10 月 16 日

黑龙江省广播电视节目上星播出。黑龙江人民广播电台、黑龙江电视台的第一套节目开始通过亚洲二号通信卫星播出。

同日

由湖南广播电视发展中心、香港中旅（集团）有限公司、深圳华侨城经济发展总公司共同投资兴建的集影视制作、旅游观光、休闲度假和商贸服务于一体的多功能人文景区——“长沙世界之窗”正式开园。中共中央政治局委员、国务委员李铁映发来贺信，全国人大常委会副委员长王丙乾为开园剪彩。

同日

中国教育电视台北京三十五频道顺利通过广播电影电视部科技司和国家教委电教办共同组织的技术验收，获得广电部核发的甲类广播电视频率执照。

10 月 18 日

河北交通信息台正式纳入河北人民广播电台系列台管理体制，规范为第二套节目，即河北人民广播电台交通音乐频率。

10 月 20 日

河南电视台第二套节目全面改版，启用新的呼号“河南电视台都市频道”开始播出，全天播出 15 个小时。

10 月 20 日～22 日

全军电视宣传工作会议在北京召开。会议重点围绕深入宣传“十五大”精神，做好 1998 年的电视宣传工作，改版军事节目、提高军事节目质量进行了研讨。

10 月 20 日～23 日

广播电影电视部副部长刘习良率中国广播电视代表团赴韩国，参加“亚广联”第三十四届大会及有关会议。在该届会议上，中央人民广播电台的广播特写《东方神话》获“亚广联信息节目推荐奖”；中央电视台选送的《香港回归》报道获“亚广联电视新闻交换丹尼斯纪念奖”；中央电视台选送的音乐歌舞片《黄河的故事》获“文化放送亚广联娱乐节目奖”。

10 月 21 日

广东广播中心举行奠基仪式。

10 月 21 日～26 日

《中国广播电视年鉴》第十三届年会在江西省井冈山市召开。会议认定了《年鉴》质量管理标准，商讨了编辑出版“人物卷”等事项。

10月22日～26日

全国广播影视系统离退休工作经验交流现场会在济南召开。

10月22日～11月6日

河北省委、省政府发文，任命杨国钧为省广播电视厅党组成员、副厅长兼河北人民广播电台台长。

10月23日

根据《广播电视管理条例》第五十四条规定，1997年9月1日前已经设立的广播电台、电视台、教育电视台，应当在1998年2月28日前重新办理审核手续。为此，广播电影电视部发布《关于广播电台、电视台、有线台、教育电视台重新审核登记的通知》。

10月25日

广播电影电视部设计院建院45周年，广电部部长孙家正、副部长何栋材及建设部副部长叶如棠题词祝贺。

同日

第五届中国艺术节开幕式在成都举行，中央人民广播电台、中央电视台、四川人民广播电台、四川电视台对开幕式及大型文艺晚会《百花赞》进行了现场直播。

10月25日～28日

广播电影电视部部长孙家正率调研组到湖北调研广播电视工作。

10月26日

第七届中国新闻奖评选在乌鲁木齐揭晓，170件新闻佳作获奖。广播电视部分共有60件作品获奖，其中《西方反华阴谋再次破产》（中国国际广播电台）、《市场不相信“出身”》（天津人民广播电台）、《英雄，魂兮归来》（中央人民广播电台）、《爱心创奇迹》（上海东方广播电台）、《含泪笑唱〈鲁冰花〉》（辽宁人民广播电台）分获广播消息、评论、专题、系列、编排一等奖；《国庆节，中英街国旗高悬》（深圳电视台）、《巨额粮款化为水》（中央电视台）、《人情猛于虎》（黑龙江电视台）、《燕赵儿女抗洪歌》（河北电视台）、《晚间新闻》（中央电视台，1996年8月8日）分获电视消息、评论、专题、系列、编排一等奖。

10月28日

中共中央政治局委员、中宣部部长丁关根，由中共广西壮族自治区委员会书记曹伯纯陪同，考察广西人民广播电台、广西电视台、广西对外广播电台。

同日

中央电视台与河南电视台合作，对黄河小浪底水利枢纽工程的大坝合龙进行近3小时的现场直播。整个直播没有演播室，镜头始终跟着主持人，以主持人的话和行进路线引导观众。这种现场报道方式受到国务院总理李鹏的高度评价。

同日

河北有线电视台开播仪式在河北电视中心举行。该台同时开办综合和体育两个频道。综合频道每天播出 20 个小时，体育频道每天播出 12 个小时。

10 月 28 日～30 日

中宣部在北京召开进一步提高典型宣传、热点引导、舆论监督整体质量和水平座谈会。副部长徐光春主持座谈会，并作题为《认真学习宣传贯彻十五大精神，提高典型宣传热点引导舆论监督水平》的讲话。中央 12 家新闻单位和省级 21 家新闻单位的负责人、部门负责人及栏目主编共 50 余人参加座谈。中宣部新闻局局长栗国安在会上作《关于中央及省级新闻单位开展典型宣传、热点引导、舆论监督工作情况的调查报告》的发言，《人民日报》、中央人民广播电台、中央电视台等单位的代表在会上交流了经验。

10 月 28 日～30 日

由中国国际广播电台主办的’97 国际报道研讨会在北京开幕，来自中央人民广播电台、中国国际广播电台、中央电视台、《人民日报》等中央和地方的 41 家新闻单位的代表参加会议。广播电影电视部副部长田聪明、国际台台长张振华就搞好国际报道应注意的问题和学习贯彻“十五大”精神发言。

10 月 28 日～31 日

’97（第四届）四川电视节在成都举行，来自 20 个国家和地区的 1152 家机构和 3500 多名中外代表参加本届电视节。本届国际电视节目交易会有 18 个国家和地区的 938 家影视机构、电视台参加。交易会展厅设在面积 5000 余平方米的成都国际会议展览中心。据不完全统计，有 80 余家影视机构销售节目 4767 部（集），成交金额超过 1.5 亿元人民币，其中向海外输出优秀电视剧、电视片 956 部（集），成交金额达 75 万美元，是上届成交额的 1.5 倍。137 家参展商参加了国际广播电视设备展览会暨国际音响影视展览会，共举办 21 场技术讲座。参观人数 6 万人次。为了与国际通行名称惯例接轨，本届电视节使用’97 四川电视节名称。

10 月 30 日

北京至呼和浩特数字微波电路改造建设工程开工，该工程主干线途经河北省，电路全长 423.3 公里，共设 8 个微波站，内蒙古自治区境内有 4 个站，新建一个站，改造 3 个站。

同日

第七届中国新闻奖新闻论文评选揭晓，91 篇论文获奖，广播电视论文共有 13 篇获奖。

同月

长春市“九五”计划重点工程——长春市广播电视中心动工兴建。该中心占地2.5万平方米，建筑面积3.6万平方米，主楼22层，建筑物总高115.55米。

同月

宁夏回族自治区成立40周年重点工程——宁夏广播电视卫星地球站开始建设。

同月

中国广播艺术团被评为全国文化科技卫生“三下乡”活动先进集体，该团演员魏金栋被评为先进个人。

同月

中国广播艺术团说唱团著名相声演员冯巩当选第八届“中国十大杰出青年”。

11月1日

云南电视台卫视台播出由原来18个小时增至21个小时；经济电视台播出由6个小时增至16个小时。

11月1日～4日

广播电影电视部在北京举办“1997年全国广播电视播控中心系统技术能手竞赛”活动，来自全国29个省、自治区、直辖市广播电视厅（局）和中央人民广播电台、中国国际广播电台、中央电视台及海峡之声广播电台的选手参赛。53名选手获得“1997年全国广播电视播控中心系统技术能手”称号，5名选手获鼓励奖，受到广电部通报表彰。

11月3日

中国国际广播电台阿拉伯语部举行茶话会，庆祝开播40周年。

11月4日

中宣部批准广播电影电视部设立广播电视对外宣传“彩虹奖”，作为“中国广播电视新闻奖”的一个分项。“彩虹奖”由中国广播电视学会承办。

同日

国家教委副主任韦钰主持干部会议，宣布国家教委党组任免事项，决定李鹏任中国教育电视台台长，柴永广任中国教育电视台党总支书记，陈力任中国教育电视台副台长兼总编辑，张天林任中国教育电视台副台长兼总工程师。

11月4日～7日

全国广播影视系统干部工作经验交流会在长沙举行。

11月5日

中共中央政治局委员、国务委员李铁映在四川考察期间，专程来到省广播电视厅，看望省广播影视系统干部职工。

同日

陕西省延安市广播电视中心奠基仪式在延安东关新区举行。该中心占地面积4500多平方米，建筑面积10976平方米，总投资4324.66万元，预期两年建成。

11月5日～20日

广播电影电视部部长孙家正率中国广播影视代表团访问美国、加拿大。考察与广播电视有关的高科技企业，了解两国广播电视高科技发展趋势，与联合国新闻部签订谅解备忘录。

11月7日

国务院总理李鹏到位于三峡大江截流工地的中央电视台报道专用船上，慰问正在紧张工作的编辑记者和工程技术人员。丁关根、罗干等陪同慰问。

11月8日

举世瞩目的长江三峡工程成功地实现大江截流。中央人民广播电台、中国国际广播电台、中央电视台进行了直播。中央电台从8：45至16：00进行连续7个多小时的现场直播，创中央电台野外现场直播之最。除此之外，还从7日开始对大江截流作了高密度的前期报道。国际台分别用英语和普通话进行现场直播，全台43种语言广播及时、充分地报道了这一重大新闻。中央电视台自8：00至22：00，第一套、第四套节目进行了连续14小时的现场直播，并且将播出总控制中心搬到新闻现场；11：00至17：00，第九套英语传送频道进行了连续6小时的现场直播。

同日

中央电视台1998年度黄金段位广告招标大会取得圆满成功，124家企业和客户代表参加本届招标会。标王被“爱多VCD”以2.1亿元夺得。该台1998年黄金段位招标总额为28.4亿元。

11月9日

中共中央政治局常委胡锦涛在上海市市长徐匡迪、市委副书记龚学平陪同下，参观由上海市广播电影电视局投资建造的上海大剧院。

11月11日

中共中央政治局委员、中宣部部长丁关根在四川省委书记谢世杰、省委副书记席义方陪同下，来到四川人民广播电台金桥之声直播间，在听取台长吴高全、副总编肖俊西关于民族广播的汇报后强调：“要突出团结，对民族团结要多宣传一点；同呼吸、共命运、心连心，全国各族人民大团结。”

11月11日～15日

1997年度全国广播电视中专教育工作会议在杭州召开。会议通过《关于加强广播电视中专师资队伍建设的意见》；颁发了广播电视中专首届优秀教材奖；课题组进行了换届；套开了《广播电视教育》编委会。

11月14日～18日

全国广播电视新闻宣传业务干部培训教学管理研讨会在四川峨眉山市召开，全国21个省、自治区和直辖市广播电视厅（局）人事教育主管部门负责人应邀参加会议。

11月15日

中央人民广播电台业务楼工程完工，通过北京市建设工程质量监督站核验签证。该工程于1992年12月25日开工，总建筑面积49222平方米，建设工程总投资37680万元。

同日

中国第14次南极科学考察队从上海港出发远征南极大陆，上海电视台海外节目中心记者范钟离、吴海鹰作为科考队正式成员全程参与，拍摄大型纪录片《孤独的大陆》。这是上海电视有史以来最远距离的一次拍摄活动。

11月15日～19日

第六届上海国际广播音乐节举行，来自五大洲35个国家和地区的175家电台的125套优秀广播音乐节目参加展播。

11月20日

国家教委《关于授予北京广播学院副教授评审权的批复》明确：北京广播学院有权评审以下四个学科的副教授：中国语言学、电子学与通信、新闻学、艺术学（电影艺术及技术、戏剧学）。

11月21日～29日

第四届中国广播文艺奖评选会议在昆明举行。评委会共收到中央人民广播电台、中国国际广播电台、海峡之声广播电台以及全国31个省、自治区、直辖市广播电视学会选送的各类参评节目99个，共评选出获奖节目67个。评奖会还对中国广播电视学会曲艺、戏曲、对台、对外等专业研究委员会选拔推荐的67个获奖节目进行了终评认定。

11月24日～26日

第三次全国广播影视系统保卫工作会议在北京举行，广播电影电视部部长孙家正、副部长张海涛到会并讲话。

11月28日

中共中央直属机关工作委员会发文批复：同意王德新任广播电影电视部机关党委书记；田聪明不再担任部机关党委书记职务。

同月

刘学德任山东省广播电视厅党组书记，12 月 13 日被任命为厅长。

同月

第二届全国朝鲜语广播优秀节目评比活动在吉林省延吉市举行。

同月

云南电视台与美国斯科拉电视网合作的《中国云南》恢复播出，云南电视台派员赴美国洛杉矶协助省外宣办成功举办“中国云南电视周”。

12 月 1 日

四川电视台第三套节目正式开播，每天播出 16 个小时。四川人民广播电台“健康之声广播”试播，1998 年 1 月 1 日正式开播，使用中波 999 千赫，与四川电台经济台分离，自成一专业广播。

12 月 3 日

广播电影电视部、国家教委联合下发《关于联合实施现代远程教育网工程的通知》。

12 月 3 日～7 日

以中央电视台副台长赵化勇为团长的电视代表团一行 28 人赴香港，参加’97 亚洲电视交易市场会，并成功举办“中国电视剧日”活动。亚洲电视交易市场会由法国戛纳电视节组委会主办，来自世界各地的 100 多家电视台和电视公司参加大会。本次大会中央电视台与境外电视机构签订节目合同总额达 90 万美元。

12 月 5 日～6 日

’97 电视媒体应用计算机网络技术研讨会在北京举行，广播电影电视部副部长张海涛出席研讨会开幕式。

12 月 5 日～7 日

’97 全国省级电视台电视理论年会在湖南省江华瑶族自治县召开。

12 月 6 日

中央军委副主席刘华清、张震出席在人民大会堂举行的《共和国之魂》座谈会。该片是由江西有线电视台、上海有线电视台、江西省广播电视厅、上海市广播电影电视局、中共江西省委党史资料征集委员会联合摄制的大型电视专题片。在中央电视台和全国 40 家省市级电视台播出。

同日

吉林省政府任命谭铁鹰为吉林人民广播电台台长、吉林省广播电视厅副总编辑。

12 月 8 日

甘肃省广播电视中心工程举行开工奠基仪式。该工程计划一期投资 1.25 亿元，建筑规模 32950 平方米，总占地面积约 5 万多平方米。

12 月 11 日

中国国际广播电台为庆祝西班牙语广播开播（12 月 17 日）40 周年，在北京京都信苑饭店举行庆祝酒会。改革开放以来，国际台西班牙语部先后与多家外国广播电视机构建立了业务联系，定期向西语国家近 30 家电台寄送节目。

12 月 12 日

广播电影电视部人事司、科技司印发《关于 1997 年广播电影电视部中青年优秀科技论文评选结果的通知》。科技论文交流活动共收到论文 85 篇，经过各专业评审小组的初评，专家组无记名投票，共选出优秀科技论文 27 篇。12 月 19 日，广电部召开 1997 年中青年优秀科技论文交流颁奖大会。副部长张海涛和部人事司司长雷元亮、科技司司长陈智教、部科技委副主任章之俭到会讲话并为获奖者颁发证书。这是广电部举办的首届中青年科技论文评选交流活动。

同日

《世界有线电视》杂志在美国洛杉矶召开年度大会，上海有线电视台被授予"全球最佳有线电视系统奖"。上海有线电视台至 1997 年底已拥有 220 万终端用户，是世界上最大的有线电视系统之一。

同日

中央电视台和中国电视剧制作中心在人民大会堂山东厅举行大型电视连续剧《水浒传》首映式。全国政协副主席万国权和中央电视台台长杨伟光及《水浒传》的主创人员、主要演员、首都 40 余家新闻单位的记者出席。至此，我国四大古典文学名著全部经过改编搬上屏幕。

12 月 15 日

墨西哥特莱维萨电视台下属的"天空卫星电视网"（SKY）正式向拉美地区转播中央电视台第四套节目。中国电视实现了在拉美地区的落地。

同日

中央电视塔工程通过国家验收。中央电视塔为钢混结构多功能塔，相对高度 405 米，混凝土整体浇注，能达到抵抗九级地震裂度要求，总投资 27205 万元，1987 年 1 月 10 日开工建设，1995 年 10 月 1 日完工投入试运行。正式播出 7 套电视节目、5 套调频广播，覆盖半径 90 公里；开通 32 路微波传输通道，为气象、通信等提供综合服务。

12 月 16 日

《广播电影电视部高等院校科学研究项目管理暂行办法》和《广播电影电视部高校人文社会科学研究优秀成果评奖暂行办法》印发。

12 月 18 日

由中央人民广播电台主办，澳门基本法协进会、澳门日报社协办的《澳门基本法讲座》《澳门风采》开播仪式在人民大会堂举行。两个专题节目各 52 期。中央电台自 20 日，即澳门回归倒计时两周年起，在对港澳及珠江三角洲地区广播的华夏之声和第一套节目中开始播出。《澳门日报》同日刊出。

12 月 19 日

甘肃省广播电视卫星地球站在兰州市龙尾山发射台举行奠基仪式。该站建筑面积 1500 平方米，将于 1998 年建成。

12 月中旬

由国家民族事务委员会主办的首届“民族好新闻”评选在北京揭晓。

12 月 20 日～30 日

第十七届全国电视剧“飞天奖”终评会议在北京举行，共有 69 部 509 集电视剧获奖。《车间主任》《和平年代》获长篇电视剧一等奖，《党员二愣妈》《大漠丰碑》获中篇电视剧一等奖，《午夜有轨电车》获短篇电视剧一等奖，《校园先锋》获少儿电视连续剧一等奖，《太阳小队》获少儿短篇电视剧一等奖，《春》获戏曲电视连续剧一等奖，《布衣毛润之》获戏曲短篇电视剧一等奖，《你说好不好》获优秀短剧奖，《情丝万缕》获合拍片奖。13 个单项奖也同时产生。

12 月 22 日

国家发展计划委员会批复《中国音像资料馆工程可行性研究报告》，批准音像资料馆工程总建筑面积 4 万平方米，总投资 19976 万元。

12 月 26 日

上海有线电视台建台五周年。中共中央政治局委员、国务委员李铁映题词：“发展有线电视、造福千家万户。”中共中央政治局委员、国务院副总理吴邦国题词：“把握导向、办出特色、丰富荧屏、服务大众。”中共中央政治局委员、上海市委书记黄菊发来贺信。广播电影电视部部长孙家正题词：“发展有线电视事业，丰富人民群众的文化生活。”

12 月 26 日～28 日

’97 全国电视经济宣传工作会议在北京召开，全国 66 家省、市电视台的 80 余位代表参加会议。中共中央政治局委员、国务委员李铁映对会议作了批示，要求电视经济宣传工作者要“研究经济，宣传经济，服务经济”。中宣部副部长徐光春、广播电影电视部副部长田聪明、中央电视台台长杨伟光到会并讲话。

12 月 28 日

江苏广播电视节目上星播出。

12 月 29 日

国务院总理李鹏到中央电视台视察工作。视察中，李鹏分别为新闻中心、新闻采访部和新闻评论部题词："发展我国电视事业，全心全意为现代化作出贡献"，"祝贺中央电视台《新闻联播》节目创办 20 周年"，"焦点访谈，表扬先进，批评落后，伸张正义"。中共中央政治局委员、国务委员李铁映，中共中央政治局委员、国务委员、国务院秘书长罗干，国务院副秘书长刘奇葆，广播电影电视部部长孙家正、副部长田聪明等陪同视察。

12 月 30 日

广播电影电视部发文：根据《播音员主持人上岗暂行规定》，经广电部批准，向中央人民广播电台王铁城等 77 人、中国国际广播电台杨曼等 16 人、中央电视台赵忠祥等 87 人颁发播音员主持人资格证书。31 日，广电部召开中央三台首批播音员、主持人上岗颁证会。中共中央政治局委员、国务委员李铁映，广电部部长孙家正，国家语委主任许嘉璐，广电部副部长田聪明等出席会议。这是广电部首次向播音员主持人颁发资格证书。1998 年 1 月 1 日，中央三台首批获得资格证书的播音员、主持人开始持证上岗。

同日

广播电影电视部作出关于表彰全国广播电视先进县（市）的决定，对取得各级党委、政府支持，为广播电视事业发展作出突出成绩的 59 个县（市）进行表彰奖励，并授予"全国广播电视先进县（市）"光荣称号。

同日

广播电影电视部、国家工商行政管理局联合下发《关于对广播电视节目制作经营单位重新审核登记的通知》。

同日

江苏有线电视台第二套节目（影视频道）开播。

12 月 31 日

中国国际广播电台、中央人民广播电台、中央电视台播出中共中央总书记、国家主席江泽民向海内外听众、观众发表的题为《迈向充满希望的新世纪》的新年讲话。讲话播出后，国内外各大传媒纷纷转载、转发。这是江泽民首次通过中央三台发表新年讲话。

同日

中央电视台海外中心与上海电视台、上海东方电视台在上海联合举办的《我们共同的亚细亚——'98 新年晚会》，通过卫星向全世界 100 多个国家现场直播。

同月

江苏广播电视光缆传输网 1800 公里省干线杆路施工全部完成，省中心及各市中心机房建设、省干线光缆敷设也已基本完成。该网采用广播电视数字专用传输设备，除完成广播电视节目传输外，还具有数据传输、内部通讯等多种功能。

同年

全国（未包括港、澳、台）共有广播电台 1363 座、广播节目套数 1616 套，对国外广播使用语言 43 种，平均每日播音 16131 个小时，全年制作广播节目 319.59 万小时；中、短波发射台和转播台 747 座，调频发射台和转播台 2134 座，微波线路 7.01 万多公里，卫星电视地面站 14.99 万座；广播人口覆盖率 86%；市县有线广播站 2055 个、有线广播专用线路为 174.14 万杆公里，广播喇叭有 7457 万只，喇叭入户率为 28.6%。全国共有电视台 923 座、节目套数 1032 套，平均每周播出时间 59892 小时，全年制作电视节目共 61.64 万小时；电视发射台和转播台 41205 座，电视人口覆盖率 87.6%。

同年

广播电影电视系统共制作广播剧 391 部 3055 集、电视剧 832 部 8272 集。

同年

广播电影电视部职工总数 21924 人，其中行政机关 478 人、事业单位 14226 人、企业单位 7220 人。干部总数 14965 人，其中行政管理人员 2673 人、经济财会人员 1616 人、新闻出版人员 1981 人、播音主持人员 296 人、工程技术人员 4127 人、科研人员 202 人、教学人员 778 人、文艺人员 1705 人、翻译人员 671 人、图书档案人员 321 人、卫生技术人员 169 人、其他人员 426 人。专业技术人员总数 12672 人，其中高级职称 2866 人、中级职称 4972 人、初级职称 4094 人、未评聘 740 人。司局级干部 144 人，相当于司局级的干部 30 人、处级干部 1242 人、相当于处级的干部 209 人。

同年

中国国际广播电台收到 161 个国家和地区的听众来信 650634 封。

同年

北京有线广播电视光缆网完成城近郊区 8 个区的光缆网设计和 2400 多个光接点路由勘探；敷设光缆 800 多公里，其中验收 270 公里；接入光缆网 6 万多户，另有 80 多万户即将并入光缆网。

同年

全国光纤联网工作在东南沿海 14 个省市全面展开。可行性研究报告先后获得通过的京津冀豫、湘豫、湘粤、湘鄂、湘赣、赣皖浙等 7 段线路光缆工程共获安排资金两亿元。根据合理工期，14 省市的光缆网将于 1999 年春节开通。

同年

北京电视艺术中心完成国内第一部春节电视贺岁剧《万事如意》，除夕之夜在全国 30 多家省级电视台同时播出。

同年

安徽电视台分别在澳大利亚悉尼新世界有线电视网、新西兰惠灵顿有线电视网（英语台）、英国伦敦“欧洲东方卫视”举办“中国·安徽电视周”，在 3 家电视台共计播出节目 21 集，每集 30 分钟。其中，英语节目 14 集。

同年

宁夏电视台播出时间由每天 6 个小时增加至 16 个小时。